AF522584

# शिक्षा में
# आधारभूत संप्रत्यय एवं विचार

रेनू गुप्ता
रीना सरोहा

**₹ 1600**

ISBN : 978-93-91978-58-7

2024

First Published in India

*शिक्षा में आधारभूत संप्रत्यय एवं विचार*



Published by:

**SHIPRA PUBLICATIONS**

LG 18-19, Pankaj Central Market,
I.P. Ext., Patparganj, Delhi 110092, India
11 47322068; 22235152/6152; 9650028065
info@shiprapublication.com
www.shiprapublication.com

# विषय सूची

# 1. शिक्षा का अर्थ एवं प्रक्रिया
## (Meaning and Process of Education)

*"Education is the capacity to feel pleasure and pain at the right moment. It develops in the body and in the soul of the pupil all the beauty and all the perfection for which he is capable of."* –*Plato*

शिक्षा मानव विकास का मूल साधन है। यदि किसी भी व्यक्ति को जीवन में सफलता प्राप्त करनी है तो शिक्षा उसके लिए अति आवश्यक है। इसके द्वारा मनुष्य की जन्मजात शक्तियों का विकास होता है। उसके ज्ञान एवं कला-कौशल में वृद्धि एवं विकास तथा व्यवहार में परिवर्तन किया जाता है। शिक्षा ही उसे सभ्य, सुसंस्कृत एवं योग्य नागरिक बनाती है। शिक्षा एक व्यक्ति को सरलता से अपने जीवन की समस्याओं को सुलझाने में सहायता करती है। शिक्षा जितनी उच्च होगी, उतनी ही सुगमता से वह अपने जीवन की कठिन समस्याओं को सुलझा सकेगा। यही कारण है कि प्रागैतिहासिक काल से ही शिक्षा के महत्त्व को महसूस किया गया है।

शिक्षा एक स्वाभाविक प्रक्रिया है, जो जन्म से लेकर मृत्यु पर्यन्त चलती रहती है। मानव जन्म से ही विभिन्न योग्यताओं से युक्त होता है। मानवीय जीवन के बौद्धिक तथा सांस्कृतिक तत्व ही मनुष्य को पशुओं से भिन्न बनाते हैं। मानव को शिक्षा प्राप्त करने तथा कुछ सीखने के योग्य माना जाता है। शिक्षा, समाज की आवश्यकताओं के अनुरूप ही बालक में परिपक्वता तथा उत्तरदायित्व की भावना विकसित करने में समर्थ होती है। शिक्षा मानव जाति का संरक्षण करती है एवं बौद्धिक तथा सांस्कृतिक परम्पराओं को बनाए रखने में तथा युगों-युगों से इतिहास को संरक्षित और विकसित करने में सहायता करती है।

शिक्षा ही एक ऐसी विस्तृत प्रक्रिया है जो एक व्यक्ति को अंधकार, गरीबी तथा संकटों से बाहर निकालती है तथा व्यक्तित्व के सभी पक्षों-शारीरिक, मानसिक, सामाजिक, संवेगात्मक, सांस्कृतिक तथा आध्यात्मिक, का विकास करती है। जिसके परिणामस्वरूप वह जागरूक तथा संसाधनयुक्त नागरिक बन जाता है; जो अपने समाज तथा देश के विकास के लिए अपनी क्षमताओं का योगदान देता है। यदि इस संसार को शिक्षा रूपी रोशनी से रोशन न किया जाए तो यह अंधकार में ही घिर कर रह जाएगा।

शिक्षा व्यक्ति को एक फूल की भांति विकसित होने में सहायता करती है, जो अपनी सुगंध वातावरण में चारों ओर फैलाता है। जैसाकि लोके (Locke) के शब्दों से भी स्पष्ट है–

*''पौधे कृषि से विकसित होते हैं और मनुष्य शिक्षा से।''*

*("Plants are developed by cultivation and man by education.")*

शिक्षा व्यक्ति की योग्यताओं का विकास करके उसे प्राकृतिक तथा सामाजिक-सांस्कृतिक वातावरण के योग्य बनाती है। मां के गर्भ से ही बच्चे की शिक्षा प्रारंभ हो जाती है। शिक्षा की प्रक्रिया, जो मानव को अपने वातावरण में सफल बनाती है, वह जीवन पर्यन्त चलती रहती है। अन्य शब्दों में शिक्षा जीवन पर्यन्त चलने वाली प्रक्रिया है, तथा प्रत्येक अनुभव से व्यक्ति में स्वयं के बारे में तथा अपने वातावरण के बारे में सूझ-बूझ विकसित होती है। अत: शिक्षा केवल जीवन के लिए तैयारी नहीं है, यह जीवन का पर्यायवाची है।

अब प्रश्न यह उठता है 'शिक्षा क्या है?' विचारकों, दार्शनिकों तथा शिक्षा-शास्त्रियों ने, मानव सभ्यता के विभिन्न कालों में शिक्षा को परिभाषित करने का प्रयास किया तथा ऐसा करने में उन्होंने शिक्षा की परिभाषा पर अपने मूल्यों तथा सिद्धांतों की छाप छोड़ी है। जिस प्रकार समाज कभी स्थिर नहीं रह सकता है, जैसे-जैसे समाज में परिवर्तन होता है, वैसे ही शिक्षा के कार्य भी परिवर्तित हो जाते हैं और यही कारण है कि शिक्षा एक निरंतर चलने वाली प्रक्रिया है। यह विकास प्रक्रिया में विभिन्न युगों तथा स्तरों से होकर गुजर चुकी है तथा प्रत्येक समय में समाज की प्रचलित आवश्यकताओं तथा अवस्थाओं के अनुरूप इसे भिन्न अर्थ दिया गया। शिक्षा का संप्रत्यय आज भी विकास की प्रक्रिया में है क्योंकि यह व्यक्ति तथा समाज के लक्ष्यों, मूल्यों तथा आकांक्षाओं के अनुरूप ही विकसित होती है।

## शिक्षा का शाब्दिक अर्थ

शिक्षा का अंग्रेजी शब्द एजूकेशन (Education) लेटिन शब्द ऐजूकेयर (Educare) से निकला है जिसका अर्थ है पालन पोषण करना या विकसित करना। अर्थात् शिक्षा वह प्रक्रिया है जो बालक का पालन पोषण या विकास करती हो। उसी भाषा में एक अन्य शब्द है 'एजूसीयर (Educere)' जिसका अर्थ है 'बाहर निकालना'। कुछ अन्य व्यक्तियों का यह मानना है कि शिक्षा शब्द लेटिन भाषा के एजूकेटम (Educatum) शब्द से निकला है, जिसका अर्थ है 'शिक्षण या प्रशिक्षण की कला'।

| लेटिन शब्द | अर्थ |
|---|---|
| ऐजूकेयर | पालन-पोषण |
| ऐजूसीयर | विकसित करना, बाहर निकालना |
| ऐजूकेटम | शिक्षण या प्रशिक्षण की कला |

ऐडूको (Educo) शब्द दो शब्दों से मिलकर बना है 'ई (E) तथा 'ड्यूको (Duco)। 'ई' का अर्थ है 'अंदर से' और 'ड्यूको' का अर्थ है 'आगे बढ़ाना या बाहर निकालना'। इस प्रकार एजूकेशन का अर्थ हुआ—बच्चे की आंतरिक शक्तियों को बाहर की ओर प्रकट करने की प्रक्रिया। परंतु इस बात को भी ध्यान में रखना चाहिए कि जब तक कुछ अंदर नहीं डाला जाएगा, तब तक अंदर से बाहर नहीं निकाला जा सकता। अत: शिक्षा शब्द से अभिप्राय यह है कि ऐसा पोषक वातावरण प्रदान करना जो बालक की क्षमताओं का विकास करने तथा उसे बाहर निकालने में सुविधा प्रदान करे।

**शिक्षा के पर्यावाची शब्द (Synonyms of Education)**—भारत में शिक्षा मानवीय सभ्यता की उत्पत्ति के समय से विद्यमान है, जब हजारों वर्ष पहले 'गुरुकुल' और 'गुरु-शिष्य परम्परा' या 'अध्यापक अनुयायी परम्परा' का विकास हुआ था। शिक्षा संस्कृत के दो प्रमुख शब्दों से संबंधित है:

1. *शिक्षा (Shiksha)*—यह संस्कृत शब्द 'शास' से निकला है, जिसका अभिप्राय है 'अनुशासन' या 'नियंत्रण'।
2. *विद्या (Vidya)*—यह संस्कृत शब्द 'विद्' से निकला है, जिसका अभिप्राय है 'जानना।

अंग्रेजी में एजूकेशन तथा हिन्दी में शिक्षा प्रत्यय का विश्लेषण करने के पश्चात् यह स्पष्ट होता है कि यद्यपि इन दोनों शब्दों के अर्थों में विभिन्नता है, परंतु एक समानता भी है कि इन संप्रत्ययों में मानवीय विकास निहित है। अत: श्रेष्ठ व्यक्ति तथा श्रेष्ठ समाज के लिए अनुशासन तथा ज्ञान सदा ही आधारभूत शिलाएँ सिद्ध हुई हैं।

*पैडागोगी (Pedagogy)*–कभी-कभी शिक्षा के लिए पैडागोगी शब्द का प्रयोग किया जाता है। यह शब्द दो शब्दों का सम्मिश्रण है–'पेड्स (Paides)' और 'ए-गेन (a-gain)' जिसका अर्थ है 'लड़का' तथा, 'आगे बढ़ाना', जिसका अर्थ हुआ 'बालक को आगे बढ़ाना।' अत: यह बालक के पथ प्रदर्शन के उद्देश्य को पूरा करने के लिए किया गया शिक्षण विज्ञान है।

इस प्रकार शिक्षा विकास की प्रक्रिया है।

## शिक्षा का दार्शनिक संप्रत्यय (Philosophical Concept of Education)

दार्शनिक मनुष्य के वास्तविक स्वरूप को जानने तथा उसके जीवन का अंतिम उद्देश्य निश्चित करने का प्रयत्न करती हैं।

*"मनुष्य की अंतर्निहित पूर्णता को अभिव्यक्त करना ही शिक्षा है।"*

*("Education is manifestation of perfection already present in man.")*

–स्वामी विवेकानन्द (Swamy Vivekananda)

*"शिक्षा व्यक्ति की उन सभी योग्यताओं का विकास है जो उसे अपने पर्यावरण पर नियंत्रण रखने तथा अपनी संभावनाओं को पूर्ण करने में सामर्थ्य प्रदान करें।"*

*("Education is the development of all those experties in the individual which will enable him to control the environment and fulfill his possiblilities.")* –जॉन डीवी (John Dewey)

अत: दार्शनिक मनुष्य को जन्म से ही पूर्ण मानते हैं। उनका यह भी मानना है कि मनुष्यों में जन्मजात् अंतर्निहित शक्तियाँ विद्यमान रहती हैं तथा शिक्षा का कार्य उसे ऐसा वातावरण प्रदान करना है कि उसे उन शक्तियों का विकास करने का अवसर प्राप्त हो। प्रयोजनवादी मनुष्य को सामाजिक प्राणी मानते हैं तथा यह मानते हैं कि शिक्षा के द्वारा मनुष्य में वर्तमान समाज में अनुकूलन करने तथा भविष्य के समाज का निर्माण करने की क्षमता का विकास किया जाना चाहिए।

## शिक्षा का समाजशास्त्रीय संप्रत्यय (Sociological Concept of Education)

समाजशास्त्री समाज पर विशेष बल देते हैं, इसलिए वे शिक्षा को व्यक्ति तथा समाज के विकास का साधन मानते हैं। उनके अनुसार–

*"शिक्षा एक प्रक्रिया है तथा समाज के द्वारा अपने हित के लिए किया गया सामाजिक कार्य है।"*

*("Education is a process, a social function carried on by the society for its own sake.")* –बी.एन. झा (B.N. Jha)

*"शिक्षा की संपूर्ण प्रक्रिया व्यक्तियों तथा सामाजिक समूहों के बीच अंत:क्रिया है जो व्यक्तियों के विकास के लिए निश्चित उद्देश्यों से की जाती है।"*

*("The whole process of education is the interaction of individuals and social groups, with certain ends in view for the development of the individuals.")*

–ओटावे (Ottaway)

अत: समाजशास्त्रियों के अनुसार शिक्षा दो या दो से अधिक व्यक्तियों के बीच सामाजिक अंत:क्रिया है जो किसी निश्चित उद्देश्य से की जाती है। जैसा समाज होता है और जैसी उसकी आकांक्षाएँ होती है वैसी ही उसकी शिक्षा होती है। शिक्षा के द्वारा समाज के भूत तथा वर्तमान की आवश्यकताओं की पूर्ति तथा भविष्य का निर्माण किया जाता है। शिक्षा मनुष्य को केवल परिस्थिति के साथ समायोजन करना ही नहीं सिखाती है अपितु उसमें अपने अनुकूल परिस्थितियों का निर्माण करने की क्षमता का भी विकास करती है।

## शिक्षा का मनोवैज्ञानिक संप्रत्यय (Psychological Concept of Education)

मनोवैज्ञानिकों के अनुसार मनुष्य एक मनो-शारीरिक प्राणी है जो जन्म से कुछ शक्तियाँ लेकर पैदा होता है और इन शक्तियों पर ही उसका विकास निर्भर करता है। अत: शिक्षा के द्वारा सबसे पहले इन शक्तियों का विकास किया जाना चाहिए।

*"शिक्षा वह प्रक्रिया है जिसके द्वारा बालक अपनी आंतरिक शक्तियों को बाह्य बनाता है।"*
*("Education is a process by which a child makes his internal external.")*

—फ्रोबेल (Froebel)

*"शिक्षा मनुष्य की जन्मजात शक्तियों का स्वाभाविक, समरस तथा प्रगतिशील विकास है।"*
*("Education is a natural, harmonious and progessive development of man's innate powers.")* —पेस्टालॉजी (Pestalozzi)

## शिक्षा का भारतीय संप्रत्यय (Indian Concept of Education)

यद्यपि शिक्षा की परिभाषाएँ विभिन्न हैं, जो मानवीय जाति की सुदृढ़ सांस्कृतिक विरासत को प्रदर्शित करती हैं, परंतु अब तक किसी भी परिभाषा को संतोषपूर्ण नहीं पाया गया है जो सबको संतुष्ट कर सके।

1. *परम्परागत संप्रत्यय (Old Concept)*

   *"शिक्षा वह है जो मनुष्य को आत्मविश्वासी तथा स्वार्थहीन बनाती है।"*
   *("Education is something which makes a man self-reliant and selfless".)*

   —ऋग्वेद (Rigveda)

   *"शिक्षा का अंतिम लक्ष्य निर्वाण है।"*
   *("Education is that whose end product is salvation.")*

   —उपनिषद (Upnishad)

   *"शिक्षा मनुष्य को शुभ चरित्रवाला तथा संसार के लिए लाभप्रद बनाती है।"*
   *("Education is that which gives a sterling character to an individual and renders him useful for the society.")* —याजनावलक्य (Yajnavalkya)

   *"शिक्षा का अर्थ है देश के लिए प्रशिक्षण तथा राष्ट्र के प्रति प्यार।"*
   *("Education means training for the country and love for the nation.")*

   —कौटिल्य (Kautilya)

   *"शिक्षा स्वयं की अनुभूति है।"*
   *("Education is the realization of the self.")* —शंकराचार्य (Shankracharya)

2. *आधुनिक संप्रत्यय (Modern Concept)*—भारतीय शिक्षा की परम्परा को विकसित करते हुए अनेक विचारकों ने समय के परिवर्तन के साथ आधुनिक काल में अपने विचार इस प्रकार प्रकट किए हैं—

   *"सच्ची शिक्षा वह है जो बच्चों की शारीरिक, बौद्धिक तथा आध्यात्मिक विशेषताओं को बाहर निकालती है तथा विकसित करती है।"*
   *("True education is that which draws out and stimulates the spiritual, the intellectual and physical faculties of the children.")*

   —तान्दूलकर (Tandulkar)

*"मनुष्य न केवल बुद्धिमान है, न ही शारीरिक रूप से पूर्णतया पशु है, न ही आत्मा या केवल हृदय है। संपूर्ण मनुष्य के निर्माण में इन तीनों के समरस तथा उचित संयोग की आवश्यकता है और यही वास्तव में सच्ची शिक्षा है।"*

*("Man is neither mere intellect, nor the gross animal body, nor the heart or soul alone. A proper and harmonious combination of all the three is required for the making of the whole man and constitutes the true economics of education.")*

—M. K. Gandhi

*"शिक्षा अंतर्निहित ज्योति की उपलब्धि के लिए विकासशील आत्मा की प्रेरणादायिनी शक्ति है।"*

*("Education is helping the growing soul to draw out that is in itself.")*

–अरविन्द घोष (Aurobindo Ghosh)

*"भारतीय परम्परा के अनुसार शिक्षा केवल रोटी कमाने का साधन नहीं, न ही यह केवल विचारों के पोषण का साधन है और न ही नागरिकता की शिक्षा का साधन है। यह आध्यात्मिक जीवन का आरंभ है, यह सत्य की प्राप्ति तथा नेकी के अभ्यास के लिए मानवीय-आत्मा का प्रशिक्षण है। यह दूसरा जन्म या 'द्वितीयजन्म' है।"*

*("Education according to the Indian traditions, is not merely the means of earning a living; nor it is only a nursey of thought or a school for citizenship. It is initiation in to the life of spirit, a training of human soul in the pursuit of truth and the practice of virtue. It is a second birth—'divityam janma.'")* –विश्वविद्यालय शिक्षा आयोग (University Education Commission)

*"शिक्षा वह है जिसकी सहायता से चरित्र का निर्माण होता है, मन की शक्ति बढ़ती है, बुद्धि का विस्तार होता है और जिसके द्वारा एक व्यक्ति अपने पैरों पर खड़ा हो सकता है।"*

*("Education is that by which character is formed, strenght of mind is increased, the intellect is expanded and by which one can stand on one's own feet.")*

–स्वामी विवेकानन्द (Swami Vivekananda)

ऊपर वर्णित परिभाषाओं से यह स्पष्ट होता है कि भारतीय विचारक शिक्षा की परिभाषा को शिक्षण तथा अधिगम तक ही सीमित करने के पक्ष में नहीं थे। यह चिन्तन, आध्यात्मिकता तथा अनुसंधान आदि पर बल देती है तथा साथ-साथ इसमें ब्रह्मज्ञान, ब्रह्माण्ड का ज्ञान तथा स्वयं का ज्ञान भी सम्मिलित किया गया है। आधुनिक सम्प्रत्यय इन विचारों को प्रतिबिम्बित करता है। राधाकृष्णन के अनुसार, ज्ञान तथा कुशलता की प्राप्ति के साथ-साथ, शिक्षा में सांस्कृतिक मूल्यों, सामुदायिक तथा सामाजिक उत्तरदायित्वों से सम्बन्धित कार्यक्रम भी सम्मिलित होने चाहिए जिसके परिणामस्वरूप तकनीकी प्रशिक्षण प्राप्त कर रहे वैज्ञानिक तथा व्यक्ति अपने कर्त्तव्यों तथा उत्तरदायित्वों को समझ सकें। अन्य शब्दों में इस संप्रत्यय से अभिप्राय यह है कि शिक्षा का कार्य मानव व्यक्तित्व में पहले से विद्यमान गुणों को विकसित करने के लिए अवसर प्रदान करना है, अर्थात् मानव व्यक्तित्व के सभी पक्षों में से सर्वोत्कृष्ट को बाहर निकालना है। मानवीय आत्मा उस संपूर्णता का भाग है जो परमात्मा में विद्यमान है और शिक्षा का उद्देश्य उन सभी भागों के लिए कल्याण के कार्य करके, आत्म-अनुभूति कराना है। इस प्रकार भारतीय विचारधारा मनुष्य के संपूर्ण विकास से संबंधित है।

**शिक्षा का पाश्चात्य संप्रत्यय (Western Concept of Education)**

1. *परम्परागत संप्रत्यय (Old Concept)*

*"स्वस्थ शरीर में स्वस्थ मस्तिष्क की उत्पत्ति का नाम शिक्षा है। यह मानव की योग्यता-विशेष रूप से मानसिक योग्यता का इस प्रकार विकास करती है कि वह परम सत्य, नेकी तथा सौन्दर्य के चिन्तन से आनन्द प्राप्त करने के योग्य हो, जिसमें संपूर्ण प्रसन्नता विद्यमान होती है।"*
*("Education is the creation of the sound mind in a sound body. It develops man's faculty, especially his mind, so that he may be able to enjoy the contemplation of supreme truth, goodness and beauty in which perfect happiness essentially lies.")*
—अरस्तु (Aristotle)

2. *आधुनिक संप्रत्यय (Modern Concept)*

आधुनिक प्रगतिशील शिक्षा अधिकांश रूप से पश्चिम की देन है। आधुनिक संप्रत्यय सम्बन्धी विचारकों की धारणाएँ इस प्रकार हैं–

*"बीज में जो विद्यमान है उसे खोलना ही शिक्षा है। यह एक ऐसी प्रक्रिया है जिसके द्वारा बच्चा अपनी आंतरिक योग्यताओं को बाह्य रूप प्रदान करता है।"*
*("Education is unfoldment of what is already enfolded in the germ. It is the process through which child makes his internal external.")* —फ्रोबेल (Froebel)

*"शिक्षा बच्चे के व्यक्तित्व का पूर्ण विकास है ताकि वह अपनी सर्वोत्तम योग्यता के अनुसार मानव जीवन में अपना मौलिक योगदान दे सके।"*
*("Education is the complete development of the individuality of the child so that he can make an original contribution to human life according to the best of his capacity.")*
—टी. पी. नन (T.P. Nunn)

*"शिक्षा का उद्देश्य अमूल्य तथा आध्यात्मिक व्यक्तित्व का विकास है।"*
*("The aim of education is the development of valuable personality and spiritual individuality.")*
—रॉस (Ross)

*"शिक्षा मानव समाज के प्रौढ़ व्यक्तियों के द्वारा, अपने जीवन के आदर्शों के अनुरूप आने वाले वंश के विकास के लिए किया गया प्रयास है।"*
*("Education is an attempt on the part of the adult members of the human society to shape development of the coming generation in accordance with its own ideas of life.")*
—डब्ल्यू. जेम्स (W. James)

*"जीवन ही शिक्षा है और शिक्षा ही जीवन है।"*
*("Life is education and education is life.")* —लॉज (Lodge)

*"मानव बुद्धि तथा विकास की सभी संभावनाओं की अनुभूति ही शिक्षा है।"*
*("The realization of all the possibilities of human growth and development is education.")* —फ्रांसिस, डब्ल्यू पारकर (Francis W. Parker)

*"शिक्षा एक विकास प्रक्रिया है....शैशव काल से प्रौढ़ावस्था तक, ऐसी प्रक्रिया जिसके द्वारा मनुष्य धीरे-धीरे विभिन्न भौतिक, सामाजिक तथा आध्यात्मिक वातावरण में स्वयं को ढालने लगता है।"*

*("Education is a process of development.....from infancy to maturity, the process by which he adapts himself gradually in various ways to his physical, social and spiritual environment.")*

—टी. रेमाण्ट (T. Rayment)

*"शिक्षा अच्छे नैतिक चरित्र का विकास है।"*

*("Education is the development of good moral character.")*

—हरबर्ट (Herbert)

*"शिक्षा अनुभवों के निरंतर पुनर्निर्माण के द्वारा जीवन व्यतीत करने की प्रक्रिया है। यह मनुष्य की उन सभी योग्यताओं का विकास है जो उसे वातावरण पर नियंत्रण करने तथा अपनी संभावनाओं को पूरा करने के योग्य बनाती है।"*

*("Education is the process of living through a common reconstruction of experiences. It is the development of all those capacities in the individual which will enable him to control his environment and fulfill his possibilities.")*

—जॉन डीवी (John Dewey)

ऊपर वर्णित परिभाषाओं से यह स्पष्ट होता है कि शिक्षा मानव मस्तिष्क की अनुपम उपलब्धि है और यह नैतिकता का उच्चतम स्वरूप है जो पूर्व निश्चित व्यापक उद्देश्य पर आधारित है।

इन परिभाषाओं के अनुसार–

– मानव व्यक्तित्व के विभिन्न पक्ष हैं, जैसे–शारीरिक, मानसिक, सामाजिक तथा आध्यात्मिक।
– मानव व्यक्तित्व के उन सभी पक्षों में योग्यताएँ तथा क्षमताएँ पहले से ही विद्यमान रहती हैं।
– व्यक्ति की इन अंतर्निहित शक्तियों का समरूप तथा संतुलित विकास ही शिक्षा है। और
– ऐसी शिक्षा के द्वारा बच्चे को विकास के अवसर दिए जाते हैं, विकास के बाधक तत्वों को निरंतर दूर करने का प्रयास किया जाता है तथा विकास को बढ़ावा देने के लिए पोषक वातावरण प्रदान किया जाता है।

अतः विभिन्न शिक्षाशास्त्रियों, विचारकों तथा दार्शनिकों के द्वारा जीवन के प्रति अपने-अपने दृष्टिकोण के अनुरूप शिक्षा के विभिन्न पक्षों पर बल दिया गया है। फलस्वरूप शिक्षा की एक उचित तथा संपूर्ण परिभाषा देना बहुत कठिन कार्य है।

जॉन डीवी के द्वारा दी गई शिक्षा की परिभाषा का विश्लेषण करने के पश्चात निम्नलिखित विशेषताओं का बोध होता है–

– शिक्षा एक निरंतर, जीवन पर्यन्त चलने वाली प्रक्रिया है क्योंकि प्रत्येक व्यक्ति संपूर्ण जीवन ही अनुभव प्राप्त करता रहता है।
– व्यवहारगत परिवर्तन केवल सामाजिक कौशलों का ही नहीं बल्कि सामाजिक नैतिकता का भी विकास करते हैं।
– शिक्षा हमारे व्यवहार में परिवर्तन लाती है क्योंकि यह अनुभवों के निर्माण तथा पुनर्निर्माण की प्रक्रिया है। हमारा व्यवहार अनुभवों से परिवर्तित होता है।
– शिक्षा व्यक्ति की योग्यता का विकास करती है, जिसके परिणामस्वरूप केवल व्यक्ति को ही नहीं, समाज को भी लाभ होता है।
– शिक्षा प्रक्रिया को केवल स्कूल या एक विशेष आयु तक ही सीमित नहीं किया जा सकता क्योंकि व्यवहारगत परिवर्तन की प्रक्रिया स्कूल समय की आयु में तथा उसके बाद भी प्राप्त किए गए अनुभवों के परिणामस्वरूप निरंतर चलती रहती है। व्यक्ति के व्यवहार में विभिन्न कारक जैसे–परिवार, साथी समूह, रेडियो, समाज तथा अन्य परिवर्तन लाते हैं।

पेस्टालॉजी की परिभाषा का विश्लेषण करने से निम्नलिखित तथ्य उजागर होते हैं–

*जन्मजात शक्तियों (Innate Powers)* से उसका अभिप्राय उन प्रवृत्तियों, इच्छाओं, क्षमताओं, योग्यताओं तथा गुणों से है जो बालक में जन्म से ही विद्यमान रहती हैं और वे किसी प्रशिक्षण या प्रक्रिया की परिभाषा नहीं होती। बालक को शिक्षा प्रदान करते समय भी हमें उन शक्तियों को ध्यान में रखना चाहिए।

*प्राकृतिक विकास (Natural Development)* से उसका अभिप्राय है कि बालक का विकास उन अवस्थाओं, जिनमें से वह होकर गुजरता है, के अनुरूप होना चाहिए। मनोवैज्ञानिक रूप से जीवन को चार अवस्थाओं में बांटा गया है–शैशवावस्था (Infancy), बाल्यावस्था (Childhood), किशोरावस्था (Adolescence) और प्रौढ़ावस्था (Adulthood)। बालक के जीवन में प्रत्येक अवस्था महत्त्पूर्ण भूमिका अदा करती है।

*संतुलित विकास (Harmonius Development)* से उसका अभिप्राय है कि व्यक्तित्व के विकास के विभिन्न पहलू हैं–शारीरिक, बौद्धिक, सामाजिक एवं संवेगात्मक। बालक के व्यक्तित्व के सभी पहलुओं के विकास को संतुलित विकास कहा जाता है। शिक्षा के द्वारा बालक का संतुलित विकास किया जाना चाहिए।

*प्रगतिशील विकास (Progressive Development)* से उसका यह मानना है कि व्यक्ति में शारीरिक, बौद्धिक व आत्मिक शक्तियों का विकास उच्चतम स्तर की ओर अग्रसर होता रहे। शिक्षा के द्वारा इन शक्तियों का प्रगतिशील विकास किया जाना चाहिए।

व्यक्तित्व (Personality) शब्द भी बहुत व्यापक है। इसका अभिप्राय केवल बाह्य पक्ष से नहीं है बल्कि इसमें सौन्दर्य, नैतिकता, आध्यात्मिक, संवेगात्मक, सामाजिक तथा अन्य बहुत से पक्ष सम्मिलित हैं।

अतः पेस्टालॉजी द्वारा दी गई परिभाषा बहुत व्यापक है। आज यह विश्वास किया जाता है कि प्रत्येक व्यक्ति में कुछ जन्मजात योग्यताएँ होती हैं और शिक्षा का कार्य उन योग्यताओं व शक्तियों का सही दिशा में विकास करना है।

## शिक्षा की उपयुक्त परिभाषा (Suitable Definition of Education)

यदि ऊपर वर्णित सभी परिभाषाओं का विश्लेषण किया जाए तो यह स्पष्ट होता है कि उनमें से कुछ ने स्वयं को केवल व्यक्ति तक ही सीमित किया है, कुछ ने समाज तक, तथा कुछ ने व्यक्ति तथा समाज दोनों को सम्मिलित किया है। यह पूर्ण रूप से स्वीकृत तथ्य है कि कोई भी परिभाषा स्वयं में पूर्ण नहीं है और न ही सार्वभौमिक रूप से मान्य है। शिक्षा की उपयुक्तम परिभाषा तो वह होगी जिसमें शिक्षा की प्रकृति तथा कार्य, दोनों का स्पष्ट बोध हो।

अतः हम निम्नलिखित शब्दों में शिक्षा के अर्थ को परिभाषित कर सकते हैं–

*''जीवन ही शिक्षा है तथा शिक्षा ही जीवन है। शिक्षा वह है जो हमारे दृष्टिकोण को विस्तृत करती है, अंतर्दृष्टि को गहन करती है, हमारी प्रक्रियाओं को सुधारती है तथा हमारे विचारों एवं भावनाओं को अभिप्रेरित करती है।''*

शिक्षा किसी समाज में सर्वत्र चलने वाली वह सोद्देश्य सामाजिक प्रक्रिया है जिसके द्वारा मनुष्य की जन्मजात शक्तियों का विकास, उसके ज्ञान एवं कला, कौशल में वृद्धि तथा विकास, तथा व्यवहार में परिवर्तन एवं परिमार्जन किया जाता है और उसे सभ्य, सुसंस्कृत एवं योग्य नागरिक बनाया जाता है। इसके द्वारा व्यक्ति तथा समाज दोनों निरंतर विकास करते हैं।

## शिक्षा का संकुचित संप्रत्यय (Narrow Concept of Education)

संकुचित विचारधारा में, शिक्षा को केवल शैक्षिक विद्यालयों में दी जाने वाली शिक्षा समझा गया

है। शिक्षा से पडने वाले प्रभाव नियोजित होते हैं। इसका क्षेत्र सीमित होता है तथा यह प्राथमिक रूप से बालक के बौद्धिक विकास पर ही बल देती है। यह प्राय: बालक के व्यक्तित्व तथा व्यवहार के विकास में सफलता प्राप्त नहीं करती। इसमें अध्यापक एक परिपक्व व्यक्ति होता है जो जीवन के संपूर्ण अनुभवों को प्रस्तुत करता है तथा ज्ञान देता है। शिक्षा पूर्व तैयार विषय वस्तु को कक्षा कक्ष में पढ़ाने तक ही सीमित रहती है। यह एक विशेष समय पर, विशेष स्थान पर, विशिष्ट पाठ्यक्रम के अनुसार, विशेष समय-सारणी के अनुरूप तथा अध्यापकों के विशेष समूह द्वारा बच्चों को दिए गए ज्ञान से सम्बन्धित है। एस.एस. मैकेंजी (S.S. Machenzie) के अनुसार-

*"संकीर्ण विचारधारा में, शिक्षा के अंतर्गत वे प्रयास सम्मिलित हैं, जो सोच-समझकर हमारी शक्तियों के निर्माण तथा विकास के लिए किए जाते हैं।''*

*("In narrow sense, education may be taken to mean any consciously directed effort to develop and cultivate our powers.")*

इसी कारण, शिक्षा को द्वि-ध्रुवीय प्रक्रिया माना जाता हे। इस प्रक्रिया में एक ध्रुव अध्यापक है जबकि दूसरा ध्रुव बालक, विद्यार्थी या अधिगमकर्त्ता होता है।

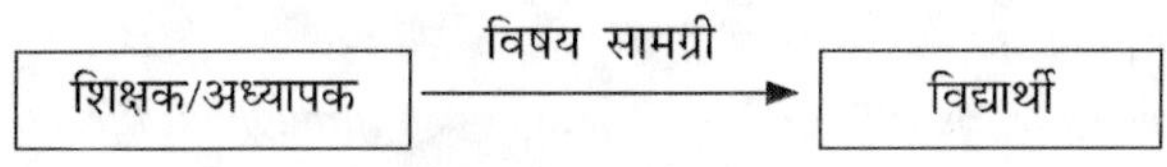


प्रो. ड्रेवर (Prof. Drever) के विचार में,

*"शिक्षा एक प्रक्रिया है, जिसमें तथा जिसके द्वारा नवयुवकों के ज्ञान, चरित्र तथा व्यवहार को आकार दिया जाता है तथा परिवर्तित किया जाता है।"*

*("Education is a process in which and by which knowlege, character and behaviour of the young are shaped and moulded.")*

अत: संकुचित शिक्षा आकस्मिक न होकर पूर्व नियोजित होती है। जब बालक शैक्षिक संस्था में प्रवेश करता है तब से यह शिक्षा प्रारंभ होती हैं और जब वह अपनी पढ़ाई पूरी कर लेता है या शैक्षिक संस्था को छोड़ता है, तब उसकी शिक्षा का अंत हो जाता है। इसमें व्यक्ति की शिक्षा की सफलता का अनुमान उसकी परीक्षा पास करने से लगाया जाता है। परन्तु बहुत सारे शिक्षाविदों ने इस संप्रत्यय की आलोचना की है। उनका यह मानना है कि ज्ञान पर अत्यधिक बल शिक्षा के सभी संस्थानों को केवल ज्ञान की दुकान बना देगा। शिक्षा का प्रमुख उद्देश्य केवल ज्ञान प्राप्ति ही नहीं है, अपितु यह शिक्षा के महत्वपूर्ण उद्देश्यों में से एक है।

### शिक्षा का व्यापक संप्रत्यय (Broader Concept of Education)

विस्तृत विचारधारा में, शिक्षा जीवन पर्यन्त चलने वाली निरंतर प्रक्रिया है जैसा लॉज (Lodge) ने कहा भी है-

*"जीवन ही शिक्षा है और शिक्षा ही जीवन है।"*

*("Life is education and education is life.")*

यह शिक्षा गर्भ से आरंभ होती है तथा मृत्यु तक चलती रहती है। यह व्यक्तित्व के संपूर्ण विकास से सम्बन्धित है। यदि हम व्यापक अर्थों में लें तो अनपढ़ व्यक्ति भी जीवन पर्यन्त शिक्षा लेता रहता है, जैसा कि जार्ज आर. गीगर (George R. Geiger) के द्वारा भी इस तथ्य को स्पष्ट किया गया है,

*"व्यापक दृष्टिकोण में शिक्षा मानव में स्वयं के अनुभवों से लाए गए परिवर्तन से अधिक कुछ भी नहीं है।"*

*("Education in its broadest sense can be nothing less than the changes made in the human beings by their experiences.")*

इस प्रकार शिक्षा उन सभी अनुभवों का संपूर्ण जोड़ बन जाती है जो बालक किसी संस्था में या संस्था से बाहर विभिन्न विषयों के अध्ययन के द्वारा, विभिन्न क्रियाओं से, पुस्तकालय में, खेल के मैदान में, कार्यशाला में या अन्य संस्थाओं के द्वारा प्राप्त करता है।

हॉपकिन्ज (Hopkins) के शब्दों में,

*"व्यापक दृष्टिकोण में शिक्षा के अंतर्गत वह सब कुछ सम्मिलित है जो रचनात्मक प्रभाव डालते हैं और व्यक्ति को एक प्रदत्त बिन्दु पर ऐसा बनाने का कारक बनती हैं जो वह हैं।"*

*("Education in its widest sense includes everything that exerts a formative influence, and causes a young person to be, at a given point, what he is.")*

अत: आवश्यक रूप से शिक्षा वृद्धि तथा विकास की प्रक्रिया है जो जीवन पर्यन्त चलती रहती है।

मैकेन्ज़ी (Machenzie) के शब्दों में,

*''विस्तृत विचारधारा में यह एक प्रक्रिया है जो जीवन पर्यन्त चलती है तथा जीवन के लगभग प्रत्येक अनुभव के द्वारा विकसित होती है।''*

*''In the wider sense, it is a process that goes on throughout life, and is promoted by almost every experience in life."*

ड़मविल (Dumvile) के शब्दों में,

*''विस्तृत रूप में शिक्षा में वे सभी प्रभाव सम्मिलित होते हैं, जो व्यक्ति को जन्म से लेकर मृत्यु तक प्रभावित करते हैं।''*

*("Education, in its wider sense, includes all the influences which act upon an individual during his passage from cradle to the grave.")*

यूनेस्को समिति ने अपनी रिपोर्ट 'लर्निंग टू बी (Learning to be) में शिक्षा के व्यापक रूप (अनौपचारिक शिक्षा तथा निरौपचारिक शिक्षा) पर बल दिया है तथा संरचित शिक्षण संस्थाओं में पूर्व निश्चित की गई शिक्षा की तुलना में इसे ही सच्ची शिक्षा स्वीकार किया गया है।

शिक्षा प्राप्त किए गए अनुभवों की खान है, प्रयत्नों की प्रयोगशाला है। इससे सर्वोत्तम तथा शुद्ध रुचियों का विकास होता है, यह उपयोगी तथा अच्छा बनने की इच्छा को सुदृढ़ बनाती है और नवयुवकों की इच्छाओं को निस्वार्थ लक्ष्य की ओर दिशा प्रदान करती है। यही सच्ची शिक्षा के कार्य हैं अत: जीवन शिक्षा की एक लंबी प्रक्रिया है और शिक्षा जीवन की कला की पर्यायवाची है।

शिक्षा जीवन पर्यन्त चलने वाली प्रक्रिया है। निरंतरता जीवन का नियम है। शिक्षा केवल कक्षाकक्ष तक सीमित नहीं है, यह जीवन के किसी विशेष समय से भी सम्बन्धित नहीं है। प्रत्येक व्यक्ति जीवन-भर कुछ न कुछ सीखता रहता है तथा जीवन की बदलती परिस्थितियों के अनुरूप सामंजस्य करना सीखता है। परिवर्तन मानवीय जीवन का आधारभूत नियम है। जीवन वृद्धि एवं विकास की निरंतर प्रक्रिया है और इसी प्रकार शिक्षा भी एक निरंतर प्रक्रिया है।

प्रत्येक व्यक्ति जीवन पर्यन्त अनुभव प्राप्त करता रहता है और उन्हीं अनुभवों से कुछ न कुछ सीखता है। शिक्षा केवल कुछ सूचनाओं का संग्रह नहीं है। यह प्राकृतिक एवं सामाजिक वातावरण में अनुभवों से सीखना है। इसमें वे सभी ज्ञान एवं अनुभव सम्मिलित होते है जो शैशवावस्था, बाल्यकाल, यौवनावस्था एवं प्रौढ़ावस्था में शिक्षा की विभिन्न ऐजेंसियों जैसे भ्रमण, क्लब, प्रकृति, समुदाय के अन्तर्गत औपचारिक, निरौपचारिक व अनौपचारिक रूप से प्राप्त किए जाते हैं। इस प्रकार शिक्षा व्यक्ति की उन सभी योग्यताओं, क्षमताओं, संभावनाओं का विकास है, जो उसे अपने वातावरण को नियंत्रित करने तथा अपनी संभावनाओं को पूर्ण करने के योग्य बनाती है।

## शिक्षा का विश्लेषणात्मक अर्थ (Analytical Meaning of Education)

ऊपर वर्णित विश्लेषण के अंतर्गत शिक्षा की शाब्दिक, संकुचित, विस्तृत, मनोवैज्ञानिक, सामाजिक, वैज्ञानिक तथा भारतीय विचारधारा के अनुसार तथा पश्चिमी विचारकों तथा शिक्षाशास्त्रियों के विचारों की व्याख्या की गई है। अब इस शिक्षा के विश्लेषणात्मक अर्थ को समझेंगे–

1. *शिक्षा-एक जीवन पर्यन्त प्रक्रिया (Education—A life long process)*–शिक्षा को केवल शिक्षण संस्थाओं में बच्चों को दी गई शिक्षा तक ही सीमित नहीं किया जा सकता। यह जन्म से मृत्यु तक चलती रहती है। इसमें मानव व्यक्तित्व को प्रभावित करने वाले सभी पक्षों को सम्मिलित किया जाता है। अन्य शब्दों में प्रत्येक व्यक्ति जीवन पर्यन्त विभिन्न अनुभवों तथा क्रियाओं के द्वारा कुछ न कुछ सीखता रहता है। जैसा कि मैडम पॉल रिचर्ड **(Paul Richard)** ने भी व्यक्त किया है कि–

   *"व्यक्ति की शिक्षा उसके जन्म से आरंभ होनी चाहिए और इसे उसके जीवन पर्यन्त तक चलते रहना चाहिए।"*

2. *शिक्षा अंत:निहित प्रक्रियाओं का प्रकटीकरण (Education–Unfolding of Innate Processes)*–प्रत्येक बालक में कुछ शक्तियाँ, क्षमताएँ, योग्यताएँ निहित हैं और शिक्षा को उनके प्रकटीकरण के लिए अवसर प्रदान करना है न कि बालक के मस्तिष्क में जबर्दस्ती कुछ भरना है। श्री अरविन्द (Aurbindo) का यह मानना है,

   *"शिक्षा का प्रमुख उद्देश्य उस छिपी हुई आत्मा को बाहर निकालना होना चाहिए, जो सर्वोत्तम है तथा इसे उचित प्रयोग के लिए उत्तम बनाना है।"*
   *("The Chief aim of education should be to help the growing soul to draw out in itself which is best and make it perfect for a noble use.")*

3. *शिक्षा-व्यक्तिगत तथा सामाजिक (Education—Individual as well as Social)*–शिक्षा की प्रक्रिया के मनोवैज्ञानिक पक्ष के अनुसार, शिक्षक को बालक की प्रकृति, रुचियों, क्षमताओं तथा सीमाओं का ज्ञान होना चाहिए। प्लेटो (Plato) के द्वारा समाज की सेवा के लिए प्रत्येक व्यक्ति की क्षमताओं के अनुरूप शिक्षा की योजना दी गई। विलियम टी. हैरिस (William. T. Harris) के अनुसार–

   *"शिक्षा का कार्य समाज के साथ संगठन के लिए व्यक्ति को तैयार करना है। व्यक्ति को इस प्रकार से तैयार करना है कि वह अपने साथियों की सहायता कर सके तथा बदले में उनसे सहायता प्राप्त कर सके।"*
   *("Eduation is preparation of the individual for the reciprocal union with society, the preparation of the individual so that he can help the fellow men and in return receive their help.")*

   भारतीय दार्शनिकों ने भी इसी विचारधारा पर बल दिया है।

4. *शिक्षा-एक गतिशील प्रक्रिया (Education—A Dynamic Process)*–शिक्षा के द्वारा मनुष्य अपनी सभ्यता एवं संस्कृति में निरंतर विकास करता है। शिक्षा जीवन है ओर जीवन ही शिक्षा है और यही कारण है कि जनजीवन स्थिर नहीं रहता तो शिक्षा स्थिर कैसे रह सकती है। शिक्षा एक गतिशील प्रक्रिया है यह समय, स्थान, आवश्यकताओं, परिस्थितियों तथा समस्याओं के अनुसार परिवर्तित होती रहती है। यदि शिक्षा गतिशील न होती तो हम विकास पथ पर अग्रसर नहीं हो पाते।

5. *शिक्षा-एक द्वि-ध्रुवीय प्रक्रिया (Education—A Bi-polar Process)*–प्रसिद्ध शिक्षा शास्त्री एडम्स (Adams) ने अपने कार्य में शिक्षा को एक द्वि-ध्रुवीय प्रक्रिया माना है। उसने शिक्षा

के संप्रत्यय का विश्लेषण निम्नलिखित ढंग से किया–शिक्षा एक द्वि–ध्रुवीय प्रक्रिया है जिसमें एक व्यक्ति दूसरे को इस प्रकार प्रभावित करता है कि उसमें ऐच्छिक परिवर्तन लाए जा सकें। यह प्रक्रिया उद्देश्य पूर्ण प्रक्रिया है; यह एक ऐसी प्रक्रिया है जिसमें अध्यापक का उद्देश्य निश्चित होता है, और वह इसी उद्देश्य के अनुरूप ही बालक के व्यवहार में परिवर्तन लाता है। वे दो साधन हैं जिनसे बालक के व्यवहार में परिवर्तन आता है,

(i) अध्यापक के व्यक्तित्व का बालक के व्यक्तित्व पर प्रभाव,

(ii) ज्ञान के विभिन्न तत्वों का प्रयोग।

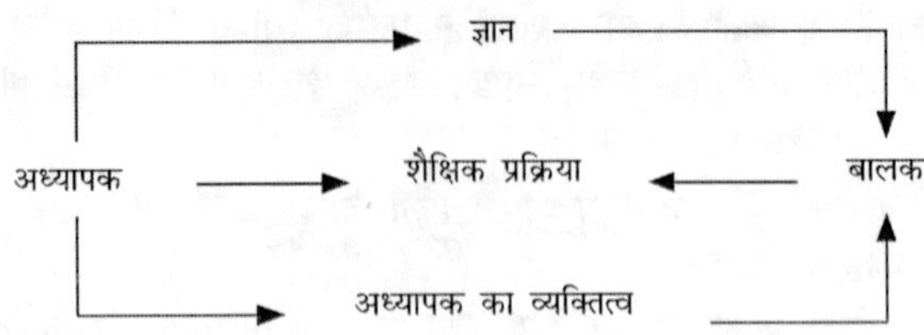


इसमें अध्यापक तथा बालक दोनों ही महत्वपूर्ण हैं, क्योंकि शिक्षण प्रक्रिया इन दोनों के बीच अंत:क्रिया के कारण ही संभव है।

6. *शिक्षा–एक त्रि–ध्रुवीय प्रक्रिया (Education—A Tri-polar Process)*– प्रसिद्ध शिक्षा शास्त्री जॉन डीवी (John Dewey) ने भी शिक्षा को एक प्रक्रिया माना है, परंतु एक द्वि–ध्रुवीय प्रक्रिया की अपेक्षा एक त्रि–ध्रुवीय प्रक्रिया। उसने इसमें एक तीसरा ध्रुव और जोड़ दिया और वह था सामाजिक वातावरण क्योंकि–

– शिक्षा एक सामाजिक प्रक्रिया है क्योंकि बालक की शिक्षा सामाजिक वातावरण में ही सम्पन्न होती है।

– यदि हम बालक को शिक्षित करना चाहते हैं तो उसकी अंतर्निहित शक्तियों के बारे में जानना आवश्यक है, परंतु यह भी सत्य है कि उसे समाज से अलग नहीं किया जा सकता, क्योंकि बालक का विकास दो कारकों-वातावरण तथा वंशानुक्रम का परिणाम है।

– पाठ्यक्रम का निर्माण समाज की परिस्थितियों तथा आवश्यकताओं के अनुसार ही किया जाता है।

अत: सामाजिक वातावरण एक ध्रुव तथा अन्य ध्रुव अध्यापक तथा विद्यार्थी हैं–

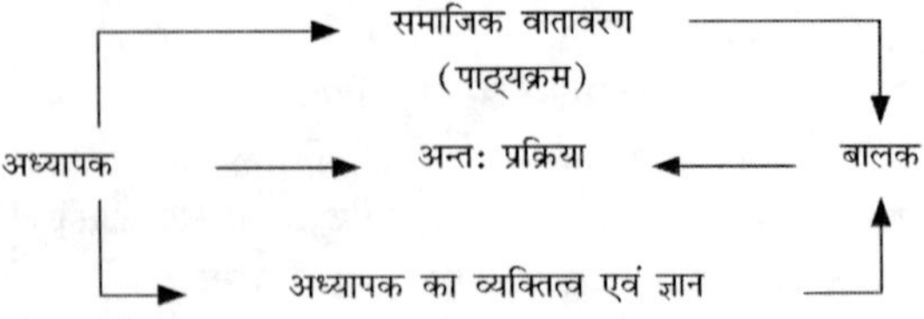


इस प्रकार शिक्षा एक ऐसी प्रक्रिया है, जिसमें अध्यापक तथा बालक के मध्य अंत:क्रिया होती है तथा यह अन्त:क्रिया सामाजिक वातावरण में सम्पन्न की जाती है, जो शिक्षार्थी के व्यवहार में परिवर्तन लाती है।

इस प्रकार शिक्षा को इस चित्र की सहायता से परिभाषित किया जा सकता है–

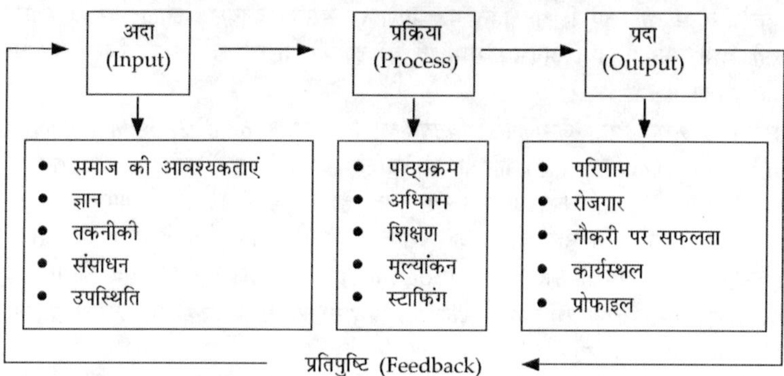


## शिक्षा के अंग या तत्व (Data of Education)

शिक्षा के तत्वों में निम्नलिखित तीन कारक विद्यमान हैं–

1. *बालक या शिक्षार्थी (The Child or Learner)*–शिक्षा में सबसे प्रमुख तत्व है, बालक। मनोवैज्ञानिक रूप से यह सिद्ध हो चुका है कि प्रत्येक बालक विभिन्न पक्षों जैसे–शारीरिक, मानसिक, संवेगात्मक, रुचियों, अभिवृत्तियों, अभिरुचियों में अन्य बालकों से भिन्न होता है। इसी कारण जो व्यक्ति उन बच्चों को पढ़ाता है उसे उनकी आंतरिक शक्तियों का ज्ञान होना चाहिए।
2. *वंशानुक्रम (Heredity)*–प्रत्येक बालक में कुछ जन्मजात योग्यताएँ होती हैं और यही उसकी शिक्षा का आधार बनती है। एक बालक का अधिकतम संभव विकास उसके वंशानुगत गुणों पर निर्भर करता है। उदाहरण के लिए यदि किसी बालक में जन्म से पेंटिंग में रुचि नहीं है, तो उसे शिक्षा के द्वारा अच्छा पेंटर बनाना संभव नहीं है। अतः बालक का विकास उसकी वंशानुगत योग्यताओं के द्वारा ही पूर्व निश्चित होता है।
3. *वातावरण (Environment)*–शिक्षा का तीसरा महत्वपूर्ण अंग वातावरण है। जन्मजात शक्तियों का विकास उसको प्रदान किए जाने वाले वातावरण पर निर्भर करता है। उचित वातावरण के अभाव में कभी-कभी बच्चों की रुचियाँ, योग्यताएँ दबकर मर जाती हैं, क्योंकि उन्हें विकसित होने का अवसर प्राप्त नहीं होता। अन्य शब्दों में हम यह कह सकते हैं कि वंशानुक्रम तथा वातावरण दोनों ही अंतः सम्बन्धित हैं और इन दोनों में अंत:क्रिया ही बालक के विकास में सहायक होती है। यदि जन्मजात गुण शिक्षा के लिए उपजाऊ आधार है तो वातावरण उसका माध्यम, जलवायु तथा खाद है; जबकि इन दोनों के संयोग का फल बालक की जन्मजात शक्तियों का उच्चतम संभव विकास है। इसे इस प्रकार व्यक्त किया जा सकता है:

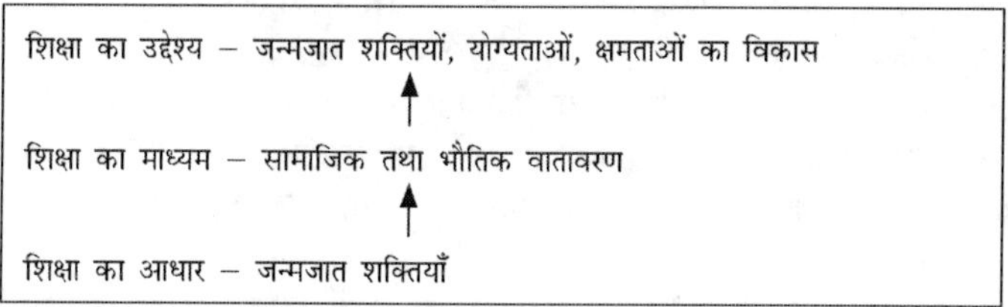


अतः व्यक्ति का व्यक्तित्व उसके वंशानुक्रम तथा वातावरण के संयोग का परिणाम है।

## शिक्षा की प्रक्रिया (Process of Education)

व्यक्ति के विकास के लिए शिक्षा बहुत महत्वपूर्ण है। इसका कार्यक्षेत्र इतना विस्तृत है कि इसमें मनुष्य की सभी क्रियाएँ तथा अनुभव समाहित है। इसकी प्रक्रियाओं का उल्लेख निम्न प्रकार से किया जा सकता है–

1. *यह एक प्रक्रिया है जो जन्मजात शक्तियों का विकास करती है (It is the Process which Manifests Innate Powers)*–शिक्षा की प्रक्रिया में जन्मजात शक्तियों का विकास किया जाता है तथा उन्हें बाह्य रूप प्रदान किया जाता है। शिक्षार्थी को अपनी क्षमताओं, योग्यताओं तथा शक्तियों का बोध नहीं होता, जो उसके अंदर विद्यमान होती है और यह शिक्षा ही है जो उसे जागरूक बनाती है। सुकरात (Socrates) ने इसे इस प्रकार व्यक्त किया है,

   *"शिक्षा से अभिप्राय सार्वभौमिक वैधता के विचारों को बाहर निकालना है जो प्रत्येक मानव के मस्तिष्क में छिपे हुए हैं।"*

   *("Education means the bringing out of the ideas of universal validity which are latent in the mind of every man.")*

2. *यह जन्मजात आध्यात्मिक शक्तियों के विकास की प्रक्रिया है (It is the Process of Development of Innate Spiritual Powers)*–विभिन्न शिक्षाशास्त्रियों, दार्शनिकों, तथा विचारकों का यह मानना है कि शिक्षा का अंतिम उद्देश्य मोक्ष की प्राप्ति है जैसे 'सा विद्या विमुक्तये'। शिक्षा एक ऐसी प्रक्रिया है जो शिक्षार्थी को स्वयं की आत्मा में छिपे हुए ज्ञान तथा शक्तियों का बोध कराती है, जिससे वह स्वयं को अपने बंधनों से मुक्त करा सकती है। आध्यात्मिक विकास सबसे उच्चतम विकास है। फ्रोबेल (Froebel) ने कहा है,

   *"बालक दैवी और मानवीय दोनों होता है और शिक्षा अपना उद्देश्य तब तक पूरा नहीं करती जब तक कि वह बालक में दैवी तत्व का विकास नहीं करती।"*

   *("The child is human as well as divine, education does not fulfill its objective as long as it does not develop the divine element in the child.")*

3. *शिक्षा–मूल प्रवृत्तियों का नियंत्रण, मार्गान्तीकरण तथा उदात्तीकरण करती है (Education—Controls, Redirects and Sublimates the Instincts)*–प्रत्येक बालक कुछ मूल प्रवृत्तियों को लेकर जन्म लेता है और उसका सारा व्यवहार उन शक्तियों पर ही निर्भर करता है। शिक्षा का सर्वप्रथम कार्य इन मूल प्रवृत्तियों का विकास करना है। यह विकास तो पशु-पक्षियों में भी होता है। मनुष्यों में वह विकास व्यक्ति और समाज दोनों के हितों को सामने रखकर किया जाता है। इस क्रिया को मूल प्रवृत्ति का उदात्तीकरण (sublimation) कहा जाता है। इस क्रिया द्वारा मनुष्य मूल प्रवृत्यात्म व्यवहार से सामाजिक व्यवहार की ओर अग्रसर होता है और पशु से मनुष्य की कोटि में जाता है। जर्मन शिक्षाशास्त्री पेस्टालॉजी (Pestalozzi) मनुष्य की जन्मजात शक्तियों के स्वाभाविक, समरस तथा प्रगतिशील विकास को ही शिक्षा मानते थे।

4. *शिक्षा–सामाजिक अनुकूलन की प्रक्रिया के रूप में (Education—As the Process of Social Adaptation)*–शिक्षा के महत्वपूर्ण कार्यों में से एक कार्य बालक का समाजीकरण करना है। शिक्षा एक सामाजिक प्रक्रिया है और इसी कारण इस पर पूर्व निश्चित सामाजिक उत्तरदायित्व भी है। बालक को समाज में सामंजस्य करना होता है इसीलिए शिक्षा को बालक का सामाजीकरण करना चाहिए क्योंकि इसके बिना कोई मनुष्य सामाजिक जीवन व्यतीत नहीं कर सकता। इस संदर्भ में शिक्षा को दो प्रकार के कार्य करने होते हैं–एक तो व्यक्ति को पर्यावरण के साथ अनुकूलन करने के लिए योग्य बनाना और दूसरा उसे पर्यावरण को बदलने

योग्य बनाना। मनुष्य केवल परिस्थितियों का दास ही नहीं है, अपितु उनका निर्माता भी है। अमेरिकन शिक्षाशास्त्री जॉन डीवी ने ठीक ही कहा है-

*"पर्यावरण से पूर्ण अनुकूलन करने का अर्थ है मृत्यु। आवश्यकता इस बात की है कि पर्यावरण पर नियंत्रण रखा जाए।"*

*("Complete adaptation to environment means death. The essential point is to control the environment.")*

5. *शिक्षा व्यस्क जीवन के लिए तैयारी (Education—Preparation for Adult Life)*–आज का बालक कल का नागरिक है। शिक्षा बच्चों में उन योग्यताओं तथा क्षमताओं का विकास करती है जिसके परिणाम स्वरूप जब वह व्यस्क हो तो वह अपने जीवन की समस्याओं का साहसपूर्ण सामना कर सके तथा उन्हें सफलतापूर्वक सुलझाने के योग्य बन जाए।
6. *शिक्षा-प्रशिक्षण के कार्य रूप में (Education—act of Training)*–शिक्षा व्यक्ति को प्रशिक्षण प्रदान करती है जिसके परिणामस्वरूप वह अपनी योग्यताओं, क्षमताओं के अनुसार समाज में उचित स्थान प्राप्त करने के योग्य बन सके। प्रत्येक व्यक्ति को अपने संवेगों, व्यवहार प्रवृत्ति तथा इच्छाओं को उचित दिशा निर्देश के लिए प्रशिक्षण की आवश्यकता होती है। इस प्रकार का प्रशिक्षण उसे एक उत्तरदायी नागरिक बनाने में सहायक होगा।
7. *शिक्षा-निर्देशन के रूप में (Education—an act of Direction)*–शिक्षा बालक की योग्यताओं, क्षमताओं, रुचियों, अभिरुचियों, अभिवृत्तियों को सही दिशा-निर्देश प्रदान करती है। इस प्रकार यह परिवर्तनशील समाज को निर्देशन प्रदान कर सकती है।
8. *शिक्षा-वृद्धि के रूप में (Education—as Growth)*–प्रत्येक व्यक्ति के लिए शिक्षा उसकी जन्मजात शक्तियों को वास्तविक रूप प्रदान करने की, उसकी योग्यताओं में वृद्धि करने की तथा उसके विकास की प्रक्रिया है। शिक्षा का कार्य प्रत्येक बालक की योग्यताओं, शारीरिक, मानसिक, संवेगात्मक सामाजिक तथा आध्यात्मिक का समरूप विकास करके, उसके एकीकृत व्यक्तित्व को बाह्य रूप से प्रकट करना है।
9. *शिक्षा-जीवन की आवश्यकता के रूप में (Education—as Necessity of Life)*–जैविक रूप से तथा शरीर विज्ञान के अनुसार मानव सभी जीवों में न तो अधिक शक्तिशाली, न ही बड़ा तथा न ही सबसे तीव्र है और न ही उनकी भाँति किसी विशेष वातावरण के अनुरूप है। मानव शिशु क्षमताओं से परिपूर्ण है। एक पूर्ण विकसित, परिपक्व, निपुण, प्रौढ़ व्यक्ति के रूप में विकसित होने की उसमें संभावना है। शिक्षा प्रक्रिया इन क्षमताओं को वास्तविक रूप देने में अभिप्रेरणा प्रदान करती है।

   शिक्षा की सहायता से, मानव न केवल अपना जीवन ही जीता है, अपितु संपूर्ण रूप से मानव सभ्यता के विकास में सहायक भी होता है।
10. *शिक्षा-आधुनिक युग की मांग (Education—Demand of Modern Age)*–हम सभी जानते हैं कि आधुनिक युग विज्ञान का युग है। कोई भी व्यक्ति विज्ञान की प्रगति से अछूता नहीं है। प्रत्येक क्षेत्र में तकनीक के विकास के लिए शिक्षा की आवश्यकता है। नागरिकों में राष्ट्रीय एकता तथा अंतर्राष्ट्रीय सद्भावना के विकास के लिए भी शिक्षा आवश्यक है।
11. *शिक्षा-सामाजिक कार्य के रूप में (Education—as Social Function)*–स्कूल को समाज की उप-व्यवस्था माना जाता है। शिक्षा प्रक्रिया समाज में ही सम्पन्न होती है और समाज इसकी प्रक्रिया पर नियंत्रण बनाए रखता है। किसी भी समाज में शिक्षा उस समाज की विशेषताओं-लक्ष्य, मूल्य, आवश्यकताएँ तथा आकांक्षाएँ, को प्रतिबिम्बित करती है। प्रत्येक समाज शिक्षा का प्रयोग अपनी अभिरुचियों के विकास के लिए करता है।

12. *शिक्षा-अनुभवों की पुन:संरचना (Education—Reconstruction of Experiences)*–शिक्षा के द्वारा हम विभिन्न प्रकार के अनुभव प्राप्त करते हैं और उनके आधार पर नवीन ज्ञान की रचना होती है। उदाहरण के रूप में, बाल्यकाल में हम यह सोचते हैं कि पृथ्वी का आकार गोल है और यह एक स्थान पर स्थिर है तथा सूर्य, चंद्रमा व सितारे इसके चारों ओर घूमते है। परन्तु जब हम स्कूल जाते हैं और अध्यापक से विचार-विमर्श करते हैं तो हम समझ पाते हैं कि पृथ्वी का आकार अंडाकार है और यह सूर्य के चारों ओर घूमती है, जिस आधार पर दिन और रात बनते हैं। जैसा कि जॉन डीवी (John Dewey) ने भी कहा है–

    *''शिक्षा अनुभवों की पुन:संरचना या पुनर्गठन है, जिससे अनुभव के अर्थ में वृद्धि होती हैं तथा जिससे आने वाले अनुभवों को दिशा देने को योग्यता का विकास होता है।''*
    *(''Education is reconstruction or reoganisation of experiences which adds to the meaning of experience and which increases the ability to direct the course of subsequent experiences.'')*
13. *शिक्षा-प्रशिक्षण कार्य है (Education—an act of training)*–शिक्षा प्रशिक्षण प्रदान करती है, जिससे व्यक्ति को उसके सामाजिक जीवन में अपना उचित स्थान ग्रहण करने में सहायता मिलती है। कुछ विचारकों का मानना है कि, मानव मूलत: पशु है, इसीलिए उसे प्रशिक्षण की आवश्यकता है, ताकि वह अपनी भावनाओं, अभिलाषाओं व व्यवहारों पर अधिकार एवं नियंत्रण करना सीख जाए। इस प्रकार का प्रशिक्षण प्राप्त करके ही वह समाज का उत्तरदायी सदस्य बन सकता है। शिक्षा मानव को शारीरिक व मानसिक प्रतिक्रियाओं के स्तर पर अच्छे व बुरे में अन्तर समझने के योग्य बनाती है। इस प्रकार शिक्षा शरीर, मस्तिष्क व आत्मा के प्रशिक्षण की प्रक्रिया है।
14. *शिक्षा-मानव का विकास (Education-Development of Man)*–समाज में उसी व्यक्ति को विकसित कहा जा सकता है, जिसमें सोचने समझने की योग्यता होती है। जो व्यक्ति अपने चारों ओर होने वाली विभिन्न घटनाओं का चितंन एवं आलोचना कर सकता है, वही समाज को कुछ योगदान दे सकता है। प्लेटो (Plato) के अनुसार, ''शिक्षा विद्यार्थी के शरीर और आत्मा में उस सौन्दर्य और पूर्णता का विकास करती है, जिसके योग्य वह है।''

अत: हमने शिक्षा की प्रक्रिया को विभिन्न दृष्टिकोणों से प्रस्तुत किया तथा इनसे यह निष्कर्ष निकला कि शिक्षा वह है जिसके द्वारा व्यक्ति व समाज के मूल्यों तथा आवश्यकताओं के अनुरूप बालक की जन्मजात शक्तियों का विकास किया जाता है। अत: शिक्षा एक प्रक्रिया है जिसके द्वारा बालक में निहित गुणों को बाह्य रूप प्रदान किया जाता है।

बालक के व्यक्तित्व का विकास शिक्षा प्रक्रिया पर निर्भर करता है। शिक्षा प्रक्रिया में, तीन तत्व महत्वपूर्ण हैं। वे हैं 'शिक्षार्थी' या 'बालक' जिसे शिक्षित किया जाना है; 'शिक्षक' या 'अध्यापक' जो बालक की शिक्षा के लिए अधिगम अनुभवों का संगठन करता है, तथा विभिन्न अवसर प्रदान करता है; और 'सामाजिक परिस्थिति' या सामाजिक-सांस्कृतिक प्रभाव तथा शक्तियाँ, जिनमें शिक्षा प्रक्रिया का कार्य सम्पन्न होता है। इन तीनों के अंर्तसम्बन्ध को निम्नलिखित प्रकार से दर्शाया जा सकता है–

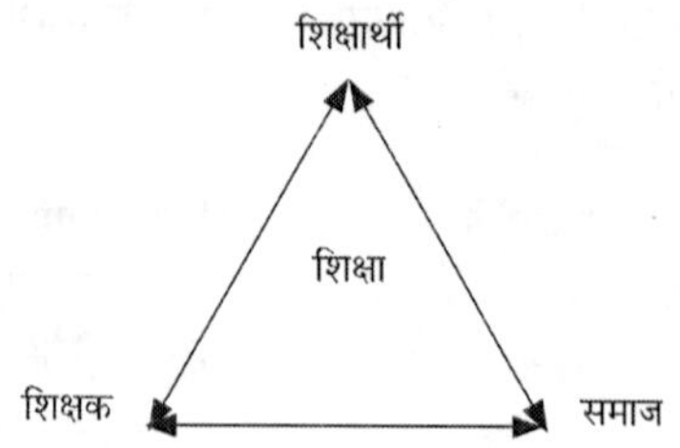

अतः शिक्षा एक त्रिभुवीय प्रक्रिया है। यह व्यक्ति का संपूर्ण विकास है। स्वामी विवेकानन्द के शब्दों में,

*"शिक्षा मानव निर्माता है। शिक्षा वह है जिससे चरित्र का निर्माण होता है, मन की शक्ति में वृद्धि होती है, बुद्धि का विस्तार होता है तथा जिसकी सहायता से व्यक्ति स्वयं अपने पैरों पर खड़ा होना सीखता है।"*

*("Education is man making. Education is that by which character is formed, strength of mind is increased, intellect is expanded and by which one can stand on his own feet.")*

वास्तविक अर्थों में शिक्षा मूल्यों, कौशलों, अभिवृत्तियों, रुचियों तथा नैतिकता से परिपूर्ण जीवन है। शिक्षा क्रियाओं, अनुभवों तथा सूझ-बूझ को विस्तृत क्षेत्र प्रदान करती है।

## शिक्षा की अंतः अनुशासित प्रकृति (Interdisciplinary Nature of Education)

अन्तः अनुशासित से अभिप्राय यह है कि विभिन्न विषयों के संप्रत्ययों का समुचित ज्ञान, क्योंकि सभी विषय एक दूसरे से संबंधित हैं, तथा यह विशेष रूप से एक प्रणाली उपागम पर आधारित है। यह सर्वविदित है कि ज्ञान विभिन्न विभागों में बंटा हुआ नहीं हैं, हमारा मन एक है, तो विषयों के नाम पृथक-पृथक होते हुए भी सभी आंतरिक रूप से एक-दूसरे पर निर्भर व संबंधित है। शिक्षा की इस प्रकृति की निम्नलिखित ढंग से व्याख्या की जा सकती है–

1. *एकीकृत पाठ्यक्रम (Integrated Curriculum)*–एकीकृत पाठ्यक्रम में विषय सामग्री व शिक्षण-अधिगम प्रक्रिया का विभिन्न क्रियाओं, सिद्धांतों या समस्याओं के चारों और संगठन किया जाता है, जिसके लिए अंतः अनुशासित अधिगम की आवश्यकता होती है। उदाहरण–जैसे हम सामाजिक अध्ययन को नागरिक शास्त्र, इतिहास, भूगोल, अर्थशास्त्र, समाजशास्त्र आदि का मिश्रण मानते थे, परंतु इस अवधारणा को अस्वीकार करते हुए इसे एकीकृत माना जाता है और इसके लिए सामग्री का निर्माण करने वालों को सभी विषयों की जानकारी होनी आवश्यक है, वरन् वे इसकी विषय सामग्री, क्रियाएँ आदि को उचित रूप नहीं दे पाएँगें।
2. *शिक्षण-अधिगम प्रक्रिया (Teaching Learning Process)*–विद्यार्थी को ऐसी परिस्थिति में रखा जाना आवश्यक है और उस परिस्थिति के एक या अधिक विषयों से संबंधित क्रिया में संलग्न करना आवश्यक है, जिसके परिणामस्वरूप उस परिस्थिति का उसे पूर्ण ज्ञान प्राप्त हो सके। यह क्रिया उस परिणाम पर पहुँचाएगी, जिसे सामान्य रूप से उद्देश्यों के रूप में परिभाषित किया जाता है।

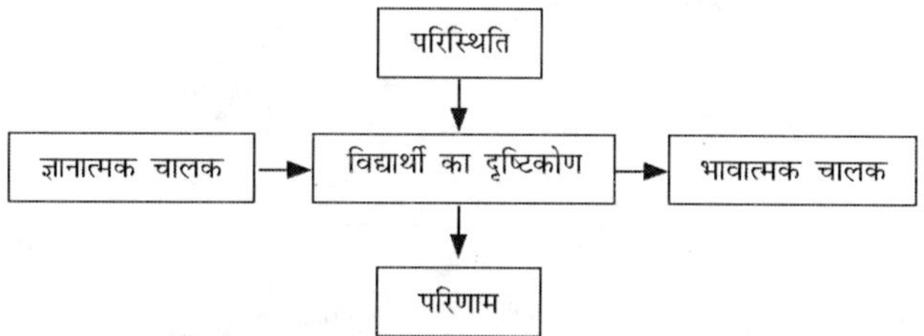


स्कूली शिक्षा में अन्तः अनुशासितता मुख्य रूप से सामान्य शिक्षा में विकसित की जाती है तथा विशेष रूप से प्राथमिक स्तर व निम्न माध्यमिक स्तर पर। वाल्टन (Walton), पियाज़े (Piaget), डीवी (Dewey), फ्रेनर (Freiner) आदि ने निम्न स्तर पर सामान्य शिक्षा को बच्चों

की मनोवैज्ञानिक वास्तविकताओं एवं नवयुवकों की रुचियों, अनुसंधान प्रवृत्ति, तथा उस वातावरण से सम्बन्धित करने का प्रयास किया है जिसमें वह रहते हैं। इस प्रकार उन्होंने शिक्षा में एक नवीन रास्ता निकाला जो अनुशासन के बंधनों से मुक्त हो तथा विद्यार्थी के अपने दृष्टिकोणों व जीवन की वास्तविक परिस्थितियों से सम्बन्धित हो।

निरौपचारिक शिक्षा में अन्तः अनुशासित शिक्षा को बहुत सरलता से प्रारंभ किया जा सकता है। ऐसे विद्यार्थी, उन विद्यार्थियों की अपेक्षा जिन्होंने केवल एक ही अनुशासन में विशिष्टता प्राप्त की हो, अपने वास्तविक जीवन की समस्याओं को सुलझाने में अधिक पारंगत हो सकते हैं।

यदि हम अंतः अनुशासित शिक्षा के इतिहास की बात करें तो इसे एकीकृत पाठ्यक्रम संप्रत्यय के साथ 1930 में प्रारंभ किया गया था। परंतु इसका विकास 1970 में संभव हुआ। कोकल्मन्स (Kockelmans) ने अंतः अनुशासित शिक्षा को इस प्रकार परिभाषित किया है,

> *"यह समस्याओं को सुलझाने का एक समुच्चय है, जिसका समाधान वर्तमान अनुशासनों के एकीकृत भाग के द्वारा ही प्राप्त किया जा सकता है।"*
> *("Interdisciplinary is to solve a set of problems, whose solution can be achieved only by integrating parts of existing disciplines.")*

जीवन अंतः अनुशासित है, तो शिक्षा भी अंतः अनुशासित होनी चाहिए क्योंकि जीवन व शिक्षा दोनों परस्पर अंतः सम्बन्धित है। अतः अनुशासित शिक्षा के द्वारा विद्यार्थी विभिन्न विषयों से सम्बन्धित विचारों व संप्रत्ययों को सम्बन्धित कर पाएगें, एक रचनात्मक रूपावली को बढ़ावा दे पाएँगे जो प्रत्येक विषय का गहन बोध करने में सहायक होगा। निसान (Nissan) एवं एप्पलवाय (Appleby) ने अंतः अनुशोषित शिक्षा के लाभों का वर्णन इस प्रकार किया है–

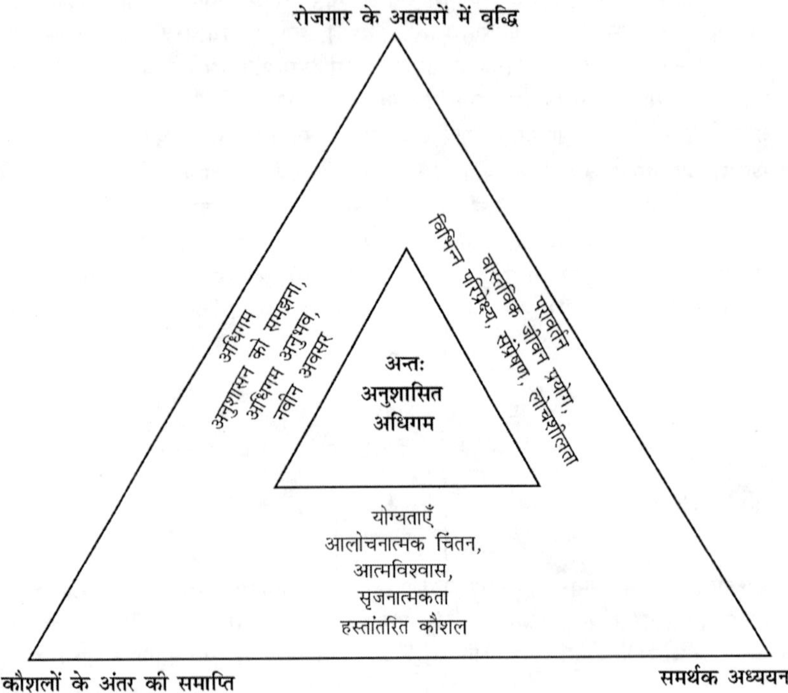

– वास्तविक जीवन सम्बन्धी अनुप्रयोगों का प्रदर्शन
– अर्थपूर्ण अधिगम अनुभव
– दो अनुशासनों के बीच सहसम्बन्ध के परिणामस्वरूप नवीन अवसर
– समस्या समाधान में लोचशीलता
– आलोचनात्मक चिन्तन शक्ति का विकास
– आत्मविश्वास का निर्माण
– अधिक सृजनात्मकता
– हस्तांतरित कौशल

उपरोक्त उपयोगिता के आधार पर ब्रोडी (Brodie) एवं इरविंग (Irving) ने एक शिक्षाशास्त्र त्रिभुज का विकास किया-

21वीं सदी में भारत सरकार शिक्षा के विभिन्न पहलुओं–लक्ष्य, पाठ्यक्रम, शिक्षण एवं अनुसंधान–में अंत:अनुशासित उपागमों पर बल दे रही है। यह ज्ञान प्राप्त करने का व हस्तांरित करने का नवीन ढंग है, वो भारत के लिए अत्यधिक महत्वपूर्ण होगा। शैक्षिक उद्देश्यों एवं प्रक्रियाओं को वास्तविकता से सम्बन्धित करने की आवश्यकता है, जिससे व्यक्ति तथा समुदाय दोनों के समरूप सर्वांगीण विकास की प्राप्ति की जा सके।

29 जुलाई, 2020 को प्रधानमंत्री की अध्यक्षता में केन्द्रीय मंत्रिमंडल के द्वारा राष्ट्रीय शिक्षा नीति 2020 को मान्यता प्रदान की गई। इस नीति के द्वारा विभिन्न सुझाव दिए गए हैं जैसे शिक्षा की विद्यमान प्रणाली में अनुशासित विषयों को कठोरता से पृथक-पृथक रखा गया है तथा ज्ञानात्मक कौशलों एवं अधिगम उपलब्धियों पर बहुत कम बल दिया जाता है, इसीलिए पूर्व स्नातक, स्नातकोत्तर एवं पी.एच.डी. स्तर पर सभी कोर्स अंत: अनुशासित होगें। मंत्रालय ने यह भी घोषणा की है कि अब विषयों की लोचशीलता के रूप से शिक्षा बहु-अनुशासित एवं समग्र होगी। पाठ्यक्रम की शिक्षाशास्त्रीय संरचना में भी विभिन्न अनुशासनों की कोई कठोर रूप से पृथकता नहीं होगी जैसे–कला, विज्ञान, वाणिज्य इत्यादि।

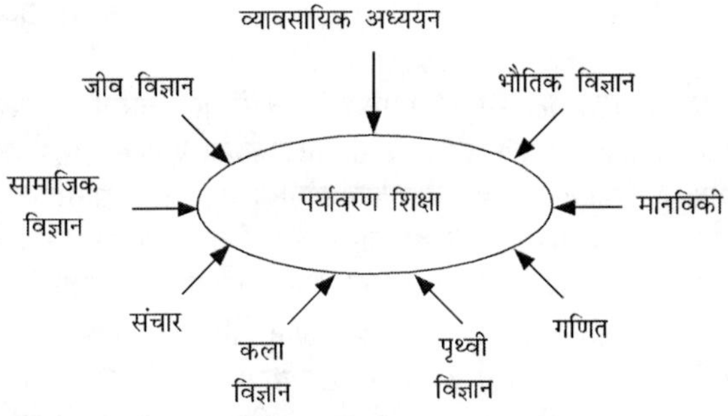


**अन्त:अनुशसित शिक्षा**

यह एक वास्तविकता है कि शिक्षा मानव जीवन से सम्बन्धित है। मानव अस्तित्व को समझने के लिए भौतिक, जैविक एवं सामाजिक ब्रह्माण्ड को समझने में विभिन्न अनुशसित विषयों का योगदान है। ज्ञान की किसी एक शाखा को समझने से जीवन की प्रक्रियाओं को समझना कठिन है। आज बहुत-सी सामाजिक समस्याएँ ऐसी हैं, जिन्हें किसी एक विषय को पढ़कर सुलझाया नहीं जा सकता, इसीलिए इन समस्याओं को सुलझाने के लिए विभिन्न-विषयों जैसे विज्ञान, सामाजिक विज्ञान, मानविकी, भाषा, गणित, दर्शन आदि में अन्त:क्रिया की आवश्यकता है। अन्त: अनुशसित

उपागम के द्वारा विद्यार्थी शिक्षा के विभिन्न अनुशासित विषयों में अन्तः सम्बन्ध स्थापित कर सकते हैं तथा उस सम्बन्ध को समझ सकते हैं, जिससे उनके अधिगम में अत्यधिक वृद्धि होगी। इसके साथ-साथ विद्यार्थी अधिक उपयुक्त, समयानुकूल, अखण्ड़ित एवं गहन अधिगम अनुभव प्राप्त करते हैं।

शिक्षा मानव विकास की एक प्रक्रिया है और इसके साथ-साथ अध्ययन का एक स्वतंत्र क्षेत्र या अनुशासन है। शिक्षा की अत्यधिक विषय सामग्री अन्त:अनुशासित उपागम का परिणाम होती है। शिक्षा के अत्यधिक आधारभूत प्रश्नों का उत्तर विभिन्न अनुशासित विषयों से प्राप्त होता है, इसीलिए शिक्षा एक अन्त:अनुशासित, बहु-अनुशासित एवं मेटा-अनुशासनात्मक प्रक्रिया है। आइए अब हम विभिन्न अनुशासनों एवं शिक्षा में सम्बन्ध व आत्मनिर्भरता की चर्चा करें-

## दर्शन (Philosophy)

पढ़ाना क्यों चाहिए? इस प्रश्न का उत्तर दर्शन से प्राप्त होता है? विभिन्न शिक्षाशात्रियों ने दर्शन को विभिन्न रूपों में परिभाषित किया है:

हैन्डरसन (Handerson) के शब्दों में,

*"दर्शन सभी कठिन समस्याओं का, जिसका मनुष्य ने कभी सामना किया है; कठोर, अनुशासित तथा सुरक्षित विश्लेषण है।"*

*("Philosophy is a rigorous, disciplined and guarded analysis of some most difficult problems which man has ever faced.")*

डॉ. राधाकृष्णन (Dr. Radhakrishnan) के अनुसार,

*'दर्शन वास्तविकता के स्वरूप का तार्किक चितंन है।'*

*("Philosophy is a logical enquiry into the nature of reality.")*

हरवर्ट स्पेंसर (Herbert Spenser) के शब्दों में,

*"दर्शन सार्वभौम विज्ञान के रूप में प्रत्येक वस्तु से सम्बन्धित है।"*

*("Philosophy is concerned with everything as a universal science.")*

दर्शन व शिक्षा के अन्त:संबंध को समझने के लिए इसकी तीनों शाखाओं का ज्ञान होना आवश्यक है।

1. *तत्व-मीमांसा (Meta-physics)*-तत्व मीमांसा वस्तुओं की वास्तविक प्रकृत्ति के बारे में विश्लेषण करना है। इसकी प्रमुख समस्याएँ है-वास्तविकता क्या है? सत्य क्या है? तथ्य क्या है? परिवर्तन क्या है? नवीन क्या है? अत:तत्व मीमांसा की विषय सामग्री में स्वंय संसार तथा ब्रह्माण्ड सम्मिलित है। यह शिक्षा के लक्ष्यों तथा आदर्शों को प्रभावित करता है। स्व का प्रत्यय चरित्र के विकास का आधार है, जो शिक्षा का प्रमुख लक्ष्य माना जाता है।
2. *ज्ञान-मीमांसा (Epistemology)*-ज्ञान-मीमांसा दर्शन की वह शाखा है जो ज्ञान सम्बन्धी समस्याओं पर विचार-विमर्श करती है। इसकी मुख्य समस्याएँ हैं-ज्ञान क्या है? ज्ञान के स्त्रोत क्या है? दर्शन का अनुभव ही ज्ञान के मूल्यों तथा विधियों के बारे में विचार-विर्मश करता है। शिक्षण विधियाँ ज्ञान संबंधी विश्वासों पर निर्भर करती है। ज्ञान संश्लेषित है तथा इसे शिक्षा की सहायता से चेतना, बोध एवं तर्क के माध्यम से प्राप्त किया जा सकता है।
3. *मूल्य-मीमांसा* (Axiology)-मूल्य-मीमांसा में तीन विज्ञान सम्मिलित है-तर्क, मूल्य तथा सौन्दर्य। शिक्षा का एकीकृत उद्देश्य है-मानव निर्माण या चरित्र-निर्माण। क्या अच्छा और मूल्यवान है, इसे पाठ्यक्रम में सम्मिलित किया जाता है। सौन्दर्य सुंदरता का विज्ञान है, जैसे तर्क सत्य का विज्ञान है और कल्याण अच्छाई का विज्ञान है। शिक्षा सत्य, कल्याण एवं सुन्दरता की अनुभूति करने की कोशिश करती है।

इस प्रकार दर्शन जीवन के आदर्शों के साथ-साथ जीवन की वास्तविकता से सम्बन्धित होता है। दर्शन का महत्व इस तथ्य से भी आँका जा सकता है कि अनुसंधान में उच्चतम डिग्री पी.एच. डी. (Ph.D) प्रदान की जाती है। इसके अन्तर्गत विद्यार्थी/अनुसंधानकर्त्ता अपनी चिंतन कौशलों का प्रयोग करता है और विभिन्न विधियों एवं संप्रत्ययों का प्रयोग करते हुए सत्यता की खोज़ करता है। दर्शन उन प्राप्तियों का सत्यापन करता है और अनुसंधान के परिणामों की आलोचना करता है। इस प्रकार दर्शन सभी विज्ञानों की माता है। यह ज्ञान, कौशल तथा दृष्टिकोणों के विकास के लिए तकनीकों को आधार प्रदान करता है। रस्क (Rusk) ने ठीक ही कहा है।

*''दर्शन जीवन के उद्देश्यों के बारे में ज्ञान प्रदान करता है।''*

*(Philosophy formulates what it conceives to be the end of life.'')*

## मनोविज्ञान (Psychology)

कैसे पढ़ाना है? यह प्रश्न शिक्षा के व्यावहारिक पक्ष से सम्बन्धित है। मनोविज्ञान एवं शिक्षाशास्त्र इस प्रश्न का उत्तर दे सकते हैं और विभिन्न शिक्षण विधियाँ एंव शिक्षण तकनीकें प्रदान करते हैं।

मैक्ड्यूगल (Mc Dougall) के शब्दों में,

*''मनोविज्ञान मानव आचरण एवं व्यवहार का यथार्थ विज्ञान है।''*

*("Psychology is the positive science of human conduct and behaviour.")*

रैथस (Rathus) के अनुसार

*''मनोविज्ञान एक ऐसा विज्ञान है जिसमें प्रेक्षणीय व्यवहारों एवं मानसिक प्रक्रियाओं का अध्ययन किया जाता है।''*

*("Psychology is a science that studies observable behaviour and mental processes.")*

मनोविज्ञान ने बालक के प्रति दृष्टिकोण में आमूल परिवर्तन करके शिक्षा को बालकेद्रिंत बना दिया है। शिक्षण विधियों में बालक की रूचियों, क्षमताओं और योग्यताओं का पूर्ण ध्यान रखा जाता है। मापन व मूल्यांकन में आंकडों के विश्लेषण के लिए मनोविज्ञान की शाखा सांख्यिकी का प्रयोग किया जाता है।

## समाजशास्त्र (Sociology)

क्या पढ़ाना है? यह प्रश्न शिक्षा की विषय सामग्री से सम्बन्धित है। इस प्रश्न का उत्तर दर्शन व समाजशास्त्र दोनों के संयुक्त अध्ययन से प्राप्त होता है। शिक्षा एक त्रि-ध्रुवीय प्रक्रिया है। शिक्षक व शिक्षार्थी, दो प्रमुख ध्रुव हैं, परन्तु तीसरा ध्रुव समुदाय एक महत्वपूर्ण भूमिका अदा करता है। स्कूल को उप-सामाजिक व्यवस्था का भी नाम दिया जाता है जो सामाजिक आवश्यकता की पूर्ति करता है। मानव जीवन केवल जैवकीय व शारीरिक क्रियाओं का परिणाम ही नहीं है, अपितु बालक को बौद्धिक, सामाजिक व सांस्कृतिक पक्षों का प्रशिक्षण भी प्राप्त होना चाहिए। उसे समूह में रहने के मानक व मूल्यों को सीखना होता है, जिससे वह समाज का स्वीकृत एवं प्रभावी सदस्य बन सके। अन्य शब्दों में बालक का समाजीकरण होना आवश्यक है और इसके लिए समाजशास्त्र का अध्ययन अति आवश्यक है।

## इतिहास (History)

यदि हम अपने अतीत में झांके, तो हमें यह ज्ञात होता है कि आज की समस्याएँ उन समस्याओं से भिन्न नहीं है, जिनका सामना हमारे पूर्वज़ों ने अपने समय में किया था। बहुत बार हमें यह अनुभव होता है कि आज की समस्याएँ अतीत की शिक्षा नीतियों के सुझावों में प्रदर्शित होती हैं जैसे

कोठारी आयोग ने 1964–66 में यह सुझाव दिया था कि बेरोज़गारी की समस्या को सुलझाने के लिए तथा उत्पादन को बढ़ाने के लिए कौशलयुक्त शिक्षा की आवश्यकता है। यही सुझाव राष्ट्रीय शिक्षा नीति 2020 के द्वारा भी दिया गया है। भारत में व्यावसायिक शिक्षा की सीमित सफलता ऐतिहासिक रूप से चली आ रही समस्या है। एक कहावत भी है कि,

*"यदि आप इतिहास का अध्ययन नहीं करते हैं तथा अतीत से कुछ पाठ नहीं सीखते हैं, तो आपको अतीत की गलतियों को दुबारा दोहराने के परिणाम भुगतने होगें।"*

*("If you do not study history and learn lessons from the past, then you have to suffer the consequences of the repetitions of mistakes of the past.")*

इस प्रकार इतिहास उन प्रश्नों के उत्तर देने में सहायक होता है कि हमने अतीत में किन समस्याओं का सामना किया व उनके परिणाम क्या थे। यह तथ्य शिक्षा नीतियों के भविष्य के लिए अपने सुझाव देने में लाभकारी होते हैं।

**राजनैतिक विज्ञान (Political Science)**

यदि हमें शिक्षा नीतियों को समझना हो, परिभाषित करना हो, व्याख्या करनी हो तो राजनीतिक प्रक्रियाओं की आवश्यकता होती है। राजनैतिक विज्ञान के आधारभूत संप्रत्ययों को समझ कर ही शैक्षिक प्रशासन व प्रबंधन को अधिक समृद्ध किया जा सकता है। यदि आपके पास एक अच्छा सिद्धांत है, एक उपयुक्त विधि का उसे समर्थन प्राप्त है, तो आप जो कुछ भी विश्व में घटित होता है, उसकी व्याख्या कर सकते हो। एक देश में शिक्षा को अन्य देशों की नीतियों, प्रक्रियाओं तथा शिक्षा विधियों की सूझ-बूझ से समृद्ध बनाया जा सकता है।

अत:/अंत: अनुशासित शिक्षा का मुख्य केन्द्र बिन्दु एक पृथक अनुशासन क्षेत्र की बाधाओं की अपेक्षा विस्तृत विचार एवं चिन्तन है, जिससे आलोचनात्मक चिंतन शक्ति, सृजनात्मकता, समन्वय एवं संप्रेषण कौशलों का विकास संभव हो पाएगा। परिणामस्वरूप, अन्त:अनुशासित शिक्षा ही विद्यार्थियों को वास्तविक जीवन की चुनौतियों के लिए तैयार करने में सबसे उपयुक्त होगी, जो खण्डित कौशलों व संप्रत्ययों से संभव नहीं है। यही शिक्षा विस्तृत कौशलो तथा एकीकृत दक्षताओं के विकास में सहायक होगी।

# 2. शिक्षा के संप्रत्ययों का विश्लेषण

## (Analysis of Different Concepts of Education)

*"Education is a combination of growth and human development with social legacy."*
*–Kohnstamm and Gunning*

शिक्षा को एक 'जननी' कहा जा सकता है जिसने विभिन्न संप्रत्ययों को जन्म दिया। यह एक समुद्र की भांति है तथा अपने अंशों में इतना विस्तृत है कि अन्य सभी संप्रत्ययों को इस विस्तृत समुद्र की नदियाँ और धाराएँ समझा जा सकता है।

### 1. शिक्षा (Education)

शिक्षा के विश्लेषण के लिए अध्याय-1 का अध्ययन कीजिए।

### 2. शिक्षण (Teaching)

पारम्परिक रूप में शिक्षण कक्षा-कक्ष परिस्थितियों में विद्यार्थियों को निर्देश देने की कला है। यह एक द्वि-ध्रुवीय प्रक्रिया है, जिसमें अध्यापक विद्यार्थियों को सूचनाएँ प्रदान करता है तथा विद्यार्थियों को उनका अनुगमन करना पड़ता है। परंतु आधुनिक समय में यह विचारधारा परिवर्तित हो रही है। आज के समय में अध्यापक को विषय सामग्री प्रस्तुत करते समय बच्चे के मनोविज्ञान का ध्यान रखना होगा तथा साथ ही साथ विषय सामग्री को क्रमबद्ध ढंग से पढ़ाना होगा, जिससे वह शिक्षा के पूर्व निश्चित लक्ष्यों की प्राप्ति कर सके। इस प्रकार शिक्षण-शिक्षक, विद्यार्थी तथा पाठ्यक्रम के बीच अंतः सम्बन्ध स्थापित करता है।

**परिभाषा (Definition)**

एच. सी. मोरीसन (H.C. Morrison) के अनुसार,

*"शिक्षण अधिक परिपक्व व्यक्ति तथा कम परिपक्व व्यक्ति के बीच आंतरिक सह-संबंध है, जिसका निर्माण कम परिपक्व व्यक्ति की शिक्षा के लिए किया जाता है।"*
*("Teaching is an intimate contact between a more matured personality and a less matured one which is designed to further the education of the later.")*

एन. एल. गेज (N.L. Gage) के शब्दों में,

*"शिक्षण अन्तः व्यक्तित्व प्रभाव का प्रारूप है, जिसका उद्देश्य दूसरे व्यक्ति की व्यवहार क्षमता में परिवर्तन लाना है।"*
*("Teaching is a form of inter personal influence aimed at changing the behaviour potential of another person.")*

बी. ओ. स्मिथ (B.O. Smith) के अनुसार,

*"शिक्षण अधिगम प्रदान करने के उद्देश्य से की गई क्रियाओं की कार्यप्रणाली है।"*
*("Teaching is a system of actions intended to produce learning.")*

थॉमस ग्रीन (Thomas Green) के शब्दों में,

*"शिक्षण अध्यापक का कार्य है, जो बालक के विकास के लिए किया जाता है।"*
*("Teaching is the task of teacher which is performed for the development of a child.")*

बर्टन (Burton) के अनुसार,

*"शिक्षण अधिगम के लिए अभिप्रेरणा, निर्देशन, मार्गदर्शन तथा प्रोत्साहन है।"*
*("Teaching is the stimulation, guidance, direction and encourgement of learning.")*

योकम एवं सिम्पसन (Yoakam and Simpson) के शब्दों में,

*"शिक्षण एक साधन है जिसके अंतर्गत समूह का अनुभवी सदस्य एक अपरिपक्व तथा शिशु सदस्य को जीवन में सामंजस्य के लिए निर्देशन देता है।"*
*("Teaching is the means whereby the experienced member of the group guides the immature and infant members in their adjustment of life.")*

शिक्षा शास्त्रियों के द्वारा शिक्षण को संकुचित तथा विस्तृत अर्थों के रूप में परिभाषित किया गया है। कुछ का यह मानना है कि यह अध्यापक तथा विद्यार्थी के बीच अंत:क्रिया है। एक अध्यापक अपने ज्ञान तथा अनुभवों से विद्यार्थियों के व्यवहार को प्रभावित करता है। कुछ का यह विश्वास है कि एक पुस्तक, प्रकृति, शिक्षण मशीन, टेप रिकार्डर आदि भी शिक्षक का पार्ट अदा कर सकते हैं। यदि इन यंत्रों की सहायता से किसी भी प्रकार का अधिगम हो तो इसे शिक्षण कहा जा सकता है। उपरोक्त बातों को ध्यान में रख कर शिक्षण की परिभाषा कुछ इस प्रकार उभर कर सामने आती है–शिक्षण से तात्पर्य एक ऐसी त्रिपक्षीय प्रक्रिया (Tripolar Process) से है, जिसमें शिक्षण के स्त्रोत (मानवीय व भौतिक), विद्यार्थी तथा विद्यार्थी के व्यवहार में परिवर्तन लाने के लिए आवश्यक सभी क्रियाओं के प्रारूप और आयोजन पर ध्यान दिया जाता है।

## शिक्षण संप्रत्यय का विश्लेषण (Analysis of Concept Teaching)

शिक्षण की निम्नलिखित विशेषताएँ हैं, जो शिक्षण संप्रत्यय को समझने में सहायक होंगी–

1. *शिक्षण-एक त्रि-ध्रुवीय प्रक्रिया (Teaching—a Tri-polar Process)*– जिस प्रकार शिक्षा प्रक्रिया त्रि-ध्रुवीय है, उसी प्रकार शिक्षण भी एक त्रि-ध्रुवीय प्रक्रिया है। इसके तीन ध्रुव हैं–

   (i) अध्यापक,

   (ii) शिक्षार्थी, तथा

   (iii) विषय सामग्री।

   कुछ पूर्व निश्चित लक्ष्यों की प्राप्ति के लिए विषय सामग्री की सहायता से अध्यापक तथा शिक्षार्थी के मध्य अंत:क्रिया होती है।

2. *शिक्षण-तैयारी का माध्यम (Teaching—Means of Preparation)*– अध्यापक शिक्षण की सहायता से विद्यार्थियों को भविष्य के लिए तैयार करता है। अत: शिक्षण तैयारी का साधन है। शिक्षण की सहायता से भौतिक, मानसिक, संवेगात्मक, बौद्धिक तथा आध्यात्मिक विकास होता है।

3. *शिक्षण-संप्रेषण कौशल का विकास (Teaching-Development of communication skill)* –शिक्षण, शिक्षक तथा शिक्षार्थी के मध्य अंत:क्रिया है। यह एक संप्रेषण प्रक्रिया है जिसके

अंतर्गत अध्यापक तथा विद्यार्थी एक दूसरे को अपने विचारों से प्रभावित करते हैं तथा कुछ न कुछ सीखते हैं। संप्रेषण कौशल का शिक्षण प्रक्रिया में आधिपत्य रहता है। शिक्षण तभी प्रभावशाली होगा यदि इसकी सहायता से विद्यार्थियों की संप्रेषण योग्यता में सुधार होता है।

4. *शिक्षण-अधिगम के लिए अभिप्रेरणा (Teaching-motivation to learn)*–जिस प्रकार हम एक घोड़े को पानी पीने के लिए बाध्य नहीं कर सकते, उसी प्रकार हम बालक को कक्षा-कक्ष तक तो ला सकते हैं, परंतु यदि वह कुछ सीखने के लिए तैयार नहीं है तो हम उसे सीखने के लिए मजबूर नहीं कर सकते। शिक्षण से अभिप्राय केवल सूचनाएँ प्रदान करना नहीं है, अपितु विद्यार्थियों को अधिगम के लिए प्रेरित करना है। जैसे यह एक सत्य है कि–

   *एक बेचारा अध्यापक बताता है,*
   *एक सामान्य अध्यापक व्याख्या करता है,*
   *एक अच्छा अध्यापक प्रदर्शन करता है,*
   *और एक महान अध्यापक अभिप्रेरित करता है।*

   बर्टन (Burton) ने भी शिक्षण को अधिगम के लिए अभिप्रेरणा, निर्देशन तथा प्रोत्साहन माना हे। इस प्रकार शिक्षण एक साधन है और इसका उद्देश्य निर्देशन प्रदान करना है। यह बालक की उसके वातावरण के साथ समायोजन करने में सहायता करता है।

5. *शिक्षण-विभिन्न प्रारूप तथा शैलियाँ (Teaching—Various Forms and Styles)*–जिस प्रकार शिक्षा के विभिन्न प्रारूप हैं, उसी प्रकार शिक्षण के भी विभिन्न प्रकार हैं जैसे औपचारिक या अनौपचारिक, क्रियात्मक या सूचनात्मक, प्रशिक्षण, अनुबंधन, प्रतिपादन, दिशा निर्देशन, अनुदेशनात्मक, वर्णनात्मक या उपचारात्मक आदि। यह अध्यापक पर निर्भर करता है कि वह किन परिस्थितियों में किस प्रकार की शिक्षण शैली का प्रयोग करता है।

6. *शिक्षण-समय तथा स्थान से संबंधित (Teaching—Related to Time and Place)*–शिक्षण प्रक्रिया परिवर्तनशील है। यह अध्यापक की योग्यता, कुशलता तथा ज्ञान पर व सामाजिक वातावरण पर निर्भर करता है जैसे-जैसे समय व्यतीत होता है, समाज परिवर्तित होता है, इसके आदर्शों तथा मूल्यों में परिवर्तन होता है। यही कारण है कि भारत के विभिन्न राज्यों में तथा विभिन्न देशों में शिक्षण के अलग-अलग ढंग हैं।

7. *शिक्षण-प्रेक्षण तथा विश्लेषण से सम्बन्धित (Teaching-Concerned with Observation and Analysis)*–शिक्षक व्यवहार, शिक्षक-शिक्षार्थी अंत:क्रिया तथा विद्यार्थी के व्यवहार में लाए गए परिवर्तनों के आधार पर शिक्षण प्रेक्षण, विश्लेषण तथा मूल्यांकन किया जा सकता है। यह शिक्षण प्रक्रिया, अधिगम प्रक्रिया तथा अधिगम शिक्षण परिस्थितियों में ऐच्छिक परिवर्तन लाने में सहायक होगा।

8. *शिक्षण-एक पारस्परिक अंत:क्रिया (Teaching—an Interactive Process*– शिक्षण एक द्विमुखी मार्ग है। यह विद्यार्थी तथा शिक्षण स्त्रोतों के मध्य चलने वाली एक ऐसी अंत:क्रिया है, जिसका परिचालन विद्यार्थी के मार्गदर्शन और प्रगति के लिए किया जाता है।

9. *शिक्षण-भाषा संप्रेषण प्रक्रिया (Teaching—a Linguistic Process)*– शिक्षण प्रक्रिया में अध्यापक के द्वारा विद्यार्थियों के लिए विचारों का संप्रेषण किया जाता है, तो यह प्रक्रिया भाषा के प्रयोग के बिना संभव नहीं है। शिक्षक को प्रत्ययों का वर्णन, विद्यार्थियों को अभिप्रेरित, तथ्यों की व्याख्या करने के लिए भाषा का प्रयोग करना पड़ता है।

10. *शिक्षण-बहु स्तर (Teaching–Multiple Level)*–शिक्षण विभिन्न स्तरों से सम्बन्धित है– स्मृति स्तर, बोध स्तर, तथा विमर्शपूर्ण स्तर। बोध स्तर तथा विमर्शपूर्ण स्तर दोनों के ही परिणामस्वरूप

सूझ-बूझ उत्पन्न होती है। स्मृति स्तर के द्वारा केवल सूचनाएँ प्राप्त होती हैं, यदि ये सूचनाएँ उचित प्रकार से स्मरण हो जाती हैं तो उन्हें समझना बहुत आसान हो जाता है। यदि सूचनाएँ समझकर याद होती हैं तो उन्हें मस्तिष्क में स्थाई बनाना आसान हो जाता है।

11. *शिक्षण-सतत् के रूप में (Teaching—as Continnum)*—व्यवहार के विकास के लिए शिक्षण निरंतर चलता रहता है। इसमें चार प्रकार की प्रक्रियाएँ या व्यवहार शामिल हैं, अनुबन्धन, प्रशिक्षण, अनुदेशन तथा प्रतिपादन। अत: शिक्षण अनुबंधन से प्रारंभ होता है तथा प्रतिपादन तक चलता है। यह व्यवहार तथा आदतों के निर्माण तथा आचरण एवं कौशलों के विकास, ज्ञान के संप्रेषण तथा विश्वास के निर्माण से सम्बन्धित है।
12. *शिक्षण-एक कला (Teaching—an Art)*—डगलस के अनुसार यह पूर्ण रूप से प्रमाणों के आधार पर सिद्ध हो चुका है कि शिक्षक कक्षा-कक्ष के अधिगम प्रक्रियाओं के निर्देशक के रूप में कार्य करता है। कक्षा-कक्ष में प्रत्येक क्षण तथा प्रत्येक परिस्थिति किसी न किसी सीमा तक नवीन होती है। शिक्षण को एक कला माना जाता है, क्योंकि इसमें ज्ञान का संप्रेषण करने के लिए अधिगमकर्त्ता की रुचि तथा ध्यान को बनाए रखने के लिए, उनकी समस्याओं को सुलझाने के लिए तथा उनके व्यवहार में परिवर्तन लाने के लिए विभिन्न कौशलों का प्रयोग किया जाता है।
13. *शिक्षण—एक विज्ञान (Teaching—as Science)*—डेविस (Davis) के द्वारा शिक्षण को वैज्ञानिक विधि माना गया है। उसका यह मानना है कि शिक्षण अधिगम के लिए मानवीय व्यवहार के प्रबंधन की प्रक्रिया है। शिक्षण एक वैज्ञानिक प्रक्रिया है और इसके मुख्य तत्व हैं–विषय सामग्री, संप्रेषण तथा प्रतिपुष्टि। अधिगम तथा शिक्षण में बहुत गूढ़ सहसम्बन्ध है। उचित शिक्षण वातावरण की सहायता से ही विद्यार्थियों में अधिगम के द्वारा व्यावहारिक परिवर्तन लाए जा सकते हैं। शिक्षण में तकनीकों, प्रक्रियाओं एवं कौशलों के विधिवत् अध्ययन, परीक्षण, विवरण तथा मूल्यांकन की आवश्यकता होती है। शिक्षण एक प्रायोगिक विज्ञान है क्योंकि इसमें क्रमबद्ध तथा सुसंगत विधियों का प्रयोग किया जाता है।
14. *शिक्षण—एक व्यवसाय (Teaching—a Profession)*—शिक्षण एक व्यवसाय है जिसमें अभ्यासकर्त्ता विशिष्ट गुणों युक्त तथा मानव की भलाई के लिए प्रयासरत व्यक्ति होना चाहिए। इसमें अध्यापक आवश्यक रूप से बौद्धिक क्रियाओं में लगा रहता हे। शिक्षण में इस तथ्य पर भी बल दिया जाता है कि शिक्षक विभिन्न कौशलों से युक्त होना चाहिए और उसमें उन कौशलों का प्रयोग करने की योग्यता होनी चाहिए जिन पर आधुनिक समाज की कार्यप्रणाली निर्भर करती है। इस प्रकार शिक्षण एक व्यवसाय है।

अत: शिक्षण समाज की आवश्यकताओं के अनुकूल होता है। शिक्षण को पांच प्रक्रियाओं में विश्लेषित किया गया है। ये प्रक्रियाएँ आपस में सम्बन्धित हैं, जो इस प्रकार हैं:

1. ज्ञान क्या होता है और इसे शिक्षार्थी तक कैसे पहुँचाना है?
2. शिक्षा की समस्याओं की खोज तथा उनके समाधान के लिए किन ब्यूह रचनाओं का विकास करें?
3. पाठ्यक्रम को लागू करने के लिए शिक्षण आव्यूहों का प्रयोग।
4. अन्त: व्यक्ति वातावरण का निर्माण।
5. शिक्षक के व्यक्तित्व पर नियंत्रण।

इस प्रकार शिक्षण श्रेष्ठ-अधीनस्थ सम्बन्ध के अंतर्गत शिक्षक और शिक्षार्थी या शिक्षार्थियों के बीच अंत: क्रिया की प्रक्रिया है। यह क्रिया विधिपूर्वक तथा योजनाबद्ध होती है। शिक्षण को

विकास भी माना जाता है और विकास से तात्पर्य है–व्यवहार एवं आचरण को नया रूप देना, ज्ञान एवं विश्वासों का संप्रेषण करना। अच्छा शिक्षण किसी के अंदर-बाहर से कुछ नहीं थोपता अपितु अंदर छिपी हुई क्षमताओं तथा योग्यताओं के विकास के लिए उचित वातावरण एवं क्रियाएँ प्रदान करता है। अत: शिक्षण का अर्थ है–

1. सूचना देना।
2. सिखाना।
3. विद्यार्थी को अपने वातावरण के अनुकूल बनने में सहायता करना।
4. बालक को क्रियाशील बनाना।
5. कार्य करने की प्रेरणा देना।
6. सृजनात्मकता का विकास करना।
7. विद्यार्थी के संवेगों को प्रशिक्षित करना।
8. निर्धारित उद्देश्यों की प्राप्ति करना।
9. विद्यार्थी के व्यवहार में परिवर्तन लाना।
10. विद्यार्थी को अधिगम के लिए तैयार करना।
11. शिक्षण बाहर से कुछ डालने की अपेक्षा अंदर से बाहर निकालता है।
12. यह बालक के लिए प्रोत्साहन तथा अभिप्रेरणा है।
13. यह औपचारिक व अनौपचारिक होता है।
14. यह भाषात्मक प्रक्रिया है अर्थात् भाषा की सहायता से संचरण है।
15. यह विद्यार्थी को जीवन के लिए तैयार करता है।
16. यह विद्यार्थी तथा अध्यापक के बीच आमने-सामने की अंत:क्रियात्मक प्रक्रिया है।
17. यह एक व्यावसायिक क्रिया है।
18. यह कला के साथ-साथ विज्ञान है।
19. यह प्रतिपुष्टि तकनीकों के द्वारा परिवर्तनशील है।
20. यह सजग व असजग प्रक्रिया है।
21. यह अधिगम का संगठन है।
22. यह त्रि-ध्रुवीय प्रक्रिया है।
23. यह सामाजिक आवश्यकताओं की संतुष्टि करती है।
24. यह मनोरंजन का स्त्रोत है।
25. यह निदानात्मक व उपचारात्मक दोनों हैं।
26. शिक्षण विद्यार्थियों को स्व-अध्ययन, आत्म विकास तथा आत्म प्रगति के लिए अभिप्रेरित करता है।

## शिक्षा तथा शिक्षण में अंतर
## (Difference between Education and Teaching)

| क्षेत्र (Aspect) | शिक्षा (Education) | शिक्षण (Teaching) |
|---|---|---|
| 1. क्षेत्र (Scope) | शिक्षा का क्षेत्र बहुत व्यापक है। यह जन्म से लेकर मृत्यु तक चलने वाली जीवन पर्यन्त प्रक्रिया है अर्थात् बालक के जन्म से प्रारंभ होती है तथा मृत्यु तक चलती रहती है। | शिक्षण का क्षेत्र संकुचित तथा सीमित है। यह केवल उसी समय तक सीमित है जब तक बालक अध्यापक के संपर्क में रहता है। |
| 2. काल (Period) | शिक्षा जीवन पर्यन्त चलने वाली प्रक्रिया है। | शिक्षण का कार्यकाल तब तक सीमित है जब तक अध्यापक बालक को पढ़ाता है। |
| 3. सम्बन्ध (Concern) | शिक्षा औपचारिक, अनौपचारिक तथा निरौपचारिक तीनों प्रकार की होती है। | शिक्षण केवल औपचारिक शिक्षण से ही सम्बन्धित है। |
| 4. वातावरण (Environment) | शिक्षा में प्राकृतिक तथा कृत्रिम दोनों प्रकार के वातावरण प्रदान किए जाते हैं। | शिक्षण में कृत्रिम वातावरण प्रदान किया जाता है। |
| 5. अर्थ (Meaning) | शिक्षा से अभिप्राय बालक तथा मनुष्यों में जो भी उत्तम है उसे बाहर निकालना है। | शिक्षण से अभिप्राय ज्ञान तथा सूचनाएँ प्रदान करना है। |
| 6. बालक (Child) | शिक्षा में बालक को महत्वपूर्ण स्थान प्रदान किया जाता है। | शिक्षण में प्रमुख स्थान अध्यापक का होता है। |
| 7. विधियाँ (Methods) | शिक्षा प्रदान करने में प्रयोग की जाने वाली विधियाँ विस्तृत हैं। | शिक्षण में कुछ निश्चित विधियों का प्रयोग किया जाता है, जैसे–भाषण, प्रदर्शन, योजना, वाद-विवाद विधि आदि। |
| 8. अध्यापक (Teacher) | शिक्षा में समाज का कोई भी व्यक्ति शिक्षक की भूमिका अदा कर सकता है। | शिक्षण में एक शिक्षित तथा निपुण अध्यापक की आवश्यकता होती है। |
| 9. अनुशासन (Discipline) | इसमें स्व-अनुशासन पर बल दिया जाता है। | शिक्षण में प्रायः कड़े अनुशासन पर बल दिया जाता है। |
| 10. संस्थाएँ (Agencies) | शिक्षा की विभिन्न संस्थाएँ होती है, जैसे-रेडियो, टेलिविजन, समूह, विद्यालय, समुदाय, परिवार, राज्य, जनसंचार आदि। | शिक्षण में विशेष शिक्षण संस्थाओं में ही शिक्षा दी जाती है। |
| 11. एजेण्ट (Agent) | शिक्षा के एजेण्ट माता-पिता, तथा परिवार के अन्य सदस्य, मित्र, साथी, पड़ोसी, समुदाय के सदस्य आदि होते हैं। | शिक्षण के एजेण्ट अध्यापक होते हैं। |

| क्षेत्र (Aspect) | शिक्षा (Education) | शिक्षण (Teaching) |
|---|---|---|
| 12. प्रक्रिया (Process) | शिक्षा एक गतिशील निरंतर प्रक्रिया है। | शिक्षण शिक्षा का एक महत्वपूर्ण अंग है। |
| 13. मूल्यांकन (Evaluation) | शिक्षा में मूल्यांकन निरंतर चलता रहता है। | शिक्षण में मूल्यांकन प्रत्यक्ष होता है तथा मूल्यांकन विधियों का प्रयोग विद्यार्थियों की सूझ-बूझ को जांचने के लिए तथा अध्यापक की प्रभाव-शीलता को जानने के लिए किया जाता है तथा इसमें विधियाँ निश्चित होती हैं। |
| 14. सम्बन्ध (Relationship) | शिक्षा जीवन से सम्बन्धित होती है। | शिक्षण केवल उसी ज्ञान से सम्बन्धित है जो विद्यार्थी को परीक्षा पास करने में सहायता करता है। |
| 15. स्थान (Place) | शिक्षा का स्थान पूरा समाज होता है। | शिक्षण का स्थान केवल शिक्षण संस्थाओं तक ही निश्चित है। |
| 16. योजना (Planning) | यह योजनाबद्ध तथा आकस्मिक दोनों प्रकार की हो सकती है। | यह सदा योजनाबद्ध तथा विधिपूर्वक होती है। |
| 17. विकास का क्षेत्र (Area of Development) | शिक्षा का उद्देश्य बालक का बहु-पक्षीय विकास करना है। | शिक्षण प्रमुख रूप से ज्ञानात्मक विकास पर केन्द्रित होता है। |
| 18. उपागम (Approach) | शिक्षा के उपागम लचीले होते हैं। | शिक्षण के उपागम सामान्यत: कठोर होते हैं। |
| 19. पाठ्य सहगामी क्रियाएँ (Co-curricular activities) | शिक्षा में अनेक प्रकार की पाठ्य-सहगामी क्रियाएँ आयोजित की जाती हैं। | ज्ञानात्मक पक्ष से सम्बन्धित पाठ्य-सहगामी क्रियाओं को प्राथमिकता दी जाती है। |

अत: यह कहा जा सकता है कि शिक्षण शिक्षा का केवल एक भाग है, न कि संपूर्ण शिक्षा। शिक्षा की प्रक्रिया सूर्य उगने तथा सूर्य छिपने तक चलती रहती है और शिक्षण प्रक्रिया केवल तब तक चलती है जब तक अध्यापक शिक्षण में तथा विद्यार्थी अधिगम में लीन हैं।

## 3. अनुदेशन (Instruction)

अनुदेशन में प्राय: किसी विशेष सामग्री का ज्ञान योजनाबद्ध तथा क्रमबद्ध रूप में प्रदान किया जाता है। अनुदेशन अंतिम लक्ष्य के रूप में नहीं बल्कि साधन रूप में कार्य करता है। शिक्षण के विभिन्न उद्देश्यों में से अनुदेशन केवल मात्र एक उद्देश्य, ज्ञान प्रदान करना तथा सूझ-बूझ विकसित करने, का प्रतिनिधित्व करता है।

अनुदेशन का प्रयोग मानव व्यवहार में अभीष्ट परिवर्तन लाने के लिए किया जाता है। इसमें विचारों, मूल्यों, कौशलों, सूचनाओं तथा ज्ञान का संप्रेषण करना सम्मिलित होता है। यह शिक्षा के लिए दिशा-निर्देशन है। यह अध्यापक तथा विद्यार्थी के बीच एक माध्यम है। अनुदेशन प्रक्रिया में अध्यापक का स्थान प्रमुख तथा विद्यार्थी का द्वितीय होता है। यह अध्यापक की मौखिक या लिखित प्रक्रिया से दिया जाता है। इसमें अध्यापक का अपने संगठित पाठ पर पूर्ण रूप से आधिपत्य होता है। यह एक-मुखी रास्ता है अर्थात् इसमें आवश्यकता केवल शिक्षा के लिए होती है परंतु

कुछ क्षेत्रों में शिक्षा अनुदेशन के बिना भी संभव हो सकती है। इसमें अध्यापक एक अनुदेशक के रूप में कार्य करता है।

शेषाद्रि (Sheshadri) के अनुसार,

*"शिक्षा का एक महत्त्वपूर्ण तत्व ज्ञान की प्राप्ति या वास्तविक सूचनाएँ प्राप्त करना है। अनुदेशन एक ऐसी प्रक्रिया है जो ऐसा ज्ञान प्राप्त करने में सहायता करती है।"*

*("Acquistion of knowledge that is factual information is one of the important aspect of education. Instruction is the process which helps in acquistion of such knowledge.")*

मोहन्ती (Mohantey) के अनुसार,

*"अनुदेशन एक कृत्रिम तथा सीमित क्रिया है जिसमें विशेष परामर्श तथा कौशल सम्मिलित होता है। यह केवल सीमित स्थान तथा समय के अनुसार बालक के व्यवहार में परिवर्तन है।"*

*("Instruction is an artificial and limited activity which involves certain advice and skills. It brings about changes in child's behaviour only in a limited time and place.")*

शिक्षण शब्द एक से अधिक अर्थ प्रस्तुत करता है। नैतिक अनुदेशन के रूप में यह संदेश को व्यक्त करता है। जहाँ शिक्षण का उद्देश्य प्रतिपादन करना है, ऐसे समाज में शिक्षण महत्त्वपूर्ण भूमिका अदा करता है। शिक्षा प्रक्रिया में भी अनुदेशन बहुत आवश्यक है। शिक्षा की जो भी विषय सामग्री विद्यार्थियों तक पहुँचानी हो तो उसे अध्यापक द्वारा पढ़ाया जाता है। इसका सबसे अच्छा उदाहरण है हरबर्ट की पाठ योजना जो पांच पदों पर आधारित है–

1. तैयारी (Preparation)
2. प्रस्तुतीकरण (Presentation)
3. संगठन/तुलना (Association/Comparison)
4. सामान्यीकरण (Generalisation) और
5. प्रयोग (Application)

अनुदेशन स्वयं को केवल कक्षा में प्रदान किए जाने वाले ज्ञान तक ही सीमित रखता है जिसका जीवन से अत्यधिक सम्बन्ध नहीं होता, दूसरी ओर शिक्षा अधिगमकर्त्ता की रुचि, आवश्यकता, योग्यता या क्षमता के अनुरूप सर्वांगीण वृद्धि तथा विकास करती है। अनुदेशन के अंतर्गत विद्यार्थियों को परीक्षा के लिए तैयार करना मुख्य लक्ष्य माना जाता है। परीक्षा केन्द्र होने के कारण उद्देश्य तथा पाठ्यक्रम पूर्व अनुमानित होते हैं। इससे संप्रेक्षण को प्रभावी बनाने के लिए क्रमबद्ध विधियों का प्रयोग किया जाता है।

इसके अंतर्गत अधिगम में बोध को कोई स्थान नहीं दिया जाता। इसका प्रयोग लोकतांत्रिक संस्थाओं में भी किया जाता है, परंतु वहाँ इसका कार्यक्षेत्र सीमित होता है। कोई भी अधिगम अनुभव या शिक्षण विधि पूर्ण रूप से अनुदेशन से पृथक नहीं है। शिक्षा प्रक्रिया में इसे अध्यापक, पाठ्यक्रम तथा शिक्षण से पृथक करना संभव नहीं है। विधि चाहे अध्यापक केन्द्रित हो या विद्यार्थी केन्द्रित-अनुदेशन का उसमें महत्त्वपूर्ण स्थान है। यह शिक्षण प्रक्रिया के रूप में अधिगमकर्त्ता को विशेष कौशल में विशिष्टता प्रदान करने में सहायक होता है। इस प्रकार यह व्यक्तियों को शिक्षित करने के लिए अन्य शैक्षिक अनुभवों के साथ उपयोग में लाया जाने वाला साधन है। यह शिक्षा का पर्यायवाची भी बन जाता है जब इसका उद्देश्य अधिगमकर्त्ता को किसी विशेष कौशल में निपुण करना हो।

## अनुदेशन संप्रत्यय का विश्लेषण (Analysis of Concept Instruction)

1. *तकनीक*–इसमें अधिगम की रटने की तकनीक सम्मिलित है।
2. *बल*–यह बोध पर कम बल देता है।
3. *प्रकृति*–यह शिक्षा का साधन है, पूर्ण शिक्षा नहीं।
4. *क्षेत्र*–इसका कार्यक्षेत्र सीमित है।
5. *सम्बन्ध*–इसमें अध्यापक तथा विद्यार्थी में प्रत्यक्ष सम्बन्ध होता है।
6. *स्वतंत्रता*–इसमें बालक की स्वतंत्रता पर बल नहीं दिया जाता है।
7. *अध्यापक*–इसमें अध्यापक के परामर्श को महत्त्व दिया जाता है।
8. *उद्देश्य*–इसका उद्देश्य सूचना की प्राप्ति है।
9. *परीक्षा*–यह परीक्षा के उद्देश्य से याद करने पर अधिक बल देता है।
10. *केन्द्र*–यह अध्यापक केन्द्रित होता है।
11. *विकास*–इनमें अधिगमकर्त्ता के मस्तिष्क में पूर्व तैयार ज्ञान ही भरा जाता है और व्यक्तित्व के अन्य पक्षों की अवहेलना की जाती है।
12. *उपागम*–यह केवल तभी होता है जब विद्यार्थी अनुदेशन प्राप्त करते हैं।
13. *शिक्षा के तत्व*–इसके लक्ष्य, पाठ्यक्रम, शिक्षण विधियाँ आदि पूर्व निश्चित होते हैं।
14. *वातावरण*–यह अधिगम के लिए कृत्रिम वातावरण प्रदान करता है।

## शिक्षा तथा अनुदेशन में अंतर
## (Difference between Education and Instruction)

| क्षेत्र (Aspect) | शिक्षा (Education) | अनुदेशन (Instruction) |
|---|---|---|
| 1. बल (Emphasis) | यह ज्ञानात्मक, क्रियात्मक तथा भावात्मक तीनों पक्षों पर बल देता है। | इसमें प्रायः ज्ञानात्मक पक्ष पर ही बल दिया जाता है। |
| 2. क्षेत्र (Scope) | इसका क्षेत्र विस्तृत है। | इसका क्षेत्र संकुचित है। |
| 3. क्षेत्र (Area) | इसमें अनुदेशन के साथ-साथ अन्य जैसे प्रशिक्षण, प्रतिपादन, शिक्षण आदि भी सम्मिलित होते हैं। | इसमें अध्यापक के द्वारा प्रदान की जाने वाली सूचना तथा ज्ञान का आलोचनात्मक विश्लेषण सम्मिलित होता है। |
| 4. लक्ष्य (Aim) | शिक्षा का उद्देश्य व्यक्तित्व का सर्वांगीण विकास तथा व्यवहार प्रवृत्ति में सुधार है। | अनुदेशन का उद्देश्य केवल बौद्धिक विकास है। यह केवल सीमित समय तथा स्थान पर ही बच्चे के व्यवहार में परिवर्तन करता है। |
| 5. अध्यापक की भूमिका (Role of Teacher) | शिक्षा प्रक्रिया में अध्यापक का कार्य क्रम तथा बालक महत्त्वपूर्ण भाग अदा करता है। | अनुदेशन प्रक्रिया में अध्यापक का स्थान प्रमुख होता है। |
| 6. अवधि (Period) | औपचारिक शिक्षा में अवधि तथा समय निश्चित होते हैं। परंतु अनौपचारिक शिक्षा में नहीं। | इसमें समय तथा अवधि पूर्व-निश्चित होती है। |
| 7. पाठ्यक्रम (Curriculum) | औपचारिक शिक्षा में पाठ्यक्रम भी निश्चित होता है परंतु अनौपचारिक में नहीं। | इसमें पाठ्यक्रम पूर्व-निश्चित होता है। |

| क्षेत्र (Aspect) | शिक्षा (Education) | अनुदेशन (Instruction) |
|---|---|---|
| 8. अभिकरण (Agencies) | औपचारिक तथा अनौपचारिक दोनों प्रकार के अभिकरण शिक्षा प्रदान करते हैं। | अनुदेशन शिक्षा संस्थाओं तथा औपचारिक अभिकरणों द्वारा ही प्रदान किया जाता है। |
| 9. अध्यापक एक विशिष्ट (Teacher as Specialist) | अनौपचारिक शिक्षा में समाज का प्रत्येक सदस्य अध्यापक की भूमिका अदा करता है परंतु औपचारिक शिक्षा में विशिष्ट अध्यापकों की आवश्यकता होती है। | विभिन्न विषयों में अनुदेशन के लिए विशिष्ट अध्यापकों का चयन किया जाता है। |
| 10. शिक्षण विधियाँ (Methods of Teachings) | शिक्षा में औपचारिक शिक्षा के अंतर्गत भाषण, वाद-विवाद, योजना, समस्या समाधान विधि आदि का प्रयोग किया जाता है, परंतु अनौपचारिक शिक्षा में विधियों का विस्तार क्षेत्र बहुत लंबा होता है। | अनुदेशन में सीमित विधियों का प्रयोग किया जाता है। |
| 11. मूल्यांकन (Evaluation) | औपचारिक शिक्षा में मूल्यांकन विधियाँ निश्चित होती हैं परंतु अनौपचारिक में नहीं। | अनुदेशन में मूल्यांकन विधि निश्चित होती हैं, जिससे बालक ने कितना ज्ञान ग्रहण किया है, इसकी जांच की जा सके। |
| 12. ज्ञान (Knowledge) | शिक्षा प्रक्रिया में प्राप्त किया गया ज्ञान स्थायी होता है क्योंकि यह बालक अपनी रुचि तथा अनुभवों के आधार पर प्राप्त करता है। | अनुदेशन में परीक्षा के उद्देश्य से ही ज्ञान प्राप्त करने पर जोर दिया जाता है। |
| 13. प्रमाणपत्र (Certificate) | मूल्यांकन के पश्चात् औपचारिक शिक्षा में प्रमाण पत्र दिए जाते हैं जबकि अनौपचारिक में नहीं। | अनुदेशन में परीक्षा पास/फेल करने के पश्चात् प्रमाण-पत्र आवश्यक रूप से प्रदान किए जाते हैं। |
| 14. प्रक्रिया (Process) | यह एक प्राकृतिक प्रक्रिया है। | यह एक कृत्रिम प्रक्रिया है। |
| 15. महत्त्व (Importance) | शिक्षा बालक को जीवन की परिस्थितियों का मुकाबला करने तथा समस्याओं को सुलझाने के योग्य बनाती है। | अनुदेशन बालक को विशेष परीक्षा के लिए तैयार करती है। |
| 16. समाप्ति (End) | शिक्षा का अंत मृत्यु पर ही होता है। | अनुदेशन का अंत कक्षा में ही हो जाता है। |

अत: अनुदेशन शिक्षा का एक अंश है, संपूर्ण शिक्षा नहीं। इसमें रटकर अधिगम प्राप्त करना, यांत्रिक अभ्यास तथा तथ्यों को निगलने को ही सम्मिलित किया जाता है। इसमें सूझ-बूझ को कोई स्थान नहीं दिया जाता।

## 4. प्रशिक्षण (Training)

प्रशिक्षण किसी कौशल में निपुणता प्रदान करना है, ऐसी क्रियाओं की क्रमबद्ध शृंखला है, जिसमें अनुदेशन-अभ्यास आदि सम्मिलित होते हैं तथा जिनका उद्देश्य जीवंत तथा व्यवसाय के किसी

विशेष पक्ष से सम्बन्धित वांछनीय आदतों का निर्माण करना है। प्रशिक्षण से अभिप्राय अधिगमकर्त्ता की योग्यता तथा कौशलों की पहचान, विकास तथा पूर्णता लाना है। प्राथमिक रूप में यह व्यापार तथा व्यावसायिक योग्यताओं को विकसित करने से सम्बन्धित था। इसका उद्देश्य मानवीय तथा तकनीकी कौशलों में कुशलता लाना है। इसका उद्देश्य व्यावसायिक रूप से उपयोगी तकनीकों तथा कौशलों का अभ्यास कराना है। यह कौशल युक्त कार्यकर्त्ताओं को तैयार करता है। शिक्षा का कार्य प्राथमिक रूप से सैद्धांतिक व्यक्तियों का निर्माण करना है जबकि प्रशिक्षण का कार्य सैद्धांतिक तथा प्रायोगिक दोनों प्रकार की शिक्षा प्रदान करते हुए अपने-अपने क्षेत्र में विशिष्ट व्यक्तियों का निर्माण करना है जो धीरे-धीरे उच्च व्यावसायिक शिक्षा का रूप ले लेता है।

यह नवीन श्रम बचत तकनीकों तथा समस्या समाधान युक्तियों से सम्बन्धित है जिनका प्रयोग उनकी महत्ता के अन्य अर्थों में भी प्रयोग किया जाता है जैसे परम्परागत विचारधारा में अध्यापक के द्वारा औपचारिक प्रशिक्षण, मनोवैज्ञानिक रूप से इसका कार्य मूल प्रवृत्तियों, संवेगों, इच्छाओं को जागृत करना तथा नियंत्रित करना, जिसका अभिप्राय मनुष्य में उत्तमता का विकास करना और उसे निरंतर प्रयास से कुशलता के ऐच्छिक स्तर तक पहुँचाना है। सर्वोत्तम को बाहर निकालना शिक्षा का अंतिम उद्देश्य है और इसी कारण प्रशिक्षण शिक्षा का अंतिम उद्देश्य और एक महत्त्वपूर्ण साधन है। शिक्षा का एक अन्य उद्देश्य विद्यार्थियों को व्यस्क जीवन के उत्तरदायित्व निभाने के लिए भी प्रशिक्षण देना है। जानवरों को भी अपने से बड़ों की नकल के द्वारा प्रशिक्षण दिया जाता है, परंतु उनके प्रशिक्षण में उद्देश्य न तो उन्हें सचेत बनाता है और न ही उनका ठीक ढंग से निर्माण किया जाता है। बालक को क्योंकि जटिल समाज में एक वयस्क के रूप में पदार्पण करना है, इसलिए शिक्षा उसे वयस्क जीवन के लिए प्रशिक्षण प्रदान करती है। एक व्यक्ति के पास संसाधन तो होते हैं लेकिन उनका उचित प्रयोग करने के लिए उसे प्रशिक्षण की आवश्यकता होती है, जिसकी सहायता से वह क्रमबद्ध रूप से अपना जीवनयापन करना सीख जाए।

शिक्षा का कार्य मस्तिष्क को प्रशिक्षण प्रदान करना है जिससे प्रत्येक व्यक्ति जीवन के विभिन्न अवसरों पर समस्याओं का सामना करते हुए सही प्रत्युत्तर ढूंढ सके। प्रत्युत्तर दो प्रकार के होते हैं–मानसिक तथा शारीरिक। जब एक बालक अन्य के समूह में होता है तथा वह स्वयं ही अपना मस्तिष्क नीचे झुका लेता हैं तो उसे प्रशिक्षित बालक कहा जायेगा और उसका प्रत्युत्तर भौतिक प्रत्युत्तर है। यदि बालक आदर से अपना सिर झुकाता है तो उसे शिक्षित बालक कहा जायेगा। और यह उसका मानसिक प्रत्युत्तर है। अत: उचित शिक्षा वही है जो व्यक्ति को शारीरिक तथा मानसिक दोनों स्तरों पर ही अच्छे तथा बुरे में विभेदीकरण का प्रशिक्षण प्रदान करे। शरीर तथा मस्तिष्क इस प्रकार से प्रशिक्षित किए जाएँ कि वे उचित समय पर, उचित ढंग से उचित कार्य करें। संक्षेप में शिक्षा, शरीर तथा भावना का प्रशिक्षण है।

### प्रशिक्षण संप्रत्यय का विश्लेषण (Analysis of Concept Training)

1. *बल*–इसमें क्रियात्मक विकास पर अधिक बल दिया जाता है।
2. *शिक्षा का अंग*–यह शिक्षा का एक अंग है न कि संपूर्ण शिक्षा।
3. *क्षेत्र*–इसका क्षेत्र सीमित है।
4. *व्यावहारिक*–व्यावहारिक पक्ष पर अधिक बल दिया जाता है।
5. *संवेग*–यह संवेगों से बहुत दूर है।
6. *प्रयोग*–यह कौशलों के विकास तथा पूर्णता प्राप्त करने में सहायता करता है।
7. *कौशल विकास*–यह व्यावसायिक निपुणता लाने में सहायक होता है।
8. *क्रियाएँ*–यह ऐच्छिक बाह्य क्रियाओं पर बल देता है।

9. *समय*–इसमें समय निश्चित होता है।
10. *विश्वास*–यह शारीरिक प्रत्युत्तर में विश्वास करता है।
11. *अध्यापक*–इसमें अध्यापक प्रशिक्षक के रूप में कार्य करता है।
12. *अनुशासन*–इसमें विद्यार्थियों को कड़े नियमों में रहना पड़ता है।
13. *प्रक्रिया*–यह एक प्रशिक्षक के द्वारा प्रशिक्षणार्थी को एक अनौपचारिक तथा क्रमबद्ध ढंग से प्रदान किया जाता है।
14. *संस्थान*–यह अधिकतर विशेष संस्थाओं में प्रदान किया जाता है।
15. *सीमा*–यह केवल प्रशिक्षण तक ही सीमित है।

## शिक्षा तथा प्रशिक्षण में अंतर
## (Difference between Education and Training)

| क्षेत्र (Aspects) | शिक्षा (Education) | प्रशिक्षण (Training) |
|---|---|---|
| 1. विधि (Way) | शिक्षा औपचारिक, अनौपचारिक तथा निरौपचारिक प्रकार से प्रदान की जाती है। | प्रशिक्षण एक प्रशिक्षक के द्वारा औपचारिक, योजनाबद्ध तथा क्रम-बद्ध ढंग से प्रदान किया जाता है। |
| 2. क्षेत्र (Scope) | शिक्षा का क्षेत्र बहुत विस्तृत है। इनमें शिक्षण एवं प्रशिक्षण भी सम्मिलित हैं। | इसका क्षेत्र सीमित है। प्रशिक्षण केवल शिक्षण तक ही सीमित है। |
| 3. लक्ष्य (Aim) | शिक्षा का लक्ष्य व्यक्तित्व का सर्वांगीण विकास करना है। | प्रशिक्षक का उद्देश्य प्रशिक्षणार्थी में किसी विशेष कौशल का विकास करना है। |
| 4. प्रक्रिया (Process) | शिक्षा एक जीवन पर्यन्त प्रक्रिया है। यह जीवन से मृत्यु तक चलती रहती है। | यह प्रशिक्षित व्यक्ति के द्वारा अप्रशिक्षित व्यक्ति को एक निश्चित समय में प्रदान किया जाता है। |
| 5. लाभ (Benefits) | इससे भौतिक तथा अभौतिक दोनों प्रकार के लाभ प्राप्त होते हैं। | इससे केवल भौतिक लाभ ही प्राप्त होता है। |
| 6. अध्यापक (Teacher) | अनौपचारिक शिक्षा में समाज के सभी सदस्य बालक के व्यवहार में परिवर्तन लाने का कार्य करते हैं और औपचारिक शिक्षा विशेष अध्यापक प्रदान करते हैं। | प्रशिक्षण केवल विशेष रूप से प्रशिक्षित अध्यापकों के द्वारा ही प्रदान किया जाता है। |
| 7. संस्थान (Agencies) | औपचारिक, अनौपचारिक दोनों प्रकार के अभिकरण शिक्षा प्रदान करते हैं। | प्रशिक्षण केवल औपचारिक अभिकरणों द्वारा ही प्रदान किया जाता है। |
| 8. पाठ्यक्रम (Curriculum) | अनौपचारिक शिक्षा का पाठ्यक्रम व्यापक तथा अनिश्चित होता है। परंतु औपचारिक शिक्षा का पाठ्यक्रम सीमित व सुनिश्चित होता है। | प्रशिक्षण का पाठ्यक्रम प्रायोगिक तत्वों की प्रधानता के साथ निश्चित किया जाता है। |
| 9. उपागम (Approach) | शिक्षा में सामाजिक अनुशासन पर बल दिया जाता है। | इसमें सदा ही कड़े अनुशासन पर बल दिया जाता है। |

| क्षेत्र (Aspects) | शिक्षा (Education) | प्रशिक्षण (Training) |
|---|---|---|
| 10. मूल्यांकन (Evaluation) | शिक्षा में मूल्यांकन के साधन व्यापक होते हैं। प्रत्यक्ष एवं अप्रत्यक्ष दोनों प्रकार के साधनों का प्रयोग किया जाता है। औपचारिक शिक्षा में मूल्यांकन विधियों का प्रयोग किया जाता है अनौपचारिक में नहीं। | इसमें मूल्यांकन के साधन प्रत्यक्ष होते हैं तथा प्रशिक्षण अवधि पूरी होने के पश्चात्, हमेशा मूल्यांकन किया जाता है। |
| 11. प्रमाणपत्र (Certificate) | औपचारिक शिक्षा में प्रमाण पत्र, डिग्रियाँ आदि दी जाती हैं परंतु अनौपचारिक शिक्षा में ऐसा नहीं होता। | विद्यार्थियों को प्रशिक्षण की सफल पूर्ति पर प्रमाण पत्र या डिग्री दी जाती है। |
| 12. कार्यक्रम (Programme) | शिक्षा का कोई विशेष कार्यक्रम नहीं बनाया जाता। | प्रशिक्षण में विशेष कार्यक्रम बनाकर उनका अनुगमन किया जाता है। |
| 13. महत्व (Importance) | यह बालक को समाज का एक उपयोगी सदस्य बनाने में सहायक होता है। | एक प्रशिक्षित व्यक्ति भौतिकवादी होने के साथ-साथ सामाजिक हो भी सकता है और नहीं भी। |
| 14. प्रेरणा के स्त्रोत (Sources of Inspiration) | शिक्षा में प्रेरणा के विभिन्न स्त्रोत होते हैं। | प्रशिक्षण में आर्थिक पक्ष प्रेरणा स्त्रोत होता है। |

अत: संपूर्ण प्रशिक्षण शिक्षा है परंतु सभी प्रकार की शिक्षा प्रशिक्षण नहीं है। यही कारण है कि प्रशिक्षण महाविद्यालयों का नाम बदलकर शिक्षण महाविद्यालय किया गया है। शिक्षा का क्षेत्र प्रशिक्षण की अपेक्षा अधिक विस्तृत है।

## 5. प्रतिपादन (Indoctrination)

कुछ शिक्षाशास्त्रियों का यह मानना है कि प्रतिपादन शिक्षा प्रक्रिया का एक अंग है और कुछ ने तो इसे शिक्षा ही माना है। प्रतिपादन शब्द का उद्भव, 'डॉक्टराइन' (Doctrine) से हुआ है जिसका अर्थ है 'सिद्धांत' या 'विचार' या 'विचारधारा'। इस प्रकार इसका अर्थ यह हुआ कि किसी भी व्यक्ति या व्यक्तियों के समूह का किसी एक सिद्धांत में अंधविश्वास पैदा करना। इसका उद्देश्य विश्वासों, विचारों तथा बालक की चिन्तनशक्ति में परिवर्तन लाना है। इसको हम 'ब्रेन वॉशिंग' प्रक्रिया भी कह सकते हैं।

यह शब्द तभी उपयुक्त रूप से लागू होता है जब किसी एक व्यक्ति या एक समूह के विश्वास में परिवर्तन करना ही प्रत्यक्ष उद्देश्य हो। इसका उद्देश्य किसी अधिकारी के द्वारा, किसी विचार को दूसरे पर लादना है। इसमें कड़ा अनुशासन, नियंत्रण तथा आज्ञाकारिता सम्मिलित होती है। अधिकारयुक्त होने के कारण, इसका प्रभाव अवश्यम्भावी है यह प्रत्यक्ष शिक्षण का महत्त्वपूर्ण यंत्र है तथा एक निश्चित दिशा में व्यवहार में परिवर्तन लाने का महत्त्वपूर्ण साधन है।

प्रतिपादन में एक ओर जहां बालक को प्रदान किया जाने वाला ज्ञान सीमित होता है वहीं दूसरी ओर इसमें प्रयोग की जाने वाली विधियाँ, शिक्षा या अनुदेशन में प्रयोग की जाने वाली विधियों से बिल्कुल भिन्न होती है। यह ज्ञानात्मक पक्ष का बहुत कम स्पर्श करता है क्योंकि इसका मुख्य कार्य व्यक्तित्व के क्रियात्मक या संवेदनशील भाग पर बल देना है। अधिकारवाद प्रतिपादन का प्रमुख तत्व है। इसी कारण अधिकारी विद्यालयों (Authoriative Schools) में प्रतिपादन को ही शिक्षा देने का प्रमुख साधन माना जाता है। उनमें पाठ्यक्रम/विषय सामग्री अधिकारी केन्द्रित होते हैं तथा

अनुदेशन अध्यापक केन्द्रित। इन विद्यालयों की संरचना इस प्रकार की होती है कि वे शिक्षार्थी को पूर्ण रूप से अध्यापक पर निर्भर बना देते हैं, इसमें शिक्षार्थी को अपनी आवश्यकताओं, इच्छाओं तथा रुचियों के अनुसार अधिगम प्राप्त करने की स्वतंत्रता नहीं होती। लक्ष्य तथा उद्देश्य, विषय सामग्री, कार्यक्रम तथा क्रियाएँ सभी का चयन अधिकारियों द्वारा किया जाता है। अधिगमकर्त्ता अधिगम अनुभवों का निष्क्रिय प्राप्तकर्त्ता होता है जो उसकी जागरुकता को नष्ट कर देता है। यह अधिगम को नीरस बनाता है।

शिक्षा की विधि के रूप में यह पूर्णतया लक्ष्य केन्द्रित होता है। इसमें केवल एक ही दिशा निर्धारित होती है कि सूचना, विचार, अनुभवों को बाहर से बलपूर्वक लादना। इसमें रटने की प्रवृति को प्रोत्साहित किया जाता है तथा अधिगम शुष्क या नीरस बनने के साथ यांत्रिकी बनकर रह जाता है। यह शिक्षार्थी को उस खाली चित्र की तरह समझता है जिसमें रंग भरने का कार्य अध्यापक का होता है। यह शिक्षार्थी को वस्तु के रूप में तथा अध्यापक को अधिगम प्रक्रिया के विषय (subject) के रूप में मानता है। प्रतिपादन स्वयं में पूर्ण शिक्षा नहीं है यह शिक्षा का एक अंग है।

## प्रतिपादन संप्रत्यय का विश्लेषण (Analysis of Concept Indoctrination)

1. *अनुशासन*–इसमें कड़ा अनुशासन होता है।
2. *दिशा*–यह एकल दिशायुक्त होता है।
3. *प्रभाव*–यह विचारों तथा विश्वासों में परिवर्तन लाता है।
4. *विश्वास*–यह प्रभाव के द्वारा शिक्षा में विश्वास करता है।
5. *अध्यापक*–यह अध्यापक केन्द्रित है।
6. *तर्क का स्थान*–यह तार्किक चिन्तन शक्ति को कोई स्थान नहीं देता।
7. *लक्ष्य*–यह लक्ष्य केन्द्रित होता है।
8. *समय*–शैशवकाल प्रायः सबसे उत्तम समय माना जाता है।
10. *प्रयोग*–प्राथमिक रूप से इसे धर्म तथा राजनीति में प्रयोग किया जाता है।
11. *निर्देश*–यह स्वयं को न तो अध्यापक की ओर न ही विद्यार्थी की ओर निर्देशित करता है, अपितु इनका ध्यान केवल उस विचार या सिद्धांत पर होता है जिसे विद्यार्थियों के मस्तिष्क में विकसित करना होता है।
12. *उद्देश्य*–इसका उद्देश्य अधिगमकर्त्ता की व्यवहार प्रवृत्ति में परिवर्तन लाना है।
13. *पाठ्यक्रम*–इसका पाठ्यक्रम अधिकारयुक्त होता है।
14. *तकनीक*–इसमें अधिगम के लिए रटने की तकनीकों का अनुगमन किया जाता है।
15. *बल*–यह तर्क पर नहीं अपितु संवेदनाओं पर अधिक बल देता है।

## शिक्षा तथा प्रतिपादन में अंतर
## (Difference between Education and Indoctrination)

| क्षेत्र (Aspects) | शिक्षा (Education) | प्रतिपादन (Indoctrination) |
|---|---|---|
| 1. उद्देश्य (Aim) | इसका उद्देश्य व्यक्तित्व का सर्वांगीण विकास करना है। | इसका उद्देश्य व्यवहार, अभिवृत्ति, मूल्यों तथा विश्वासों में एक निश्चित दिशा में परिवर्तन लाना है। |
| 2. क्षेत्र (Scope) | इसका क्षेत्र अत्यंत विस्तृत है। | इसका क्षेत्र संकुचित तथा सीमित है। |
| 3. बालक का स्थान (Place of child) | यह बाल केन्द्रित है। | यह विश्वास केन्द्रित है अर्थात् इसमें बालक के स्थान पर विचारों, विश्वासों, मूल्यों को अधिक महत्त्व दिया जाता है। |

| क्षेत्र (Aspects) | शिक्षा (Education) | प्रतिपादन (Indoctrination) |
|---|---|---|
| 4. प्रक्रिया (Process) | यह एक जीवन पर्यन्त प्रक्रिया है। | इसके लिए बाल्यकाल सबसे उत्तम समय है क्योंकि इस स्तर पर उसका मानसिक स्तर तर्क करने के लिए विकसित नहीं हुआ होता। |
| 5. प्रभाव (Effect) | अधिक बुद्धिमान विद्यार्थी के व्यवहार में अधिक अच्छा परिवर्तन आता है। | यह उस विद्यार्थी के लिए अधिक सफल होता है जिसका बुद्धि स्तर निम्न होता है। |
| 6. महत्त्व (Importance) | यह विद्यार्थियों में तर्क शक्ति, स्व-चिन्तन तथा उचित निर्णय लेने की शक्ति का विकास करती है। | विद्यार्थियों को अंधविश्वास के लिए प्रेरित किया जाता है। 'करो और मरो' तथा कभी मत पूछो 'क्यों' इसी नारे में विश्वास रखते हैं जैसा कि आतंकवादी करते हैं। |
| 7. प्रकार (Type) | यह औपचारिक तथा अनौपचारिक दोनों प्रकार की होती है। | यह अधिकतर औपचारिक ही रहती है। |
| 8. वातावरण (Environment) | इसमें कृत्रिम तथा प्राकृतिक दोनों प्रकार का वातारण प्रदान किया जाता है। | प्रतिपादन में वातावरण कृत्रिम होता है और अधिकारी केन्द्रित होता है। |
| 9. पाठ्यक्रम (Curriculum) | इसमें प्रदान किया गया पाठ्यक्रम संपूर्ण जीवन से संबंधित होता है। | प्रतिपादन का पाठ्यक्रम धार्मिक, राजनैतिक एवं नैतिक विश्वासों, विचारों तथा सिद्धांतों तक ही सीमित होता है। |
| 10. शिक्षण विधियाँ (Methods of Teaching) | शिक्षा में विभिन्न प्रकार की विधियों का प्रयोग होता है। | इसमें केवल भाषा विधि पर ही बल दिया जाता है। कविता पाठ तथा संगीत का भी महत्त्वपूर्ण योगदान है। |
| 11. अनुशासन (Discipline) | अनुशासन में समाज महत्त्वपूर्ण योगदान देता है। | कड़ा अनुशासन प्रदान किया जाता है। |
| 12. केन्द्र (Focus) | यह व्यक्ति केन्द्रित होती है। शिक्षा प्रदान करते समय प्रत्येक बालक की रुचियों को ध्यान में रखा जाता है। | यह ज्ञान केन्द्रित होता है अध्यापक केवल विचारों तथा विश्वासों को ही ध्यान में रखता है। |
| 13. प्रभाव (Influence) | शिक्षा जीवन के सभी पक्षों को प्रभावित करती है। | यह केवल धार्मिक तथा राजनीतिक पक्षों को ही प्रभावित करता है। |
| 14. स्वतंत्रता (Freedom) | यह बालक को अधिगम के लिए स्वतंत्रता प्रदान करती है। | इसमें बालक को स्वयं सीखने के लिए कोई स्वतंत्रता प्रदान नहीं की जाती। |
| 15. मूल्यांकन (Evaluation) | शिक्षा का मूल्यांकन व्यक्ति के सामाजिक समायोजन को देखकर किया जा सकता है। | इसमें विश्वासों तथा विचारों का महत्त्वपूर्ण योगदान है इसीलिए इन्हीं के आधार पर व्यक्ति का मूल्यांकन किया जाता है। |

अतः शिक्षा अधिगम तथा शिक्षण की प्रक्रिया है, जिसमें शिक्षक तथा शिक्षार्थी परस्पर क्रिया करते हैं, विचारों का आदान-प्रदान करते हैं, वाद-विवाद आदि करते हैं परंतु प्रतिपादन में वाद-विवाद की कोई अनुमति नहीं है।

## 6. अधिगम (Learning)

अधिगम शिक्षण अधिगम प्रक्रिया का केन्द्रबिन्दु है। सभी जटिल व्यवहार सीखे जाते हैं। अधिगम एक सैद्धांतिक संप्रत्यय है इसीलिए इसको प्रत्यक्ष रूप से देखा नहीं जा सकता। यदि एक व्यक्ति किसी व्यवहार को प्रदर्शित करता है, और अनुभव के आधार पर पहले से किए गए व्यवहार से भिन्न व्यवहार के रूप में प्रतिक्रिया प्रदान करता है; तो हम यह निष्कर्ष निकालते हैं कि अधिगम हो रहा है।

अधिगम की कोई ऐसी परिभाषा नहीं है जो सार्वभौमिक रूप से मान्य हो। कोई भी व्यक्ति जो इसकी परिभाषा देता है, वह प्रदा सिद्धांत पर आधारित होती है। इस प्रकार अधिगम के जितने सिद्धांत हैं उतनी ही अधिगम की परिभाषाएँ हैं। उदाहरण के रूप में, अधिगम का ज्ञानात्मक सिद्धांत, जो अधिगम में चिन्तन प्रक्रिया तथा मस्तिष्क की भूमिका पर बल देता है, के द्वारा यह कहा गया है कि अधिगम जीवन ज्ञान तथा सूचना को प्राप्त करना, उस पर क्रिया करना तथा उसको धारण करने की मानसिक योग्यता है। (Learning is mind's ability to acquire, process and retain new knowledge and information.) इस प्रकार ज्ञानात्मक मनोवैज्ञानिक जो अधिगम का अध्ययन कर रहे हैं, अनिरीक्षित मानसिक क्रियाओं में रुचि रखते हैं, जैसे–चिंतन, स्मरण, सृजन तथा समस्या समाधान। दूसरी ओर व्यवहारात्मक मनोवैज्ञानिकों का यह मानना है कि अधिगम का अभिप्राय है व्यवहार में परिवर्तन और वे व्यक्ति पर बाह्य घटनाओं के प्रभाव पर बल देते हैं। परंतु प्रयोगात्मक सिद्धांतवादी, जो अधिगम में क्रिया तथा अनुभव पर बल देते हैं, अधिगम को अधिगमकर्ताओं में योग्यताओं के विकास के रूप में मानते हैं।

अधिगम के अर्थ को स्पष्ट करने के लिए कुछ परिभाषाओं की जानकारी आवश्यक है–

स्किनर (Skinner) के अनुसार,

*"विकासशील व्यवहार अनुकूलन की प्रक्रिया अधिगम है।"*

*("Learning is the process of progressive behaviour adaptation.")*

लीगन्स (Leagans) के शब्दों में,

*"अधिगम एक ऐसी प्रक्रिया है जिसके अंतर्गत एक व्यक्ति के व्यवहार में क्रिया के परिणामस्वरूप परिवर्तन आता है।"*

*("Learning is a process by which person changed his behaviour through self activity.")*

कोल्ब (Kolb) के शब्दों में,

*"अधिगम प्रक्रिया है जिसमें अनुभवों के हस्तांतरण से ज्ञान का सृजन होता है।"*

*("Learning is the process whereby knowledge is created through the transformation of experiences.")*

एटकिन्सन (Atkinson) के अनुसार,

*"अधिगम अभ्यास के परिणामस्वरूप व्यवहार में होने वाले अपेक्षाकृत स्थायी परिवर्तन हैं।"*

*("Learning is any relatively permanent change in behaviour that results from practice.")*

उपर्युक्त परिभाषाओं के आधार पर निष्कर्ष निकाला जा सकता है कि अधिगम एक ऐसी प्रक्रिया या परिणाम है, जिसमें अनुभव के माध्यम से सीखने वाले के व्यवहार में परिवर्तन लाए जाते हैं।

वैंगर (Wenger) ने अधिगम को निम्नलिखित ढंग से परिभाषित किया है :

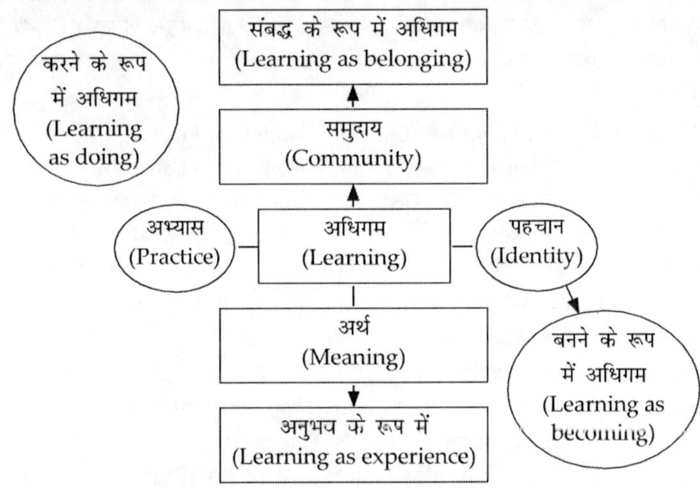


## अधिगम संप्रत्यय का विश्लेषण (Analysis of Concept Learning)

1. *सीखने में परिवर्तन शामिल है (Learning involves Change)*–सीखने की प्रक्रिया और उसके परिणाम का सीधा सम्बन्ध सीखने वाले के व्यवहार में परिवर्तन लाने से होता है। परिवर्तन अच्छा या बुरा, वांछनीय या अवांछनीय हो सकता है।
2. *अधिगम सार्वभौमिक होता है (Learning is Universal)*–इस विश्व में जितने भी जीवधारी हैं सभी अपनी-अपनी क्रियाओं व अनुभवों के माध्यम से कुछ न कुछ सीखते हैं। सभी लोग सीखने की पूरी क्षमता रखते हैं। अंतर केवल उनके द्वारा प्राप्त अनुभवों एवं की गई क्रियाओं का होता है। मनुष्य एक विवेकशील प्राणी है, इसलिए वह अधिक सीखता है।
3. *अधिगम एक निरंतर प्रक्रिया है (Learning is a Continuous Process)*–अधिगम निरंतर चलता रहता है। यह जन्म से प्रारंभ होता है तथा मृत्यु तक चलता रहता है। हम जीवन भर कुछ न कुछ सीखते रहते हैं। हमें अधिक से अधिक सीखने के लिए अभिप्रेरणा मिलती रहती है। हमारी उपलब्धियाँ हमें प्रेरणा देती हैं तथा हम प्रयत्न करने के लिए तत्पर रहते हैं। जीवन का कोई भी स्तर हो, हम निरंतर अधिगम प्राप्त करते रहते हैं।
4. *अधिगम एक सामाजिक प्रक्रिया है (Learning is a Social Process*– अधिगमकर्ता एक सामाजिक प्राणी है और इसी कारण सामाजिक परिस्थिति में वह अपनी कुशलता में उत्तम रहता है। अधिगम कभी किसी खाली स्थान पर नहीं होता। नवयुवक समारोह, भाषण प्रतियोगिता, पारितोषिक वितरण समारोह आदि बहुत से ऐसे स्थान हैं जहाँ अधिगमकर्त्ता स्वयं को एक सामाजिक प्रक्रिया के रूप में अभिव्यक्त करता है।
5. *अधिगम समायोजन में सहायक होता है (Learning helps in Adjustment)*– जब किसी भी व्यक्ति को नवीन परिस्थिति का सामना करना पड़ता है तो वह पूरी तरह से अस्त-व्यस्त हो जाता है परंतु जब वह व्यक्ति नए वातावरण में नए गुणों को सीखता है तो वह समायोजित हो जाता है और हम इसे अधिगम कहते हैं। समायोजन के लिए वह कुछ अनुक्रियाएँ करता है, इन अनुक्रियाओं में से कुछ उसके अतीत के अनुभवों पर आधारित होती हैं और कुछ यांत्रिकी

होती हैं, जिनके बारे में पहले से कोई अनुभव नहीं होता। यदि वह सफल नहीं होता तो वह सफल होने के लिए व्यवहार के नवीन चैनलों की खोज करने लगता है। ऐसा करने से उसके व्यवहार तथा अनुभवों में कुछ परिवर्तन आ जाते हैं और वह अंत में अपने वातावरण में समायोजित हो जाता है।

6. *अधिगम अन्त:निहित या प्रभावकारी है (Learning is Latent or Potent)*– प्रारंभ में अंत:निहित अधिगम के बारे में निष्पत्ति से निष्कर्ष नहीं निकाला जा सकता। उदाहरण के लिए चूहे का पिंजरे के साथ पहला अनुभव किसी प्रकार का अधिगम प्रदान नहीं करता परंतु उसका दूसरा अनुभव पहले से भिन्न होता हैं इससे यह प्रतीत होता है कि प्रथम अनुभव में चूहे का अंत:निहित अनुभव छिपा होता है। अधिगम प्रभावी या सामर्थ्य बन जाता है जब इसके बारे में निष्पत्ति के आधार पर निष्कर्ष निकाला जा सकता है। कोई भी अनुभव व्यर्थ नहीं जाता। यह अधिगम पर अपना कोई न कोई प्रभाव अवश्य छोड़ता है।

7. *अधिगम इच्छानुरूप या प्रासंगिक होता है (Learning is Intentional or Incidental)*–सभी औपचारिक अधिगम इच्छानुरूप होते है क्योंकि यहाँ अधिगमकर्ता के लिए सभी क्रियाएँ क्रमबद्ध रूप से संगठित की जाती हैं जैसा कि शैक्षिक संस्थानों में किया जाता है। प्रासंगिक या संयोग से प्राप्त अनुभव अनौपचारिक होता है जैसा कि घर में प्राप्त अधिगम। यहाँ क्रियाएँ पूर्व नियोजित नहीं होतीं या क्रमबद्ध रूप से संगठित नहीं होती हैं। उदाहरण के रूप में अभिभावकों को यह याद रखना चाहिए कि जब बालक स्कूल में अध्यापक से कुछ सीखने के लिए जाता है तो वह अपने साथी समूहों से अधिक सीखता है।

8. *अधिगम लम्बरूप और समतल या रेखीय होता है (Learning is Vertical and Horizontal)* –अधिगम रेखीय होता है। जब एक ही स्तर पर अधिक तथ्यों की खोज की जाती है यह लम्बरूप होता है जब उच्च स्तर पर तथ्य प्राप्त किए जाते हैं जिससे प्रवीणता प्राप्त की जा सके। उदाहरण के रूप में जब एक बालक अपनी कक्षा में विभिन्न विषयों के अधिगम में संलग्न रहता है, वह एक रेखीय दिशा में चलता है परंतु जैसे ही वह समय के साथ एक कक्षा से उच्च कक्षा में जाता है तो वह लम्बरूप में अधिगम प्राप्त करता है। जब हम आर्ट, विज्ञान या वाणिज्य में डिग्री प्राप्त करते हैं तो हम रेखीय दिशा में जा रहे हैं। यदि हम बी. ए. पास करने के पश्चात एम.ए. पास करते हैं ओर इसके पश्चात पीएच.डी. के लिए जाते हैं तो यह अधिगम का लम्बरूप होता है।

9. *अधिगम एक लक्ष्य केन्द्रित क्रिया है (Learning is a Goal Directed Activity)*–यह अधिगम की उद्देश्यपूर्ण प्रकृति पर बल देती है। उद्देश्य वातावरण पर आधिपत्य करना है इसीलिए एक बालक बैठना, खिसकना या रेंगना आदि सीखता है। कक्षाकक्ष अधिगम व अनौपचारिक अधिगम के दौरान सामाजिक वातावरण पर आधिपत्य करने में सहायता करना उद्देश्य होता है। अधिगमकर्ता स्वयं को पहचानने का प्रयास करता है। वातावरण के साथ हम किसी न किसी उद्देश्य से सीखते हैं। जब हम किसी उद्दीपन पर अनुक्रिया करते हैं तो इससे किसी न किसी उद्देश्य की पूर्ति होती है और अधिगम की भी पूर्ति होती है। परंतु अधिगम को अधिक अर्थपूर्ण व प्रभावी बनाने के लिए आवश्यक है कि लक्ष्य या उद्देश्य पूर्ण रूप से स्पष्ट, सजीव व व्यक्त होना चाहिए।

10. *अधिगम क्रियात्मक प्रक्रिया है (Learning is Active Process)*–जब तक अधिगमकर्त्ता अधिगम परिस्थितियों के प्रति पूर्ण रूप से सचेत नहीं है, तब तक अधिगम महत्त्वपूर्ण ढंग से प्राप्त नहीं हो सकता। अध्यापक का कार्य है कि वह अधिगमकर्त्ता को प्रेरित करके सक्रिय बनाए तथा उसमें सीखने की इच्छा का विकास करे, जिससे वह सीखने के लिए उत्सुक

बने। अधिगम सक्रिय प्रक्रिया है और बच्चा स्वभाव से सक्रिय होता है। अध्यापक को यह ज्ञान होना चाहिए कि क्रिया को किस प्रकार वांछनीय दिशा में ले जाया जाए। वातावरण में उद्दीपकों की उपस्थिति चाहे कितनी भी सक्षम क्यों न हो सीखने वाले के द्वारा अगर सक्रिय होकर अनुक्रिया नहीं की जाएगी, तो सीखने का कार्य आगे नहीं बढ़ता। यदि अधिगमकर्त्ता निष्क्रिय है तो वह उचित ढंग से अधिगम प्राप्त नहीं कर सकता।

11. *अधिगम व्यक्तिगत विभिन्नताओं की पहचान करता है (Learning recognises Individual Differences)*–यह एक सर्वविदित सत्य है कि सीखने वालों में व्यक्तिगत विभिन्नता पाई जाती है। यह विभिन्नता रुचि व अभिरुचि, समस्या व उद्देश्य, आवश्यकता, आकांक्षा, अधिगम गति आदि के रूप में पाई जा सकती है। अध्यापक को इन व्यक्तिगत विभिन्नताओं की जानकारी होनी चाहिए तथा सभी अधिगमकर्त्ताओं को एक ही लाठी से नहीं हांकना चाहिए अर्थात् सभी वे लिए एक ही प्रकार के व्यवहार का प्रयोग नहीं करना चाहिए।
12. *अधिगम के स्तर (Phases of Learning)*–अधिगम के विभिन्न प्रकार के स्तर पाए जाते हैं–
    (i) *प्राप्ति स्तर (Acquisition Phase)*–प्राप्ति स्तर में नवीन उद्दीपन अनुक्रिया सम्बन्ध का निर्माण सम्मिलित होता है, जैसे–एक कविता का अध्यापन, गुणा की विधि सीखना।
    (ii) *स्थायी स्तर (Fixation Phase)*–इस स्तर में पहले से निर्मित उद्दीपन-अनुक्रिया सम्बन्ध को सुदृढ़ करना शामिल होता है जैसे कविता या पाठ का स्मरण करना।
    (iii) *प्रयोग स्तर (Application Phase)*–इस स्तर में पहले से निर्मित उद्दीपन-अनुक्रिया सम्बन्ध का नवीन परिस्थितियों में प्रयोग करना शामिल होता है, जैसे–गुणा की सारणी की गुणा सम्बन्धी समस्याओं को सुलझाने में प्रयोग करना।

    अधिगम के दौरान मस्तिष्क में नवीन उद्दीपन अनुक्रिया सम्बन्धों का निर्माण होता है। यही सम्बन्ध अधिगमकर्त्ता को नवीन परिस्थितियों का सामना करने में सहायता करते हैं।
13. *अधिगम का हस्तांतरण होता है (Learning is Transferable)*–जब विषय सामग्री, तकनीक, आदर्श व अभिरुचियों में समानता होती है तो ऐसी परिस्थिति में हस्तांतरण होता है। हस्तांतरण से अधिगम मितव्ययी बन जाता है क्योंकि यह अध्ययन में एक क्षेत्र से दूसरे क्षेत्र में हस्तांतरित होता है और कक्षाकक्ष परिस्थितियों से जीवन परिस्थितियों में जो कुछ भी अधिगमकर्त्ता ने एक परिस्थिति में सीखा होता है, उसे दूसरी परिस्थिति में प्रयोग किया जा सकता है।
14. *अधिगम मापन योग्य होता है (Learning is Measurable)*–अधिगम को मापने की विभिन्न विधियाँ हैं। अधिगम की प्रगति को प्रदर्शित करने के लिए अधिगम वक्र (Learning curve) सामान्य विधि है। अनुक्रिया की गति भी अधिगम मापन की एक सूचक है। इसका अभिप्राय यह है कि अधिगमकर्त्ता अधिगम कार्य के लिए प्रतिक्रिया में कितना समय लेता है। अति शीघ्र प्रतिक्रिया उसके कुशल अधिगम को दर्शाती है। अधिगम को सही अनुक्रियाओं के अनुपात के रूप में भी मापा जा सकता है।

इस प्रकार अधिगम की प्रक्रिया औपचारिक एवं अनौपचारिक अनुभवों तथा प्रशिक्षण के माध्यम से निरंतर चलती रहती है और इस प्रकार अधिगम प्रदान करने वाले साधनों एवं क्रियाओं को किसी एक निश्चित सीमा में नहीं बांधा जा सकता और न उनके परिणामों को मात्र बौद्धिक एवं गामक विकास तक ही सीमित किया जा सकता है। प्रत्येक अधिगम कार्य का उद्देश्य अधिगमकर्त्ता का सर्वांगीण विकास करना होता है।

## शिक्षा और अधिगम में अंतर
## (Difference between Education and Learning)

अधिगम शिक्षा का ही एक भाग है, क्योंकि यदि शिक्षा से अधिगम नहीं होगा तो वह शिक्षा उपयोगी नहीं हैं। दोनों का ही व्यक्ति के मन व चरित्र पर प्रभाव पड़ता है। दोनों संप्रत्ययों में अंतर निम्नलिखित हैं–

| क्षेत्र (Aspects) | शिक्षा (Education) | अधिगम (Learning) |
|---|---|---|
| उद्देश्य (Aim) | शिक्षा एक ऐसी प्रक्रिया है जिसके द्वारा एक वंश से दूसरे वंश तक ज्ञान, मूल्यों व कौशलों का हस्तांतरन किया जाता है। | अधिगम ज्ञान, कौशलों व मूल्यों को प्राप्त करना है। |
| प्रभाव (Effect) | शिक्षा व्यक्ति के द्वारा प्राप्त की जाती है। | सभी व्यक्तियों में अधिगम अंतः निहित होता है। |
| प्रकार (Type) | शिक्षा औपचारिक अनौपचारिक व निरौपचारिक होती है। | अधिगम अनौपचारिक प्रक्रिया है। |
| स्त्रोत (Source) | शिक्षा वह है जो व्यक्ति किसी बाह्य स्त्रोत से प्राप्त करता है। | अधिगम वह है जो व्यक्ति आंतरिक रूप से प्राप्त करता है। |
| साधन (Means) | औपचारिक शिक्षा एक अध्यापक या निर्देशक के द्वारा दी जाती है। | व्यक्ति अपने आसपास के वातावरण से सीखता है। |
| स्तर (Level) | शिक्षा वह है जो व्यक्ति किसी स्कूल और महाविद्यालय या विश्वविद्यालय से प्राप्त करता है तथा उसका मानक निश्चित होता है और यह कक्षाकक्ष अधिगम से सम्बन्धित होती है। | अधिगम व्यक्तिगत स्तर पर होता है और इसमें कोई मानक निश्चित नहीं होता हैं। |
| शिक्षक (Teacher) | शिक्षा, शिक्षक के द्वारा प्रदान किया गया ज्ञान है। | अधिगम अनुभव से प्राप्त किया गया ज्ञान है। |
| संगठन (Organisation) | शिक्षा सुसंगठित होती है। | अधिगम व्यक्ति की अनुभूति से संबंधित होता है। |
| समय व स्थान (Place and Time) | औपचारिक शिक्षा का समय व स्थान निश्चित होता है। | अधिगम का कोई समय व स्थान निश्चित नहीं होता। यह निरंतर चलता रहता है। यह जन्म से प्रारंभ होता है तथा मृत्यु तक चलता रहता है। |
| प्रयोजन (Purpose) | शिक्षा वह है जो लोग आपको देते हैं। | अधिगम वह है जो तुम स्वयं अपने लिए करते हो। |
| लागत (Cost) | शिक्षा की कीमत दिन-प्रतिदिन बढ़ती जा रही है। | अधिगम की कीमत लगभग जीरो होती है, जब हम ऑनलाइन सामग्री से अधिगम प्राप्त करते हैं। |
| पाठ्यक्रम (Curriculum) | शिक्षा का पाठ्यक्रम निश्चित होता है। | अधिगम का कोई पाठ्यक्रम नही होता, यह इच्छानुरूप होता है। |

| क्षेत्र (Aspects) | शिक्षा (Education) | अधिगम (Learning) |
|---|---|---|
| मूल्यांकन (Evaluation) | शिक्षा में मूल्यांकन प्रक्रिया को अपनाया जाता है तथा उसके पश्चात् सर्टिफिकेट प्रदान किया जाता है। | अधिगम की कोई मूल्यांकन प्रक्रिया निश्चित नहीं होती क्योंकि यह इच्छानुसार होता है और न ही इसके लिए व्यक्ति को किसी सर्टिफिकेट की आवश्यकता होती है। |
| अधिकार (Right) | शिक्षा एक मानव अधिकार है। | अधिगम मानव अधिकार नहीं है, यह व्यक्ति की जन्मजात अनुभूति है। |
| समूह (Group) | एक कक्षाकक्ष में एक सर्टिफाइड अध्यापन के मार्गदर्शन में बहुत से विद्यार्थी एक साथ शिक्षा प्राप्त कर सकते हैं। | अधिगम व्यक्तिगत होता है। |
| मूल्य (Value) | शिक्षा एक बाह्य मूल्य है क्योंकि इस संप्रत्यय का प्रयोग व्यक्ति के अधिगम की सीमा या ज्ञान को मापने के लिए नहीं किया जा सकता। | अधिगम का आंतरिक मूल्य होता है। |

विकासवादी शिक्षाशास्त्रियों का मानना है कि जन्म के समय से बालक क्रियाशील, जागरूक, क्षमतापूर्ण होता है जबकि उसके पास किसी प्रकार की कोई डिग्री नहीं होती। यह अधिगम का ही परिणाम होता है। यदि हम इस बात को स्वीकार करें कि अधिगम शैक्षिक संस्थानों से बाहर भी हो सकता है, तो क्या हम यह जानते हैं कि जब हम सीखते है तो क्या घटित होता है। इसी को आधार मानते हुए चालर्स सैंडर्स पीयर्स (Charles Sanders Peirce) ने प्रयोजनवाद का प्रादुर्भाव किया और इसी विचार को फिर उनके शिष्य जॉन डीवी ने शिक्षा पर प्रगतिशील विचारधारा के रूप में विकसित किया जिसे रचनावाद के रूप में जाना जाता है, जो इस बात की ओर संकेत करता है कि अधिगम अनुभव पर आधारित होता है।

उपरोक्त विवेचन के आधार पर यह कहा जा सकता है कि शिक्षा अधिगम को एक प्रक्रिया के रूप में मानती है, जिससे बालक में व समाज में परिवर्तन लाया जाता है। कुछ अधिगम नियोजन कार्य प्रणाली के कारण होता है या अचानक होता है। इसे एक विस्तृत छाते के रूप में देखा जा सकता है:

शिक्षा आवश्यक हो सकती है परंतु इससे अधिगम होना निश्चित नहीं हो सकता। विद्यार्थी विषय सामग्री को परीक्षा पास करने के लिए याद कर सकते हैं तथा सर्टिफिकेट प्राप्त कर सकते है, परंतु इसका यह अभिप्राय नहीं है कि उसे अधिगम भी प्राप्त होगा। शिक्षा के धक्के से या

इसके बिना अधिगम की लकीर खींची जा सकती है परंतु यह आवश्यक नहीं कि शिक्षा के धक्के का परिणाम अधिगम अवश्य होगा।

## 7. विद्यालयीकरण (Schooling)

शिक्षा एवं विद्यालयीकरण साथ-साथ चलते है; इसीलिए बहुत से व्यक्ति दोनों शब्दों का समान अर्थ मानते हैं, परंतु दोनों संप्रत्यय बिल्कुल समान नहीं है। शिक्षा एक विस्तृत संप्रत्यय है और इसके एक प्रकार औपचारिक शिक्षा में विद्यालयीकरण का अत्यधिक महत्व है। इसका प्रमुख आधार यह है कि विद्यालयीकरण जीवन में सफलता की कड़ी है। यह बालक को विश्व में प्रभावी ढंग से कार्य करने की योग्यता विकसित करने में सहायक होता है।

इसे प्राय: निम्न स्तर पर प्रयोग में लाई जाने वाली प्रक्रिया माना जाता है, जहाँ विद्यार्थियों को कुछ आधारभूत तत्वों के बारे में पढ़ाया जाता है, जो उन्हें इस योग्य बनाता है कि वे उच्च शिक्षा संस्थानों में अधिगम को निरंतर बनाए रखें।

विद्यालयीकरण को एक विशेष व्यावसायिक कौशल या 'यांत्रिकी' की भांति एक व्यापार या 'सुन्दर' विद्यालय के रूप में भी सोचा जाता है।

आज के विद्यालय के समान शैक्षिक संस्थानों के ऐतिहासिक साक्ष्य प्राचीन यूनान, रोम तथा भारतीय सभ्यता के दिनों में भी पाए जाते हैं, इन सभी प्राचीन प्रसंगों में औपचारिक शैक्षिक संस्थाओं में उपस्थिति को विशेषाधिकार माना जाता है और यह सामाजिक वर्गों पर निर्भर करती थी। क्योंकि बालक अज्ञानता से प्रारंभ करता था, इसीलिए उसे शिशुपन से परिपक्व बनाना के लिए निर्देशन, प्रशिक्षण एवं विद्यालयीकरण की आवश्यकता थी। इसके लिए उसकी व्यक्तिगत शक्ति को पहचानने तथा उसको विकसित करना आवश्यक था जिससे वह एक अर्थपूर्ण जीवन बिता सके।

जॉन डीवी (John Dewey) के शब्दों में–

*"विद्यालय एक विशिष्ट वातावरण है जहाँ जीवन के विशेष गुणों और विशेष प्रकार की क्रियाओं व व्यवसायों में शिक्षा प्रदान की जाती है।, जिससे बालक के वांछनीय दिशा में विकास के उद्देश्य की पूर्ति हो सके।"*

*("School is a special environment where certain qualities of life and certain type of activities and occupations are provided.")*

इसका अभिप्राय यह है कि विद्यालयीकरण का अंतिम लक्ष्य जीवन के लिए तैयारी है। यह स्कूली स्तर पर सामान्य तथा तकनीकी प्रकार की क्रियाओं व पाठ्यक्रम से संबंधित है जो सफलता के लिए उपयोगी एवं उपयुक्त होता है। इस प्रकार यह विद्यालयीकरण के विभिन्न स्तरों–प्रारंभिक, माध्यमिक व उच्च माध्यमिक स्तर पर शिक्षा के क्रमबद्ध संगठन की प्रक्रिया है।

विद्यालयीकरण का संप्रत्यय 3R का पढ़ना, जो (Reading), लिखना (Writing), एवं गणित (Arithmatic), से प्रारंभ होता है, जिसके अंतर्गत, आधारभूत साहित्य, मानविकी एवं विज्ञान का ज्ञान प्रदान किया जाता है, जो बालक के बौद्धिक विकास के लिए आवश्यक है। इस ज्ञान को केवल जीवन में सामान्य सफलता के लिए ही उपयोगी नहीं माना जाता, अपितु विभिन्न विषयों एवं अनुशासनों–जिसमें तकनीकी, व्यवसायिक एवं पेशों को सम्मिलित किया जाता है–में उच्च शिक्षा के लिए आधार की सुदृढ़ता भी प्रदान करता है।

विद्यालयीकरण शिक्षा का औपचारिक रूप है, जहाँ विद्यार्थियों को कक्षाकक्ष में निर्धारित पाठ्यक्रम के अंतर्गत विभिन्न विषयों का अध्ययन कराया जाता है तथा साथ ही साथ वे कुछ क्रियाओं में भी संलग्न रहते हैं। अध्यापक मूल पाठ्यक्रम के अनुसार पाठ योजनाओं का निर्माण करते हैं, जिसके परिणामस्वरूप समाज के अनुरूप विद्यार्थियों को सफल बनाया जा सके। परंतु यह भी सत्य है कि विद्यालयीकरण के बिना भी किसी व्यक्ति को शिक्षित किया जा सकता हे।

वास्तव में यह किसी को भी विदित नहीं है कि औपचारिक रूप से विद्यालयीकरण कब प्रारंभ हुआ। शायद यह तब से हो हो सकता है जब गुफाओं में रहने वाले व्यक्तियों ने अपने बच्चों को जीवित रहने के कौशलों का प्रशिक्षण देना प्रारंभ किया ओर इस कौशल का हस्तांतरण अनगिनत वंशजों तक किया। लिखित भाषाओं से पहले अधिगम प्रक्रिया केवल मौखिक रूप से विद्यमान थी और समाज इसी ज्ञान के संप्रेषण के आधार पर विकसित था और इसी को विद्यालयीकरण का नाम दिया गया। 3000 ईसा पूर्व के लगभग मिस्त्र (Egypt) में विद्यालयीकरण का उदाहरण पाया जाता है।

पिछली कई शताब्दियों से विद्यालयीकरण के बहुत से प्रकार विद्यमान हैं, उनमें से कुछ प्रसिद्ध है और कुछ नहीं। एक स्थान पर विद्यार्थियों को इकट्ठा करना प्राचीन यूनान के समय से विद्यमान है और आज भी चल रहा है। विद्यालयीकरण की अन्य विधि को 'स्व-गति' (Self-paced) के नाम से भी पुकारा जा सकता है। यह वह है जिसमें विद्यार्थी अपनी गति से सीखता है और उन्हें किसी निश्चित या कठोर पाठ्यक्रम का अनुगमन करने के लिए बाध्य नहीं किया जाता। होमस्कूलिंग (Homeschooling) एक अन्य प्रकार का विद्यालयीकरण है। इस प्रकार विद्यालयीकरण में अध्यापक विद्यार्थियों को पाठ योजना के अंतर्गत, अधिगम प्राप्त करानें का अभ्यास करते हैं। पालो फरेरे (Paulo Freire) ने इसे बैंकिंग का नाम दिया है जिसमें ज्ञान को जमा कराया जाता है।

## विद्यालयीकरण संप्रत्यय का विश्लेषण (Analysis of Concept: Schooling)

- यह शिक्षा को क्रमबद्ध रूप से संगठित करने की प्रक्रिया है।
- यह शिक्षा का एक महत्वपूर्ण साधन है।
- यह उच्च शिक्षा के लिए आधार प्रदान करता है।
- जीवन का एक अनुशासित ढंग ही विद्यालयीकरण की बानगी (Hallmark) है।
- इसके अंतर्गत एक वंशज से दूसरे वंशज को ज्ञान का हस्तांतरण किया जाता है।
- इसका उद्देश्य क्रमबद्ध शिक्षा के लिए परिस्थितियाँ एवं संसाधन उपलब्ध कराना है।
- इसमें प्रत्येक आयु वर्ग, समूह या ग्रेड के लिए विशिष्ट पाठ्यक्रम निहित होता है।
- इसमें अध्यापक एक साधन व्यक्ति के रूप में कार्य करते हुए कक्षाकक्ष में विद्यार्थियों को शिक्षित करता है।
- शिक्षण प्रक्रिया पूर्व-निश्चित होती है।
- इसमें एक कठोर संरचना का पालन किया जाता है जिसमें विद्यार्थियों का वर्गीकरण, प्रशासन एवं उच्च स्तर पर पदोन्नति सम्मिलित है।

## शिक्षा एवं विद्यालयीकरण में अंतर (Difference between Education and Schooling)

यद्यपि शिक्षा और विद्यालयीकरण दोनों का उद्देश्य विद्यार्थी का उचित दिशा में विकास करना है, परंतु दोनों संप्रत्ययों में कुछ अंतर है जो निम्नलिखित है:

| क्षेत्र (Aspects) | शिक्षा (Education) | विद्यालयीकरण (Schooling) |
|---|---|---|
| विधि (Way) | शिक्षा औपचारिक व निरौपचारिक रूप से प्रदान की जाती है। | विद्यालयीकरण मुख्य रूप से शिक्षा का प्रथम स्तर है। |
| क्षेत्र (Scope) | इसका क्षेत्र विस्तृत है। | इसका क्षेत्र सीमित है। |
| अवधि (Duration) | शिक्षा जीवन पर्यन्त चलने वाली प्रक्रिया है। | इसकी अवधि निश्चित होती है। |
| प्रभाव (Effect) | शिक्षा जीवन के सभी पक्षों को प्रभावित करनी है। | यह विशेष योग्यताओं एवं कौशलों के विकास पर बल देता है। |
| प्रकृति (Nature) | शिक्षा बालक स्वाभाविक रूप से प्राप्त करता है। | विद्यालयीकरण द्वारा प्राप्त की गई शिक्षा कृत्रिम होती है। |

| क्षेत्र (Aspects) | शिक्षा (Education) | विद्यालयीकरण (Schooling) |
|---|---|---|
| पाठ्यक्रम व स्थान (Curriculum and Place) | औपचारिक शिक्षा में कार्यक्रम, समयावधि, पाठ्यक्रम, शिक्षण विधि निश्चित होती है, परंतु निरौपचारिक शिक्षा में नहीं। | इसमें पाठ्यक्रम, समयाविधि, शिक्षण विधि, समय सभी निश्चित होते हैं। |
| मूल्यांकन (Evaluation) | शिक्षा में मूल्यांकन जीवन पर्यन्त चलने वाली प्रक्रिया है। | एक विशेष समय के पश्चात् मूल्यांकन की विधि का प्रयोग किया जाता है और परीक्षा को पास करने के पश्चात् सर्टिफिकिट/प्रमाण पत्र प्रदान किया जाता है |
| काल (Period) | यह जन्म से लेकर मृत्यु पर्यन्त चलती रहती है। | यह तब शुरु होता है जब बालक स्कूल में प्रवेश लेता है। और जेसे ही बालक अपने अध्ययन की पूर्ति के पश्चात् स्कूल छोड़ देता है, तब यह समाप्त हो जाता है। |
| अध्यापक (Teacher) | अनौपचारिक शिक्षा में समाज के सभी सदस्य बालक के व्यवहार में परिवर्तन लाने में सहायक होते हैं जबकि औपचारिक व निरौपचारिक शिक्षा में योग्य अध्यापक ही शिक्षा का कार्य करते हैं। | विद्यालयीकरण में केवल योग्य एवं प्रशिक्षित अध्यापक ही शिक्षा का कार्य करते हैं। |
| सेवाएं (Agencies) | शिक्षा की प्रक्रिया में औपचारिक, निरौपचारिक और अनौपचारिक संस्थाएँ ही संलग्न रहती है। | विद्यालयीकरण में पब्लिक और निजी स्कूल ही शामिल होते हैं। |
| दृष्टिकोण (Approach) | शिक्षा में सामान्यत: कठोर दृष्टिकोण को नहीं अपनाया जाता। | इसका दृष्टिकोण हमेशा कठोर रहता है। |
| शिक्षण विधियां (Methods of teaching) | शिक्षा की शिक्षण विधियाँ असीमित हैं। | यह प्राय: विचार-विमर्श, प्रश्नोत्तर, प्रयोग, पाठ्य-पुस्तक विधि तक ही सीमित रहता है। |
| अनुशासन (Discipline) | शिक्षा में सामाजिक अनुशासन व सामाजिक नियंत्रण शामिल होता है। | यह कठोरता से संबंधित होता है। |
| अभिप्रेरणा (Motivation) | शिक्षा में अभिप्रेरणा के विभिन्न स्त्रोत होते हैं। | इसमें मानसिक विकास ही अभिप्रेरणा का स्त्रोत होता है। |
| प्रयोजन (Purpose) | यह बालक को जीवन की चुनौतियों का सामना करने व समस्याओं का समाधान ढूंढने के लिए तैयार करती है। | यह बालक को उच्च शिक्षा के लिए तैयार करती है। |

इस प्रकार विद्यालयीकरण का अभिप्राय औपचारिक शिक्षा प्रणाली से है तथा यह स्कूल में ही होता है, जबकि शिक्षा में ज्ञान के विभिन्न स्त्रोत–औपचारिक, अनौपचारिक एवं निरौपचारिक–शामिल हैं। विद्यालयीकरण शिक्षा का केवल एक अंश है। यह एक साधन है और शिक्षा का न तो आरंभ है और न ही अंत।

# 3. शिक्षा के प्रयोजन व उद्देश्य
## (Purpose and Aims of Education)

*"An aim is a foreseen end that gives direction to an activity or motivates behaviour."*
*—John Dewey*

शिक्षा प्रक्रिया के तीन महत्वपूर्ण पहलू हैं–
'शिक्षा क्यों', 'शिक्षा कैसे' 'शिक्षा क्या'।

**शिक्षा प्रक्रिया (Education Process)**

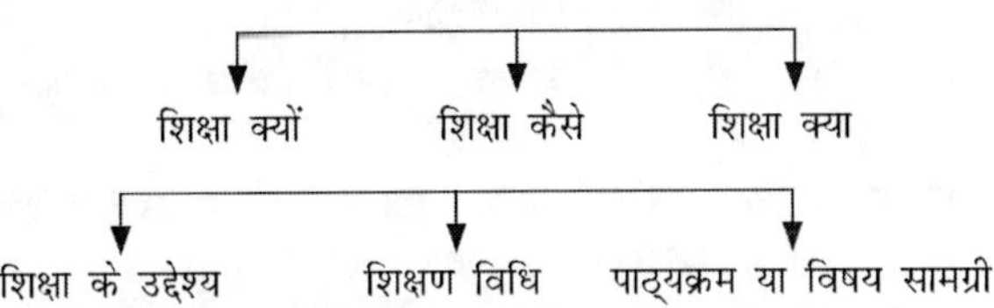


शिक्षा के उद्देश्य को समझे बिना शिक्षा प्रक्रिया अर्थहीन होगी। प्रत्येक क्रिया का कहीं न कहीं अन्त होना चाहिए। क्रिया के अन्त को ही उस क्रिया का उद्देश्य कहा जा सकता है। शिक्षा के अनेक उद्देश्य हो सकते हैं। ये उद्देश्य स्थिर नहीं हैं। वे एक समय से दूसरे समय तथा एक देश से दूसरे देश में परिवर्तित होते रहते हैं। कुछ आधारभूत उद्देश्य अपरिवर्तनशील हो सकते हैं परन्तु समय तथा स्थान के अनुसार इन आधारभूत उद्देश्यों की अभिव्यक्ति परिवर्तित हो जाती है। शैक्षिक प्रक्रिया की सफलता का मूल्यांकन इस आधार पर किया जा सकता है कि अध्यापकों तथा अधिगमकर्त्ताओं ने किस सीमा तक उन उद्देश्यों की अनुभूति की है। लक्ष्य के बिना किसी भी उद्देश्यपूर्ण प्रक्रिया के पास वह वास्तविक शक्ति नहीं होगी जो उसे निर्देशन दे तथा उसे अर्थपूर्ण बनाये जैसा कि जॉन डीवी ने भी कहा है:

*''उद्देश्य पहले से सोचा गया एक लक्ष्य है जो किसी भी क्रिया या चालक व्यवहार को दिशा प्रदान करता है।'*

### प्रयोजन व उद्देश्य का अर्थ (Meaning of Purpose and Aim)

प्रयोजन व उद्देश्य दो ऐसे शब्द हैं जिन्हें सामान्यत:पर्यायवाची माना जाता है। बहुत से व्यक्तियों का यह मानना है कि दोनों शब्दों का अर्थ समान है और दोनों शब्दों को एक-दूसरे के स्थान पर प्रयोग किया जाता है। इसलिए सबसे पहले हमें इन दोनों शब्दों के अर्थ को समझना होगा।

*प्रयोजन (Purpose)*–प्रयोजन के अर्न्तगत इस बात को परिभाषित किया जाता है कि एक व्यक्ति कुछ क्यों कर रहा है, इसे करने के पीछे क्या कारण है, और वह इसको करके क्या प्राप्त करना चाहता है। उदाहरण के रूप में, अनु का शिक्षा प्राप्त करने का प्रयोजन एक अच्छा इन्सान बनना है। जैसा कि इस कथन से स्पष्ट होता है कि अनु शिक्षा प्राप्त कर रही है और शिक्षा प्राप्त करने का कारण है एक अच्छा इंसान बनना। यह उसका प्रयोजन है। इस प्रकार प्रयोजन एक अभिप्रेरित या वांछनीय परिणाम; लक्ष्य; अंत है। यह एक दृढ़ निश्चय है।

*उद्देश्य (Aim)*–उद्देश्य एक पूर्व स्थापित लक्ष्य की प्राप्ति के लिए निश्चित कोर्स की स्थापना करना है। इसमें दृढ़ निश्चय व जड़ता की आवश्यकता होती है। इसमें यह भी आवश्यक होता है कि व्यक्ति एक स्थापित रास्ते पर सुदृढ़ रहे और अंत में उस उद्देश्य की प्राप्ति की आवश्यकता को पूर्ण करे। उदाहरण रीटा का उद्देश्य डॉक्टर बनने के लिए डॉक्टरेट की डिग्री प्राप्त करना है।

**प्रयोजन व उद्देश्य में अन्तर (Difference between Purpose and Aim)**

प्रयोजन व उद्देश्य संप्रत्ययों में अन्तर करना अत्यन्त कठिन है क्योंकि ये दोनों संप्रत्यय अधिकतर एक-दूसरे के समान है और समान संदर्भों में इनका प्रयोग किया जाता है। इतनी समानता होने के बावजूद भी कुछ ऐसे पक्ष है जहाँ इन दोनों संप्रत्ययों के प्रयोग की भिन्नता को दर्शाया जा सकता है।

दोनों शब्दों का अर्थ है-कुछ प्राप्त करने की इच्छा या साधारण शब्दों में एक अभिप्रेरणा, परन्तु प्रयोजन में एक अन्य अर्थ शामिल हो जाता है कि जो कुछ हम प्राप्त करना चाहते हैं; उसको प्राप्त करने के पीछे क्या कारण है। अन्य शब्दों में, हम यह कह सकते हैं कि प्रयोजन 'क्यों' प्रश्न का उत्तर देता है जबकि उद्देश्य 'क्या' प्रश्न का उत्तर देता है।

- प्रयोजन एक विस्तृत संप्रत्यय है, जबकि उद्देश्य में सम्पूर्ण विचार का परिणाम सम्मिलित होता है।
- प्रयोजन एक निर्देशित योजना के रूप में कार्य करता है जबकि उद्देश्य प्रयोजन की प्राप्ति के लिए दिए गए सभी कार्यों व तकनीकों का अंतिम परिणाम होगा।
- प्रयोजन विस्तृत विचारधारा की व्याख्या करता है और उद्देश्य से इसे समर्थन प्राप्त होता है, जिसके द्वारा योजना को अधिक बढ़ावा मिलता है कि विशिष्ट एवं उच्च स्तरीय व्यवहार्य क्रियात्मक बिंदुओं पर अधिक से अधिक कार्य किया जाए।

इस प्रकार दोनों सेप्रत्ययो में समानता होते हुए भी कुछ विभिन्नता है।

**शिक्षा के प्रयोजन (Purposes of Education)**

सिडनी जे. हेरिस (Sydney J. Harris) के शब्दों में,

> *"शिक्षा का सम्पूर्ण प्रयोजन शीशों को खिड़कियों में परिवर्तित करना है।"*
> *("The whole purpose of education is to turn mirrors into windows.")*

प्रयोजन प्रक्रिया का आधारभूत लक्ष्य होता है। यह एक अभिव्यक्त लक्ष्य होता है, जिसकी प्राप्ति के लिए अधिक से अधिक प्रयत्न किए जाते हैं। यह बाह्य व अधिकारिक पाठ्यक्रम का एक भाग बन जाता है। शिक्षा का अंतिम एवं वास्तविक प्रयोजन प्रत्येक व्यक्ति को एक अच्छा इंसान बनाना है, जो स्वंय से, अन्य से एवं देश से प्यार करें।

शिक्षा का प्रयोजन ज्ञान का संरक्षण व विस्तार और चरित्र का विकास करना है जो विद्यमान समाज के अनुरूप हो और साथ ही साथ प्रत्येक व्यक्ति को भविष्य में नवीनता लाने के लिए तैयार करना है। हमें यह भी समझना चाहिए कि बालक एक वॉस नहीं है जिसे भरा जाना चाहिए अपितु वह एक आग है जिसे जलाना आवश्यक है। वर्तमान परिस्थिति में शिक्षा के प्रयोजन निम्नलिखित है–

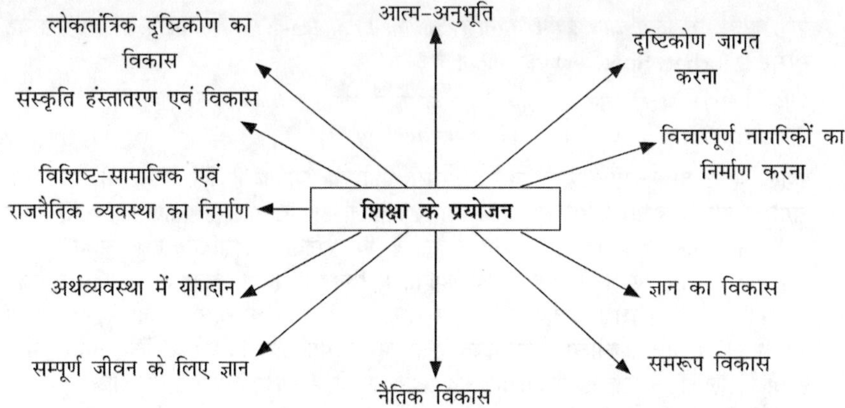


1. *प्रबोधन (Enlightenment)*–यह शिक्षा के प्रमुख प्रयोजनों में से एक हैं। यह व्यक्ति को अंधकार से रोशनी की ओर ले जाता है। व्यक्ति जो भी कार्य करता है, यह उसे इस कार्य को करने का कारण जानने में सहायक होता है। यह व्यक्ति को इस पृथ्वी पर अपने जीवन के सुदृढ़ प्रयोजन के बारे में जागरूक करता है। जैसा कि प्लेटो (Plato) ने भी कहा है:

   *''शिक्षा का प्रयोजन शरीर एवं आत्मा को पूर्ण सुन्दरता और सम्पूर्णता प्रदान करना है जिनके लिए वे सक्षम हैं।''*
   *("The purpose of education is to give to the body and to the soul all the beauty and all the perfection of which they are capable.")*

2. *ज्ञान का विकास (Development of Knowledge )*–शिक्षा का प्रयोजन व्यक्ति को जीवन के बारे में निर्णय लेने के योग्य बनाना है। यह विभिन्न क्षेत्रों में मानव के ज्ञान का विस्तार करेगी। व्यक्ति अपने चारों और तथा विश्व के चारों ओर घटित होने वाली घटनाओं के बारे में जानकारी प्राप्त कर सकता है। माल्कोल्म फोर्बस (Malcolm forbes) ने सही कहा है:

   *''शिक्षा का प्रयोजन एक खाली मस्तिष्क के स्थान पर खुला मस्तिष्क बनाना है।''*
   *("The purpose of education is to replace an empty mind with an open one.")*

   शिक्षा आध्यात्मिक एवं सांसारिक दोनों प्रकार का ज्ञान प्रदान करती है।

3. *अर्थव्यवस्था में योगदान (Contribution to the economy)*–शिक्षा का प्रयोजन आर्थिक विकास के लिए आधार प्रदान करना है। शिक्षा ऐसा आधार प्रदान करती है जिस पर हमारे आर्थिक व सामाजिक विकास का निर्माण होता है। शिक्षा आर्थिक कुशलता एवं सामाजिक संगति को बढ़ावा देने की कुंजी है। इस प्रयोजन के लिए संसाधनों का पूर्ण रूप से प्रयोग किया जाना आवश्यक है तथा शिक्षा उत्पादन से संबंधित होनी चाहिए, जिससे राष्ट्रीय आय को बढ़ाया जा सके, क्योंकि इसी के परिणामस्वरूप शिक्षा में निवेश को बढ़ावा मिलेगा और शिक्षा का उत्पादकता से संबंध स्थापित होगा। माल्कोल्म (Malcolm) के शब्दों में,

   *''शिक्षा भविष्य के लिए पासपोर्ट है, क्योंकि कल उन्हीं से संबंधित होता है जो आज इसके लिए तैयार होते हैं।''*
   *("Education is the passport to the future, for tomorrow belongs to those who prepare for it today.")*

4. *पूर्ण जीवन के लिए ज्ञान प्रदान करना (Provide knowledge for complete living)*–हरबर्ट स्पेंसर (Herbert Spencer) का मानना है,

   *''शिक्षा पूर्ण रूप से जीने के लिए तैयार करना है।''*
   *("Education is preparation to live completely.")*

   पूर्णता युक्त जीवन संप्रत्यय के बारे में स्पेंसर का यह कहना है कि शिक्षा के द्वारा ऐसा नागरिक बनाया जाना चाहिए जो अच्छे आचरण वाला हो एवं साथ ही साथ विश्व में अपना मार्ग बनाने वाला हो। वह यह कहना चाहता है कि नैतिक उत्तरदायित्व तथा आत्म संतुष्टि ऐसे गुण हैं जिन्हें शिक्षा के द्वारा प्रत्येक व्यक्ति में विकसित किया जाना चाहिए। इस प्रयोजन की प्राप्ति के लिए शिक्षा प्रत्येक को आत्म संरक्षण की कला के योग्य बनाती है, विद्यार्थियों को सामाजिक एवं राजनैतिक उत्तरदायित्वों को अच्छी प्रकार से निभाने के लिए तैयार करती है और बालकों के लालन-पालन का ज्ञान प्रदान करती है जो पूर्व वंशजों का संदेश लाते हैं।
5. *विचारयुक्त नागरिकों का निर्माण करना (create thoughtful citizens)*–शिक्षा का प्रयोजन विचारयुक्त नागरिकों का निर्माण करना है। वर्तमान समय के विद्यार्थी समुदाय का महत्वपूर्ण भाग होंगे और उन्हें चिंतनयुक्त/विचारयुक्त नागरिकों के रूप में समाज में अपना अस्तित्व बनाने के लिए कौशलयुक्त होना आवश्यक है। केवल विचारयुक्त नागरिक ही देश को अच्छे ढंग से चला सकते हैं और सही/उपयुक्त समय पर सही निर्णय ले सकते हैं।
6. *आत्म-अनुभूति (Self-realization)*–आत्मानुभूति से अभिप्राय है प्रकृति, मानव तथा परमात्मा को समझना। इसलिए बहुत से शिक्षाशास्त्रियों का वह विश्वास है कि शिक्षा का प्रयोजन बालक के स्व को विकसित करना है, जिसके परिणामस्वरूप वह समाज के माध्यम से अपने गुणों का अनुभव प्राप्त कर सके। जे.जे. रूसो (J.J. Rousseau) के शब्दों में,

   *''शिक्षा का प्रयोजन एक सैनिक, जज या पादरी बनाना नहीं है अपितु एक मानव बनाना है। हमें बालकों को विज्ञानों की शिक्षा नहीं देनी चाहिए, अपितु इनके लिए उनमें रुचि उत्पन्न करनी चाहिए।''*
   *("The object of education is not to make a soldier, magistrate or priest but to make a man. We should not teach children the sciences, but give them a taste for these.")*

   शिक्षा का यह प्रयोजन प्रत्येक व्यक्ति को पूर्णता की ओर ले जाता है।
7. *दृष्टिकोण जागृत करना (Create vision)*–शिक्षा का प्रयोजन प्रत्येक व्यक्ति को एक दृष्टिकोण/नज़रिया विकसित करने के लिए अभिप्रेरित करना है और उसके अनुसार अपने कार्य में सफलता प्राप्त करने के लिए प्रेरित करना है। इससे लक्ष्य को प्राप्त करने में तथा उचित ढंग से जीत हासिल करने में दिशा-निर्देश प्राप्त होते हैं। जेम्स बाल्डविन (James Baldwin) ने ठीक ही कहा है,

   *''शिक्षा का प्रयोजन प्रत्येक व्यक्ति को इस योग्य बनाना है कि वह विश्व को स्वयं के लिए एवं अपने निर्णय स्वयं लेने के लिए, देख सके।''*
   *("The purpose of education is to create in a person the ability to look at the world for himself, to make his own decisions.")*
8. *लोकतांत्रिक दृष्टिकोण का विकास (Development of democratic outlook)*–लोकतंत्र केवल एक नैतिक विश्वास ही नहीं है, अपितु एक प्रायोगिक/व्यावहारिक पंथ है। कोई भी समाज तब तक स्वयं को लोकतांत्रिक होने का दावा नहीं कर सकता, यदि इसे राजनैतिक स्वतंत्रता, अंतरात्मा की आजादी, आर्थिक न्याय, सामाजिक समृद्धि, व्यक्ति के गौरव में विश्वास

स्वीकार्य न हो और यह शांतिपूर्ण व क्रमबद्ध जीवन के लिए अवसर प्रदान न करे। लोकतांत्रिक दृष्टिकोण के विकास के लिए शिक्षा एक महान शक्ति के रूप में कार्य करती है। जैसा कि विश्वविद्यालय शिक्षा आयोग (University Education Commission) के द्वारा कहा भी गया है:

*''शिक्षा सामाजिक सुधार का एक महान् यंत्र है जिसके द्वारा लोकतंत्र अपने सदस्यों में समानता की भावना को स्थापित करता है, बनाए रखता है तथा रक्षा करता है।''*

*("Education is a great instrument of social emanicipation by which a democracy establishes, maintains and protects the spirit of equality among its members.")*

शिक्षा विद्यार्थियों को सामाजिक न्याय के लिए ज्वलंत जुनून के साथ प्रेरित करती है; जाति, पंथ व रंग की बाधाओं को तोड़ने के लिए; सांस्कृतिक सूझ-बूझ व सहानुभूति को गहन करने के लिए, उनके बौद्धिक दृष्टिकोण को विस्तृत करने के लिए, इमानदारीयुक्त कार्य के प्रति प्रेरणा देने एवं राष्ट्रीय संस्कृति के प्रति आसक्ति उत्पन्न करने के लिए अभिप्रेरित करती है।

9. *नैतिक विकास (Ethical development)*-शिक्षा का महत्वपूर्ण प्रयोजन है नैतिक विकास करना क्योंकि शिक्षा एक नैतिक कला है। नैतिक शिक्षा का प्रयोजन है लोगों को स्वतंत्र इच्छा से निर्णय लेने के लिए तैयार करना। आप मानकों का शिक्षण आसानी से कर सकते हो, परन्तु आप उन मानकों का पालन करने के लिए शिक्षण नहीं दे सकते जब तक आप नैतिकता का विकास नहीं करते। शैक्षिक संस्थाएँ व्यक्तियों के चरित्र को परिवर्तित करके, उनकी योग्यताओं एवं विचारों का विकास करके उन्हें एक आकार देने में सफल होती हैं जिससे वे समाज के वांछनीय सदस्य बन जाते हैं।

10. *संस्कृति का हस्तातंरण एवं विकास (Transmission and enrichment of culture)*–संस्कृति का संरक्षण, हस्तातंरण एवं विकास को शिक्षा के प्रमुख प्रयोजनों में से एक माना जाता है। संस्कृति के लिए शिक्षा से अभिप्राय है ऐसे ज्ञान एवं ऐसी आदतों को बढ़ावा देना जो मानव व्यक्तित्व को ओर भी सुन्दर बना देती है और मानव जीवन की सुंदरता/अनुग्रहता को बढ़ावा देती है। शिक्षा के प्रयोजन के रूप में संस्कृति ललित कलाओं की प्रंशसा के लिए सौन्दर्यात्मक संवेदनशीलता का विकास करेगी। यह उनके दृष्टिकोण को विस्तृत करेगी, रुचि को बढ़ावा देगी और सामाजिक रूप से स्वीकृत व्यवहार को विकसित करेगी। शिक्षा का उत्तरदायित्व है संस्कृति का संरक्षण करना तथा एक वंशज से दूसरे वंशज तक इसका हस्तांतरण करना। शिक्षा का यह प्रयोजन एक समुदाय को यह सिखाता है कि अतीत को देखो, वर्तमान की संस्कृति का मूल्यांकन करो और इसमें सुधार लाओ; यदि आवश्यकता हो तो इसे सार्वभौमिक रूप से स्वीकृत बनाओ।

11. *विशेष सामाजिक एवं राजनैतिक व्यवस्था को उन्नत करना (promote a particular social and political system)*-जवाहर लाल नेहरू (Jawahar Lal Nehru) ने कहा है,

*''देश में बहुत से परिवर्तन आ चुके हैं और शिक्षा व्यवस्था को भी इसी के साथ-साथ चलना चाहिए। शिक्षा के सम्पूर्ण आधार में भी क्रांति लानी चाहिए।''*

*("Great changes have taken place in the community and the education system must also be in keeping with them. The entire basis of education must be revolutionised.")*

शिक्षा का प्रयोजन यह भी है कि देश में किसी एक विशेष सामाजिक एवं राजनैतिक व्यवस्था को बढ़ावा दे। देश में प्रचलित सामाजिक एवं राजनैतिक परिस्थितियों के अन्तर्गत ही एक राष्ट्रीय शिक्षा प्रणाली को प्रेरणा मिलती है। इस प्रयोजन की पूर्ति के लिए शिक्षा के लिए

अत्यन्त चुनौतिपूर्ण कार्य है कि किस प्रकार प्रत्येक नागरिक को लोकतांत्रिक नागरिकता के लिए तैयार किया जाए। एक लोकतांत्रिक नागरिक में सत्य को झूठ से एवं तथ्यों को प्रचार से भिन्न करने की सूझ-बूझ तथा बौद्धिक अखण्डता का होना आवश्यक है। शिक्षा उन्हें इस योग्य बनाए कि वे उन नवीन विचारों के बहाव को स्वीकार करने योग्य बन जाए जिससे लोकतांत्रिक शक्तियों को सुदृढ़ करने में सहायता मिले। एक सुदृढ़ सामाजिक व्यवस्था के निर्माण के लिए नागरिकों में सच्ची देशभक्ति की भावना का विकास होना आवश्यक है। एक विशेष सामाजिक व राजनैतिक व्यवस्था के विकास के लिए हमारे नवयुवकों में नेतृत्व के गुणों का विकास होना भी आवश्यक है, शिक्षा के द्वारा सामाजिक, राजनैतिक, औद्योगिक एवं सांस्कृतिक क्षेत्र में नेतृत्व प्रदान करने के लिए नवयुवकों को प्रशिक्षित किया जाना चाहिए। एक अच्छा नेता ही सामाजिक मुद्दे को स्पष्ट रूप से समझ सकता है और तकनीकी कुशलता लाने में सहायक हो सकता है।

इस प्रकार शिक्षा का प्रमुख प्रयोजन विद्यार्थियों को भविष्य में सफलता के लिए प्रशिक्षण देना, दृष्टिकोण में विस्तृत एवं सहनशील बनाना, शांति के लिए खोजकर्त्ता बनना एवं अन्य व्यक्तियों के अधिकारों को समझने के लिए तैयार करना है। किसी भी शिक्षा प्रणाली को यदि अपने प्रयोजन की पूर्ति करनी है तो मुख्य रूप से उसके दो कार्य होते हैं: परिवर्तन प्रदान करना व उसका संरक्षण करना। इसके द्वारा उन सभी मूल्यों, विश्वासों, रीतिरिवाजों, परम्पराओं को संरक्षित किया जाना चाहिए एवं उस ज्ञान को बनाए रखना है जो भविष्य में समाज को जीवंत रखने में सहायक हो।

**शिक्षा के उद्देश्यों की आवश्यकता (Need for Aims of Education)**

बी.डी. भाटिया (B.D. Bhatia) के अनुसार-

*''उद्देश्यों के ज्ञान के बिना शिक्षक एक ऐसे नाविक के समान है जिसे अपने लक्ष्य या इष्ट का पता नहीं है तथा बालक एक पतवारविहीन नौका के समान है जो किनारों पर भटकता रहता है।''*

*("Without the knowledge of aims, the educator is like a sailor who does not know his goal or his destination and the child is like a rudderless vessel which will be drifted alone somewhere ashore.")*

इसका अभिप्राय यह है कि वह शिक्षा प्रणाली, जिसे अपने उद्देश्यों का उचित ज्ञान नहीं, अवश्य ही असफल होगी। हमारी सभी शिक्षण विधियाँ, पाठ्यक्रम, मूल्यांकन प्रणाली को शिक्षा के उद्देश्यों के अनुसार ही आकार दिया जाता है तथा परिवर्तित किया जाता है। इसलिए शिक्षा के उद्देश्यों की अत्यधिक आवश्यकता है, इसके बिना कोई भी शिक्षा प्रणाली निम्नलिखित कारणों से ठीक प्रकार से कार्य नहीं कर सकती:

1. *उद्देश्य शिक्षा को दिशा प्रदान करते हैं (Aims Provide Direction to Education)*–उद्देश्य विद्यार्थियों तथा अध्यापकों को दिशा प्रदान करते हैं। उद्देश्यों के बिना शिक्षा 'पतवारविहीन नौका' के समान है। यह केवल पतवार ही है जो नाविक को अपनी नाव को उचित दिशा में ले जाने में सहायता करती है, नहीं तो यह हवा की दया पर थपेड़े खाती रहेगी। इसी प्रकार उद्देश्य अध्यापक को कार्य तथा मार्गदर्शन की दिशा प्रदान करते हैं यह शैक्षिक प्रक्रिया को अस्पष्ट तथा अव्यवस्थित होने से बचाते हैं।
2. *शैक्षिक प्रक्रिया का मूल्यांकन करना (Evaluate Educational Process)*–उद्देश्यों की सहायता से, हमने जो ऐच्छिक लक्ष्यों की प्राप्ति तक पहुँचने के लिए साधन बनाये हैं, उनका मूल्यांकन किया जा सकता है। इसकी सहायता से हम इसके सुधार के बारे में सोच सकते हैं। मूल्यांकन

के क्षेत्र में उद्देश्य बैरोमीटर का काम करते हैं। वास्तव में उद्देश्य एक ऐसा साधन है जिसके आधार पर शैक्षिक प्रक्रिया की सफलता या असफलता का मापन किया जा सकता है।

3. *उचित ढंग से कार्य करना (Act in a Rational Manner)*–उद्देश्य उचित तथा निर्णयात्मक ढंग से कार्य करने में हमारी सहायता करते हैं। वे शिक्षाशास्त्रियों की अपने निर्णयों का औचित्य जानने में सहायता करते हैं, जो उन्होंने शिक्षा के क्षेत्र में लिए हैं। किसी भी कार्य को बुद्धिमत्तापूर्ण ढंग से तथा अर्थपूर्ण ढंग से करने में हमारी सहायता करते हैं। जॉन डीवी का कथन है:

   *''सोद्देश्य प्रक्रिया ही बुद्धिपूर्ण क्रिया है।''*

   उद्देश्यों से आप इस बात को जान जाते हैं कि आप क्या कर रहे हैं और क्यों कर रहे हैं।

4. *कुशल स्कूल प्रशासन प्रदान करना (Provide Efficient School Administration)*- स्कूल प्रशासन के प्रबन्धन के विभिन्न पक्षों जैसे अध्यापकों का उचित चुनाव, उचित पाठ्यक्रम की योजना, उचित प्रयोगशाला की व्यवस्था, पाठ्य क्रियाओं तथा पाठ्य-सहगामी क्रियाओं का उचित आयोजन आदि का शिक्षा के उद्देश्यों द्वारा ही मार्गदर्शन होता है। ठीक ही कहा गया है कि महान उद्देश्यों से ही अच्छे स्कूलों का निर्माण होता है।

5. *शिक्षा को अर्थपूर्ण बनाना (Make Education Meaningful)*–बिना उद्देश्य के शिक्षा का कोई अर्थ नहीं है। शिक्षा एक उद्देश्यपूर्ण तथा संगठित क्रिया है जिसके द्वारा एक निश्चित लक्ष्य को ध्यान में रखकर विद्यार्थी के व्यवहार को परिवर्तित करने का प्रयास किया जाता है।

6. *उद्देश्यों की अनुभूति के लिए अधिगमकर्त्ता को अभिप्रेरित करना (Motivate Learners to Realize the Aims)*–शैक्षिक उद्देश्यों की अनुभूति के लिए अधिगमकर्त्ता को प्रेरणा देने का कार्य उद्देश्यों द्वारा पूरा किया जाता है। अधिगमकर्त्ता द्वारा की गई क्रियाएँ शिक्षा के उद्देश्यों द्वारा प्रभावित होती हैं। उद्देश्य मूल्य हैं। यदि वे ऐच्छिक हों तो उनको पूरा करने के लिए अधिगमकर्त्ता को अपनी शक्तियों का प्रयोग करने की प्रेरणा मिलती है।

7. *राष्ट्रीय लक्ष्यों को प्राप्त करना (Achieve National Goals)*–किसी भी देश की शिक्षा के उद्देश्य राष्ट्रीय लक्ष्यों द्वारा प्रभावित होते हैं। यदि शैक्षिक लक्ष्यों की प्राप्ति के लिए प्रयत्न किये जाते हैं तो इसका अभिप्राय है कि हम राष्ट्रीय लक्ष्य प्राप्त कर रहे हैं। राष्ट्रीय लक्ष्यों में परिवर्तन के परिणामस्वरूप शिक्षा के उद्देश्य भी परिवर्तित हो जाते हैं।

## शिक्षा के उद्देश्यों को निश्चित करने वाले तत्व (Factors Determining Aims of Education)

शिक्षा के उद्देश्यों को निश्चित करने वाले तत्वों की खोज करने का अभिप्राय है इस तथ्य की खोज करना कि शिक्षा की उपलब्धि क्या होनी चाहिए? ये तत्व मानव जीवन की प्रत्येक अवस्था को स्पर्श करते हैं, जो निम्नलिखित हैं–

1. *स्थान तथा समय (Place and Time)*–शिक्षा के उद्देश्य प्रकृति में प्राय: अस्थायी होते हैं। वे सदा एक विशेष स्थान या समाज और विशेष समय बिन्दु से सम्बन्धित होते हैं। शिक्षा के उद्देश्य मानव समाज से सम्बन्धित हैं क्योंकि मानव समाज विभिन्नतापूर्ण है। इसलिए शिक्षा का कोई भी उद्देश्य प्रत्येक समय पर सभी को स्वीकृत नहीं हो सकता। जैसे–मानव की प्रकृति गतिशील है उसी प्रकार मूल्यों में परिवर्तन भी स्वाभाविक है, जिसके परिणामस्वरूप शैक्षिक उद्देश्यों में भी परिवर्तन होगा।

2. *समाज की आवश्यकताएँ तथा समस्याएँ (Needs and Problems of Society)*–वर्तमान समय का आधुनिक समाज ऐसी समस्याओं से प्रभावित है जो मानव जाति के जीवन के लिए

चुनौती बन गई हैं। जैसे-वातावरण प्रदूषण, भयानक बीमारियाँ जैसे-एड्स, कैंसर का प्रसार तथा जनसंख्या विस्फोट आदि। इसके परिणामस्वरूप हमारे समाज में शैक्षिक उद्देश्यों को इस प्रकार बनाया जाता है कि शैक्षिक प्रक्रिया मानवता की आवश्यकताओं की पूर्ति कर सके तथा समस्याओं का समाधान प्रदान कर सके।

3. *जीवन का प्रचलित दर्शन (Prevailing Philosophy of Life)*–उद्देश्य आवश्यक रूप से जीवन दर्शन का अनुसरण करते हैं। इसी के अनुसार शिक्षा के आदर्श तथा मूल्य निर्धारित किये जाते हैं जिन्हें शैक्षिक प्रक्रिया द्वारा प्राप्त करना होता है। आशावादी जीवन दर्शन आशावादी उद्देश्य देता है तथा एक निराशावादी दर्शन निराशावादी उद्देश्य प्रदान करता है।
4. *राजनैतिक विचारधारा (Political Ideology)*–प्राचीन समय से राज्य तथा राष्ट्र किसी विशेष सामाजिक व्यवस्था को बनाये रखने के लिए शिक्षा को एक तत्व के रूप में प्रयोग करने का प्रयत्न कर रहे हैं। समाजवादी राज्यों जैसे-चीन, यू.एस.एस.आर. (U.S.S.R) में समाजवादी विचारधारा का विकास हुआ है। स्वतन्त्र लोकतान्त्रिक राज्यों जैसे-भारत, इंग्लैण्ड, अमेरिका तथा फ्रांस आदि में शिक्षा को एक लोकतान्त्रिक अभिवृत्ति से युक्त नागरिकों को तैयार करने तथा लोकतान्त्रिक प्रक्रियाओं में योगदान देने के उद्देश्य की पूर्ति का साधन माना जाता है।
5. *सामाजिक विचारधारा (Social Ideology)*–उद्देश्य समाज की विचारधारा के अन्तर्गत निश्चित किये जाते हैं। शिक्षा एक ऐसी सजीव शक्ति है जो सामाजिक समस्याओं का समाधान करके समता, सहयोग तथा समाजवादी आदर्शों पर समाज का निर्माण करती है। जो समाज आदर्शवादी जीवन में विश्वास करता है वह चरित्र निर्माण, सामाजिक नियन्त्रण आदि को शिक्षा के उद्देश्य मानता है। जो समाज भौतिकवादी विचारधारा को मानता है वह शिक्षा के तात्कालिक उद्देश्यों का समर्थन करता है जो व्यक्ति तथा समाज की आवश्यकताओं के अनुरूप परिवर्तित होते रहते हैं।
6. *धार्मिक विचारधारा (Religious Ideology)*–भारत एक धर्मनिरपेक्ष देश है। इसलिए शिक्षा के महत्वपूर्ण उद्देश्यों में से एक नैतिक तथा आध्यात्मिक मूल्यों का विकास निश्चित किया गया है। विभिन्न धार्मिक संगठनों द्वारा चलाई गई संस्थाएँ इस उद्देश्य की पूर्ति के लिए कार्य करती रहती हैं।

अतः विभिन्न देशों में और विश्व के विभिन्न समुदायों में अपनी परिवर्तनशील आवश्यकताओं के अनुरूप अपने इतिहास के विभिन्न कालों में शिक्षा के विभिन्न उद्देश्य प्रदान किये हैं।

## उद्देश्यों के विभिन्न प्रकार (Different Types of Aims)

1. *व्यक्तिगत तथा सामाजिक (Individual and Social Aims)*–परिचर्चा का विषय है कि शिक्षा का उद्देश्य क्या होना चाहिए–वैयक्तिक विकास या सामाजिक विकास। जो विचार वैयक्तिक विकास का समर्थन करता है वह इस बात पर बल देता है कि जैवकीय रूप से तथा मनोवैज्ञानिक रूप से प्रत्येक व्यक्ति पृथक है और वह अपने भाग्य के लिए स्वयं उत्तरदायी है। टी.पी. नन ने ठीक ही कहा है–

   *''पुरुषों तथा स्त्रियों की व्यक्तिगत स्वतन्त्र क्रियाओं के अतिरिक्त मानव जगत में कुछ भी अच्छा प्रवेश नहीं करता और शैक्षिक प्रक्रिया को इसी सत्य के अनुसार प्रारूप दिया जाना चाहिए।*

   *("Nothing good enters into the human world except in and through the free activities of individual men and women and that educational practice must be shaped to accord with that truth")*

आध्यात्मवादी यह महसूस करते हैं कि वैयक्तिक विकास आत्मानुभूति में निहित है इसलिए शिक्षा का उद्देश्य व्यक्ति का विकास तथा प्रशिक्षण होना चाहिए। यह विचारधारा इस बात का भी समर्थन करती है कि केवल ऐसे शिक्षित तथा कुशल व्यक्ति ही समाज को अच्छा तथा उन्नत बना सकते हैं।

इसकी तुलना में जो शिक्षा में सामाजिक उद्देश्य का समर्थन करते हैं उनका यह मानना है कि मानव एक सामाजिक पशु है। समाज के बिना व्यक्तित्व का विकास नहीं हो सकता। यह दूसरों के सहयोग में तथा समाज या समूह के कल्याण के लिए सहयोगपूर्ण ढंग से कार्य करने में विकसित होता है। व्यक्ति का अस्तित्व समाज के लिए है तथा समाज की इच्छाओं और आवश्यकताओं के अनुरूप ही उसका विकास होना चाहिए। शिक्षा का उद्देश्य व्यक्तियों में सामाजिक मूल्यों का विकास, सामाजिक उत्तरदायित्वों की पूर्ति के लिए व्यक्तियों को तैयार करना, व्यक्तियों की सामाजिक कुशलता में वृद्धि करना और ऐसे मानव व्यक्तित्व का निर्माण करना जो समाज के विकास के लिए महत्वपूर्ण योगदान दे सके, आदि होने चाहिए।

वास्तव में शिक्षा के वैयक्तिक तथा सामाजिक उद्देश्य दोनों एक-दूसरे के पूरक हैं। ऐसे व्यक्ति जिनका व्यक्तित्व पूर्ण रूप से विकसित है वे समाज के विकास के लिए प्रभावशाली ढंग से योगदान दे सकते हैं और व्यक्तित्व के विकास के लिए मनुष्य को एक अच्छे समाज की आवश्यकता होती है। रॉस ने ठीक ही कहा है–

*''उस सामाजिक वातावरण से अलग वैयक्तिकता मूल्यहीन तथा व्यक्तित्व अर्थहीन पद है, जिसमें इनका विकास होता है तथा जहाँ इन्हें प्रभावशाली बनाया जाता है।''*

*("Individuality is of no value and personality is a meaningless term apart from the social environment in which they are developed and manifested.")*

2. *अन्तिम तथा तात्कालिक उद्देश्य (Ultimate and Immediate Aims)*– शिक्षा के अन्तिम उद्देश्य जीवन दर्शन तथा स्वयं मानव जीवन के उद्देश्यों से सम्बन्धित होते हैं। कुछ शिक्षाशास्त्रियों का यह मानना है कि आत्मानुभूति शिक्षा का अन्तिम उद्देश्य है। इसके अन्तर्गत व्यक्ति की योग्यताओं तथा क्षमताओं को जाना जाता है और तब व्यक्तियों को अपनी योग्यताओं को वास्तविक रूप देने में सहायता की जाती है। कुछ यह मानते हैं कि व्यक्ति की जन्मजात शक्तियों का समरूप विकास अन्तिम उद्देश्य है। इसका उद्देश्य एक सु-सन्तुलित व्यक्तित्व का निर्माण करना है। इसका अभिप्राय है मानव प्रकृति की शारीरिक, मानसिक, सौन्दर्यात्मक, नैतिक तथा आध्यात्मिक पक्षों का समरूप विकास। रूसो, पेस्टालॉजी तथा महात्मा गांधी आदि ने इस विचारधारा का समर्थन किया है। हरबर्ट स्पेन्सर ने 'पूर्ण जीवन के लिए शिक्षा' का विचार प्रदान किया, वह लिखते हैं–

   *''शिक्षा द्वारा यह बताया जाना चाहिए कि शरीर का विकास कैसे किया जाये, कार्यों का प्रबन्ध कैसे किया जाये, परिवार का पालन-पोषण कैसे किया जाय, एक नागरिक के रूप में कैसे व्यवहार किया जाए तथा प्रकृति द्वारा प्रदान की गई खुशियों के स्रोतों का प्रयोग कैसे किया जाए। इन सभी शक्तियों का स्वयं के लिए तथा दूसरों के कल्याण के लिए प्रयोग कैसे किया जाय।''*

   इस उद्देश्य में शिक्षा के सभी उद्देश्यों को सम्मिलित करने का प्रयत्न किया गया है। तात्कालिक उद्देश्य शिक्षा के अन्तिम उद्देश्य की प्राप्ति के लिए साधन का काम करते हैं। शिक्षा के विकास पर अन्तर्राष्ट्रीय समिति की रिपोर्ट 'Learning to be' में शिक्षा के कुछ विशिष्ट या तात्कालिक उद्देश्यों की सूची प्रदान की गई है–

प्रभावी गुणों का विकास, सौन्दर्यभावना का विकास, चरित्र निर्माण, ज्ञान की प्राप्ति तथा शारीरिक विकास। इनके अतिरिक्त अन्य तात्कालिक उद्देश्य जिन्होंने वर्तमान शैक्षिक प्रक्रिया को प्रभावित किया है वे हैं–व्यक्ति को व्यावसायिक कुशलता प्रदान करना, आध्यात्मिक विकास, नैतिक विकास, नागरिकता में प्रशिक्षण, लोकतान्त्रिक दृष्टिकोण का विकास तथा लोगों को सुसंस्कृत बनाना आदि।

वास्तव में यह कहा जा सकता है कि शिक्षा द्वारा व्यक्ति को बौद्धिक रूप से विकसित, व्यावसायिक रूप से आत्मनिर्भर, वैयक्तिक तथा सामाजिक रूप से कुशल, नैतिक रूप से सुदृढ, सांस्कृतिक रूप से शिष्ट तथा आध्यात्मिक रूप से विकसित किया जाना चाहिए। इन उद्देश्यों पर आधारित शैक्षिक प्रक्रिया मानव की एकीकृत रूप से वृद्धि तथा विकास करेगी। अतः शिक्षा प्रणाली को व्यक्ति के साथ-साथ समाज को अधिक अच्छा बनाने में प्रभावी भूमिका निभाने की योजना बनानी होगी।

इस प्रकार विभिन्न आयोगों द्वारा सुझाए गए शिक्षा के उद्देश्यों ने आधुनिक भारत में मूल्यवान योगदान दिया है। यदि हम आयोगों की सिफारिशों को इमानदारी से लागू करें, तो हम निश्चित रूप से भारतीय जनता को उनके मानसिक, नैतिक, सामाजिक, आर्थिक, बौद्धिक तथा राजनैतिक विकास की ओर ले जायेंगे। अतः शिक्षा के उद्देश्य समाज में प्रचलित अवस्थाओं के अनुसार समय-समय पर परिवर्तित होते रहते हैं। किसी विशेष समय या युग में शिक्षा के उद्देश्य कुछ भी हों, वे लोगों की आवश्यकताओं, आकांक्षाओं तथा जीवन से सम्बन्धित होने चाहिए।

अब हम शिक्षा के वैयक्तिक एवं सामाजिक उद्देश्यों का विस्तारपूर्वक वर्णन करेंगे-

## शिक्षा के वैयक्तिक उद्देश्य (Individual Aims of Education)

प्राचीनकाल से शिक्षा का प्रमुख उद्देश्य रहा है–व्यक्तित्व का विकास करना। भारतीय शिक्षा में आत्म-विकास, आत्म-ज्ञान तथा आत्म-चिन्तन को विशेष महत्व दिया जाता रहा है। यह इस मान्यता पर आधारित है कि मनुष्य सभी वस्तुओं का मापक है और व्यक्ति ही लक्ष्य है न कि साधन। यह निश्चित है कि एक व्यक्ति का जीवन स्वयं में सन्तोषपूर्ण है। शिक्षा में वैयक्तिक उद्देश्य नन महोदय की देन है। उनका मानना है कि संसार की प्रत्येक अच्छी वस्तु स्वतन्त्रता से कार्य करने वाले नागरिक ही लाते रहते हैं। व्यक्ति को स्वतन्त्रता तथा उसके व्यक्तित्व को निखारने की शिक्षा-दोनों ही प्रगति के प्रमुख पद हैं।

परसी नन (Percy Nunn) के शब्दों में,

*"मानव जगत में कोई अच्छाई केवल वैयक्तिक पुरुषों व स्त्रियों की स्वतन्त्र क्रियाओं से प्रवेश करती है और इसी के अनुसार शिक्षा कार्य को आकार दिया जाना चाहिए।"*

*("Nothing good enters into the human world except in and through the free activities of the individual men and women, and educational practice must be shaped accordingly.")*

नन महोदय का यह भी मानना है कि शिक्षा द्वारा ही ऐसी परिस्थितियाँ प्रदान की जानी चाहिए जिससे वैयक्तिकता का सम्पूर्ण विकास हो सके और प्रत्येक व्यक्ति इस योग्य बन सके कि वह सम्पूर्ण मानव जीवन को अपना मौलिक योगदान दे सके। मनोवैज्ञानिकों ने भी एक सिद्धान्त को जन्म दिया जिसके अनुसार स्वतन्त्रतापूर्वक कार्य करने से मस्तिष्क विकसित होता है।

बर्ट्रेंड रसल (Bertrand Russell) का भी यह मानना है कि यदि वैयक्तिकता का विकास उचित ढंग से न हो तो कोई भी व्यक्ति जीवन में श्रेष्ठता को प्राप्त नहीं कर सकता। शिक्षा के वैयक्तिक उद्देश्यों को मुख्य रूप से दो वर्गों में बाँटा जाता है:

1. *आत्मानुभूति (Self-Realisation)*–इस उद्देश्य के अनुसार प्रत्येक बालक को अपनी इच्छा एवं शक्ति के अनुसार वैयक्तिक विकास के लिए शिक्षा सम्बन्धी सुविधाएँ प्रदान करना शिक्षा का प्रमुख उद्देश्य होना चाहिए। बालक को पूर्ण स्वतन्त्रता दी जानी चाहिए जिससे वह अपनी जन्मजात शक्तियों का विकास कर सके।
2. *आत्माभिव्यक्ति (Self-Expression)*–इसके अनुसार प्रत्येक बालक को अपनी इच्छानुसार आत्म प्रदर्शन करने, कार्य या व्यवहार करने की स्वतन्त्रता तथा सुविधाएँ होनी चाहिए। इसका अभिप्राय यह है कि प्रत्येक बालक को शिक्षा द्वारा आत्म-तुष्टि या आत्म-प्रदर्शन के लिए कार्य करने की सुविधा होनी चाहिए, चाहे उसके कार्य दूसरे द्वारा समझे जाएँ या पसन्द न किए जाएँ। आत्म-अभिव्यक्ति में स्व को स्व-निर्मित माना जाता है और केवल अभिव्यक्त करने का अवसर प्रदान किया जाता है। रूसो की वैयक्तिक विकास की विचारधारा बालक को स्वतन्त्रतापूर्वक स्वयं को अभिव्यक्त करने के अवसर प्रदान करने पर ही आधारित है।

### शिक्षा के वैयक्तिक उद्देश्य के प्रति समर्थन के कारण
### (Reasons for Supporting the Individual Aims of Education)

1. *प्रगतिवाद एवं शिक्षा के वैयक्तिक उद्देश्य (The Progressivists and Individual Aims of Education)*–प्रगतिवादियों का यह मानना है कि संसार की प्रगति व आधुनिकीकरण इसी कारण हुआ है क्योंकि इतिहास के विभिन्न कालों में महान् व्यक्तियों ने जन्म लिया है। इसलिए शिक्षा प्रक्रिया के अन्तर्गत व्यक्ति के सम्पूर्ण विकास के लिए परिस्थितियाँ प्रदान की जानी चाहिए जिससे प्रत्येक व्यक्ति मानव जीवन को अपनी मौलिक देन प्रदान कर सके। नन का वैयक्तिक विचार आत्म-अनुभूति का पर्यायवाची है।
2. *मनोवैज्ञानिक कारण (Psychological Causes)*–मनोवैज्ञानिक दृष्टिकोण से प्रत्येक व्यक्ति अद्वितीय है और उसमें योग्यता है कि वह अपनी सामर्थ्य के अनुसार सामाजिक प्रगति में योगदान कर सके। शिक्षा के वैयक्तिक उद्देश्य में व्यक्ति की अद्वितीयता का ध्यान रखा जाता है। यह व्यक्ति को आत्मानुभूति कराने में सहायक होता है। इसी उद्देश्य के माध्यम से आत्म-प्रकाशन भी सम्भव है। शिक्षा का उद्देश्य प्रत्येक व्यक्ति की आन्तरिक शक्तियों का विकास करना होना चाहिए जिससे उसका अधिकतम विकास सम्भव हो सके।
3. *प्रकृतिवादी तत्व (Naturalistic Factors)*–रूसो, नन, पेस्टालॉजी आदि प्रकृतिवादी यह मानते हैं कि शिक्षा का प्रमुख उद्देश्य व्यक्ति का स्वतन्त्र रूप से विकास करना है। रूसो (Rousseau) के अनुसार,

   *''प्रकृति के रचयिता के हाथों से आई हुई प्रत्येक वस्तु अच्छी होती है, परन्तु मनुष्य के हाथों में प्रत्येक वस्तु बिगड़ जाती है। परमात्मा सब वस्तुओं को अच्छा बनाता हैं परन्तु मनुष्य उनमें हस्तक्षेप करता है तथा वे बुरी बन जाती हैं।'''*

   *("Everything is good as it comes from the hands of Author of Nature, but everything degenerates in the hands of man- God makes all things good. Man meddles with them and they become evil.")*

   इसलिए शिक्षा प्रत्येक व्यक्ति की प्रकृति के अनुसार होनी चाहिए। नन (Nunn) का भी मत है कि संसार में प्रत्येक अच्छी वस्तु स्वतन्त्रता से कार्य करने वाले नागरिक ही लाते रहे हैं।
4. *जीव विज्ञान (Biological Science)*–प्रो. जी. थॉमसन (Prof. G. Thompson) के अनुसार,

   *''शिक्षा व्यक्ति के लिए है, इसका कार्य व्यक्ति को इस योग्य बनाना है कि वह जीवित रह सके तथा अपना सम्पूर्ण जीवन जी सके।'''*

*("Education is for the individual, its function being to enable the individual to survive and live out its complete life.")*

शिक्षा व्यक्ति के लिए ही प्रदान की जाती है ताकि उसे विनाश से रोका जा सके। समुदाय व्यक्ति के लिए ही विद्यमान है न कि व्यक्ति समुदाय के लिए। समुदाय साधन है और व्यक्ति साध्य, इसलिए शिक्षा को साध्य से ऊपर साधन स्थापित नहीं करने चाहिए। अत: शिक्षा का केन्द्र व्यक्ति होना चाहिए न कि समाज।

5. *प्रजातान्त्रिक कारण (Democratic Factors)*–व्यक्तिगत स्वतन्त्रता प्रजातन्त्र का आधार है और इसके अभाव में प्रजातान्त्रिक जीवन पद्धति तथा शासन प्रणाली सम्भव नहीं है। इसीलिए बालक को स्वतन्त्र देश का स्वतन्त्र, विचारशील, कर्त्तव्यनिष्ठ तथा सहृदय नागरिक बनने की शिक्षा पर बल दिया जाता है। शिक्षा का लचीलापन, समस्याओं को सुलझाने की क्षमता आदि व्यक्ति को अच्छा नागरिक तथा व्यक्ति बनाती है।
6. *आध्यात्मिक कारण (Spiritualistic Factors)*–आध्यात्मवादियों का यह मानना है कि प्रत्येक व्यक्ति की अपनी अलग पहचान है और वह अपने कार्यों के लिए स्वयं उत्तरदायी है। इसलिए शिक्षा का प्रमुख उद्देश्य व्यक्ति को आत्म-अनुभूति की ओर ले जाना है। स्वामी विवेकानन्द (Swami Vivekanand) का यह मानना है कि

   *''मनुष्य में ईश्वरीय शक्ति है। इसलिए शिक्षा द्वारा उसकी बाह्य एवं आन्तरिक-प्रकृति को नियन्त्रित करके उसकी इस शक्ति का विकास करना ही लक्ष्य होना चाहिए।''*
   *("Man is potentially divine. The goal is to manifest this potentiality from within by controlling nature external and internal through education.")*

   कभी-कभी समाज में व्यक्तियों के नैतिक, आध्यात्मिक, सौन्दर्यात्मक एवं कलात्मक गुणों का विकास कुण्ठित हो जाता है।
7. *सांस्कृतिक कारण (Cultural Factors)*–प्रो. ह्वाइटहैड (Prof. Whitehead) का यह मानना है कि

   *''हमारा लक्ष्य ऐसे व्यक्तियों का विकास करना है जिनमें संस्कृति एवं विशिष्ट ज्ञान दोनों ही विद्यमान हों।''*
   *("Our aim should be to produce men who possess both culture and expert knowledge.")*

   उनका विशिष्ट ज्ञान उन्हें वह पृष्ठभूमि प्रदान करेगा जहाँ से उन्हें प्रारम्भ करना है क्या उनकी संस्कृति इतनी गहराई तक जाएगी जहाँ तक दर्शन जाता है, क्या इतनी ऊँचाई तक ले जाएगी जहाँ तक कला जाती है।

इस प्रकार अमूल्य बौद्धिक विकास से अभिप्राय है स्वयं का विकास। व्यक्ति समाज का अंग है, उसका कर्त्तव्य है कि वह आवश्यकतानुसार समाज की सहायता तथा उन्नति में योगदान दे परन्तु वह समाज का गुलाम नहीं है।

**शिक्षा के वैयक्तिक उद्देश्य की आलोचना**
**(Criticism of Individual Aims of Education)**

वैयक्तिक उद्देश्य में उपर्युक्त गुण होते हुए भी कुछ दोष हैं जो निम्नलिखित हैं–

1. *व्यक्तिवाद को प्रोत्साहन (Encouragement to Individualism)*–यह व्यक्तिवाद को प्रोत्साहित करता है। वैयक्तिक उद्देश्यों के आलोचकों का यह मानना है यदि व्यक्ति को स्वतन्त्र छोड़ दिया जाए तो वह स्वार्थी व अनुशासनहीन बन जाएगा। वह केवल अपने व्यक्तिगत

विकास एवं उपलब्धियों में ही रुचि रखेगा। उसे अपने साथियों या समाज में कोई रुचि नहीं होगी। अनुशासनहीन व्यक्ति समाज के लिए अवांछनीय व्यक्ति बन सकता है। वह अपने लक्ष्यों की प्राप्ति के लिए कुछ भी करने के लिए तैयार होगा। इस उद्देश्य के कारण हिटलर और मुसोलिनी जैसे व्यक्ति पैदा हो सकते हैं और समाज को व्यक्तिवाद के हानिकारक परिणाम भुगतने पड़ सकते हैं।

2. *वातावरण की उपेक्षा (Disregard Environment)*–यद्यपि व्यक्ति महान् आदर्श रहे हैं और उन्होंने सभ्यता के विकास में अधिकतम योगदान दिया है परन्तु फिर भी ऐसा केवल उनकी व्यक्तिगत योग्यताओं का ही परिणाम नहीं है अपितु सांस्कृतिक विरासत के प्रति उनका ज्ञान एवं विस्तार तथा वातावरण के प्रभाव के कारण भी सभ्यता का विकास होता है। वैयक्तिक उद्देश्य सामाजिक-सांस्कृतिक वातावरण की उपेक्षा करता है।
3. *समाजवाद के विरुद्ध (Against Socialism)*–वैयक्तिक स्वतन्त्रता समाजवाद के सिद्धान्तों के विरुद्ध है। भारत का राष्ट्रीय उद्देश्य समाजवाद की स्थापना करना है। अत: शिक्षा का वैयक्तिक उद्देश्य भारतीय वातावरण के उपयुक्त नहीं है।
4. *सामाजिक समायोजन में कठिनाई (Difficulty in making Social Adjustment)*–एक व्यक्ति की वैयक्तिकता का महत्व तब तक नहीं है जब तक कि उसे समाज में समायोजन का प्रशिक्षण न दिया जाए। रॉस (Ross) के अनुसार,

   *''वैयक्तिकता के विकास के लिए हमारे मस्तिष्क में कुछ आदर्श होते हैं जिन्हें अभी तक प्राप्त नहीं किया गया है, जिनकी प्राप्ति न केवल शिक्षा का ही लक्ष्य है, अपितु जीवन का भी है।''*

   *("By individuality, we have in mind ideals not yet attained, the attainment of which is the end not only of education, but of life.")*

   इसका अर्थ यह है कि वैयक्तिकता एवं स्व-अभिव्यक्ति की प्राप्ति केवल सामाजिक वातावरण से ही सम्भव हो सकती है।
5. *सामाजिक विकास की अवहेलना (Disregard Social Development)*– वैयक्तिक उद्देश्य के अन्तर्गत व्यक्ति अपनी उन्नति द्वारा समाज की संस्कृति व सभ्यता का विकास करता है, परन्तु इस प्रकार की व्यवस्था में बिना किसी नियन्त्रण के कार्य करने की स्वतन्त्रता सामाजिक विकास की दृष्टि से विशेष रूप से हानिकारक होगी और समाज का पतन होने लगेगा। मनुष्य वास्तव में एक सामाजिक प्राणी है और उसका सामाजिक विकास आवश्यक है।

अत: दार्शनिक विचारधारा वैयक्तिक स्वतन्त्रता की पोषक है और मनोवैज्ञानिक विचारधारा उसकी पुष्टि करती है, परन्तु समाज और वातावरण का प्रभाव मानव विकास की दृष्टि से सबसे अधिक महत्वपूर्ण है। व्यक्ति के विकास के लिए आत्म-अभिव्यक्ति की उसी समय आवश्यकता है जब वह समाज का एकीकरण करे। आत्म-अनुभव को भी समाज से अलग रहकर प्राप्त नहीं किया जा सकता। मनुष्य समाज में रहकर ही अपने गुणों एवं कुशलताओं का विकास कर सकता है। समाज से अलग मनुष्य की कल्पना करना भी सम्भव नहीं है क्योंकि मनुष्यों से ही समाज बनता है तथा समाज से ही मनुष्य का अस्तित्व है। इस प्रकार शिक्षा द्वारा वैयक्तिक उद्देश्य की प्राप्ति सामाजिक उद्देश्यों से ही की जा सकती है। शिक्षा वैयक्तिक एवं सामाजिक उद्देश्यों का संकलन है।

## शिक्षा के सामाजिक उद्देश्य (Social Aims of Education)

व्यक्ति एक सामाजिक प्राणी है। वह सामाजिक प्रकृति से भरपूर होता है। उसके चारों ओर सामाजिक सम्बन्धों की एक श्रृंखला बनी रहती है। समाज और व्यक्ति का वही सम्बन्ध है जो एक पूर्ण इकाई व एक टुकड़े का। सामाजिक सम्बन्धों के बिना एक नवजात शिशु पूर्णतया समाप्त हो जाएगा। सामाजिक सम्बन्धों से ही उसकी भौतिक एवं मनोवैज्ञानिक आवश्यकताओं की पूर्ति होती

है। कोई मनुष्य जो समाज रूपी मशीन की एक सक्रिय और उपयोगी पूँजी है, उससे अलग होकर मूल्यविहीन हो जाता है। व्यक्ति के विकास में समाज का सहयोग रहता है और उसके अभाव में वह उन्नति नहीं कर सकता। अतः सामाजिक हितों को ध्यान में रखकर ही व्यक्ति का विकास होना चाहिए शैक्षिक प्रक्रिया सामाजिक सम्बन्धों का विकास करती है।

समाजवाद के उग्र रूप में सामाजिक उद्देश्य के संकीर्ण अर्थ पर बल दिया जाता है। इसके अन्तर्गत उच्च सामाजिक इकाई को समाज का भाग्यविधाता मान लिया जाता है और उसको इसका पूरा अधिकार होता है कि वह सामाजिक आदर्शों अथवा सामाजिक सुरक्षा के नाम पर व्यक्तिगत हितों का किस सीमा तक बलिदान करा सकता है। ऐसे समाज में मानव विकास की सभी व्यवस्थाएँ एवं कार्यक्रम सामाजिक हितों को ही ध्यान में रखकर निर्धारित किए जाते हैं, चाहे उसमें व्यक्तिगत जीवन के लिए सुविधा हो अथवा असुविधा। नैपोलियन, हिटलर, मुसोलिनी आदि इसी प्रकार के समाज के समर्थक थे। ऐसे समाज में व्यक्ति का प्रमुख कर्त्तव्य सामाजिक आवश्यकता के अनुसार स्वयं को तैयार करना होता है।

सामान्य सामाजिक उद्देश्य के अनुसार प्रत्येक व्यक्ति को एक सीमा तक सामाजिक आदर्शों के अनुसार कार्य करना चाहिए। रेमण्ड (Raymond) ने जब यह कहा था कि

*''समाजविहीन अकेला व्यक्ति कल्पना की खोज है।''*

*("The isolated individual is figment of the imagination.")*

तो उसका तात्पर्य इसी सामाजिक भावना को प्रमुखता देने से था। इसके अनुसार प्रत्येक व्यक्ति को सामाजिक उद्देश्यों के अनुसार स्वयं को ढालना, अपने व्यवहार में परिवर्तन करना आवश्यक है।

उदार रूप से सामाजिक उद्देश्य के अनुसार सामाजिक हितों को ध्यान में रखते हुए वैयक्तिक स्वतन्त्रता के लिए उदार नीति अपनायी जानी चाहिए। प्रत्येक व्यक्ति को उस सीमा तक इच्छानुसार कार्य-व्यापार की पूर्ण स्वतन्त्रता होती है जहाँ तक उसके कार्यों द्वारा समाज का कोई अहित न हो, अथवा सामाजिक हित के कार्यों में कोई बाधा उत्पन्न न हो। जॉन डीवी द्वारा प्रतिपादित 'सामाजिक दक्षता' के प्रत्यय को सामाजिक उद्देश्य का सरल एवं उदार दृष्टिकोण समझना चाहिए। डीवी ने सामाजिक दक्षता के अन्तर्गत नागरिकता सम्बन्धी कुशलता एवं व्यावसायिक कुशलता को शामिल किया है।

शिक्षा में सामाजिक उद्देश्य निम्नलिखित सम्प्रत्ययों में अभिव्यक्त होते हैं

- नागरिकता के लिए शिक्षा
- संवेगात्मक एकता के लिए शिक्षा
- राष्ट्रीय एकता के लिए शिक्षा
- देशभक्ति के लिए शिक्षा
- सामाजिक कुशलता के लिए शिक्षा।

## शिक्षा के सामाजिक उद्देश्य की विभिन्न व्याख्याएँ
## (Different Interpretations of Social Aim of Education)

1. *एक सर्वाधिकारवादी राज्य में सामाजिक उद्देश्य (Social Aim in a Totalitarian State)*–इस प्रकार के समाज में एक व्यक्ति का अस्तित्व राज्य के लिए होता है और उसकी अपनी कोई वैयक्तिकता नहीं होती। वह राज्य के लिए ही जन्म लेता है, राज्य के लिए ही जीता है तथा राज्य के लिए ही मरता है। प्राचीन समय में स्पार्टा (Sparta) में–जो प्राचीन यूनान का एक शहरी राज्य है–एक व्यक्ति को इसलिए शिक्षित किया जाता था कि उसकी शारीरिक क्षमता का विकास हो तथा वह दृढ़ अनुशासन में रह सके, जिसके परिणामस्वरूप वह उत्तम योद्धा बन सके। सैनिक अनुशासन में बद्ध राष्ट्र वैयक्तिक स्वतन्त्रता की बात सोच भी नहीं सकता

था। देशभक्ति से ओत-प्रोत व्यक्ति, राष्ट्र के सम्मुख अपनी प्रत्येक वस्तु को त्याग सकता था। हिटलर द्वारा चलाई नाज़ी सरकार के अन्तर्गत जर्मनी की शिक्षा प्रणाली भी पूर्ण रूप से इसी प्रकार की थी। शिक्षा में सामाजिक उद्देश्य का अभिप्राय 'वैयक्तिकता का पूर्ण त्याग' राज्य के लिए होता है। मुसोलिनी के अधीन इटली में भी इसी प्रकार की शिक्षा व्यवस्था थी।

2. *पैतृक अभिवृत्ति के अनुसार शिक्षा का सामाजिक उद्देश्य (Social Aim of Education according to Paternal Attitude)*–संयुक्त राष्ट्र अमेरिका, ग्रेट ब्रिटेन तथा भारत सहित प्रजातांत्रिक देशों में शिक्षा के अन्तर्गत निम्नलिखित उद्देश्यों पर बल दिया जाता है–नागरिकता के लिए शिक्षा, समाज सेवा के लिए शिक्षा आदि। शिक्षा प्रणाली के अन्तर्गत सहयोग, उत्तरदायित्व आदि मूल्यों का विकास किया जाता है। शिक्षा के सामाजिक उद्देश्य का अर्थ यह भी है कि शिक्षा के समान अवसर प्रदान किए जाएँ जिससे एक व्यक्ति अपने व्यक्तित्व का पूर्णतया विकास कर सके।
3. *सामाजिक कुशलता के रूप में शिक्षा का सामाजिक उद्देश्य (Social Aim of Education in terms of Social Efficiency)*–शिक्षा के इस उद्देश्य को जॉन डीवी द्वारा अत्यधिक समर्थन प्रदान किया गया है। सामाजिक रूप से एक कुशल व्यक्ति वही है जो अपनी आजीविका कमाने के योग्य हो और एक निश्चित आचरण स्तर जिसे नैतिक स्तर कहा जाता है, रखता हो। एक सामाजिक कुशल व्यक्ति एक अच्छा नागरिक भी होता है। इस अर्थ में समाज साध्य है, व्यक्ति साधन।

## प्रजातान्त्रिक राज्यों में स्वीकृत महत्वपूर्ण सामाजिक उद्देश्य (Social Aims Accepted by Democratic States)

1. *लोकतान्त्रिक नागरिकता का विकास*
   - स्पष्ट चिन्तन
   - नवीन विचारों को स्वीकृति
   - भाषा तथा लेखन में स्पष्टता
   - सहनशक्ति का विकास
2. *एक समुदाय में रहने की कला का विकास*
   - दूसरों की विचारधारा के प्रति संवेदना
   - समाज की आवश्यकताओं के प्रति संवेदना
3. *सच्ची देशभक्ति का विकास*
   - देश की सांस्कृतिक व सामाजिक उपलब्धियों की प्रशंसा
   - देश की कमजोरियों को पहचानने के लिए तत्परता
   - कमजोरियों के निदान के लिए कार्य की सुदृढ़ इच्छा
   - विस्तृत राष्ट्रीय रुचियों के लिए व्यक्तिगत रुचियों का त्याग व उनमें समन्वय स्थापित करना
4. *व्यवसायिक कुशलता का विकास*
   - श्रम के प्रति आदर की भावना का विकास करना
   - विद्यार्थियों को यह अनुभव कराना कि व्यावसायिक कुशलता देश के प्राकृतिक संसाधनों के अधिकतम प्रयोग के लिए अवसर प्रदान करेगी।

### शिक्षा के सामाजिक उद्देश्य के पक्ष में तर्क
### (Arguments in Favour of Social Aims of Education)

सामाजिक उद्देश्य के पक्ष में अनेक तर्क दिए जा सकते हैं–

1. शिक्षा में सामाजिक उद्देश्यों को प्रमुखता दी जानी चाहिए क्योंकि संस्कृति और सभ्यता का जन्म व पोषण समाज में ही होता है।
2. मनुष्य समाज में ही जन्म लेता है, वह समाज में रहकर ही अपनी आवश्यकताओं की पूर्ति करता है।
3. समाज ही व्यक्ति को सभ्य बनाता है और उसे नागरिकता का पाठ पढ़ाता है।
4. *शिक्षा आयोग* के अनुसार,

   *''शिक्षा को पृथक रूप में नहीं समझा जा सकता। इसे सामाजिक, आर्थिक एवं राजनैतिक परिवर्तन के महत्वपूर्ण औजार के रूप में प्रयोग किया जाना चाहिए और इसीलिए इसे दीर्घ अवधि-राष्ट्रीय आकांक्षाओं से; राष्ट्रीय विकास के कार्यक्रमों, (जिनमें देश लगा हुआ है), से; तथा लघु अवधि कठिन समस्याओं से जिनका इसे सामना करना पड़ता है, से; सम्बन्धित करना होगा।''*
5. व्यक्ति अपने मौलिक एवं जन्मजात गुणों के अनुसार पशु समान ही होता है, समाज द्वारा ही उसमें मानवता के गुणों का विकास किया जाता है।
6. जवाहरलाल नेहरू भी समाजवादी राज्य में विश्वास करते थे और इसी लक्ष्य की प्राप्ति के लिए शिक्षा प्रणाली का विकास चाहते थे।
7. समाज ही व्यक्ति को ऐसे अवसर प्रदान करता है जिससे व्यक्ति आत्म-प्रकाशन कर सके व अपने विचारों का विनिमय कर सके।
8. ब्रूबेकर का भी यह मानना है कि अध्यापक का कार्य अपने विद्यार्थियों को अमूर्त रूप से शिक्षित करना नहीं है अपितु विद्यमान समाज में जीवन के लिए शिक्षित करना है।

### सामाजिक उद्देश्य के विपक्ष में तर्क (Arguments against Social Aims)

इस उद्देश्य के विपक्ष में भी निम्नलिखित तर्क प्रस्तुत किए गए हैं–

1. सामाजिक उद्देश्य प्रायः अमनोवैज्ञानिक होता है और यह व्यक्ति की रुचियों, योग्यताओं, अभिवृत्तियों एवं अभियोग्यताओं की उपेक्षा करता है।
2. सामाजिक उद्देश्य सबको समान रूप से राज्य या समाज का साधन मानकर एक प्रकार से व्यक्तिगत भेद का तिरस्कार करता है।
3. यह कला व साहित्य के विकास में बाधा पहुंचाता है क्योंकि इनका विकास व्यक्तिगत योग्यताओं की अभिवृद्धि से ही सम्भव है।
4. यह व्यक्तिगत स्वतन्त्रता का दमन करता है। इसमें व्यक्ति केवल साधन बन जाता है और उसकी गरिमा का अपमान होता है।
5. सामाजिक उद्देश्यों के अनुसार शिक्षा एकांगी होती है। उसमें केवल सामाजिक एवं राजनैतिक हितों की दृष्टि से मानव का विकास किया जाता है। इस प्रकार की व्यवस्था में मानव केवल समाज या राजनीति का एक आज्ञाकारी अंगमात्र रह जाता है।
6. सामाजिक उद्देश्य संकुचित राष्ट्रीयता को जन्म देता है।
7. इससे संकुचित दृष्टिकोण वाले व्यावसायिक व्यक्तियों का निर्माण होता है और समाज को उस व्यक्ति से श्रेष्ठ समझा जाता है। यह स्वयं व्यक्तियों से ही निर्मित है किन्तु व्यक्तियों की ही उपेक्षा करता है।

8. सामाजिक उद्देश्य बौद्धिक विकास, चरित्र विकास तथा संवेगात्मक एकीकरण के मार्ग में बाधा सिद्ध होगा।
9. सामाजिक उद्देश्यों ने ही दो विश्व-युद्धों 1914-19 और 1939-45 को जन्म दिया।
10. सामाजिक उद्देश्य की असीम प्रवृत्ति व्यक्ति की सभी मौलिकताओं को समाप्त कर देती है।

इस प्रकार शिक्षा से केवल सामाजिक उद्देश्यों की पूर्ति करना ही महत्वपूर्ण नहीं माना जाता, अपितु सामाजिक व व्यक्तिगत उद्देश्यों में समन्वय होना आवश्यक है।

## शिक्षा के वैयक्तिक एवं सामाजिक उद्देश्यों का समन्वय
## (Synthesis between Social and Individual Aims of Education)

शिक्षा के वैयक्तिक और सामाजिक उद्देश्यों के सम्बन्ध में उपर्युक्त व्याख्या और तर्क-वितर्क से यह अनुभव होगा कि यदि शिक्षा वैयक्तिक उद्देश्यों के अनुरूप होगी तो सामाजिक उद्देश्यों का ह्रास होगा और सम्पूर्ण सामाजिक संगठन तितर-बितर हो जाएगा, दूसरी ओर यदि शिक्षा सामाजिक उद्देश्यों के अनुरूप होगी तो व्यक्तिगत स्वतन्त्रता समाप्त हो जाएगी और मानव के पूर्ण व्यक्तित्व का विकास नहीं होगा। ऐसी परिस्थिति में प्रश्न यह उठता है कि शिक्षा का उद्देश्य क्या और कैसा हो?

व्यक्ति तथा समाज, दोनों ही वास्तविकताएं हैं, दोनों में से कोई भी पूर्ण रूप से आत्म-निर्भर नहीं है। इस प्रकार दोनों को पृथक्-पृथक् समझने की अपेक्षा, व्यक्ति तथा समाज को क्रियात्मक रूप से एक-दूसरे से सम्बन्धित समझा जाना चाहिए-व्यक्ति समाज में क्रिया करता है तथा समाज व्यक्ति पर प्रतिक्रिया करता है। व्यक्ति समाज का उत्पादन है तथा समाज के व्यक्तिगत सदस्यों के विकास से ही समाज का विकास होता है। जॉन एडम्स (John Adams) के शब्दों में,

> *''वैयक्तिकता को विकास के लिए सामाजिक माध्यम की आवश्यकता होती है। सामाजिक सम्बन्धों के बिना हम मानव नहीं हैं।''*
>
> *("Individuality requires a social medium to grow. Without social contacts we are not human.")*

व्यक्ति तथा समाज दोनों एक-दूसरे के पूरक हैं। शिक्षा को इस सत्य को स्वीकार करना चाहिए। व्यक्ति तथा समाज में उचित समन्वय की बात करके हम एक आदर्श राष्ट्र की कल्पना करते हैं जहाँ व्यक्ति और समाज एक सूत्र से बँधे हों, जहाँ एक का उद्देश्य दूसरे के उद्देश्यों में अड़चन डालना न हो, जहाँ दोनों ही एक-दूसरे को लाभान्वित करने का सदैव प्रयत्न करते रहते हों। ऐसा समाज व्यक्ति का विरोधी न होकर उसके विकास में सहायक होगा। व्यक्ति समाज को समृद्ध बनाने की क्षमता रखता है।

रॉस (Ross) के अनुसार,

> *''सामाजिक वातावरण से पृथक होकर वैयक्तिकता का कोई मूल्य नहीं है और व्यक्तित्व अर्थहीन है, जिसमें उनका विकास होता है। आत्म-अनुभव केवल समाज सेवा द्वारा प्राप्त किया जा सकता है और वास्तविक मूल्य के सामाजिक विचार केवल उन स्वततन्त्र व्यक्तियों द्वारा ही अस्तित्व में आ सकते हैं, जिन्होंने मूल्यवान वैयक्तिकता का विकास किया हो। इस वृत्त को तोड़ा नहीं जा सकता।''*
>
> *("Individuality is of no value and personality is a meaningless term apart from the social environment in which they are developed and made manifest. Self-realisation can be achieved only through social service, and social ideas of real value can come into being only through free individuals who have developed valuable individuality. The circle cannot be broken.")*

महात्मा गाँधी (Mahatma Gandhi) ने कहा था,

*''मैं व्यक्तिगत स्वतन्त्रता को मूल्यवान मानता हूँ, परन्तु तुम्हें भी यह नहीं भूलना चाहिए कि मानव आवश्यक रूप से एक सामाजिक प्राणी है। सामाजिक प्रगति की आवश्यकताओं के अनुरूप अपनी वैयक्तिकता का समायोजन सीखकर ही वह अपने वर्तमान स्तर तक पहुँच पाया है।''*

*("I value individual freedom, but you must not forget that man is essentially a social being. He has risen to his present status by learning to adjust his individuality to the requirement of social progress.")*

इस प्रकार वैयक्तिकता में आत्मानुभूति सामाजिक हितों की दृष्टि से अहितकर नहीं, उसी प्रकार सामाजिकता के उदार स्वरूप में व्यक्ति को अधिक स्वतन्त्रता रहती है। शिक्षा के विविध उद्देश्यों में इस प्रकार समन्वय होना चाहिए कि व्यक्ति को उस सीमा तक स्वतन्त्रता मिले जहाँ तक उसके कार्य समाज के लिए अहितकर न हों तथा समाज को भी इतनी ही शक्ति मिले कि वह व्यक्ति को अपना दास न बना सके। शिक्षा दर्पण है, जिसमें पड़ती हुई प्रतिछाया उसके सामने खड़े व्यक्ति की होगी। शिक्षा व्यक्ति को निरन्तर सामंजस्यपूर्ण तथा समृद्ध बनाने की चेष्टा में लगी रहती है किन्तु समृद्धि की कसौटी व्यक्ति, समाज तथा काल की विशेषताओं व दृष्टिकोणों पर निर्भर करती है। अतः शिक्षा के वैयक्तिक तथा सामाजिक उद्देश्य दोनों एक-दूसरे के पूरक हैं और दोनों को साथ-साथ ही प्राप्त किया जा सकता है।

## लोकतान्त्रिक समाज में शिक्षा के उद्देश्य
## (Aims of Education in a Democratic Setup)

लोकतान्त्रिक समाज में शिक्षा के उद्देश्य लोकतान्त्रिक आदर्शों का विकास करना, स्वयं की पूर्णता के लिए मानव की क्षमताओं का विकास करना तथा एक लोकतान्त्रिक समाज की निरन्तरता को बनाये रखने के लिए शिक्षित नागरिकों का निर्माण करना है। लोकतन्त्र जीवन का एक ढंग है जो मानव व्यक्तित्व की पवित्रता के आदर पर बल देता है। जिसमें व्यक्ति सहयोग, सहनशीलता, आपसी प्रेम, भाईचारा तथा निष्पक्ष व्यवहार के आधार पर सम्बन्ध स्थापित करते हैं। लोकतान्त्रिक समाज में व्यक्तित्व के विकास, पूर्ण मानव जीवन के विकास आदि को शिक्षा के उद्देश्यों में प्राथमिकता प्रदान की जाती है। शिक्षा बालक के इर्द-गिर्द घूमती है। शिक्षा बालक के लिए है न कि बालक शिक्षा के लिए। इसका आधार विस्तृत है। यह व्यक्ति को जीवन के उच्च मूल्यों के लिए प्रयत्नशील बनाती है।

यह प्रत्येक व्यक्ति को अपनी आजीविका कमाने के योग्य बनाती है तथा इस प्रक्रिया में समाज की उत्पादकता को बढ़ाने में योगदान देती है। यह सभी को उपलब्ध होती है इसलिए यह प्रत्येक सदस्य को समुदाय के सामाजिक, आर्थिक तथा राजनैतिक जीवन में बुद्धिमत्तापूर्ण ढंग से भाग लेने के योग्य बनाती है। शिक्षा व्यक्तियों को अपने अधिकारों तथा कर्त्तव्यों के प्रति जागरूक बनाती है। जीवन के विभिन्न क्षेत्रों में लोकतन्त्र को नेताओं की आवश्यकता होती है इसीलिए नेतृत्व में बालक को प्रशिक्षण देना भी शिक्षा का उद्देश्य होना चाहिए।

इस बात का हमेशा ध्यान रखना चाहिए कि लोकतन्त्र में न्याय-सामाजिक, आर्थिक तथा राजनैतिक, स्वतन्त्रता-विचार तथा अभिव्यक्ति की स्वतन्त्रता, समानता-अधिकारों तथा अवसरों की समानता और बन्धुत्व अर्थात् राष्ट्र की एकता और व्यक्तित्व के आदर का आश्वासन, द्वारा प्राप्त किया जा सकता है। भारत के संविधान की प्रस्तावना में इन आदर्शों को समाजवाद तथा धर्मनिरपेक्षता के साथ प्रस्तुत किया गया है। लोकतान्त्रिक शिक्षा में भौतिकवाद तथा समाजवाद के बीच सन्तुलन रखा जाना चाहिए। लोकतंत्र में परिवर्तन के प्रति स्वतन्त्र दृष्टिकोण होता है।

एक अच्छे समाज के विकास के लिए प्रभावी तथा उपयोगी शिक्षा की आवश्यकता है। परिवर्तन शक्ति द्वारा नहीं अपितु आपसी विचार-विमर्श तथा परामर्श के परिणामस्वरूप आता है। परिवर्तन के परिणामस्वरूप उत्पन्न समस्या के समाधान के लिए शिक्षा को अन्तरराष्ट्रीय सूझ-बूझ विकसित करने, राष्ट्रीय एकता के प्रति उचित दृष्टिकोण का निर्माण करने के उद्देश्य निर्धारित करने चाहिए।

## प्राचीन भारत में शिक्षा के उद्देश्य
## (Aims of Education in Ancient India)

प्राचीन समय में भारत की विचारधारा प्रमुख रूप से धार्मिक थी, इसलिए जीवन का प्रत्येक पहलू धर्म से प्रभावित था। शिक्षा भी धर्म से सम्बन्धित थी जैसे–

1. *चरित्र निर्माण (Character Formation)*–उस समय के भारतीय दार्शनिकों तथा विज्ञानशास्त्रियों का यह विश्वास था कि शिक्षा द्वारा नैतिक गुणों का विकास किया जाना चाहिए जिसके आधार पर अच्छे चरित्र का निर्माण हो सके। इसलिए प्रत्येक गुरु का यह कर्त्तव्य था कि वह प्रत्येक बालक के चरित्र का विकास करे।
2. *संस्कृति का संरक्षण तथा हस्तांतरण करना (To Preserve and Transmit the Culture)*–जैसा कि हम सब जानते हैं कि भारतीय संस्कृति को सम्पूर्ण विश्व में सबसे उत्तम माना जाता है, इसीलिए एक वंशज से दूसरे वंशज तक संस्कृति का संरक्षण तथा हस्तान्तरण करने के लिए शिक्षा को एक महत्वपूर्ण तत्व माना जाता है।
3. *धार्मिकता को अनुप्राणित करना (Infusion of Religiousness)*– प्राचीन समय में भारत में शिक्षा का प्रमुख उद्देश्य प्रत्येक बालक के मस्तिष्क में धार्मिकता की भावना का विकास करना था। शिक्षा प्राप्त करने के समय में बालक का ब्रह्मचर्य आश्रम में रहना आवश्यक था। उसे सुबह शाम नियमित रूप से प्रार्थना करनी पड़ती थी और आश्रम में रहते हुए विभिन्न धार्मिक त्योहार मनाने पड़ते थे।

इन उद्देश्यों के अतिरिक्त शिक्षा द्वारा व्यक्तित्व का विकास, सामाजिक कुशलता को बढ़ावा तथा नागरिक उत्तरदायित्व की भावना का विकास आदि भी किया जाता था। सबसे प्रमुख उद्देश्य था आध्यात्मिक विकास क्योंकि बालक को वेदों, शास्त्रों आदि का ज्ञान/शिक्षा प्राप्त करना आवश्यक था।

## मध्यकालीन भारत में शिक्षा के उद्देश्य
## (Aims of Education in Medieval India)

मध्यकालीन युग मुगल काल के नाम से जाना जाता है तथा उस समय प्रत्येक व्यक्ति को इस्लाम धर्म में विश्वास करना आवश्यक था। शिक्षा के उद्देश्य निम्मलिखित थे–

1. *इस्लाम को बढ़ावा देना (Propagation of Islam)*–उस समय 'मदरसा' को उच्च शिक्षा का स्थान माना जाता था तथा इसमें इस्लाम के इतिहास, रीतिरिवाज तथा इस्लाम धर्म के उच्च ज्ञान की शिक्षा दी जाती थी।
2. *मुसलमानों में शिक्षा का प्रसार (Spread of Education among Muslims)*–मुस्लिम विचारकों का यह विश्वास था कि केवल मुल्ला तथा मौलवी ही शिक्षा का प्रसार कर सकते हैं तथा यह मुस्लिम बच्चों को ही प्रदान की जानी चाहिए क्योंकि उन्हीं में मुस्लिम आदर्शों तथा मूल्यों का विकास किया जा सकता है।
3. *शरियत को बढ़ावा देना (Propagation of Shariyat)*–शरियत से अभिप्राय है आचरण में इस्लाम के नियमों की संहिता जिसका अनुसरण इस्लाम में विश्वास रखने वालों को करना चाहिए। शिक्षा द्वारा बालकों को इन नियमों के बारे में सिखाया जाता था।

## ब्रिटिश शासनकाल में शिक्षा के उद्देश्य
## (Aims of Education during British Rule)

अंग्रेज केवल 3R (Reading, Writing, तथा Arithmetic) के ज्ञान का ही प्रसार करने में विश्वास रखते थे। इसीलिए उस काल में शिक्षा के उद्देश्य निम्नलिखित थे–

1. *अंग्रेजी साहित्य का प्रसार (Spreading English Literature)*–शिक्षा का उद्देश्य भारतीयों में अंग्रेजी संस्कृति का प्रसार करना था, इसीलिए अंग्रेजी को निर्देशन का आवश्यक माध्यम बना दिया गया था।
2. *व्याख्या करने वालों की श्रेणी तैयार करना (Preparing a Class of Interpreters)*–अंग्रेजी साहित्य के प्रसार का उद्देश्य था ऐसे भारतीयों की श्रेणी तैयार करना जो भारत में न्यायालयों के लिए अंग्रेजी नियमों की व्याख्या कर सकें।

अंग्रेज भारतीयों को दफ्तरों में केवल क्लर्क की नियुक्ति देना चाहते थे, इसीलिए उन्हें ऐसे व्यक्तियों की आवश्यकता थी जो अंग्रेजी बोल सकें तथा समझ सकें। उसी समय से ही भारतीयों में अंग्रेजी के प्रति पागलपन प्रारम्भ हुआ और आज तक चला आ रहा है। 3R की शिक्षा का प्रभाव बहुत लम्बे समय तक और यहाँ तक कि स्वतन्त्रता के बाद भी चलता रहा।

## स्वतन्त्रता के पश्चात् भारत में शिक्षा के उद्देश्य
## (Education in India after Independence)

15 अगस्त, 1947 ई. को भारत को स्वतन्त्रता प्राप्त हुई। अपनी योजना के अनुसार शिक्षाशास्त्रियों तथा दार्शनिकों पर भारत की शिक्षा को प्रारूप देने का उत्तरदायित्व आ गया। स्व. प्रधानमंत्री पंडित जवाहर लाल नेहरू जी ने कहा था,

> *"देश में बहुत से परिवर्तन हो चुके हैं तथा शिक्षा प्रणाली भी उन्हीं के अनुरूप होनी चाहिए। शिक्षा का सम्पूर्ण आधार परिवर्तित होना चाहिए।"*

हमारे देश को लोकतान्त्रिक देश घोषित किया गया तथा आवश्यकता इस बात की थी कि भारतीय संस्कृति पर आधारित शिक्षा के उद्देश्यों का निर्माण किया जाए। भारत सरकार ने समय-समय पर विभिन्न शिक्षा समितियों की नियुक्ति शिक्षा सम्बन्धी सिफारिशें प्रदान करने के लिए की जिससे लोकतान्त्रिक समाज को सफल बनाया जा सके।

### A. विश्वविद्यालय शिक्षा आयोग के अनुसार शिक्षा के उद्देश्य
### (Aims of Education according to University Education Commission)

डॉ. राधाकृष्णन की अध्यक्षता में सन् 1948 में शिक्षा समिति की स्थापना की गई। इस समिति द्वारा शिक्षा के निम्नलिखित उद्देश्यों की सिफारिश की गई–

1. *नेतृत्व का विकास (Development of Leadership)*–लोकतन्त्र की सफलता योग्य नेताओं पर निर्भर करती है। राष्ट्र के विकास के लिए कुशल नेताओं की आवश्यकता थी। इसके लिए नेतृत्व के प्रशिक्षण की आवश्यकता थी। प्रशिक्षण के बिना योग्य नेताओं का निर्माण सम्भव नहीं है। एक नेता विभिन्न गुणों जैसे सहनशीलता, बुद्धिमत्ता, सूझ-बूझ, अनुशासन तथा न्याय आदि से युक्त होना चाहिए। इन गुणों के विकास के लिए उपयुक्त शिक्षा का प्रावधान आवश्यक है।
2. *संस्कृति का संरक्षण (Preservation of Culture)*–समय के साथ-साथ ऐसी बहुत-सी चीजें जो संस्कृति में नहीं थी वे भी संस्कृति में सम्मिलित हो गईं। शिक्षा का यह उत्तरदायित्व है कि वह पुस्तकों की सहायता से संस्कृति का संरक्षण करे तथा अध्यापकों की सहायता से इसका हस्तान्तरण करे।

3. *व्यावसायिक शिक्षा (Vocational Education)*–आर्थिक रूप से दूसरों पर निर्भर व्यक्ति को देश का अच्छा नागरिक नहीं माना जाता। लोकतन्त्र की सफलता कुशल नागरिकों पर ही निर्भर करती है। कुशल नागरिकों के विकास के लिए व्यावसायिक शिक्षा आवश्यक है। एक देश का कृषि तथा औद्योगिक विकास तभी सम्भव है जब उसमें कुशल कारीगरों की कमी न हो।
4. *आध्यात्मिक प्रशिक्षण (Spiritual Training)*–प्राचीन समय से ही भारत एक धार्मिक देश रहा है और जीवन का अन्तिम उद्देश्य है–मोक्ष की प्राप्ति। इसके लिए आध्यात्मिक प्रशिक्षण आवश्यक है। शिक्षा द्वारा ही स्कूल में उचित वातावरण प्रदान करके इस प्रकार का प्रशिक्षण दिया जा सकता है।
5. *चारित्रिक विकास (Character Development)*–शिक्षा का अन्य महत्वपूर्ण उद्देश्य है बालक में नैतिक गुणों का विकास करना तथा उसके चरित्र का निर्माण करना। शिक्षा द्वारा ही बालक की आधारभूत प्रवृत्तियों को उचित दिशा प्रदान करके इस उद्देश्य को प्राप्त किया जा सकता है।
6. *सामाजिक विकास (Social Development)*–मनुष्य एक सामाजिक प्राणी है। वह आन्तरिक रूप से समाज से सम्बन्धित है। शिक्षा द्वारा व्यक्तियों में सामाजिक सेवा की भावना का विकास किया जाना चाहिए। सहयोग, बन्धुत्व, सहनशीलता आदि भावनाओं के विकास से शिक्षा इस उद्देश्य की पूर्ति कर सकती है।
7. *लोकतान्त्रिक गुणों का विकास (Development of Democratic Qualities)*–भारत एक लोकतान्त्रिक देश है। लोकतान्त्रिक देश का नागरिक होने के नाते व्यक्तियों में लोकतान्त्रिक गुणों जैसे–उत्तरदायित्व की भावना, बन्धुत्व की भावना, प्रेम, सेवा, कर्त्तव्य की भावना तथा नेतृत्व के गुणों आदि के विकास की आवश्यकता है। इन गुणों से युक्त नागरिक स्वयं अपना विकास कर सकते हैं तथा राष्ट्र की उन्नति में सहायक हो सकते हैं।
8. *अन्तर्राष्ट्रीय सूझ-बूझ का विकास (Development of International Understanding)* –दूसरे देशों की सहायता के बिना किसी भी देश का राष्ट्रीय विकास सम्भव नहीं है। प्रत्येक मनुष्य केवल अपने देश का ही नागरिक नहीं है अपितु वह सम्पूर्ण विश्व का नागरिक है। प्रत्येक मनुष्य को केवल अपने देश के लिए ही नहीं अपितु सम्पूर्ण विश्व के लिए अपना उत्तरदायित्व अनुभव करना चाहिए। इसके लिए शिक्षा द्वारा अन्तर्राष्ट्रीय सूझ-बूझ की भावना के विकास का उद्देश्य निर्धारित करना चाहिए।

## B. माध्यमिक शिक्षा आयोग के अनुसार शिक्षा के उद्देश्य

## (Aims of Education according to Secondary Education Commission)

सन् 1952 में डॉ. लक्ष्मण स्वामी मुदालियर की अध्यक्षता में माध्यमिक शिक्षा आयोग की स्थापना की गई। इसे मुदालियर आयोग के नाम से भी जाना जाता है। इनके द्वारा शिक्षा के निम्नलिखित उद्देश्य निर्धारित किए गए:

1. *लोकतान्त्रिक नागरिकता का विकास (Development of Democratic Citizenship)* –लोकतन्त्र की सफलता के लिए आवश्यक है कि प्रत्येक नागरिक की लोकतन्त्र में आस्था होनी चाहिए। प्रत्येक व्यक्ति को नागरिकता के लिए प्रशिक्षण दिया जाना चाहिए। इसमें बहुत से बौद्धिक, सामाजिक तथा नैतिक गुण शामिल हैं। माध्यमिक शिक्षा आयोग का यह सुझाव है कि लोकतान्त्रिक नागरिकता का विकास करने के लिए निम्नलिखित गुणों का विकास करना शिक्षा का उद्देश्य होना चाहिए:
   (i) *स्पष्ट चिन्तन (Clear Thinking)*–लोकतान्त्रिक नागरिकता के लिए स्पष्ट चिन्तन का विकास किया जाना चाहिए। नए विचारों को ग्रहण करने की योग्यता का विकास भी

होना चाहिए। नागरिक में वस्तुनिष्ठ चिन्तन करने का वैज्ञानिक दृष्टिकोण विकसित होना चाहिए। उसकी विचारधारा भी विस्तृत होनी आवश्यक है।

(ii) *बोलने तथा लिखने में स्पष्टता (Clearance in Speech and Writing)*–स्पष्ट चिन्तन के साथ-साथ स्वतन्त्र रूप से बोलने तथा लिखने में भी स्पष्टता होनी चाहिए। शिक्षा द्वारा प्रत्येक नागरिक को महत्वपूर्ण निर्णय लेने के योग्य बनाया जाना चाहिए। स्वतन्त्र निर्णय के लिए स्वतन्त्रता तथा स्पष्टता का होना आवश्यक है। इसलिए शिक्षा द्वारा बालकों में स्वतन्त्र चिन्तन एवं बौद्धिक जागरूकता का विकास किया जाना चाहिए।

(iii) *रहने की कला में प्रशिक्षण (Training in Art of Living)*– लोकतान्त्रिक समाज में प्रत्येक व्यक्ति महत्वपूर्ण है। इसीलिए प्रत्येक व्यक्ति को समुदाय में कुशलतापूर्वक रहने की कला में प्रशिक्षित किया जाना चाहिए। इसे उपयुक्त शिक्षा तथा अनुभव के बिना नहीं सीखा जा सकता। लोकतन्त्र के लिए सहयोग एक आवश्यक गुण है। शिक्षा द्वारा अनुशासन, सहयोग, सामाजिक सूक्ष्म ग्राह्यता तथा सहनशीलता जैसे गुणों का विकास किया जाना चाहिए। किसी भी समाज का विकास केवल इन्हीं गुणों की सहायता से सम्भव है।

(iv) *सच्ची देशभक्ति की भावना (Sense of True Patriotism)*– शिक्षा द्वारा एक देश के नागरिकों में सच्ची देशभक्ति की भावना का विकास किया जाना चाहिए। एक देश के देशभक्त नागरिक राष्ट्र के कल्याण के लिए अपनी रुचियों का बलिदान करते हैं। उन्हें खुले मन से अपने देश की त्रुटियों को पहचानने के लिए तथा उन्हें दूर करने का प्रयास करने के लिए तत्पर रहना चाहिए। शिक्षा द्वारा उन्हें अपने देश की सामाजिक तथा सांस्कृतिक उपलब्धियों की प्रशंसा करने के योग्य बनाना चाहिए। परन्तु देशभक्ति की भावना को संकुचित रूप से नहीं लेना चाहिए जैसा हिटलर ने किया था।

(v) *विश्व नागरिकता की भावना (Sense of World Citizenship)*– शिक्षा की सहायता से विद्यार्थियों को यह सिखाया जाना चाहिए कि वह केवल अपने देश के ही नहीं अपितु विश्व के नागरिक हैं। विद्यार्थियों को विश्व के प्रति अपने उत्तरदायित्वों को निभाने के लिए तैयार रहना चाहिए। वर्तमान समय में 'मेरा देश गलत या सही' से अधिक खतरनाक विचार अन्य कोई नहीं है।

2. *व्यावसायिक कुशलता का विकास (Development of Vocational Efficiency)*–कुशल नागरिकता के विकास के लिए व्यावसायिक कुशलता आवश्यक है। देश के प्रत्येक नागरिक को व्यावसायिक शिक्षा प्रदान करना शिक्षा का उद्देश्य होना चाहिए। पाठ्यक्रम में प्रत्येक विषय को उचित स्थान दिया जाना चाहिए, जिससे प्रत्येक बालक अपनी योग्यता तथा रुचि के अनुसार व्यवसाय का चुनाव करने के योग्य बन सके, जिस व्यवसाय को वह अपनी शिक्षा समाप्त होने के पश्चात् अपनाना चाहता है। विद्यार्थियों में श्रम के प्रति आदर की भावना का विकास करना होगा। हस्त कला, शिल्प कला तथा इंजीनियरिंग आदि में कुशलता प्राप्त करने के पश्चात् व्यक्तियों में केवल सफेदपोश नौकरियाँ प्राप्त करने की प्रवृत्ति कम होगी तथा लोकतन्त्र का आधार सुदृढ़ होगा।

3. *व्यक्तित्व का विकास (Development of Personality)*–लोकतान्त्रिक देश में प्रत्येक व्यक्ति का अपना महत्व है। शिक्षा का उद्देश्य व्यक्तित्व के किसी एक तत्व का नहीं अपितु सम्पूर्ण व्यक्तित्व का विकास होना चाहिए। इसके लिए शिक्षा को ऐसा वातावरण प्रदान करना चाहिए,

जिसमें बालक निर्माणात्मक क्रियाएँ करने के योग्य हो, जिसके परिणामस्वरूप वह अपनी साहित्यिक, कलात्मक तथा सांस्कृतिक रुचियों का विकास कर सके। इन रुचियों का विकास बालकों के जीवन को प्रगतिशील बनाएगा।

4. *नेतृत्व के लिए शिक्षा (Education for Leadership)*–लोकतन्त्र की सफलता योग्य नेताओं पर निर्भर करती है। संकुचित विचारधारा वाले नेता राजनीति, विज्ञान, साहित्य, कला आदि के क्षेत्रों में कभी प्रगति नहीं कर सकते। एक अच्छे नेता में सहनशीलता, बुद्धिमत्ता, सूझ-बूझ, अनुशासन तथा न्याय सम्बन्धी गुण होना आवश्यक है। शिक्षा द्वारा समाज के नागरिकों में इन गुणों का विकास किया जाना चाहिए।

## C. भारतीय शिक्षा आयोग के अनुसार शिक्षा के उद्देश्य (Aims of Education according to Indian Education Commission)

सन् 1964 में डॉ. दौलत राम कोठारी की अध्यक्षता में भारतीय शिक्षा आयोग की स्थापना की गई और इसे कोठारी आयोग के नाम से भी जाना जाता है। इसकी रिपोर्ट सन् 1966 में प्रस्तुत की गई। शिक्षा आयोग ने राष्ट्रीय विकास की समस्याओं का विश्लेषण किया तथा यह प्रस्ताव दिया कि शिक्षा लोगों के जीवन, आवश्यकताओं तथा आशाओं से सम्बन्धित होनी चाहिए। इसे हमारे देश में सामाजिक, आर्थिक तथा सांस्कृतिक परिवर्तन लाने के लिए एक शक्तिशाली तत्व बनना होगा। इसकी प्राप्ति के लिए शिक्षा आयोग ने शिक्षा के निम्नलिखित उद्देश्यों का सुझाव दिया है:

### 1. उत्पादन में वृद्धि (To Increase Productivity)

उत्पादन में वृद्धि आर्थिक विकास का सुदृढ़ आधार है और जब तक शिक्षा तथा उत्पादन एक-दूसरे से सम्बन्धित नहीं होंगे और उत्पादन के साधनों के प्रयोग में लोग शिक्षित नहीं होंगे तब तक हमारी आधारभूत आवश्यकताओं की पूर्ति सम्भव नहीं है। इसलिए शिक्षा का महत्वपूर्ण कार्य है उत्पादन से सम्बन्ध स्थापित करना। यह निम्नलिखित ढंग से किया जा सकता है:

1. *विज्ञान की शिक्षा (Science Education)*–भारत प्राचीन समाज से आधुनिकता की ओर बढ़ रहा है। आधुनिक समाज का उद्देश्य है विज्ञान पर आधारित तकनीक का विकास करना। इसलिए शिक्षा के सभी स्तरों पर विज्ञान की शिक्षा सभी पाठ्यक्रमों का एक भाग होनी चाहिए। विज्ञान का अध्ययन निम्नलिखित उद्देश्यों की प्राप्ति में सहायक हो सकता है:
   (i) समस्या समाधान के लिए विश्लेषणात्मक कौशल का विकास करना,
   (ii) अन्धविश्वासों को दूर करना,
   (iii) स्वयं को समझने तथा जगत में अपने स्थान या स्थिति को समझने में व्यक्ति की सहायता करना,
   (iv) आधारभूत सिद्धान्तों को समझने की प्रवृत्ति को प्रोत्साहन देना,
   (v) सामाजिक जीवन के साथ-साथ भौतिक वातावरण की समस्याओं को सुलझाने में विश्लेषणात्मक कौशल का प्रयोग करना,
   (vi) प्रयोग की प्रवृत्ति को प्रोत्साहन देना।
2. *कार्य-अनुभव (Work Experience)*–शिक्षा के सभी स्तरों पर कार्य-अनुभव प्रारम्भ किया जाना चाहिए। शिक्षा आयोग का यह सुझाव था कि इसे सामान्य शिक्षा प्रणाली का अनिवार्य अंग बनाया जाए। कार्य-अनुभव से अभिप्राय है स्कूल में, घर में, खेत पर, फैक्टरी में या किसी अन्य स्थान पर उत्पादक कार्य में भाग लेना। इसका मुख्य उद्देश्य है शिक्षा को उत्पादकता से

जोड़ना, शिक्षित मानव शक्ति को उत्पादक मानव शक्ति में बदलना, बौद्धिक कार्य एवं हाथ के कार्य के अन्तर को कम करना। यह उत्पादक कार्य में प्रशिक्षण प्रदान करके शारीरिक श्रम के प्रति आदर तथा विश्वास जागृत करने के लिए आवश्यक है।

3. *उत्पादक प्रक्रिया में विज्ञान का प्रयोग (Application of Science in Productive Process)* –कार्य अनुभव, तकनीक तथा औद्योगीकरण से सम्बन्धित होना चाहिए और विज्ञान की शिक्षा कृषि सहित उत्पादक प्रक्रिया से सम्बन्धित हो। इसीलिए विज्ञान के प्रयोग में अनुसंधान पर अत्यधिक सम्भव बल दिया जाना चाहिए। इसे व्यावहारिक जीवन में एक यन्त्र की भाँति प्रयोग किया जाना चाहिए।
4. *व्यावसायीकरण (Vocationalisation)*–वास्तव में भारत एक कृषि प्रधान देश है। इस प्रकार की किसी भी अर्थव्यवस्था में सात से आठ वर्षों तक सामान्य शिक्षा को अनिवार्य बनाना सही है, जो उपयोगी हो सकता है, परन्तु उच्च स्कूल स्तर पर इसका व्यवसायीकरण किया जाना चाहिए जिससे नवयुवकों को उनकी क्षमता के अनुसार व्यवसाय तथा क्रियात्मक जीवन के लिए तैयार किया जा सके। वे राष्ट्रीय उत्पादन को बढ़ाने में योगदान देने का प्रयत्न कर सकते हैं। उच्च शिक्षा स्तर पर कृषि तथा तकनीकी शिक्षा पर बल दिया जाना चाहिए। समुदाय में स्थित उद्योगों तथा फार्मों आदि का व्यावसायिक कौशलों के विकास के लिए प्रयोगशाला के रूप में प्रयोग किया जाना चाहिए।

## 2. सामाजिक तथा राष्ट्रीय एकता प्राप्त करना (To Achieve Social and National Integration)

समाज में कोई भी परिवर्तन लाने के लिए शिक्षा एक महत्वपूर्ण तत्व है। कोठारी आयोग के अनुसार शिक्षा एक महत्वपूर्ण तत्व है। आयोग के अनुसार शिक्षा पद्धति का एक महत्वपूर्ण उद्देश्य सामाजिक एवं राष्ट्रीय एकता की प्राप्ति है क्योंकि यही संगठित एवं शक्तिशाली देश का आधार है। राष्ट्रीय तथा सामाजिक एकता को सशक्त बनाने के लिए इसके द्वारा निम्नलिखित पदों का सुझाव दिया गया है:

1. *सामान्य स्कूल प्रणाली (Common School System)*–स्कूलों के विभिन्न प्रकार जैसे पब्लिक स्कूल, कॉन्वेन्ट स्कूल, गुरुकुल, मदरसा आदि असमानता के सूचक हैं। उन्होंने श्रेणी युद्ध को बढ़ावा दिया है। लोकतन्त्र के परिणामस्वरूप ऐसी शिक्षा प्रणाली की स्थापना करनी होगी जो किसी भी धर्म, जाति, वर्ग या विरासत की भिन्नता पर आधारित न हो। शिक्षा आयोग ने एक सामान्य स्कूल प्रणाली के बारे में कहा है, जिसमें:
   - बिना किसी जाति, सम्प्रदाय, रंग, लिंग, समुदाय, धर्म, आर्थिक परिस्थिति या सामाजिक स्तर के भेदभाव के सभी बालकों को दाखिले की छूट हो।
   - शैक्षिक अवसर धन या श्रेणी के आधार पर नहीं अपितु योग्यता के आधार पर प्रदान किए जाने चाहिए।
   - सभी स्कूलों में शिक्षा का सामान्य स्तर स्थापित किया जाना चाहिए।
   - अनुदेशनात्मक कार्यक्रम प्रदान करने के लिए कोई फीस नहीं ली जाएगी।
   - औसत माता-पिता की आवश्यकताओं को पूरा किया जाएगा जिससे उन्हें अपने बच्चों को सार्वजनिक शिक्षा प्रणाली से बाहर महँगे स्कूलों में भेजने की आवश्यकता का अनुभव न हो।
2. *सामाजिक तथा राष्ट्रीय सेवा (Social and National Service)*– साक्षरता न तो प्रारम्भ है और न ही शिक्षा है, इसलिए हमें शिक्षा को केवल ज्ञानात्मक पहलू के विकास तक ही सीमित

नहीं करना चाहिए। हमें क्रियात्मक तथा व्यावहारिक शिक्षा पर बल देना चाहिए जिसका उद्देश्य व्यवहार में परिवर्तन करना हो। इसलिए शिक्षा के सभी प्रयत्नों पर विद्यार्थियों के लिए सामाजिक एवं राष्ट्रीय सेवा को प्रभावी बनाया जाना चाहिए। विभिन्न कार्यक्रमों जैसे स्वास्थ्य सेवा कार्यक्रम, व्यक्तित्व विकास कैम्प आदि को राष्ट्रीय समाज सेवा (NSS), राष्ट्रीय कैडेट कोर्पस (NCC), गर्ल्स गाइडिंग तथा स्काउटिंग एवं अन्य संस्थाओं द्वारा प्रभावी बनाया जा सकता है।

3. *भाषा नीति का विकास (Development of Language Policy)*– भारत एक बहु-भाषायी देश है। इसलिए उचित भाषा-नीति का विकास सामाजिक तथा राष्ट्रीय एकता में सहायता प्रदान कर सकता है। आयोग ने इस दिशा में निम्नलिखित सुझाव दिए हैं:
    - स्कूल तथा महाविद्यालयों में मातृभाषा को शिक्षण का माध्यम बनाना चाहिए।
    - विश्वविद्यालय अनुदान आयोग (UGC) की सहायता से विश्वविद्यालयों में विभिन्न विषयों–विशेष रूप से वैज्ञानिक तथा तकनीकी विषयों की पुस्तकों तथा साहित्य की रचना की जानी चाहिए।
    - क्षेत्रीय भाषाओं को उनके क्षेत्रों की प्रशासन भाषा भी बनाना चाहिए।
    - स्कूल स्तर से ही अंग्रेजी का अध्ययन जारी रहना चाहिए। अन्तर्राष्ट्रीय सम्प्रेषण के लिए अन्य विदेशी भाषाओं को भी प्रोत्साहित करना चाहिए।
4. *राष्ट्रीय चेतना का विकास (Promotion of National Consciousness)*– सामाजिक तथा राष्ट्रीय एकता की प्राप्ति के लिए हमारी शिक्षा प्रणाली का प्रमुख उद्देश्य विद्यार्थियों को विभिन्न क्षेत्रों, उप-संस्कृतियों, धर्मों तथा भाषाओं का ज्ञान देना होना चाहिए, जिसका आधार विभिन्नता में एकता हो। विद्यार्थियों में शिक्षा द्वारा मातृभूमि के लिए प्रेम विकसित किया जाना चाहिए। तभी यह सम्भव होगा कि भारत के नागरिक अपनी राष्ट्रीय संस्कृति, परम्पराओं, भाषाओं आदि पर गर्व अनुभव कर सकेंगे। इस प्रक्रिया में शिक्षा आयोग ने निम्नलिखित कार्यक्रमों का सुझाव दिया है:
    (i) सांस्कृतिक विरासत का बोध एवं पुनर्मूल्यांकन।
    (ii) भविष्य में दृढ़ विश्वास उत्पन्न करना।
    (iii) लोकतन्त्र को सुदृढ़ बनाना।

### 3. आधुनिकीकरण के लिए शिक्षा (Education for Modernisation)

आधुनिक युग में मानव जीवन के सभी क्षेत्रों में विकसित देशों द्वारा नए अनुसंधान किए गए हैं। शिक्षा द्वारा हमारे देश में आधुनिकीकरण की प्रक्रिया को बढ़ावा दिया जाना चाहिए। जिससे हम विकसित देशों के साथ खड़े होने के योग्य बन सकें। वर्तमान ज्ञान के विस्फोट के कारण, आधुनिक समाज में शिक्षा का कार्य केवल ज्ञान प्रदान करना ही नहीं है, अपितु महत्वपूर्ण सामाजिक परिवर्तनों के प्रति जिज्ञासा भी जागृत करनी चाहिए। उसे व्यक्ति में उचित रुचियों, दृष्टिकोणों, मूल्यों, अनिवार्य कुशलताओं तथा चिन्तन की योग्यताओं एवं निर्णय लेने की क्षमता का विकास भी करना चाहिए। इन कौशलों के बिना बालक लोकतान्त्रिक भारत का उत्तरदायी नागरिक नहीं बन सकता। शिक्षा द्वारा पर्याप्त रूप से बड़ा एवं सूक्ष्म बुद्धिजीवी वर्ग निर्मित किया जाना चाहिए। इस वर्ग के व्यक्ति समाज के सभी वर्गों से आने चाहिए और उनकी आकांक्षाओं तथा वफादारियों की जड़ें भारतीय मिट्टी से लगी होनी चाहिए। परम्परागत समाज में परिवर्तन बहुत धीमा था, परन्तु आधुनिक समाज में परिवर्तन तीव्र गति से हो रहा है। इसके लिए शिक्षा प्रणाली में परिवर्तन की आवश्यकता है। इस नवीन सामाजिक व्यवस्था की आर्थिक, सामाजिक, राजनैतिक एवं सांस्कृतिक समस्याओं के समाधान के लिए शिक्षा का नवीनीकरण होना चाहिए।

### 4. सामाजिक, नैतिक तथा आध्यात्मिक मूल्यों का निर्माण करना (To Cultivate Social, Moral and Spiritual Values)

केवल भौतिक प्रगति का तब तक कोई लाभ नहीं है जब तक इसके साथ-साथ उचित सामाजिक, नैतिक एवं आध्यात्मिक मूल्यों का विकास न हो। यह बात हमेशा ध्यान में रखनी चाहिए कि हम जितना सम्भव हो उतने आधुनिक हो सकते हैं, अर्थव्यवस्था को उच्च स्तर तक पहुँचा सकते हैं, परन्तु हमें अपनी संस्कृति को नहीं छोड़ना चाहिए। समाज का अस्तित्व तभी बना रह सकता है यदि यह ऐसे मूल्यों पर आधारित हो जैसे व्यक्ति के व्यक्तित्व का आदर, समानता की भावना, प्रेम, बलिदान, आत्म नियन्त्रण आदि और इनके अभाव में यह आवश्यक रूप से नष्ट हो जाएगी। इसीलिए मूल्य केन्द्रित शिक्षा प्रदान की जानी चाहिए, जिसके लिए शिक्षा आयोग ने निम्नलिखित उपायों का सुझाव दिया है:

1. स्कूल की नियमित समय सारिणी में कुछ पीरियड सामाजिक, नैतिक तथा आध्यात्मिक शिक्षा के लिए निश्चित किए जाने चाहिए।
2. भारत एक धर्मनिरपेक्ष राज्य है और इसीलिए किसी विशेष धर्म की शिक्षा स्कूलों में नहीं दी जा सकती परन्तु अध्यापक द्वारा सभी धर्मों के आधारभूत नैतिक पहलुओं को विद्यार्थियों के समक्ष प्रस्तुत किया जा सकता है।
3. नैतिक तथा आध्यात्मिक पक्षों से सम्बन्धित विशेष प्रकार का साहित्य तैयार किया जाना चाहिए।
4. प्रत्येक विश्वविद्यालय में, एक विशेष विभाग की स्थापना की जानी चाहिए जो विभिन्न धर्मों का तुलनात्मक अध्ययन करे और उन सामान्य बिन्दुओं की खोज करे जिन पर शिक्षा में बल दिया जाना चाहिए।

## D. राष्ट्रीय शिक्षा नीति 1986 के अनुसार शिक्षा के उद्देश्य (Aims of Education according to National Policy on Education, 1986)

सन् 1986 में राष्ट्रीय शिक्षा नीति ने शिक्षा के निम्नलिखित उद्देश्यों का सुझाव दिया:

1. *समाजवाद, धर्मनिरपेक्षता तथा लोकतन्त्र का विकास (Development of Socialism, Secularism and Democracy)*—भारत एक ऐसा देश है जिसमें बहुत से समुदाय तथा धर्म समूह विद्यमान हैं इसीलिए इसमें समाजवाद, धर्मनिरपेक्ष लोकतन्त्र पर बल दिया जाता है। इसका उचित प्रयोग केवल शिक्षा के माध्यम से ही सम्भव है। शिक्षा द्वारा ऐसी भावनाएँ विकसित की जानी चाहिए जो राष्ट्रीय एकता, वैज्ञानिक दृष्टिकोण तथा मन की आत्म-निर्भरता को बढ़ावा दें।
2. *सर्वांगीण विकास (All round Development)*—शिक्षा का उद्देश्य भौतिक विकास के साथ-साथ आध्यात्मिक विकास करना भी होना चाहिए। यह विभिन्न पाठ्य क्रियाओं तथा पाठ्य-सहगामी क्रियाओं की सहायता से किया जा सकता है। शिक्षा द्वारा ऐसा वातावरण प्रदान किया जाना चाहिए जो सभी पहलुओं जैसे ज्ञानात्मक, क्रियात्मक तथा भावात्मक के विकास में सहायक हो।
3. *मानव-शक्ति का विकास (Development of Manpower)*—मानव शक्ति ऐसा संसाधन है जो देश के आर्थिक विकास में सहायक होता है। शिक्षा में व्यवसायीकरण द्वारा मानव शक्ति के विकास में सहायता की जानी चाहिए और यह राष्ट्रीय आत्मनिर्भरता के विकास के लिए एक गारण्टी होगा।

4. *नैतिक तथा आध्यात्मिक मूल्यों का विकास (Cultivating Moral and Ethical Values)* –राष्ट्रीय शिक्षा नीति ने नैतिक तथा आध्यात्मिक मूल्यों के विकास के लिए शिक्षा पर बल दिया है। इसका अभिलेख कहता है कि मूल्यों में दिन-प्रतिदिन गिरावट आ रही है और देश 'मूल्य-ह्रास' के स्तर से गुजर रहा है। राष्ट्रीय शिक्षा नीति ने 'मूल्य शिक्षा' पर बल दिया। यह शिक्षा के पाठ्य कार्यक्रम का नियमित अंश होना चाहिए।
5. *जीवन-पर्यन्त शिक्षा (Life-long Education)*–शिक्षा कभी न समाप्त होने वाली प्रक्रिया है। एक व्यक्ति जीवन भर सीखता है। जीवनपर्यन्त तथा निरन्तर शिक्षा, शिक्षा प्रक्रिया का लक्ष्य है। मुक्त स्कूल तथा मुक्त विश्वविद्यालय खोलने पर बल दिया जा रहा है। मुक्त तथा दूरगामी अधिगम की दिशा में भी निरन्तर प्रयास करने होंगे।
6. *राष्ट्रीय शिक्षा प्रणाली (National System of Education)*–राष्ट्रीय शिक्षा नीति का उद्देश्य राष्ट्रीय शिक्षा प्रणाली प्रदान करना है। यही सुझाव कोठारी आयोग (1964-66) द्वारा भी दिया गया था, परन्तु इसे 1986 में कार्यान्वित किया गया। इस सम्प्रत्यय से अभिप्राय यह है कि जाति, सम्प्रदाय, स्थान, रंग या लिंग के आधार पर बिना किसी भेदभाव के विद्यार्थियों को एक प्रदत्त स्तर की शिक्षा जो लगभग सभी स्थानों पर गुणात्मक रूप से समान हो, उपलब्ध होनी चाहिए।
7. *समानता के लिए शिक्षा (Education for Equality)*–राष्ट्रीय शिक्षा नीति ने प्रमुख बल शैक्षिक अवसरों की समानता तथा असमानता को दूर करने पर दिया है। अनुसूचित जातियों, अनुसूचित जनजातियों, स्त्रियों तथा छोटे समूहों एवं विकलांगों की आवश्यकताओं के लिए विशेष प्रयत्न किए जाने चाहिए। इसके लिए निम्नलिखित सिफारिशें की गई:
   (i) स्त्री शिक्षा पर बल
   (ii) अनुसूचित जातियों तथा अनुसूचित जनजातियों की शिक्षा
   (iii) अल्पसंख्यकों की शिक्षा
   (iv) विकलांगों की शिक्षा
   (v) प्रौढ़ शिक्षा को बढ़ावा

## राष्ट्रीय पाठ्यचर्या रूपरेखा–2000 के अंतर्गत शिक्षा के उद्देश्य

## Aims of Education as per NCF–2000

विद्यालयी शिक्षा का मुख्य उद्देश्य भारतीय समकालीन समाज के अनुसार बच्चों को इतना सक्षम बनाना है कि वे अपने जीवन का अर्थ समझ सकें, क्योंकि जब वे वास्तविक रूप से स्वयं को जान जाएंगे तो वे राष्ट्रीय विकास में अपनी महत्वपूर्ण भूमिका निभा सकेंगे। इस उद्देश्य को पूर्ण करने के लिए भारतीय शिक्षा प्रणाली में निरंतर सुझाव दिए गए तथा विद्यालयी शिक्षा की पुनर्विवेचना की गई। इसी के तहत 1992 संशोधित राष्ट्रीय शिक्षा नीति की अनुसंशा पर NCERT द्वारा राष्ट्रीय पाठ्यचर्या रूपरेखा 2000 को प्रकाशित किया गया। NCF 2000 के अनुसार शिक्षा के प्रमुख उद्देश्य निम्नलिखित हैं:

1. *प्राथमिक शिक्षा का सार्वभौमिकरण (Universalization of primary education)*–भारतीय संविधान के अनुसार 6 से 14 वर्ष के सभी बच्चों को नि:शुल्क व अनिवार्य शिक्षा का प्रावधान किया गया है। इस उद्देश्य को प्राप्त करने के लिए हम आज भी प्रयासरत हैं। NCF-2000 के अनुसार बच्चों के नामांकन को बढ़ाने के लिए तथा विद्यालयी शिक्षा में उनके बने रहने के लिए बच्चों की शिक्षा को उनके समाज के साथ जोड़ना अनिवार्य है। NCF-2000 के अनुसार शिक्षा का प्रमुख उद्देश्य इस प्रकार का पाठ्यक्रम तैयार करना है जिससे बच्चों में स्कूल के प्रति रूचि बढ़े तथा वे अपनी शिक्षा को निरतंर बनाए रखे।

2. *समानता के लिए शिक्षा (Education for equality)*–राष्ट्रीय शिक्षा नीति 1986 की भांति NCF 2000 का प्रमुख उद्देश्य भी सभी विद्यार्थियों को शिक्षा के समान अवसर प्रदान करना है। जाति, प्रजाति, लिंग, धर्म, भाषा व विशिष्टता के आधार पर किसी भी प्रकार का भेदभाव न किया जाये। राष्ट्रीय पाठ्यचर्या रूपरेखा (2000) का नियोजन इस प्रकार करना चाहिए कि उसमें असमानता से सम्बन्धित पूर्वाग्रहों को मिटाया जा सकें तथा उसे आगे शिक्षा में हस्तांरित होने से रोका जा सके।
3. *राष्ट्रीय एकता और सांस्कृतिक विरासत के सरंक्षण की भावना का विकास करना (To develop a sense of national unity and preservation of cultural heritage)*–राष्ट्रीय पाठ्यचर्या रूपरेखा (2000) का उद्देश्य विद्यार्थियों के अंदर भेदभाव व अलगाव को खत्म कर राष्ट्रीय एकता को बढ़ावा देने वाले पाठ्यक्रम का निर्माण करना है तथा साथ ही उनके अंदर भारत की सांस्कृतिक विरासत को संरक्षित करने की भावना का विकास भी करना है। हम यह उद्देश्य प्राप्त करने में तभी सफल होंगे जब हम विश्व स्तर पर अपनी सांस्कृतिक विरासत के महत्व को समझ सकेंगे और विभिन्न प्रकार की विविधता से भरी अपनी संस्कृति का आदर करेगें।
4. *स्वदेशी ज्ञान और मानव जाति के लिए भारत के योगदान को एकीकृत करना (Integrating indigenous knowledge and India's contibution to mankind)*–भारतीय स्वदेशी ज्ञान विश्व भर में व्यापक रूप से अपनी पहचान बनाए हुए है। इस ज्ञान के महत्व को बनाए रखने के लिए आवश्यक है कि शिक्षा छात्रों के सामाजिक-सांस्कृतिक संदर्भ से सम्बन्धित हो। NCF-2000 के अनुसार भारत में स्वदेशी ज्ञान प्रणाली को उन समाजों और समूहों के साथ सक्रिय समर्थन के माध्यम से बनाए रखा जाना चाहिए, जो इस ज्ञान के पारंपरिक भंडार हैं। ग्रामीण या जनजाति इलाकों में रहने वाले सामाजिक संगठन, उनके रहन–सहन का तरीका तथा उनकी भाषाएँ, सभी को बनाए रखने के लिए हमें इस ज्ञान को एकीकृत करके इसका प्रसार करने की आवश्यकता है और शिक्षा के द्वारा ही यह संभव है। इसलिए स्वदेशी ज्ञान प्रणालियों के बीच अंर्तदृष्टि के समानांतर विश्लेषण की आवश्यकता है।
5. *जीवन कौशलों के लिए शिक्षा (Education for life skills)*–शिक्षा का प्रमुख उद्देश्य विद्यार्थियों में जीवन कौशलों का निर्माण करना है। विद्यार्थियों के लिए जीवन कौशलों से सम्बन्धित एक ऐसी शिक्षा प्रणाली की व्यवस्था करनी चाहिए जिससे बालक के अंदर इस प्रकार की योग्यताएं विकसित हो सके कि वह अपनी बुद्धि के समायोजन के साथ विषम परिस्थितियों में भी अपने आपको समायोजित कर सके। समस्या समाधान, आत्म–जागरूकता, तनाव का सामना करना, निर्णय लेने की क्षमता, रचनात्मक सोच तथा समायोजन जैसे कुछ महत्वपूर्ण जीवन कौशल है जिनका विकास विद्यार्थियों में शिक्षा के द्वारा ही संभव है।
6. *मूल्य शिक्षा (Value education)*–विद्यार्थियों में मूल्य शिक्षा को बढ़ावा देना भी एक प्रमुख उद्देश्य है, जिसके अंतर्गत प्रत्येक विद्यार्थी अपने मूल्यों को समझ सके तथा उनका अनुसरण कर सके, क्योंकि समकालीन समाज में मूल्यों का स्तर दिन–प्रतिदिन गिरता जा रहा है जिसके कारण समाज में बहुत सारी असामाजिक बुराईयां व्याप्त हो चुकी है। मूल्य शिक्षा के द्वारा ही इन्हें समाज से समाप्त किया जा सकता है।
7. *सामाजिक–सांस्कृतिक संदर्भ का ज्ञान प्रदान करना (To provide knowledge of socio-cultural context)*–भारत एक बहु–सांस्कृतिक और बहुभाषी समाज है। विभिन्न सामाजिक संरचनाओं के साथ भी एकता भारत की एक विशिष्ट विशेषता है। इस एकता को विविधता में बनाए रखने के लिए यह आवश्यक है कि विद्यार्थियों में देश के विभिन्न भागों के भूखंडों

तथा वहाँ के जनजीवन की विविधता और भारत की सामाजिक संस्कृति के प्रति समझ पैदा की जा सके और यह कार्य केवल शिक्षा के द्वारा ही संभव है।

8. *कार्य से सम्बन्धित शिक्षा (Work-related education)*–कार्य शिक्षा और व्यवसायिक शिक्षा स्कूल शिक्षा प्रणाली का एक महत्वपूर्ण अंग है। शिक्षा में इसे उद्देश्यपूर्ण और सार्थक बनाने के लिए इसको प्रभावी ढंग से लागू करने की आवश्यकता है। कार्य शिक्षा विद्यार्थियों में विभिन्न कार्यों में समाहित तथ्यों और सिद्धान्तों की समझ विकसित करती है तथा साथ ही काम के प्रति सकारात्मक दृष्टिकोण बनाने में भी सहायता करती है।
9. *अनुभूति, भावना और क्रिया के मध्य अर्न्तसबंध बनाना (Interface between cognition, emotion and action)*–शिक्षा का प्रमुख उद्देश्य विद्यार्थियों का संपूर्ण विकास करना है। शिक्षा केवल विद्यार्थियों का व्यक्तिगत विकास ही नहीं करती बल्कि उसे मनोवैज्ञानिक रूप से मजबूत बनाती है ताकि वह आज के समाज में तेजी से घटित हो रहे परिवर्तनों से आसानी से निपट सके। आज की शिक्षा विद्यार्थियों में केवल पारंपरिक 3R सम्बन्धी कौशलों को विकसित करने में लगी है जिससे विद्यार्थियों में मनोवैज्ञानिक निरक्षरता बढ़ती जा रही है। जिसके कारण क्रोध, आक्रामकता, तनाव तथा अन्य असामाजिक मूल्यों का विकास विद्यार्थियों के अंदर समाहित होता जा रहा है। इसके लिए आवश्यक है कि विद्यार्थियों के अंदर इंट्रा-पर्सनल इंटैलिजैंस को बढ़ावा दिया जाए क्योंकि जब वह आंतरिक बुद्धि से विचारों को समझेगा तो उसके अंदर आत्म अनुभूति उत्पन्न होगी और आत्म अनुभूति से प्राप्त ज्ञान से उचित भावना का ज्ञान उत्पन्न होगा तथा विद्यार्थी उचित कार्य करने की तरफ अग्रसर होगा। यह सब उसे उसके उचित लक्ष्य निर्धारण तथा उसकी प्राप्ति में भी सहायता प्रदान करेंगे।
10. *सौंदर्यात्मक संवेदनाओं का विकास (Development of aesthetic sensibilities)*–शिक्षा इस प्रकार की होनी चाहिए कि वह विद्यार्थियों में सौन्दर्यात्मक संवेदनाओं को बढ़ावा दे। जिससे उनके अंदर कल्पना, रचनात्मकता और अंतर्ज्ञान को बढ़ावा मिलेगा तथा वे प्रत्येक परिस्थितियों के कारण के बारे में जानेंगे व सोचेंगे तथा उनके अन्दर एक नई अंतर्दृष्टि और समझ उत्पन्न होगी।
11. *शिक्षा एक आजीवन प्रक्रिया (Education a life long process)*– शिक्षा का प्रमुख उद्देश्य ऐसे गुणों और विशेषताओं का विकास करना है जिससे व्यक्ति स्व-शिक्षण, आत्म-निर्देशित शिक्षण और आजीवन शिक्षण के साथ समाज की रचना कर सकें।
12. *लोकतांत्रिक दृष्टिकोण का विकास (Development of democratic attitude)*–विद्यार्थियों में लोकतांत्रिक दृष्टिकोण का विकास करना एक चुनौतीपूर्ण दायित्व है। इस दृष्टिकोण में कई बौद्धिक, सामाजिक तथा नैतिक गुण जैसे समानता, न्याय, स्वतंत्रता, मानवता के लिए सम्मान आदि का विद्यार्थियों में विकास करना होता है। शिक्षा के द्वारा ही स्पष्ट चिन्तन और समाज के साथ रहने की कला तथा स्वतंत्र विचार अभिव्यक्ति के द्वारा विद्यार्थियों में इस दृष्टिकोण का विकास किया जाता है।
13. *वैज्ञानिक दृष्टिकोण और मन तथा आत्मा की स्वतंत्रता का विकास करना (To develop the scientific tendancy and independence of mind and soul)*–शिक्षा के द्वारा वैज्ञानिक दृष्टिकोण का विकास करना समकालीन समाज का एक प्रमुख उद्देश्य है। वैज्ञानिक दृष्टिकोण का विकास जिसमें खोज या अनुसंधान-भावना, समस्या-हल, प्रश्न करने का साहस और वस्तुनिष्ठता जैसे गुण विद्यमान हो, जो भ्रम, अंधविश्वास और भाग्यवाद को समाप्त करने की दिशा में प्रवृत्त करे, इसके साथ-साथ ही भारतीय परंपरा में रचे-बसे स्वदेशी ज्ञान जैसे मन और आत्मा की स्वतंत्रता को भी बनाए रखने की आवश्यकता है।

14. *सामाजिक, नैतिक और आध्यात्मिक मूल्यों का विकास (Promotion of social, moral and spiritual values)*–शिक्षा के द्वारा विद्यार्थियों में सामाजिक, नैतिक, राष्ट्रीय और आध्यात्मिक मूल्यों और सहवर्ती गुणों का विकास भी एक महत्वपूर्ण उद्देश्य है क्योंकि ये सभी गुण ही व्यक्ति को मानवीय और सामाजिक रूप से प्रभावशाली बनाते हैं और जीवन को सार्थकता एवं दिशा प्रदान करते हैं।

NCF-2000 के अनुसार शिक्षा मनुष्य को अज्ञान तथा दु:ख के बंधनों से मुक्त करती है और उसे अहिंसक एवं शोषण-विहीन सामाजिक व्यवस्था की ओर ले जाती है। अत: विद्यालयी पाठ्यचर्या के उद्देश्य हैं कि वे शिक्षार्थियों को ज्ञान अर्जित करने, समझ विकसित करने, कौशलों को विकसित करने एवं सकारात्मक दृष्टिकोण अपनाने के योग्य बनाए। इसलिए पाठ्यचर्या में प्रतिमानों का बदलना आवश्यक है तथा विद्यार्थियों में आंतरिक मूल्यों और संवेगात्मक मूल्यों की वृद्धि के साथ-साथ उनमें कार्य क्षमताएं बढ़ाना व उनका सबलीकरण करना भी एक महत्वपूर्ण पहलू है।

## राष्ट्रीय पाठ्यचर्या रूपरेखा-2005 के अनुसार शिक्षा के उद्देश्य
## Aims of Education as per NCF—2005

राष्ट्रीय शिक्षा नीति 1986 की सिफारिशों के अंतर्गत शिक्षा को महज जानकारी प्रदान करने वाली न बनाकर उसको व्यवहारिक बनाने पर अधिक बल दिया गया और इसी अनुशंसा पर वर्ष-2000 में पाठ्यचर्या की रूपरेखा प्रस्तुत होने के बावजूद भी पाठ्यचर्या और परीक्षाओं के बोझ के मुद्दे हल नहीं हुए। राष्ट्रीय पाठ्यचर्या रूपरेखा-2005 के अंतर्गत उन सभी समस्याओं का हल ढूंढ़ने का प्रयत्न किया गया। इसके अंतर्गत पाठ्यचर्या में वे सभी बदलाव किए गए जो भावी पीढ़ी व वर्तमान पीढ़ी की आवश्यकतानुसार हो। इस पाठ्यचर्या में लचीलेपन व गुणवत्ता पर काफी जोर दिया गया। इसके अन्तर्गत जो परिवर्तन हुए वे सब सामाजिक न्याय और समानता के मूल्यों पर आधारित एक धर्मनिरपेक्ष, समतावादी और बहुलवादी समाज के रूप में भारत की संवैधानिक दृष्टि में विश्वास की पुष्टि करते हैं। इसमें मुख्य रूप से शिक्षा को व्यवहारिक रूप प्रदान करने के लिए ज्ञान को विद्यालय से बाहर जीवन के ज्ञान से जोड़ने पर बल दिया गया है। NCF-2005 के अनुसार, शिक्षा के मुख्य उद्देश्य निम्नलिखित हैं:

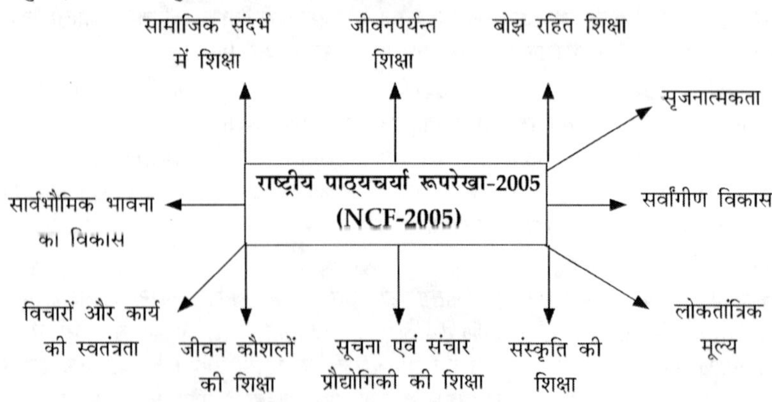


राष्ट्रीय पाठ्यचर्या रूपरेखा-2005 के उद्देश्य

1. *सार्वभौमिक भावना का विकास (Development of universal spirit)*–भारत विविध संस्कृतियों वाला समाज है। यहाँ लोगों के धार्मिक विश्वास, जीवन शैली व सामाजिक सम्बन्धों

की समझ एक-दूसरे से बहुत अलग है। इस अनेकता में एकता की भावना विकसित करने के लिए यह आवश्यक है कि विद्यार्थियों में सार्वभौमिक भावना का विकास किया जाए। उनके अंदर 'वसुधैव कुटुंबकम' के आदर्शों को संजोया जाए। इसलिए शिक्षा का प्रमुख उद्देश्य विद्यार्थियों में विश्वव्यापी दृष्टिकोण विकसित करना है।

2. *जीवनपर्यन्त अधिगम (Lifelong learning)*–शिक्षा का प्रमुख उद्देश्य है सीखने के लिए सीखना, जो सीखा गया है उसे दोबारा से नये ज्ञान के साथ जोड़कर सीखना। NCF-2005 के अनुसार शिक्षा आजीवन चलने वाली प्रक्रिया है। इसके लिए आवश्यक है विद्यार्थियों का सीखने के प्रति प्रेम जागरूक करना ताकि वे नयी परिस्थितियों के अनुरूप स्वयं को परिवर्तित करने में सक्षम बन सकें।
3. *बोझ रहित शिक्षा देना (Provide stress-free education)*–राष्ट्रीय पाठ्यचर्चा की रूपरेखा-2000 का पुनरावलोकन मुख्यत: बच्चे पर पाठ्यचर्या के बढ़ते बोझ की समस्या को हल करने के उद्देश्य से किया गया था और इस बात का विश्लेषण भी किया गया। इसके परिणामस्वरूप यह बात सामने आई कि स्कूलों में पाठ्यचर्या अब आनंदपूर्ण नहीं रही है। बच्चों पर पाठ्यपुस्तकों का भार दिन-प्रतिदिन बढ़ता जा रहा है। शिक्षा व्यवस्था इस प्रकार की हो गई है कि हम बच्चों के मानसिक विकास को ध्यान में न रख कर समूची जानकारी उनके अंदर समाहित करने में लगे हैं जिससे शिक्षा नीरस हो गई हैं। इसलिए NCF-2005 में पाठ्यचर्या को अनुभवों के साथ जोड़कर बच्चों के बस्ते व उनके मस्तिष्क से पढ़ाई के बोझ को कम करने का प्रयास किया गया।

*साभार:* आर. के. लक्ष्मण, टाइम्स ऑफ इंडिया

4. *लोकतांत्रिक मूल्यों का विकास (Development of democratic values)*–लोकतंत्र प्रत्येक व्यक्ति के मनुष्य रूप में सम्मान व योग्यता में आस्था पर आधारित होता है, अत: लोकतांत्रिक शिक्षा का उद्देश्य है कि व्यक्ति का सर्वांगीण विकास हो। लोकतांत्रिक देश का नागरिक होने के नाते यह आवश्यक है कि शिक्षा के द्वारा विद्यार्थियों में समानता, न्याय, स्वतंत्रता, मानव का मानव के लिए सम्मान, व्यक्ति के अधिकारों का सम्मान व कल्याणकारी भावनाओं आदि का विकास किया जाए।
5. *व्यक्तित्व का सर्वांगीण विकास (All round development of personality)*–शिक्षा मनुष्य को अज्ञानता से मुक्त करती है तथा साथ ही यह मनुष्य के शारीरिक, मानसिक, सामाजिक,

भावात्मक व संवेगात्मक पक्षों को भी पोषित करती है। शिक्षा का प्रमुख उद्देश्य विद्यार्थियों को ज्ञान प्रदान करने के साथ-साथ उनमें समझ विकसित करना, उचित कौशलों को विकसित करना, मूल्यों व उचित आदतों का निर्माण करना व उनके अंदर सकारात्मक दृष्टिकोण उत्पन्न करना है ताकि विद्यार्थियों के व्यक्तित्व के प्रत्येक पक्ष का विकास हो सके।

6. *सामाजिक परिवर्तन के लिए सार्थक प्रयास करना (Meaningful work for social change)* –पाठ्यचर्या की रूपरेखा में इस प्रकार की विषय-सामग्री को सम्मिलित करने का प्रयास किया गया है जिसमें विद्यार्थियों को अधिक से अधिक सामाजिक-आर्थिक प्रक्रियाओं में भाग लेने का अवसर प्राप्त हो तथा उनमें आत्मनिर्भरता के साथ-साथ आपसी सहयोग व सौहार्द को बढ़ावा मिले, जिससे समाज की अनुचित व्यवस्थाओं को सुधारा जा सके।
7. *रचनात्मकता का विकास करना (Development of creativity)*– सौंदर्य व कला के विभिन्न रूपों को समझना व उसका आनंद उठाना, मानव जीवन का अभिन्न अंग है। कला, साहित्य और ज्ञान के अन्य क्षेत्रों में सृजनात्मकता का एक-दूसरे के साथ घनिष्ठ सम्बन्ध है। इसलिए बच्चों की रचनात्मक अभिव्यक्ति और सौंदर्यात्मक दृष्टिकोण की क्षमता के विस्तार के लिए साधन व अवसर उपलब्ध कराना शिक्षा का प्रमुख उद्देश्य और अनिवार्य कर्त्तव्य है।
8. *जीवन कौशलों का विकास (Development of life-skills)*–शिक्षा के द्वारा विद्यार्थियों में विभिन्न जीवन जीने के कौशलों का निर्माण किया जा सकता है, इसलिए यह शिक्षा का महत्वपूर्ण उद्देश्य बन जाता है। समकालीन समाज में जीवन की चुनौतियों व विभिन्न जटिल परिस्थितियों का सामना करने के लिए उचित समय पर उचित निर्णय लेने की समझ, पारस्परिक संपर्क, संप्रेषण कौशल, समस्या समाधान और आत्म-प्रबंधन जैसे महत्वपूर्ण कौशलों का ज्ञान होना आवश्यक है।
9. *विचार और कर्म की स्वतंत्रता (Freedom of thought and action)*–विचार और कर्म करने की आजादी, स्वतंत्र तथा सामूहिक रूप से सावधानीपूर्वक विचार किए गए मूल्य-निर्धारित निर्णय लेने की क्षमता की तरफ इशारा करते हैं। इसलिए शिक्षा का एक अन्य प्रमुख उद्देश्य विचार और कर्म की स्वतंत्रता का विकास है। इस उद्देश्य की प्राप्ति के लिए एक ऐसी पाठ्यचर्या की रूपरेखा की आवश्यकता है जो बच्चों के विचारों व जिज्ञासाओं को महत्वपूर्ण स्थान प्रदान करे।
10. *बालक का समग्र विकास करना (Holistic development of the child)*–शिक्षा की रूपरेखा इस प्रकार से की जानी चाहिए कि वह बच्चों की क्षमताओं, दृष्टिकोणों और रुचियों का समग्र विकास कर सके।
11. *सूचना और संचार प्रौद्योगिकी (Information and communication technology)*–सूचना और संचार प्रौद्योगिकी की शिक्षा को पाठ्यक्रम में सम्मिलित करना भी शिक्षा का एक महत्वपूर्ण उद्देश्य है। बदलते तकनीकी परिवेश में विद्यार्थियों के अंदर तकनीकी कौशलों को विकसित करने के लिए नेटवर्किंग के माध्यम से ग्रामीण क्षेत्रों तक भी इसकी पहुंच बनाने का प्रयास किया जाना चाहिए। कम्प्यूटर शिक्षण को वर्तमान पाठ्यक्रम में सम्मिलित करना चाहिए तथा अध्यापकों को भी ICT का उचित प्रशिक्षण प्रदान किया जाना चाहिए।
12. *संस्कृति और प्रौद्योगिकी के बीच अंतर को खत्म करना (To bridge the gap between technology and culture)*–आधुनिक तकनीकी व प्रौद्योगिकी के समय में शिक्षा हमारी संस्कृति व प्रौद्योगिकी के मध्य अंतर को खत्म करने में एक महत्वपूर्ण भूमिका निभाती है क्योंकि शिक्षा के द्वारा ही हम संस्कृतिहीनता, मानवहीनता और उदासीनता से बच सकते हैं। शिक्षण को देश की बदलती प्रौद्योगिकी और सांस्कृतिक परंपराओं की निरंतरता के बीच एक संश्लेषण का काम करना चाहिए और शिक्षा के द्वारा इसे भली-भांति किया जा सकता है। छात्रों

के मध्य सुदंरता, सच्चाई और अच्छाई की भावना विकसित करने के लिए विभिन्न विषयों के माध्यम से शिक्षा को समृद्ध किया जाना चाहिए तथा साथ ही तकनीकी के विभिन्न आयामों के प्रयोग पर भी जोर देना चाहिए।

अतः संक्षेप में हम कह सकते हैं कि NCF-2005 के अनुसार हमारी शिक्षा के मुख्य उद्देश्य समानता, न्याय, स्वतंत्रता, सहभागिता, धर्मनिरपेक्षता, मानव सम्मान और अधिकारों के लिए लोकतांत्रिक मूल्यों के लिए प्रतिबद्धता का निर्माण करना है, तथा साथ ही विचार और कर्म की स्वतंत्रता को बढ़ावा देना, सामाजिक सद्भाव विकसित करना व सौंदर्य की प्रशंसा करने की क्षमता विकसित करना भी है। नवीन परिस्थितियों में लचीलापन व रचनात्मकता के साथ विद्यार्थियों में सीखने की क्षमता को विकसित करना तथा सामाजिक व आर्थिक परिवर्तनों की दिशा में काम करने की क्षमता को विकसित करना भी हमारी शिक्षा प्रणाली के उद्देश्यों में सम्मिलित होना चाहिए।

## शिक्षा पर अन्तर्राष्ट्रीय आयोग-1996
## (International Commission on Education-1996)

जैन्स डेलर की अध्यक्षता में 21वीं शताब्दी के लिए शिक्षा पर अन्तर्राष्ट्रीय आयोग–अधिगम : आन्तरिक खजाना, (International Commission on Education for the 21st century Learning: The Treasure within) तैयार किया गया। यह रिपोर्ट उदीयमान विश्व का तथा आवश्यक तकनीकी, आर्थिक तथा सामाजिक परिवर्तन व इस परिवर्तन से आने वाली बहुत-सी समस्याओं का एक सर्वेक्षण है। यह रिपोर्ट 1996 में प्रस्तुत की गई। आयोग के द्वारा जीवन पर्यन्त अधिगम पर अत्यधिक बल दिया गया। तथा भविष्य में शिक्षा के चार स्तम्भों की विवेचना की गई, ये शिक्षा के चार स्तम्भ किसी भी व्यक्ति के जीवन में महत्वपूर्ण भूमिका निभाते हैं। शिक्षा के ये चार स्तम्भ निम्नलिखित है:

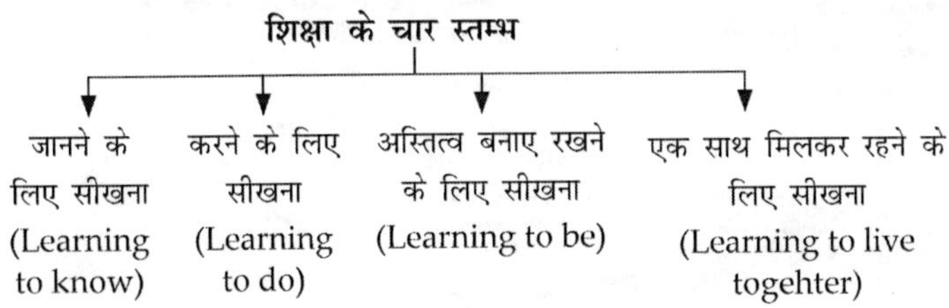


1. *जानने के लिए सीखना (Learning to know)*–शिक्षा के द्वारा जानने के लिए सीखने पर बल दिया जाना चाहिए। जानने के लिए सीखने के उपागमों में एक बड़ी मात्रा में परिवर्तन आ सकते हैं विशेष रूप से तब जब सूचना की प्राप्ति आसान हो जाए। स्वयं के लिए अध्ययन पर भी अधिक बल दिया जाए। हमारा ज्ञान जितना अधिक विस्तृत होगा उतना ही हम अपने वातावरण के विभिन्न पक्षों को अच्छी प्रकार समझ सकते हैं। इस प्रकार अधिगम केवल सूचनाओं की प्राप्ति से नहीं अपितु संप्रत्ययो की अधिक गहन प्रकृत्ति के रूप में होगा जिससे जानने के लिए अधिगम का परिणाम होगा अधिगम के लिए सीखना। इस उद्देश्य को प्राप्त करने के लिए हमें पाठ्यक्रम का पुनःनिर्माण करना होगा।
2. *करने के लिए सीखना (Learning to do)*–यह मूलभूत रूप से व्यवसायिक प्रशिक्षण से सम्बन्धित है। हमें इस प्रकार की शिक्षा को अपनाना चाहिए, जिससे यह भविष्य में आवश्यक विभिन्न प्रकार के कार्यों को करने के लिए लोगों को जानकारी प्रदान कर सकें। इस कमीशन के अनुसार इसके निहितार्थ व्यवसायिक और वृतिक शिक्षा के अतिरिक्त भी है। इस प्रकार

शिक्षा का केन्द्र 'करने के लिए सीखना' होना चाहिए परन्तु केवल व्यवसायिक कौशल प्राप्त करना ही नहीं है अपितु विस्तृत रूप से सामूहिक रूप से कार्य करने में तथा बहुत-सी परिस्थितियों का सामना करने की योग्यता का विकास करना है।

3. *मिलकर रहने के लिए सीखना (Learning of live together)*–शिक्षा पक्षपातपूर्ण व्यवहार को कम करने तथा अन्तःसामूहिक झगड़ों को खत्म करने की महत्वपूर्ण क्षमता रखती है। शिक्षा, एक पृथक जाति-एक विशाल परिवार, विभिन्नता से अधिक समानता जो एक अच्छे जीवन की खोज कर रहा हो; की स्पष्ट छवि प्रस्तुत कर सकती है। यदि वर्तमान युग में व्यक्ति मिलकर रहना सीख जाँएगे, तो क्या संभव परिस्थिति होगी, इसे निम्नलिखित चित्र में दर्शाया गया है:

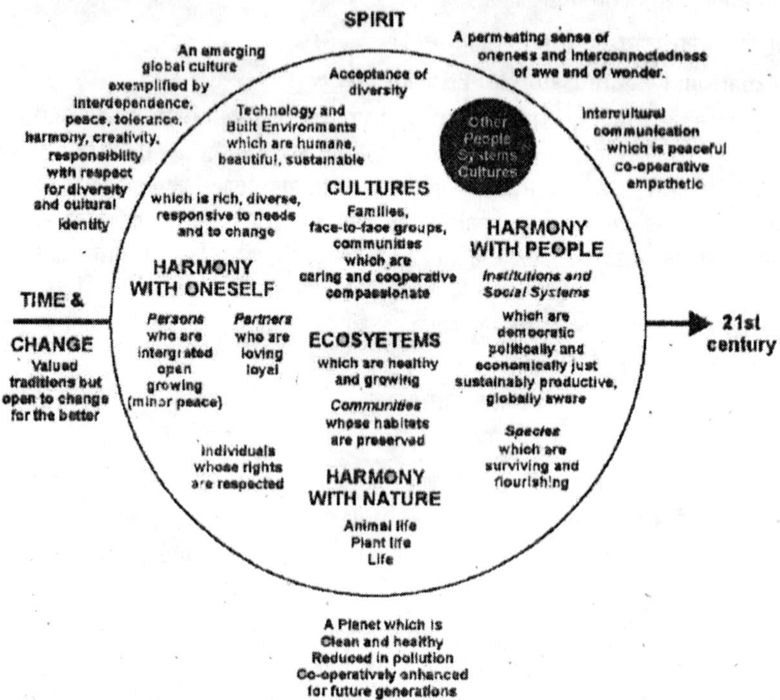


4. *अस्तित्व बनाए रखने के लिए सीखना (Learning to be).*अन्तर्राष्ट्रीय आयोग के अनुसार शिक्षा के द्वारा प्रत्येक व्यक्ति के पूर्ण विकास में योगदान दिया जाना चाहिए-जिसमें मस्तिष्क एवं शरीर, बुद्धि, सौन्दर्यात्मक, प्रशंसात्मक दृष्टिकोण, भावना तथा आध्यात्मिकता आदि शामिल हों। सभी व्यक्तियों को अपनी शल्यावस्था तथा युवावस्था में ऐसी शिक्षा प्राप्त करनी चाहिए जो उन्हें अपना स्वतन्त्र रूप से समीक्षात्मक चिन्तन करने तथा खुद के निर्णय के लिए समर्थ बनने के योग्य बना सकें जिससे वे स्वयं निर्धारित कर सके कि जीवन की विभिन्न परिस्थितियों में उनकी समझ से उन्हें क्या करना चाहिए।

अतः इन चारों स्तम्भों को एक व्यक्ति के जीवन के एक पक्ष में या एक ही स्थान से प्राप्त नहीं किया जा सकता। आज इस बात को सोचने की आवश्यकता है कि विद्यार्थी के जीवन में कब शिक्षा प्रदान की जानी चाहिए और वे कौन से क्षेत्र है जिन्हें शिक्षा के अन्तर्गत शामिल किया

जाना चाहिए। 'समय व क्षेत्र एक दूसरे के पूरक होने चाहिए तथा इस प्रकार अन्त:सम्बन्धित होने चाहिए कि सभी व्यक्ति अपने सम्पूर्ण जीवन में अपने विशिष्ट शैक्षिक वातावरण से अधिक से अधिक ज्ञान प्राप्त कर सकें।' यदि हमें अस्तित्व बनाए रखने के अधिगम की जानकारी होगी, तो संभावना है कि हम अमानवीय बनाए जाने या मानव दासों के रूप में शोषित किए जाने से स्वयं को बचा सकें और व्यक्तियों या समूहों के उन विचारधाराओं का दृढ़ता से विरोध कर सकें जो मानव जाति के लिए विनाशकारी है या अल्पसंख्यक वर्ग के विरूद्ध हैं।

## राष्ट्रीय शिक्षा नीति 2020 के अनुसार शिक्षा के उद्देश्य (Aims of Education as per NEP-2020)

राष्ट्रीय शिक्षा नीति 2020, 21वीं शताब्दी की पहली शिक्षा नीति है जिसका लक्ष्य हमारे देश के विकास के लिए अनिवार्य आवश्यकताओं को पूरा करना है। यह शिक्षा नीति भारत की परंपरा और संस्कृति को कायम रखते हुए, 21वीं सदी की शिक्षा के लिए वांछनीय लक्ष्यों, जिनमें एसडीजी (Sustainable Development Goal) 4 शामिल है, के संयोजन में शिक्षा व्यवस्था, उसके नियमन और संचालन सहित, सभी पक्षों के सुधार और पुनर्गठन का प्रस्ताव रखती है। यह नीति मुख्य रूप से इस सिंद्वात पर आधारित है कि शिक्षण के द्वारा बुनियादी क्षमताओं का विकास करने के साथ-साथ 'उच्चतर स्तर' की तार्किक और समस्या-समाधान सम्बन्धी संख्तानात्मक क्षमताओं का विकास होना चाहिए तथा साथ ही संपूर्ण व्यक्तित्व के प्रत्येक पक्ष का विकास भी आवश्यक होना चाहिए। इसके मुख्य आधार स्तम्भ है-

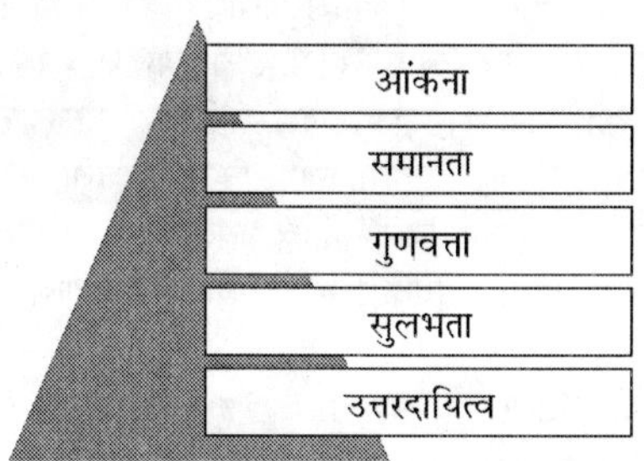


**राष्ट्रीय शिक्षा नीति 2020 के स्तम्भ**

राष्ट्रीय शिक्षा नीति 2020 का मूल है भारतीय मूल्यों से पूरिपूर्ण एक ऐसी शिक्षा प्रणाली जो गुणवत्ता से भरपूर हो और भारत को वैश्विक ज्ञान महाशक्ति बनाकर भारत के समाज को बदलने में भी अपना प्रत्यक्ष योगदान दे। राष्ट्रीय शिक्षा नीति का दृष्टिकोण है कि विद्यार्थियों में भारतीय होने का गर्व विचारों में ही नहीं बल्कि व्यवहार, बुद्धि, कार्यो के साथ ज्ञान, कौशल, मूल्यों और सोच में भी होना चाहिए। जिससे मानवाधिकारी, स्थायी विकास और जीवनयापन तथा वैश्विक कल्याण के प्रति प्रतिबद्ध हो, जो उन्हें सही अर्थों में वैश्विक नागरिक बना सके। राष्ट्रीय शिक्षा नीति 2020 के अनुसार शिक्षा के निम्नलिखित उद्देश्य हैं:

1. *प्रारंभिक बाल्यावस्था की देखभाल (Early childhood care)*–यह माना जाता है कि बच्चों के मस्तिष्क का 85 प्रतिशत विकास 6 वर्ष की अवस्था से पूर्व ही हो जाता है। उसके उचित शारीरिक व मानसिक विकास के लिए आंरभिक 6 वर्ष महत्वपूर्ण होते है। समकालीन भारतीय समाज में सामाजिक व आर्थिक दृष्टि से वंचित करोड़ों बच्चों के लिए गुणवत्ता से भरपूर शिक्षा की व्यवस्था नहीं है। इसलिए NEP-2020 का प्रमुख उद्देश्य है प्रांरभिक बाल्यावस्था विकास, देखभाल के लिए गुणवत्तापूर्ण शिक्षा के सार्वभौमिक प्रावधान किए जाएं। ECCE का समग्र उद्देश्य बच्चों का

शारीरिक–भौतिक विकास, संज्ञानात्मक विकास, सामाजिक, संवेगात्मक, नैतिक विकास, सांस्कृतिक विकास, सवांद के लिए प्रांरभिक भाषा, साक्षरता और संख्यात्मक ज्ञान के विकास में अधिकतम परिणामों को प्राप्त करना है। इसके लिए चरणबद्ध तरीके से पूरे देश में उच्चतर गुणवत्ता वाले ECCE संस्थाओं के लिए पहुँच सुनिश्चित करना एक व्यापक उद्देश्य होगा।

2. *प्रत्येक व्यक्ति की रचनात्मक क्षमता का विकास करना (Development of the creative potential of each individual)*–शिक्षा का प्रमुख उद्देश्य सिर्फ बुनियादी ज्ञान प्रदान करना नहीं है बल्कि व्यक्ति के अदंर रचनात्मक और तार्किक निर्णय लेने की क्षमता का भी विकास करना है। यह तभी संभव है जब हमारी शिक्षा प्रणाली बच्चों के स्वतंत्र चितंन को बढ़ावा दे तथा उन्हें शिक्षा के द्वारा समस्या समाधान व खोज करने के अवसर प्रदान कराए जाएँ।
3. *प्रत्येक विद्यार्थी का समग्र विकास करना (Holistic development of each student)* –समकालीन शिक्षा का उद्देश्य केवल सज्ञांनात्मक ज्ञान प्रदान करना नहीं है बल्कि उनके चरित्र का निर्माण व 21वीं शताब्दी के लिए आवश्यक कौशलों का विकास करना भी है। प्राथमिक शिक्षा से लेकर उच्च शिक्षा तक प्रत्येक स्तर पर एकीकरण के लिए विभिन्न क्षेत्रों में विशिष्ट कौशलों और मूल्यों की पहचान की जाएगी। पाठ्यचर्या और नए शिक्षाशास्त्र के सभी पहलुओं के द्वारा शिक्षण–अधिगम प्रक्रिया में इन कौशलों और मूल्यों को विद्यार्थियों के अदंर समाहित किया जाएगा ताकि विद्यार्थियों का समग्र विकास सुनिश्चित हो सके।
4. *बहु–विषयक ज्ञान प्रदान करना (To provide the multi disciplinary knowledge)* –विद्यार्थियों में हमें रचनात्मकता का विकास तथा उनका समग्र विकास करना है तो उसको सिर्फ बहु–विषयक ज्ञान के साथ जोड़कर प्राप्त किया जा सकता है क्योंकि बहु–विषयक शिक्षा के द्वारा मनुष्य की सभी क्षमताओं जैसे–बौद्धिक, सौन्दर्यात्मक, सामाजिक, शारीरिक, भावात्मक तथा नैतिक को एकीकृत किया जा सकता है तथा बहु–विषयक शिक्षा विद्यार्थियों के अदंर 21वीं शताब्दी के प्रमुख तकनीकी व व्यवहारिक कौशलों की क्षमता को बढ़ाने में मदद करेगी। इस शिक्षा के द्वारा पाठ्यक्रम में विषयों के रचनात्मक सयोंजन को लचीलापन व कल्पनाशील बनाने में मदद मिलेगी तथा कठोर अनुशासनात्मक सीमाओं को हटाकर आजीवन सीखने की सभांवनों को बढ़ावा भी मिलेगा।
5. *वैचारिक समझ को बढ़ावा देना (Emphasis on conceptual understanding)*–शिक्षा का एक प्रमुख उद्देश्य रटन्त प्रणाली को समाप्त कर विद्यार्थियों में वैचारिक समझ को बढ़ावा देना है, क्योंकि रटन्त प्रणाली से रचनात्मकता के सभी दरवाजे बंद हो जाते हैं तथा हम मौलिकता से दूर हो जाते हैं। रचनात्मकता और वैचारिक समझ तार्किक निर्णय लेने और नवाचार को प्रोत्साहित करती हैं। इसलिए इस प्रकार की पाठ्यचर्या का निर्माण किया जाए जो रटन्त प्रणाली को समाप्त कर सके।
6. *नैतिकता, मानवता तथा संवैधानिक मूल्यों का विकास करना (Development of ethics, humanity and constitutional values)*– शिक्षा का प्रमुख उद्देश्य विद्यार्थियों में नैतिकता, मानवीय तथा संवैधानिक मूल्यों जैसे, सहानुभूति, दूसरों के लिए सम्मान, स्वच्छता, शिष्टाचार, लोकतांत्रिक भावना, सेवा की भावना, सार्वजनिक संपत्ति के लिए सम्मान, वैज्ञानिक चिंतन, स्वतत्रंता, उत्तरदायित्व की भावना, बहुलतावाद, समानता और न्याय का विकास करना है ताकि वे देश के विकास में अपनी भागीदारी सुनिश्चित कर सकें।
7. *जीवन कौशलों का विकास करना (Development of life-Skills)*– विद्यार्थियों के अदंर महत्वपूर्ण जीवन कौशलों का निर्माण करना समकालीन समाज की महत्वपूर्ण आवश्यकता है क्योंकि ये कौशल उन्हें विभिन्न परिस्थितियों में समायोजित करने में मददगार होते हैं। इसलिए आपसी संवाद, सहयोग और सामूहिक कार्य के द्वारा उनके अंदर इन्हें विकसित किया जा सकता है।

8. *सूचना व संप्रेक्षण तकनीकी का व्यापक प्रयोग करना (Extensive use of ICT)*–नई शिक्षा नीति–2020 ने अपना महत्त्वपूर्ण ध्यान सूचना व संप्रेषण तकनीकी के विस्तार पर भी केंद्रित किया हैं क्योंकि वर्तमान और भावी चुनौतियों का सामना करने के लिए आईसीटी के प्रयोग को विस्तारित करना आवश्यक है इसलिए डिजिटल इंडिया जैसे कार्यक्रमों के द्वारा डिजिटल पहुँच का विस्तार करना, डिजिटल सामग्री को विभिन्न भाषाओं में उपलब्ध कराना, वर्चुअल लैब्स की सुविधा प्रदान करना तथा आईसीटी का प्रशिक्षण शिक्षकों को प्रदान करना आदि हमारी नई शिक्षा के प्रमुख उद्देश्यों में से एक है।
9. *पूर्ण समानता और समावेश प्रदान करना (Provide full equality and inclusion)*–शिक्षा, सामाजिक न्याय और समानता प्राप्त करने का एकमात्र और सबसे प्रभावी साधन है। समानता व समावेशन न केवल एक लक्ष्य है बल्कि यह एक समतामूलक और समावेशी समाज निर्माण के लिए भी अनिवार्य कदम है। नई शिक्षा नीति 2020 ऐसे लक्ष्यों को लेकर आगे बढ़ती है जिससे देश के किसी भी बच्चे के सीखने और आगे बढ़ने के अवसरों में उसकी जन्म या पृष्ठभूमि संबंधित परिस्थितियाँ बाधक न बन पायें। यह नीति इस बात की पुष्टि करती है कि स्कूल शिक्षा में पहुँच, सहभागिता और अधिगम परिणामों में सामाजिक श्रेणी के अंतरालों को दूर करना सभी शिक्षा क्षेत्र विकास कार्यक्रमों का मुख्य उद्देश्य होगा।
10. *स्वदेशी ज्ञान का विकास (Development of Indigenous knowledge)*–भारतीय जड़ों और गौरव से बंधे रहना और जहाँ प्रासंगिक लगे वहाँ भारत की समृद्ध और विविध प्राचीन और आधुनिक संस्कृति और ज्ञान प्रषालियों और परंपराओं को शामिल करना और उससे प्रेरणा पाना भी हमारी शिक्षा का एक प्रमुख उद्देश्य है, जिससे हम अपने स्वदेशी ज्ञान को वैश्विक स्तर पर नई ऊँचाइयों पर लेकर जा सकते हैं।
11. *संस्कृति, कला और भाषाओं का विकास (Development of culture, art and lauguages)*–भारतीय कला और सस्ंकृति का संवर्धन न केवल राष्ट्र के लिए बल्कि व्यक्ति के लिए भी महत्वपूर्ण है। भाषाएँ स्वयं अपने अंदर साहित्य, सांस्कृतिक परपराओं और भारतीय ज्ञान को सँज़ोए हुए है इसलिए इसके विकास के बिना हमारी शिक्षा अधूरी है। कला व सांस्कृतिक जागरूकता से विद्यार्थियों के अंदर विभिन्न संस्कृतियों की पहचान, उनके लिए सम्मान की भावना का विकास होगा तथा यह विद्यार्थियों को उनकी समृद्ध सांस्कृतिक इतिहास, कला व भाषा और परंपराओं से भी परिचित कराने में मददगार होगी। भारत में सभी भाषाओं, और उनसे सम्बन्धित कला और संस्कृति को एक वेब–आधारित पोर्टल/विकिपीडिया के माध्यम से प्रलेखित करने का प्रयास किया जाएगा ताकि लुप्तप्राय हो चुकी भाषाओं और कला को संरक्षित किया जा सके। इसके अन्तर्गत निम्नलिखित क्षेत्र सम्मिलित होगें–

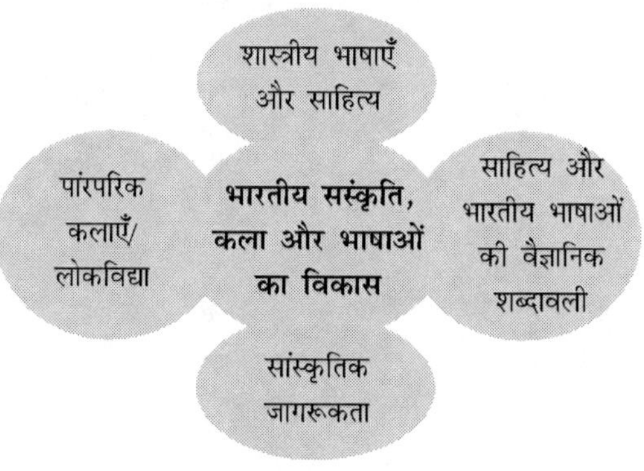

12. *कौशल शिक्षा का विकास (Development of skill education)*– छात्रों में वर्तमान व भावी परिस्थितियों में समायोजन के लिए आवश्यक कौशलों का शिक्षण प्रदान करना शिक्षा का प्रमुख उद्देश्य होगा क्योंकि इसके अतंर्गत विद्यार्थियों को विभिन्न स्तरों पर समकालीन विषयों जैसे आर्टिफिशिल इंटेलीजेंस, पर्यावरण शिक्षा, जैविक जीवन, स्वास्थ्य, विश्व नागरिकता की शिक्षा व कम्प्यूटर कोडिंग की शिक्षा प्रदान की जाएगी।

अत: नई शिक्षा नीति 2020 के अनुसार शैक्षिक प्रणाली का उद्देश्य अच्छे इंसानों का विकास करना है जो तर्कसंगत विचार और कार्य करने में सक्षम हो, जिनमें करूणा और सहानुभूति हो, साहस और लचीलापन, वैज्ञानिक चिंतन और रचनात्मकता तथा नैतिक मूल्य उसका आधार हो। इस नीति का उद्देश्य ऐसे उत्पादक व्यक्तियों का निर्माण करना है जो अपने संविधान द्वारा परिकल्पित, समावेशी और बहुलवादी समाज के निर्माण में बेहतर तरीके से अपना योगदान दे सकें। इस शिक्षा नीति ने अपने शिक्षा के उद्देश्यों में भारत की समृद्ध विविधता और सस्ंकृति के प्रति सम्मान रखते हुए देश की स्थानीय और वैश्विक सदंर्भ में आवश्यकताओं का पूर्ण रूप से ध्यान रखा है।

इस प्रकार विभिन्न आयोगों द्वारा सुझाए गए शिक्षा के उद्देश्यों ने आधुनिक भारत में मूल्यवान योगदान दिया है। यदि हम आयोगों की सिफारिशों को ईमानदारी से लागू करें तो हम निश्चित रूप से भारतीय जनता को उनके मानसिक, नैतिक, सामाजिक, आर्थिक, बौद्धिक तथा राजनैतिक विकास की ओर ले जायेंगे। अत: शिक्षा के उद्देश्य समाज में प्रचलित अवस्थाओं के अनुसार समय-समय पर परिवर्तित होते रहते हैं। किसी विशेष समय या युग में शिक्षा के उद्देश्य कुछ भी हों, वे लोगों की आवश्यकताओं, आकांक्षाओं तथा जीवन से सम्बन्धित होने चाहिए।

# 4. शिक्षा के ज्ञान मीमांसा रूपी आधार
## (Epistemological Basis of Education)

*"Epistemology is the theory of knowledge, especially with regard to its methods, validity and scope, and the distinction between justified belief and opinion."*

दर्शनशास्त्र की एक महत्वपूर्ण शाखा है ज्ञान मीमांसा। इसके लिए एक विशेष अंग्रेजी का शब्द 'एपिस्टमोलोजी' का प्रयोग किया जाता है, जो ग्रीक शब्द एपिस्टिमे (Episteme) (जिसका अर्थ है 'ज्ञान') और लोगोस (Logos) (जिसका अर्थ है 'विज्ञान',) से लिया गया है। अतः एपिस्टमोलोजी का अर्थ हुआ ज्ञान का विज्ञान या ज्ञान का सिद्धांत। यह एक सार्वभौमिक तत्व के रूप में ज्ञान से संबंधित है और इसका उद्देश्य इस बात की खोज करना है कि जानने की प्रक्रिया में क्या शामिल होता है। इसमें ज्ञान की विवेचना या ज्ञान की मीमांसा की जाती है। इसमें मुख्य रूप से तीन प्रश्न सम्मिलित रहते हैं–

- ज्ञान के स्त्रोत क्या है? वास्तविक ज्ञान कहाँ से आता है अथवा हम उसे कैसे जानते है? यह प्रश्न ज्ञान की उत्पत्ति से संबंधित है।
- ज्ञान का स्वरूप क्या है? क्या मन के बाहर कोई वास्तविक संसार है, और यदि ऐसा है तो क्या हम इसे जान सकते है? यह प्रश्न सत् (Reality) का है।
- क्या हमारा ज्ञान वैध या प्रमाणिक है? किस प्रकार हम सत्य व भ्रम में भेद करते है? यह प्रश्न सत्य की कसौटी है अर्थात् सत्य की सत्यता से सबंधित है।

इस प्रकार ज्ञान मीमांसा के अंतर्गत तीन समस्याओं का अध्ययन किया जाता है–ज्ञान की उत्पत्ति, ज्ञान का स्वरूप तथा ज्ञान की सत्यता की कसौटी। ज्ञान मीमांसा का प्रमुख सम्बन्ध ज्ञान की प्रकृति के दार्शनिक विश्लेषण से है और यह किस प्रकार सत्य, विश्वास और सत्यता आदि संप्रत्ययों से सम्बन्धित है।

ज्ञान-मीमांसा का लक्ष्य ज्ञान, ज्ञाता और ज्ञेय की संबंध की व्याख्या करना है। विभिन्न दार्शनिकों ने अपने-अपने दार्शनिक विचारों के आधार पर चिंतन किया किन्तु कोई सर्वमान्य अवधारणा विकसित नहीं हो सकी। इस कारण सभी दार्शनिक ज्ञान का अस्तित्व तो स्वीकारते हैं परंतु इसके प्रति संदेह भी रखते हैं। इसमें निम्नलिखित स्वीकृतियाँ निहित है–

- ज्ञान से ज्ञाता अनजान हो सकता है, किन्तु ज्ञान का अस्तित्व है।
- ज्ञान एक से अधिक ज्ञाताओं के संसर्ग का फल है।
- ज्ञान का विषय ज्ञान से अलग है।

प्रत्येक धारणा अपने मत को सत्य एवं प्रमाणिक स्वीकार करती है, परन्तु ज्ञान-मीमांसा प्रमाणों के बिना इसे स्वीकार नहीं करती है। ज्ञान-मीमांसा दार्शनिक विवेचन में कुछ प्रश्न निहित हैं:

- ज्ञान क्या है?
- ज्ञान प्राप्त किया जा सकता है या नहीं?
- मानव कैसे ज्ञान प्राप्त करता है?

- मानव ज्ञान की सीमाएं क्या हैं?

अब हम सबसे पहले प्रश्न पर विचार करेंगे कि ज्ञान क्या हैं।

## ज्ञान क्या है? (What is Knowledge?)

लॉक (Locke) के अनुसार, दर्शन वस्तुओं का सत्य ज्ञान है जिसमें वस्तुओं की प्रकृति (भौतिक विज्ञान) सम्मिलित है, जिसे मनुष्य को एक तर्कपूर्ण ऐच्छिक एजेण्ट के रूप में करना चाहिए (कार्य) और ऐसे ज्ञान को प्राप्त करने के तथा संप्रेषण के ढंग तथा विधियाँ हैं (तर्क)।

हमारा संपूर्ण ज्ञान अनुभवों से प्राप्त तथा अनुभवों पर ही आधारित है। विचार प्राप्त करने के मुख्य रूप से दो साधन माने जाते हैं, पहला है इन्द्रियानुभव जिसमें इन्द्रियों की सहायता से मन ज्ञान से भरपूर होता है और दूसरा प्रतिबिम्ब, या आंतरिक इन्द्रियानुभव, जो स्वयं की क्रियाओं से विचारों को मस्तिष्क तक पहुँचाता है, जैसे–ग्रहण करना, विचार करना, संदेह करना, विश्वास करना, तर्क करना, जानना, इच्छा करना।

वे बहुत कुछ जानते हैं जो यह जानते हैं कि सीखना कैसे है।

सारा ज्ञान याद करने के अतिरिक्त कुछ नहीं है। सारा ज्ञान जो हम नाशवान प्राप्त करते हैं वास्तव में सकारात्मक ज्ञान नहीं है अपितु तुलनात्मक ज्ञान है तथा जिसमें गलती होने की संभावना बनी रहती है।

प्रमुख रूप से चार प्रकार के व्यक्ति पाए जाते हैं–

1. वह जो नहीं जानता है और न ही यह जानता है कि वह नहीं जानता; वह मूर्ख है–उसे त्याग दो।
2. वह जो नहीं जानता तथा यह जानता है कि वह नहीं जानता; वह साधारण है–उसे सिखाओ।
3. वह जो जानता है और नहीं जानता है कि वह जानता है; वह सुसुप्त है–उसे जगाओ।
4. वह जो जानता है और यह भी जानता है कि वह जानता है; वह बुद्धिमान है–उसका अनुगमन करो।

प्रत्येक व्यक्ति जानने की इच्छा रखता है, परंतु उसमें से पहला आधा वह रुचि के लिए तथा दूसरा आधा दिखाने के लिए जानना चाहता है। यदि एक व्यक्ति अपने अनुभवों तथा प्रेक्षण के आधार पर विश्व को नहीं जानता तो उसका ज्ञान अधूरा है और वह अपने समूह में स्वीकृत नहीं होता। वह बहुत अच्छी वस्तुओं के बारे में कुछ कह सकता है, परंतु वे शायद इतने समय के अनुकूल नहीं होगी, सही स्थान पर नहीं कही जाएगी तथा इतने अनुचित ढंग से कही जाएगी कि इससे अच्छा होगा कि वह अपनी जुबान पर काबू रखे।

विश्व में लोगों को तीन वर्गों में बांटा गया है–पहले वे जो अपने अनुभवों के आधार पर सीखते हैं–वे बुद्धिमान होते हैं; दूसरे वे जो दूसरों के अनुभवों से सीखते हैं-वे खुशहाल होते हैं; तीसरे वे जो न तो अपने अनुभवों से ही और न ही दूसरों के अनुभवों से सीखते हैं–वे मूर्ख होते हैं।

ली (Lee) का यह मानना है कि

> *''ज्ञान सामान्य बुद्धि के बिना अज्ञानता है; विधि के बिना यह व्यर्थ है, दयालुता के बिना यह अनुपयोगी है, धर्म के बिना यह मृत्यु है। परंतु सामान्य बुद्धि के साथ यह बुद्धिमता है; विधि से यह शक्ति है; दया से, यह लाभकारी (उपयोगी) है; धर्म से यह गुण, जीवन तथा शक्ति है।''*
> *("Knowledge without common sense, says Lee, "is truly; without method it is waste; without kindness it is fanaticism; without religion it is death. But with common sense it is wisdom; with method it is power; with charity it is beneficence; with religion it is virtue, life and peace.")*

स्पेंसर का यह विश्वास है कि ज्ञान विचारों की एकीकृत पूर्ण प्रणाली है। सामान्य व्यक्ति का ज्ञान एकीकृत नहीं होता, असम्बन्धित तथा सुसंगत नहीं होता जिसका अभिप्राय यह है कि विभिन्न भाग एक-दूसरे के साथ जुड़े हुए नहीं होते। विज्ञान हमें एकीकृत ज्ञान का कुछ ही भाग प्रदान करता है। दर्शनशास्त्र स्वयं में एक संपूर्ण, एकीकृत ज्ञान है, एक संगठित प्रणाली है, इसका कार्य उच्च सत्य की खोज करना है जिसके परिणामस्वरूप यान्त्रिकी, भौतिक विज्ञान, जीव विज्ञान, सामाजिक विज्ञान तथा नीतिशास्त्र के सिद्धांतों की खोज करना है।

होबस (Hobbes) के शब्दों में "ज्ञान शक्ति है।" ("Knowledge is power.") इस ज्ञान में जो कुछ भी वृद्धि होती है वह मानव शक्ति में वृद्धि है। सामान्यतया ज्ञान शब्द का प्रयोग तीन अर्थों में किया जाता है–

1. *परिचय (Acquaintance)*–जब हम किसी व्यक्ति से परिचित हैं तो माना कि हम उस व्यक्ति के बारे में ज्ञान रखते हैं। परंतु केवल परिचय द्वारा प्राप्त सूचना संपूर्ण ज्ञान से संबंधित नहीं है। यदि हम किसी व्यक्ति के बारे में जानना चाहते हैं, तो हम अन्य स्त्रोतों से उसके बारे में जान सकते हैं। जैसे यदि हम महात्मा गाँधी या जवाहर लाल नेहरू के बारे में जानना चाहते हैं तो उनसे परिचित हुए बिना उन पर लिखी पुस्तकों को पढ़कर उनके बारे में उनसे अधिक जान सकते हैं, जो उससे परिचित हैं।
2. *कार्य करने की योग्यता (Ability to do something)*–कभी-कभी ज्ञान शब्द का प्रयोग कार्य करने की योग्यता के रूप में लिया जाता है। जैसे एक अध्यापक पढ़ाता है, बत्तख तैरती है। योग्यता शब्द से अभिप्राय है किसी काम को करने की कुशलता।
3. *प्रतिज्ञप्ति ज्ञान (Propositional Knowledge)*–यह अर्थ दर्शनशास्त्र के क्षेत्र में महत्त्वपूर्ण है। जब हम कहते हैं कि हम जानते हैं तो इसका अर्थ है, हम कुछ जानते हैं, जैसे मैं पढ़ाना जानती हूँ, हमारी मातृभाषा हिन्दी है, यह प्रतिज्ञप्ति ज्ञान है।

**आधा ज्ञान अज्ञानता से भी बुरा है**

**ज्ञान कदम से कदम आगे बढ़ता है, कुदानो/उछालों से नहीं।**

अतः मनुष्य के लिए ज्ञान बहुत महत्त्वपूर्ण है। आधुनिक काल में ज्ञान का बहुत अधिक विस्फोट हो रहा है। ज्ञान की कोई सीमा नहीं है। यह स्वयं में संपूर्ण है। इस पृथ्वी पर रहते हुए कोई भी व्यक्ति यह नहीं कह सकता कि वह सब कुछ जानता है। सब कुछ जानना महत्त्वपूर्ण नहीं है जितना कि प्रत्येक वस्तु के उचित मूल्य के बारें में जानना, जो हम सीखते हैं उसकी प्रशंसा करना, जो हम जानते हैं उसका उचित ढंग से संगठन करना। आज वास्तविक वैज्ञानिक यह महसूस करता है कि ज्ञान का समुद्र विस्तृत तथा असीमित है।

हमारे लिए यह अनुभव करना आवश्यक है कि विश्व में ज्ञान में वृद्धि से अभिप्राय यह नहीं कि यह हमे अधिक अच्छा या बुद्धिमान बनाती है। इससे पहले कि हम इस ज्ञान से पूर्ण लाभ उठा सकें, हमारे लिए यह जानना आवश्यक है कि हम इस ज्ञान का उचित प्रयोग कैसे करें। जब तक हम अपनी शक्तिशाली कार मे भागें तो उससे पहले हमें चलना आना चाहिए। हमें अपने जीवन के लक्ष्यों तथा उद्देश्यों का ज्ञान होना चाहिए। आज के समय में अधिकतर लोग इस बारे में कोई ज्ञान नहीं रखते और न ही यह सब जानने के लिए उन्हें कोई चिन्ता रहती है। आज का युग विज्ञान का युग है। प्रत्येक वस्तु परिवर्तित हो रही है तथा तर्क से संबंधित है। परंतु विचार जिसके अनुसार मनुष्य कार्य करता है तथा क्रियाएँ जो वह करता है, उनका संबंध बहुत पुरातनकाल से है। यह प्राकृतिक है कि समस्याएँ तथा मुश्किलें आनी चाहिए। एक चतुर बंदर कार चलाना सीख सकता है, परंतु वह कठिनता से ही एक सुरक्षित ड्राइवर हो सकता है।

आधुनिक ज्ञान आश्चर्यजनक रूप से बहुत विस्तृत तथा विशाल है। ज्ञान का क्षेत्र इतना विस्तृत है कि प्रत्येक कार्यकर्त्ता को अपने-अपने क्षेत्र में विशिष्टता प्राप्त करनी पड़ती हैं। प्राय: एक व्यक्ति ज्ञान के अन्य विभागों से परिचित नहीं होता, जिसके परिणामस्वरूप उसे यद्यपि ज्ञान की कुछ शाखाओं का ज्ञान होता है, तथा अन्य के बारे में वह अज्ञान होता है। मानवीय क्रिया के संपूर्ण क्षेत्र के बारे में बुद्धिमतापूर्ण विचारधारा रखना उसके लिए कठिन होता है।

बुद्धिमान मनुष्य यह महसूस करता है कि वह कितना कम जानता है, वह मनुष्य मूर्ख होता है जो कल्पना करता है कि वह सब कुछ जानता है।

चीन की तरह भारत में भी अधिगम तथा विद्वता को सबसे उच्च स्थान प्रदान किया जाता है क्योंकि उच्च ज्ञान अधिगम से ही प्राप्त होता है। बुद्धिमान व्यक्ति के समक्ष सभी शासक तथा ख्याति प्राप्त योद्धा अपना सिर झुकाते हैं।

**ज्ञान के रूप (Forms of Knowledge)**

ज्ञान के अंतर्गत मुख्य रूप से तीन बातें आती है, जो परस्पर अंत: निर्भर तथा अंत: सम्बन्धित है–सूचना, जानना तथा बुद्धिमता।

1. *सूचना (Information)*–एक व्यक्ति अन्य व्यक्ति, वस्तु, स्थान, घटना या मानव जीवन से सम्बन्धित किसी भी तथ्य के बारे में सूचना रख सकता है। यह ज्ञान का निम्न स्तर है। क्योंकि सूचनाओं को एकत्र करना तथा फिर दूसरों को सूचित करना, यह कार्य अशिक्षित व्यक्ति के लिए भी संभव है। यह मानसिक विकास की प्रक्रिया से सम्बन्धित नहीं है। यह मात्रात्मक तथा गुणात्मक या दोनों तरह का भी हो सकता है।
2. *जानना* (Knowing)–जानना ज्ञान का वह स्वरूप है जिसके द्वारा हम स्थूल और सूक्ष्म की जानकारी प्राप्त करते हुए तथ्यों को अर्थपूर्ण स्तर प्रदान करते हैं। विभिन्न शब्दों को हम अर्थ प्रदान करते हैं। यह वास्तविकता तथा सच्चाई को दर्शाता है। इसमें मानसिक परिवर्तन शामिल होता है। इस प्रक्रिया में मन का विकास होता है। यह मध्यम श्रेणी का ज्ञान है।
3. *बुद्धिमता (Wisdom)*–बुद्धिमता का सम्बन्ध मनुष्य के वास्तविक अनुभवों से है जो जीवन तथा संसार से सम्बन्धित है। यह सूचना तथा जानने पर आधारित होती है।

   *''प्रत्येक स्त्रोत-एक मदोन्मत व्यक्ति, मिट्टी के एक पात्र से, एक मूर्ख व्यक्ति से, सर्दी से ठिठुरते व्यक्ति या एक पुराने जूते से अधिगम तथा ज्ञान प्राप्त करना बुद्धिमता है।''*
   *("It is wise to get knowledge and learning from every source—from a sot, a pot, a fool, a winter—mitten or an old slipper.")* –राबिलाइस (Rabelais)

   *''ज्ञान वर्णन करता है, बुद्धिमता प्रयोग करती है।''*
   *("Knowledge describes, wisdom applies")* –क्वार्लस (Quarles)

मानव मस्तिष्क शरीर में केवल एक विचार ही उत्पन्न नहीं करता है, अपितु यह अपनी क्रियाओं के प्रति सचेत भी होता है। यह ज्ञान का सबसे उच्च स्तर है।

ज्ञान आता है, परंतु बुद्धिमता लंबे समय तक रहती है।

स्पीनोजा (Spinoza) ने ज्ञान के प्रमुख तीन स्तरों का वर्णन किया है–

1. अपर्याप्त विचारों का स्त्रोत कल्पना है; यह हमारे इन्द्रियों पर निर्भर करते हैं, जिसकी मुख्य वस्तु शरीर में परिवर्तन है। ऐसे अनुभव जिनकी कोई आलोचना नहीं होती तथा केवल विचार उचित ज्ञान प्रदान नहीं करते।
2. हमारे पास पर्याप्त ज्ञान, स्पष्ट विभेदीकृत विचार, तर्कपूर्ण ज्ञान भी होता है। तर्क वस्तुओं को वैसा देखते हैं जैसी वह है, उनमें आवश्यक सम्बन्ध जानते हैं, उन्हें शाश्वत के प्रारूप में याद

करते हैं। यह वस्तुओं के सार्वभौमिक स्वरूप को देखते हैं, उनको भगवान के अस्तित्व के सम्बन्ध में समझते हैं; यह ज्ञान स्वयं सिद्ध किया हुआ होता है।

3. यह पर्याप्त विचारों से भगवान के विशेष गुणों की जानकारी को वस्तुनिष्ठता प्रदान करने की ओर चलता है। इसके द्वारा प्रत्येक वस्तु को आवश्यक रूप से भगवान तक ही जाते हुए समझा जाता है। यह ज्ञान का उच्च स्वरूप है। यह हमें सही तथा गलत में भेद करने के योग्य बनाता है।

## ज्ञान की विशेषताएँ (Characteristics of Knowledge)

1. ज्ञान धन की तरह है; जितना एक मनुष्य को प्राप्त होता है, वह उतना ही ज्यादा पाने की इच्छा करता है।
2. ज्ञान सत्य तक पहुँचने का साधन है।
3. धर्म की भांति ज्ञान को भी जानने के लिए अनुभव करने चाहिए।
4. ज्ञान प्रेम तथा मानव स्वतंत्रता के सिद्धांतों का ही आधार है।
5. एक बार प्राप्त किया गया ज्ञान अपनी ही सीमाओं से परे रोशनी प्रदान करता है।
6. तथ्य और मूल्य ज्ञान के ढांचे का आधार बनते हैं।
7. ज्ञान कदम से कदम चलता है, उछलता नहीं है।
8. ज्ञान कभी भी समाप्त नहीं होता।
9. सूचना ज्ञान का स्त्रोत है।
10. ज्ञान शक्ति है।
11. ज्ञान प्रदान करने के लिए विद्यमान रहता है।
12. ज्ञान समय का परिणाम है।
13. ज्ञान की कोई सीमा नहीं है।
14. ज्ञान तीन वस्तुओं को ओर संकेत करता है–सत्य, सिद्ध, और अनुभव

अतः ज्ञान की इच्छा, अमीरों की प्यास के समान है जो प्राप्त करने के साथ-साथ बढ़ती जाती है। इस जीवन में स्वास्थ्य तथा गुणों के पश्चात् सबसे आवश्यक ज्ञान है। ज्ञान के बीजों को एकांतवास में रोपित किया जा सकता है, परंतु इनकी उन्नति सार्वजनिक रूप से ही होनी चाहिए।

## ज्ञान के प्रकार (Types of Knowlege)

ज्ञान सदा निर्णय के रूप में प्रदर्शित होता है जिसके अंतर्गत किसी भी तथ्य को स्वीकृत किया जाता है या नकारा जाता है परंतु यह आवश्यक नहीं कि प्रत्येक निर्णय ज्ञान हो। विस्तृत दृष्टिकोण में ज्ञान दो प्रकार का होता है:

1. *प्रागुनभाविक ज्ञान (A priori knowledge)*–कुछ ऐसे निर्णय भी होते हैं जिन पर एक क्षण के लिए भी संदेह नहीं किया जा सकता। ये भौतिक शास्त्र के आधारभूत सिद्धांतों तथा गणित में पाए जाते हैं। ऐसे ज्ञान का अस्तित्व तत्व-मीमांसा में होता है। इसमें कोई भी निर्णय ऐसा नहीं होता, जिसमें मन कारक तथा प्रभाव के सम्बन्ध को न जाने। ज्ञान बनने के लिए, एक संश्लेषणात्मक निर्णय अवश्य होना चाहिए तथा वह सार्वभौमिक भी होना चाहिए अर्थात् इसमें संदेह का कोई स्थान नहीं होता। सार्वभौमिकता तथा आवश्यकताओं का स्त्रोत इन्द्रियाँ न होकर इसकी सूझ-बूझ होता है। हम अनुभव के बिना यह जानते हैं कि एक त्रिभुज के तीनों कोणों का योग दो समकोणों के जोड़ के बराबर होना चाहिए और यह सदा होगा भी। बिना अनुभव के हम यह जानते हैं कि

यदि A, B से बड़ा है और B, C से बड़ा है तो A, C से भी बड़ा है। यह बात इसलिए सही है क्योंकि यह तर्क पर आधारित है। तर्कशास्त्र में निगमन के आधार पर जो तर्क दिया जाता है, वह तार्किक नियमों पर आधारित होने के कारण वैध होता है। बहुत से कथन, कहावतें तथा कथित सत्य जिनका हम दैनिक जीवन में प्रयोग करते हैं वे सभी प्रागुनभाविक ज्ञान के अंतर्गत आते हैं।

2. *प्रायोगिक ज्ञान (Empirical or a posteriori knowledge)*–प्रायोगिक ज्ञान अनुभवों से प्राप्त किया जाता है। यह हमें सूचना देता है, उदाहरण के रूप में एक वस्तु में इस प्रकार के गुण होते हैं या वह इस प्रकार से व्यवहार करता है। अन्य शब्दों में ऐसे निर्णय सार्वभौमिकता पर आधारित नहीं होते। इनकी स्वीकार्यता तर्क पर आधारित नहीं होती जैसा कि यह किसी भी गणितीय सूत्र को स्वीकार करने के लिए बाध्य करता हे। हम यह नहीं कह सकते कि एक श्रेणी की कुछ वस्तुओं में कुछ विशेष गुण पाए जाते हैं, इसलिए सभी में ये गुण पाए जाते हैं। ऐसा ज्ञान वैज्ञानिक नहीं होता। प्रायोगिक निर्णय हमारे ज्ञान में वृद्धि करते हैं। परंतु इस प्रकार प्राप्त किया गया ज्ञान अनिश्चित तथा सम रचनात्मक होता है। यह ज्ञान इन्द्रियगत और बाह्य जगत के अवलोकन, निरीक्षण तथा मनुष्य के स्वयं के अनुभव, अवलोकन तथा निरीक्षण से प्राप्त होता है। इसीलिए कहा जाता है कि इन्द्रियाँ ज्ञान का द्वार होती हैं।

भारतीय दार्शनिकों की दृष्टि से ज्ञान दो प्रकार का है–

1. परा विद्या (Para Vidya) 2. अपरा विद्या (Apara Vidya)

**1.** *परा विद्या (Para Vidya)*–ऐसा ज्ञान जो हम अपनी इन्द्रियों से तथा तर्क से प्राप्त करते हैं, उसे परा विद्या कहा जाता है। यह बाह्य भौतिक संसार से सम्बन्धित है। हमारा ज्ञान जगत के विचारों तथा अनगिनत मस्तिष्कों के अनुभवों का परिणाम है।

**2.** *अपरा विद्या (Apara Vidya)*–अधिगम का अंतिम पड़ाव परमात्मा को जानना है अर्थात् प्रकृति में आध्यात्मिकता की झलक पाना। अपरा विद्या दूसरे लोक अर्थात् आध्यात्मिकता के बारे में ज्ञान से सम्बन्धित है। यह ज्ञान मानव प्रकृति का सर्वोच्च ज्ञान है। यह ज्ञान व्यक्ति के स्वयं को जानने, आत्मा तथा परमात्मा से सम्बन्धित ज्ञान है। यह कहना उचित होगा 'स्वयं को जानो।'

## ज्ञान के अन्य प्रकार (Other Types of Knowledge)

**1.** *सहज बोध अथवा अंत:प्रज्ञा (Intuitive Knowledge)*–संपूर्ण ज्ञान विचारों के माध्यम से प्राप्त किया जाता है तथा सबसे निश्चित ज्ञान हमारे विचारों की सहमति और असहमति से सम्बन्धित होने के अतिरिक्त और कुछ नहीं है। हम यह देखते हैं कि सफेद काला नहीं है अर्थात् काले का विचार तथा सफेद का विचार एक-दूसरे से सहमत नहीं होते। यही अंत: प्रज्ञा है। मस्तिष्क एकदम से यह अनुभव करता है कि सफेद काला नहीं है, वर्ग एक त्रिभुज नहीं है, तीन दो से बड़ा है। यह सबसे स्पष्ट तथा निश्चित ज्ञान होता है। इसे सिद्ध करने की आवश्यकता नहीं होती और न ही इसे सिद्ध किया जा सकता है। इसके लिए कोई विरोध नहीं करता, हम स्वयं इसके साक्षी होते हैं। प्रत्यक्ष अंत: प्रज्ञा की निश्चितता इस बात पर निर्भर करती है कि हमारे ज्ञान के साक्षी क्या हैं।

**2.** *प्रदर्शित ज्ञान (Demonstrative Knowledge)*–कभी-कभी हमारा मस्तिष्क यद्यपि दो विचारों में तुरंत ही सहमति या असहमति प्रकट करने में असमर्थ होता है तो उस समय वह अप्रत्यक्ष रूप से उन विचारों में एक-दूसरे के साथ या अन्य के साथ तुलना करके इसमें सहमति या असहमति स्थापित कर सकता है। इस प्रकार अन्य विचारों की दखलअंदाजी से प्राप्त किया गया ज्ञान तर्कपूर्ण या प्रदर्शित ज्ञान कहलाता है। इसके साक्ष्य निश्चित होते हैं, यद्यपि इसके

साक्ष्य इतने स्पष्ट और सुसंगत नहीं होते, जितने अंतः प्रज्ञा में। ऐसा प्रदर्शन गणित में प्रयोग किया जाता है जहाँ अन्य विचारों की सहायता से दो विचारों में सहमति या असहमति को स्थापित किया जा सकता है।

3. *संवेदी ज्ञान (Sensitive Knowledge)*—सामान्य बोध जब हम जागते हैं—एक प्रकार का साक्ष्य है जिसमें तर्कपूर्ण संदेह का कोई स्थान नहीं है। बाह्य वस्तु के विशेष अस्तित्व का ज्ञान केवल अपने संवेगों से महसूस करते हैं, यद्यपि उतना निश्चित नहीं है जितना कि अंतः प्रज्ञा या तर्क के आधार पर निगमन, परंतु फिर भी इसमें एक विश्वास होता है, जिसके आधार पर इसे हम ज्ञान का नाम दे सकते हैं।
4. *अधिकारात्मक ज्ञान (Authoritative Knowledge)*—हमारे ज्ञान का अधिकतर भाग न तो तर्क पर आधारित होता है जैसा कि प्रदर्शित ज्ञान और न ही बोध के द्वारा। हम कुछ सिद्धांतों के आधार पर ज्ञान प्राप्त करते हैं जो स्थायी, अविरोधी तथा सार्वभौमिक होते हैं जैसे पृथ्वी सूर्य के चारों ओर चक्कर काटती है। इन तथ्यों को वैज्ञानिकों द्वारा सिद्ध किया जा चुका है। हम इन्हें पुस्तकों से पढ़ते हैं और कुछ ज्ञान हमारे अध्यापकों द्वारा प्रदान किया जाता है। इस प्रकार का ज्ञान किसी न किसी अधिकारी के द्वारा प्रदान किया जाता है। इसीलिए इसे अधिकारात्मक ज्ञान कहा जाता है।
5. *क्रियात्मक या प्रयोजनात्मक ज्ञान (Pragmatic Knowledge)*—कभी-कभी हमारे निष्कर्ष अनुभवों पर आधारित होते हैं। इस प्रकार का ज्ञान प्रयोजनवाद के दर्शन पर आधारित है अर्थात् जॉन डीवी के विचारवाद पर आधारित है। यह ज्ञान व्यक्ति के अनुभव, प्रयोग, निरीक्षण के आधार पर होता है और यह व्यक्तिगत होता है। इसके साथ ही साथ यह ज्ञान व्यक्ति के सामंजस्य में सहायक होता है। क्रियावाद की यह मूलभूत मान्यता है कि विचार अथवा विश्वास जीवन के उपकरण है, ये व्यक्ति की इच्छाओं की संतुष्टि के साधन हैं, वे कार्य की योजनाओं में सहायक हैं। जो ज्ञान लाभदायक व उपयोगी होता है वह क्रियात्मक ज्ञान है।
6. *श्रुति ज्ञान (Revealed Knowledge)*—शरीर तथा मन के अतिरिक्त एक अन्य आध्यात्मिक पदार्थ है परमात्मा। हमें परमात्मा के बारे में कोई जन्मजात जानकारी नहीं है, परंतु हम अपनी जन्मजात योग्यताओं के उचित प्रयोग के द्वारा परमात्मा के बारे में ज्ञान प्राप्त कर सकते हैं। यह उतना ही निश्चित है कि परमात्मा है जितना कि यह कहना कि दो सीधी रेखाओं का एक रेखा के द्वारा काटने पर बनाए गए विपरीत कोण बराबर होते हैं। प्रायः यह सुना जाता है कि वेदों के द्वारा प्रदान किया गया ज्ञान कुछ महान् व्यक्तियों के द्वारा सुना गया और तब उन्होंने उसे अपने शब्दों में लिखा। मुसलमान कुरान शरीफ को, इसाई बाईबल को, सिक्ख गुरु ग्रंथ साहिब को तथा हिन्दू वेदों को श्रुति कहते हैं। इस प्रकार का ज्ञान धार्मिक पुस्तकों में मिलता है। यह ज्ञान सार्वभौमिक तथा परम्परागत है। मनुष्य निश्चित रूप से यह जानता है कि उसका कोई अस्तित्व है। धार्मिक विचार रखने वाले मनुष्य में इस ज्ञान के प्रति किसी प्रकार का संशय नहीं होता है। इस ज्ञान में किसी प्रकार का परिवर्तन समाज के लिए असहनीय होता है।

इस प्रकार हमारे पास सही तथा गलत का प्रायोगिक ज्ञान, प्रदर्शित ज्ञान तथा श्रुति ज्ञान है। परमात्मा ने इसका संगठन इस प्रकार किया है कि मानव प्रकृति खुशी की इच्छा करती है तथा मनुष्य अपनी खुशी को बढ़ाने के लिए एक नैतिक संहिता का विकास करेगा। परमात्मा ने उसे तर्क करने की शक्ति भी प्रदान की है जो उसे प्रदर्शन के द्वारा नैतिक सत्य तथा ज्ञान प्राप्त करने के योग्य बना देगी। अंत में, उसने धर्म पुस्तकों में, वेदों में नियमों का उल्लेख किया है जिन्हें अनुभव तथा तर्क के द्वारा प्राप्त किया जा सकता है।

## विश्वास (Belief)

ज्ञान से अभिप्राय वास्तविकता के किसी पक्ष के प्रति जागरूकता तथा समझ से है, जो सत्य विश्वास पर आधारित हो। यह स्पष्ट व सुबोध सूचना या तथ्य है जो तार्किक अनुप्रयोग के द्वारा वास्तविकता से प्राप्त किया जा सकता है। इस प्रकार ज्ञान-मीमांसा का दूसरा तत्व है सत्यता या प्रमाणिकता। जो दार्शनिक इस कार्य से सम्बन्धित है वे स्वयं से प्रश्न पूछते है कि विश्वास के किस प्रकार को तार्किक रूप से सत्य माना जा सकता है। किसी प्रतिज्ञप्ति के लिए आवश्यक है कि वह सत्य हो किसी प्रतिज्ञप्ति को जानने के अंश के रूप में उसका सत्य होना भी समाहित रहता है। इसके विरुद्ध किसी प्रतिज्ञप्ति में विश्वास होना और उस प्रतिज्ञप्ति का असत्य होना संभव है। विश्वास के सामान्यत: दो गुण पाए जाते हैं—पहला सत्यता और दूसरा असत्यता। कुछ दार्शनिक यह भी मानते हैं कि प्रतिज्ञप्ति को सत्य होने के साथ-साथ विश्वसनीय होना भी आवश्यक है। किसी प्रतिज्ञप्ति में विश्वास करना उस प्रतिज्ञप्ति के सत्य होने की पारिभाषिक विशेषता नहीं है, परंतु एक आवश्यक एवं महत्वपूर्ण शर्त है। ज्ञान मीमांसा के प्रमाणिक दृष्टिकोण के अंतर्गत निम्नलिखित प्रश्न उठाये जाते है:

- क्या ज्ञान, उचित, सत्य विश्वास के समान है।
- क्या ज्ञान और विश्वास में अंतर का आधार केवल संभाव्यता (Probability) है।
- औचित्य (Justification) क्या है?

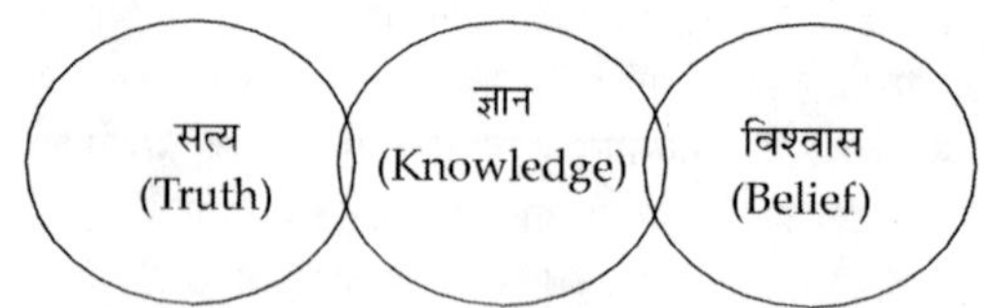


ज्ञान-मीमांसा में दार्शनिक 'विश्वास' शब्द का प्रयोग किसी व्यक्ति की अभिवृत्ति से लेते है जो सत्य या असत्य विचार व संप्रत्ययों से सम्बन्धित होता है। अगर हम ऐसा कहे कि सभी ज्ञान अंतत: विश्वास ही तो होते हैं; तो ऐसा कहना गलत नहीं होगा। जैसे सभी स्तनपायी जीव मनुष्य नहीं होते, परंतु सभी मनुष्य स्तनपायी जीव होते है। सामान्य भाषा में ज्ञान को कभी-कभी विश्वास के वर्ग का एक उपवर्ग न मानकर उसका विलोम माना जाता है। कभी-कभी दार्शनिक भी उन्हें एक दूसरे से भिन्न मानते है। प्लेटो ने जहाँ अपनी प्रारंभिक रचना मैनों में माना है कि ज्ञान में विश्वास सम्मिलित होता है, परंतु बाद की रचना रिपब्लिक में उन्होंने ज्ञान और विश्वास को एक-दूसरे से अलग माना। ज्ञान जहाँ स्थिर और संदेहों से दूर होता है, वहीं विश्वास निराधार होता है जो कभी भी परिवर्तित हो जाता है।

यह धारणा है कि हम प्राय: बिना किसी प्रमाण के किसी भी बात को सत्य मान लेते हैं। ये प्राय: विश्व के प्रति हमारी मान्यताएँ होती हैं और हमारे मूल्य, अभिवृत्तियों व व्यवहार सामान्यत: इन्हीं विश्वासों से प्रभावित होते हैं। वे विभिन्न स्त्रोतों से पैदा होते है और उनका आधार हमारा देखना, सुनना, अध्ययन करना व अनुभव करना होता है। यह सोचना कठिन है कि बिना किसी विश्वास के कोई ज्ञान हो सकता है। यह कहना कि मैं जानता तो हूँ कि यह सड़क दिल्ली के चांदनी चौक बाजार की ओर जाती है, परंतु मैं विश्वास नहीं करता, बेतुकी सी बात लगती है। जब हम इस प्रकार की बात भी करते है कि यह मेरा केवल विश्वास ही नहीं है कि केरल भारत का सर्वाधिक शिक्षित राज्य है, मैं जानता हूँ कि ऐसा ही है। इसमें भी हम ज्ञान को विश्वास के विरोध में नहीं रख रहे हैं, अपितु ज्ञान को विश्वास से कुछ आगे की चीज मान रहे है। इस वाक्य

में 'केवल' 'हो' आदि शब्दों के प्रयोगों पर ध्यान दे तो स्पष्ट हो जाएगा कि उस व्यक्ति के मन में ज्ञान, विश्वास ही नहीं, उससे आगे भी कुछ है और विचार करे, कि किन स्थितियों में आज यह कहने से बचते है कि मैं जानता हूँ।

उपरोक्त प्रक्रिया के अतिरिक्त, जो कुछ हम सीखते है, उससे भी विश्वास बनते हैं। उदाहरण–धार्मिक विश्वास स्वाभाविक रूप से नहीं बनते, अपितु इन्हें बचपन से सिखाया जाता है। प्राय: यह एक सामान्यीकरण है कि प्रत्येक व्यक्ति का यह विश्वास है कि मारना बुरा है, शराब पीना बुरी बादत है, परंतु सभी धर्म इन विश्वासों का समर्थन नही करेंगे।

विश्वासों का बदलना मुश्किल होता है। कोई भी व्यक्ति जब तक चाहे अपने किसी भी विश्वास पर कायम रह सकता है। विश्वास ही सब कुछ है जिन्हें हम सत्य के रूप में स्वीकार करते हैं। हमारे वे विश्वास ही ज्ञान की श्रेणी में आएंगे जो सत्य भी हों। यही विश्वास हमारे वे कार्यक्रम है जो हमारी वास्तविकता को दर्शाते हैं। यह ब्रह्माण्ड दर्पण के रूप में वही परावर्तित करेगा, जो तुम चेतन अचेतन रूप से अपने विश्वास के रूप में रखते हो।

विश्वास को प्राय: ज्ञान का विषम माना जाता है। उदाहरण 'मैं नहीं जानता वह कहाँ रहता है, परंतु मेरा विश्वास है कि वह भारत में रहता है।' ज्ञान वह है जो हम खोज व अनुसंधान के द्वारा प्राप्त करना चाहते हैं। परंतु प्राय: हम ऐसा प्राप्त नहीं कर पाते। इसीलिए विश्वास दूसरा उत्तम साधन है, जिसे ज्ञान कहा जाता है। यह वह नहीं, जो हम चाहते है, परंतु यह कुछ न होने से, कुछ होना अच्छा है। ज्ञान और विश्वास में अंतर केवल मात्र डिग्री का है। विश्वास के बहुत सारे भिन्न अंश होते हैं। इसका विस्तार एक ओर केवल संदेह करना या अंदाजा लगाने से लेकर दूसरी और पूर्ण दोषसिद्धि तक होता है। ज्ञान वह नाम है जो हम विश्वास के उच्च अंश स्तर को देते है अर्थात् हम उस विश्वास पर दृढ़ भी होते हैं।

प्लेटो (Plato) के शब्दों में,

*''वह जो न्यायसंगत सच्चा विश्वास है, वही ज्ञान है।''*

*("Something that is a justified true belief is knowledge.")*

आइए अब हम इस कथन में प्रयोग किए गए शब्दों को समझते है–

- न्याय संगत–वह जो तर्कसंगत व उचित हो।
- सत्य–वह जो तथ्यों के अनुरूप है।
- विश्वास–वह जिसे सत्य माना जाता है।

इसलिए यदि आप कोई विश्वास रखते हैं, तो इसमें विश्वास रखने का आपके पास कारण होना चाहिए और यदि आपका विश्वास सत्य के अनुरूप है तो यह आपका ज्ञान बन जाता है। उदाहरण: आसमान का रंग नीला होता है, यह विश्वास या तो सत्य होगा या असत्य। हम बाहर जाकर देख सकते हैं कि वास्तव में आसमान का रंग नीला होता है या नहीं। वास्तविक जगत में यदि चीजें वैसी ही है जैसा हमारे मन में विश्वास है तो हमारा विश्वास सत्य होगा और वही ज्ञान है।

### जाँच (Inquiry)

प्रत्येक मानव को जीवन में कुछ न कुछ संदेह रहता है तथा उन्हीं संदेहों को दूर करने के लिए वह हर समय सत्य की खोज में लगा रहता है और उसे ही जांच कहा जाता है।

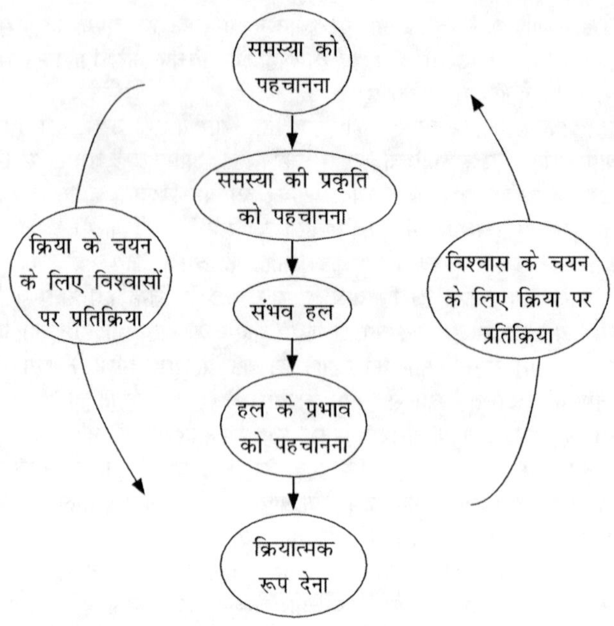


**जॉन डीवी का प्रतिमान**

यह ज्ञान में वृद्धि करने की एक प्रक्रिया है। यह जानने की आवश्यकता की ओर संकेत करता है, जब व्यक्ति उत्तर की खोज करता है और समाधान प्राप्त करना चाहता है। व्यक्ति जब से पैदा होता है, तब से लेकर और मृत्यु तक जांच की प्रक्रिया में लगा रहता है। यदि वे किसी प्रक्रिया पर अपनी प्रतिक्रिया भी व्यक्त न करें तब भी यही सत्य है। नवजात शिशु जांच के द्वारा ही संसार को जानने का प्रयत्न करते है। जब व्यक्ति अपनी ज्ञानेन्द्रियों का प्रयोग देखने, सुनने, चखने, छूने तथा सूंघने के लिए करता है और उसके आधार पर कुछ न कुछ सूचनाएँ एकत्र करता है, वही जांच कहलाती है। जाँच की प्रक्रिया के द्वारा ही व्यक्ति प्राकृतिक एवं मानव निर्मित विश्व के बारे में अपनी सूझ-बूझ का निर्माण करता है।

ज्ञान की कोई सीमा नहीं है। कोई भी व्यक्ति सबके बारे में ज्ञान प्राप्त नहीं कर सकता, परंतु प्रत्येक व्यक्ति अपने कौशलों का विकास कर सकता है तथा अपनी खोज की प्रवृति के आधार पर अपने ज्ञान में बढ़ावा कर सकता है और इसी जांच के आधार पर वह अपने ज्ञान की सत्यता का परीक्षण कर सकता है। यद्यपि उत्तर की खोज करना जांच का प्रमुख भाग माना जाता है, परंतु इसका परिणाम प्रभाव ज्ञान की प्राप्ति के रूप में होना चाहिए।

सत्य की यह एक धारणा है जिसे ज्ञान मीमांसा में संगतता का सिद्धांत (Correspondence theory) कहा जाता है–अभिप्राय यह है कि जो कुछ हम मानते हैं वास्तव में जगत में वैसा ही होता है। सामान्य जीवन में तो यही सत्य की कसौटी है, परंतु ज्ञानमीमांसा करने वाले लोग इतनी सरलता से इस कसौटी को नहीं मानते। वे यह भी मानने लगते हैं कि शायद यह आपका दृष्टिभ्रम हो। इसीलिए हम सत्य के एक-दूसरे सिद्धांत तक पहुँचते है, जिसे परस्पर संगति (Concerne Theory) का सिद्धांत कहा जाता है। विश्वास में संगति के दो पक्ष होते हैं–पहला, एक ज्ञाता के मन में जितने विश्वास हैं उनमें अंत: विरोध नहीं होना चाहिए जैसे–धरती पर रहने वाले सभी लोगों को आसमान का रंग नीला दिखाई देता है, आसमान का रंग बदलता रहता है। इन विश्वासों

में असंगति प्रदर्शित हो रही है। दूसरा-विभिन्न ज्ञाताओं के विश्वास में परस्पर संगति हो। इस प्रकार सत्य के वस्तुनिष्ठ, ठोस व सार्वभौमिकता की कसौटी प्राप्त करने की मान्यताओं को यह पूरा नहीं करता।

प्लेटो की भांति आज ज्ञान को अचूक मानना मुश्किल हो गया है, क्योंकि विज्ञान के दर्शन में भी यह माना जाने लगा है कि वैज्ञानिक ज्ञान तभी तक सत्य माने जाएंगे जब तक कोई उसे असत्य सिद्ध न कर दे। आज सभी विषयों को विज्ञान की संज्ञा दी जा रही है, इसीलिए सत्य की भरोसेमंद कसौटी को प्राप्त करने की इच्छा प्राकृतिक विज्ञान में ही नहीं अपितु इतिहास में भी दिखाई पड़ती है।

इन दोनों सिद्धांतों के अतिरिक्त एक अन्य सिद्धांत भी है जिसे व्यवहारवादी या प्रयोजनवादी सिद्धांत कहा जाता है। इसके अनुसार सत्य की एक कसौटी यह भी है कि उसके आधार पर कुछ पूर्वानुमान लगाए जा सकते है या नहीं। जैसे वैज्ञानिकों ने यह सिद्ध किया है कि प्रकाश तरंगों के रूप में चलता है। अगर लैंस निर्माण में जैसे सर्च लाइट हाउस, कार हैडलाइट आदि में यही बात दिखाई देती है तो ज्ञान को सत्य माना जाएगा अन्यथा नहीं।

इस प्रकार हमने देखा कि ज्ञान की दूसरी शर्त विश्वास का सत्य होना, इतना आसान नहीं है, परंतु फिर भी ज्ञान की शास्त्रीय परिभाषा में इसे अनिवार्य माना गया है।

### कारण/तर्क (Reason)

ज्ञान-मीमांसा को मानने वाले लोग वे दार्शनिक हैं जो यह जानने का प्रयास करते हैं–ज्ञान क्या है, क्या हमारे पास ज्ञान है, एवं क्या हम अधिक ज्ञान प्राप्त करने के लिए अपनी योग्यता में सुधार ला सकते हैं। ज्ञान में वृद्धि के लिए कारण भी एक प्रक्रिया है। ज्ञान के लिए किसी प्रतिज्ञप्ति का सत्य होना ही आवश्यक नहीं है, अपितु उसे विश्वसनीय भी होना चाहिए अर्थात् कारणों के आधार पर उसकी प्रमाणिकता भी सिद्ध होनी चाहिए। इस प्रकार विश्वास सत्यता के पश्चात् ज्ञान की तीसरी शर्त कारण/साक्ष्य से सम्बन्धित है। ज्ञाता के पश्चात् किसी भी प्रतिज्ञप्ति में विश्वास करने के लिए साक्ष्य/कारण होने चाहिए। उदाहरणत: यह विश्वास करना कारणयुक्त है कि 6+4 = 10. यह इस कारण भी हो सकता है कि हम इसे जानते हैं या गणितीय आधार के नियमों के अनुरूप यह विश्वसनीय है। परंतु यह हमें अच्छे कारणों के आधार पर उत्तर प्रदान नहीं करता। किसी प्रतिज्ञप्ति में विश्वास करने के लिए साक्ष्य/कारण की मात्राएँ भिन्न-भिन्न हो सकती हैं। कुछ साक्ष्यों की प्रकृति इस प्रकार की होती है कि वह किसी प्रतिज्ञप्ति के प्रमाणीकरण की गारंटी तो देते हैं, किन्तु इसकी सत्यता की गारंटी नहीं देते। इन्हें तार्किक कारण (Logical reason) की संज्ञा दी जाती है। गणित में नियमों व अंकों के आधार पर प्रमाणिकता सिद्ध हो जाती है। परंतु यदि कुछ ऐसा हो जो गणित पर आधारित न हो तो हम सामान्य जीवन में प्रमाणिकता के अर्थ को अधिक अच्छे ढंग से समझ पाएँगें। इस प्रकार ज्ञान के लिए सिर्फ तार्किक कारण ही पर्याप्त नहीं होते, अपितु इसके लिए निर्णयात्मक साक्ष्य की आवश्यकता भी होती है।

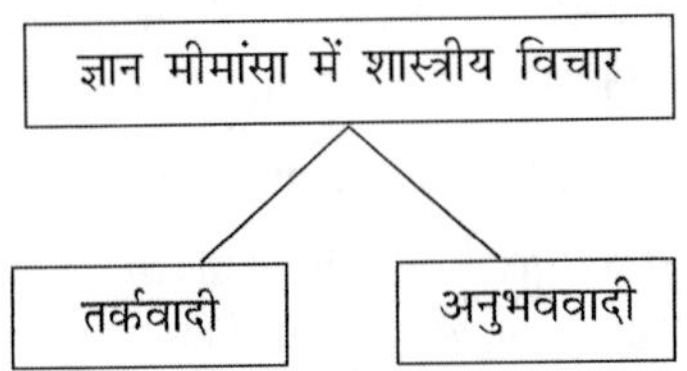


ज्ञान-मीमांसा में शास्त्रीय विचारधारा के अनुसार इसे दो भागों में बांटा जाता है–तर्कवादी व अनुभववादी। तर्कवाद के अनुसार ज्ञान का प्रमुख स्त्रोत तर्क है और यही ज्ञान के निर्माण को

सिद्ध करता है। अधिक विस्तार रूप में, इसका अभिप्राय किसी भी ऐसे विचार से है जो ज्ञान या औचित्य के स्त्रोत के रूप में कारण प्रतीत होता है। तर्कवादियों का यह दावा है कि मस्तिष्क तर्क के प्रयोग के द्वारा विभिन्न पक्षों में जैसे गणित, तत्व मीमांसा, नैतिकता आदि प्रत्यक्ष रूप से विशिष्ट सत्यों को आत्मासात कर सकता है।

## तर्कवाद का सिद्धांत (Rationalism Theory)

तर्कवाद यह निश्चित करता है कि तर्क ही ज्ञान का एकमात्र स्त्रोत है। इन्द्रियों के द्वारा केवल कच्चा माल प्रदान किया जाता है जिसको आकार देने का कार्य तर्क के द्वारा किया जाता है। कच्चे माल का स्वयं में कोई ज्ञानात्मक मूल्य नहीं होता। यह तब तक मृतक रहेगा जब तक इसे तर्क के छूने से रोशन न किया जाए। मृतक सामग्री को दिए जाने वाले विभिन्न रंग तथा आकार तर्क पर निर्भर करते हैं। यूनानियों में प्लेटों को तर्कवाद का पिता माना जाता है। वास्तविकता विचारों में है, मस्तिष्क में है, शुद्ध प्रकार में है। इसके अतिरिक्त जो कुछ भी है वह केवल दिखाई देने में है। वास्तविक संसार तथ्य में है जिसे विचारों की सहायता से मस्तिष्क में बनाया जाता है। अतः तर्कवादी के लिए फूल भी उतना ही सुन्दर है जैसा कि उसका विचार

ऐतिहासिक एवं सहज ज्ञान के आधार पर यह माना जाता है कि तार्किक विश्वासों का निर्माण करने के लिए प्रारंभ में अनुभूति को महत्वपूर्ण स्त्रोत माना जाता है। अनुभूति में सनसनी (Sensation) व कारण शामिल होता है। यदि कोई देखता है या सुनता है या अन्य कुछ अनुभव करता है, तो सामान्य रूप से उस वस्तु के बारे में उसका विश्वास बनने का स्वीकृत आधार बन जाता है और परिणास्वरूप वे विश्वास तर्कपूर्ण भी बन जाते हैं। परंतु यह भी सत्य है कि कभी-कभी हम ऐसा नहीं सोचते। यदि कोई व्यक्ति यह संदेह करता है कि उसका अनुभूति के रूप में अनुभव अविश्वसनीय है, तो हम यह सोचने लगते हैं कि उसकी अनुभूति के द्वारा बनाया गया विश्वास तर्कपूर्ण नहीं है।

## आधुनिक सिद्धांत (Empirical Theory)

प्रायोगिक सिद्धांत इन्द्रियांगों के द्वारा अनुभवों की सहायता से प्राप्त किए गए ज्ञान पर आधारित है। यह ज्ञान का ऐसा सिद्धांत है जो ज्ञान को प्राप्त करने में इन्द्रियों के सहयोग पर बल देता है। सबसे अधिक प्रायोगिक व्यक्ति शायद दार्शनिक तथा अध्यापक है। हम गणित तथा भौतिक विज्ञान के सिद्धांतों का सार्वभौमिक तथा विश्वस्त ज्ञान प्राप्त कर सकते हैं और यह केवल तथ्य का ज्ञान है एवं केवल तथ्यों के प्रारूप तथा क्रमबद्ध संगठन का ज्ञान है।

मध्ययुग में अंग्रेज दर्शनशास्त्री जॉन लॉके (John Locke) ने अनुभववाद को पुनः चेतना प्रदान करने के लिए इस तथ्य पर बल दिया कि जन्म के समय मनुष्य का मन एक सपाट स्लेट की भांति होता है जिस पर अनुभवों की सहायता से कुछ भी लिखा जा सकता है और इसके पश्चात् एक अन्य अंग्रेज दार्शनिक ह्यूम (Hume) ने भी यह कह कर उसका अनुगमन किया कि मानव का मस्तिष्क उसकी संचेतनाओं का जोड़ है। इस प्रक्रिया में मनुष्य की आनुवंशिकता, बौद्धिकता तथा सांस्कृतिक संरचना कोई भाग अदा नहीं करते।

## संवेद विवेकपूर्ण सिद्धांत (Sense Rationalisation Theory)

अरस्तु (Aristotle) ने पूर्ण अनुभववाद तथा पूर्ण तर्कवाद को स्वीकार नहीं किया यद्यपि उसका यह मानना था कि चेतना तथा तर्क ज्ञान के द्वारा वास्तविक बनाया जाता है और इस प्रकार तुम्हारे पास विचारों, तथ्यों, सिद्धांतों तथा ज्ञान प्रणाली का विस्तृत स्वरूप होता है। कान्त (Kant) के विचारों में, अनुभव स्वयं में ज्ञान प्रदान नहीं करते। इसमें ज्ञान का रूप देने के लिए तर्क की

आवश्यकता होती है। यही विचार शैक्षिक प्रक्रियाओं में लागू होता है। आधुनिक विद्यालय मस्तिष्क तथा चेतना दोनों के प्रशिक्षण के कार्य करते हैं। शिक्षण कौशल मस्तिष्क तथा चेतना की सहायता से ज्ञान प्राप्त करने के लिए विद्यार्थियों को अभिप्रेरित करता है ताकि वे स्वस्थ जीवन व्यतीत कर सकें।

एक बार सुकरात ने प्लेटो के साथ संवाद करते हुए कहा भी है कि सच्चा विश्वास अच्छी चीज है और वह बहुत सी अच्छी बाते कर सकता है जब तक वह अपनी बात पर स्थिर रहे, लेकिन वह बहुत देर तक स्थिर नहीं रह सकता। वह मनुष्य के मस्तिष्क से पलायन कर जाता है, जब तक तर्क-वितर्क के द्वारा उसे स्थायी न बनाया जाए। एक बार जब वह तर्क के आधार पर स्थिर हो जाता है तो वह ज्ञान बन जाता है। सच्चे विश्वास को ज्ञान से जो चीज पृथक करती है वह है तर्क। इसलिए सच्चा विश्वास ज्ञान से कम मूल्यवान है। प्लेटो को इस विचारधारा का पिता माना जाता है। उन्होंने साक्ष्य पर आधारित तर्क से युक्त सत्य विश्वासों की महता को स्थापित किया है और उसे ही ज्ञान माना है। अब हम यह जानेंगे कि विश्वास को कारण युक्त से तर्क-युक्त करने की कौन-कौन सी पद्धतियाँ हो सकती हैं।

प्राय: हम एक विश्वास को प्रमाणित करने के लिए एक तर्क देते हैं। वह तर्क स्वयं एक विश्वास होता है। फिर इस दूसरे विश्वास के लिए एक और तर्क या प्रमाण ढूंढते हैं, जो फिर से एक ओर विश्वास होता है और यह सिलसिला तब तक चलता रहता है जब तक कोई ऐसा तर्क या प्रमाण न मिल जाए जिसे सिद्ध करने की आवश्यकता न हो। कुल मिलाकर यहाँ ज्ञान की संरचना एक बहुमंजिला इमारत के ढाँचे की भांति है, जिसमें चौथी मंजिल तीसरी पर, तीसरी दूसरी पर, दूसरी पहली पर और अंत में नींव होती है जो धरती पर टिकी होती है। धरती को टिकने के लिए किसी सहारे की आवश्यकता नहीं होती। प्रमाण ढूंढने की इस पद्धति को आधारवाद या बुनियादवाद कहा जाता है। इसका सबसे अच्छा उदाहरण गणित या तर्कशास्त्र में मिलता है।

जैसे क = ख<br>
ख = ग<br>
इसलिए क = ग भी होगा।

इनको सिद्ध करने की आवश्यकता नहीं होती। इस प्रकार के प्रमाण मानवीय मस्तिष्क को सीधे ही प्राप्त होते हैं।

तर्कवाद व अनुभववाद दोनों ही एक पक्ष की बात करते हैं और दोनों एक धागे के अलग-अलग दो किनारे हैं। दोनों में से कोई भी हमें ज्ञान की उत्पत्ति के सिद्धांत का संतोषजनक उत्तर नहीं देते। तर्कवाद कुछ सही माना जाता है जब आवश्यक तत्व तर्क और विज्ञान व गणित में प्राप्त सार्वभौमिक ज्ञान की बात करता है। सार्वभौमिक ज्ञान इन्द्रिय अनुभव से प्राप्त नहीं किया जा सकता। तर्कवादी जन्मजात विचारों को स्वीकृति देते हुए गलत माने जाते हैं। यदि ज्ञान केवल जन्मजात सिद्धांतों का विश्लेषणात्मक आगमन है तो ज्ञान में कोई वृद्धि नहीं हो सकती। सच्चा ज्ञान सार्वभौमिक रूप से वैध ज्ञान होना चाहिए और साथ ही साथ इसमें नवीनता का तत्व भी शामिल होना चाहिए।

कुछ दार्शनिकों ने ज्ञान की संरचना का एक अन्य मॉडल प्रस्तुत किया। इसके अनुसार सभी विश्वास परस्पर एक दूसरे को सहारा देते हैं इसे संगतिवाद (Coherentism) कहा जाता है। इसकी एक शर्त है कि विश्वासों की किसी व्यवस्था में कोई विश्वास परस्पर विरोधी हो और एक-दूसरे पर पूर्णत: या आंशिक निर्भरता होनी चाहिए। उदाहरण: वर्तमान शिक्षा-प्रणाली वैयक्तिक प्रतिस्पर्धा को बढ़ावा देती है। दूसरा विश्वास है कि जिन विद्यार्थियों के बहुत अच्छे अंक आते है या सर्वाधिक अंक आते हैं उनकी फोटो अखबार में प्रकाशित होती है और जिनके नहीं आते

है उन्हें अभिभावकों की प्रताड़ना का सामना करना पड़ता है। तीसरा विश्वास है कि सामाजिक आर्थिक जीवन में भी प्रतिस्पर्धा दिखाई देती है। अब ये सारे विश्वास एक-दूसरे को पुष्ट करते है, परंतु अंतिम आधार नहीं माने जा सकते, अपितु इन्हें एक दूसरे के आधार के रूप में प्रस्तुत किया जा सकता है।

इस प्रकार बुनियादवाद और संगतिवाद दोनों ही प्रतिमानों से यह समझने में सहायता मिलती है कि प्रमाणन की प्रक्रिया में कैसे अलग-अलग विश्वास एक-दूसरे से सम्बन्धित होते चले जाते हैं।

समकालीन दार्शनिकों ने भी इस समस्या पर गहन रूप से विचार किया। इस सम्बन्ध में गेटियर नामक दार्शनिक उल्लेखनीय है और उन्होंने ऐसे उदाहरण दिए जो ज्ञान की तीनों शर्तों को पूरा करते है लेकिन फिर भी उसे ज्ञान के रूप में स्वीकार करने में समस्या हो सकती है। उदाहरण: आपको 12 बजे किसी से मिलना है और आप ठीक 11.45 पर वहाँ पहुँच जाते है और विश्वास रखते हैं कि आप समय से मीटिंग में पहुँच जाएंगे। सामने घंटाघर की घड़ी में भी आपको 11.45 का समय दिखाई देता है और आप निश्चिंत हो जाते है कि सही समय पर पहुँच गया। संयोगवश घंटाघर की घड़ी रात के 11.45 पर रूक गई थी। अब इस उदाहरण में आपको विश्वास है कि 11.45 बजे होंगे, आपके पास प्रमाण भी है, क्योंकि आपने घंटाघर की घड़ी में भी देखा था। इस उदाहरण में आपको विश्वास है, आपका विश्वास सत्य भी है और आपके पास प्रमाण/तर्क भी हैं। परंतु आपने जिस घड़ी को देखा वह बंद थी। यह महज संयोग था कि उस समय उतने ही बजे थे। ज्ञान मीमांसा करने वाले लोग संयोग, महज, इत्तेफाक आदि स्थितियों को ज्ञान में सम्मिलित नहीं करते।

इसी प्रकार किसी लोकतांत्रिक समाज में न्याय के क्षेत्र में भी केवल परिस्थितिजन्य प्रमाणों के आधार पर निर्णय नहीं लिए जाते। न्याय-प्रणाली को प्रमाण की कसौटी को इतना पक्का बनाना पड़ता है कि उसमें निजी विश्वासों या पूर्वाग्रहों के आधार पर कोई निर्णय न हो।

उपर्युक्त विवेचना से स्पष्ट है कि ज्ञान की कोई सर्वमान्य एवं समुचित व्याख्या प्रतिपादित नहीं की जा सकती। अधिकतर दार्शनिकों ने ज्ञान को परिभाषित करने के लिए विश्वास, सत्य, प्रमाण तथा कुछ अन्य शर्तों का सहारा लिया है। ये समस्त घटक संयुक्त रूप से ज्ञान की उत्पत्ति करते हैं। वास्तव में इनके द्वारा ज्ञान की कुछ शर्तों और परिस्थितियों में व्याख्या अवश्य की जा सकती है, किन्तु ये ज्ञान को निरपेक्ष रूप से प्रभावित करने में असमर्थ हैं।

शिक्षा का ज्ञान से गहरा सम्बन्ध है। शिक्षा-व्यवस्था में हम जिस ज्ञान को शामिल करना चाहते है उसके बारे में हमारी समझ ज्ञान के चयन और शिक्षण विधि से लेकर मूल्यांकन विधि को भी प्रभावित करती है। विद्यार्थियों को किस प्रकार का वैध ज्ञान प्रदान किया जाए, कौन सी पाठ्य सामग्री श्रेयस्कर होगी, किन शिक्षण विधियों का प्रयोग किया जाए इत्यादि प्रश्न ज्ञान-मीमांसा की विवेचना पर आधारित होते हैं।

# 5. प्राचीन भारतीय लक्ष्य-पुरुषार्थ
## (Ancient Indian Goals—Purusharthas)

*"Purusharthas are values which human beings seek either for their own sake or as a means to the achievement of a further end."*

'पुरुष' से अभिप्राय या तो ईश्वर से है या 'मानव प्राणी' और 'अर्थ' से अभ्रिपाय है एक वस्तु या उद्देश्य। इस प्रकार पुरुषार्थ से अभिप्राय है एक मानव के उद्देश्य/रहने का उचित/सही ढंग बया है, इसकी व्याख्या करने के लिए या 'अच्छा जीवन' सामान्य रूप से किसे कहा जाता है, भारतीय दार्शनिकों ने पुरुषार्थ के संप्रत्यय का प्रयोग किया।

पुरुषार्थ का संप्रत्यय इस अनुभूति पर आधारित है कि इच्छाएँ मानव क्रियाओं का स्त्रोत है। मनुष्य का जीवन विशेष आधारभूत इच्छाओं पर केन्द्रित होता है। प्रत्येक इच्छा अपने उद्देश्य में एक दूसरे से भिन्न होती है और प्रत्येक मनुष्य को विशेष प्रकार की क्रिया करने के लिए अभिप्रेरित करती है जिससे उनकी संतुष्टि हो सके। उदाहरण के लिए प्रत्येक व्यक्ति में लैंगिक तथा जैवकीय इच्छाएँ, धन व शक्ति की लालसा, सामान्य भलाई की इच्छा, अदृश्य के साथ संप्रेषण की मूरत होती है। वे मनुष्य के जीवन में अंत: निर्भर होकर कर्म करती हैं।

पुरुषार्थ मनुष्य के जीवन में संकेतक के रूप मे कार्य करते हैं। वे ईश्वर की दृष्टि, जो उत्पत्ति का साक्ष्य है, पर आधारित हैं। वह निर्माण करता है और उस दृष्टि का अंग बनने के लिए तथा उसके लक्ष्यों से सामंजस्य स्थापित करने के लिए मनुष्य के द्वारा उसका अनुसरण किया जा सकता है। संसार अत्यधिक मात्रा में सामग्री, आध्यात्मिकता तथा ऊर्जा से भरपूर है जो अपनी इच्छाओं तथा मुक्ति की प्राप्ति के लिए पूर्णता के अवसर खोजते हैं। अपने सूक्ष्म रूप में क्योंकि मनुष्य भगवान का अंश है, इसलिए उसके द्वारा भी भगवान से प्रतिस्पर्धा की जानी चाहिए तथा अपने छोटे से संसार में उसी के समान वास्तविकता का प्रकटीकरण करना चाहिए। उसे उन्हीं उद्देश्यों का पालन करना चाहिए, संपूर्णता से जीवन के अनुभव प्राप्त करने चाहिए तथा उस उद्देश्य, जिसके लिए उसकी उत्पत्ति हुई है, की पूर्ति के द्वारा ईश्वर का साधन-यंत्र बनना चाहिए।

यदि जीवन को संपूर्णता से समझ लिया जाए तो जीवन का एक अधिकारिक विज्ञान है जिसने इसके चार सर्वोच्च लक्ष्यों की पहचान की है और वही पुरुषार्थ है:

- अर्थ (धन)
- काम (शारीरिक इच्छा)
- धर्म (उचितता), और
- मोक्ष (आध्यात्मिक स्वतंत्रता या मुक्ति)।

पुरुषार्थ का सरलार्थ मानव लक्ष्य के साधन, इच्छा की एक वस्तु के रूप में किया गया है जिसका पीछा सजगता से किया जाता है। इस प्रणाली को एक चित्र द्वारा समझा जा सकता है:

**मानव आवश्यकताएँ/उद्यम/प्रवृत्ति (Human Needs/Pursuits)**

| भौतिक इच्छाएँ | आध्यात्मिक इच्छाएँ |
|---|---|
| • शारीरिक आश्यकताएँ (काम)<br>• भौतिक कल्याण की आवश्यकताएँ (अर्थ)<br>• सामाजिक एवं नैतिक व्यवस्था की आवश्यकताएँ (धर्म) | • दु:खों से छुटकारा तथा एकत्व की आवश्यकता (मोक्ष) |

पुरुषार्थ में स्तरीकरण है। जिसके अंतर्गत प्रत्येक मूल्य अपने से आगे वाले मूल्य के लिए तैयारी स्तर का निर्माण करता है। अर्थ, एक आर्थिक मूल्य (भौतिक कल्याण की आवश्यकता) है जो जीवन की विभिन्न आवश्यकताओं और इच्छाओं में से एक या दूसरी को संतुष्ट करने के लिए साधन के रूप में सहायता करता है। उनकी संतुष्टि काम (शारीरिक आवश्यकताएँ या सुख) है जो केवल शारीरिक ही नहीं अपितु मनोवैज्ञानिक भी है क्योंकि वह व्यक्ति की स्वाभाविक इच्छाओं तथा उत्कृष्टाओं की संतुष्टि करती है। धन का मूल्य केवल इस सीमा तक है कि यह वस्तुओ की प्राप्ति के लिए एक साधन का काम करता है, यह स्वयं के लिए वांछनीय नहीं होता, शायद एक कंजूस के द्वारा हो सकता है। अर्थ इस प्रकार एक साधन मूल्य है क्योंकि यह केवल काम की अनुभूति के लिए साधन का काम करता है और काम एक स्वाभाविक मूल्य है क्योंकि यह स्वयं के लिए वांछनीय है। इसके अतिरिक्त अर्थ और काम केवल मनुष्यों के द्वारा ही नहीं अपितु सभी जैवकीय प्राणियों के द्वारा इच्छित हैं। इस प्रकार धन और आनंद ऐसे लक्ष्य है जिन्हें समाज में पूरा किया जाता है, परंतु इन्हें सफलतापूर्वक तभी पूरा किया जा सकता है यदि समाज में कुछ सीमा तक स्थिरता तथा अनुरूपता हो।

धर्म जो चारों में नैतिक मूल्य है वह मनुष्य तक ही सीमित है। यह वह मूल्य हे, जो मानव को पशुओं के स्तर से ऊपर उठाता है; इस प्रकार यह एक आध्यात्मिक मूल्य है। यह निश्चित करता है कि प्रत्येक को उत्तम नैतिक आचरण के साथ जीवन की विभिन्न परिस्थितियों में क्या करना चाहिए, इस प्रकार धर्म गलत व सही काम का निश्चय करते हुए जीवन में एक नियंत्रित सिद्धांत के रूप में काम करता है। काम के उसी प्रकार को स्वीकार किया जाता है जो धर्म की मांग के अनुसार हो अन्य को नहीं। जब तक धर्म की अवहेलना नहीं की जाती या धर्म की ओर ध्यान दिया जाता है, तब तक अर्थ और काम से प्राप्त खुशी भी बुरी नहीं होती। इस प्रकार धर्म अच्छे और बुरे में विभेदीकरण करने में तथा एक अच्छा जीवन जीने में, सहायता करता है। धर्म एक नैतिक नियम है जो मानव को लालसाओं, इच्छाओं, कामनाओं तथा अहंकार की साधारण तथा उच्छृंखल या व्यसनी मांगों में गलत ढंगों से गिरने से रोकती है।

परंतु धर्म से भी उच्च है मोक्ष। इस धरती पर मनुष्य के जीवन का उद्देश्य है ईश्वर के नियम (धर्म) का पालन करना ओर मोक्ष की प्राप्ति करना या एक संतुलित जीवन जीते हुए अपने झूठे स्व (अहंकार) से स्वतंत्रता प्राप्त करना, जिस जीवन में भौतिक सुख तथा मानवीय उत्तेजना स्वयं अपना स्थान तथा यथार्थता बनाए रखती है।

पुरुषार्थ की विशेषता स्व को नकार कर जीवन नहीं है अपितु एक उचित अनुपात में संतुलन, जटिलता, समृद्धि, अवसरों तथा आधुनिकता का एक ब्रह्मण्डीय नाटक है जिसमें मानव अपनी सच्ची श्रद्धा से अनुभव प्राप्त करता है, अपने दृष्टिकोण का विकास करता है तथा अपनी उत्पत्ति के उत्तम उद्देश्य को पूरा करता है।

हिन्दू समाज में, प्रत्येक व्यक्ति से यह आशा की जाती है कि वह निस्वार्थ भाव से इन चारों उद्देश्यों की प्राप्ति करे और उसे किसी प्रकार की आशा भी न हो तथा मानव जीवन की रीतियों में ईश्वर को यज्ञ आदि के रूप में अपनी श्रद्धा भी अर्पित करता रहे। इनका पालन निस्वार्थ भाव से उच्च तथा महान् कारण के लिए करता रहे। उदाहरण के लिए, धन की खोज स्वयं के विकास के साधन के रूप में नहीं अपितु कुछ उपयोगी उद्देश्य की पूर्ति के लिए करे। इसके अतिरिक्त, प्रत्येक व्यक्ति सभी साधनो से धन प्राप्ति और शारीरिक सुख सुविधा तथा आनन्द की प्राप्ति में लगा रहे, परंतु इनकी प्राप्ति धर्म के अनुकूल होनी चाहिए, यदि वे उसे अंतिम रूप से मोक्ष या अध्यात्मिक स्वतंत्रता की ओर ले जाते हैं।

पुरुषार्थ मत निसंदेह यह कहता है कि निम्न स्तरों को नकारा नहीं जाना चाहिए। यह तो यहाँ तक भी सुझाव देता है कि निम्न पुरुषार्थ (अर्थ व काम) को उच्च पुरुषार्थ की उपलब्धि के लिए आवश्यक साधन के रूप में माना जाना चाहिए। यह अध्यापकों तथा अन्य बड़े-बूढ़ों का कर्त्तव्य है कि वह इस प्रकार की गलत प्रवृत्तियों को विकसित न करके बालकों में मूल्यों के प्रति उचित भावना का विकास करे।

आइए अब हम इन लक्ष्यों का विस्तारपूर्वक वर्णन करें:

## 1. अर्थ (Artha)

'अर्थ' से अभिप्राय है धन। प्रत्येक धर्म ने एक व्यक्ति की सुख-सुविधा तथा आनंद के लिए भौतिक धन की महत्ता को स्वीकारा है। एक गृहस्थी को धन की आवश्यकता पड़ती है क्योंकि उसे धर्म को बनाए रखने के लिए तथा अपने परिवार व समाज की आवश्यकताओं का ध्यान रखने के लिए बहुत से कर्त्तव्य करने पड़ते हैं। इसीलिए धर्म मानव जीवन में द्वितीय अत्यधिक महत्वपूर्ण उद्देश्य के रूप में भौतिक धन को स्थान प्रदान करने में सही है। जबकि धर्म और मोक्ष की आवश्यकता स्वयं के लिए होती है, धन व लिंग का प्रयोग दूसरों के लिए किया जाता है। किसी भी गृहस्थी के लिए भगवान विष्णु एक आदर्श की भूमिका निभाते हैं। वह एक सुख सुविधा पूर्ण जीवन व्यतीत करते है, स्वयं धन की देवी उनकी सेवा करती है; परंतु वह अत्यधिक कर्त्तव्यपरायण, सहायक, उत्तरदायी तथा उचिततापूर्ण असंबंधित तथा संतुलित था।

धन की इच्छा धन की लालसा से भिन्न है। धन के लिए स्वार्थ विहीन इच्छा मन के लिए स्वार्थ युक्त इच्छा से अधिक महत्वपूर्ण है। हिन्दू धर्म में मानव क्रियाओं से धन की प्राप्ति करने को निरुत्साहित नहीं किया गया है। अधिकतर वैदिक पूजा में ईश्वर तथा देवियों की पूजा इसीलिए की जाती है कि मनुष्य धन व उन्नति की कामना करता है। परंतु इसके साथ-साथ वे इस बात पर भी बल देते हैं कि धन की प्राप्ति के लिए आपकी भावना उचित हो, व साधन उचित होने चाहिए। धन के लिए इच्छा करना एक गुण है परंतु लालच नहीं। परिवार के लिए तथा स्वयं के कल्याण के लिए धन कमाना कोई पाप नहीं है परंतु वह लेना जो उससे सम्बन्धित नहीं है वह पाप है। अतीत में भी हिन्दू धर्म, जैन धर्म को समृद्ध व्यक्तियों, उनकी पत्नियों तथा उनके बच्चों के द्वारा व्यक्तिगत रूप से धन के रूप में बहुत योगदान दिया जिससे उनके प्रचार व प्रसार में बहुत सहायता मिली।

दुर्भाग्य से हमारे समाज में कुछ विशेष व क्रियाओं को रीति रिवाज तथा परम्पराओं के द्वारा निम्न एवं उच्च के रूप में गलत ढंग से वर्गीकृत किया जाता है; उदाहरण के लिए हाथ के कार्य तथा बौद्धिक क्रियाएँ। कुछ आदर्शवादी भी धन की इच्छा को ऐसा मानते है कि इससे पूर्ण रूप से बचना चाहिए क्योंकि यह उच्च लक्ष्यों की प्राप्ति में रूकावट का कार्य करती है। हिन्दू गरीबी से इतने सचेत हो चुके हैं कि यदि कोई सत या मुनि सुखदायी जीवन व्यतीत करता है तो वे उस

पर यह कह कर ताना मारते है कि वह सच्चा योगी नहीं है। उन्हें स्वयं ही इस साधारण तथ्य को याद रखना होगा कि कोई भी हिन्दू देवता या देवी वास्तव में गरीब नहीं थे। हिन्दू धर्म का यह मानना है कि सभी अनुभवों का स्व-उद्भव होता है तथा वे अधिगम के अवसर प्राप्त करते हैं। इसी प्रकार गरीबी है और इसी प्रकार धन-सम्पत्ति है। आत्म-त्याग का अर्थ यह नहीं है कि धन को एक किनारे रख दिया जाए या धन से नाता तोड़ लिया जाए।

स्वामी विवेकानंद ने ठीक ही कहा था कि धर्म खाली पेट वालों के लिए नहीं है। यदि एक व्यक्ति स्वयं को जीवित रखने की समस्या के ग्रसित है तो उसे धर्म में कठिनता से कोई आश्वासन या धीरज प्राप्त नहीं होता है। एक भूखी आत्मा को निर्मल शब्द वह सुख प्रदान नहीं करेंगे जितना कि भोजन।

## 2. काम (Kama)

विस्तृत विचारधारा में काम का अर्थ है इच्छा और संक्रमित-विचारधारा में लैंगिक इच्छा। हिन्दू धर्म तथा बौद्ध धर्म दोनों ही इच्छा को मानव दु:खों का प्रमुख कारण मानते हैं। भगवद्गीता के अनुसार, इच्छा मोह/भ्रम तथा जन्म-मरण के चक्र के बंधन को बढ़ावा देती है। यदि हम दु:खों से बाहर निकलना चाहते है तो हमें इन्द्रिय वस्तुओं से कुछ अभ्यासों के द्वारा जैसे योग व ध्यान की सहायता से स्वयं को पृथक करना चाहिए तथा इच्छा विहीन कार्यों, जैसे कर्त्तव्य की भावना से आत्म त्याग, भगवान को एक देवता के रूप में स्वीकार करना तथा कार्य के फल के पीछे न भागना, को करना चाहिए।

मनुस्मृति के अनुसार, मनुष्य इनाम के लिए इच्छा के फलस्वरूप त्याग करता है तथा उसे यह आशा रहती है कि उसके कार्य उसे फल प्रदान करेंगे। इस प्रकार, वह, जो स्वयं को प्रदत्त कार्यों को बिना किसी इच्छा के उचित ढंग से करेगा तो उसकी सभी इच्छाओं की पूर्ति होगी और वह मृत्यु विहीन अवस्था या इससे भी परे पहुँचेगा। जैसा कि हम देख सकते हैं कि प्रत्येक की इच्छा की उचित ढंग से पूर्ति का अर्थ है उचित ढंग से अपने कर्त्तव्यों की पूर्ति न कि नकारकर या उनकी अवहेलना करके। धर्म का रास्ता इच्छाओं की पूर्ति का भी रास्ता बन जाता है। उदाहरण के लिए एक बीमार आदमी लंबे समय से एक विशेष प्रकार के भोजन को खा रहा है परंतु उसको न लेना उसके लिए वांछनीय नहीं हो सकता क्योंकि उसका शारीरिक स्वास्थ्य बिगड़ जाएगा। किस प्रकार एक व्यक्ति इन दो प्रकार के कामों में भेद कर सकता है? यहाँ धर्म की आवश्यकता का अनुभव होता है क्योंकि वही एक आवश्यक कसौटी बनता है।

लिंग (काम-भावना) के विषय के प्रति दृष्टिकोण और व्याख्या में हिन्दू धर्म अन्य धर्मों से पृथक है। काम भावना या तो मुक्ति और जीवन में आनंद का साधन बन सकता है या एक बहुत बड़ी रूकावट और दु:ख का कारण बन सकता है और यह इस बात पर निर्भर करता है कि हम इसके प्रति क्या दृष्टिकोण अपनाते हैं। यही सत्य है कि अंत में प्रत्येक को इससे ऊपर ही उठना पड़ता है यदि वह मोक्ष प्राप्त करना चाहता है। ऐसा इससे पृथक रहकर या इसमें लिप्त रहकर किया जा सकता है। पहली वेदांत की विधि है तथा दूसरी तंत्रात्माओं की विधि है। एक विधि दमन की है तथा दूसरी विधि अलगाव तथा सूझबूझ से अभिव्यक्ति की विधि है जिसमें लैंगिक ऊर्जा को एक उच्च ऊर्जा में परिवर्तित किया जाता है। यह उसी प्रकार कि विधि है जिससे आप आग को काबू करना सीखते हो। लैंगिक इच्छा सभी इच्छाओं का अंतिम रूप है और जब तक इस पर पार नहीं पाया जाता तब तक वह माया के जाल से मुक्त नहीं हो सकता।

हिंदू धर्म में कुछ सीमा तक लैंगिक कार्यों की अनुमति है, जब तक वह धर्म के सिद्धांतों के विरुद्ध न हो और इसमें प्रयोग उत्पत्ति के उद्देश्य के लिए, परिवार को बढ़ाने के लिए तथा

सामाजिक मानकों व परम्पराओं द्वारा स्थापित सीमाओं में सामाजिक व्यवस्था के लिए, किया जाए। शादी से बाहर लैंगिक सम्बन्धों की अनुमति नहीं है, परंतु धर्मशास्त्रों के अनुसार कुछ विशेष परिस्थितियों में ऐसा संभव हो सकता है।

लैंगिक (काम भावना) इच्छा मानव धर्म का महत्वपूर्ण तथा युक्तिसंगत पक्ष है और भौतिक रूप से जीवन को चलाने के लिए प्राकृतिक रूप से जागृत होती है। जबकि कानूनी पुस्तकों में युक्तिसंगत और अयुक्तिसंगत काम भावना में स्पष्ट रूप से विभेदीकरण किया गया है, परंतु काम-भावना को स्वयं में पाप या बुरा नहीं समझा जाता है। उत्पत्ति स्वयं में पुरुष एवं प्रकृति के बीच मेल का परिणाम है, ब्रह्माण्ड के पुरुष तथा स्त्री पक्ष को शिवलिंग के रूप में प्रतीक के रूप में दर्शाया जाता है। जब यह मेल समाप्न हो जाएगा तो उत्पत्ति का भी अंत हो जाएगा। काम भावना प्रकृति का अंतिम केन्द्र है अर्थात् प्रभाव क्षेत्र है और संसार के साथ हमारा सम्बन्ध है। यह सबसे कठिन आध्यात्मिक बाधा है जिस पर विजय पाना आवश्यक है।

## 3. धर्म (Dharma)

भारतीय दर्शन में धर्म केवल एक संप्रत्यय ही नहीं हैं अपितु एक अद्वितीय, अनुपम पक्ष भी है। 'धर्म' शब्द मूल शब्द 'धर' (Dhar) के निकला है जो 'धरती' का भी पहला शब्द है, जिससे यह अर्थ निकलता है कि यह धरा या धरती सम्बन्धी जीवन से संबंधित है। विस्तृत विचारधारा में इसका अर्थ है 'पकड़े रहना' या 'बनाए रखना'। यह पवित्र गोद है, पकड़े रहने वाली शक्ति है, जो इस संपूर्ण निर्माण को नियमित करता है तथा बनाए रखता है जैसे गुरुत्वाकर्षक शक्ति इस संपूर्ण ब्रह्माण्ड को नियंत्रित रखती है तथा पकड़े रहती है। इसको विभिन्न प्रकार से जैसे कर्त्तव्य, विश्वास, धर्म, उचितता, पवित्र नियम, न्याय, नैतिकता, नीति या इसी प्रकार के अन्य शब्दों में अनुवादित किया गया है। हिन्दू धर्म के एक दर्शन के अनुसार धर्म एक नियमबद्ध अनिवार्य कर्त्तव्य है जैसा कि वेदों में वर्णन किया गया है, जिसे उस जाति, जिससे वह सम्बन्धित है, के द्वारा प्रस्तावित नियमों के अनुसार प्रत्येक के द्वारा किया जाना है। ईश्वर धर्म का समर्थक/अनुमोदक है क्योंकि वह अपने कर्त्तव्यों को आवश्यक न होते हुए भी करता है तथा वह बिना किसी इच्छा या प्राथमिकता के होता है।

विस्तृत रूप से कहा जाए तो धर्म उचित कार्य या उचित आचरण होता है। यह कर्त्तव्य से अधिक है। अधर्म जो धर्म का विपरीत है, बुराई है क्योंकि यह वस्तुओं की सत्यता के विपरीत है। धर्म, जैसा कि हम पहले भी देख चुके हैं, विस्तृत विचारधारा में अधिगम है, जो एक अच्छा जीवन जीने के लिए अच्छाईयों की सूझ-बूझ से मानव को प्रकाशित कर सकता है। शिक्षा के द्वारा मूल्यों के विकास से अभिप्राय है कि व्यक्ति को धन के एकत्रीकरण या अपनी इच्छाओं व सुखों की पूर्ति से दूर रहने के लिए नियमों की जानकारी देना। वह नियम है: धन, सुख और इच्छाओ को अस्वीकार करो क्योंकि वे नैतिक नियम (धर्म) से असंगत हैं। इसे एक संपूर्ण व्यक्तित्व के विकास के लिए मानवीय आवश्यकताओं की खोज भी कहा जा सकता है। इसी विचारधारा को निम्नलिखित चित्र द्वारा प्रदर्शित किया गया है:

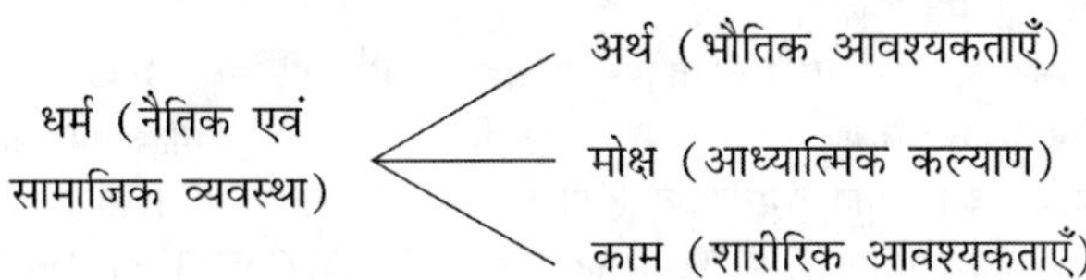


मुनि याज्ञवल्क्य के अनुसार, नैतिक मूल्य के रूप में धर्म के अंतर्गत अहिंसा, निष्ठा, ईमानदारी, स्वच्छता, इन्द्रियों पर नियंत्रण, दान, आत्म-नियंत्रण, प्रेम एवं क्षमा के गुणों की उत्पत्ति का महत्व

है। इस सूची में सामाजिक मूल्यों (मूल्य जो दूसरों की भलाई से सम्बन्धित हो) एवं व्यक्तिगत मूल्यों (मूल्य जो स्वयं के चरित्र तथा इच्छा का विकास करने में सहायक हों) दोनों को शामिल किया गया है। इस प्रकार धर्म का उद्देश्य एक और स्वार्थपरता, प्राकृतिक संवेदनाओं पर नियंत्रण है तथा दूसरी ओर समाज के कल्याण को बनाए रखने के लिए प्रत्येक की योग्यता का उत्तम ढंग से विकास है।

धर्म उत्पत्ति के सभी स्तरों, सभी पक्षों तथा सभी स्थानों पर विद्यमान रहता है, मानव जीवन के संदर्भ में, धर्म के अंतर्गत वह सब शामिल है जो एक व्यक्ति अपनी दैवीय प्रकृति तथा स्वयं की नैतिकता व न्याय की भावना के सामंजस्य में करता है। परंतु धर्म की वास्तविक प्रकृति की व्याख्या करना कोई सरल कार्य नहीं है। धर्म के स्त्रोत हैं–वेद, वेदांग, सूत्र साहित्य जिसमें सबसे महत्वपूर्ण है धर्मशास्त्र और धर्मग्रंथ जैसे भगवद्गीता आदि। प्राचीन भारत में धर्मशास्त्र (कानून की पुस्तक) के द्वारा लोगों को धर्म के रास्ते पर ले जाने में, निर्देश देने में महत्वपूर्ण भूमिका निभाई गई है। परंतु, यह कहना कठिन है कि वर्तमान युग में वे कहाँ तक उपयुक्त है। प्रत्येक व्यक्ति को यह भी याद रखना चाहिए कि धर्म को एक साध्य के रूप में न समझा जाए अपितु एक उच्च लक्ष्य अर्थात् मोक्ष की प्राप्ति का साधन माना जाए। भारतीय विचारधारा में यह केवल एक नैतिक मूल्य ही नहीं है; यह एक अंतिम तत्व मीमांसीय सिद्धांत है जिस पर कुछ विशेष ईश्वरीय आदेश निर्मित हैं। 'धर्म का पालन करो नहीं तो संपूर्ण ढांचा ढ़ह जाएगा।' इस प्रकार पुरुषार्थ में धर्म को अत्यधिक महत्ता प्रदान की गई है।

### 4. मोक्ष (Moksha)

अर्थ और धर्म के लक्ष्य मानव के अनुभवों को उन्नतशील बनाते हैं तथा उसे अमूल्य शिक्षा प्रदान करते हैं। धर्म का लक्ष्य उसके जीवन को चलाता है एवं उसे उचित पथ पर रखता है। मोक्ष का अर्थ समझने के लिए हमें सबसे पहले यह जानना चाहिए कि भारतीय दार्शनिकों ने 'स्व' जो एक व्यक्ति अनुभव करता है (व्यावहारिक स्व) तथा स्व, जो वास्तव में है, (सच्चा स्व) में विभेदीकरण किया है। व्यावहारिक 'स्व' की विशेषता एक या अन्य प्रकार की संकुचितता है क्योंकि यह वास्तव में भौतिक शरीर तथा इन्द्रियों से सम्बन्धित है। परंतु सच्चा 'स्व' इन सीमाओं से स्वतंत्र है। इस प्रकार मोक्ष इस सत्य 'स्व' की या आत्म-अनुभूति की अनुभूति है।

धर्म का लक्ष्य प्राय: उस समय से प्रारंभ हो जाता है, जब एक व्यक्ति धार्मिक अध्ययनों में प्रवृत्त हो जाता है। अर्थ और काम का लक्ष्य अधिकतर व्यक्तियों में तब से प्रारंभ होता है जब वह एक गृहस्थी बनता है। इन सभी लक्ष्यों में सबसे महत्त्वपूर्ण है मोक्ष का लक्ष्य और यह किसी भी समय प्रारंभ हो सकता है। यद्यपि बहुत से व्यक्तियों के लिए यह सही नहीं है, मोक्ष एक महत्त्वपूर्ण लक्ष्य के रूप में वानप्रस्थ के समय बुढ़ापे में या सेवानिवृत्ति की आयु में प्रारंभ होता है। मोक्ष एक पुरुषार्थ तथा परमार्थ दोनों ही है, जो केवल मानव के लिए ही नहीं अपितु दैवीय शक्तियों के लिए भी महत्वपूर्ण हैं।

वास्तव में मोक्ष का अर्थ है मोह का न होना या वैराग की संवेदना का उत्पन्न होना। मोह का कारण है तीन गुणों-इन्द्रियों, इन्द्रिय वस्तुओं के लिए इच्छा तथा लगाव की क्रियाएँ, की अंत: क्रियाएँ। एक व्यक्ति को मुक्ति तभी प्राप्त होती है जब सत्व के गुणों में वृद्धि, रजस तथा तमस का दमन, आत्म नियंत्रण में वृद्धि, परमात्मा को समर्पण तथा अपने कार्यों को भगवान को समर्पित होते हैं। मुक्ति के विभिन्न मार्ग हैं। प्रमुख रास्ते हैं–क्रिया का ज्ञान, समर्पण, ध्यान, आत्म-अनुभूति, निष्काम कर्म का अभ्यास तथा त्याग। प्रत्येक पथ के लाभ तथा हानियाँ हैं। रास्ता कोई भी हो, एक गुरू की सहायता तथा मार्ग दर्शन के बिना आध्यात्मिक रास्ते पर चलना कठिन है। मानव

रूप में गुरू ही ईश्वर है जिसका प्रमुख उद्देश्य है अपने शिष्यों के मस्तिष्क तथा दिल में छिपे अंधकार को दूर करना तथा अपने 'स्वत्व' को प्राप्त करने में सहायता करना।

अतः मानव जीवन में संतुलन के लिए चार पुरुषार्थ उत्तरदायी हैं। वे जीवन को एक पुरस्कृत तथा समृद्ध अनुभव बनाते हैं। वे मानव जीवन की इच्छाओं तथा आध्यात्मिकता में संतुलन स्थापित करते हुए उन्हें मुक्ति के पथ के लिए उचित दिशा निर्देश प्रदान करते हैं। इस प्रकार ब्रह्मा की पूजा/आराधना करते हुए हम धर्म के ज्ञान को प्राप्त कर सकते है तथा पूर्णता व स्पष्टता के साथ अपनी आवश्यक कर्त्तव्यों को पूरा कर सकते हैं। विष्णु की आराधना से हम भौतिक व आध्यात्मिक धन की प्राप्ति कर सकते हैं तथा अपने परिवारों व समाज के कल्याण के लिए कार्य कर सकते हैं। शिव की आराधना से हम अपनी इच्छाओं की पूर्ति कर सकते हैं तथा अपने मोह से बाहर आ सकते हैं। अंतिम रूप से ब्रह्मा या ब्राह्मण के रूप में इनमें से किसी भी देवता की आराधना से हम स्वयं ब्राह्मण बनकर मुक्ति प्राप्त कर सकते हैं।

प्राचीन भारतीय शिक्षा का प्रत्यक्ष लक्ष्य था एक विद्यार्थी को समाज का उपयोगी सदस्य बनाना। विद्यार्थियों में नागरिक तथा सामाजिक कर्त्तव्यों के प्रति जागरूकता विकसित करना भी प्राचीन भारतीय शिक्षा प्रणाली के उद्देश्यों का एक भाग था। प्राचीन भारतीय चिन्तकों ने शिक्षा के कुछ जीवन पर्यन्त उद्देश्य निश्चित किए थे जिनकी अनुभूति तथा प्राप्ति के लिए जीवन पर्यन्त प्रयासों की आवश्यकता होती थी। इन उद्देश्यों का एक त्रिफार्मूले में संक्षिप्तीकरण किया गया है जो प्राचीन भारतीय शिक्षा प्रणाली के विस्तृत प्रारूप को दर्शाता है:

*अस्तो मां सद् गमय*
*तमसो मा ज्योर्तिगमय*
*मृत्योमा अमृतम् गमय*
*(मुझे झूठ से सत्य की ओर ले जाओ,*
*मुझे अंधकार से प्रकाश की ओर ले जाओ,*
*मुझे मृत्यु से अमरता की ओर ले जाओ।)*

उनके लिए सत्य, प्रकाश तथा अमरता के आदर्श एक त्रि एकता स्थापित करते हैं और प्रत्येक दूसरे में निहित है। आज के समय में भी भारतीय शिक्षा प्रणाली के लक्ष्य इन्हीं पर आधारित हैं।

# 6. नैतिकता, मूल्य एवं आदर्श
# (Ethics, Values and Ideals)

*"Peace of mind produces right values, right values produce right thoughts and right thoughts produce right action."* –Robert M. Possig

नैतिकता, मूल्य और आदर्श का विचार व्यक्ति के प्रत्येक कार्य के चयन व निर्णय में विद्यमान रहता है। जब हम किसी कार्य को करने के लिए दो क्रियाओं का चयन करते हैं तो हमें यह निर्णय लेना पड़ता है कि दोनों में से कौन-सी अच्छी है और हम उसी क्रिया का चयन करते हैं जो सभी आयामों में अधिक उपयुक्त होती है। इस प्रकार के चयन व क्रिया की प्रक्रिया में नैतिकता, मूल्य एवं आदर्श का योगदान सम्मिलित होता है। सभ्यता के विकास में सही ओर गलत, अच्छा और बुरा, पुण्य और पाप के नैतिक संप्रत्यय सदा ही मानवता के दैनिक कार्यों को प्रभावित करते हैं। प्रत्येक संस्कृति कुछ विशेष गुणों एवं विशेषताओं को महत्ता देती है। संस्कृति पीढ़ी दर पीढ़ी इन मूल्यों जैसे–कार्य करने की नैतिकता, या ईमानदारी; को हस्तांतरित करती है। इन मूल्यों को उस संस्कृति की संस्थाओं में अंकित भी किया जाता है। प्रत्येक सभ्यता की कुछ विशेषताएँ एवं आदर्श होते हैं। उदाहरणत: भारतीय सभ्यता में नैतिकता, सामाजिकता, संवेगात्मकता एवं आध्यात्मिक मूल्य निहित है। भारत में, मनुष्य के सभी प्रयास जीवन के केन्द्रित लक्ष्य-मोक्ष प्राप्त करना या मुक्ति प्राप्त करना; से जुड़े होते है।

सभी संस्कृतियाँ एक आदर्श व्यक्ति के लिए कुछ आदर्शों या आशाओं का पालन करना अनिवार्य मानती है। कभी-कभी ये आदर्श एक विशेष व्यक्ति के लिए विशिष्ट होते हैं। जैसे–एक आदर्श माता के बारे में यह माना जाता है कि वह नर्म दिल, समर्थक एवं पालन-पोषण करने वाली हो। कभी-कभी ये आदर्श अधिकतर सामान्य होते हैं। एक आदर्श भारतीय नागरिक से यह आशा की जाती है कि उसे अपने देश के प्रति वफादार होना चाहिए और उसके द्वारा चिंतनपूर्ण एवं सूचना आधारित निर्णय लिए जाने चाहिए। प्राय: भविष्य में उत्तम जीवन व्यतीत करने के लिए प्राप्य आदर्शों का समुच्चय एक मानक स्थापित करता है।

नैतिकता पथ प्रदर्शक या नियम है जो एक व्यक्ति के लिए नहीं अपितु एक संगठन या समाज के लिए स्थापित की जाती हैं। ये मुख्य रूप से पुण्य, अधिकार व कर्त्तव्यों पर आधारित होते हैं। उदाहरण: जुर्म करने, मारने, और रेप करने से बचने के कर्त्तव्य नैतिकता के भाग हैं। एक समाज के मूल्य व आदर्श ही सिद्धांतों या निर्देशों की सूचना देते हैं कि एक व्यक्ति को किस प्रकार कार्य या व्यवहार करना चाहिए। ये सिद्धांत प्राय: अनौपचारिक व अलिखित होते हैं और समाज के सदस्यों के द्वारा उचित व्यवहार के निर्देश दिए जाते हैं। एक शास्त्रीय उदाहरण, स्वर्णिम नियम है कि आप दूसरों से जैसा व्यवहार अपने लिए चाहते है, वैसा ही व्यवहार आप दूसरों के साथ कीजिए।

### नैतिकता (Ethics)

व्युत्पन्न रूप से नैतिकता शब्द 'ऐथिकोज' (Ethicos) से लिया गया है, जिसका अर्थ 'चरित्र से सम्बन्धित' जो स्वयं एक मूल्य शब्द 'इथीस' (Ethis) से लिया गया है, जिसका अर्थ है चरित्र,

आदत, रीति-रिवाज, नैतिक प्रवृत्ति; इस शब्द को लैटिन में 'ऐथिका' (Ehica) में हस्तांतरित किया गया, इसके पश्चात् फ्रेंच में 'ऐथिक' (Ethique) और यहां से अंग्रेजी में हस्तांतरित किया गया। इस अर्थ में नैतिकता 'नैतिक दर्शन' के बहुत समीप है। यह दर्शन की वह शाखा है, जो मानव चरित्र से सम्बन्धित है। इस प्रकार नैतिकता का अध्ययन मानवीय सुख के साधन के रूप में, उनके अधिकार के दृष्टिकोण से मानव क्रियाओं के व्यवस्थित अध्ययन के रूप में किया जा सकता है। इस प्रकार नैतिकता की धारणा को आवश्यक रूप से न्यायसंगत खुशी के मार्ग की ओर, समाज में, बड़े ओर व्यक्तिगत रूप से मार्गदर्शन करने के साधन के रूप में विकसित किया गया है।

दार्शनिक अनुशासन के रूप में, नैतिकता उन मूल्यों और दिशा निर्देशों का अध्ययन है, जिनके द्वारा हम रहते हैं। नैतिकता एक नैतिक ढाँचा प्रदान करती है, जिसमें मनुष्य कानूनी रूप से अपने अंत का पीछा करने के लिए कार्य कर सकते हैं। सभी मूल्यों व सिद्धांतों का मूल्यांकन और विश्लेषण कुछ सार्वभौमिक सिद्धांतों के प्रकाश में किया जाता है, जो हर जगह मानव समाज के लिए प्रिय है।

नैतिक दर्शन के रूप में, नैतिकता नैतिक समस्याओं ओर नैतिक निर्णयों के बारे में दार्शनिक सोच है। यह एक विज्ञान है, तार्किक क्रम में आयोजित तर्कसंगत सच्चाई का एक समुच्चय है। यह मानव आचरण को दिशा निर्देश देने का एक प्रयास है। यह नैतिक सिद्धांतों के प्रयोग के द्वारा एक अच्छा जीवन जीने में मानव की सहायता करने का एक प्रयास है।

नैतिकता उचित व अनुचित से सम्बन्धित है। जो सही है, वह नैतिक होता है, जो गलत है वह अनैतिक होता है। एक अनुशासन के रूप में नैतिकता के सैद्धांतिक एवं व्यावहारिक पहलू है। सैद्धांतिक रूप से नैतिकता बुनियादी सिद्धांत प्रदान करती है और जानती है कि किस नैतिक निर्णय पर पहुँचे हैं। व्यावहारिक अनुशासन के रूप में यह व्यक्ति के जीवन से सम्बन्धित है। यह अच्छे व सही कार्य करने के लिए, सही और गलत का चयन, अच्छाई और बुराई, कर्त्तव्य और मूल्य के प्रश्नों को निश्चित करने का प्रयास करती हैं। यह सही कार्य करने का अभ्यास है या हम कह सकते हैं कि यह अच्छा जीवन जीने की कला है। नैतिकता में यह भाव भी समाहित है कि यह कार्य अनुचित है, अत: उसे नही करना चाहिए। इसका आधार पवित्रता, न्याय और सत्य है। अंतरात्मा की सही आवाज नैतिकता है।

नैतिकता अच्छाई और बुराई का बोध कराती है। नैतिकता के नियमों का उल्लघंन करने पर व्यक्ति का अंतःकरण उसे धिक्कारता है। उसके पीछे सामाजिक शक्ति होती है।

नैतिकता को उच्चतम अच्छाई के रूप में परिभाषित किया जाता है। मैकाइवर एवं पेज (Maciver & Page) के अनुसार,

> *''मानव आचरण में क्या सही या अच्छा है, मानव जीवन में सम्मिलित आदर्शो का विज्ञान ही नैतिकता का अध्ययन है।''*
>
> *("Ethics is the study of what is right or good in human conduct, the science of the ideals involved in human life.")*

प्रायोगिक नैतिकता एक अभ्यास है, जिसका उद्देश्य नैतिक निर्णयों का मार्गदर्शन करना, निर्णयों को लेने में सहायता करना, जो हम अपने जीवन में लेते हैं। नैतिकता के संदर्भ में, मूल्य सही और गलत के मानक होते हैं।

रशवर्थ किडर (Rushworth Kidder) का कहना है,

> *''नैतिकता की उचित परिभाषा में कुछ लोकोक्तियाँ समाहित है। जैसे आदर्श मानव चरित्र का विज्ञान' या 'नैतिक कर्त्तव्य का विज्ञान'।''*
>
> *('Standard definition of ethics have typically include such phrases as' 'The science of the ideal human' or 'The science of moral duty.')*

रिचर्ड विलियम पाल एवं लिन्डा एलडर (Richard William Paul & Linda Elder) के अनुसार,

*"नैतिकता संप्रत्ययों एवं सिद्धांतों का समुच्चय है जो हमारा यह निश्चित करने में मार्गदर्शन करती है कि कौन-सा व्यवहार संवेदनशील प्राणियों के लिए सहायक या नुकसानदायक होता है।"*
*("Ethics is a set of concepts and principles that guide us in determining what behaviour helps or harms, sentient creatures.")*

दर्शन के कैम्ब्रिज शब्दकोष (Cambridge dictionary of Philosophy) में कहा गया है कि

*'ऐथिक्स' शब्द को सामान्य रूप से प्रयोग होने वाले परस्पर शब्द जैसे 'नैतिकता' और कभी-कभी इसे संकुचित रूप में एक विशेष रीति-रिवाज, समूह या व्यक्ति के नैतिक सिद्धांत के रूप में प्रयोग किया जाता है।*
*('The word 'ethics' is commonly used interchangeably with 'morality' ...... & sometimes it is used more narrowly to mean the moral principles of a particular tradition, group or individual.')*

पॉल एवं एल्डर (Paul & Elder) का यह भी कहना है कि अधिकतर व्यक्ति असंमजस में नैतिकता को सामाजिक रीति रिवाज, धार्मिक विश्वास और नियम के अनुसार व्यवहार मान लेते हैं और इसे एक विशेष संप्रत्यय के रूप में नहीं मानते।

गिंसबर्ट (Ginsburt) के शब्दों में,

*"नैतिकता, नियमों की वह व्यवस्था है जो अच्छे और बुरे से सम्बन्धित है तथा जिसका अनुभव अंतरात्मा द्वारा होता हैं।"*

किंग्जले डेविड (Kingsley David) के अनुसार,

*"नैतिकता कर्त्तव्य की भावना पर अर्थात, उचित व अनुचित पर बल देती है।"*

जैवनैतिकतावादी लेरी चर्चिल (Lary Churchill) के द्वारा लिखा गया है,

*"नैतिकता को नैतिक मूल्यों के बारे में आलोचनात्मक चिंतन के रूप में समझा जाता है।"*

सही और गलत, अच्छा और बुरा आदि के विचार तब तक अर्थहीन है जब तक हम इनका प्रयोग अंतिम लक्ष्य या उच्चतम अच्छाई के विचार के संदर्भ में नहीं करते। क्रियाएँ तभी सही होती है यदि वे उच्चतम अच्छाई की प्राप्ति में योगदान देती हैं, इससे भिन्न होने पर वे गलत हो जाती हैं। परिणामस्वरूप नैतिकता को मानव क्रियाओं के अंतिम लक्ष्य की प्रकृति के बारे में खोज, मानवता की उच्चतम आवाज और इसे बनाने की प्रक्रिया भी कहा जा सकता है।

## भारतीय परम्परा में नैतिकता (Ethics in Indian Tradition)

भारतीय ज़ीवन मूल्य दुनिया की सबसे पुरातन सभ्यताओं में से एक है। इस तथ्य के परिणामस्वरूप, भारत में नैतिक शास्त्रों का एक विशाल भंडार है, जिसने युगों से हमारी सभ्यता का मार्गदर्शन किया। भारतीय नैतिकता की नींव समाज में पूजा, प्रार्थना व आदर्शों और सिद्धांतों के रूप में आध्यात्मिक व धार्मिक मान्यताओं में देखी जा सकती है। नैतिक संहिता के अनुसार लोगों को अपने कर्त्तव्यों का निर्वहन करना आवश्यक है। नैतिकता दो प्रकार की होती है–व्यक्तिगत और सामाजिक। व्यक्तिगत नैतिकता अच्छे गुणों का सूचक है, जो व्यक्तिगत भलाई और खुशी के लिए आवश्यक है। सामाजिक नैतिकता इन मूल्यों का प्रतिनिधित्व करती है जो सामाजिक व्यवस्था और सद्भाव के लिए आवश्यक है।

भारत में नैतिकता का एक प्रमुख स्त्रोत प्राचीन धर्मग्रंथों में पाया जाता है। सामान्यत: वेद और स्मृतियों को नैतिकता के स्त्रोत के रूप में माना जाता है। इसके अतिरिक्त लोगों का आंतरिक विवेक भी नैतिकता का स्त्रोत बन जाता है। आधुनिक समय में नैतिकता का स्त्रोत नैतिकता के विचारों में पाया जाता है जैसे–गाँधी, टैगोर, अरविन्द आदि। भारतीय संस्कृति हमारी मानव जाति के विकास का उच्चतम स्तर कही जा सकती है। इसी की परिधि में सारे विश्व के विकास के 'वसुधैव कुटुम्बकम्' के सारे सूत्र आ जाते हैं। जीवन के चार ऐसे लक्ष्य हैं जो वांछनीय हैं और मानव आकांक्षाओं की पूर्ति के लिए भी आवश्यक हैं–धार्मिकता (धर्म), सांसारिक लाभ (अर्थ), इच्छा की पूर्ति (कर्म), और मुक्ति (मोक्ष)। इस वर्गीकरण में नैतिक दृष्टि से धर्म और मोक्ष अत्यंत महत्वपूर्ण हैं।

अच्छे चरित्र के गुण क्या है? मानव व्यवहार का कौन सा प्रकार अच्छा है या बुरा? जीवन में व्यक्ति को कैसे कार्य करने चाहिए? यह प्रश्न नैतिकता के आधारभूत हैं और इन्हीं का उत्तर प्राप्त करने के पश्चात् हम नैतिकता की ओर अग्रसर होते हैं।

भारत में नैतिकता के बारे में बहुत पुराना इतिहास है। हमारे देश की विरासत में हमें नैतिकता एवं सामाजिक मूल्यों का इतिहास मिला है। संपूर्ण विश्व में भारत की पहचान का प्रतीक नैतिकता है। वीर शिरोमणि शिवाजी की पहली गुरु उनकी माता जीजाबाई थी। रामायण में पति-पत्नी, भाई-भाई, गुरु-शिष्य, पिता-पुत्र, माता-पिता एवं पारिवारिक रिश्तों में हम शिष्टता, नैतिकता, सद्विचार, करुणा, प्रेम, त्याग, दया, सहानुभूति, कर्म एवं कर्त्तव्य की शिक्षा एवं सम्बन्ध को अच्छी प्रकार से समझ सकते हैं। भारतीय परम्परा में लौकिक व्यवस्था के संप्रत्यय से धर्म का विचार उत्पन्न हुआ। यहाँ धर्म से अभिप्राय पूजा-पाठ से नहीं है, या किसी विशेष धर्म को मानने से नहीं है अपितु इसका अभिप्राय है उत्तरदायित्व, कर्त्तव्य परायणता व औचित्यता। यही जीवन जीने का संपूर्ण ढंग है, जिसमें नैतिक मूल्यों को उच्चतम स्थान प्रदान किया जाता है तथा प्रत्येक व्यक्ति से यह आशा की जाती है कि वह अपनी सामाजिक परिस्थिति तथा स्तर के अनुसार अपने कर्त्तव्य को पूरा करे।

इस प्रकार नैतिकता समाज का वह तत्व है जिसकी उपस्थिति में सभ्य समाज का निर्माण किया जा सकता है। यह वह है जो हमें किसी कार्य को करने की या न करने की आज्ञा देती है। यह मानव-मूल्यों की वह व्यवस्था है जो अधिक सुखमय जीवन के लिए हमारे व्यवहार को आकार देती है। यह सुख की कुंजी है। यदि हम स्वार्थी, क्रोधित तथा अंहकारी होगें तो हम अपने लिए शांतिमय व सुखी जीवन की आशा कैसे कर सकते हैं?

## नैतिकता की विशेषताएँ (Characteristics of Ethics)

उपरोक्त विचार विमर्श के आधार पर नैतिकता की निम्नलिखित विशेषताएँ हैं–

- यह समाज में उचित व्यवहार के प्रश्नों के साथ आंतरिक रूप से सम्बन्धित है।
- यह व्यक्ति के अंत:करण की आवाज है।
- इसका सम्बन्ध समाज से है।
- यह अच्छे व्यक्तियों, विश्वसनीय चरित्र व उचित व्यवहार से सम्बन्ध की ओर संकेत करती है।
- यह इस बात का संकेत देती है कि हमें विशेष परिस्थितियों में क्या करना चाहिए या किसी क्रिया या व्यवसाय में भाग लेते समय हमें क्या करना चाहिए।
- यह एक अकेले व्यक्ति के कार्यों तक ही सीमित नहीं है।
- यह सरकार, सहकारी समितियों, कंपनियों, व्यावसायिक व अन्य समूहों की उचित कार्यप्रणाली से भी सम्बन्धित है।

- यह परिवर्तनशील है।
- यह परिभाषित करती है कि हम क्या है तथा हमें एक नैतिक पहचान प्रदान करती है।
- यह समस्याओं एवं जटिलताओं के लिए नवीन व अधिक अच्छे नैतिक प्रत्युत्तर खोज करने की प्रक्रिया है।
- यह केवल मनुष्यों के लिए प्रयुक्त होती है क्योंकि उन्हीं के पास चयन की स्वतंत्रता एवं मुक्त इच्छा के संसाधन होते हैं।
- हमारे नैतिक मूल्य ही हमारी गहन लगन व सम्बन्धों को प्रतिबिम्बित करते हैं।
- यह स्थिर नहीं होती। इसमें सिद्धांतों एवं मूल्यों की गत्यात्मक प्रक्रिया शामिल होती है।
- नैतिक मूल्यों का पालन व्यक्ति स्वेच्छा से करता है।
- यह उचित व अनुचित पर बल देती है।
- यह अच्छाई और बुराई का बोध कराती है।
- इसका आधार पवित्रता, न्याय और सत्य है।
- यह मानव के सद्गुणों को प्रदर्शित करती है।
- यह कभी-कभी धर्म के नियमों का प्रतिपादन करती प्रतीत होती है।
- इसके नियम देश, काल और परिस्थिति के अनुसार बदलते रहते हैं।

अतः नैतिकता का सम्बन्ध न किसी जाति से, न किसी धर्म से और न ही किसी मजहब से होता है, क्योंकि यह प्रकृति का वरदान है।

**नैतिकता की प्रकृति (Nature of Ethics)**

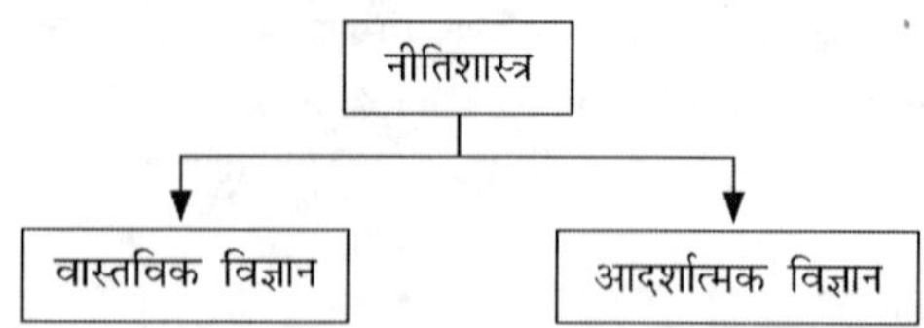


*नीतिशास्त्र वास्तविक विज्ञान है (Ethics is Positive Science)*–प्रत्येक विज्ञान प्रकृति के एक विशिष्ट क्षेत्र से संबंधित होता है। विज्ञान के रूप में नीति-शास्त्र का भी अपना विशिष्ट क्षेत्र है। यह उन विशिष्ट निर्णयों से सम्बन्धित होता है, जो हम मानव आचरण के बारे में लेते हैं। जैसा कि विज्ञान क्रमबद्ध प्रक्रिया से सम्बन्धित है, उसी भांति यह मानव के जीवन में उचित अनुचित की सुव्यवस्थित व्याख्या की चर्चा करता है, परंतु हम इसे पूर्ण रूप से विज्ञान नहीं कह सकते क्योंकि यह मानव से सम्बन्धित होता है और मानव का मन व हृदय समय-समय पर बदलता रहता है। प्राकृतिक विज्ञान वास्तविकता से सम्बन्धित होता है और तथ्यों की उनके कारणों के आधार पर व्याख्या करता है। इस प्रकार प्राकृतिक विज्ञान तथ्यों के निर्धारण से सम्बन्धित होता है जबकि नीतिशास्त्र मान्यताओं के निर्धारण से सम्बन्धित होता है। वास्तविक विज्ञान प्रदत परिस्थितियों में क्या है, क्या था और क्या होगा; की व्याख्या करता है। इन सभी कथनों की प्रायोगिक रूप से पुष्टि की जा सकती है। ये कथन व्यक्तिगत विचारधारा पर आधारित नहीं होते। भारत के सभी लोग यह मानते है कि औचित्यता का रास्ता अपनाए बिना जीवन के उच्चतम लक्ष्य (मोक्ष) की प्राप्ति नहीं हो सकती। इस प्रकार नीतिशास्त्र का वह भाग जो वास्तविक विज्ञान से सम्बन्धित है, वास्तविक नीतिशास्त्र कहलाता है।

*नीतिशास्त्र आदर्शात्मक विज्ञान है (Ethics is Normative Science)*–आदर्शात्मक विज्ञान 'क्या होना चाहिए' से सम्बन्धित है। यह नैतिक निर्णय लेने में या नैतिक रूप से क्या ठीक है,

क्या गलत है, कोई विरोध नहीं करता। यह नैतिक निर्णयों की उद्घोषणा करता है। सहनशीलता कैसी होनी चाहिए? अहिंसा किसे कहते हैं? इस प्रकार की खोज तुरंत ही आदर्श खोज बन जाती है। क्योंकि यहाँ हम इस बात की खोज करते हैं। कि क्या होना चाहिए? भारत को राजनीति में नीतिशास्त्र को अपनाना चाहिए। नीतिशास्त्र के आधार पर हम मानवीय कृत्यों पर निर्णय ले सकते हैं कि मनुष्य को क्या करना चाहिए और क्या नहीं, क्या उचित है और क्या अनुचित। अत: आदर्श खोज निश्चित रूप से नैतिक विचारों से सम्बन्धित है, दूसरी ओर वास्तविक खोज नैतिक लक्ष्यों से स्वयं को दूर रखती हैं।

## नीति-शास्त्र के प्रकार/सिद्धांत (Types/Theories of Ethics)

नीतिशास्त्र या नैतिक दर्शन के क्षेत्र में उचित या अनुचित व्यवहार के संप्रत्यय शामिल होते हैं। नीतिशास्त्र के सिद्धांतों को सामान्यत: निम्नलिखित अध्ययन क्षेत्रों में बांटा गया है:

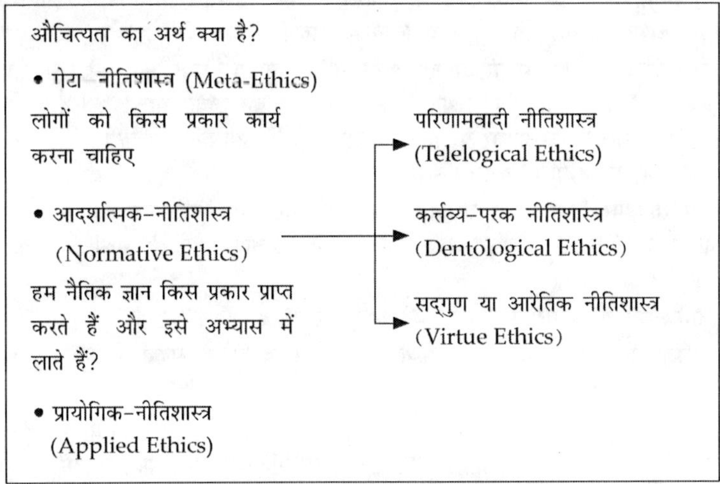


अब हम विस्तारपूर्वक इनकी व्याख्या करेंगे:

A. ***मेटा नीतिशास्त्र*** *(Meta ethics)*–'मेटा' शब्द का अर्थ है बाद में या परे। इसे अधिनीतिशास्त्र भी कहा जाता है। यह नीतिशास्त्र की वह शाखा है जो नीतियों के गुणों, दावों, मनोदृष्टि व निर्णयों को समझने का प्रयास करती है। यह खोज करती है कि हमारे नीतिशास्त्र के सिद्धांत कहाँ से आए और उनका अर्थ क्या है। यह 'अच्छाई क्या है? हम अच्छे और बुरे में अंतर कैसे समझ सकते हैं? आदि प्रश्नों का उत्तर ढूंढता है। एक विशेष परिस्थिति में यदि प्रश्न उठता है–क्या मुझे केक के इस विशेष टुकड़े को खाना चाहिए? तो यह मेटा नीतिशास्त्र का प्रश्न नहीं है, (अपितु यह प्रायोगिक नीतिशास्त्र का प्रश्न है।) मेटा-नीतिशास्त्र का प्रश्न अमूर्त होता है और अधिक विशिष्ट प्रायोगिक प्रश्नों के विस्तृत विस्तार से सम्बन्धित होता है जैसे: 'क्या उचित या अनुचित है', का सुदृढ़ ज्ञान प्राप्त करना कभी संभव है। मेटा-नीतिशास्त्र उन प्रश्नों के उत्तर देता है, जो सार्वभौमिक सत्य, भगवान की इच्छा, नैतिक निर्णयों में कारण की भूमिका, नैतिकता से संबंधित शब्दों के अर्थ आदि मुद्दों पर केन्द्रित होते हैं। इस प्रकार अधि-नीतिशास्त्र नैतिक मान्यताओं के सैद्धांतिक अर्थ के बारे में जानकारी देता है और उनकी सत्यता के मूल्य को कैसे निश्चित किया जा सकता है। इस पर बल देने वाले नीतिशास्त्री यह मानते है कि किसी नैतिक सिद्धांत को अच्छा या बुरा बताने से पहले इसे तत्वमीमांसिक

स्तर पर समझना आवश्यक है कि अच्छाई और बुराई की परिभाषा क्या है। इसके विपरीत अन्यों का मानना है कि विश्व में अच्छे और बुरे निर्णयों को देखकर हम यह समझ सकते हैं कि अच्छा नैतिक सिद्धांत क्या है और बुरा क्या है। इस प्रकार यह नैतिकता के गुणों और मूल्यांकन की प्रकृति को समझने में सहायक होता है।

अधिनीतिशास्त्र के तीन प्रमुख सिद्धांत हैं:

- प्राकृतिक और अप्राकृतिकवादी
- भावनात्मकवादी
- निदेशात्मकतावादी
- *प्राकृतिक और अप्राकृतिकवादी*–यह सिद्धांत इस बात पर विश्वास करता है कि नैतिक भाषा संज्ञेय है और सत्य-असत्य की पहचान की जा सकती है।
- *भावनात्मकवादी*–ये इस बात का खंडन करते हैं तथा विश्वास करते हैं कि नैतिक कथन स्वीकृति अथवा अस्वीकृति की भावनात्मक अभिव्यक्ति होते हैं।
- *निदेशात्मकतावादी*–यह सिद्धांत मानता है कि नैतिक निर्णय किसी कार्य की स्वीकृति अथवा अस्वीकृति होते हैं न कि विश्व के विश्वास में तथ्य की उक्ति मात्र।

अतः उपयुक्त कथनों के आधार पर हम कह सकते हैं कि अधिनीतिशास्त्र/परानीतिशास्त्र-नैतिक अवधारणाओं की उत्पत्ति से सम्बन्धित शास्त्र है।

- यह इस बात पर विचार नहीं करता है कि कोई भी कार्य अच्छा या बुरा है अथवा सही या गलत है बल्कि यह प्रश्न करता है कि ''सही होना क्या है?'' तथा ''नैतिकता स्वयं में क्या है?''
- यह नीतिशास्त्र के विषय में सोचने की अमूर्त पद्धति है।
- यह शास्त्र नैतिकता के सैद्धांतिक अर्थों और नैतिक दर्शन के संदर्भ से यह बताता है कि कैसे वास्तविक मूल्यों को निर्धारित किया जाता है।
- यह नैतिकता का मूल्यांकन करता है।

**B.** *आदर्शात्मक नीतिशास्त्र (Normative Ethics)*–यह नैतिकता सम्बन्धी क्रियाओं का अध्ययन है। यह नीतिशास्त्र की वह शाखा है जो उन प्रश्नों के समुच्चय को जांचती है जिनका उद्गम यह सोचते वक्त होता है कि नैतिक तौर पर किसी को कैसे कार्य करना चाहिए। इसमें अच्छी आदतों की गणना शामिल होती है, जो हमें प्राप्त करनी चाहिए, कर्त्तव्य जिसका हमें अनुगमन करना चाहिए या दूसरों पर हमारे व्यवहार के प्रभाव की गणना। मुख्य मान्यता यही मानी जाती है कि नैतिक आचरण की एक ही अंतिम कसौटी है, जो एक अकेला नियम या सिद्धांतों का एक समुच्चय हो सकता है। इसकी उत्पत्ति आदर्श से हुई, जिसका सम्बन्ध किसी आदर्श मानक या मॉडल से है या उस पर आधारित है, जो किसी कार्य को करने का सामान्य या उचित ढंग माना जाता है। यह अधिनीतिशास्त्र से पृथक है, क्योंकि यह कार्यों के सही या गलत होने के मानकों का परीक्षण करता है, जबकि मेटा-नीतिशास्त्र नैतिक भाषा और नैतिक तथ्यों के अर्थ का अध्ययन करता है।

यह वर्णात्मक नीतिशास्त्र से भी अलग है क्योंकि वर्णात्मक नीतिशास्त्र का सम्बन्ध यह निर्धारित करने से है कि किस अनुपात में लोग यह मानते हैं कि ''हत्या सदैव गलत है'', जबकि मानदण्डक नीतिशास्त्र का सम्बन्ध इस बात से है कि क्या यह मान्यता रखना गलत है।

मानदण्ड परख नीतिशास्त्र प्रत्येक उस व्यक्ति को दण्डित करने को उचित ठहराता है जो सामाजिक और नैतिक व्यवस्था को भंग करता है। आदर्शात्मक नैतिक सिद्धांतों के तीन उपागम है:

1. *परिणामवादी नैतिकता (Teleological ethics)*–इसके अनुसार नैतिक रूप से उचित कार्य वही है जिससे अच्छे परिणाम या प्रभाव प्राप्त होते हैं। यह सिद्धांत कर्त्तव्य या नैतिक उत्तरदायित्व को क्या अच्छा है या लक्ष्य के रूप में क्या प्राप्त करना योग्य है, के रूप में लेना है। इसे अधिक स्पष्ट रूप से परिणामवाद भी कहा जाता है। इसका यह मानना है कि किसी के आचरण के प्रभाव ही उसके आचरण के उचित-अनुचित होने के बारे में निर्णय लेने में आधार का काम करते हैं।

   परिणामवाद का मुख्य/मूल विचार है कि "साध्य से ही साधन का औचित्य है"। परिणामवादी नीतिशास्त्र में परिणाम के आधार पर कई सिद्धांत निकाले जैसे–

   (i) *उपयोगवादी*–जिस कार्य को करने से ज्यादा से ज्यादा लोगों का कल्याण हो, वह उचित है।

   (ii) *आनंदवाद*–जिस कार्य को करने से अधिक से अधिक आनंद प्राप्त हो, वह उचित है।

   (iii) *अहंवाद*–जो कार्य स्वयं का अधिक कल्याण करे, वही उचित है।

   (iv) *आत्मनिग्रहवाद*–आध्यात्मिक लक्ष्यों को प्राप्त करने के लिए किया गया कार्य उचित कार्य है।

   (v) *परोपकारवाद*–दूसरों के लिए जीना और स्वयं की चिंता नहीं करना उचित कार्य है।

2. *कर्त्तव्य-परक नीतिशास्त्र (Deontogical ethics)*–कर्त्तव्यपरक का अर्थ है कर्त्तव्य आधारित नैतिकता क्योंकि यह इस बात से संबंधित है कि लोग क्या करते हैं, न कि उनकी क्रियाओं के परिणाम से। ये सिद्धांत कर्त्तव्य, दायित्व एवं सही और गलत के संप्रत्ययों पर बल देते हैं। ये औपचारिक या सहसम्बन्धित कसौटियाँ निश्चित करते हैं जैसे समानता या निष्पक्षता। यह उपागम सिद्धांतों के अनुसार कुछ करने में विश्वास करता है क्योंकि वह आंतरिक रूप से सही होता है।

   कर्त्तव्य-परक (Deontological) यूनानी शब्द 'डिऑन' से लिया गया है जिसका अर्थ है कर्त्तव्य या दायित्व। यह मानदण्डपरक नीतिशास्त्र का वह आयाम है जो किसी भी कार्य की नैतिकता को नियम या नियमों के अनुपालन के आधार पर निर्णय प्रदान करता है। इसको नियम आधारित नीतिशास्त्र भी कहा जाता है क्योंकि नियम ही कर्त्तव्यों से बांधते हैं। इस नीतिशास्त्र में कार्य परिणाम से अधिक महत्वपूर्ण होता है। यह नियम कर्त्तव्य व उत्तरदायित्वों को अपने में समाहित करता है। कर्त्तव्य-परक नीतिशास्त्र मानवीय कार्यों के परिणामों पर बल न देकर उनके औचित्य और अनौचित्य पर बल देता है। कर्त्तव्य-परक नीतिशास्त्र के भी अलग-अलग सिद्धांत हैं जैसे–

   (i) श्रेणीगत अनिवार्यता सिद्धांत (Categorical imperative)

   (ii) नैतिक निरंकुशता सिद्धांत (Moral absolutism)

   (i) *श्रेणीगत अनिवार्यता सिद्धांत (Categorical imperative)*– कर्त्तव्य-परक नीतिशास्त्र का पहला सिद्धांत इमैन्युअल कांत (Immanual Kant) द्वारा प्रतिपादित किया गया। इसे कांतवाद के नाम से भी जाना जाता है। कांत के अनुसार, सृष्टि में मानवों का विशेष स्थान है तथा सभी कर्त्तव्यों एवं दायित्वों का मूल एक सर्वोच्च आदेश में निहित है। इस सिद्धांत के अनुसार नैतिक नियम सार्वभौमिकता एवं परस्पर व्यवहार पर आधारित होने चाहिए।

- *सार्वभौमिकता*–ऐसे नैतिक कार्य जिसे सभी पर लागू किया जा सके।
- *पारस्परिकता*–जैसा अपने प्रति चाहते हो वैसा ही कृत्य करो।

(ii) *नैतिक निरंकुशता सिद्धांत (Moral absolutism)*–इस सिद्धांत में यह विश्वास किया जाता है कि कुछ ऐसी कसौटियाँ होती है जिनको ध्यान में रखते हुए नैतिक प्रश्नों के निर्णय लिए जाते हैं। इन कसौटियों पर कुछ कार्य उचित तो कुछ अनुचित उतरते हैं चाहे उन कार्यों का प्रसंग कुछ भी रहा हो, जैसे–चोरी एक अनुचित कार्य है चाहे वह किसी भी प्रसंग में की गई हो। लेकिन यह सिद्धांत कभी-कभी उस स्थिति को ध्यान में रखकर इस तथ्य की उपेक्षा करता है कि क्या पता किसी उचित परिणाम के लिए चोरी को किया गया हो।

इसके अतिरिक्त जॉन राल्स (John Rawls) का संविदावाद (Contractualism) भी कर्त्तव्यपरक नीतिशास्त्र का एक सिद्धांत है जो कहता है कि नैतिक कार्य वे होते हैं, जिन्हें हम सब निष्पदा होकर स्वीकार करते हैं।

प्राकृतिक अधिकार के सिद्धांत भी कर्त्तव्यपरक नीतिशास्त्र के अंतर्गत आते हैं जिसमें कहा गया है कि इंसानों के पास पूर्ण, प्राकृतिक अधिकार होते हैं।

3. *गुण नीतिशास्त्र (Virute ethics)*–गुण नीतिशास्त्र मन व चरित्र की गुणात्मकता और ईमानदारी की भावना पर बल देता है। प्रारंभिक रूप में इसकी पहचान एक ऐसे नीतिशास्त्र के रूप में है जो गुणों या नैतिक चरित्र पर बल देता है, जबकि कर्त्तव्यपरक नीतिशास्त्र कर्त्तव्यों या नियमों को महत्व देता है और परिणामवाद कार्यों के परिणाम पर बल देता है। गुण नीतिशास्त्र एक नैतिक एजे़ण्ट के चरित्र की व्याख्या नैतिक व्यवहार के लिए प्रेरक शक्ति के रूप में करता है। इस सिद्धांत का यह मानना है कि एक बार यदि पुण्य स्वभाव की प्राप्ति हो जाती है तो उसे यह पता चल जाएगा कि उत्तम के लिए क्या करना चाहिए। अरस्तु का यह मानना था कि मनुष्य की आत्मा में तीन प्रकार की प्रवृत्ति होती है: शरीर (भौतिक/चयापचय), पशु (संवेगात्मक/भूख) एवं तर्क (मानसिक/वैचारिक)। शारीरिक प्रवृत्ति का प्रबंधन कसरत एवं देखभाल से किया जा सकता है, संवेगात्मक प्रवृत्ति का मूलप्रवृत्तियों और इच्छाओं में लीन रहकर तथा मानसिक प्रवृत्ति का प्रबंधन मानव तर्क व विकसित क्षमता के द्वारा किया जा सकता है। मनुष्य को केवल सामान्य रूप से जीना ही नहीं चाहिए, अपितु स्वभाव से प्रशासित आचरण के साथ अच्छे ढंग से जीना चाहिए। गुण का अर्थ है सही काम को, सही ढंग से, सही समय पर, सही कारण के लिए किया जाना। अरस्तु के अनुसार, गुणात्मक आदतों को अपनाने से लोग जब भी नैतिक चुनौतियों का सामना करते है तो उचित का चयन आसानी से कर पाएंगे। इस प्रकार गुण नीतिशास्त्र हमें यह समझने में सहायता करता है कि एक गुणी मानव से क्या अभिप्राय है और यह नैतिक दुविधाओं को सुलझाने के लिए किन्हीं विशिष्ट नियमों को दिए बिना जीवन जीने के लिए मार्गदर्शन प्रदान करता है।

## C. प्रयोगात्मक नीतिशास्त्र (Applied Ethics)

प्रायोगिक नीतिशास्त्र अत्यधिक व्यावहारिक दर्शन नीतिशास्त्र है। यह प्रदत विषय में नैतिक कार्य का चयन करने के लिए नैतिक सिद्धांतों का वास्तविक प्रयोग है। यह नीतिशास्त्र जीवन के अलग-अलग क्षेत्रों में नैतिक रूप से सही कार्य-मार्ग पहचानने हेतु दार्शनिक पद्धतियों का प्रयोग करने का प्रयास करता है। इसका सम्बन्ध नैतिक निर्णय के मामलों से सम्बन्धित निजी और सार्वजनिक जीवन के किसी विषय की नैतिक दृष्टिकोण से दार्शनिक समीक्षा करने से है। नीतिशास्त्र

की यह शाखा चिकित्सकों, शिक्षकों, प्रशासकों, शासकों आदि जैसे जीवन के अलग-अलग क्षेत्रों के व्यक्तियों के लिए सर्वाधिक महत्वपूर्ण है। यह सामाजिक, आर्थिक, सांस्कृतिक, धार्मिक विषयों के औचित्य-अनौचित्य पर भी विचार करता है। यह कठिन नैतिक प्रश्नों एवं विवादास्पद मुद्दों जैसें–युद्ध, भोजन के लिए जानवरों का प्रयोग, गर्भपात आदि से सम्बन्धित है। इसमें विभिन्न क्षेत्र सम्मिलित हैं–

1. *जैव-नीतिशास्त्र (Bio-ethics)*–यह जीव-विज्ञान एवं चिकित्सा में प्रगति से उत्पन्न विवादास्पद मुद्दों का अध्ययन है। जीवन के जैविक पहलुओं से सम्बन्धित नैतिक मुद्दे और उनसे संबंधित अन्य शाखाओं तथा प्रश्नों को इसमें शामिल किया गया है। यह नीतिशास्त्र की वह शाखा है जिसमें गर्भपात, पशु अधिकार या इच्छा मृत्यु जैसे नैतिक मुद्दों का विश्लेषण सम्मिलित है। इसके अंतर्गत कुछ महत्वपूर्ण कार्य आते हैं जैसे–दुनिया के आर्थिक रूप से अविकसित भागों के बीच स्वास्थ्य देखभाल सुविधाएँ, स्वास्थ्य संस्थानों में अनैतिक प्रथाएँ, सार्वजनिक स्वास्थ्य वितरण की चुनौतियाँ आदि। इस प्रकार इसमें वैज्ञानिक, तकनीकी, औषधि, राजनीति, कानून, दर्शन से सम्बन्धित नैतिक प्रश्न शामिल होते हैं।
2. *व्यावसायिक नीतिशास्त्र (Business ethics)*–व्यावसायिक नैतिकता प्रायोगिक नैतिकता का वह रूप है, जो व्यावसायिक वातावरण से उत्पन्न हाने वाले नैतिक सिद्धांतों व नैतिक समस्याओं की जांच करती है। यह उन सभी मूल्यों व सिद्धांतों से समझौता करती है और संगठनों में व्यवहार का मार्गदर्शन करने में सहायता करती है। व्यावसायिकों को हित धारकों की जरूरतों और लाभ कमाने की इच्छा के बीच संतुलन रखना चाहिए, यही व्यावसायिक नैतिकता है। यह संपूर्ण संगठनों के आचरण के लिए प्रासंगिक है। यदि एक सरकारी चिकित्सक मरीजों की चिकित्सा लाभ कमाने के उद्देश्य से करने लगे तो उसका कार्य अनुचित माना जाएगा। इस रूप में प्रायोगिक नैतिकता हमें सिखाती है कि हम जिस क्षेत्र विशेष में चरित्र या कार्यों का मूल्यांकन करना चाहते हैं, तो उसके लिए क्या-क्या आधार होने चाहिए।
3. *मिलिट्री नीतिशास्त्र (Military ethics)*–मिलिट्री नैतिकता का सम्बन्ध ऐसे प्रश्नों से है जो सैनिकों की शक्ति के प्रयोग से सम्बन्धित हो और इन्हें प्राय: प्रायोगिक व्यावसायिक नैतिकता माना जाता है। इसमें मिलिट्री के कार्यों से सम्बन्धित निर्णय सम्मिलित होते हैं जैसे–युद्ध में निशाना किसे बनाया जाए, मिलिट्री कैदियों के साथ कैसा व्यवहार किया जाए आदि।
4. *राजनैतिक नीतिशास्त्र (Political Ethics)*–राजनैतिक नैतिकता न्याय के प्रति प्रतिबद्धता और निष्पक्षता से निर्देशित होती है। इसे सार्वजनिक नीतिशास्त्र या राजनीतिक नैतिकता भी कहते हैं। राजनैतिक क्रियाओं और राजनैतिक एजेंटों के बारे में नैतिक निर्णय लिए जाते है। इसमें मुख्यत: दो क्षेत्रों को शामिल किया गया है; पहली नैतिकता कार्यालय की नैतिकता से सम्बन्धित है, जो सार्वजनिक अधिकारियों और उनके द्वारा उपयोग की जाने वाली विधियों से सम्बन्धित है, तथा दूसरा क्षेत्र कानूनों की नैतिकता है जो सार्वजनिक नीतियों और कानूनों के बारे में निर्णय लेने से सम्बन्धित है।
5. *सार्वजनिक क्षेत्र नीतिशास्त्र (Public Sector Ethics)*–यह सिद्धांतों का समुच्चय होता है जो सार्वजनिक क्षेत्र के अधिकारियों को अपने ग्राहकों की सेवा करने में मार्गदर्शन करता है और उन्हें विभिन्न प्रकार के निर्णय लेने में सहायता करता है।
6. *प्रकाशन नीतिशास्त्र (Publication Ethics)*–व्यावसायिक रूप से प्रकाशन करने वालों के लिए लिखने व प्रकाशन प्रक्रिया में मार्गदर्शन के लिए यह सिद्धांतों का समुच्चय है। प्रत्येक प्रकाशक को कुछ भी प्रकाशित करने से पहले अपने व्यवसाय के अनुरूप नैतिकता का अनुगमन करना चाहिए।

7. *सम्बन्धी नीतिशास्त्र (Relational Ethics)*–सम्बन्धी नीतिशास्त्र देखभाल से सम्बन्धित है जैसे–एक अनुसंधानकर्ता को अपने तथा जिन लोगों का वह अध्ययन कर रहा है, उस सम्बन्ध का आदर करना चाहिए। इसका प्रयोग मुख्यत: गुणात्मक अनुंसधान में किया जाता है, विशेष रूप से नृवंशविज्ञान (Ethrnogrophy) एवं ऑटोएथनोग्राफी में।
8. *पशु नीतिशास्त्र (Animal Ethics)*–इसे मानव-पशु सम्बन्धों की व्याख्या के रूप में प्रयोग किया जाता है। पशुओं के साथ किस प्रकार व्यवहार किया जाना चाहिए। इसके अंतर्गत पशु अधिकार, पशु कल्याण, पशु नियम, जंगली जीवन का संरक्षण आदि को शामिल किया जाता है।

इस प्रकार प्रायोगिक नीतिशास्त्र विभिन्न क्षेत्रों में प्रयोग से संबंधित है और प्रत्येक व्यक्ति को किसी भी कार्य को उसी नैतिकता के अनुरूप करना चाहिए। इस नीतिशास्त्र का प्रमुख उद्देश्य लोगों की भलाई करना होता है। यद्यपि यह पूर्ण रूप से सैद्धांतिक नहीं है, अपितु यह विभिन्न क्षेत्रों में मूर्त समस्याओं को सुलझाने के लिए आदर्शात्मक सिद्धांतों की सहायता भी लेता है। प्रायोगिक नीतिशास्त्र को अधिनीतिशास्त्र, प्रक्रिया स्वरूप ग्रहण किया जाता है। इसकी दार्शनिक पृष्ठभूमि तार्किक भावनाओं, अर्थक्रियावाद एवं अस्तित्ववाद ने निर्मित की है।

### नीति-शास्त्र का महत्व (Importance of Ethics)

नीतिशास्त्र मानव के जीवन के प्रत्येक पक्ष को प्रभावित करता है जैसे–सामाजिक, राजनीतिक, आर्थिक, धार्मिक, कानूनी, शैक्षिक या सांस्कृतिक। हम प्राय: मनुष्य के कार्यों का मूल्यांकन करते हुए कहते हैं कि उसने यह कार्य अच्छा किया या बुरा। हम यहाँ स्वीकार करते है कि मनुष्य विशेष ने जो कार्य किया, वह उस काम को करने के लिए स्वतंत्र था। वह किसी बाह्य दबाव से मुक्त था अर्थात् स्वतंत्र इच्छा नैतिकता की एक पूर्व मान्यता है। इस प्रकार नीतिशास्त्र मनुष्य के ऐच्छिक कार्यों का अध्ययन करता है। विभिन्न क्षेत्रों में मनुष्य अनेक समस्याओं का सामना करता है और उनको सुलझाने के लिए उसे इस बात का ज्ञान होना आवश्यक है कि सही क्या है और गलत क्या है। नीतिशास्त्र समाज की रीढ़ की हड्डी के रूप में कार्य करता है। यह हमें अपने लक्ष्यों की प्राप्ति में सहायक उचित और अनुचित कृत्यों का औचित्य निर्धारण करने में सहायता करता है। नीतिशास्त्र का महत्व निम्नलिखित है:

- नीतिशास्त्र एक विश्वास एवं मानक है जो वातावरण को सामंजस्यपूर्ण व अनुरूप बनाने में सहायता करता है।
- मनुष्य के साथ अंत:क्रिया करते हुए, नीतिशास्त्र आपस में विश्वास स्थापित करने में तथा अंत:सम्बन्ध स्थापित करने में सहायता करता है।
- नीतिशास्त्र का मूल्यों, नैतिकता व अभिवृत्ति के साथ समन्वय आपसी विश्वास को मजबूत बनाता है और सामाजिक झगड़ों को कम करता है।
- यह मानकों के अनुसार न केवल सपरिणाम ढंग से व्यवहार करने के फलस्वरूप लोगों में स्व-अनुशासन को बढ़ावा देता है, वरन् सामाजिक पृथकता को आकर्षित करता है अर्थात् लोगों में सामाजिक अलगाव अधिक हो जाता है।
- यह समाज के जैविक विकास को अधिक परिपक्व एवं संतुलित समूह के रूप में विकसित करता है, जो अपने स्तर, लिंग, जाति इत्यादि की परवाह न करके प्रत्येक सदस्य की आवश्यकताओं की पूर्ति करने में सहायक बनते हैं।
- यह विभिन्नता युक्त समाज में शांति को बढ़ावा देने में सहायक होता है और अनावश्यक हिंसा से बचाव करता है और जो व्यक्ति दूसरे व्यक्तियों की आवश्यकताओं की पूर्ति में सहायक होते है, यह उनकी सहायता करता है।

- नीतिशास्त्र के नियम व सिद्धांत हमें नैतिक समस्याओं को शांतिपूर्ण ढंग से सुलझाने के योग्य बनाते हैं।
- राष्ट्रीय एवं वैश्विक स्तर पर, राष्ट्रीय चिन्हों व प्रतीकों का आदर, अपनी योग्यताओं एवं कौशलों के विकास के द्वारा राष्ट्रीय विकास में योगदान, वैज्ञानिक एवं मानवतावादी विचारधारा को अपनाकर तथा विकास बाँटने के तथ्य को पहचानकर, संपूर्ण विश्व को रहने का एक अच्छा स्थान बनाया जा सकता है।
- यह हमें सही-गलत, अच्छे एवं बुरे का ज्ञान प्रदान करता है।
- यह मनुष्य को उसके अधिकारों तथा समाज के प्रति उसके कर्त्तव्यों एवं उत्तरदायित्वों के प्रति जागरूक बनाता है।
- नैतिकता एवं मूल्यों की उच्च भावना मनुष्यों को समाज के प्रति भरोसेमंद तथा प्रतिनिधित्व प्रदान करने के योग्य बनाता है।

## नीतिशास्त्र का विकास कैसे किया जाए? (How to Develop Ethics)

अध्यापक कभी-कभी इस प्रश्न से असमंजस में रहते हैं कि कैसे-और कब-नीतिशास्त्र का विकास किया जाए। वे पाठ्यक्रम की सहायता से इसका विकास करने का प्रयास करते हैं, परंतु कभी-कभी उनके लिए बहुत कठिन हो जाता है कि वे नीतिशास्त्र को अपनी विषय-सामग्री के साथ कैसे सम्बन्धित करे। विद्यार्थी एवं अध्यापक जो विद्यालय को नीतिशास्त्र के अभ्यास का स्थान मानते हैं, कुछ मूल्यों को लागू करते हैं: नीतिशास्त्र जागरूकता के लिए प्रयास, नीतिशास्त्र सम्बन्धों का निर्माण करना, और नीतिशास्त्र सम्बन्धी क्रियाओं को प्रोत्साहन देना। आज दिन-प्रतिदिन समाज में नैतिकता का ह्रास हो रहा है इसलिए प्रत्येक संस्था के लिए आवश्यक है कि वह अपने विद्यार्थियों में नीतिशास्त्र का विकास करे। आज हम जिस प्रश्न का सामना कर रहे हैं वह यह नहीं कि हम अपने समूह में किस प्रकार रह सकते हैं अपितु यह है कि हमारा समूह विश्व में अन्य समूहों के साथ कैसे रह सकता है। विन्सटीन के अनुसार आज बच्चे अपनी संस्कृति में नैतिकता के मार्गदर्शन को देखना चाहते हैं और हमारे समाज के व्यस्क व्यक्ति इस प्रकार का कोई उदाहरण उनके समक्ष प्रस्तुत नहीं करते। उनका यह भी कहना है कि बच्चे खिलाड़ियों के चरित्र की ओर भी देखते है, क्योंकि उनमें से कुछ अपनी शक्ति में वृद्धि करने के लिए स्टेरॉयड (Steroid) का प्रयोग करते हैं। युवावस्था के अधिकतर व्यक्ति दूसरों की परवाह करने के स्थान पर अपनी खुशी और व्यक्तिगत सफलता को अधिक महत्व देते हैं। स्कूलों को नैतिकता के अभ्यास के लिए एक ऐसे स्थान के रूप में देखा जा सकता है जहाँ शिक्षण-अधिगम प्रक्रिया में सम्बन्ध व व्यवहार केंद्रीय भूमिका निभाते हैं। आज आवश्यकता है कि अदृश्य को वास्तविक बनाया जाए। विभिन्न शिक्षाशास्त्रियों के द्वारा कुछ विधियों का सुझात दिया गया है, जो निम्नलिखित है-

- *नैतिकता के लिए जगह बनाना (Make room for ethics)*-यदि अध्यापक विद्यार्थियों में नैतिकता पूर्ण निर्णय लेने की योग्यता का विकास करना चाहते हैं, तो इसके लिए आवश्यक है कि विद्यार्थियों को अपना बहुमूल्य समय नैतिक दुविधाओं की खोज करने व उन पर विचार-विमर्श करने के लिए व्यतीत करना चाहिए। अध्यापक का यह उत्तरदायित्व है कि वह कक्षा-कक्ष में विभिन्न परिस्थितियों के बारे में विचार-विमर्श करे।
- *वास्तविक संसार के उदाहरणों का प्रयोग (Use of real world examples)*-यदि अध्यापक कक्षा-कक्ष में ऐसे उदाहरणों का प्रयोग करेगा, जो वास्तव में संसार में हो रहा है, तो नैतिकता विद्यार्थियों के लिए मूर्त बन जाएगी, क्योंकि वे अनैतिक व्यवहार के परिणामों के लिए मूर्त बन जाएगी, क्योंकि वे अनैतिक व्यवहार के परिणामों को स्वयं दंख सकते हैं।

- *नैतिकता को विद्यार्थियों के स्वयं के जीवन से सम्बन्धित करना (Connect ethics to student's own lives)*–अध्यापक को कभी-कभी विद्यार्थियों को नैतिक दुविधा में डालना चाहिए, जिसका सामना वे कर चुके हों या कर सकते हो। ऐसा करने से उन्हें संभव क्रियाओं व परिणामों को जानने के अवसर मिलेंगे।
- *अभ्यास, अभ्यास एवं अभ्यास (Practice, practice and practice)*– अध्यापक को चाहिए कि वह विद्यार्थियों को नीतिशास्त्र सम्बन्धी निर्णय लेने के लिए अधिक से अधिक अभ्यास करने के अवसर प्रदान करे। इसके परिणामस्वरूप वे स्वयं नैतिक निर्णय लेने के लिए तैयार हो जाएंगे।
- *कारण व प्रभाव का प्रदर्शन (Highlight reason and impact)*– अध्यापक को गलत या सही के बारे में बातचीत से परे होकर गहन रूप से अपने विचार-विमर्श में यह भी शामिल करना चाहिए कि किस प्रकार विशेष नैतिक निर्णयों या क्रियाओं ने उसमें सम्मिलित सभी व्यक्तियों को प्रभावित किया है।
- *विद्यार्थियों को साहसी बनाना (Make the student courageous)*– अध्यापक को विद्यार्थियों को प्रेरित करना चाहिए कि वे नीतिशास्त्र सम्बन्धी निर्णयों के बारे में सही प्रश्न पूछ सकें। इसके लिए आवश्यक है उचित शैक्षिक वातावरण प्रदान करना।
- *नीतिशास्त्र का सामान्यीकरण करना (Generalize the ethics)*– अध्यापक के द्वारा विद्यार्थियों को यह बोध कराना चाहिए कि नीतिशास्त्र केवल एक व्यक्ति के लिए नहीं है। उनको यह एहसास कराना चाहिए कि वह उचित वातावरण का निर्माण करके नेता, मैनेजर, और अच्छे अध्यापक के रूप में अपने भविष्य को आकार दे सकते है, क्योंकि यही वातावरण उन्हें नैतिक निर्णय लेने के योग्य बनाता है।

उपरोक्त वर्णित क्रियाओं के अतिरिक्त अन्य क्रियाएँ भी नैतिकता के विकास में सहायक हो सकती हैं–

- अध्यापकों व विद्यार्थियों के लिए व्यवहार का कोड निर्धारित किया जाए।
- विद्यार्थियों की सहायता करना कि वे देख सके कि शैक्षिक सफलता से अधिक अच्छा है दूसरों में 'उत्तम' क्या है।
- प्रत्येक कक्षा के लिए एक प्रोजैक्ट का निर्माण करना जो सकारात्मक रूप से स्कूल या आस पड़ौस के समुदाय के वातावरण को सुधारने में योगदान दे।
- अपने विचार-विमर्श में भाषा, समाजिक विज्ञान, गणित, विज्ञान आदि पढ़ाते समय किसी के चरित्र पर बातचीत करना व पूछना। क्या करना उचित है? और इसके अनुगमन में विचार-विमर्श करना।
- बौद्धिक मुद्दों के साथ-साथ नैतिक मुद्दों को भी महत्व देना–तथ्यों को जानना, साक्ष्य एकत्रित करना, प्रभावों को देखना, निर्णय लेना तथा अनुगमन करना।
- समाचारों या चलचित्रों आदि में साहित्य, आधुनिक विषयों आदि से नैतिक विवादों की कहानियों को एक-दूसरे के साथ बांटना।
- विद्यार्थियों को नैतिक आधार पर जनसंचार का आलोचनात्मक विश्लेषण करना सिखाना।
- संस्था में नीतिशास्त्र सम्बन्धी संस्कृति का निर्माण करना ही लक्ष्य होना चाहिए।

यद्यपि नीतिशास्त्र का विकास नैतिक दर्शन, समाजशास्त्र, मनोविज्ञान आदि के बिना संभव नहीं होता है, यह प्राथमिक रूप से व्यक्ति व समाज की अंत:क्रिया में विद्यमान रहता है। आजकल नीतिशास्त्र प्रदूषित हो रहा है और दिन-प्रतिदन नैतिकता का ह्रास होता जा रहा है क्योंकि विभिन्न परिस्थितियों में व्यक्तियों के निर्णय भी विभिन्न हो जाते हैं। वैश्वीकरण ने भी जन-शक्ति के नैतिकता पूर्ण व्यवहार को अत्यधिक प्रभावित किया है। प्रतिदिन 'रेप' सम्बन्धी खबरों को पढ़ते

हुए और समाज में इसका चलन बढ़ते हुए यह प्रतीत हो रहा है कि समाज में लिंग शिक्षा की आवश्यकता क्यों है? परंतु इस पर अभी भी समाज में वाद-विवाद चलता रहता है कि यह कब, कैसे, कहाँ प्रदान की जानी चाहिए। नीतिशास्त्र की आवश्यकता आज के समय पहले से कही अधिक बढ़ गई है, जहाँ आतंकवाद, जुर्म, स्त्रियों के प्रति हिंसा, भ्रूण हत्या आदि की समस्या अत्यधिक बढ़ती जा रही है। भ्रष्टाचार को केवल नीतिशास्त्र से ही कम किया जा सकता है। इसलिए हमारे अध्यापकों, डॉक्टरों, सार्वजनिक सेवाकर्ताओं, प्रबंधकों आदि को नैतिकता के बारे में जागरूक करना आज के समय की आवश्यकता है। उदाहरण–कोविड 2020 के समय में हर नागरिक का यह कर्त्तव्य बन जाता है कि इसके साथ लड़ने में, इसे दूर भगाने में, इसके लिए सावधानियों का प्रयोग करने में, नैतिकता का पालन करें। विश्व की अधिकतर समस्याओं को तभी सुलझाना संभव हो पाएगा यदि लोगों के दिलों व मस्तिष्क में नैतिक मूल्यों का प्रकाश होगा।

## मूल्य (Values)

मूल्य चेतन तथा अचेतन प्राथमिकताएँ हैं, जिन्हें समाज के अधिकतर सदस्यों के द्वारा स्वीकार किया जाता है और वे सामाजिक रूप से व्यवस्थित होती हैं। मूल्यों की सबसे प्रमुख विशेषता यह है कि ये पूर्ण तथा स्वतंत्र नहीं होती। वे उस समाज के प्रति सापेक्ष होती हैं, जिस समाज में वह विद्यमान होती हैं। यदि समाज की आर्थिक, सामाजिक, राजनैतिक, धार्मिक या अन्य किसी परिस्थिति में कोई परिवर्तन होता है तो इससे मूल्यों में परिवर्तन होगा। दूसरी ओर कुछ लोगों का यह मानना है कि मूल्यों में कभी परिवर्तन नहीं होता, वे शाश्वत होते हैं।

मनुष्य अपनी आवश्यकताओं या इच्छाओं की संतुष्टि के लिए कार्य करता है। कोई भी वस्तु जो मानवीय आवश्यकताओं की पूर्ति करती है, वह मूल्य की वस्तु बन जाती है। इच्छा तथा संतुष्टि ही ऐसे शब्द है जो सभी मूल्यों, भौतिक या अभौतिक के लिए समान हैं। मनोविज्ञान में मूल्य शब्द सामान्यतया एक प्रमुख रुचि, प्रेरणा या विस्तृत मूल्यांकन अभिवृत्ति के लिए प्रयोग किया जाता है।

इसके शाब्दिक अर्थ के अनुसार, मूल्य शब्द किसी व्यक्ति या वस्तु के उस गुण की ओर संकेत करता है जो उस वस्तु या व्यक्ति को महत्वपूर्ण, उपयोगी तथा आदरणीय बनाता है। यह गुण आंतरिक या बाह्य या दोनों भी हो सकते हैं।

मूल्य विभिन्न पहलुओं में प्रयोग किया जाने वाला शब्द है। विद्वान पुरुषों ने समय-समय पर इस शब्द को विभिन्न अर्थों में प्रयोग किया है। दार्शनिक विचारधारा के अनुसार, मूल्य न तो किसी वस्तु न ही किसी व्यक्ति की ओर संकेत देता है अपितु एक विचार या एक विचारधारा या प्रसन्नता व दु:ख से मुक्त मन की धारणा है। मनोवैज्ञानिकों ने इस शब्द का प्रयोग 'मनो-शक्ति' के रूप में किया है, समाजवादियों ने निश्चित लक्ष्यों के लिए 'समय, शक्ति तथा धन के प्रयोग' के अर्थ के रूप में लिया है।

सार्वभौमिक रूप से यह स्वीकृत है कि एक राष्ट्र का विकास उसके नागरिकों के द्वारा अपनाए जाने वाले मूल्यों पर निर्भर करता है। मूल्य विभिन्न तत्वों जैसे–योग्यताएँ, रुचियाँ, अभिवृत्तियाँ, बुद्धि, सामाजिक-आर्थिक स्तर, सांस्कृतिक पृष्ठभूमि, राजनैतिक विचारधारा, स्कूल तथा समाज का वातावरण आदि पर निर्भर करते हैं। भारतीय संस्कृति सबसे उत्तम संस्कृति मानी जाती है, परंतु आधुनिकीकरण के प्रभाव के कारण मूल्यों का दिन प्रतिदिन ह्रास हो रहा है। यही कारण है कि हमारी राष्ट्रीय शिक्षा नीति 1986 (National Policy on Education 1986) ने सुदृढ़ता से यह समर्थन किया है कि हमारी शिक्षा मूल्य केन्द्रित होनी चाहिए। प्रत्येक समाज एक ओर शिक्षा के द्वारा अपने विद्यार्थियों को ज्ञान तथा कौशल प्रदान करने का प्रयत्न करता है, परन्तु इसके साथ-साथ उसे अपने विद्यार्थियों में कुछ विशेष मूल्यों के विकास का भी प्रयत्न करना चाहिए जिससे वे उन्हें अच्छा नागरिक बनाने में सहायता कर सके।

**परिभाषा (Definition)**

रॉल्फ बोरसोड़ी (Rolph Borsodi) के शब्दों में,

*"मूल्य संवेगात्मक निर्णय हैं। वे ज्ञान से नहीं भावनाओं से उत्पन्न होते हैं। वे बौद्धिक निर्णय नहीं अपितु संवेगात्मक होते हैं।"*

*("Values are emotional judgement. They are generated by feelings not cognitions. They are emotional, not intellectual judgements.")*

डब्ल्यू.एम. रायबर्न (W.M. Ryburn) के अनुसार,

*"मूल्य वह है जो मानव इच्छा की संतुष्टि करता है।"*

*("Value is that which satisfies human desire.")*

एम.टी. रामजी (M.T. Ramji) के शब्दों में,

*"मूल्य वह है जिसकी इच्छा की जाए या जिसकी तलाश की जाए।"*

*("A value is what is desired or what is sought.")*

आर.के. मुखर्जी के अनुसार,

*"मूल्य समाज द्वारा स्वीकृत वे प्रेरणाएँ तथा लक्ष्य हैं, जो अनुकूलन, अधिगम या समाजीकरण की प्रक्रिया से जो व्यक्ति के भीतर स्थित है, उसकी प्राथमिकताओं, स्तरों और आकांक्षाओं का रूप धारण कर लेते हैं।"*

*("Values are socially approved drives and goals that are internalised through the process of conditioning, learning or socialization and that become subjective preferences, standards and aspirations.")*

ऑलपोर्ट (Allport) के अनुसार,

*"व्यक्ति की रुचि का सापेक्षिक महत्व या व्यक्तित्व की प्रबल इच्छा 'मूल्य' कहलाता है।"*

*("The term value means the relative prominence of the subject interest or the dominant interest in personality.")*

एड्गर ब्राइटमैन (Edgar Brightman) के अनुसार,

*"सामान्य अर्थों में मूल्य वह है जिसे किसी भी व्यक्ति द्वारा किसी भी समय पसंद किया जाए, पुरस्कृत किया जाए, सम्मानित किया जाए, जिसकी इच्छा की जाये और जिसका अनुमोदन किया जाए। यह इच्छित वस्तु या क्रिया की वास्तविक अनुभूति का अनुभव है।"*

*("In the most elementary sense, value means whatever is actually liked, prized, esteemed, desired, approved or enjoyed by anyone at any time. It is the actual experience of enjoying a desired object or activity.")*

प्रो. काने (Kane) के शब्दों में

*"मूल्य व आदर्श, विश्वास या मानक है। जिन्हें एक समाज या समाज के अधिकतर सदस्यों ने स्वीकार किया है।"*

*("Values are the ideals, beliefs or norms which a society or the large majority of a society's members hold.")*

उपर्युक्त विचारों के आधार पर यह कहा जा सकता है कि मूल्य–

1. विचारों, विश्वासों तथा प्रत्ययों का सम्मिलित रूप है।
2. इन विचारों, विश्वासों आदि का चयन समाज के द्वारा इस आधार पर किया जाता है कि वे हमारे लिए किस सीमा तक अच्छे अथवा हितकर या उपयोगी हैं।

3. ये मानव समाज का मार्गदर्शन करते हैं, जो मानवीय व्यवहारों एवं क्रियाओं को प्रभावित करते हैं।
4. ये व्यक्ति की संस्कृति के अनुरूप होते हैं।

अतः मूल्य वह है जो आवश्यकताओं की संतुष्टि करते हैं, मनोविज्ञान सम्बन्धी तथा शरीर विज्ञान संबंधी मूल्यों तथा बाल्यकाल से युवावस्था या संपूर्ण जीवन तक विकसित होते रहते हैं।

## मूल्यों को निर्धारण करने वाले तत्व या कारक/सिद्धांत (Determinants of Values)

मूल्य मानव जीवन के उद्देश्यों से सम्बन्धित होते हैं। इन उद्देश्यों की प्राप्ति के लिए मनुष्य कुछ विशेष विचार बनाता है और यही विचार उसके मूल्य कहलाते हैं। शिक्षाशास्त्रियों ने मूल्यों के निर्धारण के लिए निम्नलिखित सिद्धांतों का प्रतिपादन किया है–

1. *जीवन का सुखवादी विचार (Hedonistic View of Life)*–किसी वस्तु का मूल्य इस कारण है क्योंकि उसमें हमारी इच्छाओं को संतुष्ट करने की शक्ति है।
2. *नियमन सिद्धांत (Order Theory)*–कोई वस्तु जो समाज के संगठन में सहायक हो, मूल्य है।
3. *भावात्मक सिद्धांत (Emotive Theory)*–परिस्थितियों के अनुसार भाव परिवर्तित हो जाते हैं। व्यक्ति अपनी भावनओं के अनुरूप अपने मूल्यों का निर्धारण करता है।
4. *परिपूर्णता का सिद्धांत (Prefection Theory)*–किसी भी वस्तु का मूल्य है यदि वह जीवन की परिपूर्णता से संबंधित है, जिसके लिए मनुष्य अपने जीवन में प्रयत्न करता रहता है।
5. *उपयोगवादी सिद्धांत (Utility Theory)*–कोई वस्तु जिसकी उपयोगिता है, मूल्यवान है।
6. *प्रयोगवादी सिद्धांत (Experimental Theory)*–अतीत तथा वर्तमान में किए गए प्रयोग ही मूल्य हैं।
7. *अंश व पूर्ण सिद्धांत (Part and Whole Theory)*–मूल्य कभी आंशिक रूप से व कभी पूर्ण रूप से अनुभव किए जाते हैं।
8. *अस्तित्व सिद्धांत (Existence Theory)*–मूल्य अस्तित्व में सहायक होता है।
9. *वस्तुनिष्ठ तथा व्यक्तिनिष्ठ सिद्धांत (Objective and Subjective Theory)*–मूल्य व्यक्तियों के अपने विचारों तथा परिस्थितियों, जिनमें वह रहता है, के द्वारा भी निश्चित किए जाते हैं।

वास्तव में, हमारा आचरण हमारे मूल्यों से प्रभावित होता है। मूल्य ही मार्गदर्शक सिद्धांत, कसौटियाँ या मानक हैं। जो हमारे आचरण को निश्चित करते हैं, जो विभिन्न उपलब्ध संरचनाओं में से चयनित सामाजिक संरचना के अनुसार व्यवहार को दिशा निर्देशन देते हैं।

## मूल्यों के प्रकार (Kinds of Values)

किसी भी विशेषता को जो मनोवैज्ञानिक, सामाजिक, नैतिक या सौन्दर्यात्मक रूप से महत्वपूर्ण हो, को मूल्य माना जाता है। महत्वपूर्ण मूल्यों को निम्नलिखित प्रकार से वर्गीकृत किया जा सकता है।

1. *सामाजिक मूल्य (Social Values)*–मानव सामाजिक प्राणी है। वह समाज में रहता है। समाज के द्वारा अपने जीवन को अधिक सुरक्षित, सुखी, सभ्य तथा रहने के योग्य बनाने के लिए कुछ सामाजिक मूल्यों का निर्माण किया गया है। सामाजिक अनुरूपता, अनुशासन, सामाजिक संवेदना, परोपकार, सहनशीलता, सामाजिक समायोजन, सामाजिक न्याय, व्यक्तिगत सुखों का बलिदान करके जरूरतमंद की सहायता करना आदि कुछ सामाजिक मूल्य हैं। सामाजिक मूल्य धार्मिक तथा नैतिक मूल्यों पर आधारित होते हैं।
2. *धार्मिक मूल्य (Religious Values)*–इन मूल्यों को परमात्मा में विश्वास, धार्मिक पुस्तकों में लिखित नैतिक संहिता के अनुसार कार्य करने के प्रयत्न के रूप में परिभाषित किया जाता है।

इस मूल्य की बाह्य कार्य व्यवहार में अभिव्यक्ति साधारण जीवन से सम्बन्धित होती है। इसमें पूजा, भक्ति और विश्वास के प्रति दृढ़ आस्था सम्मिलित है।

3. *नैतिक मूल्य (Moral Values)*–प्रत्येक व्यक्ति के जीवन के लिए नैतिक मूल्य महत्वपूर्ण हैं। इस मूल्य को ईमानदारी, सत्यता, अच्छा चरित्र, दयालुता, आत्म-अनुशासन, परमात्मा के डर से युक्त व्यक्तित्व तथा सादा जीवन व उच्च विचार के रूप में परिभाषित किया जाता है। आत्म नियंत्रण, विश्वसनीय, कार्यों में दृढ़ता, मेहनती, उत्तरदायित्व की भावना तथा न्याय आदि महत्वपूर्ण नैतिक मूल्य हैं, जो चरित्र का अनिवार्य अंग बन जाते हैं।
4. *लोकतांत्रिक मूल्य (Democratic Values)*–इन मूल्यों की विशेषता है व्यक्तित्व का आदर, जाति, रंग, लिंग, धर्म तथा पारिवारिक स्तर पर आधारित व्यक्तियों में विभिन्नता का न होना आदि। इसके अंतर्गत सभी को समान सामाजिक, राजनैतिक तथा धार्मिक अधिकार प्रदान किए जाते हैं इसमें निष्पक्षता, सामाजिक न्याय तथा लोकतांत्रिक संस्थाओं के लिए आदर भी शामिल किया जाता है।
5. *आर्थिक मूल्य (Economic Values)*–यह मूल्य धन से सम्बन्धित होते हैं। इसमें धन तथा भौतिक लाभ के लिए इच्छा शामिल होती है। जिस व्यक्ति का आर्थिक मूल्य उच्च होता है वह अपने व्यवसाय के चुनाव में धन तथा भौतिक लाभ को अधिक महत्व देता है। उसका अमीर व्यक्तियों तथा औद्योगिक पुरुषों के प्रति विशेष दृष्टिकोण होता है और उसका यह मानना है कि ऐसे व्यक्ति ही देश की उन्नति में सहायक होते हैं।
6. *सौन्दर्यात्मक मूल्य (Aesthetic Values)*–प्राकृतिक सौन्दर्य तथा कलात्मक रचना इस मूल्य की विशेषता है। इसमें साहित्य के लिए प्रेम, संगीत, नाच, हस्तकला, कविता, घर तथा चारों ओर के वातावरण को सुन्दर बनाने के लिए प्रेम आदि शामिल किए जाते हैं। यह वस्तुओं के प्रबंध में सफाई तथा क्रमबद्धता को महत्वपूर्ण मानता है।
7. *सुखवादी मूल्य (Hedonistic Values)*–यह सुख से प्रेम तथा दुःख से बचाव से सम्बन्धित है। एक सुखवादी व्यक्ति के लिए भविष्य की अपेक्षा वर्तमान अधिक महत्वपूर्ण है। सुखवादी मूल्यों से संबंधित व्यक्ति खुशियों को प्राप्त करने में ही लगा रहता है।
8. *ज्ञान मूल्य (Knowlegde Values)*–यह ज्ञान तथा सत्य की खोज से सम्बन्धित है। इसमें व्यक्ति सफलता के लिए सैद्धांतिक सिद्धांतों के ज्ञान को महत्वपूर्ण मानता है। वह अधिक से अधिक ज्ञान प्राप्त करने का इच्छुक रहता है, उसे ज्ञान का खोजकर्ता कहा जाता है।
9. *शारीरिक मूल्य (Bodily Values)*–ये मूल्य शारीरिक स्वास्थ्य एवं शारीरिक सौन्दर्य से सम्बन्धित है। इसमें आत्म-अनुभूति को भी महत्वपूर्ण माना जाता है। शारीरिक मूल्यों में विश्वास रखने वाला व्यक्ति अपनी योग्यताओं के प्रयोग के लिए तथा विकास के लिए अच्छे शारीरिक स्वास्थ्य को आवश्यक मानता है।
10. *शक्ति मूल्य (Power Values)*–शक्ति मूल्य दूसरों पर शासन करने की या दूसरों को आगे ले जाने की इच्छा से सम्बन्धित होते हैं। एक उच्च शक्ति मूल्य से युक्त व्यक्ति की विशेषता है कि वह ऐसी नौकरी चाहता है जिसमें वह दूसरों पर अपने अधिकार का प्रयोग कर सके।
11. *मनोरंजन मूल्य (Recreation Values)*–यह जीवन को सुन्दर बनाने के लिए खेल तथा अवकाश से सम्बन्धित हैं।
12. *आंतरिक या व्यक्तिनिष्ठ मूल्य (Internal or Subjective Values)*– कुछ का यह विश्वास है कि मूल्य आंतरिक होते हैं। उनका उद्‌भव जैवकीय तथा मनोवैज्ञानिक होता है। वे इच्छाओं तथा आवश्यकताओं की पूर्ति करते हैं। उनका कोई अपना आंतरिक मूल्य नहीं होता, वे संवेगों

तथा आवश्यकताओं के अनुरूप होते हैं। ये किसी न किसी रूप में व्यक्ति को संतोष प्रदान करते हैं।

13. *बाह्य और वस्तुनिष्ठ मूल्य (External and Objective Values)*–कुछ का यह मानना है कि मूल्य अपने गुणों के अनुसार वस्तुओं तथा क्रियाओं में निहित होते हैं। क्योंकि हम इनसे तरह-तरह की वस्तुएँ खरीद सकते हैं। किसी भी वस्तु के मूल्य या गुण को सामाजिक वातावरण प्रभावित करता है।

14. *साधन मूल्य (Instrumental Values)*–यह परिणाम या प्रभाव पर आधारित होते हैं। ब्रूबेकर (Brubacker) के शब्दों में,

    *"साधन मूल्य वे है जो अच्छे माने जाते हैं, क्योंकि वे कुछ प्राप्त करने के लिए अच्छे होते हैं।"*
    *("Instrumental values are those what are judged good, because they are good for something.")*

    यह अस्थायी तथा बाह्य होते हैं। यह व्यक्तिनिष्ठ होते हैं तथा परिस्थितियों में परिवर्तन से परिवर्तित हो जाते हैं।

अत: अपनी विशेषताओं के कारण मूल्य विभिन्न प्रकार के होते हैं। ये मानव इतिहास के सभी स्तरों पर तथा प्रत्येक के सामाजिक जीवन का आंतरिक भाग बन चुके हैं।

## आवश्यकता तथा महत्व (Need and Importance)

1. *लोकतंत्र की सफलता के लिए (To make democracy a success)*– एक लोकतांत्रिक समाज की सबसे महत्वपूर्ण आवश्यकता है कि समाज के सभी सदस्य-एक-दूसरे का आदर तथा एक दूसरे से प्रेम करें। उन्हें 'मैं' की भावना से नहीं अपितु 'हम' की भावना से रहना चाहिए। लोकतंत्र व्यक्तित्व के आदर पर बल देता है। इन मूल्यों का विकास लोकतंत्र को सफल बनाने के लिए किया जाना चाहिए।

2. *लोगों की जीवन शैली में परिवर्तन (Change in the life style of the people)*–वर्तमान समय में विज्ञान तथा तकनीक में अत्यधिक आधुनिकता आ रही है। इसके परिणामस्वरूप लोगों की जीवन शैली पूर्णतया परिवर्तित हो गई है। आज मनुष्य गतिशीलता में विश्वास करता है। नवयुवकों में नैतिक जागरूकता का विकास किया जाना बहुत आवश्यक है।

3. *मानववाद का आधार (Basis of humanitarianism)*–वर्तमान समय में संपूर्ण विश्व में शोषण, भ्रष्टाचार, स्वार्थपरता, घृणा, उपद्रव तथा आक्रामकता विद्यमान है।लोग आत्माहीन तथा परमात्माहीन प्राणी बन रहे हैं। हर स्थान पर क्रमहीनता का बोलबाला है। मूल्यों के लिए शिक्षा विश्व की वर्तमान बुराईयों को दूर करेगी। यह 'जीओ और जीने दो' के सिद्धांत को प्रोत्साहन देगी तथा मानववाद का आधार प्रदान करेगी।

4. *परम्परागत मूल्यों का संरक्षण तथा विकास (To maintain and develop traditional values)* –विश्व के अन्य देशों की भांति भारत में भी नैतिक मूल्यों का ह्रास हो रहा है। आधुनिक युग में नैतिकता के विकास में धर्म स्वयं को अक्षम पाता है। इसीलिए उचित मूल्यों को पहचानने की तथा शिक्षा की सहायता से उनका विकास करने की अत्यधिक आवश्यकता है।

5. *जीवन को सरल तथा खुशहाल बनाना (To make life easy and enjoyable)*–समय के साथ-साथ जीवन अधिक तीव्र तथा जटिल बनता जा रहा है। दिन प्रतिदिन परिवार, समाज तथा राजनैतिक वातावरण निरंतर अधिक से अधिक जटिल बन रहा है। आज के विद्यार्थी को ऐसी परिस्थिति का सामना करना पड़ता है, जहाँ दूसरों पर निर्भर रहने की अपेक्षा उसे स्वयं

निर्णय लेना पड़ता है। इसीलिए जीवन को सरल तथा खुशहाल बनाने के लिए लोगों में मूल्यों का विकास किया जाना आवश्यक है।

6. विस्तृत दृष्टिकोण का विकास (*Development of wider attitude*)– आज के समय में प्रत्येक व्यक्ति दिन-प्रतिदिन स्वार्थी बनता जा रहा है। वह 'मैं' की भावना में विश्वास करता है। इससे यह प्रतीत होता है कि संकुतिच दृष्टिकोण विकसित हो रहा है। समाज के साथ-साथ देश के विकास के लिए विस्तृत दृष्टिकोण को विकसित करने की आवश्यकता है। मूल्यों के लिए शिक्षा मनुष्य को गत्यात्मक तथा प्रकाशमय करती है। उसे जीवन की समस्याओं का सामना करने के लिए उत्साहित बनाती है, जिससे वह अपनी बुद्धि तथा प्रयत्नों से उनका समाधान कर सके।
7. *नैतिक विकास (Moral development)*–सभी शिक्षा समितियों ने शिक्षा की सहायता से नैतिक विकास पर बल दिया है। यह बालकों में सत्यता, मानवता, सहनशीलता, ईमानदारी, बंधुत्व, प्रेम तथा त्याग की भावना का विकास करती है जो बालक के उच्च चरित्र का निर्माण करती है तथा उसके व्यक्तित्व का विकास करती है।

इस बात का हमेशा ध्यान रखना चाहिए कि जीवन के मूल्य गहन है। जो व्यक्ति के व्यक्तित्व में सितारों की भांति चमकते हैं। श्री राधाकृष्णन (Radhakrishnan) के शब्दों में,

*"भारत के साथ-साथ पूरे विश्व की समस्या का कारण है कि शिक्षा मूल्यों की प्राप्ति नहीं अपितु केवल बौद्धिक अभ्यास बन चुकी है।"*

*("The troubles of the whole world including India are due to the fact that education has become a mere intellectual exercise and not the acquisition of values")*

वर्तमान समय में जब नैतिक तथा आध्यात्मिक मूल्य समाप्त हो रहे हैं, धर्म में आस्था समाप्त हो रही है, स्वयं के स्वार्थों के लिए शक्तियों का प्रयोग किया जा रहा है, तो ऐसे समय में मूल्यों के लिए शिक्षा प्रदान की जानी आवश्यक है। आज के समय में राजनीतिक दबाव का कारण यही है कि ज्ञान में वृद्धि तो हो रही है परंतु मूल्यों का ह्रास हो रहा है। यह मूल्यों की शिक्षा ही है जो मानव को एटोमिक ऊर्जा का प्रयोग विनाश के लिए नहीं बल्कि मानवता की भलाई करने के लिए प्रेरित करेगी।

## मूल्यों का विकास किस प्रकार किया जाए? (How to develop values?)

भारत में शिक्षा में शारीरिक, बौद्धिक, संवेगात्मक, सामाजिक, नैतिक तथा आध्यात्मिक मूल्यों पर बल दिया जाता है। शिक्षा की परम्परागत विचारधारा यही थी कि सामाजिक तथा नैतिक जागरूकता के रूप में शिक्षा की उपयोगिता तथा उद्देश्य को देखना, जीवन को सुन्दरता प्रदान करना और एक अच्छे सामाजिक तथा नैतिक जीवन के लिए आचार संहिता प्रदान करना। गांधी जी के दर्शन का मुख्य आधार 'चरित्र निर्माण' था। हमारे दार्शनिकों के लेखों में भी यही लिखा है कि शिक्षा हमें उचित तथा अनुचित, गलत व सही, बुराई व अच्छाई में सकारात्मक विभेदीकरण की योग्यता प्रदान करती है।

आधुनिक शिक्षा का मूल्य इसी बात में है कि वह हमें उपयोगिता तथा मूल्यों में एकीकरण, शरीर तथा मन में एकीकरण, संवेगों तथा विचारों, व्यक्ति तथा समाज, समाज तथा विश्व के एकीकरण का ज्ञान प्रदान करती है। अब प्रश्न यह उठता है कि शिक्षा की सहायता से बालकों में किस प्रकार मूल्यों का विकास किया जाए। जिस प्रकार से व्यक्ति अपने अच्छे जीवन के संप्रत्यय के अनुसार सोचता है, महसूस करता है व कार्य करता है, उसमें ऐच्छिक परिवर्तन लाने में शिक्षा सहायता करती है। हमारी शिक्षा के उद्देश्य-व्यक्तित्व का विकास, ज्ञान में वृद्धि, संस्कृति का संरक्षण, चरित्र में प्रशिक्षण-हमारी मूल्य प्राथमिकता के कथनों से अधिक नहीं है। हम उन्हीं

मूल्यों की अनुभूति के लिए ऐच्छिक ज्ञान, कौशल, अभिवृत्तियों, मूल्यों से युक्त योजना के आधार पर पाठ्यक्रम का निर्माण करते हैं। ऐसा हम इस ढंग से करते है कि अधिगमकर्त्ता की आजादी पर कोई अंकुश न लगे।

मूल्य शिक्षा नैतिक व चारित्रिक विकास की बुनियाद के रूप में कार्य करती है। यह विद्यार्थियों में विनम्रता, सहयोग, सहिष्णुता, ईमानदारी, सत्यता, शिष्टता, भातृभाव, प्रेम, सहानुभूति व त्याग जैसे गुणों का विकास करती है। शिक्षण संस्थान विद्यार्थियों में मूल्यों के विकास में महत्वपूर्ण भूमिका निभाते हैं। यह शिक्षण संस्थाओं का कर्तव्य है कि वे समाज के उद्देश्य के अनुरूप मूल्य शिक्षा के विकास के लिए विभिन्न गतिविधियों का आयोजन करें। ये मूल्य आधारित गतिविधियाँ विभिन्न पृष्ठभूमि और अपेक्षाओं वाले विद्यार्थियों के लिए उचित मूल्य प्रदान करने वाली होनी चाहिए।

हम मूल्यों के साथ पैदा नहीं होते, इसलिए 'मनुष्य किस प्रकार अपने मूल्यों को विकसित कर सकता है?' यह प्रश्न उत्पन्न होता है। यहाँ समाजशास्त्री मौरिस मैसी (Moris Massay) ने मूल्यों के विकास के लिए तीन प्रमुख स्तर/चरणों का वर्णन किया है, जिनके दौरान मनुष्य के अंदर मूल्यों का विकास होता है, यह निम्नलिखित प्रकार से है–

| **छाप/चिह्न/अंकित स्तर Imprint stage** | **प्रतिरूपण स्तर Modelling stage** | **समाजीकरण स्तर Socialization stage** |
|---|---|---|
| 1. सात वर्ष की आयु तक हम स्पंज के समान होते हैं, जो भी हमारे आस-पास घटित होता है, हम अवशोषित करते हैं तथा उसे सत्य मान लेते हैं, ज्यादातर तब जब हम अपने माता-पिता से इसे ग्रहण करते हैं। | आठ से तेरह वर्ष की आयु के बीच हम लोगों की नकल करते हैं, अधिकतर अपने माता-पिता, अध्यापकों व अन्य लोगों की भी। | तेरह से इक्कीस वर्ष की आयु के बीच हम ज्यादातर अपने समान समूह से प्रभावित होते हैं। |
| 2. इस अवधि के दौरान सबसे ज्यादा भ्रम उत्पन्न होते हैं। ये भ्रम और अंध-विश्वास आगे चलकर आघात और गहन समस्याओं को आधार प्रदान कर सकते हैं। | अंधाधुंध स्वीकृति के स्थान पर इस स्तर पर हम मूल्यों को कपड़ों की भांति प्रयोग करते हैं कि पहनने के बाद वे कैसा महसूस करते हैं। | इस स्तर पर हम व्यक्ति के रूप में विकसित होते हैं तथा अपनी समझ के अनुसार पहले से विकसित व धारण किए गए मूल्यों को तथ्य व कारणों के कारण उनसे दूर होने के तरीकों की तलाश करते हैं। |
| 3. यहाँ महत्वपूर्ण यह है कि सही और गलत, अच्छे तथा बुरे की भावना को सीखना। | इस अवधि में हम अधिकतर अपने अध्यापकों व सहपाठियों से प्रभावित होते हैं। | हमारा झुकाव उन लोगों की तरफ ज्यादा होता है जो अधिकतर हमारी भांति होते हैं। |
| 4. इस स्तर पर प्रत्येक वस्तु व विचार अपनी छाप/अंकन बनाती है। | शायद हमें यह अच्छे तरीके से याद हो जब हम अपने माता-पिता के स्थान पर जूनियर विद्यालयों के शिक्षकों की बात पर ज्यादा विश्वास करते थे कि उनके द्वारा कही गयी हर बात सत्य है। | इस स्तर पर मुख्य रूप से मीडिया अपना प्रभाव डालता है तथा उसके भी सिर्फ वहीं भाग जो हमारी समझ व साथी समूह के मूल्यों के साथ जुड़े हुए होते हैं। |

मानवीय व्यवहार मूल्यों से निश्चित होता है। ये मानव व्यवहार के बारे में भविष्यवाणी प्रदान करते हैं तथा आवश्यक रूप से व्यक्तित्व का आधार भी होते हैं जिनकी व्याख्या पुरुष/स्त्री की शैली रूप में की जाती है।

मरमर मुखोपाध्याय (Marmar Mukhopadhyay) के अनुसार मूल्यों का विकास निम्नलिखित स्तरों के अनुसार होता है–

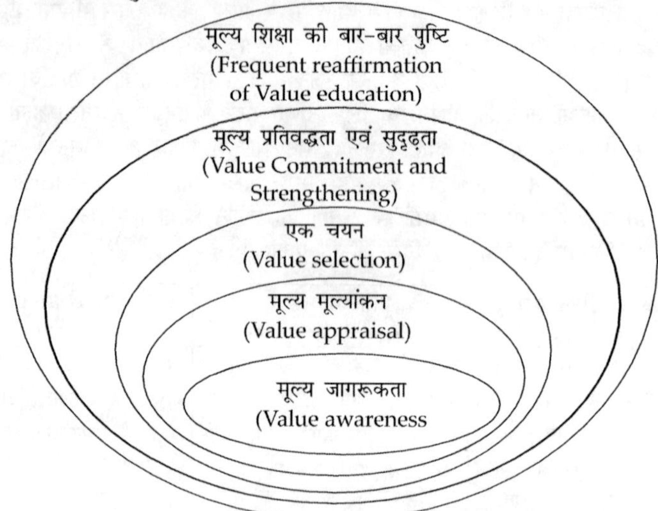


निष्कर्ष रूप से यह कह सकते हैं कि शिक्षा अपने उद्देश्यों, पाठ्यक्रम तथा विधियों में मूल्यों से सम्बन्धित है। इन सभी तत्वों की व्याख्या निम्नलिखित है–

### A. शिक्षा के उद्देश्य (Aims of Education)

मूल्यों का विकास करने के लिए शिक्षा के निम्नलिखित उद्देश्य होने चाहिए–

1. *सामाजिक, नैतिक व आध्यात्मिक मूल्यों का विकास करना (To develop social, moral and spiritual values)*–आज संपूर्ण विश्व में अशांति का वातावरण है। इसलिए शिक्षा का उद्देश्य व्यक्ति के अच्छे सामाजिक, नैतिक एवं आध्यात्मिक मूल्यों का विकास करना होना चाहिए। भारतीय शिक्षा आयोग ने शिक्षा के इस उद्देश्य की ओर संकेत करते हुए ठीक ही कहा है,

   *"आज हम विनाश के कगार पर खड़े हैं। जहाँ से कुछ भी बचने वाला नहीं है। प्रत्येक व्यक्ति अशांत है और इस अशांति का कारण है मूल्यों का ह्रास। पतन की इस प्रक्रिया पर केवल एक प्रकार से विजय प्राप्त की जा सकती है वह है–शिक्षा प्रक्रिया में सामाजिक, नैतिक तथा आध्यात्मिक मूल्यों को शिक्षा में पर्याप्त स्थान दिया जाए।"*

2. *व्यावसायिक कुशलता का विकास करना (To develop vocational efficiency)*–भारतीय परिस्थितियों में गरीबी व बेरोजगारी के कारण ही मूल्यों का ह्रास हो रहा है। संस्कृत में कहा भी गया है–बभुक्षितः किम् न करोति पापम् अर्थात भूखा व्यक्ति कौन-सा पाप नहीं करता। इसलिए आवश्यक है कि व्यक्ति को स्व-रोजगार के साधन उपलब्ध कराए जाएँ। शिक्षा द्वारा व्यक्ति की व्यावसायिक कुशलता का विकास करके उसे अपनी आजीविका कमाने के योग्य बनाया जाए।

3. *प्रजातांत्रिक मूल्यों का विकास करना (To develop democratic values)*—प्रजातंत्र अपने नागरिकों में परस्पर प्रेम, सहानुभूति, सहयोग, दया जैसी भावनाओं के विकास की अपेक्षा करता है। इसके लिए आवश्यक है विद्यार्थियों में मूल्यों का विकास किया जाए।

### B. प्रत्यक्ष मूल्य शिक्षा सत्र (Direct Value Education)

नियमित पाठ्यक्रम तथा शिक्षण विधियों के प्रयोग से यद्यपि बहुत कुछ किया जा सकता है, परंतु फिर भी स्कूल समय में कुछ समय मूल्यों के विकास के लिए प्रत्यक्ष रूप से प्रदान किया जाना चाहिए। इन कक्षाओं में आध्यात्मिक तथा भौतिक के बीच संबंध, मानव की एकता, अंधविश्वास तथा उसको दूर करने के उपाय, व्यक्तिगत तथा सामूहिक विकास की प्रक्रिया तथा सेवा की प्रकृति की महत्ता के बारे में बताया जा सकता है। इन कक्षाओं का आयोजन तथा निर्माण इस प्रकार किया जाना चाहिए कि विद्यार्थी स्वयं ही अपने सिद्धांतों तथा उन्हें अपनाने के लिए कार्यों की खोज करे।

### C. विषय सामग्री में अप्रत्यक्ष रूप में मूल्यों के लिए शिक्षा (Indirect Education for Values in Subject Matter)

मूल्यों की विकास प्रक्रिया में सभी विषय अपना योगदान दे सकते हैं। उदाहरण के रूप में, गणित क्रमबद्ध रूप से चिन्तन तथा समस्याओं के समाधान की क्षमता को बढ़ाने में सहायता करता है। प्रत्येक विज्ञान विषय में भौतिक सिद्धांतों से आध्यात्मिक दृष्टिकोण विकसित किया जा सकता है। भाषा कक्षाएँ इस ज्ञान की अभिव्यक्ति का साधन बन सकती हैं। ऐसा करने में अध्यापक आंतरिक मूल्यों को बाह्य बनाने के योग्य होना चाहिए। उदाहरण के लिए गणित में स्पष्टता तथा तार्किक चिन्तन, सुन्दरता तथा क्रमबद्धता, भाषा कक्षाओं में गूढ़ चिन्तन आदि। सामाजिक विज्ञान को मूल्य केन्द्रित बनाकर विद्यार्थियों के व्यवहार में अपेक्षित परिवर्तन लाया जा सकता है। नैतिक शिक्षा के अंतर्गत सभी धर्मों के समान मूल्यों का ज्ञान दिया जाना चाहिए।

### D. पढ़ाने के ढंग में परिवर्तन (Changing the Way We Teach)

सभी विषयों में विद्यार्थी केन्द्रित विधियों को अपनाकर, सामूहिक अधिगम तकनीकों के प्रयोग के द्वारा, तथा इसी प्रकार की विधियों का प्रयोग करके जो सामूहिक कार्य को बढ़ावा देती है तथा व्यक्तिगत सृजनात्मकता का विकास करने में सहायक होती है, विद्यार्थियों को अधिक जागरूक तथा सामाजिक रूप से उत्तरदायी नागरिक बनाया जा सकता है और उसकी छिपी हुई शक्तियों तथा क्षमताओं का विकास किया जा सकता है। विज्ञान का अध्ययन कराते समय, अध्यापक विद्यार्थियों को वैज्ञानिक सिद्धांतों की खोज करने का, उनका प्रयोग करने के अवसर प्रदान कर सकता है। वह उनके प्रेक्षण, विश्लेषण, परिणाम, सामान्यीकरण तथा प्रयोग सम्बन्धी कौशलों का विकास कर सकता है जो क्रमबद्ध अधिगम के लिए आवश्यक है। प्रायोगिक, सामूहिक तथा एकीकृत शिक्षण विधियाँ स्वयं में ही मूल्य प्रेरित हैं। ये विधियाँ वैज्ञानिक खोज, प्रश्नोत्तरी, सत्य के लिए आत्मनिर्भर खोज या क्रमबद्ध अधिगम, सहयोग, छिपी हुई योग्यताओं की अभिव्यक्ति आदि गुणों का विकास करने में सहायक होगी। शिक्षण विधियों में इस प्रकार के परिवर्तन स्वयं में शिक्षा द्वारा मूल्यों के निर्माण व विकास का एक महत्वपूर्ण कदम होंगे।

### E. व्यक्तिगत तथा सामूहिक पाठ्य सहगामी क्रियाएँ (Personal and Collective Co-curricular Activities)

सैद्धांतिक कक्षाओं के द्वारा विद्यार्थियों में नैतिक व्यवहार तथा सेवा की भावना को विकसित नहीं किया जा सकता। व्यावहारिक परिवर्तन को बनाए रखने के लिए विद्यार्थियों को व्यक्तिगत तथा सामूहिक क्रियाओं में भाग लेने के पर्याप्त अवसर प्रदान किए जाने चाहिए। इसलिए पाठ्यक्रम के

अंतर्गत व्यक्तिगत क्रियाएँ, जिनके द्वारा व्यक्तिगत क्षमताओं का विकास किया जा सके तथा गुणों को प्राप्त किया जा सके और सामूहिक क्रियाएँ जो सेवा के पथ पर मिल जुलकर कार्य करने की अभिवृत्तियों तथा कौशलों के विकास पर केन्द्रित हों, शामिल किया जाना चाहिए। ऐसा विद्यालय में निम्नलिखित व्यक्तिगत तथा सामूहिक क्रियाओं के आयोजन से किया जा सकता है, जैसे–

- स्कूल में तथा स्कूल के बाहर सामूहिक सेवा क्रियाएँ
- प्रातःकालीन सभा की योजना तथा क्रियान्वयन
- प्रदर्शनियाँ
- सांस्कृतिक तथा कलात्मक क्रियाएँ
- ड्रामा
- भाषण प्रतियोगिताएँ
- महान व्यक्तियों के जन्मदिन मनाना
- विभिन्न राष्ट्रीय, अंतर्राष्ट्रीय दिवसों तथा धार्मिक त्यौहारों को मनाना।
- मूल्य प्रेरित प्रोजैक्ट
- गर्ल्स गाइडिंग, स्काउटिंग तथा राष्ट्रीय सेवा योजना
- नेशनल कैडेट कोरपस (NCC)
- खेलकूद
- पत्र मित्रता क्लबों का संगठन
- यात्राएँ

ऊपर वर्णित क्रियाओं का आयोजन अधिकतर संस्थाओं में किया जाता है। क्रियाओं का स्वयं में कोई अस्तित्व नहीं है। वास्तविकता वह है जो इन क्रियाओं के द्वारा व्यक्तिगत तथा सामूहिक वृद्धि व विकास के रूप में प्राप्त किया जाता है।

## F. समुदाय में स्कूल का योगदान (School Involvement in the Community)

ऊपर वर्णित अधिगम प्रक्रिया को स्कूल की चारदीवारी में निश्चित नहीं किया जा सकता। जो अधिगम अनुभव हम प्राप्त करते हैं उनका विस्तार स्कूल से बाहर समुदाय तक होना चाहिए, जो इसके चारों ओर विद्यमान है। स्कूल तथा समुदाय में सच्ची भागेदारी स्थापित की जानी चाहिए। विद्यार्थियों को जीवन के वास्तविक अनुभव प्रदान करने के लिए यह आवश्यक है।

## G. शिक्षण स्टॉफ की भूमिका (Role of Teaching Staff)

विद्यार्थियों में मूल्यों का विकास करने के लिए अध्यापक बहुत उपयोगी सिद्ध हो सकता है। पाठ्यक्रम को मूल्य केन्द्रित बनाना निरर्थक होगा, यदि अध्यापक का अपना दृष्टिकोण मूल्य आधारित नहीं है। वह अध्यापक जो अपनी विषय सामग्री के अंतर्गत आध्यात्म तथा भौतिकता में सम्बन्ध स्थापित करने के योग्य हो, जो सामूहिक अधिगम तकनीकों को प्रयोग करने वाला हो, जो अपने व्यवहार में निष्पक्ष हो, वह विद्यार्थियों के लिए एक आदर्श बन जाता है। यदि हम यह आशा करते हैं, कि विद्यार्थी अपने समुदाय की सेवा करें, व्यक्तिगत विकास प्रक्रिया में सचेत रूप से संलग्न हों, सामूहिक रूप से कार्य करना सीखें, तो अध्यापकों को स्वयं अपनी क्रियाओं से यह प्रदर्शन करना चाहिए। वह निम्नलिखित विधियाँ अपना सकता है–

- पाठ्य सहगामी क्रियाओं का आयोजन।
- प्रभावशाली शिक्षण विधियों का प्रयोग।
- मूल्य–केन्द्रित दृष्टिकोण।

यह उचित ही कहा गया है कि मूल्यों के लिए शिक्षा के कार्यक्रम में सबसे महत्वपूर्ण तत्व है ईमानदार तथा अच्छे अध्यापक के व्यक्तित्व का प्रभाव जो निरंतर जीवन के आधारभूत मूल्यों का अभ्यास करने के लिए तत्पर रहता है। प्रत्येक अध्यापक को अपने शिक्षण तथा अपने उदाहरणों से मूल्यपरक शिक्षा अध्यापक बनना चाहिए। अध्यापक को पहले इन मूल्यों को आत्मसात करना होगा, अपने दृष्टिकोण को उदार तथा व्यापक बनाना होगा तथा विद्यार्थियों के प्रति अपने व्यवहार को स्नेह एवं सहयोगपूर्ण बनाना होगा, तभी वह अपने विद्यार्थियों में मूल्यों का विकास कर पाएगा।

## H. स्कूलीय वातावरण तथा प्रबंधन (School Environment and Management)

यह केवल अध्यापक ही नहीं है जो अपने उदाहरणों से मूल्यों का विकास करने में सहायक हो सकता है, अपितु संपूर्ण स्कूल–भौतिक, सामाजिक तथा प्रशासकीय वातावरण को इन मूल्यों का प्रतिबिम्ब होना चाहिए। यदि स्कूल स्वयं आपसी आदर तथा सहयोग की भावना पर नहीं चल रहा है तो हम इनका विकास विद्यार्थियों में नहीं कर सकते। हम उन्हें अनुशासन में रहना नहीं सिखा सकते यदि यह स्कूल चलाने के प्रत्येक पहलू में प्रतिबिम्बित नहीं होता। स्कूल आवश्यक रूप से अनुशासन, सौन्दर्य तथा क्रमबद्धता का स्थान होना चाहिए। स्कूल में दाखिला तथा एक कक्षा से दूसरी कक्षा में पदोन्नति पक्षपात के आधार पर नहीं अपितु योग्यता के आधार पर होनी चाहिए। स्कूल का प्रबंधन तथा इसके निर्णय सभी ऐसे होने चाहिए, जो समरूप सामूहिक जीवन को बढ़ावा दे। स्कूल का प्रशासन सामूहिक प्रशासन के आधार पर आध्यात्मिकता का उदाहरण होना चाहिए, जो हम चाहते हैं कि विद्यार्थी सीखे तथा नव समाज के निर्माण में प्रयोग करें।

## I. अध्यापक, विद्यार्थी तथा स्कूल का क्रमबद्ध मूल्यांकन (Systematic Evaluation of Students, Teachers and School)

वर्तमान समय में, मूल्यांकन केवल परीक्षा में शैक्षिक निष्पादन पर आधारित है। शैक्षिक प्रबुद्धता तथा नैतिक प्रबुद्धता को विद्यार्थियों के मूल्यांकन, अध्यापकों के निष्पादन मूल्यांकन रिपोर्ट में समान स्थान दिया जाना चाहिए। सार्वजनिक रूप से स्कूल की सफलता के अंकन में भी इसका स्थान होना चाहिए। मूल्य शिक्षा प्रक्रिया में यह क्रिया स्वयं में बहुत महत्वपूर्ण है। यह नवीन मूल्यांकन कसौटियों का निर्माण करने में सहायक सिद्ध होगा।

अतः शब्दों तथा पुस्तकों से मूल्य नहीं सिखाये जा सकते। इन्हें विभिन्न क्रियाओं की सहायता से विकसित करना होगा। राष्ट्रीय शिक्षा आयोग ने भारतीय संस्कृति के विकास के लिए शिक्षा पर बहुत बल दिया है। बहु–सांस्कृतिक समाज में शिक्षा के द्वारा सार्वभौमिक तथा शाश्वत मूल्यों का विकास किया जाना चाहिए जो लोगों की एकता तथा एकीकरण पर केन्द्रित हो।

एन.सी.ई.आर.टी. (N.C.E.R.T) ने 1988 में अपने महत्वपूर्ण लेख का परिवतर्तित रूप जिसे 'प्राथमिक तथा माध्यमिक शिक्षा के लिए राष्ट्रीय पाठ्यक्रम' कहा जाता है, प्रस्तुत किया था। इसको 1997 में राष्ट्रीय शिक्षा आयोग की स्वीकृति मिली तथा इसको स्कूल स्तर पर मूल्यों के लिए शिक्षा को पाठ्यक्रम का अनिवार्य अंग बनाने पर बल दिया गया था। इसमें शिक्षा द्वारा मूल्यों के विकास जैसे–ईमानदारी, सत्यता, सहनशीलता आदि पर तथा धार्मिक अंधविश्वासों को दूर करने पर बल दिया है। इसी की सहायता से व्यक्ति तथा समाज का संतुलित विकास किया जा सकता है। यह आशा की जाती है कि ये क्रियाएँ व्यक्तियों में मूल्यों के विकास में सहायक होंगी। अंत में यह कहा जा सकता है कि विद्यार्थियों में मूल्यों का विकास करने के लिए शैक्षिक संस्थाओं में अच्छी शिक्षण अधिगम परिस्थितियों का निर्माण करना होगा।

मूल्य आधारित शिक्षा नई शिक्षा नीति 2020 का एक आंतरिक भाग बन गई है। इस नीति में 5 मूल्यों को सार्वभौमिक माना गया है–सत्य, शांति, अहिंसा, प्रेम एवं उचित आचरण। सर्वोच्च न्यायालय भी इन्हीं 5 मूल्यों की बात करता है और उसका यह मानना है कि मूल्य आधारित शिक्षा राष्ट्र को हिंसा, बेईमानी, भ्रष्टाचार, शोषण, दूसरों के प्रति गलत धारणा आदि प्रचलित बुराइयों से लड़ने में सहायक होगी। स्कूलों में पाठ्यक्रम के द्वारा नियमितता, स्वच्छता, आत्म-नियोजन, मेहनत करना, कर्त्तव्य-परायणता, सेवा की इच्छा, उत्तरदायित्व, सृजनात्मकता आदि गुणों को विकसित करना होगा। बाल्यकाल में देखभाल एवं शिक्षा का अभिप्राय अधिगम से नहीं है, अपितु यह समय व आयु से सम्बन्धित आदतों, मूल्यों, अनुशासन, समयबद्धता आदि को विकसित करने के लिए उपयुक्त हैं, जो चरित्र निर्माण, अच्छा बनने की प्रतिबद्धता तथा अपने कर्त्तव्यों को करने में सहायक होगी। अधिगम का स्थान द्वितीय है। अब हमें इन तथ्यों पर प्रतिबिंबित करना होगा–

- क्या शिक्षा व विज्ञान आध्यात्मिकता, बुद्धिमता एवं चरित्र से श्रेष्ठ है?
- क्या वर्तमान समय की शिक्षा चरित्र व बुद्धिमता युक्त व्यक्तियों का निर्माण कर रही है?
- क्या शिक्षित व्यक्ति सद्गुणों, अच्छाई से भरपूर, स्वधर्म के लिए प्रतिबद्ध हैं?
- क्या सभी को समान रूप से चयन की स्वतंत्रता-एक अच्छा या बुरा अनुभव है?

क्या सभी को चयन की स्वतंत्रता व समान अवसर अच्छे राजनेता, व्यवसायी, कार्यशक्ति का निर्माण कर रहे हैं, जो चरित्र युक्त है। क्या हम देखते हैं कि आधुनिक शिक्षा भ्रष्टाचार, लालच, अकुशलता को बढ़ावा दे रही है? क्या हमारी क्रयशक्ति कौशलयुक्त है? क्या सभी व्यक्ति सरकारी नौकरी नहीं चाहते हैं जिससे उनके स्तर में वृद्धि हो? क्या कार्य को पूजा जाता है? क्या संस्थाएं, समाज की आवश्यकताओं की पूर्ति या सेवा के लिए कार्य न करके, केवल लाभ कमाने के लिए कार्य कर रही है।

अत: मूल्य आधारित शिक्षा अत्यंत आवश्यक है। इसको लागू करना आधुनिक चुनौती है। हमें शिक्षा के द्वारा राष्ट्र की भलाई के लिए ही नहीं अपितु विश्व निर्माण के लिए प्रबुद्ध नागरिकों का निर्माण करना होगा।

## आदर्श (Ideals)

सभी विचारकों का यह विश्वास है कि सच्ची खुशी तभी प्राप्त होती है जब वास्तव में किसी कार्य के उद्देश्य की प्राप्ति हो जाए। उनका यह मानना है कि मानव का सर्वश्रेष्ठ कार्य है स्वयं को जिंदा रखना, फलना और अर्थपूर्ण संबंध बनाना। नीतिशास्त्र, मूल्य एवं आदर्श ऐसे विचार हैं, जो आपको सफलता एवं संपूर्ण जीवन की ओर ले जाते हैं। प्रत्येक के लिए आवश्यक है कि वह कुछ आदर्शों को अपनाए, परिणामस्वरूप वह एक अर्थपूर्ण जीवन का अनुभव प्राप्त कर सके क्योंकि वे उन परिवर्तनों के लिए ऊर्जा का काम करते हैं, जो आप स्वयं में तथा ब्रह्माण्ड में देखना चाहते हैं।

आदर्श 'अच्छे एवं उत्तम व्यवहार' का प्रतिमान होते हैं। एक आदर्श एक सिद्धांत या मूल्य होता है, जिसे प्रत्येक व्यक्ति क्रियात्मक रूप से लक्ष्य के रूप में लेता है।

कैम्ब्रिज शब्दकोष के अनुसार,

*"आदर्श एक सिद्धांत होता है, जो व्यवहार के लिए एक उच्च मानक स्थापित करता है।"*
*("Ideal is a principle that sets a high standard for behaviour.")*

आदर्श को जीवन के एक मानक के रूप में भी समझा जा सकता है या ऐसा कुछ जो नकल करने योग्य हो। आदर्श एक संप्रत्यय या उत्तमता का मानक है, जो एक प्रतिबिम्ब की भांति मस्तिष्क में विद्यमान रहता है या एक व्यक्ति या उसके आचरण पर आधारित होता है। हम एक अध्यापक के उच्च आदर्शों की प्रशंसा करते हैं।

कोलिन्स शब्दकोष के अनुसार,

*"एक आदर्श एक सिद्धांत, विचार या मानक होता है जो देखने में बहुत अच्छा लगता है और प्राप्त करने के लिए कोशिश के योग्य माना जाता है।"*

*("An ideal is a principle, idea or standard that seems very good and worth trying to achieve.")*

ऑक्सफोर्ड शब्दकोष के अनुसार,

*"आदर्श, उत्तमता क्या है, सबसे अधिक उपयुक्त क्या है, आदि संप्रत्ययों की संतुष्टि है। एक गुण के रूप में यह केवल कल्पना में विद्यमान रहता है, वांछनीय या उत्तम होता है परंतु वास्तविक नहीं बनता है।"*

*("Ideal is satisfying one's conception of what is perfect; most suitable. As an attribute, it exists only in the imagination; desirable or perfect but not likely to become a reality.")*

अन्य शब्दों गें, आदर्श की व्याख्या एक दृष्टिकोण या लक्ष्य के रूग गें भी की जा सकती है, जिसे विस्तृत रूप से पूर्व विद्यमान अनुभवों, ज्ञान, विचारधाराओं या विचारों के द्वारा आकार प्रदान किया जाता है। मैक्स वेबर का मानना है कि समाज की कार्यप्रणाली और स्थायित्व में आदर्शों की अनिवार्यता है क्योंकि समाज के व्यक्तिगत सदस्य अपने विचारों एवं अनुभवों को इन आदर्शों से सम्बन्धित कर सकते हैं। उदाहरण के रूप में आदर्शों के प्रकार ही हमें स्कूलों एवं अध्यापकों की भूमिकाओं की प्रशंसा करने में सहायता कर सकते है; जिन्हें जीवन्त अनुभवों एवं परावर्तनों के द्वारा समय-समय पर निर्मित व विकसित किया जाता है और कुछ विचारों के आधार पर उनकी भूमिकाओं एवं उत्तरदायित्वों के बारे में आशा की जाती है।

उदाहरण के लिए, आदर्श शरीर के तापमान, नींद की मात्रा, भार/वजन या रक्तचाप का ज्ञान हमें स्वीकार्य या प्रसिद्ध मानक से तुलना करने योग्य बनाता है। ये आदर्श पारदर्शी बैंचमार्क प्रदान करते हैं, जिन्हें चुनौती दी जा सकती है और यदि आवश्यक हो तो संशोधित भी किया जा सकता है। यद्यपि आदर्शों के ये उदाहरण मात्रात्मक रूप में हैं, परंतु आदर्शों का निर्माण गुणात्मक भी हो सकता है। उदाहरण–एक नौकरी के लिए एक आदर्श व्यक्ति, एक स्कूल के लिए आदर्श अध्यापक, एवं हॉस्पिटल के लिए एक आदर्श डॉक्टर; के चयन प्रक्रिया में कुछ अन्य तत्व भी शाामिल हो सकते हैं जो उनकी आंतरिक प्राथमिकताओं को प्रतिबिम्बित करते हो।

दर्शन के विस्तृत संदर्भ में 'नीतिशास्त्र' एवं 'आदर्शो' जैसे शब्दों को आंतरिक रूप से गठित माना जाता है।

रशवर्थ किडलर (Rushworth Kiddler) के अनुसार,

*"नीतिशास्त्र की मानक परिभाषाओं में ऐसे वाक्यांशों को शामिल किया जाता है जैसे–आदर्श मानव चरित्र का विज्ञान।"*

*("Standard definitions of ethics have typically include such phrases as the science of the ideal human character.")*

प्लेटो (Plato) के शब्दों में,

*"आदर्श मानवता से स्वतंत्रता के रूप में विद्यमान रहते हैं जैसे कारण सिद्धांतों को साधारण रूप से निर्मित करने की अपेक्षा खोज करता है।"*

*("Ideals exist in a kind of independence from humanity such that reason discovers principles rather than simply creates them.")*

नैतिक आदर्शवाद के बारे में निकोल्स रेशर **(Nicholas Rescher)** ने–'एन इन्क्वायरी इन टू द नेचर एंड फक्शंन्ज ऑफ आइडिल्स' में कहा है, "आदर्शों की आध्यात्मिक प्रकृति उन्हें एक विशेष स्थान प्रदान करती है जैसे 'उनके विशिष्ट अस्तित्व के रूप में 'उपयोगी उपन्यास'। उनके अनुसार,

*"एक आदर्श की वास्तविकता कुछ पृथक पक्ष में उसकी मूल अनुभूति में विद्यमान नहीं होती अपितु इस अपूर्ण संसार में मानव सोच एवं क्रिया की रचनात्मक प्रेरणा के रूप में विद्यमान रहती है।"*

An Enquiry in to the Nature and Functions of ideals states that the metaphysical nature of ideals gives them a particular status as 'useful diction' in term of their special existence. According to him,

*("The reality of an ideal lies not in its substantive realization in some separate domain but in its formative impetus upon human thought and action in this imperfect world." )*

डी रेटर (De Raytor) के शब्दों में,

*"आदर्श, मामलों की सही स्थिति की कल्पनाओं एवं दृश्यों का दृष्टिकोण है जिसमें उत्तम मूल्यों को वास्तविक बनाया गया; वे एक प्रकार से श्रेष्ठता को अभिव्यक्त करते हैं। आदर्श को विशिष्ट प्रकार का मूल्य माना जाता है, जिन्हें या तो प्राप्त नहीं किया गया या प्राप्त करना बहुत कठिन होता है, या पूर्ण रूप से कभी प्राप्त नहीं किया जा सकता।"*

*("Ideals are vision, visualization and imaginations of a perfect state of affairs in which excellent values have became realities, they express a kind of transcendence. Ideals consider as a special kind of value, that are not realised or very hard to realise or never fully realisable.")*

अधिकतर विचारकों ने इस बात पर बल दिया है कि आदर्श वे विश्वास है जो चरित्र से संबंधित होते हैं। इसमें विभिन्न विचारों जैसे उदारता या लालच, आदर या परम्पराएँ या आजादी को सम्मिलित किया जाता है। विकसित हो रहे आदर्श यह परिभाषित करने में सहायक होते हैं कि चरित्र गहन रूप से किस में विश्वास करता है और उनके इतिहास को आकार देने के साथ-साथ यह निश्चित करते हैं कि वे किस प्रकार की भूमिका अदा करेंगे जब विभिन्न विश्वासों को चुनौती दी जाती है।

आदर्श निम्नलिखित प्रश्नों के उत्तर दे सकते हैं–

– वे कौन से सिद्धांत हैं जिन्हें तुम कभी प्रकट नहीं करोगे?
– आपको त्याग करने के लिए किस से प्रेरणा मिलेगी?
– आपको कार्य करने के लिए कौन प्रेरित करता है और आपके लक्ष्यों एवं इच्छाओं का मार्गदर्शन कौन करता है?
– वह एक अत्यधिक महत्वपूर्ण वस्तु क्या है, जिसके लिए आप प्रयासरत रहते हैं?

आप अपनी पसंद के अनुसार किसी भी आदर्श का चयन कर सकते हैं परंतु उनको परिभाषित करने के लिए आपके चरित्र के साथ संरेखण एक अच्छा स्थान है। दिन-प्रतिदिन की भाषा में, 'आदर्श' शब्द को स्वप्न एवं आकांक्षा की व्याख्या के लिए प्रयोग किया जाता है जैसे : आदर्श घर, आदर्श कार, आदर्श नौकरी आदि। अधिकतर व्यक्ति इन आदर्शों के बारे में कुछ विचार या कल्पनाएँ करते हैं। ये आदर्श आशाओं के साथ पहेलियों के रूप में होते हैं, जिन्हें सामाजिक भूमिकाओं के रूप में भी सोचा जा सकता है जैसे–आदर्श नागरिक, आदर्श पुरुष, आदर्श स्त्री, आदर्श अध्यापक एवं आदर्श विद्यार्थी इत्यादि।

## आदर्शों का विकास (Development of Ideals)

आदर्शों के विकास में स्कूल एक महत्वपूर्ण भूमिका अदा करता है। मूल्य एवं आदर्श अंत:सम्बन्धित है। ईमानदारी गणित से अधिक मूल्यवान होती है। उद्योग भूगोल से अधिक मूल्यवान है। सूचना अंतिम का केवल एक साधन मात्र है और यही अंत आधारभूत आदर्शों का उचित विकास है।

एक बालक में उच्च आदर्शों का विकास करना अत्यधिक कठिन होता है। अधिकतर अध्यापक इस समस्या का सामना कर रहे हैं कि किस प्रकार एक बेईमान बालक में ईमानदार बनने की इच्छा जागृत की जाए, लापरवाह बच्चों में साफ रहने की इच्छा उत्पन्न की जाए, शरारती बालक अनुशासित रहना चाहें और सुस्त बालक उद्यम करने के लिए चिंतित हो। अत्यधिक चौकानें वाली समस्या है जिसका अध्यापक सामना कर रहे हैं, वह है चरित्र एवं व्यक्तित्व का विकास।

अध्यापक निम्नलिखित तकनीकों के द्वारा आदर्शों का विकास कर सकते हैं–

1. *इच्छा जागृत करना (Create the desire)*–नवयुवकों एवं व्यस्कों में आदर्शों के लिए इच्छा जागृत करना आसान है। जब वे भविष्य का सामना करना प्रारंभ करते हैं, या पहले से ही किसी व्यवसाय में संलग्न होते हैं, तो वे उन आदर्शों के विकास के लिए संवेदनशील हो जाते है, जो उन्हें अपने चयनित क्षेत्र में सफल व्यक्ति बनाएँगें। एक अध्यापक के द्वारा बाल्यकाल से ही उन गुणों का विकास करने का प्रयास किया जाना चाहिए जिससे बालक अपने बाद के जीवन में सफलता प्राप्त कर सके।
2. *परिस्थिति की पहचान (Diagnose the situation)*–जब एक व्यक्ति के व्यक्तित्व सम्बन्धी गुण कमजोर होते हैं, तो इसके लिए कुछ कारण उत्तरदायी हो सकते हैं। अध्यापक के द्वारा न केवल उन कमजोरियों की पहचान की जानी चाहिए, अपितु यह भी आवश्यक है कि वह प्रत्येक बालक को जाने कि किस प्रकार के प्रोत्साहन उनमें इच्छा उत्पन्न करेंगे। जब हम छिपे हुए आदर्शों की खोज करते हैं, तो हम अत्यधिक जटिल क्षेत्र में चले जाते हैं। आदर्श मूल प्रवृत्तियों, संवेगों एवं आदतों के जलमग्न महाद्वीप के ऊपर दिखाई देते हैं जो प्रारंभिक बाल्यकाल व वंशावली से चले आ रहे हैं।
3. *समस्या प्राप्ति का प्रयोग (Use problem finding)*–समस्या समाधान की अपेक्षा, अध्यापक के द्वारा विद्यार्थियों को सहायता इस प्रकार करनी चाहिए कि वे विश्व में अंतरालों को खोज सके तथा समस्या का पता लगाने के प्रयोग के द्वारा उस अंतराल को भरने का प्रयास कर सके। इसके लिए बुद्धिमतापूर्ण तथा कल्पनाशील दृष्टिकोण की आवश्यकता होती है, जो शायद लापता होता है या इसे महत्वपूर्ण जानते हुए जोड़ा जाना चाहिए।
4. *कार्य-योजना का विकास (Develop a plan of action)*–कभी-कभी अध्यापक विचार करता है कि जब इच्छा जागृत होती है, तो प्रत्येक आदर्श के विकास की योजना को सुरक्षित रूप से प्रत्येक बालक पर छोड़ देना चाहिए। जबकि ऐसा सोचना उसके लिए उचित नहीं है। उन्हें बच्चे को साफ-सुथरा रहना, या मेहनती होना या महत्वाकांक्षी होने से अधिक प्रेरित करना चाहिए। प्रेरणायुक्त भाषणों के संगठन के द्वारा इच्छाएँ जागृत की जा सकती है, परंतु ऐसे भाषणों के पश्चात् उनका अनुगमन करना अति आवश्यक है कि इन आदर्शों को जीवन की दैनिक कार्यप्रणाली में किस प्रकार प्रयोग किया जाए। जब तक मूर्त परिस्थितियों में इसका प्रयोग न किया जाए और कार्य की योजना क्रियान्वित न हो, आदर्शों को विद्यार्थियों के प्रायोगिक जीवन में कभी भी प्रयोग में नहीं लाया जा सकेगा।
5. *मानसिकता (Mindset)*–अध्यापक के द्वारा ही मानसिकता, मूड़ आदि संपूर्ण कक्षाकक्ष में परिवर्तन किया जा सकता है। यदि शिक्षक अपनी विषय बस्तु के प्रति उत्साहित होते हैं, तो

विद्यार्थी उसका पूर्ण रूप से अनुगमन करेंगे, क्योंकि ऐसा करते समय अध्यापक उनके लिए एक आदर्श अध्यापक के रूप में हो सकता है। इसीलिए कहा जाता है कि शिक्षकों में अपने विषयों, जो वे पढ़ा रहे हैं, के प्रति जुनून होना चाहिए। यद्यपि विषय सामग्री का डिजाइन व प्रस्तुत करने की कला अध्यापक के प्रति विद्यार्थियों की आदर्श अध्यापक के बारे में मानसिकता के विकास में सहायक होगी।

6. *अभ्यास (Practice)*–कभी-कभी ऐसा भी होता है कि विद्यार्थी एक आदर्श का अनुगमन करने की इच्छा रखता है और यह भी जानता है कि उसे क्या करना है, परंतु उस परिस्थिति में जिस प्रकार से उसे कार्य करना चाहिए, वह करने में असमर्थ होता है। आदर्श के पूर्ण विकास के लिए आवश्यक है कि उसमें उस आदर्श के प्रति इच्छा निरंतर बनी रहे अर्थात, उसे विचलित नहीं होना है। ऐसा केवल निरंतर अभ्यास से ही संभव हो सकता है।
7. *ईनाम/पुरस्कार (Reward)*–यह एक वास्तविकता है कि कोई भी मनुष्य एक आदर्श के लिए तब तक अभ्यास नहीं करेगा, जब तक उसे उससे किसी प्रकार की संतुष्टि प्राप्त न हो। तो हम निश्चित रूप से ईमानदार बनना छोड़ देंगे। वास्तविक जीवन में बहुत बार ऐसा होता है कि लोग बेईमानी से बहुत सारा धन अर्जित कर लेते हैं। स्कूल या महाविद्यालय स्तर पर अच्छे कार्य के लिए इनाम बाह्य रूप में मिलना चाहिए। अध्यापक के द्वारा उसके प्रयास की सराहना की जानी चाहिए। जब एक मनुष्य परिपक्व बन जाता है, तो पुरस्कार उसकी आंतरिक संतुष्टि के रूप में भी हो सकता है। जब एक व्यक्ति को ईमानदार, उदार बने रहने से निरंतर संतुष्टि प्राप्त होती रहती है तो ये गुण स्थायी रूप से उसके व्यवहार का भाग बन जाते है और इन्हें ही आदर्श कहा जा सकता है।
8. *आदर्शों का सामान्यीकरण (Generalise ideals)*–कभी-कभी ऐसा भी घटित होता है कि हम एक परिस्थिति में तो आदर्श का अनुगमन करते है और दूसरी परिस्थिति में नहीं। उदाहरण: जब सरकार के द्वारा सफाई अभियान की घोषणा की जाती है, तो हम अपने घर को साफ-सुथरा रखना प्रारंभ कर देते हैं। परंतु अपने घर के आस-पास के क्षेत्र की परवाह नहीं करते। इसका उत्तर साधारण है कि हमने सफाई के आदर्श का सामान्यीकरण नहीं किया है। इस प्रकार एक आदर्श के सामान्यीकरण की असफलता और इसे सभी परिस्थितियों में प्रयोग न करना सामान्यत: प्रत्येक क्षेत्र में देखा जाता है। एक अन्य उदाहरण: एक विद्यार्थी अत्यंत आज्ञाकारी होता है जब एक नियमित अध्यापक उसे पढ़ाता है, परंतु जब एक प्रशिक्षण लेने वाला अध्यापक कक्षा में पहुँचता है तो वह अवज्ञाकारी बन जाता है इस प्रकार एक आदर्श एक व्यक्ति के जीवन को अत्यधिक प्रभावित करता है, इसलिए केवल आवश्यक यही नहीं है कि उसे यह ज्ञात हो कि आदर्श की पालना एक परिस्थिति में किस प्रकार करनी है, अपितु उसे इस बात की जानकारी भी होनी चाहिए कि वह उस आदर्श का सामान्यीकरण करे और सभी परिस्थितियों में उसका पालन करे।

आजकल सभी का यह कहना है कि नवयुवकों में कोई आदर्श नहीं रहे, परंतु शिक्षा के कुछ कारक है, जो इसके लिए उत्तरदायी है। सूचनाओं पर अत्यधिक बल दिया जाता है। केवल ज्ञानात्मक पक्ष के विकास पर ही अत्यधिक ध्यान दिया जाता है और यह आदर्शों की अपेक्षा अधिक वास्तविकता है। सूचनाओं के हस्तांतरण का कारण निश्चित है, जबकि आदर्शों का विद्यमान होना कोई निश्चित नहीं है। जब हम इस बात की खोज करते हैं कि ईमानदारी वास्तविक अर्थों में क्या है, तो पाठ्यक्रम का कोई भी भाग आदर्शों की ओर संकेत नहीं करता है। हम आदर्श तभी पढ़ाते हैं, जब किसी अवसर की मांग होती है। हम चोरी, झूठ बोलने आदि के प्रकरणों में ही ईमानदारी के बारे में बताते है। और हम आज्ञाकारी होने का महत्व तभी सिखाते हैं, जब

अवज्ञाकारिता दिखाई देती है। यदि हम यह जानते हैं कि न केवल व्यक्ति के विकास के लिए अपितु समाज के विकास के लिए भी आदर्श महत्वपूर्ण हैं, तो शिक्षा की सहायता से इसका विकास किया जाना चाहिए। अध्यापक को अपनी निर्देशन प्रणाली का नियोजन इस प्रकार करना चाहिए कि जैसे ही बालक अपनी कक्षा के कार्य को समाप्त करे तो इन बिंदुओं पर भी उसे निर्देश होने चाहिए अर्थात उसमें कुछ आदर्शों के प्रति आस्था विकसित होनी चाहिए।

## कला एवं आदर्श (Art and Ideals)

आदर्शों के बारे में सूचना अत्यधिक प्रभावी ढंग से कला के द्वारा संभव है। मूल्यांकन के कुछ पक्षों में आदर्श का स्थान ऊँचा है। यह एक साहसी कार्य, उत्तम दिन, आपके सपनों का मानव, उत्तम चरित्र का व्यक्ति आदि के रूप में हो सकता है। जीवन लक्ष्यों की प्राप्ति के लिए निरंतर प्रयास है, जिसे हम अत्यधिक अच्छा मानते हैं, उसके लिए निरंतर प्रयास करते रहते हैं। आदर्शों की संख्या भी उतनी ही है जितने चरित्र के गुण, उपलब्धियों का क्षेत्र, एवं अनुभवों के मोड़। एक निपुण कलाकार इन्हें विभिन्न ढंगों से प्रस्तुत कर सकता है। परंतु एक कलाकार को यह भी ध्यान रखना चाहिए कि वह आदर्श को सामग्री या साधन के रूप में ही प्रस्तुत न करे, अपितु इसके अमूर्त रूप को मूर्त रूप में इस प्रकार प्रदर्शित करे कि प्रत्यक्ष रूप से यह प्रेरक शक्ति की भांति प्रभावित करे। इस प्रकार कलाकार को इसकी प्रस्तुति करते समय बहुत सी बातों को ध्यान में रखना चाहिए। कुछ अनुसंधानों के आधार पर एक आदर्श विद्यार्थी व एक आदर्श अध्यापक में निम्नलिखित विशेषताएँ पाई जाती हैं–

## एक आदर्श विद्यार्थी की विशेषताएँ (Characteristics of an Ideal Student)

कुछ विद्यार्थियों में ऐसे विशेष गुण होते हैं, जो उन्हें अन्य से भिन्न कर देते हैं। उन्हें आदर्श विद्यार्थी कहा जा सकता है और वे अन्य के लिए प्रेरणा स्त्रोत बन जाते हैं। उनमें निम्नलिखित विशेषताएँ पाई जाती है–

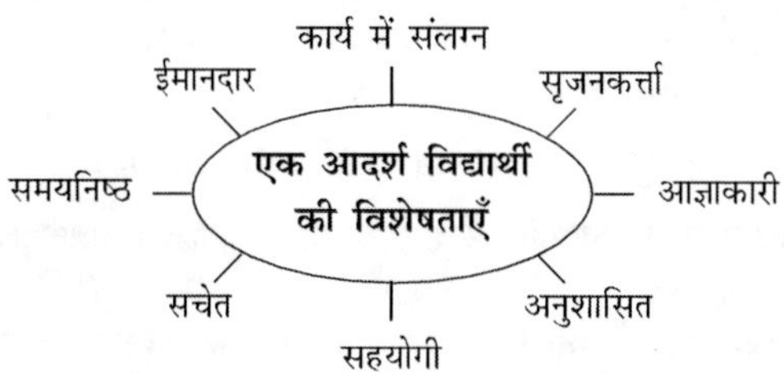


*सचेत (Attentive)*–एक आदर्श विद्यार्थी अपनी पढ़ाई के प्रति हमेशा सचेत रहता है। वह व्यस्कों एवं अध्यापकों के द्वारा पढ़ाए जाने वाले पाठों का महत्व समझते हैं। जीवन में कुछ सुख प्राप्त करने के लिए वह पढ़ाई की अवहेलना नहीं करते हैं।

*सीखने की तीव्र इच्छा (Strong desire to learn)*–एक अच्छे विद्यार्थी में सीखने की तीव्र इच्छा बनी रहती है, चाहे यह अध्यापक, बड़ों से, प्रशासकों आदि किसी से भी हो। वह प्रत्येक चीज का सूक्ष्म रूप से विश्लेषण करते हैं।

*समयनिष्ठ (Punctual)*–समय बहुत मूल्यवान है। एक अच्छा विद्यार्थी यह जानता है और इसीलिए वह प्रत्येक कार्य को करने में हमेशा समयनिष्ठ रहने का प्रयास करता है। वह सभी कामों को समय पर करने का प्रयत्न करता है।

*रचनात्मक (Creative)*–एक आदर्श विद्यार्थी बॉक्स से बाहर सोचना पसंद करता है। उसका रचनात्मक मस्तिष्क सदा ही उसे प्रेरित करता रहता है कि वह कुछ भिन्न करे और जीवन में कुछ अच्छा करे।

*ईमानदार (Sincere)*–एक आदर्श विद्यार्थी को जो भी कार्य करने के लिए मिलता है, वह उसके प्रति हमेशा ईमानदार रहता है। वह पूर्ण रूचि व ध्यान से उस कार्य को पूरा करने का प्रयास करता है।

*वैज्ञानिक दृष्टिकोण (Scientific outlook)*–वैज्ञानिक दृष्टिकोण से अभिप्राय है कि किसी भी वस्तु को सूक्ष्म रूप से देखना और विस्तृत रूप से उसका गहन अध्ययन करना एवं कैसे, क्या और क्यों का उत्तर ढूढँना। उसकी तर्क शक्ति अत्यधिक उच्च होती है। वह तब तक उस सच्चाई को स्वीकार नहीं करते जब तक उनकी जिज्ञासा शांत नहीं हो जाती है।

*उच्च महत्वाकाक्षाएँ (High ambitions)*–एक आदर्श विद्यार्थी स्वयं के लिए कुछ लक्ष्य निर्धारित करता है और उनकी प्राप्ति के लिए कठिन परिश्रम करता है। सभी शैक्षिक एवं पाठ्य-सहगामी क्रियाओं में वह पूर्ण रूप से भाग लेता है क्योंकि वह जानता है कि यही सफलता की सीढ़ियाँ हैं।

*सहानुभूति की भावना (Sense of empathy)*–एक अच्छा विद्यार्थी दयालु और सहानुभूतिपूर्ण होता है। वह मानव समाज के कल्याण के लिए जरूरतमंद विद्यार्थियों व लोगों की सहायता करने के लिए हमेशा तत्पर रहता है।

*अच्छा चरित्र (Good Character)*–एक आदर्श विद्यार्थी का चरित्र नैतिक रूप से सुदृढ़ होता है। उसके अपने आदर्श होते हैं। उसके जीवन का सिद्धांत होता है सादा जीवन एवं उच्च विचार। वह अत्यधिक विनम्र, विनीत, दयालु होता है। इसके अतिरिक्त वह निर्भीक व साहसी बना रहता है।

उपरोक्त वर्णित गुण सामान्य गुणों का प्रतिनिधित्व करते हैं, फिर भी इनके अतिरिक्त अन्य गुण भी हो सकते हैं जो एक आदर्श विद्यार्थी में विद्यमान होते हैं। एक आदर्श विद्यार्थी प्रेरणा का स्त्रोत, साहसी, ईमानदार, क्षमा, नैतिकता, आध्यात्मिकता, मेहनती होता है तथा दूसरों के लिए उसे प्रेरणा स्त्रोत बनना चाहिए। उसे हमेशा कहीं भी और किसी से भी ज्ञान प्राप्त करने के लिए तैयार रहना चाहिए। ऋग्वेद में कहा गया है–'आनो भेद्रा कर्त्तव्यास यान्तु विश्वत:' जिसका अर्थ है 'अच्छे विचारों/ज्ञान को सभी दिशाओं से आने दो'।

## एक आदर्श अध्यापक की विशेषताएँ (Characteristics of an Ideal Teacher)

एक आदर्श अध्यापक एक लैम्प की भांति होता है जो विद्यार्थियों को अज्ञानता के अंधकार से बाहर लाने के लिए स्वयं जलता रहता है और ज्ञान की रोशनी से उनके जीवन को भर देता है। वह जीवन में सफलता के लिए उन्हें सही रास्ता दिखाता है। वह प्रत्येक विद्यार्थी के जीवन में प्रेरणा-स्त्रोत होता है। वह एक ऐसा व्यक्ति होता है, जिसे विद्यार्थी संस्थान को छोड़ने के पश्चात् भी याद रखते हैं। एक आदर्श अध्यापक बनने के लिए, उसमें निम्नलिखित विशेषताएँ होनी चाहिए–

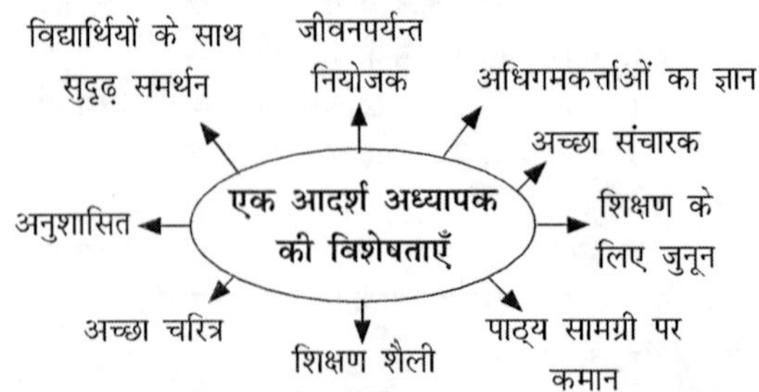


*अधिगमकर्त्ताओं का ज्ञान (Knowledge of learners)*–एक आदर्श अध्यापक को विद्यार्थियों की गति एवं क्षमता का बोध होना चाहिए। उसे अधिगमकर्त्ताओं के ज्ञानात्मक, सामाजिक एवं

संवेगात्मक विकास का ज्ञान होना चाहिए। उसे इस बात की भी समझ होनी चाहिए कि उसका अनुदेशन प्रत्येक अधिगमकर्त्ता की आवश्यकताओं के अनुरूप होना चाहिए।

*सुदृढ़ संचारक (Good communicator)*–एक आदर्श अध्यापक को एक अच्छा संचारक होना चाहिए। उसका संचरण उसके विद्यार्थियों व सहयोगियों को समझ में आना चाहिए। यदि एक अध्यापक का संचरण (शाब्दिक, अशाब्दिक जिसमें बोलना, लिखना, कल्पना, शारीरिक हाव–भाव शामिल होते हैं) अच्छा है, तो वह अपने ज्ञान का हस्तांतरण उचित ढंग से कर सकता है जिससे अच्छे परिणाम प्राप्त होते हैं।

*विषय सामग्री पर अधिकार (Command over subject matter)*–एक आदर्श अध्यापक का अपनी विषय सामग्री पर आधिपत्य होना चाहिए अर्थात् उसे पढ़ाई जाने वाली विषय सामग्री का विस्तृत ज्ञान होना चाहिए। उसे पढ़ाए जाने वाले विषय में जो कुछ भी नया घटित होता है, उसकी भी जानकारी होनी चाहिए, जिससे वह विद्यार्थियों को सम–सामयिक ज्ञान प्रदान कर सके।

*प्रबंधन कौशल (Management skills)*–एक आदर्श अध्यापक को कक्षाकक्ष प्रबंधन कौशलों से युक्त होना चाहिए। यह विद्यार्थियों में अच्छी अधिगम आदतों के विकास में सहायक होगा।

*अच्छा श्रोता (Good listener)*–एक आदर्श अध्यापक को एक अच्छा श्रोता भी होना चाहिए। टर्की में एक मुहावरा है, "यदि बोलना चांदी है, तो सुनना स्वर्ण होता है।" अध्यापक कक्षाकक्ष में अच्छा वातावरण प्रदान कर सकता है, जिससे विद्यार्थी अपने विचारों को बिना किसी हिचकिचाहट के अभिव्यक्ति कर सके।

*विद्यार्थियों के साथ अच्छे संबंध (Strong relationship with students)*–एक आदर्श अध्यापक में यह योग्यता भी होनी चाहिए कि वह अपने विद्यार्थियों के साथ अच्छे संबंध स्थापित करें। यह अध्यापक व विद्यार्थी के अच्छे संबंध ही होते हैं जो सूचनाओं के आदान प्रदान को सुविधाजनक बनाते हैं और इससे अध्यापकों को पढ़ाने में अधिक प्रेरणा मिलती है। विद्यार्थी अधिक से अधिक प्रश्न पूछते हैं, उनका अधिगम अधिक होता है। अध्यापक अपनी शिक्षण शैली में अधिक से अधिक सुधार ला सकता है।

*विद्यार्थियों के लिए उच्च आशाएँ (High expectations for the students)*–एक आदर्श अध्यापक के मन में अपने विद्यार्थियों के लिए उच्च आशाएँ होती है। ये आशाएँ चुनौतीपूर्ण एवं वास्तविक होती है। उसे यह जानकारी होनी चाहिए कि प्रत्येक विद्यार्थी की सामर्थ्यता कितनी है और हर संभव प्रयत्न करना चाहिए कि विद्यार्थी अपनी उत्तमता को प्राप्त कर सके।

*एक चुम्बकीय व्यक्तित्व (A magnetic personality)*–एक आदर्श अध्यापक का व्यक्तित्व ऐसा होना चाहिए कि प्रत्येक विद्यार्थी का ध्यान उसकी ओर आकृष्ट हो। प्रत्येक विद्यार्थी उसकी कक्षा में जाना व पढ़ना पसंद करे।

*लचीला (Resilient)*–जीवन में सफलता इस बात में निश्चित नहीं होती कि आपके साथ क्या घटित होता है, परंतु इससे होता है कि इस पर कैसे प्रतिक्रिया की जाए। अध्यापक यह नहीं चाहता कि असफलताएँ और गलतियाँ उसका रास्ता रोकें, अपितु वे आगे ही आगे बढ़ते रहना चाहते हैं। उन्हें ऐसा करते हुए जब उसके विद्यार्थी देखते हैं तो वे लचीलता एवं दृढ़ता सीखते हैं।

*सहयोग (Collaboration)*–आज के समय में तकनीक ने दूरी की समस्या को हल कर दिया है। अध्यापक, जो तकनीक का प्रयोग करते हैं, वे देश में स्कूलों एवं कक्षाओं के साथ अधिक से अधिक सहयोग करना पसंद करते हैं। स्कूलों एवं कक्षाओं में पुलों का निर्माण विद्यार्थियों के लिए अधिगम को अधिक प्रभावी बनाता है।

इस प्रकार यद्यपि एक आदर्श अध्यापक के गुणों की सूची सीमित नहीं है, परंतु सभी की व्याख्या करना भी आसान नहीं है। यदि किसी के पास सुदृढ़ निश्चय है और वह मेहनती है तो संभव है कि उसमें आदर्श अध्यापक के अधिक से अधिक गुणों का विकास हो।

इसी के अनुरूप एक आदर्श कक्षाकक्ष, आदर्श स्कूल के भी कुछ गुण होते हैं, जिनके आधार पर उस कक्षाकक्ष को व स्कूल को उत्तम बनाया जा सके। राष्ट्रीय शिक्षा नीति 2020 के अनुसार हर संभव प्रयास किया जा रहा है कि हर स्कूल में विद्यार्थी के लिए अच्छी शिक्षा प्रदान की जा सके व हर विद्यालय को आदर्श विद्यालय बनाया जा सके, जिससे प्रत्येक विद्यार्थी में आवश्यक मूल्यों, नैतिकता व आदर्शों का विकास संभव हो सके।

## नीतिशास्त्र, मूल्य एवं आदर्श में अंतर
## (Difference between Ethics, Values and Ideals)

यद्यपि एक सफल जीवन को चलाने के लिए नैतिकता, मूल्य एवं आदर्श सभी आवश्यक है, फिर भी इन तीनों में कुछ अंतर है, जो निम्नलिखित हैं–

| नीतिशास्त्र (Ethics) | मूल्य (Values) | आदर्श (Ideals) |
|---|---|---|
| 1. नीतिशास्त्र आचरण के लिए मार्गदर्शन करता है जिसके प्रश्न नैतिकता से सम्बन्धित होते हैं। | मूल्य वे सिद्धांत हैं, जो यह निर्णय लेने में सहायता करते हैं कि क्या अधिक महत्वपूर्ण है। | आदर्शों को बाह्य मूल्य कहा जा सकता है जो आप समाज के लिए चाहते हैं। |
| 2. यह नैतिक सिद्धांतों की एक प्रणाली है। | मूल्य हमारी सोच के उत्तेजक होते हैं। | आदर्श वे होते हैं जिनके लिए आप प्रयत्नशील रहते हैं और वैसा बनना चाहते हैं। |
| 3. नैतिकता एकरूप एवं मुख्यत: सार्वभौमिक होती है। | मूल्य किसी व्यक्ति के अनुभवों, इच्छाओं एवं विशिष्ट परिस्थितियों से प्रभावित होते हैं। ये विभिन्न व्यक्तियों के लिए भिन्न होते हैं। | आदर्श अच्छे या उत्तम व्यवहार के प्रतिमान होते हैं। प्रत्येक व्यक्ति कुछ आदर्शों के साथ रहता है, चाहे वे आदर्श किसी–दूसरे के आचरण के लिए योग्य सिद्ध न हो। |
| 4. नीतिशास्त्र सही व गलत, अच्छा या बुरा आदि के बारे में ज्ञान प्रदान करता है। | मूल्य सुदृढ़ता से मस्तिष्क की संवेगात्मक स्थिति को प्रभावित करते हैं। | आदर्श उत्तम स्थिति का दृष्टिकोण व कल्पना होते हैं। |
| 5. नीतिशास्त्र नैतिक कोड का प्रबंधन है। | मूल्य हमारे चिंतन की उत्तेजना है। | आदर्श को सत्य होने के लिए आवश्यक है कि वे वास्तविकता पर आधारित हों। |
| 6. नीतिशास्त्र नैतिक कम्पास से अधिक है जो एक सत्ता को यह निश्चित करने में सहायता करता है कि नैतिक रूप से क्या स्वीकार्य है और क्या नहीं। | मूल्य एक व्यक्ति को यह निश्चित करने में सहायता करते हैं कि वे अपने जीवन में क्या चाहते हैं और उसे कैसे प्राप्त किया जा सकता है। | आदर्श एक विचार होता है जो एक व्यक्ति के मस्तिष्क में विद्यमान रहता है। |
| 7. नीतिशास्त्र यह निश्चित करता है कि किस सीमा तक हमारा चयन सही या गलत है। | मूल्य जीवन के लिए हमारी प्राथमिकताओं को परिभाषित करते हैं। | आदर्श वे नियम होते हैं जो हमें अपने जीवन में निर्णय तक पहुँचने में सहायता करते हैं, जो यह प्रदर्शित करते हैं कि हमें अपने जीवन में किसको प्राथमिकता देनी चाहिए। |

अतः नीतिशास्त्र मानवीय मूल्यों की संरचना का एक मापन है। मानव मूल्य जैसे उदारता, सहानुभूति, क्षमा, प्रेम आदि होते हैं। मानव नैतिकता को भी समय के कठिन रास्तों से गुजरना पड़ता है। किसी के आदर्शों को सत्यता का पालन करना होता है और इससे हमें यही शिक्षा मिलेगी कि आप शांतिपूर्ण जीवन व्यतीत करोगे। यदि आदर्श वृक्ष है, तो नैतिकता उसका फल है। नीतिशास्त्र क्या है और क्या होना चाहिए, के बीच की दूरी को कम करने का सुझाव देता है। आदर्श यह बताते हैं कि हमें अपने जीवन में किसे महत्व देना चाहिए, जबकि नैतिकता इस बात का निर्धारण करती है कि वे गुण किस सीमा तक सही या गलत है। इसलिए हमें जहाँ तक संभव हो आदर्शों एवं नैतिकता को अपनाना चाहिए। कुछ भी ऐसा नहीं करना चाहिए जो किसी दूसरे के लिए गलत हो।

# 7. शिक्षा एवं समाजीकरण
# (Education and Socialization)

*"The highest education is that which does not merely provides us information but makes our life in harmony with all existence."*

*—Rabindra Nath Tagore*

मानव सामाजिक प्राणी है। मानव का सामाजिक बनना एक दीर्घ प्रक्रिया है। जैसे ही बालक का जन्म होता है वह समाज में पदार्पण कर लेता है और अपनी जन्मजात शक्तियों को सामाजिक वातावरण में विकसित करके सामाजिक प्राणी बनने का प्रयास करता है। उसका समाजीकरण होने लगता है। समाजीकरण के विभिन्न अर्थ हैं। सामाजिक वैज्ञानिक इस शब्द का प्रयोग दो प्रकार से करते हैं–प्रथम पक्ष समाज के विचार के अनुसार निकाला गया है। इस पक्ष के अनुसार, समाजीकरण से अभिप्राय व्यक्तियों में समाज की संस्कृति का हंस्तातंरण है। दूसरा पक्ष व्यक्ति के अनुसार निकाला गया है। इस पक्ष के अनुसार, समाजीकरण से अभिप्राय सामाजिक वातावरण में मानव बनना है।

समाजीकरण एक ऐसी प्रक्रिया है जिसमें अनेक प्रकार की उपक्रियाएँ शामिल होती हैं। ये उपक्रियाएँ जन्म से लेकर मृत्यु पर्यन्त निरंतर चलती रहती हैं तथा मानव को सामाजिक बनने में योगदान देती हैं। बालक को समाज की आशाओं को सीखना चाहिए जिससे वह उसी प्रकार का व्यवहार करने लगता है। उसे समूह के मानकों को अपनाना चाहिए।

समाजीकरण एक प्रक्रिया है जिसकी सहायता से एक जीवंत प्राणी सामाजिक प्राणी के रूप में परिवर्तित हो जाता है। प्रत्येक व्यक्ति भाषा, संस्कृति, मूल्य, मानक, अभिवृत्ति, और व्यवहार सीखता है जो उसके व्यक्तित्व को बदल देती हैं। केवल यही एक प्रक्रिया है, जब व्यक्ति अपने परिवार व समुदाय के संपर्क में आता है, उसके स्व एवं व्यक्तित्व का विकास होता है। वे एक वंशज से दूसरे वंशज तक समाज के मानकों का हस्तांतरण करते हैं।

समाजीकरण की प्रक्रिया सदैव समान गति से नहीं चलती। जैसे-जैसे व्यक्ति की आयु बढ़ती है, उसके समाजीकरण की गति धीमी होती जाती है, परंतु यह माना जाता है कि शैशवकाल, बाल्यकाल तथा किशोरावस्था में यह गति अति तीव्र रहती हैं। जब बालक छोटा होता है तो समाज की बातें और वातावरण उसके लिए नवीन होता है और उन्हें जानने व अपनाने की जिज्ञासा तीव्र हो जाती है, परंतु जैसे-जैसे उसमें परिपक्वता आती है तो यह नवीनता उसके लिए कम होने लगती है। अतः समाजीकरण की गति भी धीमी हो जाती है। इसके साथ-साथ यह भी माना जाता है कि प्रत्येक व्यक्ति भिन्न होता है और प्रत्येक व्यक्ति का समाज भी भिन्न होता है, इसलिए सभी का समाजीकरण एक समान नहीं होता है।

### समाजीकरण का अर्थ (Meaning of Socialization)

समाजीकरण एक प्रक्रिया है जिसके अंतर्गत मानव समाज में प्रचलित परंपराओं, मान्यताओं, आकांक्षाओं, सामाजिक कौशलों, सामाजिक मूल्यों, भाषाओं, ज्ञान व संस्कृति को देखता है, ग्रहण

करता है तथा उन नियमों व मानकों को मानने लगता है, जो किसी समूह या समुदाय में रहने के लिए आवश्यक हैं। यह स्वयं पर लगाए गए नियमों व बाहर से लगाए गए नियमों तथा दूसरों की आशाओं का सम्मिश्रण होता है। इस प्रकार यह एक प्रक्रिया है जो जन्म के बाद प्रारंभ होती है क्योंकि वह जब पहली बार अपनी माँ या परिवार के लोगों को देखकर मुस्कुराता है तो वहीं से उसका समाजीकरण प्रारंभ होता है। समाजीकरण से ही प्रत्येक व्यक्ति को अपनी पहचान का ज्ञान होता है कि माँ होने के नाते मेरा क्या उत्तरदायित्व है, क्या भूमिका है, पिता होने के नाते मेरी क्या भूमिका होनी चाहिए इत्यादि। यह प्रक्रिया दो स्तर पर कार्य करती है–पहला, जब एक शिशु अपने आसपास की वस्तुओं का आत्मसात् करता है और दूसरा बाह्य रूप से। सामाजिक नियम प्रत्येक व्यक्ति के व्यक्तित्व का अंग बन जाते हैं जब उन्हें बाहर से नहीं अपितु स्वयं के द्वारा स्वयं पर लगाए जाते हैं। दूसरा इन्हें सामाजिक अंत:क्रिया के आवश्यक तत्वों के रूप में माना जाता है जब एक व्यक्ति दूसरों की आशाओं के अनुरूप कार्य करने लगता है तब उसका समाजीकरण होता है।

शैफर (Schaefer) के शब्दों में,

*"समाजीकरण एक प्रक्रिया है जहाँ व्यक्ति एक विशेष संस्कृति के सदस्य के रूप में अभिवृत्तियाँ, व मूल्य सीखता है और व्यक्तिगत रूप से कार्य करता है।"*

*("Socialization is a process whereby people learn the attitudes, values, and actions appropriate to individuals as measures of particular society.")*

रॉस (Ross) के अनुसार,

*"समाजीकरण सभी में हम की भावना का विकास है तथा क्षमता में उनकी वृद्धि और एक साथ मिलकर कार्य करने की इच्छा है।"*

*("Socialization is the development of we feeling in associates and their growth in capacity and will to act on together.")*

हॉटर्न एवं हंट (Horton and Hunt) के शब्दों में,

*"समाजीकरण एक प्रक्रिया है जिसमें व्यक्ति अपने समूह के मानदंडों को आत्मसात् करता है, जिससे उस व्यक्ति में अद्वितीय के रूप में एक अलग 'स्व' की उत्पत्ति हो जाती है।"*

*("Socialization is the process whereby one internalise the norms of the groups, so that a distinct 'self' emerges, unique to this individual.")*

लंडबर्ग (Lundberg) के अनुसार,

*"समाजीकरण में अंत:क्रिया की जटिल प्रक्रियाएँ निहित होती हैं, जिससे व्यक्ति आदतें, कौशल, विश्वास, निर्णय का मानक सीखता है, जो उसके सामाजिक समूहों एवं समुदायों में उसके प्रभावी योगदान के लिए आवश्यक है।"*

*("Socialization consists of the complex processes of interaction through which the individual learns the habits, skills, beliefs and standards of judgement that are necessary for his effective participation in his social groups and communities.")*

मैकाइवर (Maciver) के शब्दों में,

*"समाजीकरण प्रक्रिया है जिससे सामाजिक प्राणियों में एक दूसरे के साथ संबंध एवं संगति का विकास होता है।"*

*("Socialization is the process through which social beings develop relationship and association with each other.")*

कोलिन्स (Collins) शब्दकोष के अनुसार,

*"समाजीकरण प्रक्रिया है जिसके द्वारा लोग, विशेष रूप से बच्चे इस ढंग से व्यवहार करने लगते हैं, जो उनकी संस्कृति या समाज में स्वीकार्य होता है।"*

*("Socialization is the process by which people, especially children are made to behave in a way which is acceptable in their culture or society.")*

बोगार्डस (Bogardus) के शब्दों में,

*"समाजीकरण इकट्ठे मिलजुल कर कार्य करने की व रहना सीखने की प्रक्रिया है।"*

*("Socialization is a process of learning to live and work together.")*

एच.एम. जॉनसन (H.M. Johnson) के शब्दों में,

*"समाजीकरण सीखने की प्रक्रिया है जो सीखने वाले को सामाजिक भूमिकाओं को निभाने योग्य बनाती है।"*

*("Socialization is a process of learning, which enables the learners to play social roles.")*

मानव शिशु बिना किसी संस्कृति के जन्म लेते हैं। अभिभावकों, अध्यापकों व अन्य के द्वारा उनका विकास इस प्रकार किया जाना चाहिए जिससे वे स्वयं को संस्कृति व समाज के अनुरूप बना सकें। संस्कृति को अपनाने की सामान्य प्रक्रिया ही समाजीकरण है। समाजीकरण को सामाजिक विश्व में व्यक्ति के अधिष्ठापन की प्रक्रिया के रूप में जाना जाता है। इस प्रकार निष्कर्ष रूप में यह कहा जा सकता है कि समाजीकरण व्यक्तियों को सामूहिक जीवन के एक विशेष प्रकार के अनुरूप ढालने की प्रक्रिया है और इसके अंतर्गत पूर्व स्थापित सांस्कृतिक परम्पराओं का हस्तांतरण किया जाता है।

## समाजीकरण की विशेषताएँ (Characteristics or Features of Socialization)

समाजीकरण की महत्वपूर्ण विशेषताएँ निम्नलिखित हैं–

- यह जीवन पर्यन्त चलने वाली प्रक्रिया है। यह जन्म से प्रारंभ होती है तथा मृत्यु तक चलती रहती है। यह कभी भी रुकती नहीं है, परंतु जीवन के विभिन्न स्तरों पर इसकी प्रकृति व गति में भिन्नता आती रहती है।
- यह आधारभूत अनुशासन की भावना को विकसित करती है। समाजीकरण से व्यक्ति अपने आवेगों को नियंत्रित करना सीखता है। जब वह दूसरे व्यक्तियों के साथ अंत:क्रिया करता है, तो वह सामाजिक मान्यता प्राप्त करने के लिए अनुशासित व्यवहार का प्रदर्शन करता है।
- यह एक वंशज से दूसरे वंशज तक समाज के नियमों का हस्तांतरण करता है।
- यह औपचारिक होता है, जो औपचारिक संस्थानों जैसे स्कूल, महाविद्यालय व अन्य शैक्षिक संस्थानों के द्वारा किया जाता है। वे प्रत्यक्ष रूप से विद्यार्थियों को निर्देशन देते हैं।
- यह अनौपचारिक होता है, जो अनौपचारिक संस्थानों जैसे परिवार, समाज, साथी–समूह, बहु–संचार माध्यम आदि के द्वारा दिया जाता है। परिवार मुख्य रूप से समाजीकरण का प्राथमिक व प्रभावी स्त्रोत है। परिवार में ही सदस्य उनके रीति रिवाज, परम्पराएँ, मूल्य, मानदण्ड आदि सीखते हैं।
- इसमें परिवर्तन शामिल होता है। प्रकृति कभी एक समान नहीं रहती। व्यक्ति में भी जन्म से लेकर मृत्यु तक बहुत सारे परिवर्तन आते रहते है। जैसे–जैसे समाज में परिवर्तन होता है, वैसे–वैसे समाजीकरण की प्रक्रिया भी परिवर्तित होती रहती है।

- समाजीकरण के द्वारा 'आत्म' का विकास होता है। व्यक्ति में अपने प्रति जागरूकता आती है और वह यह जानने लगता है कि दूसरे व्यक्ति उसके बारे में क्या सोचते हैं।
- समाजीकरण जीव एवं उसके वातावरण में अंत:क्रिया का परिणाम होता है। परंतु यह स्पष्ट रूप से नहीं कहा जा सकता कि किस अनुपात में वंशागति एवं वातावरण एक व्यक्ति के समाजीकरण में योगदान देते हैं। प्रारंभ से ही दोनों साथ-साथ कार्य करते हैं। वातावरण के कारकों में जलवायु, खान-पान, घर की परिस्थितियाँ, सामाजिक-संगठन जिनमें व्यक्ति जाता है और रहता है, महत्वपूर्ण भूमिका अदा करते हैं।
- समाजीकरण एक व्यक्तिगत प्रक्रिया है। ये व्यक्तिगत विभिन्नताएँ इसलिए उत्पन्न होती हैं क्योंकि प्रत्येक बालक अपने वंशानुगत कारकों व वातावरण के कारकों के अद्वितीय संयोग से नियंत्रित होता है। इसीलिए प्रत्येक व्यक्ति का समाजीकरण समान नहीं होता है।
- समाजीकरण अद्वितीय होता है। प्रत्येक बालक स्वयं में अद्वितीय होता है। दो बालक समान आयु वर्ग के होते हुए भी व्यवहार में एक समान नहीं होते। उदारहण—एक ही कक्षा में यदि एक बालक वंचित पर्यावरण से आता है और एक बालक ऐसे पर्यावरण से आता है, जहाँ उसकी शिक्षा का अत्यधिक ध्यान रखा जाता है, तो दोनों की योग्यता व उपलब्धियों में बहुत अंतर पाया जाता है।
- यह प्राय: पहले से ही अनुमानित हो सकता है। मनोवैज्ञानिकों ने यह पाया है कि प्रत्येक स्तर में कुछ विशेष समान समाजीकरण गुण एवं विशेषताएँ पाई जाती है। परिणामस्वरूप यह हमारे लिए संभव हो जाता है कि हम पहले से ही अनुमान लगा सकते हैं कि बालक किस दिशा की ओर जाएगा।
- समाजीकरण सामान्य से विशिष्ट प्रतिक्रियाओं की ओर चलता है। प्राय: यह देखा गया है कि सामान्य प्रतिक्रियाओं के पश्चात् ही विभिन्न प्रतिक्रियाएँ होती है। बालक जब बहुत छोटा होता है तो उसकी प्रतिक्रियाएँ सामान्य होती है, परंतु जैसे-जैसे वह बड़ा होता जाता है तो उसकी प्रतिक्रियाएँ विशिष्ट होने लगती हैं।
- यह समाज से समाज तथा संस्कृति से संस्कृति में भिन्न हो सकता है।
- यह बालक के छिपे हुए गुणों को बाहर निकालता है और इस प्रकार उसका मानसिक, शारीरिक व सामाजिक रूप से विकास होता है।
- यह मानवीय व्यवहार को नियंत्रित करता है। जैसे-जैसे एक व्यक्ति को प्रशिक्षण मिलता है, तो व्यक्ति का व्यवहार विभिन्न ढंगों से नियमित हो जाता है।
- यह अत्यधिक प्रभावी अधिगम प्रक्रिया है।
- यह साधन है, जिसके द्वारा सामाजिक व सांस्कृतिक निरंतरता बनी रहती है।
- इसके मुख्य रूप से तीन लक्ष्य होते हैं—आवेगों को नियंत्रित करना सिखाना तथा विवेक का विकास करना; विशेष सामाजिक भूमिकाएँ अदा करने के लिए लोगों को तैयार करना, और साझा स्त्रोतों के अर्थ व मूल्यों का विकास करना।
- समाजीकरण के द्वारा समूह अपनी संस्कृति को एक पीढ़ी से दूसरी पीढ़ी तक पहुँचाता है। नई पीढ़ी पुरानी पीढ़ी से संस्कृति ग्रहण करती है। डेविस के शब्दों में हस्तांतरण की इस प्रक्रिया के बिना समाज अपनी निरंतरता नहीं रख सकता और न ही संस्कृति जीवित रह सकती है।
- यह जैविक रूप से वंशानुगत नहीं होता अपितु निश्चित रूप से अधिगम का परिणाम होता है।

अत: समाजीकरण एक साधन है जिसके अंतर्गत एक शिशु उन कौशलों को प्राप्त करना प्रारंभ करता है, जो समाज के कार्यकारी सदस्य के रूप में कार्य करने के लिए आवश्यक है। यह

एक द्विमुखी प्रक्रिया भी हो सकती है जैसे न केवल व्यस्क ही बालकों का समाजीकरण करते हैं अपितु कभी-कभी बच्चे के द्वारा व्यस्क का समाजीकरण भी संभव है। उदाहरण–एक शिक्षित बालक कुछ कौशलों में अशिक्षित पिता का समाजीकरण कर सकता है, जैसे आज के वैज्ञानिक युग में माता–पिता तकनीकी का ज्ञान अपने बालकों से प्राप्त करते हैं। समाजीकरण एक प्रक्रिया व उत्पाद दोनों हो सकता है, यह किसी विशेष संस्कृति या उपसंस्कृति में अच्छा या बुरा नहीं होता।

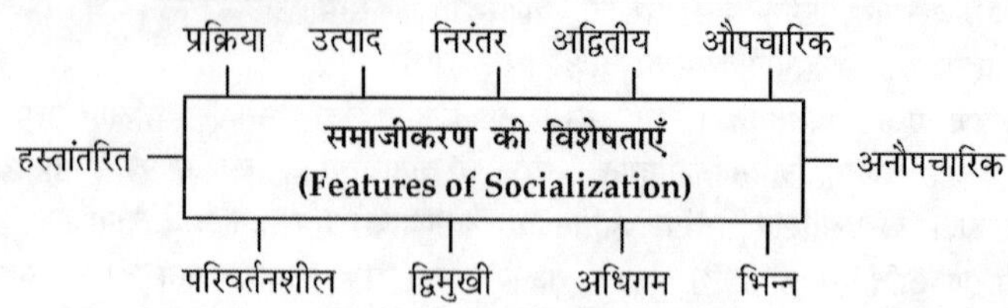


उपरोक्त चित्र के आधार पर यह कहा जा सकता है कि समाजीकरण का क्षेत्र अत्यंत विस्तृत है। यह एक व्यक्ति के लिए अत्यंत महत्वपूर्ण है। सामाजिक अंत:क्रिया साधन के रूप में कार्य करती है, जिससें हम धीरे-धीरे स्वयं को दूसरों की आँखों से देखना प्रारंभ कर लेते हैं। हम यह सीखने लगते हैं कि हम कौन हैं और स्वयं को हम समाज में किस प्रकार समायोजित कर सकते हैं इसके अतिरिक्त हमें भौतिक व अभौतिक संस्कृति के बारे में भी अधिगम प्राप्त करना होगा, जिससे हम समाज में सफलतापूर्वक कार्य कर सकें। हमें यह भी सीखना होगा कि हमें कैसे कपड़े पहनने चाहिए, एक विशेष अवसर के लिए कौन सी पोशाक उपयुक्त है, रात के भोजन में किस प्रकार का खाना उपयुक्त होगा आदि। सबसे अधिक महत्वपूर्ण है–हमें भाषा को सीखना होगा–यह चाहे किसी एक उपसंस्कृति की सामान्य भाषा हो या प्रमुख भाषा हो–यह चाहे शाब्दिक हो या सांकेतिक, भाषा–चिंतन व संप्रेषण के लिए आवश्यक है।

यदि किसी एक समाज की नई पीढ़ी जीवन के ढंगों को नहीं सीखती है, परिणामस्वरूप इसका अस्तित्व समाप्त हो जाएगा। एक संस्कृति का जो भी विशिष्ट है उसे अगली पीढ़ी तक जरूर हस्तांतरित किया जाना चाहिए, जिससे एक समाज का अस्तित्व कायम रहेगा। उदाहरण भारतीय संस्कृति को बनाए रखने के लिए भारत के बालकों को प्रजातंत्र से सम्बन्धित सांस्कृतिक मूल्यों के बारे में सीखना होगा। उन्हें धर्म निरपेक्षता व समाजवाद से भी सम्बन्धित सभी धर्मों, भाषाओं, संस्कृतियों इत्यादि का आदर करना सीखना चाहिए। वास्तव में, भारतीय अपने बालकों को बहुत से विचार, कौशल एवं मूल्यों के बारे में सिखाते हैं, क्योंकि इससे यह आशा की जाती है कि दूसरी पीढ़ी तक समाज के जीने के ढंग को हस्तांतरित किया जा सके। समाजीकरण के बिना हम सामाजिक रूप से कार्य करने के योग्य नहीं बन पाएँगे।

## समाजीकरण के प्रकार (Types of Socialization)

समाजीकरण जीवन पर्यन्त चलने वाली प्रक्रिया है और यह शैशवकाल से व्यस्कता तक चलती रहती है। इसके विभिन्न प्रकार निम्नलिखित है:

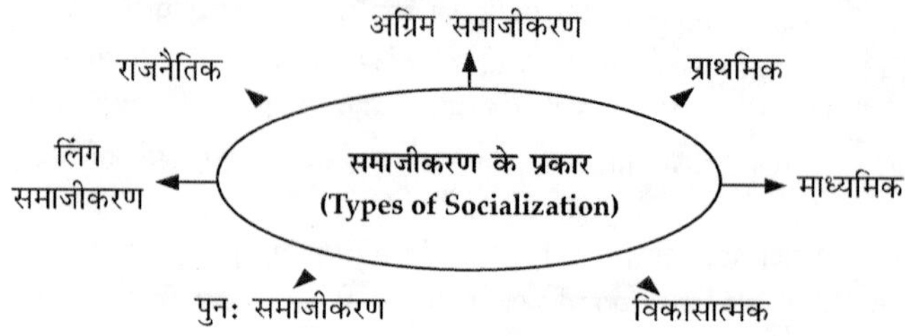

1. *प्राथमिक समाजीकरण (Primary Socialization)*–प्रारंभिक समाजीकरण शिशुकाल से प्रारंभ होता है क्योंकि यह सभी भावी पीढ़ियों के लिए आधार का काम करता है। यह एक ऐसी प्रक्रिया है जिसके द्वारा शिशु भाषा व ज्ञानात्मक कौशल सीखता है, मूल्यों व मानदंडों को आत्मसात् करता है। वह प्रदत समूह के ढंगों को सीखता है और उस समूह के प्रभावी सामाजिक योगदान से उसे ढाला जाता है। इस स्तर पर बालक को सही या गलत की अनुभूति नहीं होती है। वह धीरे-धीरे प्रत्यक्ष व अप्रत्यक्ष निरीक्षण के द्वारा और अनुभवों के द्वारा गलत और सही से संबंधित मानदण्ड सीखता है। यह तात्कालिक परिवार एवं मित्रों का प्रभाव होता है। यह बालक के व्यक्तित्व का हिस्सा बन जाते हैं। उदाहरण–जब बालक अपनी माता को सभी के साथ सहयोगपूर्ण व्यवहार करते हुए देखता है और तब वह यह सोचता है कि शायद यही व्यवहार सबको स्वीकार्य है और परिणामस्वरूप वह यही व्यवहार समाज के सदस्यों के प्रति भी करने लगता है। यह भावी विकास के लिए समाजीकरण का सबसे अधिक महत्वपूर्ण स्तर होता है।
2. *माध्यमिक समाजीकरण (Secondary Socialization)*–द्वितीयक समाजीकरण अधिगम की वह प्रक्रिया है जिसके अंतर्गत यह सीखा जाता है कि एक बड़े समाज में छोटे समूह के सदस्य के रूप में उचित व्यवहार क्या है। यह परिवार से बाहर होता है। यह जीवन पर्यन्त चलता रहता है। एक बालक होने की अवस्था में भी और जब वह एक नवीन समूह में प्रवेश करता है तो उसके समाजीकरण की सीमा का दायरा बढ़ जाता है। यह व्यवहार की वह प्रवृत्ति है जो समाज के समाजीकरण के साधनों के अंतर्गत सीखी जाती है। जब बालक स्कूल जाता है तो उसे स्कूल के द्वारा निर्मित नियमों के अनुसार व्यवहार करना पड़ता है। न केवल विद्यार्थियों को अपितु अध्यापकों को भी शैक्षिक संस्थानों के नए नियमों को सीखना व अनुपालन करना पड़ता है।
3. *अग्रिम समाजीकरण (Anticipatory Socialization)*–अग्रिम समाजीकरण बाल्यकाल एवं व्यस्क काल के बीच होता है। नवयुवक अपने अभिभावकों से अलग अपनी स्वतंत्रता स्थापित करना चाहते हैं। यह समाजीकरण की ऐसी प्रक्रिया है जिसमें एक व्यक्ति भविष्य में अपना स्थान, व्यवसाय व सामाजिक संबंधों के लिए रिहर्सल करता है। यदि एक व्यक्ति किसी समूह में शामिल होना चाहता है तो वह इस समूह की संस्कृति को सीखता है। जैसे ही एक व्यक्ति एक समूह में जाने का इच्छुक होता है तो उसी के अनुरूप उचित विश्वास, मूल्य व मानदंडों को सीखता है। इसका अभिप्राय यह है कि वह, अपनी नई भूमिका में कैसे कार्य करना है, सीख जाता है। उदाहरण–एक व्यक्ति राजनीति में जाना चाहता है तो उसे उसी प्रकार के मूल्य अपनाने होंगे वरन् वह उस क्षेत्र में स्वीकार्य नहीं होगा।
4. *व्यावसायिक या विकासात्मक समाजीकरण (Professional or Developmental Socialization)* –यह व्यस्क अवस्था में घटित होता है। यह प्राथमिक एवं अग्रिम समाजीकरण पर निर्भर करता है। इन स्तरों में एक व्यक्ति वह कौशल प्राप्त कर लेता है, अभिवृत्ति विकसित हो जाती है तथा भविष्य के लक्ष्य स्थापित हो चुके होते है; जो उसे उस स्थान के लिए तैयार करते है, जिसे वह व्यस्क बनकर प्राप्त करना पसंद करता है। इस समाजीकरण की प्रक्रिया में, एक व्यक्ति एक नौकरीपेशा, एक पति या पत्नी की भूमिका में प्रवेश कर चुका होता है, जिसका अभिप्राय यह है कि उसे नवीन कर्त्तव्य निभाने होते हैं। यह अपरोक्ष व्यवहार में परिवर्तन लाता है। उदाहरण–जब एक व्यक्ति अध्यापक बनना चाहता है और व्यस्क होने के पश्चात् इस व्यवसाय में पदार्पण करता है तो उसे इस व्यवसाय के सभी मूल्यों, कौशलों आदि को अपने व्यवहार में आत्मसात् करना होता है।
5. *राजनीतिक समाजीकरण (Political Socialization)*–राजनीतिक समाजीकरण को एक प्रक्रिया तथा संकल्पना दोनों अर्थो में प्रयोग किया जाता है। राजनीति के बारे में व्यक्तियों की

अभिवृत्तियों, विचारों एवं आस्थाओं के निर्माण की प्रक्रियाँ राजनीतिक समाजीकरण कहलाती है। एक प्रक्रिया के रूप में यह व्यक्तियों का राजनीति की ओर रुझान बनाने की प्रक्रिया है। संकल्पना के रूप में यह व्यक्ति के राजनीति सम्बन्धी मूल्यों, विश्वासों, अभिवृत्तियों व विचारों का ताना बाना है। ऑरमण्ड व पावेल के शब्दों में,

*"राजनीतिक समाजीकरण वह प्रक्रिया है जिसके द्वारा राजनैतिक-संस्कृतियों का अनुरक्षण व उनका परिवर्तन किया जाता है तथा व्यक्तियों को राजनीति में दीक्षित करने के लिए उनके विचारों का निर्माण किया जाता है।"*

राजनीतिक समाजीकरण की प्रक्रिया सामान्यतः आकस्मिक रूप में कार्य करती है। इसके अंतर्गत औपचारिक एवं अनौपचारिक राजनीतिक प्रशिक्षण शामिल होते हैं जो राजनीतिक व्यवहार को प्रभावित करते हैं। जब व्यक्ति प्रत्यक्ष साधनों द्वारा राजनैतिक मूल्यों, संस्कृति, विचारों आदि को ग्रहण करता है तो उसे प्रत्यक्ष या औपचारिक राजनीतिक समाजीकरण कहा जाता है। जब राजनीतिक अभिमुखीकरणो, प्रतिमानों और सत्ता सम्बन्धों के प्रति मनुष्य की अभिवृत्तियों का निर्माण स्वतः ही होता है तो उसे अप्रत्यक्ष राजनीतिक समाजीकरण कहा जाता है।

6. *पुनः समाजीकरण (Re-Socialization)*–पुनः समाजीकरण सामाजिक स्थितियों में एक तेज परिवर्तन है, जो एक नवीन ढंग से व्यक्ति को प्रभावित करना शुरू कर देता है, उसके विचार और रुचियाँ एक लंबे समय तक किसी स्थायी स्थान को बदलते समय प्रकट होती है। नई स्थितियों के प्रभाव में मनुष्य फिर से एक अलग सामाजिक स्थिति के लिए अनुकूलन शुरू कर देता है। इसका उपयोग समाज द्वारा मनुष्य के व्यवहार में सामाजिक परिस्थितियों में बदलाव के कारण किया जाता है। इस समाजीकरण का आधार है; पहले से प्राप्त अधिगम को भुला देना तथा पुनः सीखना। जब कोई व्यक्ति अपना समूह परिवर्तित करता है और नवीन समूह का हिस्सा बनता है, तो उसे अपने पुराने ढंग छोड़कर; समूह में स्वीकार्य, ढंगों, व्यवहारों, मूल्यों को सीखना पड़ता है। उदाहरण–जब एक व्यक्ति मिलिटरी में शामिल होता है, वह एक नए सामाजिक समूह में प्रवेश करता है, जहाँ वह एक मिलिटरी सदस्य के रूप में समाजीकृत होता है।
7. *लिंग समाजीकरण (Gender Socialization)*–लिंग समाजीकरण एक प्रक्रिया है जिसके द्वारा हम अपनी संस्कृति के लिंग संबंधी नियमों, मानदंडों और अपेक्षाओं को सीखते हैं। यह प्रक्रिया प्रारंभिक जीवन से शुरू हो जाती है। माता-पिता इसकी जानकारी का प्रथम स्त्रोत है। यह एक ऐसी प्रवृत्ति है जिसके अंतर्गत यह माना जाता है कि लड़के व लड़की का समाजीकरण भिन्न प्रकार से होना चाहिए। यह एक आजीवन प्रक्रिया है। बचपन से प्राप्त लिंग के आधार पर भिन्नता हमें जीवन भर प्रभावित करती है। आज के आधुनिक युग में हमें इस भिन्नता को समाप्त करना होगा।

उपरोक्त वर्णित सामाजीकरण के प्रकारों के आधार पर हम यह निष्कर्ष निकाल सकते हैं कि समाजशास्त्रियों, सामाजिक मनोवैज्ञानिकों तथा शिक्षाशास्त्रियों के द्वारा समाजीकरण की प्रक्रिया को संस्कृति सीखने की प्रक्रिया माना गया है और इसमें किस प्रकार उन्हें रहना है। चार्ल्स कूले ने अपने सिद्धांत की व्याख्या दर्पण में आत्मदर्शन के आधार पर की है। उनके अनुसार बालक के व्यवहार का निर्धारण तीन अवस्थाओं में होता है। पहला, वह जानना चाहता है कि दूसरे मेरे बारे में क्या सोचते है, दूसरा वह दूसरों की राय के संदर्भ में अपने बारे में पैदा सोच को समझने की चेष्टा करता है और तीसरा वह अपने बारे में सोचते हुए अपने को अच्छा, बुरा, श्रेष्ठ या हीन समझने लगता है। उनकी सोच का मुख्य आधार यह है कि व्यक्ति एक लंबी प्रक्रिया में अपने बारे में धारणा बनाता है और यह धारणा दूसरों की सहायता से ही निर्मित होती है।

बालक के व्यवहार में परिवर्तन लाने में, उसका समाजीकरण करने में शिक्षा का महत्वपूर्ण योगदान है। अब हम समाजीकरण व शिक्षा में सम्बन्ध की व्याख्या करेंगे–

**समाजीकरण के लिए शिक्षा की भूमिका (Role of Education for Socialization)**

'शिक्षा' शब्द की उत्पत्ति लेटिन शब्द 'ऐजूसीयर' (Educere) से हुई जिसका अर्थ है बालक की क्षमताओं व योग्यताओं को बाहर निकालना। यह सामाजिक परिवर्तन के लिए एक महत्वपूर्ण चर का काम करती है। डरकिम (Durkheim) शिक्षा को "युवा पीढ़ी के समाजीकरण के रूप में मानता है।" (Education as 'The socialization of younger generation').

जेम्स वेल्टन (James Welton) के शब्दों में,

*"शिक्षा को मानव समाज के व्यस्क सदस्यों के द्वारा भावी पीढ़ी को अपने जीवन के आदर्शों के अनुरूप प्रारूप देने का एक प्रयास माना जाता है।"*

*("Education consists as an attempt on the part of the adult members of human society to shape the development of the coming generation with its own ideals of life.")*

सैम्युल कोइनिंग (Samuel Koenig) के शब्दों में,

*"शिक्षा एक प्रक्रिया है। जिसके अंतर्गत एक समूह की सामाजिक विरासत को एक पीढ़ी से दूसरी पीढ़ी तक हस्तांतरित किया जाता है।"*

*("Education is a process whereby the social heritage of a group is passed on from one generation to another.")*

समाजीकरण व शिक्षा दोनों में ही अधिगम/सीखना शामिल है। मनुष्य एक सामाजिक प्राणी है, किन्तु जन्म के समय शिशु में सामाजिकता शून्य होती है। उसके शारीरिक एवं मानसिक विकास के साथ-साथ उसका समाजीकरण होने लगता है। आधुनिक समय में शिक्षा का एक प्रमुख उद्देश्य व्यक्ति का समाजीकरण करके इसका सामाजिक विकास करना है। अत: शिक्षा के द्वारा बच्चों के न केवल शारीरिक व मानसिक विकास को प्रोत्साहित किया जाता है, वरन् उनके समाजीकरण का प्रयास भी किया जाता है। घर में माता-पिता तथा शिक्षा के अंतर्गत, अध्यापकगण विभिन्न प्रकार के क्रियाकलापों का आयोजन करके बच्चों में समाजीकरण की प्रक्रिया को बढ़ाते हैं। शिक्षा और समाजीकरण को एक दूसरे से पृथक नहीं किया जा सकता। कक्षाकक्ष में पहला कदम रखते ही बच्चे का समाजीकरण व शिक्षा प्रारंभ हो जाती है।

शिक्षा का प्रमुख उद्देश्य समाजीकरण को बढ़ावा देना होना चाहिए। बेन के अनुसार,

*"जब बच्चा स्कूल में प्रवेश करता है, तब वह जीवन के पहले छह वर्षों के सुफल या कुफल चखना शुरू करता है।"*

समाजीकरण से अभिप्राय मानदंडों, रीति रिवाजों व आदर्शों का प्रसार करना व आत्मसात् करने का कार्य किया जाता है, व्यक्ति को कौशलों व आदतों से परिपूर्ण किया जाता है जो समाज में योगदान के लिए आवश्यक है। शिक्षा के द्वारा व्यक्ति का विकास इस प्रकार से किया जाता है कि वे समाज में संपत्ति और विचारों में योगदान दे सकें। यह लोगों को वर्तमान परिस्थितियों के बारे में जागरूक करती है तथा उनके विचारों को विस्तृत करती है, यही विकास व जागरूकता बहुसंस्कृतिवाद को बढ़ावा देने तथा गलत अभिवृत्तियों को कम करने में महत्वपूर्ण भूमिका अदा करते हैं।

अब हम समाजीकरण के लिए शिक्षा के विभिन्न पक्षों का अध्ययन करेंगे–

## शिक्षा के उद्देश्य (Aims of Education)

यह स्पष्ट है कि समाजीकरण सामाजिक व सांस्कृतिक निरंतरता की प्राप्ति है। हमारे नागरिकों का वास्तविक समाजीकरण तभी संभव हो सकता है, जब हम उसके लिए उचित अवसर प्रदान करे। इसलिए शिक्षा के द्वारा निम्नलिखित उद्देश्यों की पूर्ति की जानी चाहिए:

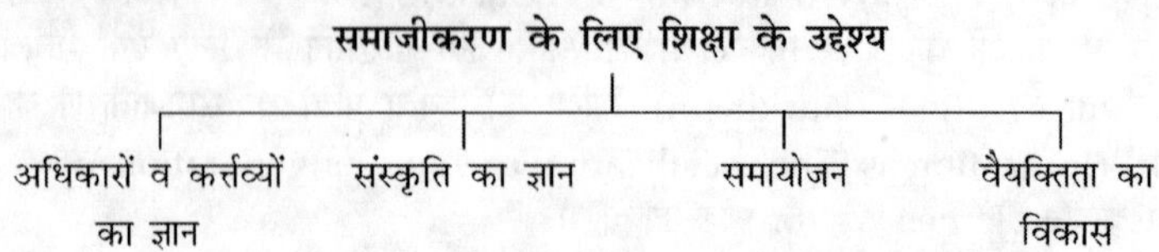


- *योग्यताओं व शक्ति का विकास करना (To Develop Abilities and Strengths)*–शिक्षा का उद्देश्य व्यक्तियों की योग्यताओं एवं शक्तियों का विकास करना होना चाहिए। जिससे वे समाज के लिए संपत्ति बन सके, क्योंकि समाज का विकास और व्यक्ति का विकास दोनों अंत:सम्बन्धित व अंत:निर्भर हैं। शिक्षा के बिना किसी राष्ट्र का विकास संभव नहीं होता। शिक्षा प्रणाली जो क्षमताओं के विकास के रूप में निवेश को महत्व देती है, समाज को शक्तिशाली बनाने में सहयोगी होती है, जिससे वह अपने संसाधनों का पूर्ण रूप से विकास करती है और उत्तम ढंग से कार्य करती है। इसीलिए शिक्षा को इस प्रकार कार्य करना चाहिए कि प्रत्येक बालक अपनी क्षमताओं के उच्च स्तर तक पहुँच सके तथा कक्षाकक्ष में विकास कौशलों के आधार पर समाज में योगदान दे सकें। इसी समाजीकरण के आधार पर वह अपनी शक्तियों का दुरुपयोग न करके सदुपयोग करेगा।
- *आत्मनिर्भर व्यक्तियों का निर्माण करना (To Create Independent Individuals)*–शिक्षा को ऐसे प्रावधान बनाने चाहिए कि सभी को शिक्षा प्राप्त करने के अवसर मिल सकें। विद्यार्थी जो कौशल विद्यालय में सीखते हैं तो उन्हें प्रयोग करने के अवसर कक्षाकक्ष से बाहर अधिक से अधिक मात्रा में उपलब्ध होते हैं। ये कौशल आत्मनिर्भर व्यक्ति का निर्माण करते हैं, जो अपने से संसाधनों का उचित ढंग से प्रयोग करना सीखते हैं और उन्हें समाज व विश्व में प्रतिस्पर्धात्मक बना देते हैं। शिक्षा उत्पादन कार्यों से संबंधित होनी चाहिए, जिससे व्यक्ति अधिक सम्पत्ति प्राप्त करने योग्य बन सके। लोगों को कुशल बनाने के लिए वैज्ञानिक व तकनीकी शिक्षा प्रदान की जानी चाहिए। शिक्षा के द्वारा प्रत्येक व्यक्ति को इस योग्य बनाया जाना चाहिए कि वह अपनी आवश्यकताओं की पूर्ति कर सकें। इससे वे उस संस्था को भी फायदा पहुंचा पाएंगे, जिसमें वे काम करते हैं, परिणामस्वरूप सरकार को भी फंड की प्राप्ति होगी। यह एक चक्रीय व्यवस्था है। यदि हम शिक्षा में निवेश को बढ़ावा देते हैं तो समाज भी अधिक से अधिक प्रगति करेगा और व्यक्ति आत्मनिर्भर होकर समाज के उपयोगी सदस्य बन सकते हैं।
- *लोगों को जागरूक बनाना (To make the People Aware)*–शिक्षा के द्वारा लोगों को जागरूक बनाया जाना चाहिए। आधारभूत रूप से शिक्षा का उत्तरदायित्व है बच्चों को पढ़ना-लिखना सिखाना। विद्यार्थी विभिन्न स्त्रोतों से ज्ञान प्राप्त करते हैं। ज्ञान की शक्ति से विद्यार्थियों के मस्तिष्क व भाग्य का विकास होता है। उस ज्ञान का प्रयोग करते हुए व्यक्ति न केवल अपने जीवन की समस्याओं को ही सुलझा पाएंगे, अपितु वे समाज की समस्याओं को भी समझने व हल करने में अपना सहयोग देंगे। वे इस बात को भी समझने योग्य बन जाएंगे कि वे कौन हैं और वे ऐसे कैसे बनें। शिक्षा के द्वारा विद्यार्थियों को अन्य संस्कृतियों को एक नवीन ढंग

से देखने के लिए उत्साहित किया जाता है। वे दूसरी संस्कृतियों को भी अपनाने का प्रयास करेंगे।

- *लोकतांत्रिक मूल्यों का विकास करना (To Develop Democratic Values)*–शिक्षा के द्वारा लोकतांत्रिक मूल्यों का विकास किया जाना चाहिए जिससे प्रत्येक विद्यार्थी एक अच्छे जनतांत्रिक नागरिक की भूमिका अदा कर सके। लोकतांत्रिक मूल्यों जैसे-स्वतंत्रता, समानता, भाईचारा, सहयोगपूर्ण ढंग से रहना आदि का विकास किया जाना चाहिए। वास्तविक समाजीकरण व्यक्ति के प्रति आदर की भावना तथा मानव के व्यक्तित्व पवित्रता पर बल देता है। समाजीकरण की सफलता या असफलता लोकतांत्रिक मूल्यों पर भी निर्भर करती है। शिक्षा के द्वारा लोकतांत्रिक मूल्यों के विकास के द्वारा ही विद्यार्थियों को समाज के प्रति अपने उत्तरदायित्व को निभाने के लिए तैयार किया जा सकता है।
- *सहानुभूति का विकास करना (To Develop Sympathy)*–साधारण शब्दों में सहानुभूति का अर्थ है दूसरों के साथ स्वयं को अनुभव करना। यह दूसरे व्यक्तियों के साथ हमें जोड़ने का काम करती है। शिक्षा के द्वारा ऐसे अवसर प्रदान किए जाने चाहिए कि सभी विद्यार्थी एक दूसरे के प्रति सहानुभूति की भावना भी रखे, जिससे वे समय आने पर अर्थात् जरूरत पड़ने पर उनकी सहायता करने के लिए तैयार हो सकें। समाज में हर वर्ग के व्यक्ति रहते हैं और और यह भावना सभी व्यक्तियों के विकास में महत्वपूर्ण भूमिका अदा करेंगी।
- *सामाजिक समायोजन का विकास करना (To Develop Social Adjustment)*–शिक्षा के माध्यम से विद्यार्थियों के समाजीकरण की प्रक्रिया के अंतर्गत उनमें सामाजिक समायोजन का विकास होता है, जो भविष्य में व्यक्ति के व्यक्तित्व का एक महत्वपूर्ण पहलू बन जाता है। किसी व्यक्ति द्वारा सामाजिक कौशलों की सहायता से किसी अन्य व्यक्ति अथवा व्यक्ति समूह के साथ संतोषप्रद ढंग से व्यवस्थित हो पाने की प्रक्रिया का ही नाम सामाजिक समायोजन है। इस प्रक्रिया में व्यक्ति समाज के किसी परिचित अथवा अपरिचित व्यक्ति के साथ नीतिगत निपुणता का उपयोग करते हुए स्वयं को उसकी आवश्यकताओं के अनुरूप ढालने का प्रयास करता है। सामाजिक समायोजन की प्रक्रिया में लोगों को एक-दूसरे के लिए अपनी सुविधाओं का एक सीमा तक परित्याग करना पड़ता है, चाहे इससे उन्हें असुविधा ही क्यों न हो।
- *सामाजिक गुणों का विकास करना (To Develop Social Qualities)*– शिक्षा के द्वारा बालक में अनेक सामाजिक गुणों का विकास किया जाना चाहिए। दूसरे विद्यार्थियों के साथ रहकर, अध्यापक के संपर्क में आने से उसमें उत्तरदायित्व, सहयोग, साहस, सहनशीलता, सद्भावना, आत्मनियंत्रण, न्यायप्रियता आदि सामाजिक गुण धीरे-धीरे विकसित होने लगते हैं।
- नेतृत्व की भावना का विकास करना *(To Develop the feeling of leadership)*–शिक्षा के द्वारा बालक में नेतृत्व की भावना का विकास भी किया जाना चाहिए। प्रत्येक बर्हिमुखी विद्यार्थी सामाजिक समर्थन और स्वीकृति चाहता है। अपनी क्षमताओं को वह नेतृत्व के रूप में व्यक्त करता है। अपने बर्हिमुखी गुणों के कारण ही वह समूह के साथ अपना सामाजिक संबंध बनाए रख सकता है। नेतृत्व गुण का उद्भव शैशवावस्था से ही प्रारंभ हो जाता है और धीरे-धीरे अनेक क्रियाकलापों के अंतर्गत विकसित होता रहता है।
- *नकारवृत्ति को दूर करना (To remove negativity)*–नकारवृत्ति अर्थात् बड़ों की आज्ञा का प्रतिरोध शैशवकाल से ही शुरू हो जाता है और इसी कारण कभी-कभी कड़े अनुशासन की प्रक्रिया को अपनाया जाता है। प्राय: वह तब सहयोग करने वाला बनता है, जब वह एक व्यक्ति के रूप में प्रतिष्ठित हो जाता है, और दूसरों की इच्छाओं के अनुसार चलने से संतोष प्राप्त करना सीख चुका होता है। शिक्षा के द्वारा उसकी योग्यताओं को सही दिशा प्रदान करके इस प्रवृति को दूर किया जा सकता है।

- *संस्कृति का विकास करना (To Develop Culture)*–शिक्षा में एक आंतरिक मूल्य होता है जैसे सभ्य समाज का हॉलमार्क तथा हमारी संस्कृति का आधार। आज के समय में उच्च प्रकार की शिक्षा आवश्यक है, क्योंकि सिर्फ अधिगम प्राप्त करना ही काफी नहीं है। तकनीकी के विकास के साथ-साथ, सही और गलत में अंतर करने की जागरूकता, ज्ञान में विस्तार, व संस्कृति में परिवर्तन की योग्यता/क्षमता का विकास होना भी आवश्यक है। यदि हम केवल शैक्षिक पाठ्यक्रम तक ही शिक्षा को सीमित करते हैं तो हम नवयुवकों को अच्छे सृजनकर्त्ता नहीं बना पाएंगे। समाज का विकास तभी संभव है, जब संस्कृति का विकास होगा।
- *व्यस्क जीवन के लिए तैयार करना (To prepare for adult life)*–वर्तमान समय में व्यस्क जीवन बहुत जटिल होता जा रहा है और हमें यह निश्चित करना होगा कि उनके चरित्र का विकास हो और सफलता के लिए आवश्यक नैतिकता की भावना विकसित हो। शिक्षा प्रमुख चारित्रिक गुणों का विकास करने के लिए विभिन्न अवसर प्रदान करके महत्वपूर्ण भूमिका अदा कर सकती है।

इस प्रकार शिक्षा व समाजीकरण का आपस में गहन संबंध है। उपरोक्त वर्णित उद्देश्यों की पूर्ति के द्वारा विद्यार्थियों का अधिक से अधिक समाजीकरण संभव है। उनके व्यक्तित्व का उचित दिशा में विकास, उनके संवेगों को उचित दिशा, उनमें नैतिकता का विकास, सहिष्णुता की भावना का विकास करके उनके व्यवहार में समाज के अनुरूप परिवर्तन किया जा सकता है और वे अपने ज्ञान के आधार पर नवीन समाज का निर्माण करने योग्य भी बन सकते हैं। शिक्षा की मदद से ही विद्यार्थी अपने अधिकारों और कर्त्तव्यों को जान जाता है, जिससे उसका समाजीकरण होता है। शिक्षा के द्वारा ही वह अपनी संस्कृति अर्थात्, रीति, रिवाजों, परंपराओं, धार्मिक मान्यताओं आदि को मानने लगता है।

## समाजीकरण एवं पाठ्यक्रम (Socialization and Curriculum)

पाठ्यक्रम ऐसा होना चाहिए जो बालक के उचित ढंग से समाजीकरण में सहायक हो। इसके द्वारा उपरोक्त वर्णित उद्देश्यों की पूर्ति के प्रयास किए जाने चाहिए। पाठ्यक्रम के माध्यम से बालक बुनियादी संज्ञानात्मक क्षमताएँ प्राप्त करता है। इसी के द्वारा शिक्षा बालक को संप्रेषण करना सिखाती है। उसे समाज की सांस्कृतिक उपलब्धियों से परिचित कराती है। यह सामाजिक एवं व्यावसायिक क्षमताओं को बढ़ावा देती है जो उसे सामाजिक, उपयोगी एवं अधिक रूप से उत्पाद बनाने एवं समाज के लिए उपयुक्त लैंगिक भूमिकाएँ निभाने हैतु तैयार करने के लिए आवश्यक है। पाठ्यक्रम का निर्माण करते समय निम्नलिखित बातों को ध्यान में रखना चाहिए:

– पाठ्यक्रम ऐसा होना चाहिए कि वह एक व्यक्ति का व्यक्ति के रूप में ही नहीं अपितु समाज के सदस्य के रूप में भी समाजीकरण में सहायक हो।
– पाठ्यक्रम के द्वारा सांस्कृतिक मूल्यों का विकास किया जाना चाहिए और इसी के द्वारा समाज के उच्च आदर्शों को एक पीढ़ी से दूसरी पीढ़ी तक हस्तांतरित किया जाना चाहिए।
– इसके द्वारा व्यावसायिक शिक्षा प्रदान करके श्रम के प्रति आदर की भावना विकसित की जानी चाहिए।
– इसके अंतर्गत भविष्य की भूमिकाओं पर भी बल दिया जाना चाहिए अर्थात् विद्यार्थियों को भविष्य के लिए तैयार किया जाना चाहिए।
– इसकी प्रकृति गतिशील एवं लचीली होनी चाहिए।

अतः पाठ्यक्रम में न केवल प्रजातंत्र, स्वतंत्रता, समानता, सामाजिक न्याय, धर्मनिरपेक्षता, सामाजिक सुधार इत्यादि विषयों को ही सम्मिलित किया जाए अपितु पाठ्य-सहगामी क्रियाओं को भी शामिल किया जाना चाहिए, जिससे विद्यार्थी प्रायोगिक रूप से इन विचारों की महत्ता को समझ

सके। इसके द्वारा विद्यार्थियों को आत्म विश्वासी, सामाजिक रूप से जागरूक एवं प्रजातांत्रिक रूप से विकसित व्यक्तित्व के रूप में निर्मित किया जा सकेगा।

## समाजीकरण और शिक्षण विधियाँ (Socialization and Methods of Teaching)

शैक्षिक समाजशास्त्री योजना विधि, समाजीकृत तकनीक, सामूहिक विचार-विमर्श और समूह गतिकी (Group Dynamics) की तकनीकों के प्रयोग का समर्थन करते हैं। इसके अतिरिक्त अध्यापकों के द्वारा सहयोगी अधिगम, समस्या समाधान एवं शिक्षण की प्रजातांत्रिक विधियों का प्रयोग किया जाना चाहिए। विभिन्न उपागमों व तकनीकों का शिक्षण के लिए प्रयोग करते समय अध्यापक को निम्नलिखित तथ्यों को ध्यान में रखना चाहिए:

- शिक्षण के समय सामाजिक व्यवहार पर अधिक बल दिया जाना चाहिए।
- विद्यार्थियों द्वारा प्राप्त कौशलों व ज्ञान का प्रायोगिक महत्व होना चाहिए।
- सामाजिक एवं सांस्कृतिक कार्यक्रमों का आयोजन किया जाना चाहिए, जो समाजीकरण में सहायक होगें।
- अध्यापक के द्वारा विद्यार्थियों में रचनात्मक सोच व समस्या समाधान योग्यता का विकास किया जाना चाहिए। इसके लिए समाजीकृत तकनीक अधिक उपयोगी होगी।
- दूसरे बच्चों के साथ खेलते हुए वे ऐसी अंत:क्रिया में संलग्न होते हैं, जिसके द्वारा व दूसरों के साथ अपनी चीजों को बांटना, सीमाएँ निर्धारित करना और समस्या का हल करना सीखते हैं।

इस प्रकार विभिन्न शिक्षण अधिगम विधियों व प्रक्रियाओं का प्रयोग करते हुए अध्यापक व्यक्तियों का समाजीकरण कर सकता है। उनमें दूसरों के प्रति सहयोग की भावना का विकास होता है। जैसे ही उनमें सामाजिक योग्यताओं का विकास होता हैं वे यह सीख जाते हैं कि कौन सा व्यवहार उचित है और कौन सा नहीं।

## समाजीकरण एवं अध्यापक (Socialization and Teacher)

अध्यापक एक सामाजिक प्राणी है और उसे अपने कर्त्तव्यों का ध्यान रखना चाहिए। विद्यालय न केवल एक औपचारिक साधन है अपितु यह बालक के समाजीकरण की प्रक्रिया को तीव्र गति प्रदान करता है और शिक्षा के इस कार्य में शिक्षक की भूमिका अहम होती है। उसे बौद्धिक व सामाजिक नेतृत्व प्रदान करना चाहिए। विद्यार्थियों के समक्ष उसे स्वयं को एक उदाहरण के रूप में प्रस्तुत करना चाहिए। उसे उच्च योग्यता एवं उच्च आदर्शों का प्रतीक माना जाता है। वही शिक्षा के द्वारा उन सामाजिक एवं सांस्कृतिक मूल्यों को विकसित करता है, जो समाज व संस्कृति में मान्य होते हैं। अध्यापक के द्वारा निम्नलिखित कार्य किए जाने चाहिए:

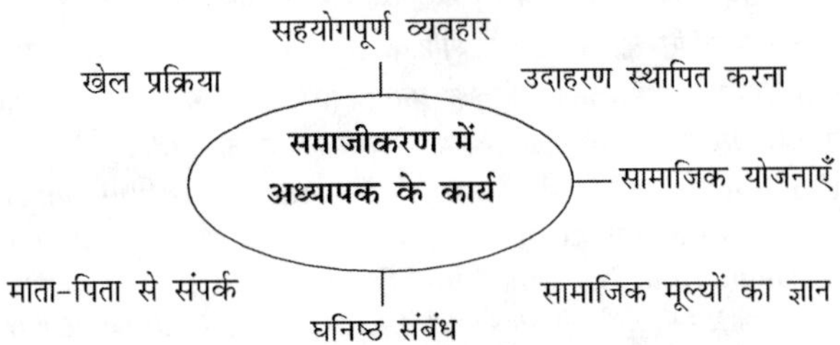


- अध्यापक द्वारा खेल प्रक्रिया का आयोजन करके विद्यार्थियों में सहयोग, अनुशासन, सामूहिक कार्य की भावना का विकास किया जा सकता है। इस प्रकार वह विद्यार्थी में आधारभूत सामाजिक व्यवहार तथा व्यवहार के सिद्धांतों की नींव डालता है।

– वह विद्यार्थियों के व्यक्तित्व को इस प्रकार परिवर्तित करता है कि वे विकासशील समाज के निर्माता बन जाते हैं।
– बच्चे का समाजीकरण सबसे पहले उसके माता-पिता, भाई बहनों से अर्थात् परिवार की सहायता से होता है। अध्यापक को चाहिए कि वे विद्यार्थी के माता-पिता से संपर्क स्थापित करके उनकी रुचियों व मनोवृत्तियों के विषय में जाने और उन्हीं के अनुसार विद्यार्थियों में उन्हें विकसित करने के लिए उचित व विभिन्न अवसर प्रदान करें।
– विभिन्न सामाजिक कार्यक्रमों के आयोजन में विद्यार्थी सामूहिक व सक्रिय रूप से भाग लेते हैं और परिणामस्वरूप उनका समाजीकरण बहुत आसानी से हो जाता है।
– अध्यापक जब अन्य शिक्षकों, संस्था के मुखिया, अन्य विद्यार्थियों के साथ स्वस्थ मानवीय संबंध स्थापित करता है तो परिणामस्वरूप वह स्वयं को एक उदाहरण के रूप में प्रस्तुत करता है। स्वस्थ मानव संबंधों की स्थापना समाजीकरण में सहायक होती है।
– विद्यार्थी को सामाजिक, सांस्कृतिक मान्यताओं, मूल्यों, मानकों आदि का ज्ञान देकर उनके समाजीकरण को तीव्र बनाने में सहायक बनता हैं।
– विद्यार्थियों से घनिष्ठ व्यक्तिगत संबंध स्थापित कर उन्हें अपनी अभिवृत्तियों की समीक्षा करने हेतु प्रोत्साहित करता है। उनकी वर्तमान अभिवृतियों का समर्थन करता है और इस प्रकार उनके समाजीकरण में सहायता करता है।

इस प्रकार जहाँ शिक्षा को शरीर, मन और आत्मा के विकास का साधन माना गया है, वहाँ अध्यापक को समाज के समग्र व्यक्तित्व के विकास का उत्तरदायित्व सौपा गया है। महर्षि अरविन्द ने एक बार शिक्षकों के सम्बन्ध में क्या सही कहा था कि,

*"अध्यापक राष्ट्र की संस्कृति के चतुर माली हैं। वे संस्कारों की जड़ों में खाद देते हैं और अपने श्रम से सींचकर उन्हें शक्ति में निर्मित करते हैं।"*

अध्यापक अपने दायित्वों का निर्वाह भलीभांति करने हेतु सदैव तत्पर रहते हैं। वही सामाजिक विकास व समाजीकरण के सूत्रधार होते हैं। वास्तव में किसी समाज की अभिलाषा, आकांक्षा, आवश्यकता, अपेक्षा और आदर्शों को सफल बनाने का कार्य केवल अध्यापक ही कर सकते हैं।

अतः बालक के समाजीकरण में शिक्षा अपने उद्देश्यों, पाठ्यक्रम, शिक्षण विधियों व सबसे महत्वपूर्ण अंग अध्यापक के द्वारा महत्वपूर्ण भूमिका अदा करती है। शुरू में व्यक्ति को अपने समाज की संस्कृति का ज्ञान नहीं होता। संस्कृति के विकास के लिए उसे समझना अत्यंत आवश्यक है। डीवी का कहना है,

*"यद्यपि व्यक्ति अपने माता-पिता या क्लब एवं साथी समूहों से बहुत कुछ सीखते हैं, परंतु अपने समाज की संस्कृति का ज्ञान उन्हें शैक्षिक प्रणाली के द्वारा ही प्राप्त होता है। शिक्षा के द्वारा बालक में सामाजिक सम्बन्धों में तर्क का विकास होता है, सामाजिक गुणों का विकास होता है और इस प्रकार वह सामाजिक रूप से कुशल बनता है।"*

*(Though people learn a great deal from their parents or in clubs and among group of friend yet they learn more of the culture of their society through educational system. Through education, the child is able to develop reasoning in social relations, cultivates social virtues and thus become socially efficient.)*

जब हम सामाजिक कुशलता के बारे में कहते हैं तो इसका अभिप्राय व्यक्ति के समाजीकरण से होता है। इस प्रकार हम निष्कर्ष रूप से यह कह सकते हैं कि शिक्षा समाजीकरण की प्रक्रिया में केवल एक भाग ही नहीं अपितु अत्यंत महत्वपूर्ण भाग है।

# 8. समाजीकरण के साधन
## (Agencies of Socialization)

*"The whole of the environment is the instrument of man's education in the modern sense. But in that environment certain factors are distinguished as being more particularly concerned the home the church, the press, the vocation, public life, amusement and hobbies."*

*—Sir Godfrey Thompson*

समाज का स्वरूप एकात्मक होते हुए भी विविध सामाजिक अंगों से युक्त होता है। व्यक्ति अपने शैशवकाल से ही विविध समाजों से होकर आगे बढ़ता है और अपनी आवश्यकताओं की पूर्ति हेतु सामाजिकता प्राप्त करता है। प्रत्येक समाज कुछ साधनों का निर्माण करता है, जिनमें बालक का समाजीकरण होता है। 'साधन' शब्द आंग्ल भाषा के शब्द 'Agency' का हिन्दी रूपांतर है। 'Agency' का अर्थ हाता है–'एजेण्ट का कार्य' और 'एजेण्ट' का अर्थ उस व्यक्ति या उस वस्तु से होता है जो कोई कार्य करता है या प्रभाव डालता है। समाजीकरण के साधन वे तत्व, स्थान या संस्थाएँ है, जो बालक का समाजीकरण करते हैं और बालक के व्यवहार में परिवर्तन लाते हैं।

सर गॉडफ्रे थॉमसन (Sir Godfrey Thompson) के शब्दों में,

*"व्यापक अर्थ में संपूर्ण वातावरण व्यक्ति की शिक्षा का साधन है। परंतु इस वातावरण में कुछ तत्व अधिक महत्वपूर्ण हैं, जैसे–घर, विद्यालय, धर्म, प्रेस, व्यवसाय, सार्वजनिक जीवन, मनोरंजन व आदतें आदि।"*

ये साधन प्रभावशाली तत्व है, जिनके द्वारा समाज की सामाजिक तथा सांस्कृतिक विरासत एक वंशज से दूसरे वंशज तक हस्तांतरित की जाती है। समाज अपनी निरंतरता, विकास तथा सामाजिक एवं भौतिक जीवन के लिए इन साधनों पर निर्भर करता है। समाज की आवश्यकताओं के प्रत्युत्तर में कुछ सामाजिक संस्थानों का विकास हुआ, उदाहरण के रूप में समाज की कार्यकारी इकाई के रूप में परिवार अस्तित्व में आया, जिसमें समूह को स्थिरता के साथ बनाए रखा जा सके। समाज में लोगों की रुचियों का संरक्षण करने के लिए तथा क्षेत्रीय आधार पर विकास करने के लिए राज्य अस्तित्व में आया। सभी सामाजिक साधनों का कार्य निश्चित है। एक वंशज से दूसरे वंशज तक शिक्षा के द्वारा समाजीकरण करने के लिए स्कूलों की स्थापना की गई। विविध सामाजिक अंगो में प्रमुख स्थान परिवार का है, जिसमें माता-पिता का पारस्परिक सम्बन्ध, कुटुम्ब का परिवर्तन, परिवार के सदस्यों का पारस्परिक सम्बन्ध, बंधुत्व, पड़ौस और संगत, जाति स्तर, सामाजिक उद्वेग, धर्म, संस्कृति आदि महत्वपूर्ण है।

**साधनों के प्रकार (Types of Agencies)**

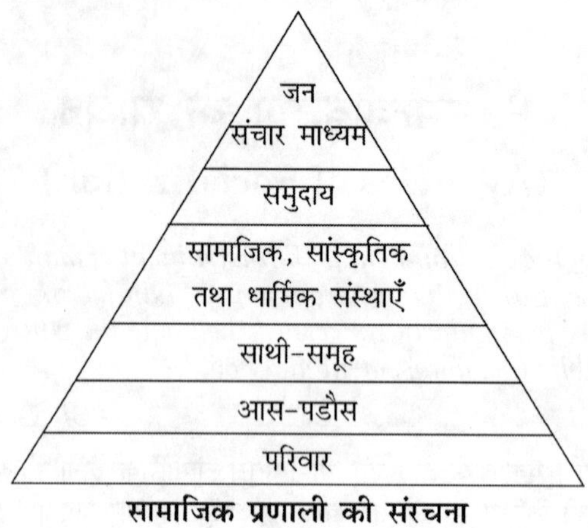


**सामाजिक प्रणाली की संरचना**

उपरोक्त साधनों में परिवार सबसे आधारभूत स्थान ग्रहण करता है। अतः समाजीकरण के साधनों को दो भागों में वर्गीकृत किया जा सकता है-

**समाजीकरण के साधन**

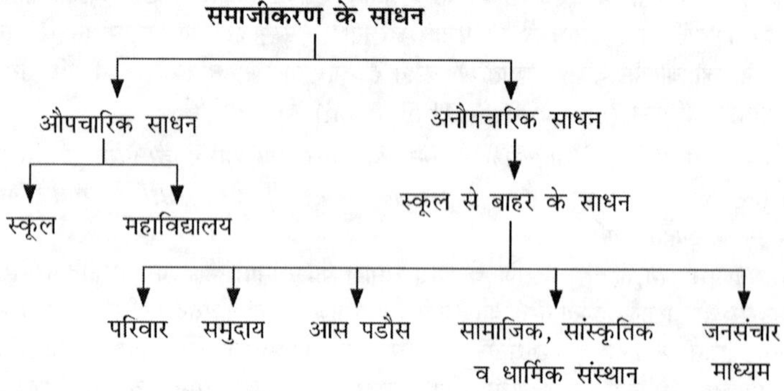


प्रत्येक साधन समाजीकरण में महत्वपूर्ण भूमिका अदा करता है। इन साधनों के द्वारा बालक अपने चारों और के संसार के बारे में जागरूक बनता है, अपने वातावरण में विशेष वस्तुओं के प्रति विशिष्ट दृष्टिकोण विकसित करता है तथा सामाजिक व व्यक्तिगत दोनों प्रकार के विशेष कौशलों में निपुण बनता है, जो व्यक्तियों के व्यवहार में परिवर्तन करने में सहायक होते हैं। वास्तव में समाजीकरण के सभी साधन एक दूसरे के परिपूरक व अनुपूरक हैं। अब हम विस्तार से सभी साधनों की व्याख्या करेंगे–

## I. स्कूल (School)

प्राचीन स्कूल या परम्परागत स्कूल का एक वाक्य में संक्षिप्तीकरण किया जा सकता है, "सीमित जनसंख्या के लिए सीमित उत्तरदायित्व"। सीमित जनसंख्या से अभिप्राय है कि शिक्षा सबके लिए उपलब्ध नहीं थी अर्थात् संपूर्ण जन को नहीं अपितु उच्च वर्ग के बच्चों को ही अनुदेशन प्रदान किया जाता था। इसी प्रकार सीमित उत्तरदायित्व का अर्थ है कि स्कूल की क्रियाएँ केवल विभिन्न विषयों जैसे–दर्शन, भाषा, गणित तथा धर्म के अध्ययन के द्वारा उच्च सांस्कृतिक उपलब्धि के क्षेत्र

से सम्बन्धित थी। इस प्रक्रिया का परिणाम जीवन के प्रतिदिन के व्यवसाय से सम्बन्धित व्यवहार तथा ढंगों और पुस्तकों में सुरक्षित संस्कृति के उच्च पहलुओं के मध्य 'सभ्यता के द्वैतवाद' का विकास हुआ। यह अध्यापक केंद्रित शिक्षा थी। विद्यार्थियों को अपने अध्यापकों का 'गुरु' के रूप में सम्मान करना पड़ता था। अध्यापक केवल शैक्षिक कार्यों तक ही सीमित थे। शिक्षा प्रमुख रूप से एक ध्रुवीय प्रक्रिया थी।

## आधुनिक स्कूल (Modern School)

आधुनिक समय में स्कूल को सामाजिक प्रणाली का महत्त्वपूर्ण भाग समझा जाने लगा। यह शिक्षा प्रणाली का एक भाग है, जो स्वयं में एक सामाजिक प्रणाली है। स्कूलों का उद्देश्य समाज का सुधार करना है। ऐसा समय आ चुका है जब स्कूल को अपने विशेष कार्यों के साथ-साथ परिवार, समुदाय, चर्च आदि के उत्तरदायित्वों को भी पूरा करना है। प्रत्येक वस्तु में महत्त्वपूर्ण परिवर्तन हो रहे हैं तथा स्कूल को एक संतुलित तत्व के रूप में काम करना होता है। इसे सामाजिक प्रणाली का एक भाग समझा जाता है क्योंकि यह बालक के समाजीकरण तथा उसकी सामाजिक भूमिका के लिए उसे शिक्षित करने का कार्य करता है।

## स्कूल शब्द की उत्पत्ति (Origin of the Term School)

स्कूल या शैक्षिक संस्था की उत्पत्ति कैसे हुई? इस प्रश्न का कोई निश्चित उत्तर नहीं है। प्राचीन समय में, स्कूलों का कार्य वैदिक ज्ञान प्रदान करना था। मानवता के प्रारंभिक समय में भी कुछ इसी प्रकार की शिक्षा थी परंतु ऐसा प्रतीत होता है कि औपचारिक साधन के रूप में स्कूल की उत्पत्ति लौह युग से प्रारंभ हुई। स्कूल शब्द यूनानी भाषा के शब्द 'स्कोले' (Skhole) से निकला है जिसका अर्थ है 'अवकाश के घर (Homes of Leisure)। पहले यह नाम उस स्थान को दिया जाता था जहाँ यूनान के लोग अवकाश के समय में बैठकर आपस में बातचीत करते हुए युद्ध के बारे में, कला आदि के बारे में कुछ न कुछ सीखते थे और धीरे-धीरे ये संस्था के रूप में परिवर्तित हो गए, जहाँ अध्यापक तथा विद्यार्थी दोनों अंतः क्रिया करते हुए सैद्धांतिक तथा व्यावहारिक ज्ञान प्राप्त करते हैं। हिन्दी में स्कूल को 'विद्यालय' के नाम से जाना जाता है जिसका अर्थ है 'विद्या का स्थान' या 'पाठशाला' जिसका अर्थ है 'पाठों का घर'।

स्कूल को विभिन्न ढंगों से परिभाषित किया जा सकता है–

साधारण व्यक्ति के लिए,

*'स्कूल एक विशेष भवन है जिसमें अलग-अलग कमरे हों जिन्हें कक्षा-कक्ष कहा जाता है। एक मुखिया जिसका कार्य शैक्षिक प्रशासन तथा प्रबंधन करना है तथा एक बच्चों का समूह जो शिक्षा प्राप्त करते हैं तथा ऐसे व्यक्तियों का समूह जो शिक्षा प्रदान करते हैं, जिन्हें अध्यापक कहा जाता है।'*

एक सुविज्ञ व्यक्ति के लिए,

*'स्कूल व्यक्तियों की परस्पर क्रिया-अनुक्रिया की इकाई है, सामाजिक शक्तियों का केंद्र है, औपचारिक एवं अनौपचारिक नियंत्रण की एक प्रणाली है, एक विशिष्ट सांस्कृतिक संसार है और उस समाज का प्रतिरूप है जिसकी इसे (स्कूल) सेवा करनी होती है।'*

स्कूल की सबसे उपयुक्त तथा आधुनिक परिभाषा है,

*'स्कूल एक ऐसा स्थान है जहाँ जीवन में तथा जीवन के द्वारा शिक्षण अधिगम की प्रक्रिया संपन्न होती है। इसके कुछ बुनियादी कार्य होते हैं जो उसे समाज के द्वारा सौंपे जाते हैं।'*

संस्कृति तथा सभ्यता के विकास के साथ मनुष्य ने यह सोचना प्रारंभ कर दिया कि उसके

अनुभव विस्तृत हो गए हैं। प्रयत्न तथा भूल के द्वारा वह नित नए अनुभव प्राप्त कर रहा था। वह चाहता है कि मनुष्य द्वारा की गई गल्तियाँ भविष्य में न दोहराई जाएँ। वह सभ्यता की अधिक प्रगति चाहता है। सभ्यता को आगे बढ़ाने के लिए तथा भविष्य में विकास के लिए, मनुष्य ने निश्चित विधियों, पाठ्यक्रमों, अध्यापकों, समय तथा स्थान की सहायता ली। स्कूल, जबकि यह पूर्ण रूप से समाज से संबंधित है, स्वयं को एक लघु समाज के रूप में प्रकट करता है। इस लघु समाज के अध्यापक, विद्यार्थी तथा अन्य सदस्य अपने-अपने ढंगों से क्रिया-प्रतिक्रिया में भाग लेते हैं। इसमें सामाजिक सम्बन्धों का अपना संगठित ताना-बाना होता है जिसमें कई समूह, सम्प्रदाय, वर्ग आदि सम्मिलित होते हैं। इसकी संस्कृति में उस समाज की संस्कृति प्रतिबिम्बित होती है जिसकी सेवा के लिए इसे स्थापित किया जाता है। इसमें संगठित करने की शक्ति होती है। एक प्रकार से यह 'संपूर्ण संस्था' का प्रतिबिम्ब है जैसे किसी भी सामाजिक संस्कृति से आए प्रत्येक विद्यार्थी को स्कूल के नियमों एवं नीतियों का पालन करना पड़ता है तथा उस समय के लिए, जब तक वह स्कूल में रहता है, स्कूल के सामाजिक सम्बन्धों में समायोजन करना पड़ता है। स्कूल को विद्यार्थियों के समाजीकरण के लिए समाज का एक साधन माना जा सकता है। यह ऐसा साधन है जिसके द्वारा व्यक्तियों को ऐसा प्रशिक्षण प्रदान किया जाता है कि वे प्रेरित तथा तकनीकी रूप से व्यस्कों की भूमिका अदा कर सकें। जॉन डीवी स्कूल को जीवन की तैयारी नहीं समझते, अपितु, उसे अपने आप में एक जीवन समझते हैं।

**परिभाषा (Definition)**

जे.एस. रॉस (J.S. Ross) के शब्दों में,

*"स्कूल सभ्य व्यक्ति द्वारा स्थापित संस्थाएँ है, जिनका उद्देश्य समाज में सु-समायोजित कुशल सदस्यता के लिए नवयुवकों की तैयारी में सहायता करना है।"*

*("Schools are institutions desired by civilised man for the purpose of aiding in the preparation of the young for well-adjusted efficient membership in society.")*

जॉन डीवी (John Dewey) के अनुसार,

*"स्कूल एक विशिष्ट वातावरण है, जहाँ जीवन के गुणों, क्रियाओं और व्यवसायों की शिक्षा इस उद्देश्य से दी जाती है जिससे बालक का विकास वांछित दिशा में हो।"*

*("School is a special environment where a certain type of activities and occupations provided with the object of securing child's development along desirable lines.")*

फ्रेंकलिन (Franklin) के शब्दों में,

*"स्कूल-बुद्धिमता का मन्दिर है।"*

*("School—the modest temple of wisdom.")*

बालकृष्ण जोशी (Balkrishna Joshi) के अनुसार,

*"विद्यालय बाजार नहीं है, जहाँ विभिन्न योग्यताओं वाले अनिच्छुक व्यक्तियों को ज्ञान प्रदान किया जाता है। यह संस्कृति का बिछौना है। यह एकता का प्रतीक है। यह विश्व का संक्षेप संग्रह है। इसे नवयुवकों के जीवन के बसंत के समय में उचित तथा सुरक्षित आधार प्रदान करना चाहिए।"*

*("A school is not a market place where knowledge is dumped upon unwilling consumers. It is a seedbed of culture. It is a symbol of unity. It is an arsenal of democracy. It is an epitome of the world. It must lay in youth proper and secure foundation in the spring-time of their lives.")*

## स्कूल के कार्य (Functions of School)

स्कूल एक शैक्षिक एवं उप-सामाजिक संस्था है और उसका अपना वास्तविक अस्तित्व है। यह अपने निर्णयों तथा अभिप्रेरणाओं के अनुसार कार्य करता है। स्कूल का कार्य बच्चों को पूर्ण तथा खुशहाल जीवन जीने में, परिवर्तनशील वातावरण में समायोजन में, अपनी संस्कृति में उत्तम तत्त्वों का विकास करने में और भविष्य जीवन में सामाजिक तथा आर्थिक प्रगति प्राप्त करने में सहायता करना है, जो उसे आधुनिक संसार में अपना स्थान प्राप्त करने में और शांति से इकट्ठे रहने के योग्य बनाएगा।

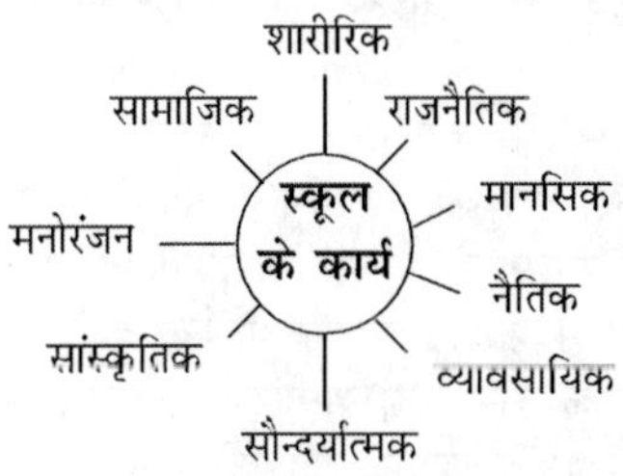


स्कूल के द्वारा व्यक्ति के व्यक्तित्व के सभी तत्वों का विकास किया जाता है। स्कूल का सामान्य कार्य बालक का समाजीकरण करना है। स्कूल के प्रमुख कार्यों को दो भागों में बाँटा जा सकता है–

A. प्रत्यक्ष कार्य (Manifest Functions)
B. आधुनिक कार्य (Emerging Functions)

### A. प्रत्यक्ष कार्य (Manifest Functions)

1. *संस्कृति का हस्तांतरण तथा विकास (Transmission and Promotion of Culture)*–एक वंशज से दूसरे वंशज तक संस्कृति का हस्तांतरण स्कूल का प्रमुख कार्य है तथा यह इतिहास, साहित्य, कला तथा शिल्प आदि के औपचारिक शिक्षण के द्वारा पूरा किया जाता है। राष्ट्रीय, ऐतिहासिक तथा अन्य महत्वपूर्ण घटनाओं के आयोजन, नवयुवकों तक संस्कृति के हस्तांतरण का अच्छा माध्यम है परंतु यह केवल संस्कृति का हस्तांतरण ही नहीं करता, यह बालकों को ऐसा प्रशिक्षण भी प्रदान करता है कि वे अपने प्रयत्नों से उस विरासत में परिवर्तन तथा विकास कर सकते हैं और इस प्रकार एक अच्छे तथा खुशहाल समाज की स्थापना में सहायक होते हैं।
2. *आधारभूत कौशलों का शिक्षण (Teaching Basic Skills)*–स्कूल के द्वारा माध्यमिक स्तर पर व्यावसायिक शिक्षा को भी प्रमुख स्थान दिया गया है। स्कूल का कार्य है बालकों को व्यावसायिक तथा औद्योगिक शिक्षा प्रदान करना। गाँधी जी का यह विश्वास था कि बालक को शिक्षा के द्वारा आर्थिक सुरक्षा प्रदान की जानी चाहिए। इसी दिशा में सन् 1952 में माध्यमिक शिक्षा आयोग, सन् 1966 में शिक्षा आयोग के द्वारा, बाद में आदिशेंसयिआ समिति के द्वारा सुझाव दिया गया तथा वर्तमान समय में राष्ट्रीय शिक्षा नीति 2020 ने सुझाव दिया। विद्यार्थियों में प्रायोगिक कार्य तथा हस्त कार्य के प्रति आदर की भावना विकसित करने के लिए स्कूल में कार्य-अनुभव की शिक्षा प्रारंभ की गई। यह श्रम के प्रति आदर की भावना विकसित करने में सहायक होगा। विद्यार्थी निष्ठा से समाज की सेवा तथा अपना समर्थन करने के योग्य बनेंगे।

3. *चरित्र का विकास (Development of Character)*–एक बहुत प्रसिद्ध कहावत है कि यदि धन खो गया, कुछ भी नहीं खोया; यदि स्वास्थ्य खो गया, कुछ खोया; परंतु चरित्र यदि खो गया तो समझो सब कुछ समाप्त हो गया। प्राचीन समय में परिवार तथा धार्मिक संस्थाएं ही बालकों के चरित्र के विकास में सहायक होते थे, परंतु अब यह उत्तरदायित्व स्कूल का है। इसका यह प्रभाव होता है कि बालकों को यह ज्ञान प्राप्त होता है कि किस परिस्थिति में उन्हें क्या करना चाहिये चाहे इससे उन्हें व्यक्तिगत असुविधा भी हो। स्कूल में बालक को ऐसी नैतिक तथा सामाजिक क्रियाओं में भाग लेना होता है जो उनमें ऐच्छिक सामाजिक गुणों का विकास करती हैं तथा सुदृढ़ अच्छे चरित्र के निर्माण में योगदान देती है।
4. *मानसिक स्वास्थ्य का विकास (Promotion of Mental Health)*–मानसिक स्वास्थ्य किसी भी प्रकार से शारीरिक स्वास्थ्य से कम महत्त्वपूर्ण नहीं है। शैक्षणिक एवं सहायक क्रियाओं के उचित समन्वय द्वारा स्कूल इस काम को भली भांति संपन्न कर सकता है। उच्च कक्षाओं में भी विद्यार्थियों को कई समस्याएँ उत्पन्न हो सकती हैं। स्कूल उनकी अवहेलना नहीं कर सकता। कभी-कभी परिवार में कुआयोजन या आर्थिक कठिनाईयों के कारण या एक ही कक्षा में बार-बार असफल होने के कारण या शारीरिक कमजोरी अथवा सैक्स-समस्या के कारण कई बच्चों के मानसिक स्वास्थ्य बिगड़ जाने की संभावना होती है। ऐसी स्थिति में स्कूल का उत्तरदायित्व है, उन कारणों की खोज करना तथा सम्बन्धित विद्यार्थी के स्वीकारात्मक मार्ग-दर्शन के लिए उचित साधन अपनाए। यह अपव्यय तथा अवरोधन की समस्या के निवारण में सहायक होगा। अच्छे मानसिक स्वास्थ्य युक्त विद्यार्थी ही समाज के उत्थान में योगदान दे सकते हैं।

## B. आधुनिक कार्य (Emerging Functions)

ऊपर वर्णित स्कूल के कार्य सदा से ही निश्चित हैं चाहे उन्हें संतोषप्रद रूप से प्राप्त किया जाए या नहीं। स्कूल के आधुनिक कार्य समाज में प्रचलित परिस्थितियों पर निर्भर करते हैं और इसलिए उन्हें शैक्षिक व सामाजिक कार्य का नाम भी दिया जा सकता है। यदि समाज की परिस्थितियों तथा आवश्यकताओं में परिवर्तन होता है तो आधुनिक कार्य भी परिवर्तित हो जाएंगे। कुछ कार्य निम्नलिखित हैं–

1. *व्यक्तिगत तथा सामाजिक समस्या समाधान (Personal and Social Problem Solving)* –स्कूल वास्तव में एक अनुभव प्रदत्त संस्था है। स्वतंत्र चिन्तन तथा निर्णय के लिए सामान्य योग्यता के विकास को स्कूल के उद्देश्यों में प्रमुख स्थान दिया जाना चाहिए। वास्तविक शिक्षा को व्यक्तिगत जीवन से सम्बन्धित कठिन समस्याओं को सुलझाने में सहायता करनी चाहिए। इसके परिणामस्वरूप बालक कभी भी स्वयं को असहाय अनुभव नहीं करेगा। स्कूल का यह कार्य है कि वह बालकों को व्यक्तिगत तथा सामाजिक समस्याओं के समाधान के योग्य बनाए।
2. *नवीन ज्ञान का प्रसार (Diffusion of New Knowledge)*–वैज्ञानिकों, तकनीशियनों तथा अन्य अनुसंधानकर्त्ताओं की बहु-प्राप्तियों के कारण 21वीं सदी में ज्ञान का अत्यधिक विस्फोट हुआ है। स्कूल का प्रमुख कार्य विद्यार्थियों के लिए विस्तृत ज्ञान प्रदान करना है। यदि विद्यार्थियों को सफलतापूर्वक आधुनिक समाज के साथ चलना है, तो उन्हें नवीन ज्ञान प्राप्त करना होगा। स्कूल के द्वारा प्रदान किया गया आधुनिक ज्ञान विद्यार्थियों की, परिवर्तनों को समझने में तथा बढ़ती हुई मांगों के अनुसार स्वयं का अनकूलन करने में सहायता करेगा।
3. *कार्यात्मक साक्षरता में वृद्धि (Increase in Functional Literacy)*–कुछ समय पहले हम साक्षरता को केवल 3R (Reading, Writing and Arithmetic) का ज्ञान समझते थे,

परंतु वर्तमान समय में लोकतांत्रिक तथा गतिशील समाज के लिए 3R का ज्ञान पर्याप्त नहीं है। अधिक व्यापक संप्रत्यय जिसे कार्यात्मक साक्षरता कहा जाता है–समाज के विकास के लिए आवश्यक माना गया है। एक चौथा R कम्प्यूटर के रूप में 3R के साथ जोड़ा गया है। कार्यात्मक साक्षरता समाज को बनाए रखने के अर्थपूर्ण तथा उचित ढंगों का प्रतिबिम्ब है। इसमें उपयुक्त ज्ञान, कौशल, दृष्टिकोण तथा मूल्य सम्मिलित हैं जो साधारण व्यक्ति के प्रभावी व्यक्तिगत विकास के लिए शक्ति प्रदान करते हैं इस प्रकार शिक्षा जीने की प्रक्रिया है।

4. *अवसरों की समानता प्रदान करना (Providing Equality of Opportunities)*–हमारे संविधान में अवसरों की समानता को एक मौलिक अधिकार प्रदान किया गया है। हर संभव प्रयत्न किया जा रहा है कि प्रत्येक बालक को; अमीर या गरीब, स्त्री या पुरुष, शारीरिक रूप से सामान्य या विकलांग; व्यस्क के रूप में सफलता प्राप्त करने के समान अवसर प्राप्त हों। इसलिए स्कूलों में विभिन्न कार्यक्रम जैसे विशिष्ट शिक्षा, उपचारात्मक शिक्षा, वजीफे की सुविधा या सामाजिक एवं आर्थिक रूप से पिछड़े हुए बालकों को किसी अन्य प्रकार की सहायता आदि प्रदान किए जाते हैं। आजकल शिक्षा में समानता तथा समता के लिए हर दृष्टिकोण से लोकतांत्रिक प्रणाली को अपनाया गया है।

5. *यौन शिक्षा (Sex Education)*–परम्परागत भारतीय समाज में यौन शिक्षा क्रमबद्ध रूप से प्रदान नहीं की जाती अपितु आकस्मिक होती है। माता-पिता यौन शिक्षा प्रदान करने में हिचकिचाते हैं, परंतु एड्स जैसी भयानक बीमारियों के कारण इस क्षेत्र की ओर अधिक ध्यान देने की आवश्यकता है। इसी कारण आजकल इस बात की ओर ध्यान दिया जा रहा है कि स्कूल स्तर पर यौन शिक्षा को पाठ्यक्रम के एक भाग के रूप में सम्मिलित किया जाना चाहिए। यह विद्यार्थियों को क्रमबद्ध रूप से यौन शिक्षा प्रदान करने में सहायक होगा। वे असुरक्षित यौन के खतरों से जागरूक बन जाएँगे।

6. *व्यावहारिक ज्ञान पर बल (Emphasis on Practical Knowledge)*–यदि स्व-क्रिया उपागम को अपनाया जाए, यदि योजनात्मक कार्य में कल्पना हो, तथा इसको लागू करने में स्वतंत्र हो, तो वर्तमान किताबी स्कूलों को 'कार्य स्कूल' या 'क्रियात्मक स्कूलों' में परिवर्तित किया जा सकता है। इस प्रकार ये बालक के संपूर्ण व्यक्तित्व के लिए शिक्षा के उपयुक्त केन्द्र बन सकते हैं। स्व-अधिगम के द्वारा प्राप्त किए गए अनुभव व्यावहारिक जीवन के लिए उपयोगी सिद्ध होंगे। 'कार्य-अनुभव' को इसीलिए आजकल स्कूलों में पाठ्यक्रम में सम्मिलित किया जा रहा है।

7. *सामाजिक निपुणता (Social Competence)*–माध्यमिक शिक्षा आयोग ने अपनी रिपोर्ट में यह सुझाव दिया था कि हम स्कूलों को वास्तविक सामाजिक जीवन और सामाजिक क्रियाओं का केन्द्र बनाना चाहते हैं। आज संपूर्ण समाज में विभिन्न क्षेत्रों जैसे–राजनीतिक, सामाजिक तथा आर्थिक आदि में परिवर्तन हो रहा है। समाज तीव्र गति से नगरीकरण, औद्योगीकरण तथा पश्चिमीकरण की ओर बढ़ रहा है। कंप्यूटर के प्रयोग के बिना जीवन पिछड़ा हुआ लगता है। प्रभावी सामाजिक अंत:क्रियाओं के लिए व्यवहार में निपुणता की आवश्यकता है। आधुनिकता का परिमाप है–व्यक्तिगत तथा सामाजिक समस्याएँ। इन समस्याओं के समाधान के लिए सामाजिक निपुणता की आवश्यकता है। इसके लिए स्कूलों को बालकों को सामाजिक केन्द्रों, सामाजिक संस्थाओं में संपर्क में आने के लिए तथा विभिन्न सामाजिक कार्यों में सक्रियता से भाग लेने के लिए प्रोत्साहित करना होगा।

8. *लोकतांत्रिक दृष्टिकोण का विकास (Development of Democratic Outlook)*–हमारा समाज बहु-सांस्कृतिक, बहु-धर्म तथा बहु-भाषायी है। आज आवश्यकता है कि स्कूलों के द्वारा

बालकों को इस प्रकार की शिक्षा दी जाए जिससे उन्हें विभिन्न समूहों के आपसी सम्बन्धों के विकास के द्वारा एक धर्म निरपेक्ष तथा विस्तृत समुदाय में रहने के योग्य बनाए। स्कूल में बालकों में; सहयोग, सहनशीलता, बंधुत्व तथा आदर की भावना के विकास की आवश्यकता है। वास्तव में यही स्कूल का सबसे महत्वपूर्ण कार्य है जो समाज की शांतिपूर्ण सह-अस्तित्व की स्थापना में सहायक हो सकता है। स्कूल को लोकतांत्रिक वातावरण प्रदान करना चाहिए, जिससे प्रत्येक बालक प्रजातांत्रिक रूप से रहना सीख सके।

9. *मानव अनुभवों का पुन: संगठन तथा पुनर्रचना (Reorganisation and Reconstruction of Human Experiences)*—मानव ने अतीत से अनुभव प्राप्त किए तथा स्कूल का कार्य इन अनुभवों को एक वंशज से दूसरे वंशज तक हस्तांतरण करना है। परंतु समाज में आधुनिकता के कारण, इसे सामाजिक समस्याओं का सामना करना पड़ता है। इसके लिए ज्ञान की सभी शाखाओं में निरंतर अनुसंधान की आवश्कता है और स्कूलों के द्वारा यह कार्य संपन्न किया जाना चाहिए।

10. *नैतिक विकास (Moral Development)*—बालक का नैतिक विकास परिवार या संगठित धार्मिक संस्थाओं पर नहीं छोड़ा जा सकता। यह वर्तमान समाज की ज्वलंत आवश्यकता है क्योंकि अनैतिकता के बोझ से यह दिन-प्रतिदिन नीचे की ओर गिरता जा रहा है। यह किताबी ज्ञान से संभव नहीं है। इसके लिए स्कूल नैतिक तथा धार्मिक शिक्षा का कार्यक्रम निर्मित कर सकता है और इसे कार्यरूप प्रदान किया जा सकता है। आजकल प्रत्येक स्कूल विभिन्न प्रकार की क्रियाएँ आयोजित करता है, जैसे—प्रात:कालीन सभा, प्रार्थना, धार्मिक दिवसों को मनाना, श्रेष्ठ व्यक्तियों का भाषण आदि जिससे विद्यार्थियों का नैतिक विकास हो सके। नैतिक शिक्षा से अच्छे चरित्र का निर्माण होता है।

इस प्रकार प्रत्येक समाज यह चाहता है कि उसके सदस्य अच्छे नागरिक बनें, जिनमें आपसी सम्बन्ध हो तथा जो अपनी संस्कृति, आदर्शों तथा समस्याओं से पूर्ण रूप से परिचित हों। स्कूल इस प्रकार का आदर्श प्रदान करता है तथा ऐसा वातावरण देता है जिसमें उनसे शिक्षा प्राप्त करने के बाद रहने की आशा की जाती है। एक बहु-उद्देश्यीय स्कूल विद्यार्थियों के लिए विभिन्न प्रकार के विषय प्रदान करने का प्रयत्न करता है जो विभिन्न उद्देश्यों, रुचियों तथा योग्यताओं से युक्त हों। यह प्रत्येक विद्यार्थी के लिए उसकी प्राकृतिक योग्यताओं के विकास के लिए उपयुक्त वातावरण प्रदान करने का प्रयत्न करता है।

विद्यालय के द्वारा समाजीकरण के लिए अन्य कार्य किए जा सकते हैं-

- विद्यार्थियों का सही दिशा में मार्गदर्शन करने के लिए विद्यालयों में नाटक, वाद-विवाद जैसे कार्यक्रमों को प्रोत्साहित करना चाहिए।
- विद्यालय को समाज के एक लघु रूप में ऐसा सामाजिक वातावरण तैयार करना चाहिए जो समाज की परिस्थितियों के अनुरूप हो और उसमें रहते हुए बालकों का समाजीकरण समाज की आवश्यकताओं के अनुकूल हो।
- विद्यालय के द्वारा ऐसे वातावरण का निर्माण किया जाना चाहिए जिससे विद्यार्थियों में समानता, सहयोग, स्वतंत्रता, न्याय और बंधुत्व के गुणों का विकास हो सके।
- स्कूल भाषा का ज्ञान प्रदान करता है जिसमें हम एक-दूसरे के साथ बातचीत कर सकते हैं। यद्यपि बालक प्रथम भाषा अपने परिवार या देखभाल करने वालों से सीखता है। परन्तु स्कूल इस प्रक्रिया को औपचारिक रूप प्रदान करता है। उदाहरण के रूप में स्कूल भाषाओं का ज्ञान इस प्रकार देता है जो विभिन्न समाजों व बोलियों के बीच के अंतर को समाप्त करता है।

- शिक्षा/स्कूल हमें समुदाय के नियमों, रीति-रिवाजों एवं मानकों तथा अधिकारों के बारे में जानकारी देता है।
- श्रमदान के माध्यम से बच्चों में श्रम के प्रति आदर की भावना विकसित होगी, जो देश पर विपत्ति के समय में समाज सेवा में आगे आयें। इससे विद्यार्थियों की सही दिशा में समाजीकरण में सहायता मिलेगी।

वास्तव में, स्कूल समाजीकरण का एक महत्वपूर्ण औपचारिक व सक्रिय साधन है। स्कूल के अच्छे या बुरे होने से बालक के समाजीकरण की प्रगति निर्भर करती है। अच्छे स्कूल सभ्यता के मूल्यों जैसे सत्यता, कल्याण, सुन्दरता, स्वतंत्रता, भाईचारा, उत्तरदायित्व आदि का विकास करते हैं। ऐसे स्कूल जो सामाजिक कुशलता का विकास करते हैं, वे समाज की प्रगति में महत्वपूर्ण योगदान देते हैं। इस प्रकार स्कूल बालक का सर्वाधिक विकास करके उसे समाज का एक योग्य व उपयोगी सदस्य बनाता है। इसमें शिक्षक, शिक्षार्थी तथा वातावरण तीनों के सामंजस्य से ही कार्य संभव होता है। शिक्षक को चाहिए कि वह अपने उत्तम व्यक्तित्व से बालकों में समाजीकरण की प्रवृत्ति को सही दिशा प्रदान करें। माता-पिता के पश्चात् अध्यापक का स्थान महत्वपूर्ण माना जाता है। उसे बालकों के समक्ष सर्वमान्य सामाजिक रूप से आदर्श व्यवहार प्रस्तुत करना चाहिए, जिससे बालक उसका अनुकूलन करते हुए उचित ढंग से सामाजिक व्यवहार सीख सकें। स्कूल को त्रिमुखी प्रक्रिया करने वाली संस्था भी कहा जाता है।

स्कूल में बालक भिन्न-भिन्न समुदायों, वर्गों आदि से आते हैं, सबकी भूमिकाएं पृथक होती हैं, इसलिए स्कूल का कार्य उन सभी तत्वों को बदलना या उनमें संशोधन करना होता है जो समुदाय के अनुसार स्वीकार्य नहीं होते। इसके साथ-साथ उन सभी कारकों, जो अर्थपूर्ण हैं, उन्हें प्रोत्साहित किया जाना चाहिए व उनका प्रशिक्षण दिया जाना चाहिए। इस प्रकार स्कूल समाज के द्वारा किया गया एक औपचारिक एवं सजग प्रयास है, जिसके अन्तर्गत इसके नवयुवकों का समाजीकरण किया जाता है।

## II. घर/परिवार (Home/Family)

किसी समाज अथवा राष्ट्र की सबसे छोटी इकाई है व्यक्ति और उससे बड़ी इकाई है घर या परिवार। घर मानव समाज की सबसे प्राचीन, छोटी तथा मूलभूत इकाई है। इसमें प्रायः पति-पत्नी एवं उनकी संतान संगठित रूप से एक स्थान पर रहते हैं। वे सब किसी न किसी प्रकार से एक दूसरे से संबंधित होते हैं। इसे कुछ संबंधित व्यक्तियों से युक्त एक छोटा सामाजिक समूह माना जाता है।

माता को ही बालक का प्रथम अध्यापक माना जाता है और घर प्राथमिक औपचारिक शिक्षा संस्था है। मैकाइवर तथा पेज (Maciver and Page) के शब्दों में,

> *"घर एक ऐसा समूह है जिसमें स्त्री तथा पुरुष का यौन संबंध निश्चित है और जो बच्चों को पैदा करने और उनके लालन-पोषण की व्यवस्था करता है।"*
>
> *("The home is a group defined by a sex relationship sufficiently precise and enduring to provide for the procreation and upbringing of the child.")*

क्लेयर (Clare) के अनुसार,

> *"घर से हम संबंधों की वह व्यवस्था समझते हैं, जो माता-पिता और उसकी संतानों के बीच में पाई जाती है।"*
>
> *("By home we mean a system of relationship existing between parents and children.")*

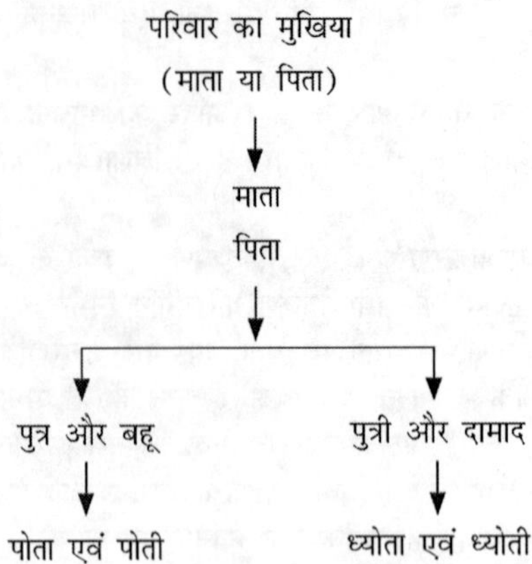


## घर की संरचना

'Family' शब्द का उद्‌गम लैटिन शब्द 'Famulus' से हुआ है। 'Famulus' का अर्थ है 'नौकर'। इसका तात्पर्य यह है कि परिवार शब्द एक ऐसे समूह के लिए प्रयोग होता है जिसमें माता-पिता, बालक, नौकर और दास हों। वैसे तो परिवार में पति-पत्नि और उनके बच्चे होते हैं, लेकिन कुछ प्राचीन समाजों में नौकरों को भी परिवार का सदस्य माना जाता था। कभी-कभी माता-पिता के माता-पिता भी उनके साथ रहते हैं। इसका जटिल रूप भारत के संयुक्त परिवारों में मिलता है।

ज्ञान के विस्फोट, मानव जीवन की बढ़ती हुई जटिलता, परिवार के बढ़ते हुए उत्तरदायित्व के कारण घर की प्रवृत्ति परिवर्तित होती जा रही है।

### आधुनिक घर की विशेषताएँ (Characteristics of Modern Home)

बालकों के पालन-पोषण के लिए तथा सामाजिक एवं सांस्कृतिक विरासत के हस्तांतरण के लिए कुछ सीमा तक परिवार उत्तरदायी है। इसकी विशेषताएँ निम्नलिखित हैं–

- एक लघु आर्थिक इकाई।
- बच्चों के पालन-पोषण का साधन।
- एक धार्मिक, राजनीतिक एवं मनोरंजनात्मक इकाई।
- एक जटिल संरचना।
- जीवन स्तर ऊँचा हो रहा है।
- अति सुरक्षा में रहना।
- मूल्यों की स्थापना करना।
- इसका सामाजिक जीवन अधिक जटिल तथा अव्यक्तिगत बन रहा है।
- संवेगात्मक स्थिरता तथा सुरक्षा प्रदान करता है।
- बाल्यकाल में मूलभूत अधिगम प्रदान करता है।
- संस्कृति का हस्तांतरण।
- पर्याप्त शिक्षा का हस्तांतरण।
- प्रेम तथा ध्यान की उचित भावनाएँ प्रदान करता है।

– अच्छी सामाजिक बुद्धि का विकास करता है।
– अच्छी सामाजिक तथा व्यक्तिगत परिस्थितियाँ प्रदान करता है।
– उचित संप्रेषण योग्यताओं का विकास करता है।

इस प्रकार हम परिवार को जैविकीय संबंधों पर आधारित एक सामाजिक समूह के रूप में पारिभाषित कर सकते हैं, जिसमें माता-पिता और बच्चे होते हैं तथा जिसका उद्देश्य अपने सदस्यों के लिए सामान्य निवास, आर्थिक सहयोग, यौन-संतुष्टि व प्रजनन, समाजीकरण और शिक्षा आदि की सुविधाएँ जुटाना है।

बच्चा मुख्य रूप से 5 या 6 वर्ष की आयु तक माता-पिता व अन्य भाई-बहनों के साथ रहता है। बाल्यकाल या शैशवकाल सबसे प्रभावी काल होता है, एक साफ स्लेट की भांति, जिस पर कुछ भी लिखा जा सकता है। प्रारंभिक वर्षों में बालक के व्यवहार को ऐच्छिक आकार दिया जा सकता है तथा ऐच्छिक दिशा में मोड़ा जा सकता है, परंतु इसके लिए उपयुक्त सामाजिक-मनोवैज्ञानिक वातावरण उपलब्ध हो। यदि घर पर बालक पर नकारात्मक प्रभाव पड़ते हैं तो इन्हें स्कूल के समय में दूर किया जाना बहुत कठिन है। यदि बालक का पालन-पोषण बहुत ध्यान के साथ खुले, प्रेमपूर्ण तथा स्वतंत्र वातावरण में किया जाता है तो उसका विकास स्वस्थ होता है। इस प्रकार बालक के व्यक्तित्व के ज्ञानात्मक, सामाजिक, चरित्र, संवेगात्मक, धार्मिक तथा नैतिक पक्षों के विकास का आधार प्रदान करने में घर महत्त्वपूर्ण भूमिका निभाता है।

विभिन्न शिक्षाशास्त्रियों ने विभिन्न शब्दों में घर की महत्ता का वर्णन किया है–

पेस्टालॉजी (Pestalozzi) के शब्दों में,

*"घर-प्रेम तथा स्नेह का केन्द्र, उत्तम स्थान तथा बालक का प्रथम स्कूल है।"*
*("Home-a centre of love and affection, is the best place and the first school of the child.")*

फ्रोबेल (Froebel) के विचारों में,

*"माताएँ आदर्श अध्यापिकाएँ हैं और घर के द्वारा प्रदान की गई अनौपचारिक शिक्षा अति प्रभावी तथा स्वाभाविक होती हैं।"*
*("Mothers are the ideal teachers and informal education given by home is most effective and natural.")*

विभिन्न शिक्षाशास्त्रियों द्वारा व्यक्त किए विचारों से यह स्पष्ट होता है कि बालक के विकास तथा शिक्षा में घर कितना महत्वपूर्ण है।बालक के संपूर्ण विकास के लिए घर कुछ सामाजिक एवं शैक्षिक कार्य करता है। मैजिनी (Mazzini) ने भी ठीक ही कहा है,

*"बालक नागरिकता का प्रथम पाठ माता के चुम्बन एवं पिता के संरक्षण के बीच सीखता है।"*
*("Child learns the first lesson of citizenship between the kiss of the mother and care of the father.")*

यह ठीक है कि वर्तमान समय में घर का महत्व कम हो गया है, परंतु परिवार के सहयोग के अभाव में बालक की उचित शिक्षा-दीक्षा कभी संभव नहीं हो सकती। बालक विद्यालय में कुछ ही घण्टे व्यतीत करता है, जबकि उसका शेष समय परिवार में ही बीतता है। इस प्रकार बालक पर घर का जो प्रभाव पड़ता है, वह किसी अन्य साधन का नहीं है।

## परिवार के महत्त्वपूर्ण कार्य (Important Functions of Family)

1. *बंधुत्व की भावना का विकास (Development of Sense of Belongingness)*–बालक परिवार में दिन प्रतिदिन के जीवन में अपने माता-पिता का अवलोकन करता है तथा बंधुत्व

की भावना के कारण, वह शीघ्र ही ऐसे व्यवहार का अनुकूलन करना सीख जाता हे, जिनकी परिवार में प्रशंसा की जाती है। वास्तव में यह 'हम' की भावना है जो परिवार की विशेषता है, जो अंतः संबंधों को संभव बनाती है।

2. *अधिगम का प्राथमिक स्थान (Primary Place of Learning)*—घर अधिगम का प्रथम स्थान है अर्थात् प्राथमिक अनौपचारिक शैक्षिक संस्था है। रुसो (Rousseau) ने भी ठीक ही कहा है,
   *"शिक्षा जन्म से प्रारंभ होती है तथा माता उपयुक्त परिचारिका है।"*
   *("Education begins at birth and the proper nurse is the mother.")*
   इसलिए माता को बालक की प्रथम अध्यापिका कहा जाता है।
3. *शारीरिक विकास (Physical Development)*—घर का सबसे प्रथम और महत्वपूर्ण कार्य है बालक का शारीरिक रूप से विकास करना। इस उद्देश्य के लिए परिवार के सदस्य शारीरिक अनुभव प्रदान करते हैं। दूसरे शब्दों में, परिवार, बालक की चिकित्सा, विश्राम आदि की समुचित व्यवस्था करता है। परिवार में रहकर बालक को स्वच्छ रहने, व्यायाम करने तथा स्वास्थ्यवर्धक क्रियाएँ करने की आदत पड़ जाती हैं, जो उसके शारीरिक विकास में सहायक सिद्ध होती है।
4. *मानसिक विकास (Mental Development)*—विचार, भावना, तर्क, कल्पना, स्मृति, निरीक्षण आदि की शक्तियों का विकास ही मानसिक विकास कहलाता है। बालक जब परिवार में विभिन्न व्यक्तियों के संपर्क में आता है तथा पारिवारिक घटनाओं से अपने को जुड़ा हुआ पाता है, तो उसका मानसिक विकास होता है। माता-पिता बालकों के मानसिक विकास के लिए उचित वातावरण प्रदान करते हैं।
5. *संवेगात्मक विकास (Emotional Development)*—परिवार के सदस्यों का व्यवहार बालक के संवगात्मक विकास को अत्यधिक प्रभावित करता है। घर का वातावरण तथा परिवार के सदस्यों के मध्य सम्बन्ध बालक को संवेगात्मक दृष्टि से प्रभावित करते हैं। जिन परिवारों के सदस्यों के मध्य सम्बन्ध मधुर होते हैं, वहाँ बालकों में स्नेह, आनन्द, सहानुभूति, प्रसन्नता, आत्मविश्वास आदि अनेक प्रभावात्मक संवेगों का विकास होता है। इनके विपरीत जिन परिवारों में ईर्ष्या-द्वेष तथा वैमनस्य का वातावरण रहता है, वहाँ बालकों में भय, क्रोध, ईर्ष्या, चिन्ता आदि के निषेधात्मक संवेग उत्पन्न होते हैं। इससे यह स्पष्ट होता है कि पारिवारिक वातावरण का बालक के संवेगात्मक विकास से घनिष्ठ सम्बन्ध हैं।
6. *सामाजिक विकास (Social Development)*—घर स्कूल की भांति एक लघु समाज है। इससे बालक सभी ऐच्छिक सामाजिक मूल्यों जैसे—सहयोग, सहनशीलता, उत्तरदायित्व आदि को सीखता है। यह परिवार ही है जिससे बालक अपना पहला सामाजिक सम्बन्ध बनाता है, जिसमें तथा जिसके द्वारा वह अपने अनुभव प्राप्त करता है तथा संगठित करता है। वह बहुत सी सामाजिक प्रवृत्तियाँ, आदतें, अभिवृत्तियाँ आदि प्राप्त करता है जो भविष्य में उसके समायोजन को निश्चित करती हैं।
7. *धार्मिक विकास (Religious Development)*—भारत एक धर्म-प्रधान देश है। जब बच्चे अपने परिवार में माता-पिता तथा अन्य सदस्यों को विशेष प्रकार की धार्मिक क्रियाएँ करते देखते हैं तो उन क्रियाओं के प्रति वे स्वभावतः आकर्षित होते हैं और धीरे-धीरे उनमें इन क्रियाओं के प्रति स्थायी भाव बन जाते हैं। बड़े होने पर वे अपने धर्म के मूल्य तथा मान्यताओं से परिचित होंगे। धर्म के प्रति उनमें बचपन से पड़े संस्कार अमिट होते हैं।

8. *संस्कृति का हस्तांतरण (Transmission of Culture)*–स्कूलों में संस्कृति सीखी जाती है जबकि घर में यह पकड़ी जाती है। प्रत्येक समाज की अपनी संस्कृति होती है। बालक परिवार में जन्म लेता है, इसकी भाषा सीखता है, इसके रीति-रिवाजों, धर्म, दर्शन आदि से परिचित होता है; इसके विश्वासों, आदर्शों, मूल्यों इत्यादि को अपनाता है; यही उसकी संस्कृति बन जाती है। यह परिवार में एक वंशज से दूसरे वंशज को हस्तांतरित की जाती है। इस प्रकार परिवार में धर्म तथा संस्कृति की निरन्तरता बनी रहती है।
9. *रुचियों तथा आदतों का विकास (Development of Interests and Habits)*– बालक में अच्छी या बुरी विभिन्न रुचियों तथा आदतों का विकास परिवार में ही होता है। घर में जिस प्रकार से बालक के साथ व्यवहार किया जाता है, उसकी रुचियों तथा अभिप्रेरणाओं को प्रभावित करता है। ऐसा न केवल उस समय तक होता है जब तक वह स्कूल नहीं जाता अपितु उसके पूर्ण जीवन पर उसका प्रभाव पड़ता है। यदि माता-पिता तथा परिवार के अन्य सदस्य बालक की क्रियाओं के प्रति तटस्थ रहते हैं, तो उसमें ऐसी बुरी आदतों तथा रुचियों का विकास हो जाता है कि वे उसके पूरे जीवन को प्रभावित करती हैं तथा उसके पारिवारिक सदस्यों के लिए भी हानिकारक होती हैं। इसलिए अभिभावकों का यह कर्त्तव्य है कि वे बालकों में श्रेष्ठ रुचियों व आदतों का पोषण करें और उन्हें दूषित रुचियों, मनोवृत्तियों एवं आदतों से बचायें।
10. *नागरिकता के गुणों का विकास (Development of Civic Virtues)*–घर को सही अर्थों में नागरिक मूल्यों का प्राथमिक स्कूल कहा जाता है। यह परिवार ही है जहाँ बालक नागरिकता का पहला पाठ सीखता है। वह अनुशासन तथा आत्म नियंत्रण का अच्छा प्रशिक्षण प्राप्त करता है। वह घर में एक अधिकारी की आज्ञा का पालन करना सीखता है तथा घर में जो उससे बड़े होते हैं उन्हें उचित आदर देना सीखता है। परिवार में ही उसमें 'हम' की तथा बंधुत्व की भावना का विकास होता है।
11. *नैतिकता का विकास (Development of Morality)*–एक घर ही बालक में नैतिक मूल्यों का विकास करता है। बालक वैसे ही कार्य करता है, जैसे अन्य करते हैं; वह वैसा ही सोचता तथा अनुभव करता है जैसा परिवार के अन्य सदस्य। वह घर के आचरण को ही अपने जीवन का आवश्यक अंग स्वीकार कर लेता है। यदि माता-पिता ईमानदार, सत्यपूर्ण, मेहनती, साहसी, अनुशासित हैं तो बालक भी दिन-प्रतिदिन के जीवन में उनकी नकल करेगा। इसीलिए कहते भी हैं, नैतिकता व्यावहारिक है जो व्यवहार से ही अभिव्यक्त होनी चाहिए, शब्दों से नहीं। बालक में आत्म-नियंत्रण, साहस, संरक्षण तथा अनुशासन की आदतों का निर्माण होता है जो नैतिक मूल्यों जैसे सत्यता, ईमानदारी, निष्पक्ष व्यवहार, निष्ठा, न्याय आदि को सुदृढ़ आधार प्रदान करती है।
12. *अंतर्निहित प्रवृत्तियों का विकास (Development of Innate Tendencies)*–घर उपजाऊ भूमि है जिसमें से गुणों की विभिन्न शाखाओं सहित योग्य बीज उगते हैं। मनोवैज्ञानिक रूप से यह सिद्ध हो चुका है कि प्रत्येक बालक कुछ जन्मजात शक्तियों के साथ पैदा होता है और यह अभिभावकों तथा स्कूलों का कर्त्तव्य है कि उन शक्तियों के विकास के लिए उचित वातावरण प्रदान करे। अंतर्निहित शक्तियों का खुलना तो परिवार से ही प्रारंभ हो जाता है तथा बाल्यकाल के समय विकसित होता है। परिवार का उचित तथा सहयोगपूर्ण वातावरण इन शक्तियों को बाहर निकालता है तथा सही दिशा में इनका विकास करता है।
13. *भाषा का विकास (Development of Language)*–बालक, परिवार में अपनी मातृभाषा प्राकृतिक ढंग से ही सीखता है। यह अनुभव किया गया है कि शिक्षित तथा सांस्कृतिक

परिवारों के बच्चे शब्दों को उचित ढंग से बोलना सीखते हैं। जो बच्चे पिछड़े तथा अशिक्षित परिवारों से होते हैं उनके शब्दों को बोलने की तुलना में शिक्षित परिवारों के बच्चों की भाषा का उचित विकास होता है। इस प्रकार भाषा का विकास भी सबसे पहले परिवार में ही होता है। भाषा की सहायता से ही वे समाज में दूसरे व्यक्तियों से बातचीत कर सकते हैं।

14. *परोपकार की शिक्षा (Education in Philanthropy)*–बालक परिवार में दूसरों के साथ सहयोग करना तथा दूसरों की भलाई के लिए अपनी रुचियों का बलिदान करना भी सीखते हैं। यह परिवार में माता-पिता के व्यवहार पर निर्भर करता है। यदि उनका दृष्टिकोण त्याग, प्रेम, स्नेह का है तो यही बालकों में विकसित होगा। बालक जब परोपकार के कार्यों को देखता है तो उसमें भी परोपकार की भावना उदित होने लगती है।

इस प्रकार आज के जटिल समाज में परिवार बालक के व्यक्तित्व के विकास में महत्त्वपूर्ण भूमिका निभाते हैं। परिवार बालक का केवल समाजीकरण तथा संस्कृतिकरण नहीं करता अपितु उसकी शिक्षा का निर्धारण भी करता है।

## समाजीकृत संस्था के रूप में परिवार की सीमाएँ (Limitations of the Family as a Socialization Agency)

परिवार की समाजीकरण करने की भूमिका सीमित नहीं है, इसकी अपनी सीमाएँ तथा कमियाँ हैं। सीरिल बर्ट (Cyril Burt) का अध्ययन यह प्रदर्शित करता है कि परिवार कभी-कभी प्रत्यक्ष या अप्रत्यक्ष रूप से असामाजिक और समाज विरोधी व्यवहार के विकास के लिए उत्तरदायी होता है। घर पर अनुचित प्रकार का अनुशासन, गरीबी, उचित नैतिकता का अभाव, अभिभावकों का मानसिक रूप से अस्वस्थ होना आदि कुछ ऐसे तत्व हैं जो बालक के सामाजिक विकास को नकारात्मक दिशा की ओर प्रभावित करते हैं।

कहा भी जाता है कि जिस प्रकार जैविक विकास के लिए माँ की कोख की आवश्यकता होती है उसी प्रकार सर्वांगीण विकास के लिए परिवार आवश्यक एवं महत्वपूर्ण है। शिक्षाशास्त्री **रेमण्ट (Raymont)** ने भी कहा था,

*"घर ही वह स्थान है जहाँ वे मानव गुण उत्पन्न होते हैं जिनकी सामान्य विशेषता सहानुभूति है। यहाँ पर उदारता-अनुदारता, निस्वार्थ-स्वार्थ, न्याय और अन्याय, सत्य और असत्य, परिश्रम और आलस्य के बीच व्यक्ति अंतर करना सीखता है।"*

मादक द्रव्यों का बढ़ता प्रचलन परिवार के वरिष्ठ लोगों के आचरण का बालकों द्वारा अनुकरण है। माता-पिता बालक के भविष्य के निर्माण के शिल्पी होते हैं। जीजाबाई सदृश्य माँ अपने पुत्र को छत्रपति शिवाजी बना सकती है तो शारदा प्रसाद सदृश्य पिता लाल बहादुर शास्त्री जैसे पुत्र को प्रधानमंत्री जैसा भविष्य दे सकते हैं। इसीलिए परिवार में माता-पिता का सुशिक्षित एवं सद्‌चरित्र होना बालक के उज्जवल भविष्य एवं समाजीकरण के लिए आवश्यक है।

परिवार ही ज्ञान आचरण एवं अधिगम का मन्दिर है जहाँ बालक अपने परिवारों एवं वहाँ के वातावरण से जीवन का हर पाठ पढ़ता है। अत: परिवार को अपने दायित्वों को समझकर बच्चों के भविष्य के प्रति सजग रहना चाहिए। बालक का पोषण केवल शरीर तक ही सीमित नहीं रहता बल्कि मानसिक, सामाजिक, सांस्कृतिक, राष्ट्रीय, चारित्रिक एवं नैतिक पोषण करना एक परिवार का अनिवार्य तथा आवश्यक कार्य होता है।

माता-पिता जब बालकों को उचित स्नेह देते हैं तो उनमें अच्छे सामाजिक गुण पैदा होते हैं परन्तु यदि उन्हें उचित प्यार और सुरक्षा नहीं मिलती तो उनका सामाजिक विकास उचित ढंग से हो नहीं पाता। वे पूर्ण रूप से माता-पिता पर निर्भर हो जाते हैं। कभी-कभी उचित प्यार के अभाव

में बालकों में बदला लेने की भावना विकसित हो जाती है। इस कारण से वे बाल-अपराधी भी बन जाते हैं।

## परिवार को समाजीकरण का प्रभावशाली साधन बनाने के उपाय
## (Measures to Make Home an Effective Agency of Socialization)

परिवार को समाजीकरण का प्रभावशाली साधन बनाने के कुछ प्रमुख सुझाव निम्नलिखित हैं–

1. बालक के शारीरिक विकास के लिए घर में पौष्टिक भोजन दिया जाए, घर का वातावरण स्वच्छ हो, व्यायाम, खेल-कूद आदि की सुविधाएँ प्रदान की जाएँ।
2. अच्छी रुचियों के विकास के लिए घर का वातावरण सुन्दर एवं शांतिपूर्ण होना चाहिए।
3. बालक को स्वतंत्र वातावरण प्रदान किया जाए तथा उसके अंदर विद्यमान सृजनात्मक प्रवृति के विकास के अवसर दिये जाने चाहिये। बालकों में आत्म-प्रदर्शन की भावना का उचित मार्गदर्शन किया जाना चाहिए।
4. सौन्दर्यानुभूति के लिए कलात्मक वातावरण की रचना की जानी चाहिए। प्लेटो का कथन है कि,
   *"यदि आप चाहते हैं कि बालक सुन्दर वस्तुओं की प्रशंसा और निर्माण करें तो उसके चारों और सुन्दर वस्तुओं का ढेर लगा दीजिए।"*
5. परिवार में उचित परिस्थितियों को उत्पन्न करके तथा उचित वातावरण का निर्माण करके बालक का चरित्र-निर्माण सुन्दर ढंग से किया जा सकता है।
6. धार्मिक विकास के लिए बालक को धार्मिक कथाओं, धार्मिक नेताओं व अवतारों के जीवन चरित्रों तथा धर्म के मुख्य सिद्धांतों के बारे में जानकारी देनी चाहिए।
7. परिवार में बालक को जीवन की वास्तविकता से परिचित कराया जाए, जिसके परिणामस्वरूप बालक भविष्य में आने वाली किसी भी विपत्ति का सामना साहस से कर पाएगा।

अतः बालक के विकास की नींव परिवार में ही पड़ती है। उसके व्यक्तित्व का विकास, आदतों का निर्माण, उसके जीवन का उत्थान-पतन सब कुछ परिवार के वातावरण पर ही निर्भर करता है। परिवार बालक को जैसा वातावरण देगा, बालक वैसा ही बन जाएगा।

इस प्रकार बालक के संस्कार उसके माता-पिता व परिवार पर निर्भर करते हैं। बालक के संस्कार गर्भस्थ काल से ही निर्मित होने लगते हैं, जिन्हें जन्म के पश्चात् विकसित होने का अवसर मिलता है। घर अथवा परिवार बालक का अनिवार्य समाज है, जिसका आधार उसके माता-पिता है। यदि परिवार के सभी व्यक्ति आपस में आदर्श सम्बन्ध रखते हैं, और उनके प्रत्येक व्यवहार में संतुलन रहता है तो बालकों के व्यवहार में भी संतुलन उत्पन्न हो जाता है।

## III. साथी-समूह/सहयोगी समूह (Peer-Group)

सहयोगी-समूह एक अनौपचारिक समाजीकरण-साधन है जिसमें बालक अपने प्रारंभिक बाल्यकाल, के बाद बाल्यकाल तथा व्यस्क आयु में संपर्क में आता है। शब्दकोष के अनुसार सहयोगी वह है जो रैंक में समान हैं। लड़के तथा लड़कियाँ अपने सहयोगियों के समूह बनाते हैं, जिन्हें सहयोगी समूह (Peer-Group) कहा जाता है। सहयोगी समूह के संपर्क में बहुत-सा सामाजिक अधिगम होता है। सहयोगी समूह सम्बन्धों में बहुत-सी सामाजिक रुचियों, सामाजिक रीति-रिवाजों, परम्पराओं, सामाजिक अंधविश्वासों तथा इसी प्रकार के अन्य सामाजिक सम्बन्धों के बारे में अधिगम प्राप्त होता है। सहयोगी समूह के सदस्यों को शिशु समूह, बाल्यकाल समूह तथा व्यस्क समूह के रूप में वर्गीकृत किया जा सकता है।

सहयोगी समूह नवयुवक बालकों का सक्रिय समूह है और यह बहुत महत्त्वपूर्ण भी है क्योंकि यह समाजीकरण की अनौपचारिक संस्था के रूप में भी भूमिका निभाता है। इनकी भूमिका परिवार के बाद आती है। ये ऐसे संगठन हैं जिन्हें मनोरंजन या खेल और कुछ ऐसे ही सामान्य रुचियों के उद्देश्य की पूर्ति के लिए बनाया जाता है। सामान्यत: इनके निर्माण में बड़े लोगों का, पारिवारिक सदस्यों का या बाह्य लोगों का कोई हस्तक्षेप नहीं होता।

सहयोगी समूह बालक के समाजीकरण में सहायक होते हैं। सहयोगियों का सामूहिक जीवन सामाजिक भूमिकाएँ जैसे समूह नेता या अनुयायी आदि को सीखने के लिए सामाजिक सुविधाएँ प्रदान करता है। इन समूहों के नेता अनुयायियों के लिए आदर्श के रूप में काम करते हैं। ये समूह बच्चों की सामाजिक तथा व्यक्तिगत आवश्यकताओं को पूरा करते हैं। सहयोगी समूह में अधिक अच्छा अधिगम होता है। कभी-कभी यह देखने को मिलता है कि जो विद्यार्थी अध्यापक से नहीं सीख सकता, वही सहयोगी समूह में बहुत कम समय में आसानी तथा प्रभावी ढंग से सीख सकता है। इसमें विचारों का आदान-प्रदान तथा विचार-विमर्श बहुत स्वाभाविक और सहज ढंग से होता है। बालक सहयोगी समूह में स्वयं को स्वतंत्र समझता है, क्योंकि वह आसानी से स्वयं को अभिव्यक्त कर सकता है।

## सहयोगी समूह की विशेषताएँ (Characteristics of Peer-Group)

सहयोगी समूह बालक के समाजीकरण तथा मनोरंजन में सहायक होता है। इसकी विशेषताएँ निम्नलिखित हैं–

- ये दो प्रकार के होते हैं–प्राथमिक तथा द्वितीय।
- ये सामाजिक या असामाजिक हो सकते हैं।
- इसमें आंतरिक अभिप्रेरणा होती है जो समूह में अच्छे अधिगम के लिए प्रेरित करती है।
- ये बिना किसी व्यस्क के हस्तक्षेप या सहायता के अधिक या कम स्वयं ही बन जाते हैं।
- आयु या खेल या अन्य सामान्य रुचियाँ उन्हें इकट्ठा बांधे रखती हैं।
- इसमें कोई बाह्य मार्गदर्शन नहीं होता तथा न ही इनको बनाने में किसी का प्रभाव होता है।
- द्वितीय समूह नवयुवकों के द्वारा या किसी बाह्य संस्था द्वारा नियोजित ढंग से बनाए जाते हैं, जैसे सरकारी या कोई ऐच्छिक संगठन।
- प्राथमिक समूह निर्माणात्मक या नाशक क्रियाएँ भी कर सकता है।
- वे भावनाओं को बाह्य रूप प्रदान करते हैं।
- इन समूहों में मस्तिष्क बिना किसी दबाव के कार्य करता है।
- इनमें नवयुवकों के कल्याण का ध्यान रखा जाता है। उदाहरण के रूप में शारीरिक, सामाजिक, मानसिक और संवेगात्मक स्वास्थ्य।
- उनमें निर्माणात्मक तथा मनोरंजनात्मक क्रियाओं के लिए कार्यक्रम किए जाते हैं।
- वे समाज तथा व्यक्ति के लाभ के लिए बनाए जाते हैं।
- वे अच्छे आचरण तथा चरित्र के निर्माण में सहायक होते हैं।
- ये संपूर्ण व्यक्तित्व के विकास में सहायक होते हैं।

## सहयोगी समूह का वर्गीकरण (Classification of the Peer-Group)

सहयोगी समूहों को प्राय: दो भागों में वर्गीकृत किया जा सकता है–प्राथमिक समूह तथा द्वितीयक सहयोगी समूह।

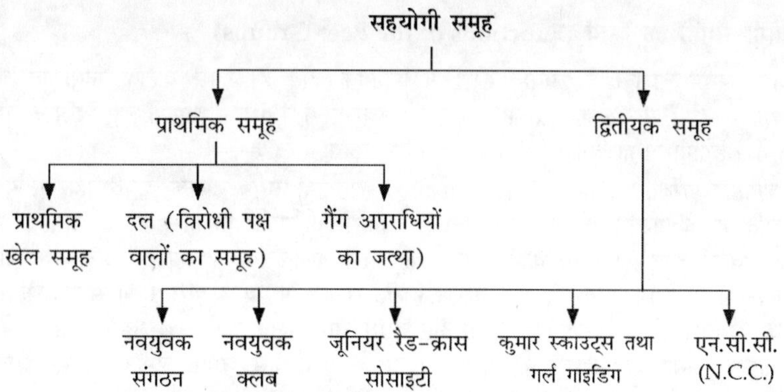


**सहयोगी समूह का वर्गीकरण**

1. *प्रारंभिक खेल समूह (Early Play Groups)*—जब बालक समाज के सदस्यों के संपर्क में आता है, तो उसका सामाजिक वातावरण विस्तृत हो जाता है। समाज के सदस्य प्राथमिक समूह के सदस्य बनते हैं। प्रारंभिक बाल्यकाल में अपने घर के आस-पास बालक अपनी ही आयु वर्ग के बच्चों के साथ मित्रता करते हैं। इस समूह के निर्माण का प्रमुख उद्देश्य खेलना होता है। इनमें जाति, सम्प्रदाय, रंग, लिंग, धर्म, भाषा आदि का कोई भेदभाव नहीं होता है क्योंकि तब तक सामाजिक अभिवृत्तियों तथा पक्षपात का विकास नहीं हुआ होता। बालक सीखने के लिए आते हैं तथा बहुत-सी भूमिकाएँ जैस नेता, उप-समूह नेता, अनुयायी आदि निभाते हैं। वे बहुत-सी अच्छी आदतें जैसे-सहनशीलता, सहयोग, प्रेम, स्नेह आदि सीखते हैं। वे खेल के अभ्यास से जीवन के बहुत से उत्तरदायित्वों को पूरा करते हैं।
2. *दल (Cliques)*—प्रारंभिक खेल समूह के बाद दल अर्थात् विरोधी पक्षवालों का समूह आता है। उनकी सदस्यता सीमित होती है। वे एक-दूसरे से सहयोग करते हैं तथा एक-दूसरे से झगड़ते भी हैं। इन दलों के निर्माण के लिए सामान्य रुचियों जैसे जाति, सम्प्रदाय, खेल, अध्ययन और अन्य सांस्कृतिक तथा सामाजिक क्रियाएँ उत्तरदायी हैं। इन सहयोगी-समूहों में बालक अच्छी के साथ-साथ बुरी आदतें भी सीखते हैं।
3. *गैंग (Gangs)*—गैंग अधिक सचेत सहयोगी-समूह होते हैं। वे सामान्यतया बाद के बाल्यकाल में बनते हैं तथा युवावस्था तक चलते हैं और व्यस्क काल या प्रौढ़ावस्था तक भी चल सकते हैं। वे विशेष रूप से युवावस्था में ही बनते हैं। इनके निर्माण में लिंग की भिन्नता पाई जाती है। ये निर्माणात्मक या नाशवान हो सकते हैं। निर्माणात्मक समूह में वे सामाजिक सेवा समूह आते हैं जो निर्माणात्मक क्रियाओं जैसे प्रौढ़ शिक्षा कार्यक्रम, सफाई अभियान आदि में संलग्न रहते हैं। नाशवान समूह वे होते हैं जो असामाजिक क्रियाओं में लगे रहते हैं।
4. *द्वितीयक समूह (Secondary Groups)*—द्वितीयक समूह के अंतर्गत विभिन्न प्रकार के नवयुवक संगठन आते हैं। वे अचानक नहीं बनते बल्कि सचेतता से इनका निर्माण किया जाता है। इन्हें किसी बाह्य एजेंसी जैसे सरकारी या कल्याणकारी संस्थाओं आदि के द्वारा बनाया जाता है। इन संगठनों के अभाव में नवयुवकों का असामाजिक संगठनों में भटकने का डर बना रहता है जो उन्हें गलत प्रकार की क्रियाओं की ओर आकर्षित करता है।

## सहयोगी समूहों के कार्य (Functions of the Peer Groups)

सहयोगी समूह बालक के समाजीकरण में सहायक होते हैं। इनमें बालक निर्माणात्मक तथा विनाशकारी दोनों प्रकार की क्रियाएँ करते हैं। स्कूलों में विभिन्न श्रेणियों के विभिन्न वर्गों के विद्यार्थी सहयोगी समूह बनाते हैं। वे निम्नलिखित कार्य करते हैं–

1. *व्यवहार परिवर्तन (Change in Behaviour)*–सहयोगी समूह बालक के व्यवहार में परिवर्तन लाता है, वे परिवर्तन ऐच्छिक या अनैच्छिक किसी भी प्रकार के हो सकते हैं। समूह में स्वतंत्र वातावरण होता है। कभी-कभी स्वतंत्र वातावरण बालक के व्यवहार में अनैच्छिक परिवर्तन लाने में उत्तरदायी होता है। यही कारण है कि बालक पर कुछ परिवार या समाज के सदस्यों के नियंत्रण की आवश्यकता होती है और दूसरी ओर बालक को अच्छे सहयोगी समूह में रहना चाहिए। समूह के सदस्यों में विभिन्न प्रकार के गुणों जैसे–नम्रता, ईमानदारी, विश्वसनीयता, सामाजिक सेवा, आज्ञाकारिता, विनोद प्रियता आदि, का विकास होता है।
2. *बंधुत्व की भावना का विकास (Development of Feeling of Belongingness)*–सहयोगी समूह में 'मैं' की भावना के लिए स्थान नहीं होता। वे सब एक-दूसरे से बंधे होते हैं। सहयोगी समूह के सदस्यों में बंधुत्व, भाईचारे की भावनाओं का विकास होता है। वे अपने आपको समूह में अधिक सुरक्षित समझते हैं। वे समझते हैं कि वे एक-दूसरे से संबंधित हैं। वे समूह के लिए अपनी व्यक्तिगत रुचियों का त्याग करने के लिए भी तत्पर रहते हैं।
3. *स्वस्थ दृष्टिकोण का विकास (Development of Healthy Attitude)*–समूह के सभी सदस्य सहयोगपूर्ण ढंग से एक दूसरे के लिए काम करते हैं और प्रत्येक कार्य उन्हें आसान लगता है। प्रत्येक व्यक्ति अपनी क्षमताओं तथा योग्यताओं के अनुरूप कार्य करता है। प्रत्येक के साथ सहयोग से रहना सीखता है। इस प्रकार स्वस्थ दृष्टिकोण जैसे सहयोग, सहनशीलता, प्रेम, त्याग, बंधुत्व आदि सहयोगी समूह में विकसित होते हैं।
4. *स्वतंत्र अभिव्यक्ति की सृजनात्मक योग्यता का विकास (Development of Creative Ability of Free Expression)*–सहयोगी समूह में प्रत्येक व्यक्ति अपनी भावनाओं, विचारों, धारणाओं, अभिप्रायों आदि को बिना किसी डर या दबाव के अभिव्यक्त करने के लिए स्वतंत्र होता है। प्रत्येक का अपना व्यक्तित्व होता है। इस आदत का विकास उसके भविष्य के जीवन में सहायक होता है, वे आत्मनिर्भरता से सोच सकते हैं तथा अपने निर्णय स्वयं ले सकते हैं।
5. *व्यक्तित्व का विकास (Development of Personality)*–आज के जटिल समाज में सहयोगी समूह बालक के व्यक्तित्व के विकास में बहुत महत्वपूर्ण भूमिका अदा करता है। बालक सहयोगी समूह में अपनी बौद्धिक योग्यताएँ, इच्छाएँ तथा किसी भी काम को हाथ में लेने की योग्यता को प्राप्त करता है। एक बालक के व्यक्तित्व के उचित विकास के लिए अभिभावकों को यह ध्यान रखना चाहिए कि बालक अच्छे मित्रों के समूह में रहे। सहयोगी समूह व्यक्ति को एक-दूसरे के साथ संपर्क स्थापित करने का अवसर प्रदान करते हैं। वे एक-दूसरे के साथ मिलकर अधिगम प्राप्त करने, खेलने तथा अच्छी अंत:क्रिया के योग्य बनते हैं। यह सब कुछ व्यक्ति के व्यक्तित्व के विकास में सहायक होते हैं।
6. *आत्म-निर्भरता (Self-dependence)*–सहयोगी समूह अपने सदस्यों में स्वयं कार्य करने की आदत का विकास करने में सहायक होता है। इससे सदस्यों में उत्तदायित्व, कर्त्तव्य परायणता तथा समस्या समाधान की योग्यता का विकास होता है। विभिन्न राष्ट्रीय मुद्दों पर निर्णय लेने में बालक आत्म निर्भर बन जाते हैं।

निसंदेह सहयोगी समूह समाजीकरण की दृष्टि से बहुत महत्त्वपूर्ण है। यह समाजीकरण का महत्त्वपूर्ण साधन है। इन समूहों में अंत:क्रिया से विभिन्न क्षेत्रों तथा धर्मों, जातियों तथा सम्प्रदायों, राजभक्तियों तथा भाषाओं आदि से संबंधित व्यक्ति अपनी रुचियों, दृष्टिकोणों के अनुरूप एक-दूसरे के नजदीक आ जाते हैं। कभी-कभी यदि उन पर नियंत्रण न रखा जाए तो यह समूह विद्यार्थियों में गलत भावनाओं का विकास करने में सहायक होते हैं तथा वे अपने रास्ते से भटक जाते हैं। इसीलिए विद्यार्थियों के द्वारा स्वयं अपने लिए आचार संहिता का निर्माण किया जाना चाहिए तथा विद्यार्थी अदालतों के निर्माण से ही उसमें सजा का प्रावधान भी रखा जाना चाहिए, जो उन्हें उचित व्यवहार करने के लिए प्रेरित करेगा तथा वे स्व-अनुशासन में रहना सीख जाएँगे। सहयोगी समूहों के अभाव में बालक के समाजीकरण पर भी बहुत प्रभाव पड़ता है इसलिए इनके उचित निर्माण पर ही बालक के विकास की प्रक्रिया निर्भर करती है, परंतु इनके निर्माण पर कुछ सीमा तक समाज के सदस्यों या परिवार के व्यस्क व्यक्तियों का नियंत्रण होना चाहिए जिससे बालक का विकास उचित दिशा में हो सके। कभी-कभी बालक को समाजीकरण को उचित दिशा देने के लिए भी सहयोगी समूह के परामर्श की आवश्यकता होती है। स्कूल में अध्यापक को इन समूहों की क्रियाओं पर नजर रखनी चाहिए। वे प्राय: स्कूलों में ऐसे समूहों का निर्माण बालकों में सहयोग की भावना का विकास करने के लिए तथा स्कूल का कार्य व्यवस्थित ढंग से चलाने के लिए भी करते है। इस प्रकार सहयोगी समूहों में ज्ञानार्जन, विचार-विमर्श, तर्क-शक्ति तथा विवेक शक्ति का विकास होता है।

### IV. जनसंचार (Mass Media)

जनता के सम्प्रेषण के लिए प्रयोग किया गया माध्यम संचार कहलाता है। मानव एक सामाजिक प्राणी है तथा इसी समाज में वह अपने समुदाय एवं अन्य व्यक्तियों के प्रति निरंतर अंत: प्रतिक्रियाएँ करता रहता है। इस अंत: प्रक्रियाओं का व्यापक आधार है—संचार एवं संप्रेषण। संचार पर ही सभी प्रकार के मानव सम्बन्ध आधारित होते हैं। दूसरे शब्दों में मानव समूहों के सदस्यों के लिए यह आवश्यक होता है कि आपस में विचारों का आदान-प्रदान करे। इतना ही नहीं, एक समूह जब दूसरे समूह को प्रभावित करना चाहता है, तब भी वह संचार को ही अपनाता है। संचार की प्रक्रिया सामाजिक एकता एवं सामाजिक संगठन की निरंतरता का आधार है। इसके विकास एवं विभिन्न समाजों के मध्य संचार की स्थापना पर ही सामाजिक प्रगति निर्भर करती है। 20वीं शताब्दी में सूचना प्रौद्योगिक की उन्नति ने बहु संचार प्रणाली के रूप में संप्रेषण के क्षेत्र में क्रांति ला दी है, जो आधुनिक समाज के बारे में हमारी सूझबूझ को विकसित करने में महत्वपूर्ण भूमिका निभाती है। जन संचार की सहायता से समाजीकरण के नये प्रारूप तथा नए प्रकार की व्यक्तिगत तथा सामूहिक पहचान का निर्माण किया जाता है। सूचना तकनीक तथा नैटवर्क के विस्तार से देश में देश से बाहर विभिन्न व्यक्तियों के बीच संप्रेषण को प्रोत्साहित किया है। संचार जो विभिन्न व्यक्तियों में अंत:क्रिया सम्प्रेषण को संभव बनाता है, उसका समाजीकरण के साधन के रूप में अत्यधिक महत्व है।

आधुनिक समय में तो साधनों के विकास ने किसी एक देश के लोगों को ही नहीं, वरन् विश्व के विभिन्न स्थानों पर बैठे लोगों को परस्पर अंत: क्रिया हेतु प्रेरित किया है। संचार के साधनों ने उन्हें बहुत निकट ला दिया है, जिससे किसी भी देश की गतिविधि, विकास, महत्त्वपूर्ण घटना और विचारों से हम प्रति क्षण अवगत होते रहते हैं। आज जिस देश में जितने प्रबल एवं अत्याधुनिक संचार साधन उपलब्ध हैं, उस देश को उतना ही अधिक विकसित कहा जाता है।

पॉल लीगन्स (Paul Leagens) के शब्दों में,

*"संचार वह प्रक्रिया है जिसके द्वारा दो या अधिक लोग विचारों, तथा भावनाओं एवं प्रभावों आदि का इस प्रकार विनिमय करते हैं कि संचार प्राप्त करने वाला व्यक्ति संदेश के अर्थ, उद्देश्य तथा उपयोग को भली-भांति समझ लेता है।"*

जन-संचार से अभिप्राय है वे साधन जिनका लोगों में आपस में संप्रेषण के लिए प्रयोग किया जाता है। इसे किसी साधन या एजेन्सी के रूप में परिभाषित किया जा सकता है जिसके द्वारा एक साथ कई लोग विचारों, दृष्टिकोणों या प्रभावों का एक साथ संचार कर सकते हैं।

संचार हमें विभिन्न प्रकार से प्रभावित करता है जैसे–एक प्रमुख सामाजिक प्रभाव के रूप में, संस्कृति के हस्तांतरक के रूप में, सूचना के स्त्रोत के रूप में, शिक्षा व मनोरंजन के रूप में, राजनैतिक संचरण के महत्वपूर्ण कारक के रूप में और अभिवृत्तियों, विश्वासों तथा आदर्शात्मक मूल्यों के संचरण के रूप में। इसके साथ-साथ संचार ऐसे संप्रत्ययों का निर्माण व प्रतिनिधत्व करता है जिससे एक सफल व मूल्यवान जीवन का निर्माण होता है। इस प्रकार संचार सामाजिक सम्बन्धों, आर्थिक व राजनैतिक स्थितियों, स्व-निर्माण से सम्बन्धित मुद्दों को भी अत्यधिक प्रभावित करता है। उदाहरण के लिए जब संचार तथा मनोरंजन साधनों के अंतर्गत सामाजिक-आर्थिक स्तर का प्रदर्शन किया जाता है तो इसको देखने वालों पर इस बात का प्रभाव अवश्य पड़ता है कि वे सामाजिक समझ के बारे में कैसा अनुभव करते हैं और जो घर विहीन है या बेरोजगार है या गरीब है उनके प्रति उनका व्यवहार कैसा है।

संचरण जीवन का कार्य है और कार्य के रूप में यह गहन रूप से इससे सम्बन्धित है। संचरण के बिना जीवन असंभव है। इसीलिए यह कहा जाता है कि संचरण जीवन से प्रारंभ होता है और तभी समाप्त होता है जब जीवन का अंत हो जाता है। संचरण में सूचनाओं, अभिवृत्तियों तथा अनुभवों का आदान प्रदान सम्मिलित होता है। यह एक स्त्रोत से एक संदेश का एक चैनल के द्वारा श्रोतागण तक हस्तांतरण की प्रक्रिया होता है। इसका एक अन्य उदाहरण एक समाचार पत्र में समाचार है। जो समाचार करता है वही संदेश सब कुछ होता है या वह सब कुछ होता है जो इस समाचार को पढ़ने वाला इसे समझता है। इस प्रकार का संचरण किसी विशेष संचार माध्यम से ही संभव हो सकता है।

विल्बर श्रम (Wilbur Schramm) के अनुसार,

*"जन संचार ही आवश्यक रूप से एक कार्यकारी समूह है जिसे एक ही समय में एक संदेश को बड़ी संख्या में जन जन तक पहुँचाने के लिए एक यंत्र के रूप में संगठित किया जाता है।"*

*("Mass media is essentially a working group organised around some device for circulating the same message at the same time, to larger number of people.")*

इस परिभाषा में लोक संचार, समूह संचार तथा प्राकृतिक संचरण जैसे अफवाह, शिक्षा एवं प्रचार आदि को शामिल नहीं किया गया है जहाँ एक यंत्र की सहायता से संचरण नहीं किया जाता है। इसके अतिरिक्त जन शब्द इस बात का सुझाव भी देता है कि आधुनिक संसार जन संस्कृति है।

**जनसंचार के प्रकार (Types of Mass-Media)**

जनसंचार के लिए मुख्य रूप से दो प्रकारों का प्रयोग किया जा सकता है–

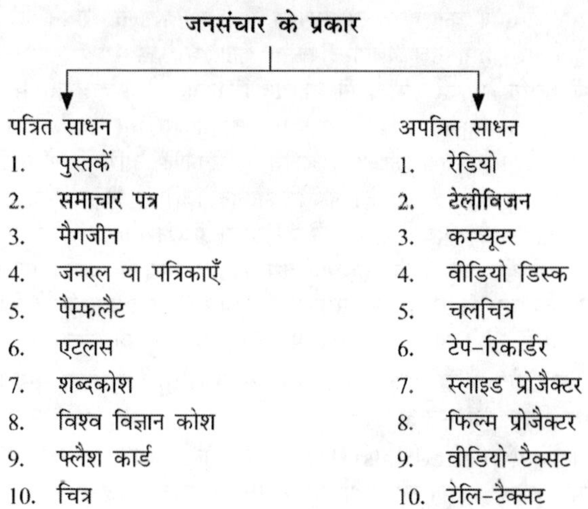


आज के समय में संचार बालकों के समाजीकरण, संस्कृतिकरण तथा सूचना प्रदान करने में महत्वपूर्ण भूमिका निभाता है। सभी आयु के लोगों में ज्ञान, कौशलों तथा दृष्टिकोणों के विकास के लिए संचार में बहुत अधिक क्षमता है। 20वीं शताब्दी के अंतिम चरणों तथा 21वीं शताब्दी के प्रारंभ के वर्षों में सूचना तकनीक में बहुत अधिक विकास हुआ है जिसकी सहायता से अत्यधिक प्रभावशाली तथा ऐच्छिक ढंग से ज्ञान प्राप्त किया जा सकता है। जनसंचार प्रणाली में मानव संसार के क्षितिज को नई दिशा प्रदान की है। इन्होंने ज्ञान प्राप्त करने में मानव के व्यवहार में क्रांति ला दी है।

## पत्रित संचार माध्यम का महत्त्व (Importance of Print Media)

समाजीकरण की प्रक्रिया में पत्रित संचार की भूमिका विशेष रूप से महत्वपूर्ण है। पत्रित संचार जैसे समाचार पत्र, पत्रिका आदि एक स्त्रोत से दूसरे स्त्रोत तक संचरण के प्राचीनतम तथा आधारभूत मार्ग हैं। सड़कों के विकास के फलस्वरूप समाचारपत्र आज भारत के प्रत्येक गाँव तक पहुँचता है चाहे यह किसी भी दूरवर्ती क्षेत्र में स्थापित हो। पत्रित संचार आज प्रत्येक भाषा में पत्रित हो रहे हैं जिससे प्रत्येक अध्ययनकर्त्ता को अपनी ही मातृभाषा में सूचना तथा ज्ञान प्राप्त करने में सुविधा प्राप्त हो सके। भारत में, जहाँ 50 प्रतिशत से भी अधिक लोग गरीबी रेखा से नीचे है, जहाँ वे अधिक महंगे यंत्रों जैसे टेलीविजन, रेडियो इत्यादि का प्रयोग सूचनाएँ प्राप्त करने के लिए नहीं कर सकते, ऐसे लोगों के लिए समाचार पत्र सबसे सस्ता माध्यम है।

स्वतंत्रता से पूर्व पत्रित माध्यमों ने ही विदेशी साम्राज्य के विरुद्ध जन-विचार जागृत करने में महत्वपूर्ण भूमिका अदा की थी। ऐसा लगभग अर्ध शताब्दी तक चलता रहा। संपूर्ण देश विदेशी साम्राज्य के विरूद्ध हो गया और जो 1947 में समाप्त हुआ। स्वतंत्रता की प्राप्ति, उनके लिए भी जिनके पास कुछ शक्ति थी और उनके लिए भी जिनके हाथ में कोई शक्ति नहीं थी, वास्तव में एक चुनौती थी। इस प्रक्रिया ने प्रेस की भूमिका को ही बदल कर रख दिया।

वर्तमान परिस्थिति में प्रेस का कार्य देश में बंटवारे के प्रभावों को उजागर करते हुए इसकी एकता को बनाए रखने में महत्वपूर्ण भूमिका निभाना था। हमारा देश एक धर्म निरपेक्ष देश बना जिसमें लोग विभिन्न धर्मों में विश्वास रखते हैं और जिन्हें भारतीय के रूप में रहने का अधिकार है।

1. समाचार पत्र समाजीकरण की दृष्टि से सशक्त एवं प्रभावशाली साधन है। यह विश्व के लगभग सभी देशों में पत्रित तथा वितरित किया जाता है। यह सभ्य मनुष्य के संचरण का सबसे महत्त्वपूर्ण साधन है। यह संसार की महत्वपूर्ण घटनाओं को कुछ ही समय में लोगों की पहुँच तक ले आता है। आजकल यह सबसे सशक्त माध्यम बन गया है जो सामान्य जनता को प्रभावित करता है तथा उनकी रुचियों, विचारों, दृष्टिकोणों, अभिवृत्तियों आदि को परिवर्तित करता है तथा आकार प्रदान करता है। इसके अंतर्गत विभिन्न विषयों का ज्ञान व्यावहारिक जीवन से सम्बन्धित करके दिया जा सकता है। इससे विद्यार्थियों को विभिन्न व्यवसायों की जानकारी, सरकार से दी जाने वाली सुविधाएं तथा समाज सम्बन्धी अन्य जानकारियाँ भी प्राप्त होती हैं। ये ऐच्छिक ढंग से लोगों का समाजीकरण करने का प्रयत्न करते हैं। ये ज्ञान प्राप्ति के अच्छे साधन हैं जिनकी आज के समय में उपेक्षा नहीं की जा सकती।
2. पत्रित माध्यमों का प्रयोग बौद्धिक कक्षा-कक्ष विचार-विमर्श तथा समस्या समाधान परिस्थितियों में कुशलतापूर्वक किया जा सकता है।
3. नियतकालिक पत्रिकाएँ (Periodicals) कुशल समाजीकृत साधनों के रूप में सहायता करती हैं क्योंकि ये समाज की सामाजिक तथा सांस्कृतिक विरासत के हस्तांतरण में सहायक होती हैं। बालकों के लिए नियतकालिक पत्रिकाएँ उभरते वंशजों की मांगों तथा आवश्यकताओं को पूरा करती है।

पत्रित संचार माध्यमों के अतिरिक्त अपत्रित संचार माध्यम भी बालक के व्यवहार में परिवर्तन लाने में अर्थात् समाजीकरण में महत्वपूर्ण भूमिका अदा करते हैं।

दूरदर्शन, चलचित्र, रेडियो, इंटरनेट आदि से विद्यार्थी वर्तमान समय की परिस्थितियों की जानकारी प्राप्त करता है जैसे–एड्स का फैलना, चोर बाजारी, जमाखोरी, कोविड-19 फैलना, आदि। इसमें अधिकतर वारदातें खुशी से भरपूर नहीं होती, और बहुत से तथ्य तो इतने डरावने होते हैं कि वे बच्चों की मानसिकता पर प्रतिकूल प्रभाव डालते हैं। दूरदर्शन पर कभी-कभी ऐसे कार्यक्रमों का प्रसारण होता है, जो बच्चों के व्यवहार में प्रतिकूल परिवर्तन ला देते हैं, जो उनके स्वयं के लिए व समाज के लिए हानिकारक होते हैं। सरकार व सेंसर बोर्ड यदि अधिक सतर्क रहें तो इन दुष्परिणामों को रोका जा सकता है। यदि चलचित्र और आकाशवाणी के माध्यम से उत्तम चारित्रिक गुण, सामाजिक एवं सांस्कृतिक गुण उत्पन्न करने का दृष्टिकोण बनाया जाए तो निसंदेह लक्ष्य की प्राप्ति होगी। वैज्ञानिकों का कहना है कि 10,000 शब्द भी व्यक्ति पर इतना प्रभाव नहीं डालते जितना एक चित्र उस पर प्रभाव डालता है। कभी-कभी बालक इन साधनों से वे बुराइयाँ अपना लेता है, जो समाज में मान्य नहीं होती। परंतु इनका सकारात्मक पक्ष भी है कि ये संचार माध्यम किसी वस्तु, विचार, घटना और स्थिति में पारस्परिक सामजंस्य स्थापित करते हुए बालक के व्यवहार में सकारात्मक परिवर्तन लाने में सहायक होते हैं।

अत: पत्रित व अपत्रित संचार माध्यमों का व्यक्ति के समाजीकरण में महत्वपूर्ण योगदान होता है। अपत्रित संचार माध्यमों द्वारा संप्रेषण को हम सीधे अपनी आँखों से देख सकते है व कानों से सुन सकते हैं और ऐसा करना हमारे अधिगम को अत्यधिक प्रभावित करता है। इनका प्रभाव प्रत्येक व्यक्ति पर भिन्न-भिन्न होता है। विभिन्न व्यक्ति एक ही सुझाव पर पृथक-पृथक ढंग से प्रतिक्रिया करते हैं। संचार माध्यमों ने नवयुवकों को अत्यधिक प्रभावित किया है। लोग भौतिक संस्कृति (जैसे नवीन तकनीकी) व अभौतिक संस्कृति के बारे में सीखते हैं जैसे सत्य क्या है (विश्वास), महत्वपूर्ण क्या है (मूल्य) तथा अपक्षित (मानदण्ड) क्या है? अंत में हम यही कह सकते हैं कि यदि संचार माध्यमों का उचित ढंग से प्रयोग किया जाए तथा इस पर प्रसारित होने

वाले कार्यक्रमों पर उचित ध्यान दिया जाए तो ये बालक के समाजीकरण में महत्वपूर्ण भूमिका अदा कर सकते हैं।

सामाजिक जंजाल (Social networking) भी समाजीकरण में महत्वपूर्ण भूमिका अदा कर रहा है। इसका अर्थ है किसी के परिवार के सदस्यों, मित्रों, सहपाठियों के साथ जुड़ने के लिए इन्टरनेट आधारित सामाजिक मीडिया कार्यक्रम का प्रयोग करना। यह व्यक्तियों को अपनी सामान्य अभिरुचियों, पसंद और नापसंद का आदान प्रदान करने के लिए मंच प्रदान करता है और सामाजिक संपर्क बनाने में सहायक होता है।

सामाजिक साइट जैसे फेसबुक, ट्विटर, इन्स्टाग्राम आदि भी बालक के मस्तिष्क की खिड़कियाँ खोलते हैं और इसके समक्ष विभिन्न संस्कृतियों की जानकारी प्रस्तुत करते हैं जिन्हें वह नहीं जानता अर्थात् नवीन संसार से परिचय कराया जाता है। अप्रत्यक्ष समुदाय (virtual communities) ऑनलाइन समुदाय है जहाँ सारे संसार के लोग सामाजिक मीडिया के माध्यम से एक दूसरे के नजदीक लाये जा सकते हैं। इस प्रकार नए प्रौद्योगिक संचार साधन न केवल हमारे सामाजिक सम्बन्धों को पुर्नबलित करते हैं अपितु उन्हें और गहरा करते हैं। संचार सेटेलाइट, केबल नेटवर्क आदि के प्रयोग व विचार आधुनिक जीवन शैली के लिए अपरिहार्य हो गए हैं। सूचना विस्फोट के इस युग में नवीन संचार प्रौद्योगिकी के प्रयोग के अंतर्गत समाजीकृत होना अनिवार्य हो गया है।

## V. समुदाय (Community)

समुदाय अनौपचारिक प्रकार की अन्य महत्वपूर्ण सामाजिक तथा शैक्षिक संस्था है। जैसे ही बालक माँ की गोद से घर के बाहर जीवन में प्रवेश करता है तो वह समुदाय के संपर्क में आता है।

यदि शाब्दिक दृष्टि से समुदाय के अर्थ पर विचार करें तो शब्द 'Community' दो लैटिन शब्दों 'Com' और 'Munis' से बना है। 'Com' शब्द का अर्थ है–'together' अर्थात् 'एक साथ' और 'munis' का अर्थ है 'To serve' अर्थात् 'सेवा करना'। इस प्रकार समुदाय का अर्थ है–'साथ-साथ मिलकर सेवा करना।' सामान्य रूप से समुदाय का अर्थ व्यक्तियों के ऐसे समूह से है जो एक निश्चित भू-भाग पर साथ-साथ रहते हैं तथा वे एक उद्देश्य के लिए नहीं अपितु सामान्य उद्देश्यों के लिए एक साथ मिलकर रहते हैं। उनका संपूर्ण जीवन सामान्यतः समुदाय में ही व्यतीत होता है। जिस प्रकार हम लोकतांत्रिक सरकार को परिभाषित करते हैं–जनता की, जनता के लिए तथा जनता द्वारा सरकार, उसी प्रकार हम समुदाय को परिभाषित करते हैं समुदाय की, समुदाय के लिए तथा समुदाय द्वारा ही स्थापित संस्था।

समुदाय के आवश्यक तत्व हैं–एक भूमि का टुकड़ा, अधिक या कम सामान्य जीवन व्यतीत करते हुए लोगों का एक समूह तथा सामान्य लक्ष्यों एवं आदर्शों के साथ कार्य करने की सामान्य भावना। प्रत्येक व्यक्ति प्राकृतिक रूप से उस समुदाय का सदस्य बन जाता है जिसमें वह जन्म लेता है तथा अपने विकास क्रम के समय में उसे सामाजिक वातावरण तथा इसकी सांस्कृतिक विरासत के अनुसार सामंजस्य करना सीखना पड़ता है। कुक एवं कुक (Cook and Cook) ने समुदाय की व्याख्या करते हुए कहा है कि समुदाय एक ऐसी जीवन विधि है जो भौगोलिक क्षेत्र में संगठित होती है। विस्तृत रूप में यह एक ऐसा जन-समूह है जो एक सीमित क्षेत्र में रहता है और एक ऐतिहासिक विरासत को प्राप्त करता है। उसकी अपनी कुछ बुनियादी संस्थाएँ होती हैं। वे एक सामान्य जीवन में भाग लेते हैं। स्थानीय एकता के प्रति जागरूक रहते हैं और सार्वजनिक हितों से सम्बन्धित समस्याओं को मिलकर हल करते हैं।

**परिभाषा (Definition)**

गिन्सबर्ग (Ginsburg) के शब्दों में,

*"सामाजिक प्राणियों के एक ऐसे समूह को समुदाय समझा जाता है जो सामान्य जीवन व्यतीत करता हो और जिसमें सब प्रकार के असीम, विभिन्न एवं जटिल सम्बन्ध हों। ये सम्बन्ध या तो सामान्य जीवन के परिणामस्वरूप होते हैं या सामान्य जीवन का निर्माण करते हैं।"*
*("By community it is to be undersstood a group of social beings living a common life including all the infinite variety and complexity of relations which result from common life or constitute it.")*

मैकाइवर तथा पेज (Maciver & Page) के अनुसार,

*"जब किसी छोटे या बड़े समूह के सदस्य इस प्रकार साथ-साथ रहते हैं कि किसी विशेष हित में ही भागीदार न होकर सामान्य जीवन की मूलभूत दशाओं या स्थितियों में भाग लेते हों तो ऐसे समूह को समुदाय कहते हैं।"*
*("Whenever the members of any group, small or large live together in such a way, that they share not this or that particular interest, but the basic conditions of common life, we call that group a community.")*

बोगार्डस (Bogardus) के शब्दों में,

*"समुदाय एक ऐसा सामाजिक समूह है जिसमें कुछ अंशों में 'हम' की भावना पाई जाती है और जो एक निश्चित क्षेत्र में रहता है।"*
*("A community is a social group with some degree of we feeling and living in a given area.")*

ऊपर वर्णित परिभाषाओं के आधार पर हम यह निष्कर्ष निकालते हैं कि समुदाय एक जन-समूह है जो एक निश्चित भौगोलिक सीमा में रहता है तथा जो स्थानीय एकता की जागरूकता से परिपूर्ण है–जिसमें समुदाय के लिए 'हम' की भावना है। यह सामान्य सांस्कृतिक तथा सामाजिक सम्बन्धों वाले बड़े समाज का एक अंश है।

**समुदाय की विशेषताएँ (Characteristics of a Community)**

एक समुदाय की विशेषताओं का निम्नलिखित रूप से वर्णन किया जा सकता है, जैसे–

- समुदाय के सदस्य इसके अस्तित्व के प्रति सचेत होते हैं तथा इसकी सदस्यता में गर्व अनुभव करते हैं।
- वे अपने आदर्शों के प्रति पूर्णतया जागरूक होते हैं।
- जिसका वह संगठन करते हैं, उस संगठित संस्था के प्रति उनके विचार स्पष्ट होते हैं।
- वे सामान्य क्षेत्र, परम्पराओं तथा संस्कृति के प्रति निष्ठावान होते हैं।
- उनमें 'हम' की भावना होती है।
- उनमें संबंधों की भावना होती है।
- उनमें समुदाय के प्रति प्रेम, विश्वास तथा रुचि होती है।
- वे अपने संबंधों के प्रति सचेत होते हैं।
- प्रत्येक समुदाय का अपना एक विशेष नाम होता है।
- समुदाय के उद्देश्य व्यापक होते हैं।

- समुदाय में स्थायित्व पाया जाता है।
- समुदाय अपने दैनिक आर्थिक कार्यों में सापेक्षिक रूप से आत्मनिर्भर होते हैं।
- प्रत्येक समुदाय की सामान्य सामाजिक एवं सांस्कृतिक विरासत होती है।
- समुदाय में सामान्य नियम व्यवस्था होती है।

इस प्रकार समुदाय के लोग एक समूह में एकता के सूत्र में बँधे होते हैं और वे एक-दूसरे में रुचि लेते हैं और एक-दूसरे की रुचि का ध्यान रखते हैं।

## समाजीकरण में समुदाय की भूमिका (Role of Community in Socialization)

समुदाय बालक के समाजीकरण का सक्रिय साधन है, जिस प्रकार उसके समाजीकरण में स्कूल व परिवार की महत्वपूर्ण भूमिका है, उसी प्रकार समुदाय भी बालक के व्यवहार में इस प्रकार परिवर्तन करता है कि वह उस समूह के कार्यों में सक्रिय रूप से भाग लेने के योग्य बन जाता है, जिसका वह सदस्य होता है। इसलिए यह कहावत अब तक चली आ रही है कि प्रत्येक बालक वैसा ही बन जाता है जैसा कि समुदाय के बड़े लोग उसे बनाना चाहते हैं। वास्तविकता यह है कि बालक प्रारंभिक वर्षों में परिवार के साथ रहता है और पारिवारिक वातावरण में उसका समाजीकरण उसी दिशा में होता है, परंतु समुदाय के विस्तृत वातावरण का भी उसके समाजीकरण पर अत्यधिक प्रभाव पड़ता है। यह समुदाय के वातावरण का ही प्रभाव है कि जिसमें रहते हुए बालक की प्रवृत्ति, विचारधारा तथा आदतों का निर्माण होता है एवं उसकी संस्कृति, रहन सहन, बोलने का ढंग, चरित्र, भाषा आदि पर अमिट छाप दिखाई देती है। समुदाय का वातावरण बालक की अनुकरण की जन्मजात प्रवृत्ति को विशेष रूप से प्रभावित करता है। इसलिए बालक उन लोगों का अनुकरण करने लगता है, जिनके वह संपर्क में आता है। प्रत्येक समुदाय की भाषा व संस्कृति अलग-अलग होती है, इसलिए प्रत्येक समुदाय के बालकों की संस्कृति एवं व्यवहार में भी भिन्नता दिखाई देती है। कहते भी हैं कि मानव क्योंकि एक सामाजिक प्राणी है, इसलिए उसने अपने वर्षों के अनुभव से यह सीख लिया है कि व्यक्तित्व तथा सामूहिक क्रियाओं का विकास सर्वोत्तम रूप से समुदाय द्वारा भी किया जा सकता है।

समुदाय क्योंकि घर की तुलना में एक सापेक्षिक इकाई है, इसी कारण इसका कार्य पारिवारिक कार्यों को आगे बढ़ाना अर्थात् उनकी निरंतरता कायम रखना है। यह समाजीकरण का एजेण्ट है क्योंकि यह वह स्थान है जहाँ बालक व्यस्कों के लिए तथा स्वयं के लिए आशातीत भूमिका के बारे में सीखते हैं।

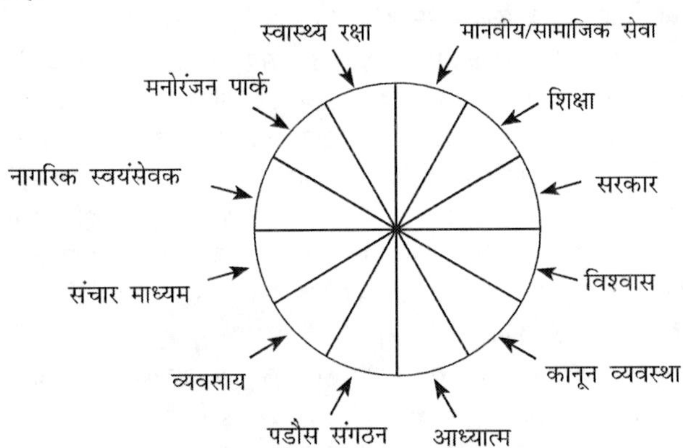


**सामुदायिक चक्र (Community Wheel)**

समाजीकरण के लिए समुदाय निम्नलिखित कार्य करता है:

1. *विभिन्न क्षेत्रों में बालक को आकार देना (Moulds the Child in Different Areas)*–समुदाय की शक्तियों द्वारा बालक के कौशलों, तथ्यों, आदतों, प्रेरणाओं तथा मूल्यों को आकार प्रदान किया जाता है, जिसका उसके विकास पर प्रभाव पड़ता है। उदाहरणतया कुछ समुदायों में कृषि पर इतना बल दिया जाता है कि यह पढ़ने-लिखने से अधिक महत्वपूर्ण बन जाती है।
2. *सामाजिक विकास (Mental Development)*–समुदाय एक ऐसा सामाजिक समूह है जिसके सदस्यों में 'हम' की भावना होती है और उसके सदस्य आपस में मिल-जुलकर रहते हैं और अपनी सामान्य आवश्यकताओं की पूर्ति एक-दूसरे के सहयोग से करते हैं। बालक जब परिवार से निकलकर समुदाय में प्रवेश करता है तो उसे समुदाय के सदस्यों का प्रेम, स्नेह, सहयोग, सहानुभूति प्राप्त होती है। समुदाय समय-समय पर साहित्यिक, सांस्कृतिक, सामाजिक, धार्मिक और राजनैतिक आयोजन करते हैं। इन आयोजनों में बालक भाग लेते हैं। इन कार्यों के सम्पादन में वे प्रेम, सहानुभूति और सहयोग, त्याग और सामंजस्य का सच्चा पाठ पढ़ते हैं। समुदाय द्वारा आयोजित जन-शिक्षा, प्रौढ़ शिक्षा कार्यक्रमों में भी बालक भाग लेते हैं। इस प्रकार अपने सही अर्थों में बच्चे का सामाजिक विकास समुदाय द्वारा ही संभव होता है।
3. *सांस्कृतिक विकास (Cultural Development)*–बालक अपने परिवार में जो भाषा, रहन-सहन की विधियाँ, रीति-रिवाज, विश्वास, आदर्श और मूल्य सीखते हैं, उनका क्षेत्र समुदाय की तुलना में सीमित होता है। जब बालक समुदाय के संपर्क में आते हैं, उनका अधिगम क्षेत्र विस्तृत बन जाता है। प्रत्येक समुदाय विभिन्न प्रकार की औपचारिक और अनौपचारिक शिक्षण संस्थाओं का निर्माण करने, उनके द्वारा संस्कृति का संरक्षण तथा उसका विकास करने का प्रयत्न करता है। बालक जब समुदाय की सांस्कृतिक क्रियाओं में भाग लेता है तो उसका सांस्कृतिक विकास होता है।
4. *नैतिक तथा चारित्रिक विकास (Moral and Character Development)*–नैतिक तथा चरित्र के विकास की नीति परिवार में पड़ती है। यदि बालकों को समुदाय में उपयुक्त वातावरण प्राप्त होता है तो यह न केवल उनके चरित्र तथा नैतिकता को अधिक सशक्त बनाता है वरन् वे समुदाय से अन्य बातें सीखते हैं। उन्हें समुदाय में समायोजन करना होता है, यदि समायोजन में नैतिकता तथा अच्छा चरित्र महत्वपूर्ण हैं तो वे उन्हें अपनाते हैं वरन् इसके विपरीत होता है। इस प्रकार यह समुदाय का कर्त्तव्य है कि वह इस बात का ध्यान रखे कि केवल अच्छे गुणों को ही बच्चों में हस्तांतरित किया जाए और उन्हें निम्न मूल्यों से प्रभावित होने से बचाया जाए।
5. *आध्यात्मिक विकास (Spiritual Development)*–समुदाय बालक के आध्यात्मिक विकास में भी महत्वपूर्ण भूमिका अदा करता है। यदि समुदाय धर्म केन्द्रित है तो यह लोगों में आध्यात्मिक शक्तियों के विकास में सहायक होगा, वे भगवान् तथा आत्मा के बार में सोचते हैं, परंतु यदि समाज में धर्म के लिए कोई स्थान नहीं है तो लोगों के धार्मिक विचार धीरे-धीरे समाप्त होने प्रारंभ हो जाते हैं। प्रत्येक व्यक्ति के कर्त्तव्यों को पूरा करने में धार्मिक अभिप्रेरणा सहायक होती है और वास्तविक रूप में अपने धर्म का पालन करने वाला व्यक्ति सहनशील, नि:स्वार्थी तथा देशभक्त होगा, उसमें बंधुत्व की भावना विकसित होगी और वह सदा ही दूसरों की मुसीबतों को बाँटने के लिए आगे आता रहेगा।
6. *आत्म-अभिव्यक्ति की शक्तियों के निर्माण के लिए वातावरण प्रदान करना (Provides Environment for Creating Powers of Self-Expression)*–समुदाय का कर्तव्य है कि विचारों के विकास के लिए बच्चों को वातावरण प्रदान करे, जिससे वह विपरीत परिस्थितियों

में भी संतुलन न खोये और उस समय वह अंधाधुंध दूसरों का अनुगमन न करे। आत्माभिव्यक्ति की शक्ति के निर्माण के लिए दृश्य-श्रव्य सामग्री, सिनेमा, रेडियो, टेलीविजन, नाटक इत्यादि अधिक प्रभावी सिद्ध होते हैं। इसके लिए पत्र-पत्रिकाएँ, समाचार-पत्रों इत्यादि का अध्ययन भी सहायक होगा। इसलिए समुदाय बच्चों के लिए ऐसी सामग्री का प्रबंध करता है।

7. *व्यस्कों के द्वारा प्रतिमान प्रदान करना (Modeling by Adults)*–बालक परिवार में अपने माता-पिता का अनुकरण करता है, परंतु समुदाय में रहने वाले लोगों का अनुकरण भी करता है, इसलिए समुदाय के व्यस्क व्यक्ति स्वयं को मॉडल के रूप में प्रदर्शित करते है और वह उन्हें जैसा करते हुए देखते हैं वैसा ही करना सीख जाते हैं।
8. *बच्चों में मूल्यों व मानको का विकास करना (Development of Values and Norms in Children)*–यदि बालक ऐसे समुदाय में रहता है जहाँ प्रत्येक व्यक्ति सत्य बोलता है और आपस में भाई-चारे का व्यवहार करना अपना उत्तरदायित्व समझता है तो वह इसी मूल्य व मानक को अपने जीवन में भी अपना लेता है। इस प्रकार व्यक्ति जैसे समाज में रहता है, वैसे ही उसके मूल्य बन जाते हैं।
9. *नियमों का प्रवर्तन (Enforcement of Rules)*–बालक जिस समुदाय में रहता है, वहाँ के नियमों को मानना उसके लिए आवश्यक हो जाता है। उदाहरण–चोरी करना अपराध है, यदि पूर्ण समुदाय इस नियम को मानता है तो उसे तोड़ने वाले को सजा मिलती है।
10. *व्यवहार का परीक्षण (Tryout of Behaviour)*–समुदाय एक ऐसा स्थान है, जहाँ बालक अपने व्यवहार का परीक्षण कर सकता है कि यह व्यवहार समुदाय में मान्य है या नहीं और उसके परिणामों का भी अनुभव प्राप्त कर सकता है। उदाहरण–यदि बालक पाश्चात्य सभ्यता को मानते हुए अपना पहनावा उसी प्रकार का कर लेता है और अपनी बोलचाल में भी वही व्यवहार अपनाने लगता है और समुदाय के लोग भी यदि इस पर कोई प्रतिक्रिया व्यक्त नहीं करते, तो वह मान लेता है कि उसका व्यवहार सभी को मान्य है।

इस प्रकार समुदाय बालक के समाजीकरण को विभिन्न रूपों से प्रभावित करता है। उनमें से प्रमुख हैं–

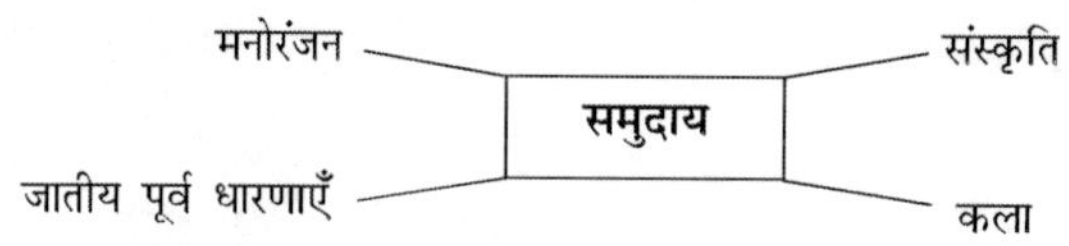


- संस्कृति : इतिहास जातीय एवं राष्ट्रीय प्रथा
- कला : साहित्य, सामाजिक प्रयास व परंपराएँ
- जातीय पूर्व धारणाएँ : समाज का आर्थिक व राजनीतिक संगठन
- मनोरंजन : मनोरंजन के साधन, वर्ग व वर्ण सुविधाएँ।

अत: व्यक्ति का व्यक्तित्व बहुत-कुछ उसके समाज की संस्कृति, सामाजिक व्यवस्था तथा परम्पराओं आदि से प्रभावित होता है। सार्वजनिक स्थल के रूप में समाज में समानता, सामाजिक विविधता और बहुलता के प्रति सम्मान का भाव होना चाहिए, साथ ही बच्चों की गरिमा के प्रति सजगता का भाव भी होना चाहिए। इन मूल्यों को सजगतापूर्वक समुदाय के दृष्टिकोण का हिस्सा बनाया जाना चाहिए ओर उन्हें समुदाय के लोगों के व्यवहार की नींव बनना चाहिए।

इस प्रकार समाजीकरण के सभी साधन अन्त: सम्बन्धित तथा अन्त: निर्भर हैं।

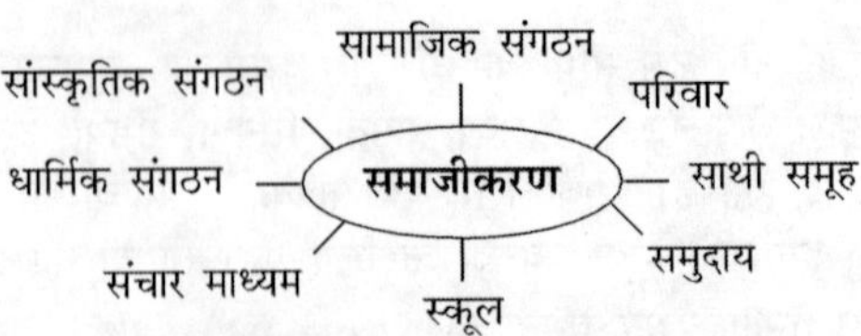


अन्त में यही कहा जा सकता है कि समाजीकरण के औपचारिक व अनौपचारिक साधन बालक को पूर्ण स्वतंत्रता प्रदान करते हैं तथा वे चरित्र एवं जीवन के प्रत्येक क्षेत्र को प्रभावित करते हैं। समाजीकरण की प्रक्रिया जीवनपर्यन्त चलती रहती है। इस प्रक्रिया में विभिन्न संस्थाएं व समूह अपनी महत्वपूर्ण भूमिका निभाते हैं और इनके माध्यम से व्यक्ति एक जैवकीय प्राणी से सामाजिक प्राणी बनता है। व्यक्ति इन विभिन्न साधनों से अनुकूलन करके अनेक सामाजिक गुणों को प्राप्त करता है तथा समाजीकरण की प्रक्रिया को प्रोत्साहन मिलता है। इस बात को भी ध्यान में रखना आवश्यक है कि समाजीकरण में कुछ जैविकीय विशेषताओं जैसे वंशाणु (Genes), पितृसूत्र (Chromosomes), जैविक पुर्नत्पादन (Organic reproduction) आदि का भी महत्व होता है। इस संबंध में किंग्सले डेविड (Kingsley David) का भी कहना है,

*''जैविकीय विशेषताओं में सहयोग से ही व्यक्ति सामाजिक एवं सांस्कृतिक गुणों से अनुकूलन करने की क्षमता प्राप्त करता है।''*

इसके अतिरिक्त पालन-पोषण, सामाजिक प्रशिक्षण, अनुकरण, सहानुभूति आदि कारक भी समाजीकरण में महत्वपूर्ण भूमिका अदा करते हैं।

# 9. शिक्षा एवं संस्कृति
## (Education and Culture)

*"Culture is a pursuit of our total perfection by means of getting to know on all matters which most concern as the best that has been thought and said in the world."*
*—Mathew Arnold*

संस्कृति प्रदत न होकर मानव द्वारा निर्मित है। यह विशेष रूप से भौगोलिक, साहित्यिक, एवं समाजशास्त्रीय परिस्थितियों से सम्बन्धित होती है। संस्कृति शब्द समस्यात्मक भी हो सकता है, क्योंकि यह विभिन्न संबंधों में विभिन्न लोगों की विभिन्न चीजों से सम्बन्धित होता है। यह किसी समाज में गहराई तक व्याप्त गुणों के समग्र स्वरूप का नाम है; जो उस समाज के सोचने, विचारने, कार्य करने के स्वरूप में अन्तःनिहित होता है। कभी-कभी संस्कृति का प्रयोग इस रूप में किया जाता है कि यह केवल उन लोगों से सम्बन्धित है जिनके पास औपचारिक शिक्षा है और जिनका समाज में उच्च स्तर है। प्रायः यह कहा जाता है कि संस्कृति का अभिप्राय यह नहीं कि शाही लोग अपने अवकाश के समय में क्या करते हैं, परंतु अभी इसके बारे में विभिन्न विचार है कि दिन प्रतिदिन के जीवन में इसका वास्तव में क्या अभिप्राय है। कभी-कभी संस्कृति को नैतिकता भी मान लिया जाता है कि दोनों ही स्थिर व शाश्वत मूल्यों को एक वंशज से दूसरे वंशज को हस्तांतरित करते हैं। अन्य समय में, इसे रीतिरिवाज भी समझा जाता है जो व्यक्ति अपने परिवार में रहकर करता है।

**संस्कृति का अर्थ (Meaning of Culture)**

यह 'कृ' धातु से बना है। इस धातु से तीन शब्द बनते हैं 'प्रकृति की मूल स्थिति' यह संस्कृत हो जाता है और जब यह बिगड़ जाता है तो विकृत हो जाता है।

अंग्रेजी में कल्चर शब्द लैटिन भाषा के 'Colere' से लिया गया है, जिसका अर्थ है जोतना, विकसित करना या परिष्कृत करना और पूजा करना। संक्षेप में किसी वस्तु को उस सीमा तक संस्कारित और परिष्कृत करना कि इसका अंतिम उत्पाद हमारी प्रशंसा और सम्मान प्राप्त कर सके। यह ठीक उसी प्रकार है जैसे संस्कृत का शब्द संस्कृति। संस्कृति का अर्थ है—उत्तम या सुधरी हुई स्थिति। मानव स्वाभाविक रूप से प्रगतिशील प्राणी है। यह अपनी बुद्धि के प्रयोग से अपने चारों ओर की प्राकृतिक परिस्थिति को निरंतर सुधारता व उन्नत करता रहता है।

साहित्यिक अर्थ में संस्कृति जीवन का प्रकाश व कोमलता है। इतिहासकारों ने देश या समाज के कलात्मक एवं बौद्धिक विकास को ही संस्कृति माना है।

नैतिक दृष्टि से 'संस्कृति' शब्द का अर्थ नैतिक, आध्यात्मिक तथा बौद्धिक विकास के रूप में लेते हैं।

समाजशास्त्रीय अर्थ के अनुसार संपूर्ण सामाजिक विरासत संस्कृति है।

संस्कृति जीवन की विधि है। यह उस विधि का प्रतीक है, जिसके आधार पर हम सोचते हैं और कार्य करते हैं। कला, संगीत, साहित्य, वास्तुविज्ञान, शिल्पकला, दर्शन, धर्म, विज्ञान आदि सभी संस्कृति के प्रकट पक्ष है। इसमें रीति-रिवाज, परम्पराएँ, पर्व, जीने के तरीके और जीवन के सभी पक्षों पर व्यक्ति विशेष का अपना दृष्टिकोण भी सम्मिलित है।

एड़वर्ड टाइलर (Edward Taylor) के शब्दों में,

*"संस्कृति वह जटिल समग्रता है, जिसमें ज्ञान, विश्वास, कला, कानून, नैतिक आदर्श, प्रथाएँ, एवं समाज के सदस्य के रूप में अर्जित अन्य क्षमताओं व आदतों का समावेश रहता है।"*

*("Culture is that complex whole which includes knowledge, belief, art, law, moral, custom and any other capabilities and habits acquired by man as a member of society.")*

रूथ वेनेडिक्ट (Ruth Benedict) के अनुसार,

*"वास्तव में जो मनुष्यों को एक दूसरे के साथ बाँधता है, वह है उनके विचारों व स्तर में संस्कृति जो समान रूप से उनमें विद्यमान होती है।"*

*("What really binds men together is their culture in the ideas and the standard they have in common.")*

राबर्ट वीरस्टीड (Robert Beirstead) के शब्दों में,

*"संस्कृति वह संपूर्ण जटिलता है, जिसमें वे सभी वस्तुएँ सम्मिलित है, जिन पर हम विचार करते हैं, कार्य करते हैं, और समाज के सदस्य होने के नाते अपने पास रखते हैं।"*

*("Culture is that complex whole which includes all those things, being on which we think, function and keep with us being a member of the society.")*

इस परिभाषा में भौतिक व अभौतिक दोनों तत्वों को सम्मिलित किया गया है।

मैकाइवर एवं पेज (Maciver & Page) के अनुसार,

*"संस्कृति शैलियों, मूल्यों, भावात्मक सबन्धों, बौद्धिक कारनामों का प्रतीक है, इस प्रकार संस्कृति सभ्यता के विपरीत है। यह हमारे रहने तथा सोचने के तरीकों में, दैनिक व्यवहार में, कला में, साहित्य में, धर्म में, मनोरंजन तथा आमोद प्रमोद में; हमारी प्रकृति की अभिव्यक्ति है।"*

*("Culture is the realm of styles of values, of emotional attachments, of intellectual adventures. Culture then is the antithesis of civilisation. It is the expression of our nature in our modes of living, and our thinking, in our everyday intercourse, in art, in literature, in religion, in recreation and enjoyment."*

बोगार्डस (Bogardus) के अनुसार,

*"किसी समूह के कार्य करने और विचार करने के सभी तरीकों का नाम संस्कृति है।"*

*("Culture is the name given to modes of thinking and functioning of any group.")*

एलवुड (Ellwood) के शब्दों में,

*"संस्कृति में एक ओर मनुष्य की संपूर्ण भौतिक सभ्यता, औजार, शस्त्र, औद्योगिक विधि सम्मिलित होती है और दूसरी और अभौतिक अथवा आध्यात्मिक सभ्यता जैसे भाषा, साहित्य, कला, धर्म, नैतिकता, नियम एवं सरकार शामिल होती है।"*

*("Culture includes on the one hand the whole of man's material civilization, tools, weapons, systems of industry, and on the other, all the non-material or spiritual civilization such as languages, literature, art, religion, morality, law and government.")*

हैरिस (Harris) के अनुसार,

*"संस्कृति सामाजिक रूप से प्राप्त संपूर्ण जीवन का ढंग या लोगों के समूह की जीवन शैली है।"*

*("A culture is the total socially acquired way of life or life style of a group of people.")*

पैट्रिका मार्शल (Patrica Marshall) ने इसे उन निरंतर ढंगों के रूप में परिभाषित किया है, जिनमें लोग संपूर्ण विश्व में अनुभव करते हैं, व्याख्या करते हैं एवं प्रतिक्रिया करते हैं।

*("Culture as consistent ways in which people experience, interpret and respond to the world around.")*

कैम्पबैल (Campbell) ने इसे सूचनाओं के जटिल जाले के रूप में परिभाषित किया है, जो एक व्यक्ति सीखता है और जो प्रत्येक व्यक्ति की क्रियाओं, अनुभवों एवं अनुभूति का मार्गदर्शन करती है।

*("Culture is a complex web of information that a person learns and which guides each person`s actions, experiences and perceptions.")*

**राल्फ लिन्टन (Ralph Linton)** के अनुसार,

*"संस्कृति सीखे हुए व्यवहारों के परिणाम का वह समग्र रूप है जिसके निर्माणकारी तत्व किसी विशिष्ट समाज के सदस्यों द्वारा प्रयुक्त एवं संचारित होते हैं।"*

*("Culture is configuration of learned behaviour whose component elements are shared and transmitted by the members of the particular society.")*

इस प्रकार सामाजिक विज्ञान के क्षेत्र में विभिन्न अधिकारियों ने संस्कृति को विभिन्न रूप से परिभाषित किया है। मैलिनोस्की का कहना है,

*"संस्कृति जीवन व्यतीत करने की एक संपूर्ण विधि है। व्यक्ति के शारीरिक, मानसिक एवं अन्य आवश्यकताओं की पूर्ति करती है।"*

शाश्वत काल से मानव एक समय पर और एक निश्चित स्थान पर इकट्ठे रहते आए हैं। इस प्रकार एक समाज का निर्माण हुआ। व्यक्तियों के समुच्चय ने सामूहिक जीवन व्यतीत करने के लिए इसे संगठित किया। उनकी सामाजिक अंत: क्रियाओं में, लोगों की समान रुचियाँ थी; जिन्होंने उन्हें व्यवहार की एक समान प्रवृत्ति अपनाने के लिए बाध्य किया। उन्होंने सब कुछ समान रूप से किया कि वे अपने वांछनीय उद्देश्यों की प्राप्ति कर सकें। उनके मूल्य, स्तर व मानकों ने उनके सोचने व अनुभूति के रंगों को प्रभावित किया। उनके सम्बन्धों ने जीवन के एक ढंग को प्रतिपादित किया जिसे संस्कृति नाम दिया गया।

किसी देश की संस्कृति उसकी संपूर्ण मानसिक निधि को सूचित करती है। यह किसी व्यक्ति के पुरुषार्थ का फल नहीं, अपितु असंख्य ज्ञात तथा अज्ञात व्यक्तियों के निरंतर प्रयत्नों का परिणाम हैं। सभी व्यक्ति अपनी योग्यता व सामर्थ्य के अनुसार इसके निर्माण में सहयोग देते हैं।

संस्कृति को पूर्ण रूप से परिभाषित करना अत्यंत कठिन है। इस शब्द की उतनी ही परिभाषाएँ है, जितने लेखकों ने इस शब्द के बारे में लिखा है। रेमण्ड विलियम (Raymond William) ने लिखा है,

*"संस्कृति अंग्रेजी भाषा में दो या तीन अत्यधिक जटिल शब्दों में से एक है।"*

*("Culture is one of the two or three most complicated words in the english language.")*

उपरोक्त सभी परिभाषाओं का निम्नलिखित ढंग से संक्षिप्तीकरण किया जा सकता है:

– संस्कृति वैयक्तिक एवं सामूहिक रूप से पीढ़ी दर पीढ़ी किए गए प्रयत्नों के परिणामस्वरूप लोगों के साथ समूह के द्वारा प्राप्त ज्ञान, अनुभव, विश्वास, मूल्य, अभिवृत्तियाँ, अर्थ, धर्म, भूमिकाएँ, विशिष्ट सम्बन्ध, ब्रह्माण के संप्रत्यय, भौतिक वस्तुओं, आदि का संचय है।

– संस्कृति लोगों के समूह द्वारा अधिगम व्यवहार का कुल जोड़ है, जिसे सामान्यत: उन लोगों की परम्पराएँ माना जाता है और उन्हें एक पीढ़ी से दूसरे पीढ़ी तक हस्तांतरित किया जाता है।
– संस्कृति सांकेतिक संचरण है। इनमें से कुछ संकेतों में समूहों के कौशल, ज्ञान, अभिवृत्तियाँ, मूल्य व उद्देश्य सम्मिलित होते हैं।
– संस्कृति सामूहिक रूप से एक मानसिक प्रक्रिया है, जो एक समूह या वर्ग के सदस्यों को दूसरे से अलग करती है।
– संस्कृति संचार है, संचार संस्कृति है।
– विस्तृत रूप से संस्कृति संस्कारित व्यवहार है जो व्यक्ति के द्वारा किया गया अधिगम है, संचित अनुभव है, जिसे सामाजिक रूप से हस्तांतरित किया गया है, यह संक्षिप्त रूप से सामाजिक रूप से सीखा गया व्यवहार है।
– संस्कृति सापेक्ष रूप से बड़े समूह के लोगों के द्वारा प्रयुक्त ज्ञान की प्रणाली है।
– संस्कृति किसी विशेष समय और स्थान में निवास करने वाले विशेष व्यक्तियों के जीवन व्यतीत करने की सामूहिक विधि है।

अत: हम यह कह सकते हैं कि समाजशास्त्र में संस्कृति का अर्थ मानवीय अनुभवों का परिणाम है। संस्कृति में वह सब कुछ सम्मिलित है जिसे मनुष्य ने अपने व्यक्तिगत एवं सामाजिक जीवन के मानसिक एवं बौद्धिक क्षेत्र में प्राप्त किया हैं। यह मनुष्य की सामाजिक विरासत है। संस्कृति को उठाकर एवं अपने अतीत की विरासत का दोहन करके, मानव विशेष मनुष्य बन जाता है। इसीलिए मानव को संस्कृति युक्त पशु कहा जाता है। उपरोक्त विचार विमर्श के आधार पर हम संस्कृति की निम्नलिखित विशेषताओं की ओर संकेत कर सकते हैं–

- *संस्कृति गतिशील है (Culture is dynamic)*–संस्कृति मानव के बाहर विद्यमान नहीं रहती है। संस्कृतियाँ तत्कालीन वातावरण में अन्य परिवर्तनों एवं राजनैतिक, सामाजिक परिवर्तनों के परिणामस्वरूप हमेशा परिवर्तित होती रहती हैं। जब विभिन्न पृष्ठभूमि के लोग एक दूसरे के संपर्क में आते हैं, तो ऐसे परिवर्तन की ओर अधिक उम्मीद होती है। कोई भी संस्कृति स्थिर दशा में नहीं होती। जैसे समय बीतता है संस्कृति निरंतर बदलती है। संस्कृति गत्यात्मक, क्रियात्मक, परिवर्तनशील तथा सदा गति में रहती है। यह संस्कृति की विशेषता है, जो संस्कृति की संचयी प्रवृत्ति से उत्पन्न होती है।
- *संस्कृति बहुमुखी है (Culture is multifacted)*–संस्कृति गत्यात्मक होने के साथ-साथ मिश्रित, विभिन्न, उदार एवं विजातीय होती है। इसका अभिप्राय यह है कि संस्कृति को केवल नैतिकता या वंश से सम्बन्धित नहीं माना जा सकता। क्योंकि विशिष्ट सांस्कृतिक समूहों में भी संस्कृति केवल नैतिकता नहीं होती, अपितु बहुत सी परस्पर विरोधी सांस्कृतिक पहचान होती है। त्वचा का रंग, विभिन्न देशों में पहुँचने का समय, भाषा, शिक्षा का स्तर, परिवार की गत्यात्मकता, निवास का स्थान, और समूह में अन्य विभिन्नताएँ यह प्रभावित कर सकते हैं कि व्यक्ति कैसे एक संस्कृति में रहता है या उसकी व्याख्या करता है।
- *संस्कृति संदर्भ में निहित है (Culture is embedded in context)*– इसका अभिप्राय यह है कि संस्कृति उस वातावरण से प्रभावित होती है, जिसमें यह विद्यमान होती है। भारत में रहने वाले एक विद्यार्थी की संस्कृति आवश्यक रूप से उससे भिन्न होती है जो विद्यार्थी संयुक्त राज्य में या आस्ट्रेलिया में अप्रवासित होता है।
- *संस्कृति सामाजिक, आर्थिक एवं राजनैतिक कारकों से प्रभावित होती है (Culture is influenced by social, economic and Political factors)*–उपरोक्त वर्णित साक्ष्यों के आधार

पर, जो वास्तविकता से सम्बन्धित है, यह कहा जा सकता है कि संस्कृति विशेष सम्बन्ध से बंधी होती है अर्थात् यह महत्वपूर्ण ढंग से राजनैतिक, ऐतिहासिक एवं आर्थिक अवस्थाओं से प्रभावित होती है, जहाँ यह विद्यमान होती है। यह पृथक रूप से विद्यमान नहीं होती अपितु मूर्त सम्बन्धों में उन लोगों की विशेषता होती है, जिनमें कही न हीं कोई शक्ति विद्यमान नहीं होती है। परिणामस्वरूप एक समाज में प्रमुख समूह ही प्राय: निश्चित करते हैं कि संस्कृति में क्या शामिल होगा। रुचि, मूल्य, भाषा एवं बोली उन्हीं से संबंधित होती है, जो समूह समाज में प्रमुख होता है, परंतु यह इसलिए प्रमुख नहीं होता कि ये स्वाभाविक रूप से अधिक अच्छे होते हैं, अपितु इसलिए होता है क्योंकि उनका स्थान सामाजिक स्तर पर ऊँचा पाया जाता है, जैसा कि अधिक शक्तिशाली समूह के द्वारा निश्चित किया जाता है।

- *संस्कृति को बनाया जाता है और सामाजिक रूप से निर्मित होती है (Culture is Created and Socially Constructed)*–यह एक वास्तविकता है कि संस्कृति निरंतर निर्मित प्रक्रिया में रहती है, क्योंकि मनुष्य इसे परिवर्तित करता रहता है। संस्कृति पर लोगों के कार्य एक बड़े ढंग से लिए जाते हैं। प्रत्येक व्यक्ति छोटे-छोटे स्तर पर तथा अधिक सार्मथ्यवान व्यक्ति बड़े स्तर पर इसे परिवर्तित करते रहते हैं। संस्कृति उन निर्णयों का परिणाम होती है जो हम सांस्कृतिक एजेण्ट के रूप में अपने रीति-रिवाजों, परम्पराओं, अभिवृत्तियों, व्यवहारों एवं मूल्यों के बारे में लेते हैं। फ्रेडरिक एरिक्सन (Frederick Erickson) ने सही कहा है,

  *''संस्कृति को एक निर्माण समझा जा सकता है...यह हमारा निर्माण करती है और हम इसका निर्माण करते हैं।''*

  *("Culture can be thought of a construction ... it constructs us, and we construct it.")*

  इस प्रकार संस्कृति निष्क्रिय विरासत नहीं है, अपितु एक सक्रिय प्रक्रिया है जो अन्य के साथ सम्बन्धों एवं अन्त:क्रियाओं से बनती है। यह एक सामाजिक निर्माण है क्योंकि यह सामाजिक सम्बन्धों एवं समन्वयों से बाहर नहीं रह सकती।

- *संस्कृति सीखी जाती है (Culture is learned)*-संस्कृति हमारे जीन (Genes) से नहीं आती, न ही यह जन्मजात होती है, अपितु इसे सीखा जाता है। उदाहरण-जब एक विशेष जातीय समूह (भारतीय) के बच्चों को एक अन्य जातीय समूह (कोरियन) गोद ले लेता है, यद्यपि बच्चे जातीय रूप से भारतीय माने जाते हैं, परन्तु सांस्कृतिक रूप से वे कोरियन बन जाएगें, जब तक कि उनके अभिभावक यह निर्णय नहीं कर लेते कि उनका पालन पोषण इस ढंग से किया जाए कि वे अपनी विरासत की संस्कृति व इतिहास को सीखें या बाद में बच्चे स्वयं को शिक्षित करने का निर्णय लें। इस प्रकार संस्कृति परिवारों एवं समुदायों में अन्त:क्रियाओं के द्वारा सीखी जाती है। इसे न तो जानबूझकर सिखाया जाता है और न ही जान-बूझकर सीखा जाता है।

- *संस्कृति द्वंद्वात्मक होती है (Culture is dialectical)*-सामान्यत: कोई भी संस्कृति अच्छी या बुरी नहीं होती है, अपितु इसमें वे मूल्य निहित होते हैं जो ऐतिहासिक व सामाजिक अवस्थाओं एवं आवश्यकताओं से निर्मित होते हैं। संस्कृति द्वंद्वात्मक होती है, जिससे यह जागरूकता उत्पन्न होती है कि संस्कृति के विशेष तत्वों का संरक्षण करने में कोई विशेष गुण नहीं है यदि वे सामाजिक, राजनैतिक व ऐतिहासिक वातावरण से बाहर विद्यमान होते हैं।

- *संस्कृति संतुष्टि है (Culture is gratifying)*-संस्कृति मनुष्य की सामाजिक एवं नैतिक आवश्यकताओं की संतुष्टि करती है। सामाजिक आदतें संस्कृति का आवश्यक अंग होती है।

ऐसी आदतों का निर्माण किया जाता है, जो मानव की कुछ आवश्यकताओं की पूर्ति करती है। संस्कृति का अस्तित्व तभी बना रह सकता है, यदि वह इन आश्यकताओं की संतुष्टि करे।

- *संस्कृति हस्तान्तरित होती है (Culture is Transmitted)*–संस्कृति एक पीढ़ी से दूसरी पीढ़ी में जाती है तो उसमें पीढ़ी दर पीढ़ी के अनुभव व बोध जुड़ जाते हैं। इससे संस्कृति में थोड़ा बहुत परिवर्तन होता रहता है। इसी आधार पर मानव अपने पिछले ज्ञान एवं अनुभवों से नवीन चीजों का आविष्कार करता है। पशुओं में भी सीखने की क्षमता होती है, परंतु वे इस ज्ञान को दूसरे पशुओं तक हस्तांतरित नहीं कर पाते। मानव भाषा एवं प्रतीकों के माध्यम से सरलता से अपनी संस्कृति का विस्तार एवं विकास करता है तथा एक पीढी से दूसरी पीढ़ी में हस्तांतरित भी करता है।
- *संस्कृति में संतुलन व संगठन होता है (Culture is Balanced and Organised)*–संस्कृति के अंतर्गत अनेक तत्व एवं खण्ड होते हैं, परंतु ये आपस में पृथक-पृथक नहीं होते, अपितु इनमें अंतः संबंध तथा अंतः निर्भरता पाई जाती है। संस्कृति की प्रत्येक इकाई दूसरे से पृथक रहकर कार्य नहीं करती, बल्कि संगठित रूप से कार्य करती है। इस प्रकार के संतुलन व संगठन से सांस्कृतिक ढाँचे का निर्माण होता है।

इस प्रकार संस्कृति एक निरंतर प्रक्रिया के रूप में विद्यमान रहती है। यह मानव जनित मानसिक पर्यावरण से सम्बन्ध रखती है, जिसमें सभी अभौतिक उत्पाद एक पीढ़ी से दूसरी पीढ़ी को प्रदान किए जाते हैं। समाजशस्त्रियों में एक सामान्य सहमति है कि संस्कृति में मनुष्यों द्वारा प्राप्त सभी आंतरिक एवं बाह्य व्यवहार के तरीके समाहित हैं। संस्कृति का मूल केन्द्र बिन्दु उन सूक्ष्म विचारों में निहित है जो एक समूह में ऐतिहासिक रूप से उनसे संबद्ध मूल्यों सहित विवेचित होते रहते हैं। संस्कृति किसी समाज के वे सूक्ष्म संस्कार हैं, जिनके माध्यम से लोग परस्पर संप्रेषण करते हैं, विचार करते है और जीवन के विषय में अपनी अभिवृत्तियों और ज्ञान को दिशा देते हैं।

## संस्कृति एवं शिक्षा में सम्बन्ध (Relationship between Culture and Education)

शिक्षा व संस्कृति दोनों में गहन सम्बन्ध है। वास्तव में यह कहना असंभव है कि शिक्षा संस्कृति को प्रभावित करती है या संस्कृति शिक्षा को प्रभावित करती है। वैश्वीकरण के युग में, समाज पहले से अधिक बहुसांस्कृतिक बन चुका है और शिक्षा प्रणाली को भी एक स्कूल व्यवस्था में विभिन्न संस्कृतियों के विद्यार्थी होने के कारण अनेक चुनौतियों का सामना करना पड़ता है। संस्कृति व शिक्षा को पृथक करना अत्यंत कठिन है, क्योंकि वे एक ही सिक्के के दो पहलू हैं। वास्तव में दोनों ही संप्रत्ययों को अविवेच्य कहा जा सकता है, जैसा कि शिक्षा की प्राथमिक परिभाषा संस्कृति संक्रमण है।

डॉ. एस. एस. भाटी ने शिक्षा की भूमिका का इस प्रकार वर्णन किया है–

E– Excellence उत्तम
D– Determination निश्चय
U–Understanding बोध
C– Creativity सृजनात्मकता
A– Awareness जागरूकता
T– Truthfulness सत्यता
I– Intelligence बुद्धि
O– Open mindedness विस्तृत विचारधारा
N– Nationality राष्ट्रीयता

इस आधार पर हम कह सकते हैं कि शिक्षा लोगों के मूल्यों, अभिवृत्तियों आदि में परिवर्तन के द्वारा सांस्कृतिक परिवर्तन लाने में महत्वपूर्ण भूमिका निभाती है। भारतीय शिक्षा आयोग की रिपोर्ट में सही कहा गया है,

*"शिक्षा में अत्यधिक महत्वपूर्ण तथा आवश्यक सुधार की आवश्यकता है इसे हस्तांतरित किया जाए, इसे लोगों के जीवन आवश्यकताओं तथा आकांक्षाओं के साथ सम्बन्धित करने का प्रयास किया जाए। इस प्रकार इसे राष्ट्रीय लक्ष्यों की प्राप्ति के लिए आवश्यक सामाजिक, आर्थिक तथा सांस्कृतिक परिवर्तन का सशक्त साधन बनाया जाए।"*

*("The most important and urgent reform needed in education is to transfer it, to endeavour it to the life, needs and aspirations of the people and thereby make it a powerful instrument of social, economic and cultural transformation necessary for the realisation of national goals.")*

प्रत्येक समाज की अपनी संस्कृति या काम करने का अपना ढंग होता है, जो उसके लिए विशेष होता है। एक प्रदत संस्कृति में मिलज़ुल कर रहने के लिए, इसके सदस्यों को आचरण के उन विभिन्न तरीकों के बारे में जागरूकता होनी चाहिए, जो उस संस्कृति के अनुरूप स्वीकार्य है। शिक्षा प्रक्रिया के द्वारा बच्चों व नवीन सदस्यों को इन तथ्यों की जानकारी प्रदान की जाती है। जीवित रहने के लिए भी प्रत्येक व्यक्ति को अपने वातावरण की उस प्रकृति की जानकारी होनी आवश्यक है, जिसमें उसे रहना है। सामान्य शब्दों में हम कह सकते हैं कि शिक्षा का उद्देश्य अपनी संस्कृति की प्रकृति के बारे में प्रत्येक व्यक्ति को जानकारी देना है और इसके अनुसार कार्य करने के लिए स्वीकार्य तरीकों की जानकारी भी देनी चाहिए।

संस्कृति एवं शिक्षा के सम्बन्धों की निम्नलिखित ढंग से चर्चा की जा सकती है:

## A. संस्कृति एवं शिक्षा के विभिन्न पक्ष (Culture and Different Aspects of Education)

यद्यपि शिक्षा विभिन्न रूपों में पाई जाती है–औपचारिक, अनौपचारिक, निरौपचारिक; फिर भी इसे संस्कृति के साथ गत्यात्मक सहसम्बन्ध बनाए रखने होते हैं। सांस्कृतिक विकास के एजेण्ट के रूप में और एक संपूर्ण जीवन के लिए व्यक्ति को अच्छे ढंग से तैयार करने के लिए शिक्षा को कुशलतापूर्वक अपनी भूमिका निभाने के लिए आवश्यकता है–अभिव्यक्ति की स्वतंत्रता, भाग लेने की स्वतंत्रता, लोगों के बीच मुक्त विचार-विनिमय, वैज्ञानिक ज्ञान एवं सांस्कृतिक सृजनात्मकता। शिक्षा को लोकतांत्रिक सांस्कृतिक जीवन एवं अधिगम प्रक्रिया के लिए समान पहुँच की आवश्यकता है। शिक्षा के विभिन्न पक्षों पर संस्कृति का प्रभाव निम्नलिखित है:

1. *शिक्षा के उद्देश्य (Aims of Education)*–शिक्षा के उद्देश्य किसी समाज की सांस्कृतिक पृष्ठभूमि, सांस्कृतिक मूल्यों, विचारों व प्रतिमानों पर निर्भर करते हैं। एक सामाजिक समूह की संस्कृति उसकी शिक्षा के उद्देश्यों में प्रतिबिम्बित होती है। समाज अपनी शैक्षिक संस्थाओं से निम्नलिखित उद्देश्यों की पूर्ति चाहता है–
    - सांस्कृतिक विरासत का ज्ञान व उसके प्रति प्रशंसात्मक दृष्टिकोण का विकास
    - समकालीन सांस्कृतिक जीवन की जानकारी देना।
    - उन प्रक्रियाओं की जानकारी देना, जिनसे संस्कृति का प्रसार व विकास होता है।
    - सांस्कृतिक विरासत और समकालीन संस्कृति में चिरस्थायी संबंध व समान गरिमा की पहचान।

- कलात्मक एवं सौन्दर्यात्मक शिक्षा।
- नैतिक एवं नागरिक मूल्यों का प्रशिक्षण ।
- संचार के साधनों की शिक्षा, और
- अंत: सांस्कृतिक/बहु–सांस्कृतिक शिक्षा

समाज की संस्कृति के अनुरूप ही, शिक्षा व्यक्ति के व्यक्तित्व के शारीरिक, नैतिक एवं आंतरिक पक्षों में सुधार लाती है। शिक्षा एक शिक्षित एवं सांस्कृतिक मानव बनाने के लिए जनजातियों के अनुभवों का प्रयोग करती है।

2. *पाठ्यक्रम (Curriculum)*–शिक्षा की उपयुक्त विषय सामग्री के द्वारा ही इसके उद्देश्यों की प्राप्ति की जा सकती है। पाठ्यक्रम को समाज की संस्कृति का अग्रिम भाग बनाया जाना चाहिए। पाठ्यक्रम में विभिन्न विषय जैसे–सामाजिक विज्ञान, नैतिक शिक्षा, भाषाएँ, विज्ञान एवं तकनीकी को शामिल किया जाना चाहिए। सभी समाजों की प्रगति का निर्माण विज्ञान एवं तकनीकी के द्वारा ही होता है, जिनका विकास दृढ़ता से सामाजिक एवं सांस्कृतिक कारकों से प्रभावित होता है। प्राकृतिक एवं सामाजिक वातावरण से उत्पन्न विवश करने वाले कारकों के प्रति कम से कम व्यक्तिनिष्ठ/विषयनिष्ठ एवं वास्तव में मुक्त होने के लिए लोगों को विज्ञान एवं तकनीकी की आवश्यकता होती है; परंतु मुक्ति के लिए वैज्ञानिक एवं तकनीकी संस्कृति को नैतिक व मानवीय मूल्यों से सम्बन्धित होना चाहिए। अंतिम लक्ष्य आत्म संतुष्टि एवं मानवता का भविष्य ही रहता है, अन्य शब्दों में प्रत्येक व्यक्ति को मानव समुदाय का निर्माण करना है। विज्ञान एवं तकनीकी सहित विभिन्न अनुशासनों की पाठ्य वस्तु का निर्माण सांस्कृतिक एवं शैक्षिक विशेषज्ञों व समाजशास्त्रियों, मनोवैज्ञानिकों, मानव विज्ञानों तथा अन्य के सहयोग से किया जाना चाहिए।

प्रत्येक देश की शैक्षिक एवं सांस्कृतिक नीति के द्वारा ही यह निश्चित किया जाता है कि बच्चों को एक या बहुत सी भाषाएँ पढ़ाई जाए, मातृभाषा, या राष्ट्रीय भाषा या एक पृथक विषय के रूप में विदेशी भाषा का प्रयोग किया जाए। इतिहास शिक्षण में सार्वभौमिक संस्कृति, विचार व सृजनात्मकता के विकास सम्बन्धी तत्वों को सम्मिलित किया जाना चाहिए और सत्ता संघर्ष एवं असंतोष सम्बन्धी तत्वों को शामिल नहीं करना चाहिए। सांस्कृतिक सृजनात्मकता के तत्व के रूप में सहनशीलता की भावना के विकास के अंतर्गत धर्म के अध्ययन को भी शामिल किया जा सकता है।

शिक्षा प्रणाली में संचार माध्यमों की शिक्षा को महत्वपूर्ण स्थान दिया जाना चाहिए। इस प्रकार की शिक्षा को द्विमुखी कार्य सौपा जा सकता है:

(i) व्यक्ति और समाज पर संचार के प्रभावों व कार्यप्रणाली, इसकी भूमिका की अच्छी सूझ–बूझ और संचार के द्वारा दिए गए संदेशों की आलोचना एवं आत्मनिर्भर होना, व्याख्या करने की क्षमता का विकास, और

(ii) शिक्षण की गुणात्मकता को सुधारने के लिए बनाए गए शैक्षिक यंत्र के रूप में।

3. *शिक्षण विधि (Methods of Teaching)*–समाज के परिवर्तनशील सांस्कृतिक प्रतिमानों का शिक्षण विधियों पर अत्यधिक प्रभाव पड़ता है। सांस्कृतिक, अंत: सांस्कृतिक एवं अंत: अनुशासित प्रक्रियाओं में सघन अंत: क्रिया निश्चित करने के लिए योजना विधि को अपनाना अधिक उपयोगी माना गया है। प्रोजेक्ट का उद्देश्य सामूहिक कार्य को बढ़ावा देना होता है, जिससे सामान्य उद्देश्यों की प्राप्ति हो सके। शिक्षण को कलात्मक एवं सांस्कृतिक सहयोगियों के सहयोग से अधिक प्रभावी बनाया जा सकता है। जब शिक्षण के लिए भाषा का चयन

किया जाता है, विशेष रूप से बेसिक शिक्षा के स्तर पर, तो शैक्षिक प्रक्रिया की कुशलता व व्यक्ति के अधिकारों और विभिन्न नैतिक समूहों के अधिकारों को ध्यान में रखना चाहिए जो उनकी सांस्कृतिक पहचान के संरक्षण के लिए आवश्यक है। जब विभिन्न अनुशासनों का शिक्षण कराया जाता है, तो सम्पूर्ण रूप से सामाजिक-सांस्कृतिक विकास के संदर्भ में वैज्ञानिक और तकनीकी विकास के इतिहास को उचित स्थान प्रदान किया जाना चाहिए। सांस्कृतिक आवश्यकताएँ प्रभावी ढंग से शिक्षण की विधियों ओर प्रविधियों को साकार करती हैं।

4. *अध्यापक (Teacher)*–सांस्कृतिक विकास में शिक्षा के योगदान को बढ़ावा देने में अध्यापक अत्यंत महत्वपूर्ण व विशिष्ट भूमिका निभाता है। इस संदर्भ में, अध्यापक की ओर से एक सच्ची प्रतिबद्धता की भावना आवश्यक है। अध्यापक संस्कृति का संरक्षणकर्त्ता व हस्तांतरण कर्त्ता होता है। वह समाज की संस्कृति का स्थापत्य होता है। जिस समाज का वह अभिन्न अंग होता है, उसके सांस्कृतिक मूल्य व आदर्श होते हैं। अध्यापक के उच्च आदर्शों को विद्यार्थी प्रत्यक्ष और अप्रत्यक्ष रूप से अवश्य ग्रहण करता है। जो मूल्य अध्यापक ने समाज में ग्रहण किए है, उनका युवा पीढ़ी के सदस्यों में हस्तांतरण करना उसका उत्तरदायित्व बनता है। वह समाज के सांस्कृतिक मूल्यों का प्रवक्ता होता है। अत: यह कहा जा सकता है कि अध्यापक संस्कृति का संरक्षक, मध्यस्था और निर्माता होता हैं।

5. *अनुशासन (Discipline)*–संस्कृति शैक्षिक संस्थानों के अनुशासन को भी प्रभावित करती है। वर्तमान सोच और रहन-सहन के सांस्कृतिक प्रतिमान प्रत्यक्ष रूप से अनुशासन की अवधारणा से सम्बन्धित हैं। पुरातन व मध्यकालीन समाज अधिकारिक था, परिणामस्वरूप अनुशासन भी अधिकारिक था परंतु आज के युग में जीवन के लोकतांत्रिक मूल्यों को स्वीकार किया जा रहा है। भारतीय स्कूलों में विद्यार्थियों को अपने बड़ों का आदर करना और साथी-समूह से प्यार करना सिखाया जाता है। उन्हें यह भी सिखाया जाता है कि वे न्याय के पक्ष में रहें। इन मूल्यों का संचार डंडे से नहीं अपितु प्रोत्साहन व उदाहरणों से किया जाता है। संस्कृति का विकास व्यक्ति व समूची मानवता के लिए श्रेयस्कर है। एक समाज जितना अधिक सुसंस्कृत होगा, वह उतना ही अधिक अनुशासित भी होगा।

6. *पाठ्य-सहगामी क्रियाएँ* (Co-curricular Activities)–पाठ्य-सहगामी क्रियाएँ शिक्षा प्रणाली का अविभाज्य भाग होती हैं। पाठ्य-सहगामी क्रियाएँ समाज की संस्कृति का प्रतिबिम्ब होती है, जिनमें विद्यार्थी भाग लेते हैं। सुबह सभा, वाद-विवाद व विचार-विमर्श, क्लब व संगठन आदि सभी सांस्कृतिक कार्यक्रमों का भाग होते हैं। सांस्कृतिक विकास के लिए विभिन्न कार्यक्रमों का आयोजन किया जा सकता है:
   - विभिन्न शहरों व राज्यों में विद्यार्थियों, बच्चों, युवाओं, अध्यापकों, युवा नेताओं आदि की अदला-बदली।
   - स्कूलों और युवा संगठनों के बीच अदला-बदली।
   - आधुनिक भारतीय भाषाओं का अधिगम।
   - शिक्षण व दृश्य-श्रव्य सामग्री, वैज्ञानिक उपकरणों आदि की अदला-बदली।
   - सामान्य रुचि के शैक्षिक व सांस्कृतिक कार्यक्रमों को बढ़ाना।
   - स्कूल के द्वारा विद्यार्थियों को समाज के सामाजिक-आर्थिक एवं सांस्कृतिक जीवन में योगदान के लिए तैयार किया जाना चाहिए और सामुदायिक शैक्षिक एवं सांस्कृतिक क्रियाओं के लिए केन्द्र के रूप में कार्य किया जाना चाहिए।

स्कूल को सामुदायिक एकीकरण, (विशेष रूप से ग्रामीण क्षेत्र में) के एक उपयोगी तत्व बनने के लिए शिक्षा अधिकारियों एवं अन्य सभी भागीदारो जैसे अभिभावक, स्थानीय अधिकारी और संगठन, सांस्कृतिक संस्थानों के बीच एक सहमति की प्रक्रिया को अपनाना चाहिए। इससे स्कूलों को अपनी संपूर्ण सांस्कृतिक क्रियाओं का आयोजन समुदाय के समर्थन में करने में सहायता मिलेगी।

## संस्कृति के प्रति शिक्षा के कार्य
## (Functions of Education towards Culture)

शिक्षा एक पीढ़ी से दूसरी पीढ़ी तक संस्कृति का हस्तांतरण करने में महत्वपूर्ण भूमिका निभाती है। एक समाज में सभ्यता की प्रगति इसी हस्तांतरण से सम्बन्धित है और इसी के द्वारा ही समाज की विशिष्टता एवं इसके लोगों की गरिमा को वास्तव में बनाए रखा जा सकता है।

1. *शिक्षा संस्कृति का संरक्षण करती है (Education Preserves Culture)*– संस्कृति की अच्छे ढंग से देखभाल करना और इसे भावी पीढ़ी के लिए सुरक्षित रखना शिक्षा का उत्तरदायित्व है। शिक्षा के बिना सांस्कृतिक विरासत बच नहीं सकती। यह कल्पना करना ही भयावह लगता है कि यदि शिक्षा न होती तो हमारी संस्कृति का क्या होता? अगर शिक्षा न होती तो प्राचीनतम विचारों का क्रमबद्ध रूप से संकलन करना संभव न होता। हमारी अनमोल धरोहर जिसे हम आज भी गर्व से सबसे समृद्ध संस्कृति कहते हैं, न विकसित होती और न ही संरक्षित।

लाखों कोटि जीवों में मानव ही एक ऐसा प्राणी है जो शरीर, मस्तिष्क और जीवन पद्धति के आधार पर सबसे भिन्न होने के साथ-साथ विकसित भी है। नदियों के किनारें सभ्यताओं के विकसित होने के फलस्वरूप मुनष्य ने परिवार, समाज एवं समुदाय का निर्माण किया तथा साथ ही अपनी सहृदयी भावनाओं को विकसित करके आंतरिक गुणों में वृद्धि की, इसे ही संस्कृति के रूप में देखा जाता है। इसके अतिरिक्त बाह्य सुख सुविधाओं के लिए यातायात के साधन, मकान और अन्य सामान एकत्रित किए; जिसे भौतिक संस्कृति कहा जाता है।

वैदिक काल में जब हमारे देश में वेद आधारित सनातन धर्म का प्रादुर्भाव हुआ, तो इसके साथ ही हमारी संस्कृति इससे ओत-प्रोत हुई। हमारे अंदर दया, क्षमा, सुविचार, संस्कार, सुकर्म, सत्संग आदि की भांति अनेकों भावनाएँ विकसित हुई। इसके उपरांत उपनिषद, पुराण, रामायण, गीता जैसे अनेकों ग्रंथ रचे गए और इन्होंने ही हमारी संस्कृति को बनाए रखा। पं॰ नेहरू ने ठीक ही कहा है,

> *"भारतीय सांस्कृतिक विरासत का केन्द्र है सुन्दरता और सत्य से प्रेम, सहनशीलता की भावना, अन्य संस्कृतियों को आत्मसात करने की क्षमता तथा नव संश्लेषण का निर्माण। शिक्षा को हमारी विरासत के शक्तिशाली तत्वों के संरक्षण में सहायता प्रदान करनी चाहिए।"*
> *("The core of our cultural heritage is love for beauty and truth, spirit of tolerance, capacity to absorb other cultures and work out new synthesis. Education must help in preserving the vital elements of our heritage.")*

संस्कृति के संरक्षण में मानव अधिकारों के तथ्य, सहनशीलता, सांस्कृतिक दृश्यों एवं कला का संरक्षण एवं विकास, साथ ही साथ सांस्कृतिक रूप से विशिष्ट भाषाओं एवं कला के लिए बौद्धिक सम्पदा अधिकारों को सम्मिलित किया जाता है। संयुक्त राष्ट्रीय शिक्षा, विज्ञान एवं सांस्कृतिक संगठन (यूनेस्को) संस्कृति का बचाव व सरंक्षण करने के लिए प्राथमिक संस्था है। आदर, सहनशीलता एवं संस्कृति का संरक्षण करना यूनेस्को के कार्यों का प्रमुख केन्द्र बिन्दु है और यह कार्य विश्व के लोगों के शैक्षिक, वैज्ञानिक एवं सांस्कृतिक सम्बन्धों से पूरा किया जाता है। अन्तर्राष्ट्रीय सांस्कृतिक सहयोग के सिद्धांतों की 1966 की घोषणा में यह कहा गया है कि

*"प्रत्येक संस्कृति की गरिमा व मूल्य होता है, जिनका आदर व संरक्षण किया जाना चाहिए और संस्कृति का विकास करना प्रत्येक व्यक्ति का अधिकार व उत्तरदायित्व है।"*
*("Each culture has a dignity and value which must be respected and preserved and that every people has the right and duty to develop the culture.")*

भारत का संविधान भी यह निश्चित करता है कि भारत के प्रत्येक नागरिक को शिक्षा व संस्कृति का अधिकार है। सभी अल्पसंख्यक, धार्मिक या भाषायी, अपनी संस्कृति का संरक्षण एवं विकास करने के लिए अपने शैक्षिक संस्थान स्थापित कर सकते हैं।

यूनेस्कों के शैक्षिक प्रयास इस बात का प्रमाण है कि सांस्कृतिक विभिन्नता का बोध करना व उनका विकास करना शिक्षा का महत्वपूर्ण कार्य है और शिक्षा ही इस कार्य की कुंजी है। शिक्षा ही सभी लोगों की सांस्कृतिक पहचान का संरक्षण करती है। सामुदायिक शिक्षा, स्कूल प्रणाली में शिक्षा, ग्रामीण जनता को सिखाने की शिक्षा, और प्रत्येक के अधिकारों व उत्तरदायित्वों के बारे में शिक्षा, सभी शैक्षिक विभिन्नता के प्रति आदर के लिए आवश्यक कदम हैं। जब लोगों की विभिन्न संस्कृतियों व उनके विश्वास प्रणालियों के बारे में सूचनाएँ प्राप्त होती हैं, तो इससे विभिन्न संस्कृतियों के मूल्यों की पहचान में सहायता मिलती हैं।

संस्कृति के संरक्षण में भाषाओं का अध्ययन व दस्तावेजीकृत; संस्कृति या विरासत के संदर्भ में महत्वपूर्ण ऐतिहासिक अवशेषों का संरक्षण व संग्रहण; और स्वदेशी या कबीलों की भाषाओं तथा परम्पराओं के संरक्षण व उपयोग को प्रोत्साहन सम्मिलित होता है। शैक्षिक दार्शनिक भी संस्कृति के संरक्षण का समर्थन करते हैं ओर उनका यह मानना है कि बालकों का स्वतंत्र रूप से विकास करके और उन्हें नवीन व विभिन्न विचारों से अवगत कराकर ही ऐसा किया जाना संभव हो सकता है।

इस प्रकार शिक्षा भौतिक व अभौतिक संस्कृति के संरक्षण में महत्वपूर्ण भूमिका अदा कर सकती है। स्कूल विद्यार्थियों में सांस्कृतिक गुणों का विकास करता है। निरौपचारिक शिक्षा सबसे महत्वपूर्ण शिक्षा है। यह अनुभव जन्य शिक्षा है जो लोगों के संपर्क में एवं स्वयं के प्रयासों से अनुभव द्वारा प्राप्त होती है। सकल साहित्य, सत्संग, विविध कलाएँ, परम्पराएँ, प्रथा, संस्कार व संस्कृति इसी शिक्षा की पुष्टि करते हैं। इस प्रकार कहा जा सकता है कि संस्कृति के बीज ने शिक्षा को उपजाया ओर शिक्षा ने हजारों वर्षों से संस्कृति का संरक्षण करके हस्तांतरण किया। आज की हमारी संस्कृति शिक्षा की देन है, जिसके आलोक में अतीत दर्शन करना आसान व संभव है। इसलिए आवश्यक है कि शिक्षा को सदैव सही दिशा प्रदान की जाए और उचित परिकरण किया जाए, जिससे संस्कृति का संरक्षण बना रहे।

2. *संस्कृति का हस्तांतरण (Transmission of Culture)*–शिक्षा न केवल संस्कृति का संरक्षण ही करती है अपितु इसका पीढ़ी दर पीढ़ी हस्तांतरण भी करती है। ओटावे (Ottaway) के कथनानुसार,

   *"शिक्षा का कार्य समाज के युवा एवं सशक्त सदस्यों को सामाजिक मूल्यों व आदर्शों का हस्तांतरण करना है।"*
   *("The function of education is to transmit the social values and ideals to the young and capable members of the society.")*

इस सांस्कृतिक हस्तांतरण के बिना मुनष्य की प्रगति नहीं हो सकती। इसके बिना समाज में सत्य, न्याय, नैतिकता, आदि मूल्यों का नाश होने लगता है और मानव वहशी बन जाता है।

शिक्षा प्रणाली प्रत्येक संस्कृति का उत्पादक अंग होती है। शिक्षा में ज्ञान, कौशल व विकासशील अभिवृत्तियों के हस्तांतरण के द्वारा औपचारिक एवं अनौपचारिक रूप से संस्कृति का हस्तांतरण सम्मिलित होता है। व्यक्ति पैदा होते हैं, मरते हैं; जबकि नए सदस्य पैदा होते हैं और परिपक्वता की ओर बढ़ते हैं; परंतु समाज की संस्कृति सदा ही रहने वाली है अर्थात् अनश्वर है, जो समाज के सभी सदस्यों तक पहुँचती है। एक समाज की संस्कृति, इसके किसी भी सदस्य के जीवन काल से अधिक लंबे समय तक जीवित रह सकती है। क्योंकि इस समाज की शिक्षा प्रणाली एक पीढ़ी से अगली पीढ़ियों तक ज्ञान एवं लोक-रीतियों को हस्तांतरित करती है। शिक्षा के इस कार्य पर टायलर ने लिखा है,

*"संस्कृति वह जटिल समग्रता है, जिसमें ज्ञान, विश्वास, कला, नैतिकता, प्रथा तथा अन्य योग्यताएँ व आदतें सम्मिलित होती है, जिनको मनुष्य समाज के सदस्य के रूप में शिक्षा से प्राप्त करता है।"*

संस्कृति गतिशील होती है, परंतु कुछ आधारभूत मूल्यों एवं व्यवहार रीतियों से युक्त होती है, जो इसे अन्य संस्कृतियों से अलग पहचान देती है। शिक्षा प्रणाली वह निरंतरता प्रदान करती है।

शिक्षा प्रणाली भी गत्यात्मक है, इसीलिए यह प्रभावी ढंग से संस्कृति को परिवर्तित कर सकती है। यहाँ इस बात को स्पष्ट करना आवश्यक है कि निरौपचारिक शिक्षा; जो अकस्मात होती है और दिन प्रतिदिन के जीवन में घर से प्रभावित होती है; के द्वारा अत्यधिक परिवर्तन संस्कृति में नहीं किए जाते, परंतु जन संचार एक महत्वपूर्ण माध्यम है जिसके द्वारा लोगों की विचारधारा को बहुत जल्दी परिवर्तित किया जा सकता है, क्योंकि इसका प्रभाव अत्यधिक तीव्र गति से होता है।

यह एक वास्तविकता है कि शिक्षा प्रणाली की भूमिकाएँ एवं उत्तरदायित्व नाटकीय रूप से परिवर्तित हो चुके है। विश्व की वृद्धि एवं विकास ने शैक्षिक संस्थानों को नवीन व विभिन्न रूपों में परिवर्तित होने के लिए मजबूर कर दिया। स्कूलों से यह आशा की जाती है कि उच्च विकसित, विभिन्नता युक्त एवं तकनीकी युक्त समाज की वर्तमान व्यवस्था में प्रत्येक व्यक्ति की सामाजिक, वैयक्तिक एवं बौद्धिक क्षमताओं का विकास करे। यदि यह माना जाता है कि शैक्षिक संस्थाओं की भूमिका हमारे समाज के सभी अधिगमकर्त्ताओं के लिए संस्कृति का हस्तांतरण करना है तो इसके पाठ्यक्रम में उनके विद्यार्थियों की सांस्कृतिक विभिन्नता प्रतिबिम्बित होनी चाहिए। बहु-सांस्कृतिक शिक्षा को एक प्रक्रिया के रूप में देखा जाना चाहिए। महात्मा गाँधी ने शिक्षा के इस कार्य की आवश्यकता एवं प्रशंसा करते हुए लिखा है,

*"संस्कृति ही मानव जीवन की आधारशिला और मुख्य वस्तु है, यह आपके आचरण और व्यक्तिगत व्यवहार की छोटी से छोटी बातों में व्यक्त होनी चाहिए।"*

बहु-सांस्कृतिक शिक्षा एक प्रक्रिया है, जिसके द्वारा व्यक्तियों को समाज में विद्यमान विभिन्नता से अवगत कराया जाता है और इस विभिन्नता का विश्व से क्या संबंध है, इसका बोध कराया जाता है। विभिन्नता में नैतिकता, जातीय अल्पसंख्यक जनसंख्या के साथ-साथ धार्मिक समूह व लैंगिक विभिन्नता भी शामिल होती है। विभिन्नता का ज्ञान इस नींव पर आधारित होना चाहिए कि हमारे समाज में प्रत्येक व्यक्ति के पास विचार एवं अवसर होते हैं कि वह एक या एक से अधिक संस्कृतियों का समर्थन करें और उसे संरक्षित रखे।

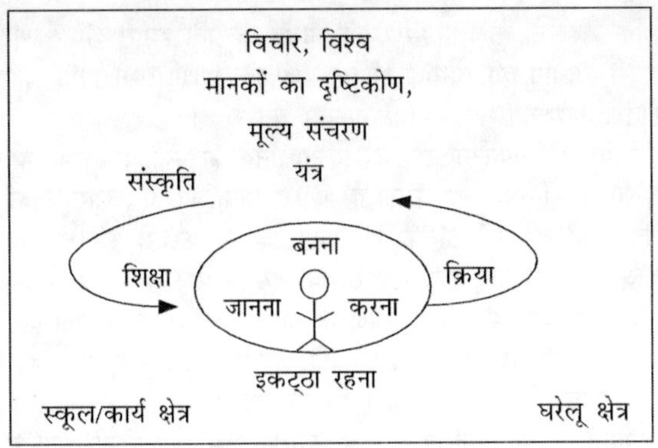


**संस्कृति हस्तांतरण की प्रक्रिया**

अध्यापक एक पीढ़ी से दूसरी पीढ़ी तक संस्कृति के हस्तांतरण में महत्वपूर्ण भूमिका की योजना बना सकता है। वे इस उत्तरदायित्व को भाषा, सामाजिक विज्ञान, कला, विज्ञान आदि को एकीकृत ढंग से पढ़ा कर पूरा कर सकते हैं। इस प्रकार स्कूल या शैक्षिक संस्थान सभी अधिगमकर्त्ताओं के लिए संस्कृति का हस्तांतरण करने में प्रभावी हो सकते हैं। यदि शिक्षा संस्थाऐं एक संस्कृति उपागम से बहु-संस्कृति उपागम में जाना चाहती हैं, तो इसके लिए पाठ्यक्रम नियोजन आवश्यक है जिससे विद्यार्थियों की सांस्कृतिक आवश्यकताओं की पूर्ति हो सकेगी। अन्य संस्कृतियों के अधिगम से सहनशीलता आती है, सहनशीलता से आदर को बढ़ावा मिलता है, आदर से खुली मानसिकता विकसित होती है, जिसके परिणामस्वरूप समानता एवं नागरिक तर्कशीलता को बढ़ावा मिलता है।

3. *संस्कृति का विकास (Promotion of Culture)*–शिक्षा संस्कृति के विकास में सहायक होती है। यह एक अच्छे व विकसित समाज की स्थापना में सहायता देती है। डॉ. कोनन (Dr. Connon) ने सही कहा है,

> *"यदि प्रत्येक पीढ़ी को वही सीखना पड़े जो उसके पूर्वजों ने सीखा है तो किसी प्रकार का बौद्धिक एवं सामाजिक विकास संभव नहीं हो सकता और वर्तमान समाज की स्थिति तथा पत्थर युग के समाज की स्थिति में विशेष अंतर नहीं होगा।"*
> *("If each generation has to learn for itself what has been learned by its predecessors, no sort of intellectual or social development could be possible and the present state of society would be little different from the society of stone age.")*

शिक्षा बौद्धिक विकास के साथ-साथ अंत: चेतना के विकास का भी सशक्त माध्यम है। ऐसी शिक्षा ही जीवन को चरितार्थता की ओर ले जाती है। माना जाता है कि शिक्षा संपूर्ण जीवन व्यवस्था का आधार है। अत: शिक्षा के बिना न तो व्यवस्था-तंत्र का निर्माण संभव है और न ही व्यक्तित्व का विकास। यह सब संस्कृति के विकास से ही संभव है।

भारतीय संदर्भ में संस्कृति व्यक्तिनिष्ठ न होकर समष्टिनिष्ठ होती है। संस्कृति का विकास एक दिन में नहीं अपितु शताब्दियों की साधना का परिणाम होता है। संस्कृति वैचारिक, मानसिक व भावनात्मक उपलब्धियों का समुच्चय होता है। इसमें धर्म, दर्शन कला, संगीत आदि का समावेश होता है। इसी की अपरिहार्यता की ओर संकेत करते हुए भर्तृहरि ने लिखा है कि इसके बिना मनुष्य घास न खाने वाला पशु ही होता है–'साहित्य संगीत कला विहीन: साक्षात् पशु पुच्छविषाणहीन:। इससे

यह स्पष्ट होता है कि संस्कृति के विकास से ही जीवन के प्रति हमारा दृष्टिकोण विकसित होता है। राधाकृष्णन व कोठारी आयोग की मान्यता भी यही थी कि शिक्षा ऐसी होनी चाहिए जो सामाजिक, आर्थिक व सांस्कृतिक परिवर्तन का प्रभावी माध्यम बन सके।

किसी भी संस्कृति की सफलता समाज के आधुनिक सदस्यों पर निर्भर होती है। संस्कृति के विकास में यह महत्वपूर्ण भूमिका अदा करता है। शिक्षा सामाजिक एवं सांस्कृतिक मूल्यों का शिक्षण करती है। यह विद्यार्थियों को सांस्कृतिक नैतिकता एवं मानकों से संबंधित होने के लिए तैयार करती है। संस्कृति के विभिन्न तत्व एक सकारात्मक ढंग से प्राकृतिक एवं सामाजिक वातावरण को अपनाने में व्यक्ति की सहायता करते है। समाज के प्रत्येक व्यक्ति का अपना व्यवहार, अभिवृत्तियाँ, गुण एवं अपने चारों ओर के विश्व को देखने की अपनी मानसिकता होती है। शिक्षा ही विभिन्न संस्कृतियों के प्रति व्यक्ति के दृष्टिकोण का विकास करती है। आधुनिक समय में उदाहरण के रूप में हम देख सकते हैं कि कोविड-19 के कारण सभी शिक्षा संस्थानों ने अपनी पारंपरिक शिक्षण पद्धति को छोड़कर ऑनलाइन शिक्षण पद्धति को अपनाया। आधुनिक खोजों एवं तकनीकी के विकास के फलस्वरूप संस्कृति के हस्तांतरण एवं विकास के लिए नवीन वैज्ञानिक विधियों का प्रयोग किया जा रहा है। इसी आधुनिकता के परिणामस्वरूप संस्कृति में परिवर्तन हो रहा है तथा समाज में रहने के लिए नवीन विचारों को अपनाया जा रहा है।

प्रत्येक समाज को अपनी संस्कृति में कुछ न कुछ परिवर्तन करने की आवश्यकता होती है, जैसा कि देखने को भी मिलता है कि जातिप्रथा, छुआछूत, बाल-विवाह, बाल श्रम, बालिका भ्रूण हत्या आदि समाज के विकास में रूकावटें हैं। शिक्षा के द्वारा ही हम लोगों में परिवर्तन के लिए सकारात्मक अभिवृत्ति विकसित कर सकते हैं, क्योंकि शिक्षा का उद्देश्य ही है संस्कृति का विकास। संपूर्ण विश्व में संस्कृति का विकास करने के लिए पाठ्यक्रम, शिक्षण विधियों, पाठ्य-पुस्तकों आदि में परिवर्तन लाना आवश्यक है। वर्तमान में हम देख सकते हैं कि नवीन शिक्षा नीति का निर्माण हुआ और इसका मूल उद्देश्य है लोगों की सोच, काम करने के तरीकों, व्यवहार रीतियों आदि में परिवर्तन लाना। शिक्षा के द्वारा ही व्यक्ति में सामाजिक मुद्दों की सूझ-बूझ व उनके प्रति जागरूकता का विकास किया जा सकता है। यदि हम अहिंसा एवं शांति पर आधारित संस्कृति का विकास करना चाहते हैं तो हमें अविभेदीकरण व विभिन्नता के प्रति आदर, हिंसा पर रोक, अंत: सांस्कृतिक विचार-विमर्श, सामाजिक समावेश, लिंग समानता आदि के बारे में लोगों को जागरूक करना होगा। शिक्षा के द्वारा केवल ज्ञानात्मक पक्ष का ही विकास नहीं किया जाना चाहिए। युवा पीढ़ी को यह बताया जाए कि उन्हें क्या करना है, अपितु इसके द्वारा विद्यार्थियों को अपने दृष्टिकोण में परिवर्तन करने के लिए प्रोत्साहित किया जाना चाहिए, उन्हें यह अनुभूति करवाई जाए कि 'काला और सफेद' सत्य नहीं होता और उन्हें अपनी स्थिति का स्वयं विकास करने के लिए प्रोत्साहित किया जाए। ऐसा असंज्ञानात्मक विधियों जैसे भावनाएँ, अनुभव या भौतिक शरीर आदि के द्वारा संभव है, न कि बौद्धिक विश्लेषण के द्वारा। खेल, भूमिका निभाना, दृश्य प्रदर्शन, कला, संगीत, सिनेमा, थियेटर आदि ही संस्कृति के विकास में अत्यधिक महत्वपूर्ण सिद्ध हो सकते हैं, इसीलिए शिक्षा के अंतर्गत अधिक से अधिक इन्हीं क्रियाओं पर नई शिक्षा नीति में बल दिया गया है।

4. *संस्कृति का मूल्यांकन (Evaluation of Culture)*–शिक्षा के उद्देश्य के रूप में सांस्कृतिक विकास एक समुदाय को इस योग्य बनाता है कि वे पीछे मुड़कर देखे और अपनी प्रचलित संस्कृति का मूल्यांकन करें। मूल्यांकन से अभिप्राय है इसे परिवर्तित करना और यदि आवश्यकता हो तो इसे सार्वभौमिक रूप से स्वीकार्य बनाया जाए। आदर्शात्मक स्थिति वही होगी कि जैसे ही सभ्यता का विकास होता है तो इसकी 'कविता' जो संस्कृति है, गिरावट नहीं आनी चाहिए।

5. *संस्कृति का सृजन (Creation of Culture)*–शिक्षा न केवल संस्कृति का हस्तांतरण एवं विकास ही करती है अपितु इसके मूल्यांकन के अंतर्गत इसकी कमियों का पता लगाती है और फिर उन्हें दूर करने का प्रयास करती है। समाज के कल्याण के लिए शिक्षा संस्कृति का सृजन करने में सहायक होती है। इस प्रकार शिक्षा संस्कृति की सृजनकर्ता, जनक एवं निर्देशक होती है।
6. *जीवन की गुणात्मकता में सुधार (Improvement in the Quality of Life)*–शिक्षा व्यक्तियों की अपनी कमजोरियों, सीमाओं या ज्ञान में अपनी कमियों को पहचानने तथा जीवन की गुणात्मकता में सुधार लाने के लिए ज्ञान व कौशलों की प्राप्ति में सहायता करती है। यह सांस्कृतिक परिवर्तन, सुधार, प्रगति तथा उत्कृष्टता प्राप्त करने के लिए उचित सांस्कृतिक वातावरण तैयार करती है।
7. *सांस्कृतिक परिवर्तन के लिए मानसिक रूप से लोगों को तैयार करना (Prepare the People Mentally for Cultural Change)*–यह सर्वविदित तथ्य है कि जब भी संस्कृति में कोई परिवर्तन होता है तो लोगों के द्वारा उसका विरोध किया जाता है। शिक्षा के द्वारा मानसिक रूप से लोगों को परिवर्तन के लिए तैयार किया जाता है। लोगों को बोध कराया जा सकता है कि यह परिवर्तन उनके अच्छे के लिए है, और उनकी प्रगति में सहायक होगें।
8. *सांस्कृतिक विकास के लिए कुशल नेतृत्व प्रदान करना (Provides Efficient Leadership for Cultural Development)*–जनता का पथ-प्रदर्शन करने के लिए कुशल नेतृत्व की आवश्यकता होती है। यद्यपि किसी एक विशेष समूह के लोग बुद्धिमान, कुशल व योग्य हो सकते है, परंतु ऐसा भी संभव है कि उनकी योग्यता का उपयोग पूर्ण रूप से न हो रहा हो क्योंकि उन्हें कुशल नेताओं के पथ प्रदर्शन की आवश्यकता होती है। शिक्षा के द्वारा विद्यार्थियों में कुशल नेतृत्व के गुणों का विकास किया जाता है।
9. *सांस्कृतिक बहुलवाद (Cultural Pluralism)*–शिक्षा के द्वारा संस्कृति के बहुलवाद को पहचानने में लोगों की सहायता की जाती है। इसमें भौतिक संसार, मानसिक संसार या चिंतन व विचारों का संसार, सामाजिक संसार और संवेगात्मक संसार या भावनाओं का संसार शामिल हैं। यदि शिक्षा प्रणाली ऐसी है कि उसके द्वारा केवल वर्तमान में प्रचलित संस्कृति का ही युवाओं को बोध कराया जाता है, तो इसका परिणाम होगा कि वे उसी संस्कृति को ही सबसे उत्तम मानने लगेंगे और राष्ट्र व व्यक्ति उसके विकास के लिए कोई प्रयास नहीं करेंगे। सांस्कृतिक शब्दों में 'जो हम नहीं जानते, हम उसका आदर नहीं करते।' वर्तमान दशक में संचरण प्रक्रिया, विस्फोटक शस्त्र, और राष्ट्रीय आर्थिक संरचना में वैश्विक स्तर पर अंधाधुंध विकास हो रहा है और इसका प्रभाव विद्यार्थियों की सोच, चिन्तन, व्यवहार, अभिवृत्ति में भी प्रदर्शित होना चाहिए और यह काम केवल शिक्षा द्वारा ही संभव है। आज हमारे प्रधानमंत्री जी का नारा है 'लोकल में वोकल'। यह तभी संभव है जब हमारी शिक्षा नीति में भी पर्याप्त रूप से परिवर्तन हो।
10. *सांस्कृतिक पिछड़ेपन को दूर करना (Bridging Cultural Lag)*–शिक्षा को सांस्कृतिक पिछड़ेपन को दूर करने के लिए एक महत्वपूर्ण तत्व माना जाता है। भौतिक संस्कृति के अंतर्गत वे समस्त वस्तुएँ आती है, जिनका निर्माण भौतिक पदार्थों की सहायता से मनुष्य ने स्वयं किया है और जिन्हें मूर्त रूप में देखा जा सकता है। उपभौतिक संस्कृति के अंतर्गत, अमूर्त बाते अथवा विचार आते हैं। इनका विकास मनुष्य के सामूहिक रूप में रहने तथा अंत:क्रियाओं के फलस्वरूप होता है। आधुनिक समय में, रहन-सहन की शैली में पूर्णतया परिवर्तन हो रहा है। समाज धीरे-धीरे वैज्ञानिक उपलब्धियों को अधिक से अधिक अपनाता जा रहा है। आज लोग जीने की भौतिक प्रवृत्ति की ओर आकृष्ट हो रहे हैं। भौतिक व अभौतिक संस्कृति में

अंतर को ही सांस्कृतिक पिछड़ेपन के रूप में जाना जाता है और शिक्षा विभिन्न प्रयासों से इस अंतर को कम करने का प्रयत्न करती है।

11. *सांस्कृतिक झगड़ों को सुलझाना (Solve Cultural Conflicts)*– समाज गत्यात्मक है और इसमें औद्योगीकरण, निजीकरण, वैश्वीकरण, कल्याण की नई विधियाँ आदि जैसे विभिन्न परिवर्तन हो रहे हैं। यदि हम नवीन परिस्थितियों का अनुकूलन करने को तैयार नहीं होते तो हमें सांस्कृतिक झगड़ों का सामना करना पड़ेगा। वर्तमान समय में दो समूहों में झगड़ें पनप रहे हैं–एक समूह अपने संकुचित, पुनरुत्थानवादी और असहिष्णु दृष्टिकोण से समाज का शोषण करने का प्रयास करता है और दूसरा समूह कारण, शिष्टता, सहिष्णुता एवं मानवता के आधार पर समाज में सुधार करना चाहता है। ऐसी परिस्थिति में आवश्यकता है कि उचित मूल्यों या नैतिकता या सामाजिक सूझ-बूझ का इस प्रकार विकास किया जाए कि इन दोनों समूहों में संतुलन लाया जा सके। उचित शिक्षा ही इस समस्या का समाधान करने में समर्थ हो सकती है।

इस प्रकार शिक्षा संस्कृति का आंतरिक भाग है। संस्कृति के सामाजिक आयामों को उचित शिक्षा की प्रक्रिया के द्वारा ही सीखा जा सकता है। व्यक्ति के समाजीकरण की प्रक्रिया में शिक्षा एक महत्वपूर्ण भूमिका अदा करती है, जो संस्कृति का महत्वपूर्ण भाग है। शिक्षा मुख्यत: तकनीक है, जबकि संस्कृति मूल्य है। हम प्रोफेसर व्हाइटहैड (Whitehead) के शब्दों के साथ निष्कर्ष तक पहुँच सकते हैं,

*"शिक्षा के द्वारा ऐसे मनुष्यों का निर्माण किया जाना चाहिए, जिनके पास संस्कृति व विशिष्ट ज्ञान हो। उनका उत्तम ज्ञान बच्चों को आरंभ करने के लिए आधार प्रदान करेगा और संस्कृति उन्हें दर्शन की भाँति गहराई व कला की भाँति ऊँचाई की ओर ले जाएगी।"*

*("Education should produce men who possess both culture and expert knowledge. Their expert knowledge will give the children the ground to start from and culture will led them as deep as philosophy and as high as art.")*

इस प्रकार शिक्षा सांस्कृतिक मूल्यों के निर्माण, स्थायित्व, संचारण एवं संवर्धन की प्रक्रिया है।

## संस्कृति एवं विचारधारा (Culture and Ideology)

### संस्कृति (Culture)

संस्कृति एक मूर्त संप्रत्यय है। विभिन्न शिक्षाशास्त्रियों, समाजशास्त्रियों, व्यवहारवादी, रचनाकारों के संस्कृति के बारे में विचार बिल्कुल भिन्न हैं। हम इस शब्द का सार नहीं निकाल सकते। यह लोगों के समाज का ज्ञान, विश्वास, परम्पराएँ व रीति-रिवाज होती हैं। हुमायूँ कबीर के मतानुसार,

*"संस्कृति एक विचार है जिसकी साधारण या असाधारण रूप में परिभाषा नहीं हो सकती। संस्कृति का कोई निश्चित स्वभाव या चिह्नन नहीं है, जिसे संस्कृति का तत्व या विशेष्य माना जाए। यह सदैव बहुत महत्वपूर्ण धाराओं एवं शक्तियों का सम्मिश्रण है।"*

अब आप जिस देश में रहते हो, वहाँ की संस्कृति में ही रहते हो। आपके स्थानीय क्षेत्र में आपकी उप-संस्कृति हो सकती है। आपको धार्मिक संस्कृति को भी नहीं भूलना चाहिए और अन्य कुछ भी, जो आप पर सांस्कृतिक प्रभाव हो सकता है। बाबूराम मैड़ला ने ठीक ही कहा है,

*"संस्कृति मनुष्य को वैचारिक स्तर से गठना शुरू करती है और उसके जीवन के प्रत्येक क्षेत्र में प्रस्फुटित होती है। यह एक ऐसी विरासत है, जो बच्चे के जन्म के साथ-साथ परिवार तथा समाज द्वारा उसमें अनायास हस्तांतरित कर दी जाती है।"*

भारतीय संस्कृति में इसकी भौगोलिक अवस्था की भाँति भिन्नता पाई जाती है। लोग विभिन्न प्रकार की भाषाएँ बोलते हैं, भिन्न-भिन्न पोशाकें पहनते हैं, विभिन्न धर्मों को मानते हैं, भिन्न-भिन्न प्रकार का भोजन खाते हैं, परंतु उनका स्वभाव लगभग एक जैसा ही होता है। इसलिए चाहे यह खुशी का अवसर हो या दु:ख का क्षण हो, लोग दिल से खुशी या दु:ख में भाग लेते हैं। भारत विभिन्नताओं का देश है, यह लोगों की संस्कृति व वातावरण में भी दिखाई देता है।

## विचारधारा (Ideology)

विचारधारा संस्कृति की भांति एक मूर्त संप्रत्यय नहीं है। यह आदर्शों की प्रणाली है जो विश्वास का आधार बनती है। संस्कृति की भांति शायद आपकी भी बहुत सारी विचारधाराएँ होगी जिनका आप समर्थन करते हैं। यही विचारधारा आधार बनती है, जहाँ से आपके विचार, मंतव्य उत्पन्न होते हैं।

जिस प्रकार से संस्कृति का हस्तांतरण होता है, सीखी जाती है और समाज में या लोगों में एक दूसरे के साथ बांटी जाती है; परंतु विचारधारा खोजी जाती है। यह कुछ ऐसी होती है जिसके साथ-साथ आपकी वृद्धि होती चली जाती है और आप इसका चयन अपने मूल्यों के मूल्यांकन व तार्किक चिंतन से करते हैं। चिंतन प्रक्रिया की सर्वाधिक जटिलता मनुष्य में ही पायी जाती है। वुडवर्थ ने स्पष्टतया मनुष्य को एक विचार या चिंतन प्रधान प्राणी माना है।

जैसा कि सामाजिक संस्कृति को अपनाना भी कभी-कभी अत्यंत कठिन होता है, ऐसा हम प्रवासियों में देख भी सकते है कि वे संस्कृति को अपनाने के लिए तैयार नहीं होते। इसी के समान विचारधारा को परिवर्तित करना भी बहुत मुश्किल होता है। कभी-कभी लोग किसी मुद्दे पर अपनी विचारधारा से इतने अधिक बंधे होते है कि उसे बदलना नहीं चाहते और ऐसा उनके संवेगात्मक दृष्टिकोण या व्यक्तिगत महता के कारण हो सकता है।

बहुत बार ऐसा भी होता है कि जिस विचारधारा का आप समर्थन करते हैं, वह प्रत्यक्ष रूप से उस संस्कृति से भी सम्बन्धित होती है, जिसे आप स्वीकारते हैं। जैसा कि भारत के लोग गाय को पवित्र मानते हैं और उनकी पूजा करते हैं, इसके पीछे कारण यह है कि भारत के लाखों लोग किसान है, जो अपने भोजन के लिए अपने खेतों पर विश्वास करते हैं और इसी कारण उनका जीवन बना रहता है। बैल और जल व भैसों की सहायता से वे अपने खेतों की जुताई करते हैं। बैल हमें गाय से प्राप्त होते हैं, इसीलिए हर कीमत पर गायों का संरक्षण आवश्यक बन जाता है। भारत में गाय के गोबर की खाद का प्रयोग उर्वरक के प्रमुख स्त्रोत के रूप में किया जाता है।

इससे यह प्रतीत होता है कि संस्कृति व विचारधारा साथ-साथ चलते हैं। एक सशक्त संस्कृति ही सशक्त विचारधारा उत्पन्न होने में सहायक हो सकती है। यदि संस्कृति सशक्त नहीं होगी, तो एक ही विचारधारा के असंख्य अनुबंधों की व्युत्पत्ति का खतरा बना रहता है।

इस प्रकार विचारधारा को एक व्यापक दृष्टिकोण के रूप में माना जा सकता है, वस्तुओं को देखने का नजरिया (विश्व दृष्टिकोण की तुलना) कहा जा सकता है, सामान्य रूप में (दिन-प्रतिदिन समाज में विचारधारा) एवं विभिन्न दार्शनिक प्रवृत्तियाँ (राजनैतिक विचारधारा, सामाजिक विचारधारा) या समाज के आधिपत्य वर्ग के द्वारा उस समाज के सभी सदस्यों के लिए सुझाया गया विचारों का समुच्चय (समाजीकरण का उत्पाद) माना जा सकता हे। एक विचारधारा के पीछे प्रमुख उद्देश्य समाज में परिवर्तन लाना हो सकता है और आदर्शों के समुच्चय का अनुपालन हो सकता है जहाँ एक आदर्शात्मक चिंतन प्रक्रिया के द्वारा पहले से ही उनकी निश्चितता विद्यमान रहती है।

## विचारधारा की विशेषताएँ (Characteristics of Ideology)

विचारधारा शब्द की उपरोक्त विवेचना के आधार पर हम इसकी निम्नलिखित विशेषताएँ प्राप्त करते है:

- एक विचारधारा विश्व को देखने के लिए एक खिड़की प्रदान करती है।
- विचारधारा परिवर्तन का प्रतिकूल होती है।
- इसका सृजन कभी शून्य स्थान से नहीं होता। प्रत्येक विचारधारा कुछ विद्यमान विचारधाराओं की प्रतिक्रिया होती है।
- विचारधारा वास्तविकता की व्याख्या नवीन ढंग से करने का प्रयास करती है।
- विचारधारा लोगों को अभिप्रेरित करती है।
- यह विचारों की सुसंगत प्रणाली है, जो वास्तविकता के बारे में कुछ आधारभूत मान्यताओं पर निर्भर करती है, जिनका आधार वास्तविक हो भी सकता है और नहीं भी।
- विचारधारा के पास ज्ञान की शक्ति होती है।
- यह क्रिया के लिए मार्गदर्शन करती है।
- यह एक प्रक्रिया है जो सामाजिक जीवन को स्वाभाविक वास्तविकता में बदल देती है।
- विचारधाराएँ सामाजिक रुचियों से अभिप्रेरित विचारों के प्रारूप होती हैं।
- इसे विभिन्न रूपों में कहा जाता है–जटिल और साधारण–सिद्धांत की व्याख्या करती पुस्तकें, स्लोगन, चिह्न।
- उदाहरण– समाजवाद, साम्यवाद, गाँधीवाद, फासिस्टवाद, उदारवाद।

## विचारधारा के प्रकार (Types of Ideology)

विचारधारा मुख्य रूप से दो प्रकार की होती है:

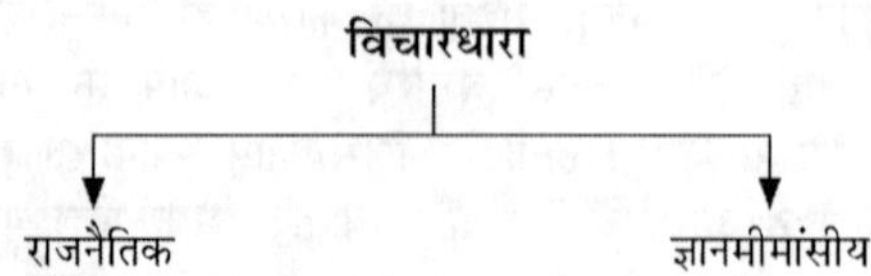


- *राजनैतिक विचारधारा (Political Ideology)*–राजनैतिक विचारधाराएँ नैतिक विचारों का समुच्चय होता है, जिसके आधार पर यह निश्चित किया जाता है कि एक देश को कैसे चलाया जाना चाहिए। सामाजिक अध्ययन में राजनैतिक विचारधारा किसी सामाजिक आंदोलन, संस्था, वर्ग और/या बड़े समूह के आदर्शों, सिद्धांतों, मिथकों, या प्रतीकों का एक नीतिशास्त्रीय समुच्चय है; जो समाज को कैसे कार्य करना चाहिए, यह समझाती है, और किसी सामाजिक व्यवस्था के लिए कोई राजनैतिक या सांस्कृतिक रूपरेखा प्रदान करती है। राजनैतिक विचारधारा के विभिन्न प्रकार हैं जैसे–साम्यवाद, समाजवाद, पूँजीवाद, रूढ़िवाद, प्रजातंत्र, फासिस्टवाद, उदारवाद आदि।
- *ज्ञानमीमांसीय विचारधारा (Epsitemological Ideology)*–ज्ञानमीमांसीय विचारधारा दर्शन, ब्रह्माण्ड के बारे में विचारों का समुच्चय है। जिसके आधार पर यह निश्चित किया जाता है कि लोगों को किस प्रकार निर्णय लेने चाहिए।

यह अनिश्चित है कि विचारधाराएँ कितनी हैं और वे क्या हैं क्योंकि विश्व के विभिन्न भागों में विभिन्न विश्वास हैं और इसलिए विभिन्न मानक व मूल्य हैं।

## विचारधारा एवं संस्कृति में अंतर (Difference between Ideology and Culture)

| | विचारधारा (Ideology) | संस्कृति (Culture) |
|---|---|---|
| 1. | यह संस्कृति का एक भाग है। | संस्कृति स्वयं में संपूर्ण है। |
| 2. | यह संस्कृति के अधीन विचारों का समुच्चय है। | यह एक विशाल शब्द है जिसमें भिन्न प्रकार की विचारधारा शामिल है जैसे—राजनैतिक विचारधारा, सामाजिक विचारधारा, सांस्कृतिक विचारधारा इत्यादि। |
| 3. | यह समरूप होती है। | यह विजातीय होती है। |
| 4. | यह एक रेखीय होती है। | यह बहुरेखीय होती है। |
| 5. | यह एक विचार या विचारों का एक संग्रह है और इसे एक चिंतक या एक व्यक्ति लाता है। | इसे असंख्य लोगों और विचारों के द्वारा लाया जाता है। |
| 6. | यह अधिकतर राजनैतिक सिद्धांत की ओर झुका होता है अर्थात् इसकी प्रवृत्ति प्राय: राजनैतिक होती है। | इसका झुकाव अधिकतर धर्म की ओर होता है। |
| 7. | यह प्राय: एक व्यक्ति की अभिव्यक्ति या उसकी अपनी सूझ-बूझ और उसकी संस्कृति का चिंतन होता है और इसके साथ-साथ यह अन्य संस्कृतियों का मिश्रण भी हो सकता है और एक व्यक्ति का विश्वास और नैतिकता भी हो सकती है। | यह एक स्थान पर इकट्ठे रहने वाले लोगों या एक भाषा बोलने वाले लोगों के समूह की जीवन शैली होती है। आपकी संस्कृति विश्व के बारे में आपकी विचारधारा और इसके साथ आपकी अंत:क्रिया को प्रभावित करती है। |
| 8. | यह तब होती है जब आप इस बात का दावा करते हैं कि जो कुछ भी आप करते हैं, वह संगत, धार्मिक एवं सही है और विचारों के किसी समुच्चय से यह निश्चित करते हो कि जो कुछ भी आप करते हो, वह सही है। | संस्कृति वह सब कुछ है, जो आप करते हैं। |
| 9. | उदाहरण: चीन की विचारधारा साम्यवादी है। | उदाहरण: चीन की संस्कृति में पूँजीवादी मुक्त बाजार है। |

अत: उपरोक्त विचार-विमर्श के आधार पर हम यह कह सकते हैं कि दोनों एक दूसरे के विपरीत नहीं अपितु अन्त: सम्बन्धित है। विचारधारा ही वह रास्ता है, जिसके आधार पर समाज संस्कृति को देखता है। यदि आप सुसंस्कृत हो, तो आप अन्य से बहुत अच्छे हो। यदि आप सुसंस्कृत हो, तो आप एक आदर्श व्यक्ति हो। संरचना एवं विचारों में, सामाजिक आर्थिक एवं विचारधारा में, संस्था एवं संस्कृति में एक आंतरिक संबंध होता है। 'विचार' एवं 'संस्कृति' समय व दूरी के उत्पाद होते हैं। यदि आप एक ऐसे देश में रहते हो जिसकी वित्तीय व्यवस्था उत्तम है, वास्तविक स्वतंत्रता है, गरीबी नहीं है, युद्ध नहीं है, बीमारी नहीं है, तो क्या आप कभी उसे बदलना चाहोगे; निश्चित रूप से नहीं। आपकी विचारधारा उसी विचारधारा के अनुरूप होगी जिसे संस्कृति के द्वारा विकसित किया जाता है।

कोई भी नवीन विश्व की उद्घोषणा नहीं कर सकता अर्थात् यह नहीं बता सकता कि भविष्य में विश्व कैसा होगा। उदाहरण–कोविड-19 आपके समक्ष है, जिसके बारे में किसी ने कल्पना भी नहीं की थी। यह अपरिहार्य होती है। परम्पराएँ, लोग, जीवन शैली, भौगोलिक परिस्थितियाँ सदा परिवर्तित होती रहती हैं। हम उन्हें रोक नहीं सकते। हम 21वीं शताब्दी में चल रही एकल परिवार प्रणाली से बंधे नहीं रह सकते। यह अवश्य ही परिवर्तित होगी। परंतु इसमें क्या परिवर्तन आएगा, यह हम पर निर्भर करता है। हम इसे अधिक अच्छा बना सकते है या बुरा। हमारी पसंद व संस्कृति जो हम अपने बच्चों में हस्तांतरित करते हैं, अपरिहार्य रूप से यह निश्चित करते हैं कि यह परिवर्तन किस दिशा में होगा। भविष्य उन्हीं के हाथों में होता है, जो संस्कृति पर नियंत्रण रखते हैं। दिन के अंतिम पड़ाव में हम वही होते हैं जो हमारे विश्वास एवं विचार निश्चित करते हैं। हम सब को उस संस्कृति का समर्थन करना चाहिए, जो हम सबके लिए उत्तम हो, सहायक हो, हमें विकास की ओर ले जाए, देश के विकास में उपयोगी हो और विश्व को शांति का संदेश दे।

# 10. संवैधानिक मूल्य
## (Constitutional Values)

*"The constitution declares India a secular, socialist, democratic, republic assuring its citizens justice, equality and liberty, and endeavourable to promote fraternity."*
*—Ministry of Law & Justice*

संविधान नियमों का एक समुच्चय होता है, सामान्यत: लिखित रूप में, जो एक संगठन, संस्था या एक कंपनी की क्रिया व संरचना को परिभाषित करता है व चलाता है। जब इसे किसी एक राष्ट्र या राज्य के संदर्भ में प्रयोग किया जाता है तो इसका अभिप्राय मौलिक सिद्धांतों, आधारभूत नियमों व स्थापित उदाहरणों के समुच्चय से होता है।

एक संविधान लिखित भी हो सकता है अथवा अलिखित भी, परंतु इसमें मौलिक कानून निहित होते हैं। यह सर्वोच्च व अंतिम अधिकारी होता है। यह एक स्थायी नहीं, अपितु एक जीवंत प्रतिज्ञप्ति होता है, क्योंकि इसमें जब भी आवश्यकता होती है परिवर्तन किए जा सकते हैं। इसकी लोचशीलता ही इसे लोगों की परिवर्तित आकांक्षाओं, समय की आवश्यकताओं एवं समाज में हो रहे परिवर्तनों के अनुसार ही परिवर्तनशील बनाती है।

भारतीय संविधान का प्रारंभ एक प्रस्तावना से होता है। इसमें संविधान के उद्देश्यों का वर्णन किया गया है। इसे संविधान की आत्मा का चित्र भी कहा गया है। सर्वोच्च न्यायालय के मुख्य न्यायाधीश के. सुब्बाराव ने एक निर्णय में व्यक्त किया–

*"संविधान से जिन उद्देश्यों की प्राप्ति की कामना की गई है, उसकी घोषणा प्रस्तावना में है। संक्षेप में इसमें संविधान के आदर्श और आकांक्षाएँ है। प्रस्तावना कोई उल्लेख नहीं है, अपितु उन आदर्शों का प्रतीक है जिन्हें संविधान में शामिल किया गया है।"*

संविधान की प्रस्तावना इसका मौलिक भाग है। नवम्बर 1976 में संविधान की प्रस्तावना में 42वें संवैधानिक संशोधन के अनुरूप दो नवीन शब्द समाजवादी एवं धर्म निरपेक्ष शामिल किए गए हैं। प्रस्तावना का संशोधित रूप इस प्रकार है:

हम भारत के लोग, भारत को एक प्रभुसत्ता सम्पन्न, समाजवादी, धर्म-निरपेक्ष, लोकतांत्रिक गणराज्य के रूप में स्थापित करते हैं, तथा इसके सभी नागरिकों को सामाजिक, आर्थिक एवं राजनीतिक न्याय देने, विचार-अभिव्यक्ति, विश्वास, धर्म एवं उपासना की स्वतंत्रता प्रदान करने, प्रतिष्ठा तथा अवसर की समानता प्रदान करने के लिए और सभी व्यक्तियों में सम्मान, गरिमा एवं राष्ट्र की क्षमता एवं अखण्डता निश्चित करने के लिए, भ्रातृत्व बढ़ाने के लिए, दृढ़ संकल्प होकर हम संविधान सभा में आज 26 नवम्बर 1949 को इस संविधान को अंगीकार, अधिनियमित एवं आत्म समर्पित करते हैं।

भारत का संविधान विश्व के उत्तम संविधानों में से एक है। यह स्वयं में निश्चित रूप से अद्वितीय है। इसके कुछ मूल्य हैं। संवैधानिक मूल्य वे मूल्य हैं जो प्रत्येक भारतीय नागरिक के मानव अधिकारों की सुरक्षा करते हैं। यही मूल्य निश्चित करते हैं कि किसी के साथ भी पक्षपात या अन्याय नहीं होगा। उदीयमान भारतीय समाज में आधारभूत मूल्यों का एक समुच्चय विद्यमान है, जिसके अंतर्गत वैयक्तिक जीवन व सामूहिक कार्यप्रणाली को निर्देशन दिया जाना चाहिए।

प्रस्तावना में अभिव्यक्त मूल्य संविधान के उद्देश्यों की अभिव्यक्ति है। ये हैं–प्रभुसत्ता, समाजवादी, धर्म निरपेक्ष, लोकतंत्र, भारतीय राज्य का गणराज्य चरित्र, न्याय, स्वतंत्रता, समानता, भ्रातृत्व, व्यक्ति की गरिमा एवं राष्ट्र की एकता व अखण्डता।

भारत के इतिहास में 15 अगस्त 1947 लाल पत्र दिन (Red Letter Day) है, जब भारत को आजादी मिली थी। 26 नवम्बर 1949 को संविधान का निर्माण हुआ तथा 26 जनवरी 1950 को इसको लागू किया गया। इसमें सामाजिक परिवर्तन लाने के लिए तथा वैयक्तिक नागरिक एवं राज्य में सम्बन्ध को परिभाषित करने के प्रावधान है।

आइए अब हम भारत के संविधान में निहित संवैधानिक मूल्यों की चर्चा करें:

### 1. समानता (Equality)

समानता के बहुत सारे पक्ष हैं और इसे एक ही दृष्टि से परिभाषित करना या वर्णन करना आसान नहीं है।

एच.जे. लास्की (H.J. Laski) के शब्दों में,

*"राजनीतिक विज्ञान के संपूर्ण क्षेत्र में समानता से कठिन कोई विचार नहीं है।"*

*("No idea is more difficult in the whole realm of political science than equality.")*

मैरियम वैबस्टर शब्दकोष (Merriam Webster Dictionary) के अनुसार, *"समानता एक गुण या समान रहने की अवस्था है।"*

*("Equality is the quality or state of being equal.")*

भारत एक लोकतांत्रिक देश है तथा स्वतंत्रता व समानता प्रजातंत्र के आधारभूत सिद्धांत है और ये अंत: सम्बन्धित भी हैं। शाब्दिक दृष्टि से समानता का अर्थ है–सभी व्यक्ति समान है, परंतु वास्तव में ऐसा देखने को मिलता नहीं है, शारीरिक संरचना, मानसिक योग्यताएँ एवं भावनात्मक स्तर की दृष्टि से व्यक्तियों में भिन्नता पाई जाती है। अत: समानता का अर्थ है–सभी के साथ समान रूप से आचरण करना और ऐसा तब तक करना चाहिए जब तक ऐसा न करने के कोई न्यायोचित कारण उपलब्ध न हों। इसका अर्थ हुआ कि सभी के लिए सुविधाएँ एवं अवसर समान रूप से उपलब्ध कराना, परंतु शर्त यह है कि वे उनके योग्य हों।

भारत के संविधान में भारत के नागरिकों के आधारभूत मानवीय अधिकारों की सुरक्षा के लिए मौलिक अधिकार प्रदान किए गए हैं। इनमें से एक अधिकार है–समानता का अधिकार। सभी नागरिक कानून के समक्ष बराबर है। उनके साथ जाति, लिंग, धर्म या जन्म स्थान के आधार पर कोई भेदभाव नहीं हो सकता। सरकारी सेवा में रोजगार से सम्बन्धित मामलों में राज्य केवल विशिष्ट योग्यता और आवश्यकताओं को निर्धारित कर सकता है, परंतु प्रकृति में भेदभाव नहीं कर सकते।

समानता के अधिकार से सम्बन्धित विशेष अनुच्छेद निम्नलिखित हैं:

- *कानून के समक्ष समानता (Equality Before Law)*–अनुच्छेद 14 के अंतर्गत संविधान में कानून के समक्ष समानता को बहुत अच्छे ढंग से परिभाषित किया गया है, जिसके अंतर्गत यह गारंटी दी जाती है कि सभी लोगों को देश के कानून द्वारा समान रूप से संरक्षित किया जाएगा। इसका अभिप्राय यह भी है कि राज्य एक ही परिस्थिति में लोगों के साथ समान व्यवहार करेगा अर्थात् कोई भी व्यक्ति या लोगों का समूह किसी विशेष व्यवहार की मांग नहीं कर सकता। परंतु असमान लोगों से भिन्न-भिन्न व्यवहार किया जा सकता है। इसीलिए पिछड़े और निम्न वर्गों के लोगों को अतिरिक्त सुविधाएँ ओर अवसर दिए जाना समानता के अधिकार का उल्लंघन नहीं हैं। प्रोफेसर राइस ने इंग्लैंड में संचालित कानूनी समानता की अवधारणा को समझाते हुए कहा,

*"हमारे यहाँ प्रधानमंत्री से लेकर कॉन्सटेबल या कलेक्टर तक, प्रत्येक अधिकारी के लिए बिना किसी कानून के किए गए प्रत्येक कार्य का समान उत्तरदायित्व है।"*

- *सामाजिक समानता और सार्वजनिक क्षेत्रों में बराबर पहुँच (Social Equality and Equal Access to Public Area)*–संविधान के अनुच्छेद 15 में कहा गया है कि राज्य रोजगार के क्षेत्र में किसी के विरुद्ध भेदभाव नहीं कर सकता। सभी नागरिक सरकारी नौकरियों के लिए आवेदन कर सकते हैं।

  संविधान के अनुच्छेद 15(1) के अनुसार राज्य किसी नागरिक के विरुद्ध केवल धर्म, मूलवंश, जाति, लिंग या जन्मस्थान के आधार पर कोई भेद नहीं करेगा।

  अनुच्छेद 15(2) के अनुसार किसी भी नागरिक को केवल धर्म, मूलवंश, जाति, लिंग, जन्मस्थान या इनमें से किसी के आधार पर दुकानों, सार्वजनिक भोजनालयों, होटलों और सार्वजनिक मनोरंजन के स्थानों में प्रवेश करने से रोका नहीं जा सकता। इसी प्रकार कुओं, तालाबों, स्नान घाटों, सड़कों व सार्वजनिक स्थानों के उपयोग से भी किसी नागरिक को वंचित या बाधित नहीं किया जा सकता, यदि वे पूर्ण रूप से या अंशतः सरकारी धन से बने हुए है या सरकारी खर्च से संचालित हो या फिर निजी होते हुए भी सार्वजनिक उपयोग के लिए समर्पित हो।

  अनुच्छेद 15(3) राज्य को यह अधिकार देता है कि वह स्त्रियों व बालकों के कल्याण के लिए विशेष उपाय कर सकता है।

  अनुच्छेद 15(4) के अनुसार राज्य सामाजिक या शैक्षणिक रूप से पिछड़े वर्गों के लिए या अनुसूचित जाति या जनजातियों के लिए विशेष उपाय कर सकता है।

  अनुच्छेद 15(5) के अनुसार राज्य उपरोक्त वर्णित वर्गों के लिए शिक्षण संस्थानों में प्रवेश हेतु आरक्षण व फीस में छूट आदि के विशेष उपाय भी कर सकता है।

- *सार्वजनिक रोजगार के संदर्भ में समानता (Equality in Matters of Public Employment)* –संविधान के अनुच्छेद 16 में कहा गया है कि
  - राज्य के अंतर्गत आने वाले किसी भी ऑफिस में रोजगार सम्बन्धी मामलों में सभी नागरिकों को समान अवसर प्रदान किए जाने चाहिए।
  - राज्य के किसी भी ऑफिस में किसी भी नागरिक को धर्म, मूलवंश, जाति, लिंग जन्मस्थान, निवास स्थान या इनमें से किसी के भी आधार पर किसी रोजगार के लिए अयोग्य नहीं माना जाएगा या उनमें भेदभाव नहीं किया जाएगा।
  - इस अनुच्छेद में कुछ भी संसद को ऐसा कानून बनाने से नहीं रोक सकता, जिसके अंतर्गत यह कहा गया कि कुछ नौकरियाँ केवल आवेदकों द्वारा ही भरी जा सकती हैं, जो उस क्षेत्र के निवासी हों। यह उन पदों के लिए हो सकता है जिन्हें उस क्षेत्र और भाषा के ज्ञान की आवश्यकता होती है।
  - राज्य पिछड़े वर्ग, अनुसूचित जातियों या जनजातियों के सदस्यों के लिए पदों को भी आरक्षित कर सकता है, जो समाज के कमजोर वर्गों को उच्च स्तर पर लाने के लिए राज्य के अंतर्गत सेवाओं में पर्याप्त रूप से प्रतिनिधित्व नहीं करते हैं।
  - इस अनुच्छेद की कोई बात किसी ऐसी विधि के प्रवर्तन पर प्रभाव नहीं डालेगी जो यह उपबंध करती है कि किसी धार्मिक या सांप्रदायिक संस्था के कार्यकलाप से सम्बन्धित कोई पदधारी या उसके शासी निकाय का कोई सदस्य किसी विशिष्ट धर्म का मानने वाला या विशेष संप्रदाय का ही हो।

- 103 वां संविधान संशोधन 14-01-2019 के अनुसार राज्य को विद्यमान आरक्षण के अतिरिक्त तथा प्रत्येक प्रवर्ण में पदों के अधिकतम दस प्रतिशत के अध्यधीन खंड 4 में उल्लिखित वर्गों से भिन्न नागरिकों के आर्थिक रूप से दुर्बल विभिन्न वर्गों के पक्ष में नियुक्तियों और पदों के आरक्षण के लिए कोई भी उपबंध करने से निवारित नहीं करेगी।

नागरिकता विधेयक (संशोधन), 2003 के अनुसार यह अधिकार भारत के विदेशी नागरिकों को नहीं दिया जाएगा।

- *अस्पृश्यता का उन्मूलन (Abolition of untouchability)*–संविधान का अनुच्छेद 17 अस्पृश्यता को समाप्त करता है। यह एक अपराध है ओर ऐसा करने वाला प्रत्येक व्यक्ति कानून के द्वारा दंडनीय है। अस्पृश्यता अधिनियम 1955 (1976 में नागरिक अधिकार अधिनियम के सरंक्षण के लिए नामित) ने किसी भी व्यक्ति को पूजा के स्थान में प्रवेश करने, टैंक या कुएँ से पानी लेने से रोकने के लिए जुर्माना प्रदान किया।
- *टाइटल (उपाधि) का उन्मूलन (Abolition of titles)*–संविधान के अनुच्छेद 18 ने राज्य को किसी भी उपाधि/टाइटल लेने से रोक दिया है। 'भारत के नागरिक एक विदेशी राज्य से टाइटल स्वीकार नहीं कर सकते हैं। ब्रिटिश सरकार ने भारत में राय बहादुर और खान बहादुर के नाम से जाना जाने वाला एक अभिजात वर्ग बनाया था, इन्हें भी समाप्त कर दिया गया है। परंतु भारत के नागरिकों पर सैन्य व अकादमिक क्षेत्र के टाइटल प्राप्त करना निषेध नहीं है। भारत रत्न और पद्मविभूषण के पुरस्कारों को प्राप्तकर्त्ता द्वारा शीर्षक के रूप में प्रयोग नहीं किया जा सकता। 15 दिसंबर 1995 को सुप्रीम कोर्ट ने इस प्रकार के पुरस्कारों को वैध माना।

अत: समानता के अधिकार का आधारभूत तथ्य यही है कि समान के साथ समान रूप से व असमान के साथ असमान रूप से व्यवहार किया जाए। यदि असमान के साथ समान रूप से व्यवहार किया जाए तो यह भी असमानता को दर्शाता है। इसीलिए संविधान के द्वारा समाज के कमजोर वर्गों जैसे महिलाएँ, बच्चे, अनुसूचित जाति, अनुसूचित जनजातियाँ, के पक्ष में विशेष प्रावधानों का निर्माण करने की अनुमति दी गई है। समानता हमारे संविधान का महत्वपूर्ण मूल्य है, जो उन सभी लोगों को, जो भारतीय राष्ट्रीयता से सम्बन्धित है, सशक्त बनाता है। आने वाली पीढ़ी के लिए आवश्यक है कि वे अपने अधिकारों की रक्षा करें, इस मूल्य का विकास करें, और विकासशील राष्ट्र को विकसित भारत में बदल दें।

## 2. स्वतंत्रता (Freedom)

लोकतंत्र का एक अन्य मूल सिद्धांत स्वतंत्रता है। इसके अनुसार प्रत्येक मनुष्य संसार का बहुमूल्य प्राणी है, वह स्वतंत्र पैदा होता है और स्वतंत्र ही रहना चाहता है। विचार एवं क्रिया की स्वतंत्रता एक मौलिक मूल्य, जो हमारे संविधान में निहित है, क्योंकि यह उस परम सत्य की पहचान करता है कि मानव इस मूल्य की अनुपस्थिति में अपने व्यक्तित्व का विकास नहीं कर सकता। यह सृजनात्मकता एवं नवीन विचारों की खोज, तथा प्रयोग का आधार है, जो समाज के विकास में सहायक हो सकता है। संविधान के अनुच्छेद 19 के अंतर्गत निम्नलिखित स्वतंत्रताएँ प्रदान की गई है :

- *विचार व अभिव्यक्ति की स्वतंत्रता (Freedom of Speech and Expression)*– अनुच्छेद 19(1)(क) के अनुसार भारत के सभी नागरिकों को कानूनी रूप से अपने विचारों, विश्वासों को; बोलकर, लिखकर, प्रकाशित करके या चित्रों के द्वारा अभिव्यक्त करने की स्वतंत्रता प्रदान की गई है, परंतु यह स्वतंत्रता असीमित रूप से प्राप्त नहीं है।

- *सम्मेलन की स्वतंत्रता (Freedom to assemble)*–अनुच्छेद 19(1)(ख) भारत के नागरिकों को अपने विचारों के प्रचार के लिए शांतिपूर्वक और बिना किसी शस्त्र के सभा या सम्मेलन के लिए स्वतंत्रता प्रदान करता है और उनके द्वारा जुलूस या प्रदर्शन का आयोजन भी किया जा सकता है। यह हड़ताल करने की स्वतंत्रता प्रदान नहीं करता है। राज्य के द्वारा सार्वजनिक सुरक्षा के हित में व्यक्ति की इस स्वतंत्रता को सीमित किया जा सकता है।
- *संघ निर्माण की स्वतंत्रता (Freedom to form association)*–अनुच्छेद 19(1)(ग) के अंतर्गत सभी नागरिकों को संघों के निर्माण की स्वतंत्रता प्रदान की गई है, परंतु व्यक्ति ऐसे संगठन का निर्माण नहीं कर सकता जो सार्वजनिक शांति व व्यवस्था को भंग करे।
- *भ्रमण की स्वतंत्रता (Freedom to Move)*–अनुच्छेद 19(1)(घ) भारत के नागरिकों को यह सुनिश्चित करता है कि वे बिना किसी प्रतिबंध या विशेष-अधिकार पत्र के संपूर्ण भारतीय क्षेत्र में घूम सकते हैं। इसका उद्देश्य लोगों में राष्ट्रीय भावना को बढ़ावा देना है।
- *निवास की स्वतंत्रता (Freedom to reside)*–भारत के प्रत्येक नागरिक को भारत में कहीं भी रहने या बसने की स्वतंत्रता है। भ्रमण और निवास के सम्बन्ध में यह व्यवस्था संविधान द्वारा अपनाई गई इकहरी नागरिकता के अनुरूप है। राज्य के द्वारा इस पर भी सामान्य जनता के हित में उचित प्रतिबंध लगाया जा सकता है।
- *किसी भी व्यवसाय को शुरु करने की स्वतंत्रता (Freedom to Practice any Profession)* –भारत के सभी नागरिकों को इस बात की स्वतंत्रता है कि वे अपनी आजीविका के लिए कोई भी व्यापार, कारोबार या व्यवसाय कर सकते हैं। राज्य साधारणतया व्यक्ति को न तो कोई विशेष नौकरी, व्यवसाय या व्यापार करने के लिए बाध्य करेगा और न ही उसके इस प्रकार के कार्य में कोई बाधा डालेगा। राज्य को यह अधिकार प्राप्त है कि वह कुछ व्यवसाय के सम्बन्ध में आवश्यक योग्यताएँ निर्धारित कर सकता है अथवा किसी उद्योग को पूर्ण या आंशिक रूप से अपने हाथ में ले सकता है।
- *संरक्षित जीवन की स्वतंत्रता (Freedom of Protected Life)*–अनुच्छेद 21 जीवन की स्वतंत्रता प्रदान करता है। किसी भी व्यक्ति को अपने जीवन या व्यक्तिगत स्वतंत्रता से वंचित नहीं रखा जाएगा। परंतु यह प्रक्रिया कानून के अनुसार होनी चाहिए। वास्तव में यह गरिमामयी जीवन से सम्बन्धित है।
- *शिक्षा की स्वतंत्रता (Freedom of Education)*–अनुच्छेद 21(क) यह घोषणा करता है कि राज्य 6-14 वर्ष तक की आयु के बच्चों को नि:शुल्क एवं अनिवार्य शिक्षा उपलब्ध कराएगा। यह घोषणा 86वें संशोधन के अंतर्गत की गई।
- *धर्म की स्वतंत्रता (Freedom of Religion)*–संविधान के अनुसार प्रत्येक भारतीय नागरिक को किसी भी धर्म को मानने, प्रचार करने व अभ्यास करने की स्वतंत्रता प्रदान की गई है।
- *सूचना प्राप्त करने की स्वतंत्रता (Freedom to Get Information)*–2005 में संविधान के अनुसार भारत के प्रत्येक नागरिक को सूचना प्राप्ति की स्वतंत्रता प्रदान की गई है। उसे यह स्वतंत्रता है कि वह जान सकता है कि सरकार कैसे कार्य करती है, यह क्या भूमिका अदा करती है और इसके क्या कार्य हैं आदि।

अत: स्वतंत्रता एक व्यक्ति के व्यक्तित्व के समरूप विकास के लिए एक आवश्यक परिस्थिति है। इसके बिना सामाजिक प्रगति संभव नहीं हो सकती। किसी भी व्यक्ति को उसकी स्वतंत्रता से नकारना अनैतिकता है, क्योंकि यह उसका जन्मसिद्ध अधिकार है। स्वतंत्रता एक नैतिक आवश्यकता भी है। परंतु इनका यह अभिप्राय नहीं है कि काई भी व्यक्ति जो चाहे वह

कर सकता है। इसका अभिप्राय है कि कानून के अंतर्गत जो भी समाज के हित के लिए उचित है और जिससे कमजोर का शोषण होने से रोका जा सके, उस कार्य को करने के लिए प्रत्येक व्यक्ति स्वतंत्र है। 44वें संशोधन के अंतर्गत अनुच्छेद 19(ङ) में वर्णित संपत्ति के अर्जन, धारण एवं व्यय करने की स्वतंत्रता को समाप्त कर दिया गया है।

### 3. न्याय (Justice)

उपरोक्त वर्णित संवैधानिक मूल्यों के परिणामस्वरूप यह स्वाभाविक है कि प्रत्येक व्यक्ति को न्याय का अधिकार हो। किसी व्यक्ति को किसी अवसर से वंचित नहीं रखा जा सकता तथा न ही उसे जीवन के सभी पक्षों में जो उसे मिलना चाहिए, उससे वंचित रखा जा सकता है। किसी भी व्यक्ति के साथ पक्षपात के आधार पर, अवैधता के आधार पर विभेदीकरण नहीं किया जा सकता।

संविधान की प्रस्तावना में 'न्याय' शब्द तीन प्रकारों की ओर संकेत करता है–सामाजिक, आर्थिक एवं राजनैतिक।

- *सामाजिक न्याय (Social Justice)*–सामाजिक न्याय पर आधारित सामाजिक व्यवस्था वह है जहाँ मानव-मानव में वर्ण, जाति, वंश, लिंग व स्थान आदि का भेदभाव नहीं होता तथा कोई भी समाज तब तक सामाजिक न्याय पर आधारित नहीं होता जब तक वहाँ पिछड़ें तथा कमजोर वर्गों के लोगों को ऊपर उठाकर समान स्तर पर लाने का प्रयास न किया जाए। सामाजिक न्याय के लिए प्रतिबद्ध होने के कारण संविधान में न्याय का प्रावधान रखा गया। अनुच्छेद 15 के अनुसार राज्य जाति, रंग रूप, धर्म व क्षेत्र आदि के आधार पर भेदभाव नहीं करेगा तथा प्रत्येक व्यक्ति को समानता का दर्जा दिया जाएगा। शिक्षा प्राप्त करना प्रत्येक का जन्मसिद्ध अधिकार होगा। अनुच्छेद 23-24 के अनुसार सामाजिक न्याय एवं कमजोर वर्गों के हितों की रक्षा की जाएगी। अनुच्छेद 25 के अनुसार मानव क्रय-विक्रय, बेगार व बलपूर्वक काम कराने पर रोक लगा दी गई। अनुच्छेद 24 के अनुसार 14 वर्ष से कम आयु के बच्चों से कारखानों आदि में काम करवाने पर प्रतिबंध लगा दिया गया। अन्य अनुच्छेदों के अनुसार प्रत्येक व्यक्ति को पैतृक व्यवसाय के लिए बाध्य न होकर रोजगार प्राप्त करने का अधिकार दिया गया। छुआछूत को समाप्त करके पिछड़ी जाति व जनजाति के लिए समान न्याय की व्यवस्था की गई। अनुच्छेद 17 में अस्पृश्यता को दण्डनीय अपराध माना गया।
- *आर्थिक न्याय (Economic Justice)*–आर्थिक न्याय से अभिप्राय है कि आर्थिक आधार पर किसी नागरिक के साथ भेदभाव न किया जाए अर्थात् केवल आर्थिक कारणों से कोई भी नागरिक न्याय प्राप्त करने से वंचित न रह जाए। एक बात अक्षरश: सत्य है कि सामाजिक न्याय की आधारशिला आर्थिक न्याय है। अनुच्छेद 46 के अंतर्गत राज्य कमजोर वर्ग के लोगों के शैक्षिक व आर्थिक रुचियों की ओर विशेष रूप से ध्यान देगा और विशेषत: अनुसूचित जाति व जनजाति के लोगों का। राज्य उन सभी को सामाजिक अन्याय व सभी प्रकार के शोषणों से बचाएगा। सर्वोच्च न्यायालय ने कानूनी तौर पर केन्द्रीय नौकरियों में समाज के सामाजिक व आर्थिक रूप से पिछड़े लोगों के लिए 27% आरक्षण का प्रावधान किया है। इसके साथ-साथ न्यायालय का यह भी मानना है कि यह आरक्षण भारत में 50% से अधिक नहीं होगा।
- *राजनैतिक न्याय (Political Justice)*–राजनैतिक न्याय से अभिप्राय है कि सभी नागरिकों को समान राजनैतिक अधिकार प्राप्त होने चाहिए और सरकार में उनकी आवाज को समान रूप से मान्यता दी जानी चाहिए। राजनैतिक समानता के बिना समाज की उन्नति संभव नहीं है।

42वें संशोधन के अनुरूप जब प्रस्तावना में 'समाजवादी' शब्द को जोड़ा गया, तो इससे सामाजिक, आर्थिक व राजनैतिक न्याय के संवैधानिक मूल्यों को सशक्त किया गया। संविधान में न्याय के लिए विस्तृत रूप से योजना बनाई गई है। जब भारतीय संविधान को उदारवादी कहा जाता है तो इसका अर्थ यह है कि हमारा संविधान सामाजिक न्याय से जुड़ा है। संविधान निर्माताओं का विश्वास था कि मात्र समता का अधिकार दे देना इन वर्गों के साथ सदियों से हो रहे अन्याय से मुक्ति के लिए पर्याप्त नहीं है। इन वर्गों के हितों को बढ़ावा देने के लिए विशेष संवैधानिक उपायों की जरूरत थी। संविधान का उदारवाद सामुदायिक जीवन-मूल्यों का पक्षधर है। भारतीय संविधान समुदायों के बीच बराबरी के रिश्ते को बढ़ावा देता है। ऐसे ही अधिकारों में एक है धार्मिक समुदाय का अपनी शिक्षा संस्था स्थापित करने और चलाने का अधिकार।

अनुच्छेद 41 के अंतर्गत राज्य अपनी आर्थिक सामर्थ्य और विकास की सीमाओं के अंदर काम पाने के, शिक्षा प्राप्त करने के और बेकारी, बुढ़ापा, बीमारी और नि:शक्तता तथा अन्य अभावों की दशाओं में लोक सहायता पाने के अधिकार को प्राप्त कराने का प्रभावी उपबंध करेगा। अनुच्छेद 42 यह कहता है कि राज्य सभी नागरिकों को मातृत्व राहत और एक शालीन जीवन स्तर सुरक्षित करने के प्रयास करने का अधिकार देता है। अनुच्छेद 43 इस बात का संकेत देता है कि राज्य उपयुक्त विधान या आर्थिक संगठन द्वारा या अन्य किसी रीति से कृषि के, उद्योगों के या अन्य प्रकार के सभी कामगारों को काम, निर्वाह मजदूरी, शिष्ट जीवन स्तर और अवकाश का संपूर्ण उपभोग सुनिश्चित करने वाली काम की दशाएँ तथा सामाजिक व सांस्कृतिक अवसर प्राप्त कराने का प्रयास करेगा। अनुच्छेद 43(क) के अनुसार राज्य किसी उद्योग में लगे हुए उपक्रमों, स्थापनों या अन्य संगठनों के प्रबंध में कामगारों का भाग लेना सुनिश्चित करने के लिए उपयुक्त विधान द्वारा या किसी अन्य रीति से कदम उठाएगा।

इस प्रकार हम भाग III व भाग IV में न्याय सम्बन्धी संवैधानिक प्रावधानों का संक्षिप्तीकरण निम्नलिखित ढंग से कर सकते हैं–

- कानून के समक्ष समानता (अनुच्छेद 14)
- धर्म, वंश, जाति या जन्मस्थान के आधार पर भेदभाव से इंकार (अनुच्छेद 15(1))
- सरकारी नौकरी के संदर्भ में अवसर की समानता (अनुच्छेद 16)
- अस्पृश्यता की समाप्ति (अनुच्छेद 17)
- उपाधि की समाप्ति (अनुच्छेद 18)
- बोलने की स्वतंत्रता के विरुद्ध विशेष अधिकार का संरक्षण (अनुच्छेद 19)
- अपराध के लिए दोषसिद्धि के सम्बन्ध में सरंक्षण (अनुच्छेद 20)
- जीवन व व्यक्तिगत स्वतंत्रता का संरक्षण (अनुच्छेद 21)
- गिरफ्तार हुए और हिरासत में लिए गए लोगों का सरंक्षण (अनुच्छेद 22)
- मानव की खरीद-बिक्री व बलपूर्वक श्रम के विरुद्ध संरक्षण (अनुच्छेद 23)
- 14 वर्ष से कम आयु वाले किसी बालक को कारखानों, खदानों या अन्य किसी जोखिम भरे काम पर नियुक्ति पर रोक (अनुच्छेद 24)
- धर्म की स्वतंत्रता (अनुच्छेद 25-28)
- अल्पसंख्यकों की रुचियों का संरक्षण (अनुच्छेद 29-30)
- संविधान के भाग III के अंतर्गत प्रदत अधिकारों को प्रवर्तित कराने के लिए न्यायिक उपचार (अनुच्छेद 32)
- लोगों के कल्याण को बढ़ावा (अनुच्छेद 38)

- आजीविका के लिए पर्याप्त साधन, भौतिक संसाधनों का समान वितरण, समान कार्य के लिए समान वेतन, स्वास्थ्य, व शक्ति को बढ़ावा, बचपन व युवावस्था का संरक्षण (अनुच्छेद 39)
- समान न्याय एवं मुफ्त कानूनी सहायता (अनुच्छेद 39(क))
- कुछ दशाओं में काम, शिक्षा व लोक सहायता पाने का अधिकार (अनुच्छेद 41)
- काम की न्याय संगत और मानवोचित दशाओं का व प्रसूति सहायता का उपबंध (अनुच्छेद 42)
- कामगारों के लिए उचित मजदूरी (अनुच्छद 44)
- 6 से 14 आयु वर्ग के बच्चों के लिए मुफ्त व अनिवार्य शिक्षा (अनुच्छेद 45)
- समाज के कमजोर वर्गों में शैक्षणिक व आर्थिक हितों, विशेष रूप से अनुसूचित जातियों व जनजातियों का विशेष ध्यान और उनका सामाजिक अन्याय एवं सभी प्रकार के शोषण से संरक्षण (अनुच्छेद 46)।

इस प्रकार भारत के संविधान के भाग III में प्रदत मौलिक अधिकार देश में न्याय प्रदान करने में महत्वपूर्ण भूमिका अदा करते हैं और आज तक यह लोगों की सामान्य रुचियों और उनके सामाजिक कल्याण के उद्देश्य को पूरा करने में कानून को परामर्श देने में अपने संवैधानिक लक्ष्यों को बनाए रखे हैं।

## 4. धर्म निरपेक्षता (Secularism)

'सेकूलरिज्म' शब्द का सबसे पहले 19वीं शताब्दी में जॉर्ज जैकब होलीडैक के द्वारा प्रयोग किया गया था। उसने यह शब्द लैटिन भाषा के शब्द 'Seculum' से लिया था। जिसका अर्थ है 'Present age' 'वर्तमान समय'। उसने इसका प्रयोग सामाजिक और नैतिक मूल्यों या प्रणाली के लिए किया था। तब 'Secularism' को सामाजिक तथा नीतिगत प्रणाली के रूप में जाना गया। ऑक्सफोर्ड शब्दकोश (Oxford Dictionary) के अनुसार,

*''धर्मनिरपेक्षता का अर्थ है ऐसी धारणा जिसमें नैतिकता परमात्मा में विश्वास से प्राप्त किए गए सभी विचारधाराओं से पृथक व्यक्तिगत जीवन में मानव के कल्याण पर आधारित होनी चाहिए।''*

चैम्बर्स शब्दकोश (Chamber's Dictionary) धर्म निरपेक्षता को परिभाषित करता है, जैसे *''एक विश्वास जिसके अंतर्गत राज्य, नैतिकता, शिक्षा आदि धर्म से पृथक होने चाहिए।''*
*("Secularism is the belief that the state, morals, education etc. should be independent of religion.")*

वैबस्टर शब्दकोश (Webster Dictionary) का यह मानना है कि धर्मनिरपेक्षता
*''यह विश्वास कि धर्म तथा पादरी के कार्य को राज्य के कार्यों में हस्तक्षेप नहीं करना चाहिए।''*
*("Secularism is the belief that religion and ecclesiastical (clergyman) affairs should not enter into the functions of the state.")*

वैबस्टर ने एक अन्य रूप में भी इसे परिभाषित किया,
*''सिद्धांतों तथा प्रक्रियाओं की एक प्रणाली, जो धार्मिक विश्वास तथा आराधना के किसी भी प्रकार को नकारती है।''*
*("A system of doctrines and practices that rejects any form of religious faith and worship.")*

इस प्रकार 'Secularism' शब्द वास्तव में धर्म से किसी भी सम्बन्ध को नहीं मानता है और इसीलिए एक धर्मनिरपेक्ष राज्य में धर्म का कोई स्थान नहीं होता जैसा कि साम्यवादी समाजों में। किन्तु भारत जैसे धर्म-प्राण देश में यह अर्थ सही लिया जा सकता है। स्पष्टत: भारतीय समाज में इसका जो अर्थ ग्रहण किया गया है यह है-'सर्व धर्म सम्भाव' अर्थात् राज्य की दृष्टि में सभी धर्म समान होंगे, किसी भी धर्म विशेष को राज्य में प्राथमिकता नहीं दी जाएगी।

हमारे समाज में अनेक धर्म होने के कारण यह आवश्यक हो गया है कि धर्म के प्रति राज्य के रुख को स्पष्ट किया जाए। इसी दृष्टि से संविधान की प्रस्तावना में ही अपने दृष्टिकोण को स्पष्ट करते हुए 42वें संशोधन द्वारा 'धर्म-निरपेक्ष' शब्द 'समाज' के विश्लेषण के रूप में जोड़ दिया गया। 'धर्म निरपेक्षता' की अवधारणा संविधान में प्रयुक्त 'विश्वास, धर्म उपासना की स्वतंत्रता' की पदावली में पहले से ही अंतर्निहित है। हमारा धर्म निरपेक्ष राज्य से तात्पर्य ऐसे राज्य से है जो किसी धर्म विशेष को राज्य धर्म के रूप में मान्यता प्रदान नहीं करता अपितु सभी धर्मों के साथ समान व्यवहार करता है और समान संरक्षण प्रदान करता है। यह ऐसा समाज होगा जहाँ प्रत्येक व्यक्ति धर्म मानने, आचरण करने तथा प्रचार करने में पूर्ण स्वतंत्र होगा अर्थात् 'सर्व धर्म सम्भाव' के दृष्टिकोण को हमने धर्म निरपेक्ष कहा है।

इस प्रकार यह स्पष्ट है कि हमारा समाज ऐसा होना चाहिए जिसमें प्रत्येक व्यक्ति अपनी रुचि के अनुसार किसी भी धर्म में विश्वास रखने, इसका प्रचार करने तथा उसी के अनुसार अपना आचरण बनाने के लिए स्वतंत्र होगा। भारतीय संविधान प्रत्येक व्यक्ति तथा समुदाय को धर्म की स्वतंत्रता तथा सभी धार्मिक समूहों के सदस्यों के लिए समान नगारिकता का अधिकार प्रदान करता है। यह जाति, रंग या सम्प्रदाय के आधार पर विभिन्नता या भेदीकरण से मना करता है। संवैधानिक रूप से राज्य किसी विशेष धर्म से सम्बन्धित नहीं है, न ही यह इसके प्रचार के लिए और न ही इसके हस्तक्षेप के लिए प्रयत्न करता है।

भारत के संविधान के अनुच्छेद 25(1) के अंतर्गत सभी नागरिकों को अंत:करण की स्वतंत्रता तथा धर्म को अबाध रूप से मानने, आचरण करने का अधिकार है। इस अनुच्छेद में मुख्यत: तीन वाक्यांश शामिल हैं जो निम्नलिखित हैं-

1. *अंत:करण की स्वतंत्रता (Freedom of Conscience)*-इसमें वह आंतरिक स्वतंत्रता शामिल है जिसमें व्यक्ति अपने विश्वास, इच्छानुसार ईश्वर से संबंध स्थापना के लिए स्वतंत्र है।
2. *धर्म का मानना एवं आचरण (Faith in and Practice of Religion)*-इसके अनुसार प्रत्येक व्यक्ति को धर्म विशेष द्वारा बताए गए कर्त्तव्यों, कर्मकाण्डों और धार्मिक कृत्यों को प्रदर्शित करने की स्वतंत्रता है, किन्तु यह सब सार्वजनिक व्यवस्था, सदाचार एवं जनता के स्वास्थ्य के अनुरूप ही होगा।
3. *धर्म का प्रचार करना (Propagation of Religion)*-इसका अभिप्राय है कि प्रत्येक व्यक्ति को अपने विचारों को दूसरे तक संप्रेषित करने, प्रकाशित करने, बिना दबाव के उन्हें मनवाने के लिए दूसरों को समझाना बुझाना आदि की स्वतंत्रता है किन्तु इसमें बलात धर्म-परिवर्तन करने के लिए बाध्य करना शामिल नहीं है।

   दूसरी ओर धर्म के प्रचार, प्रसार एवं धार्मिक आचरण हेतु धार्मिक संस्थाएँ चाहिए। इन संस्थाओं के प्रबंध की स्वतंत्रता के बिना धार्मिक स्वतंत्रता अधूरी रहती है। अनुच्छेद 26 के अंतर्गत इस स्वतंत्रता का प्रावधान किया गया है जिसका अर्थ है-

   - धार्मिक कार्यों की पूर्ति हेतु संस्थाओं की स्थापना एवं उनका संचालन।
   - धार्मिक कार्यों सम्बन्धी विषयों का प्रबंध करना।
   - उक्त उद्देश्य की पूर्ति हेतु चल, अचल संपत्ति का अर्जन करना।
   - धर्म विशेष की उन्नति के लिए राज्य कर नहीं लगना (अनुच्छेद 27)

यह अनुच्छेद यह संकेत करता है कि किसी भी व्यक्ति को किसी विशेष धर्म अथवा सम्प्रदाय की उन्नति के लिए कर देने के लिए बाध्य नहीं किया जायेगा। इससे राज्य की धर्म निरपेक्षता और स्पष्ट हो जाती है।

उपर्युक्त विवेचन से हमारी धर्म निरपेक्ष समाज व्यवस्था के बारे में निम्नलिखित बातें स्पष्ट होती हैं:

- राज्य किसी धर्म विशेष को आश्रय/संरक्षण प्रदान नहीं करता है।
- सभी धर्मों को समानता की दृष्टि से देखते हुए उनके मानने, प्रचार करने आदि की स्वतंत्रता देता है।
- प्रत्येक व्यक्ति किसी भी धर्म को अबाध रूप से मानने, आचरण करने एवं प्रचार करने का अधिकार देता है।
- धार्मिक संस्थाओं तथा न्यासों (Trusts) को धार्मिक शिक्षा की स्वतंत्रता देता है।
- किन्तु राज्य पोषित एवं राज्य के अनुदान प्राप्त संस्थाओं में धार्मिक शिक्षा की इजाज़त नहीं देता।

इस प्रकार धर्म निरपेक्षता एक तार्किक एवं नैतिक दृष्टिकोण का विकास करती है। यह वस्तुनिष्ठता, स्वतंत्र खोज की भावना तथा अतीत की घटनाओं से स्वतंत्रता पर बल देकर वैज्ञानिक भावना का विकास करती है। यह भौतिक आवश्यकताओं को बढ़ावा देती है तथा आध्यात्मिक मूल्यों को न नकारते हुए जीवन के लिए इच्छाएँ विकसित करती है।

भारत में धर्मनिरपेक्षता की सहायता से जीवन में निम्नलिखित ढंग से सुधार हुआ है–

- धार्मिक सहनशीलता को बढ़ावा।
- लोकतांत्रिक मूल्यों को प्रोत्साहन।
- स्वस्थ दृष्टिकोण का विकास जिसमें विज्ञान, कला, धर्म तथा दर्शन की व्यक्तिगत वृद्धि को बढ़ावा दिया है।
- पुरातन रीति-रिवाजों तथा अंधविश्वासों को तोड़ना।

संविधान ने हर संभव प्रयत्न किया है कि भारतीय समाज को एक धर्म निरपेक्ष राज्य बनाया जाए जिससे हमारे समाज में सभी धर्मों के लिए समान आदर के द्वारा समरूप सामाजिक व्यवस्था का निर्माण करना निश्चित हो सके, जिसमें धर्मों के विभिन्न प्रकार विराजमान रहते हैं।

## 5. मानव अधिकार (Human Rights)

मानव स्वयं को पहचानने की खोज करता है और आदर की भावना ही विद्यार्थियों में आपसी सहमति लाती है जिससे समाज बनता है। समाज में रहने वाले कुछ मूल अधिकार अपने सदस्यों को देते हैं परंतु उन सबको उनका प्रयोग करना निश्चित नहीं होता। शोषण तथा दबाव के विरुद्ध जागरूकता; मूल अधिकारों की अनुभूति के लिए क्रियाओं का संगठन ही मानव अधिकार तथ्यों तथा आंदोलन को आधार प्रदान करता है।

मानव अधिकार की व्यवस्था वर्तमान समय का ही तत्व प्रतीत होता है जिसका उद्‌भव संयुक्त राष्ट्रों द्वारा सन् 1948 में मानव अधिकार की घोषणा से हुआ। यद्यपि मनुष्य को इस पृथ्वी पर रह रहे सभी जातियों में से सबसे सर्वोत्तम प्राणी माना जाता है, फिर भी मनुष्य ही एक ऐसा प्राणी है जिसका स्वयं का विनाश तथा ह्रास का अक्षम्य रिकार्ड है।

मानव अधिकार सार्वभौमिक अधिकार है। वे सभी से संबंधित हैं क्योंकि सभी मानव हैं और ये मानव उत्पत्ति तथा आदर में निहित हैं। इसी प्रकार नागरिक समाज का प्रत्येक सदस्य; राष्ट्र, जाति, सम्प्रदाय, समुदाय, धर्म, क्षेत्र, आर्थिक स्तर तथा लिंग की अपेक्षा भी कुछ विशेष अधिकारों का प्रयोग करता है। मानव अधिकारों की सार्वभौमिकता संयुक्त राष्ट्र चार्टर में पाई जाती है, जिसे जून 26, 1945 को अपनाया गया। यह इस प्रकार है–

हम संयुक्त राष्ट्रों के लोगों ने, मूलभूत मानव अधिकारों में, मानव व्यक्तित्व की योग्यता तथा आदर में, स्त्रियों तथा पुरुषों को समान अधिकारों में, और छोटे या बड़े राष्ट्र में विश्वास को फिर से स्थिर करने का-इन उद्देश्यों की प्राप्ति के लिए, अपने प्रयत्नों को संगठित करने का निश्चय किया है।

संयुक्त राष्ट्रों को मानव अधिकारों के दर्शन में अपने विश्वास को स्थिर क्यों करना पड़ा? वास्तविकता यह है कि दो विश्व युद्धों के समय तथा उनके बीच के समय में, जो लगभग 30 वर्ष का समय था, राष्ट्रीय तथा अंतर्राष्ट्रीय स्तर पर मानव अधिकारों का बहुत बड़े पैमाने पर ह्रास हुआ तथा विश्व के राष्ट्रों के लिए आवश्यक हो गया कि इस बात पर गहनता से विचार करें। मानव अधिकार यद्यपि मूल अधिकार है फिर भी समय-समय पर हमारे समाज में विद्यमान असमानताओं ने इसका विरोध किया। जब भारत ने सन् 1947 में आजादी प्राप्त की थी, तो भारत के लोगों के साम्राज्यवाद के संघर्ष ने मानव अधिकार के संप्रत्यय पर आधारित सामाजिक-राजनीतिक प्रणाली का आधार पहले से ही तैयार कर दिया था। संयुक्त राष्ट्रों द्वारा मानव अधिकारों की सार्वभौमिक उद्घोषणा (1948), जो सन् 1945 में पारित किए गए चार्टर से युक्त थी, को भारत के द्वारा अपनाया जाना कोई एक रात में लिया गया निर्णय नहीं था।

अल्पविकसित तथा विकासशील विश्व में भूख, बेरोजगारी, शैक्षिक पिछड़ापन, सामाजिक तथा वातावरणीय असुरक्षा तथा बालक एवं स्त्री शोषण पाया जाता है। यद्यपि भारत में पिछले 73 वर्षों में बहुत परिवर्तन आए हैं, फिर भी इसके द्वारा बहुत से ऐसे प्रयास किए जाने आवश्यक हैं, जिससे यह निश्चित हो सके कि प्रत्येक नागरिक मूलभूत मानव अधिकारों का उचित प्रयोग कर रहा है। संयुक्त राष्ट्र समागम (Convocation) जो 1989 में बच्चों के अधिकार पर पारित किया गया, के द्वारा 18 वर्ष की आयु से नीचे बालक को एक मानव प्राणी माना गया है, जब तक कि बालक पर कानून लागू नहीं होता, तब से पहले बहुत कुछ प्राप्त किया जा चुका होता है। समागम में विभिन्न प्रकार के अधिकार शामिल हैं—नागरिक, राजनीतिक, आर्थिक, सामाजिक एवं सांस्कृतिक।

यह संयुक्त राष्ट्र संगठन की सामान्य एसेम्बली थी जिसने दिसम्बर 10, 1948 ई. में मानव अधिकारों पर उद्घोषणा की।

सामान्य सभा घोषणा करती है—

मानव अधिकारों की सार्वभौमिक उद्घोषणा सभी राष्ट्रों तथा सभी लोगों के लिए उपलब्धियों का सामान्य स्तर है जिसके अंत तक समाज का प्रत्येक अंग, प्रत्येक व्यक्ति, इस उद्घोषणा को अपने मन में रखते हुए, शिक्षण तथा शिक्षा के द्वारा इन अधिकारों के लिए आदर को बढ़ावा तथा स्वतंत्रता और राष्ट्रीय एवं अंतर्राष्ट्रीय स्तर पर प्रगतिशील उपायों के द्वारा अपनी सार्वभौमिक तथा प्रभावी पहचान को प्राप्त करने का प्रयत्न करेगा।

*अनुच्छेद 1*—सभी मानव स्वतंत्र पैदा होते हैं तथा अधिकारों एवं गरिमा में समान हैं। वे तर्क तथा चेतना से युक्त हैं और उन्हें बंधुत्व की भावना से एक-दूसरे के प्रति कार्य करना चाहिए।

*अनुच्छेद 2*—जाति, रंग, लिंग भाषा, धर्म, राजनति या अन्य विचारधारा, राष्ट्रीय या सामाजिक उद्भव, सहमति, जन्म या अन्य स्तर के आधार पर बिना किसी भेदभाव के प्रत्येक व्यक्ति को. इस उद्घोषणा के अनुसार स्वतंत्रता तथा अधिकार प्राप्त हैं। इसके अतिरिक्त किसी भी राजनीतिक, देश या क्षेत्र के अंतर्राष्ट्रीय स्तर, जिससे वह व्यक्ति सम्बन्धित है, चाहे वह स्वतंत्र, गैर सरकारी या किसी भी प्रभुसत्ता की सीमाओं के अंदर हो; के आधार पर कोई भेदभाव नहीं किया जाएगा।

*अनुच्छेद 3*—प्रत्येक व्यक्ति को जीवन, स्वतंत्रता तथा सुरक्षा का अधिकार है

*अनुच्छेद 4*—किसी को भी दासता में नहीं रखा जाएगा। दास प्रथा और दासता व्यापार सभी प्रकारों में वर्जित किया जाएगा।

*अनुच्छेद 5*–प्रत्येक व्यक्ति को सभी स्थानों पर कानून के समक्ष एक व्यक्ति के रूप में पहचाने जाने का अधिकार है।

*अनुच्छेद 6*–किसी पर भी अत्याचार या अमानवीय व्यवहार करने का अधिकार नहीं है।

*अनुच्छेद 7*–कानून के समक्ष सभी समान हैं और सभी को समान रूप से कानून का संरक्षण प्राप्त है।

*अनुच्छेद 8*–सभी को संविधान या कानून द्वारा प्राप्त अधिकारों का अतिक्रमण करने वाले कार्यों के विरूद्ध समुचित राष्ट्रीय अदालतों की कारगर सहायता पाने का अधिकार है।

*अनुच्छेद 9*–किसी को भी मनमाने ढंग से बंदी नहीं बनाया जाएगा, रोका नहीं जाएगा और न ही देश निकाला दिया जाएगा।

*अनुच्छेद 10*–अपने अधिकारों के निर्धारण में तथा उसके विरुद्ध किसी भी अपराधिक कार्य के लिए प्रत्येक व्यक्ति को अपनी बात निष्पक्ष तथा स्वतंत्र रूप से करने का अधिकार है।

*अनुच्छेद 11*–राष्ट्रीय या अंतर्राष्ट्रीय नियम के आधार पर यदि कोई धर्म गलत नहीं है तो उसे दण्ड नहीं दिया जाएगा।

*अनुच्छेद 12*–किसी भी व्यक्ति को अन्य के परिवार में हस्तक्षेप करने का अधिकार नहीं है। यदि कोई ऐसा करता है तो उसे ऐसे हस्तक्षेप या हमले के विरुद्ध संरक्षण का अधिकार है।

*अनुच्छेद 13*–प्रत्येक व्यक्ति को अपने राज्य की सीमा में रहने तथा गतिमान होने की स्वतंत्रता का अधिकार है। प्रत्येक व्यक्ति को अपने देश के साथ किसी भी देश में जाने तथा अपने देश में वापिस आने का अधिकार है।

*अनुच्छेद 14*–प्रत्येक व्यक्ति को अन्य देश में उपद्रव से आश्रय लेने का अधिकार प्राप्त है।

*अनुच्छेद 15*

- प्रत्येक व्यक्ति को राष्ट्रीयता का अधिकार हैं।
- किसी भी व्यक्ति को जानबूझकर अपनी राष्ट्रीयता से वंचित नहीं रखा जाएगा और न ही अपनी राष्ट्रीयता को परिवर्तित करने से इंकार करने का अधिकार है।

*अनुच्छेद 16*

- सभी स्त्रियों तथा पुरुषों को, जब उनकी आयु विवाह योग्य हो, बिना किसी जाति, राष्ट्रीयता या धर्म के भेदभाव के शादी करने का तथा परिवार बनाने का अधिकार है। उन्हें शादी करते समय, शादी के समय तथा इसको समाप्त करते समय अधिकार प्रदान किए गए हैं।
- विवाह दोनों (स्त्री तथा पुरुष) की सहमति से ही संपन्न किया जाएगा।
- परिवार समाज की प्राकृतिक तथा मूलभूत सामूहिक इकाई है और समाज तथा राज्य के द्वारा इसका संरक्षण किया जाना चाहिए।

*अनुच्छेद 17*

- प्रत्येक व्यक्ति को अपनी संपत्ति तथा दूसरों के सहयोग से संपत्ति बनाने का अधिकार है।
- किसी को भी जानबूझकर उसकी सम्पत्ति से वंचित नहीं किया जाएगा।

*अनुच्छेद 18*–प्रत्येक व्यक्ति को चिन्तन, चेतना तथा धर्म की स्वतंत्रता का अधिकार है, इस अधिकार में अपने धर्म या विश्वास को परिवर्तित करने की स्वतंत्रता तथा सार्वजनिक या किसी रूप से अपने धर्म या विश्वास का शिक्षण, अभ्यास, आराधना करने की स्वतंत्रता शामिल है।

*अनुच्छेद 19*–प्रत्येक व्यक्ति को अपने विचारों को अभिव्यक्त करने की स्वतंत्रता का अधिकार है, इस अधिकार में बिना किसी के हस्तक्षेप के विचार बनाने तथा किसी भी माध्यम के द्वारा आदर्शों और सूचनाओं को खोजने, प्राप्त करने तथा प्रसार करने की स्वतंत्रता शामिल है।

*अनुच्छेद 20*

- प्रत्येक व्यक्ति को शांतिपूर्वक अपना संगठन बनाने या सभा करने की स्वतंत्रता का अधिकार है।
- किसी भी व्यक्ति को किसी संगठन से सम्बन्धित होने के लिए बाध्य नहीं किया जा सकता है।

*अनुच्छेद 21*

- प्रत्येक व्यक्ति को प्रत्यक्ष रूप से या स्वतंत्र रूप से चुने गए प्रतिनिधियों के द्वारा अपने देश की सरकार में भाग लेने का अधिकार है।
- प्रत्येक व्यक्ति को अपने देश में सार्वजनिक सेवा का अधिकार है।
- लोगों की इच्छा ही सरकार के अधिकार का आधार होगा। यह इच्छा समयानुसार उचित चुनावों में अभिव्यक्त की जाएगी।

*अनुच्छेद 22*–प्रत्येक व्यक्ति को समाज का सदस्य होने के नाते सामाजिक संरक्षण का अधिकार है।

*अनुच्छेद 23*

- प्रत्येक व्यक्ति को काम करने, स्वतंत्रता से रोजगार चुनने, कार्य करने की उचित परिस्थितियों तथा बेरोजगारी के विरुद्ध संरक्षण का अधिकार है।
- प्रत्येक को बिना किसी भेदभाव के समान कार्य के लिए समान आय का अधिकार है।
- प्रत्येक व्यक्ति जो काम करता है उसे स्वयं के लिए तथा अपने परिवार के लिए उचित पारिश्रमिक का अधिकार है जिसके आधार पर वह अपना मानव अस्तित्व बनाए रख सके और यदि आवश्यक हो तो वह अन्य पूरक साधनों का भी प्रयोग कर सकता है।
- प्रत्येक व्यक्ति को अपनी रुचियों की सुरक्षा के लिए व्यापार संघों का निर्माण करने तथा उनका हिस्सा बनने का अधिकार है।

*अनुच्छेद 24*–प्रत्येक व्यक्ति को आराम या अवकाश का अधिकार है, जिसमें कार्य करने के उचित सीमित घंटे तथा समकालिक अवकाश शामिल हैं।

*अनुच्छेद 25*

- प्रत्येक व्यक्ति का अपने तथा अपने परिवार के कल्याण, स्वास्थ्य के लिए पर्याप्त रहन-सहन का अधिकार है जिसमें भोजन, कपड़ा, मकान तथा चिकित्सा सम्बन्धी देखभाल तथा आवश्यक समाज सेवाएँ तथा बेरोजगारी, बीमारी, अयोग्यता, विधवापन, बुढ़ापे या अन्य कमी या जीवन की ऐसी परिस्थितियाँ; जो उसके नियंत्रण से बाहर हों, के समय में सुरक्षा का अधिकार सम्मिलित है।
- माता तथा बालक के लिए विशिष्ट देखभाल तथा सहायता का प्रावधान रखा गया है। सभी बच्चों को समान सामाजिक संरक्षण दिया जाएगा।

*अनुच्छेद 26*

- सभी को शिक्षा प्राप्त करने का अधिकार है। प्राथमिक तथा आधारभूत स्तर पर शिक्षा मुफ्त होनी चाहिए। प्राथमिक शिक्षा अनिवार्य होनी चाहिए। तकनीकी तथा व्यावसायिक शिक्षा सामान्य रूप से उपलब्ध होगी तथा उच्च शिक्षा मैरिट के आधार पर सभी को समान रूप से प्राप्त होनी चाहिए।

- शिक्षा व्यक्ति के संपूर्ण विकास तथा मानव अधिकारों एवं मूलभूत स्वतंत्रता को सशक्त बनाने की दिशा में निर्देशित होगी। इसके द्वारा सभी राष्ट्रों, जातियों का धार्मिक समूहों में सूझ-बूझ, सहनशीलता तथा मित्रता को बढ़ावा दिया जाएगा तथा इसके साथ-साथ शांति को बनाए रखने के लिए संयुक्त राष्ट्रों के कार्यों को बढ़ावा दिया जाएगा।
- सभी अभिभावकों को अधिकार है कि अपने बच्चों के लिए दी जाने वाली किसी भी प्रकार की शिक्षा का चयन कर सकते हैं।

*अनुच्छेद 27*

- प्रत्येक व्यक्ति को समुदाय के सांस्कृतिक जीवन में स्वतंत्रतापूर्वक भाग लेने, कलाओं का प्रयोग करने तथा वैज्ञानिक आधुनिकता तथा ज्ञान प्राप्त होने वाले लाभ में अपना हिस्सा बांटने का अधिकार है।
- प्रत्येक व्यक्ति को किसी भी वैज्ञानिक, साहित्यिक या कलात्मक उत्पादन, जिसका वह लेखक है, के परिणामस्वरूप नैतिक तथा भौतिक रुचियों के संरक्षण का अधिकार है।

*अनुच्छेद 28*–प्रत्येक व्यक्ति को सामाजिक तथा अंतर्राष्ट्रीय व्यवस्था का अधिकार है जिसमें इस उद्घोषणा में रखे गए अधिकारों तथा स्वतंत्रता की पूर्ण रूप से अनुभूति की जा सके।

*अनुच्छेद 29*

- प्रत्येक व्यक्ति के उस समुदाय, जिसमें उसके व्यक्तित्व का स्वतंत्र रूप से पूर्ण विकास संभव है, के प्रति कुछ कर्त्तव्य हैं।
- अपने अधिकारों और स्वतंत्रताओं का प्रयोग करते हुए प्रत्येक व्यक्ति केवल ऐसी ही सीमाओं द्वारा बाध्य होगा, जो शासन द्वारा निश्चित की जाएंगी और जिनका एकमात्र उद्देश्य दूसरे के अधिकारों और स्वतंत्रताओं के लिए आदर और समुचित स्वीकृति की प्राप्ति होगी तथा व्यवस्था और सामान्य कल्याण की उचित आवश्यकताओं को पूरा करना होगा।
- इन अधिकारों तथा स्वतंत्रताओं का प्रयोग किसी भी प्रकार से संयुक्त राष्ट्रों के सिद्धांतों तथा उद्देश्यों के विरुद्ध नहीं किया जा सकता।

*अनुच्छेद 30*

- इस उद्घोषणा में किसी भी तथ्य की किसी राज्य, समूह या व्यक्ति के अनुसार व्याख्या नहीं की जा सकती। किसी को भी ऐसी क्रिया में संलग्न रहने का या किसी भी ऐसे कार्य को करने का अधिकार नहीं है जिसका उद्देश्य किसी भी अधिकार या स्वतंत्रता का विध्वंस या विनाश हो।
- ऊपर वर्णित मानव अधिकारों का विश्लेषण करने पर यह प्रतीत होता है कि लगभग सभी अधिकारों को भारतीय संविधान में रखा गया है। इन सभी अधिकारों का आधार है व्यक्तित्व का आदर तथा मानव के रूप में प्रत्येक व्यक्ति की गरिमा।
- मानव अधिकार आंतरिक रूप से लोकतांत्रिक आदर्शों से सम्बन्धित हैं। भारतीय संविधान में इन मानव अधिकारों की रक्षा के लिए निम्नलिखित प्रावधान विद्यमान हैं–

– कानून के समक्ष समानता (अनु. 14)

– धर्म, जाति, सम्प्रदाय, लिंग तथा जन्म-स्थान के आधार पर कोई भेदभाव नहीं (अनु. 15)

– अवसरों की समानता (अनु. 16)

– बोलने, अभिव्यक्ति करने, सभा करने, संगठन बनाने, चलने, रहने, सम्पत्ति बनाने तथा समाप्त

करने, किसी भी व्यवसाय को अपनाने, किसी भी व्यवसाय या व्यापार का अभ्यास करने की स्वतंत्रता (अनु. 19)

- बलपूर्वक मजदूरी पर रोक (अनु. 23)
- 14 वर्ष से कम आयु के बालकों के लिए मजदूरी पर रोक (अनु. 24)
- धर्म की स्वतंत्रता (अनु. 23)
- राज्य की सहायता से चलाई जाने वाली किसी भी शिक्षा संस्था में धार्मिक अनुदेशन का कोई प्रावधान नहीं (अनु. 28)
- भाषा, धार्मिक पुस्तकों तथा संस्कृति का संरक्षण (अनु. 29)
- अल्पसंख्यकों को शैक्षिक संस्थाओं को खोलने का अधिकार (अनु. 30)
- सामाजिक व्यवस्था का राज्य का आश्वासन (अनु. 38)
- स्त्रियों और पुरुषों को समान काम के लिए समान पैसा (अनु. 39)
- विशेष स्थिति में काम करने, शिक्षा देने और सार्वजनिक सहायता प्राप्त करने का अधिकार (अनु. 41)
- 14 वर्ष तक की आयु के बच्चों के लिए मुफ्त तथा अनिवार्य शिक्षा का प्रावधान (अनु. 45)
- समाज की अनुसूचित जातियों, अनुसूचित कबीलों तथा अन्य कमजोर वर्गों के आर्थिक विकास तथा शिक्षा का आश्वासन (अनु. 46)

इस प्रकार ऊपर वर्णित संवैधानिक अधिकारों से यह प्रतीत होता है कि भारतीय संविधान का आधार भी मानव अधिकार है। सिमोनीदर तथा वोलड़िन (Symonider and Voldin) (1995) के द्वारा सहनशीलता को दूसरों की प्रशंसा तथा पहचान, इकट्ठे मिलजुल कर रहने की योग्यता तथा दूसरों को सुनना, सन् 1978 के जाति तथा जातीय पक्षपात पर यूनेस्को की उद्घोषणा के द्वारा निर्मित आदर, सभी व्यक्तियों तथा समूहों के विभिन्न अधिकारों के रूप में परिभाषित किया है। व्यक्तियों में सहनशीलता की भावना के विकास के महत्व को समझते हुए संयुक्त राष्ट्रों ने सन् 1995 को सहनशीलता का वर्ष (Year of Tolerance) घोषित कर प्रदर्शित किया है।

# 11. शिक्षा के केन्द्र
## (Focus of Education)

*"All education proceeds by participation of the individual in the social consciousness of the race."*
*—John Dewey*

पिछले कुछ वर्षों में दो प्रमुख भविष्य सम्बन्धित रिपोर्ट प्रस्तुत की गई हैं जिसके आधार पर यूनेस्को ने शिक्षा में उदीयमान चुनौतियों का दृष्टिकोण प्रस्तुत किया गया है। सबसे प्रथम रिपोर्ट थी 'लर्निंग टू बी' जिसे एडगर डेल की अध्यक्षता में 1973 में एक आयोग के द्वारा तैयार किया गया। इस रिपोर्ट ने 70वें व 80वें दशक की शिक्षा प्रणाली को आकार प्रदान किया। यूनेस्को की इडियन नैशनल कमीशन फार कॉपोरेशन (Indian National Commission for Cooperation) के द्वारा हमारे देश में इस रिपोर्ट को लागू करने में क्रियात्मक भूमिका निभाई गई।

इसके पश्चात् एक अन्य रिपोर्ट 'अधिगम: आंतरिक खजाना (Learning: The Treasure with in) प्रस्तुत की गई जिसे जैक्स डेलर की अध्यक्षता में 21वीं शताब्दी के लिए शिक्षा पर अंतर्राष्ट्रीय आयोग (International Commission on Education for 21st Century) के द्वारा तैयार किया गया। यह रिपोर्ट उदीयमान विश्व का तथा आवश्यक तकनीकी, आर्थिक तथा सामाजिक परिवर्तन व इस परिवर्तन से आने वाली बहुत सी समस्याओं का एक सर्वेक्षण है। आयोग के द्वारा उदीयमान परिस्थितियों की पूर्ति के लिए शिक्षा के दार्शनिक व शिक्षा-शास्त्रीय सिद्धांतों की पुन: व्याख्या की गई। इस प्रकार रिपोर्ट में शिक्षा के आर्थिक, सांस्कृतिक व सामाजिक पक्षों का संतुलन प्रस्तुत किया गया। आयोग के द्वारा जीवन पर्यन्त अधिगम पर अत्यधिक बल दिया गया तथा वह सुझाव दिया गया कि भविष्य में शिक्षा चार स्तंभों पर आधारित होनी चाहिए:

- जानने के लिए सीखना (Learning to know)
- करने के लिए सीखना (Learning to do)
- अस्तित्व बनाए रखने के लिए सीखना (Learning to be)
- एक साथ मिलकर रहने के लिए सीखना (Learning to live together)

हमारे देश में डैलर की रिपोर्ट एक गहन रुचि व सार्वजनिक वाद-विवाद का विषय बन गई है क्योंकि हम 21वीं शताब्दी में शिक्षा के लिए योजना बना रहे हैं। शिक्षा के चारों स्तंभों पर समान रूप से केन्द्रित करते हुए हम यह आशा करते हैं कि हम परिवर्तित विश्व की चुनौतियों का सामना प्रभावी ढंग से कर पाएँगे, जहाँ परंपरागत 3 R के ज्ञान के स्थान पर नीति संबंधों तथा प्रजातांत्रिक मूल्यों पर अधिक ध्यान की मांग की जाती है। नई शिक्षा नीति 2020 की रिपोर्ट में इन चारों स्तंभों को ध्यान में रखा गया है तथा विभिन्न कार्यक्रमों से इनकी प्राप्ति के सुझाव दिए हैं।

शिक्षा वैयक्तिक तथा सामाजिक विकास में महत्वपूर्ण भूमिका अदा करती है। यह कोई जादू की छड़ी नहीं है या कोई चमत्कारिक फार्मूला नहीं है जो विश्व के दरवाजे इस प्रकार खोल देगी कि सभी आदर्शों को आसानी से प्राप्त किया जा सकेगा। यह एक प्रमुख साधन

है जिसके द्वारा मानव विकास का अधिक गहन व समरूप प्रकार विकसित किया जा सकता है तथा गरीबी, अज्ञानता, व युद्ध आदि समस्याओं को सुलझाया जा सकता है। 21वीं शताब्दी में वैश्वीकरण का आधिपत्य है और यह विभिन्न प्रकार के तनावों को दूर करने में योगदान देगा जैसे विश्व तथा स्थानीय के बीच तनाव, सार्वभौमिक तथा वैयक्तिक के बीच तनाव, परम्परागत तथा आधुनिकता के बीच तनाव, ज्ञान का असीमित विस्तार तथा इसको ग्रहण करने की मानव की सीमित क्षमता का तनाव तथा आध्यात्मिक व भौतिक के बीच तनाव आदि। इस प्रकार संस्कृति में कितनी ही विभिन्नता हो, सामाजिक संगठन की किसी प्रकार की प्रणाली हो, लोकतांत्रिक मूल्यों के विकास या सामाजिक संतति को बनाए रखने की चुनौती सार्वभौमिक बनी रहेगी। अब हम शिक्षा के चार स्तंभों की विस्तारपूर्वक व्याख्या करेंगे जिन पर शिक्षा को प्रमुख रूप से केन्द्रित होना चाहिए:

### 1. जानने के लिए सीखना (Learning to Know)

इस प्रकार का अधिगम, अधिगम यंत्रों की निपुणता या स्वामित्व के स्थान पर संरचनात्मक ज्ञान की प्राप्ति से सम्बन्धित होता है। इसे मानव अस्तित्व के साधन व साध्य दोनों के रूप में माना जाता है। यदि इसे साधन के रूप में माना जाए तो इसका अर्थ है कि लोगों को अपने चारों ओर के विश्व को समझना सीखना होगा, अपनी व्यावसायिक कौशलों का विकास तथा अन्य लोगों के साथ संचरण की योग्यता का विकास करना होगा, जो सम्मान के साथ अपने जीवन को चलाने के लिए आवश्यक हो। एक साध्य के रूप में यह खुशी से सम्बन्धित है जो सूझ-बूझ, ज्ञान व खोज से प्राप्त की जा सकती है।

शिक्षा के द्वारा जानने के लिए सीखने पर बल दिया जाना चाहिए। जानने के लिए सीखने के उपागमों में एक बड़ी मात्रा में परिवर्तन आ सकते हैं विशेष रूप से तब जब सूचना की प्राप्ति आसान हो जाए। स्वयं के लिए अध्ययन पर भी अधिक बल दिया जा रहा है क्योंकि अब बाजार में प्रयोग होने वाले कौशलों पर अधिक बल दिया जाता है। स्कूल अधिगम की आयु को बढ़ावा तथा अवकाश के समय में बढ़ावा भी स्व-अध्ययन के लिए अवसरों के साथ अधिक से अधिक व्यस्क प्रदान करेगा। हमारा ज्ञान जितना अधिक विस्तृत होगा उतना ही हम अपने वातावरण के विभिन्न पक्षों को अच्छी प्रकार समझ सकते हैं। इस प्रकार अधिगम केवल सूचनाओं की प्राप्ति से नहीं अपितु संप्रत्ययों के अधिक गहन प्रकृति के रूप में होगा जिससे जानने के लिए अधिगम का परिणाम होगा अधिगम के लिए सीखना। अब प्रश्न यह उठता है कि जानने के लिए अधिगम के हमारे मूल्य क्या है?

- जानना क्या .......... क्या सीखना शक्ति है?
- कैसे जानना .......... शक्तिशाली अधिगम क्या है?

शैक्षिक परिवर्तन एक जटिल प्रक्रिया है। इसके लिए हमारे मूल्यों तथा विश्वासों का महत्वपूर्ण योगदान रहता है। शिक्षा में परिवर्तन के लिए आवश्यक है कि विभिन्न प्रक्रियाओं पर समय-समय पर पुर्नावलोकन किया जाए।

इन प्रमुख प्रक्रियाओं में शामिल है:

- हमारे मूल्यों तथा विश्वासों का पुर्नावलोकन तथा स्पष्टता।
- हमारे लक्ष्य - हमारे शिक्षा के उद्देश्य।
- लोग किस प्रकार सीखते हैं, के बारे में सूझबूझ विकसित करना, और
- विद्यार्थियों को स्कूल अधिगम वर्ष में क्या सीखना चाहिए, को निश्चित करने में क्रियात्मक रहना।

पिछले लगभग 73 वर्षों से हमने मानव अधिगम की प्रकृति के बारे में, मानव बुद्धि की प्रकृति व विस्तार के बारे में अपनी सामूहिक सूझ-बूझ को अधिक गहन व विस्तृत किया है तथा हम उन शिक्षा प्रक्रियाओं का विकास कर रहे हैं जो अधिगम का समर्थन करती है तथा उसे बढ़ावा देती है। आज हमारी चुनौती इस बात को स्पष्ट करना है कि हमारे शिक्षा उद्देश्यों का क्या मूल्य है, अधिगम के बारे में हमारे विश्वास तथा मूल्य क्या है तथा हमारे शिक्षा उद्देश्यों की प्राप्ति के लिए कौन-सा पाठ्यक्रम उपयुक्त पाठ्यक्रम है? ज्ञान के युग के लिए पाठ्यक्रम को पुनः परिवर्तित करने के लिए आवश्यक है कि हमें इस बात की सूझ-बूझ प्राप्त करनी होगी कि शिक्षा प्रणाली में हम जहाँ हैं वहाँ तक हम कैसे पहुँचे। हमें केवल उन लाभों को ही नहीं जानना है जो प्राप्त किए जा चुके हैं अपितु उन शक्तियों को भी समझना है जो हमें वर्तमान परिस्थितियों तक बनाए रखेगी तथा हमें आगे बढ़ने में रुकावट का कार्य करेगी।

एक शिक्षक के रूप में आपको यह सोचना चाहिए कि आपका शैक्षिक उद्देश्य क्या है? आप क्यों पढ़ाते हो? यह नही कि आप तकनीकी क्यों पढ़ाते हो, न ही यह कि आप गणित क्या पढ़ाते हो अपितु यह कि आप नवयुवकों को क्यों पढ़ाते हों? शिक्षित क्यों करते हो? क्या तुम्हारा उद्देश्य साधारण रूप से आर्थिक या राजनैतिक प्रणाली के लिए कार्य करना है? क्या तुम्हारा आधारभूत शैक्षिक उद्देश्य विशिष्ट संदर्भ की सीमा से बाहर है जिसमें हम शिक्षित कर रहे हैं? एक शिक्षक के रूप में आपके प्रमुख मूल्य तथा विश्वास क्या हैं?

अंतर्राष्ट्रीय आयोग ने काम के अवसरों के साथ विस्तृत सामान्य ज्ञान के मिश्रण के आधार पर 'लर्निंग टू नो' के स्तंभ की पहचान की। इसका अर्थ अधिगम के लिए सीखना भी है जिससे जीवन पर्यन्त शिक्षा के द्वारा प्रदान किए जाने वाले अवसरों का लाभ प्राप्त हो सके।

इसके लिए हमें पाठ्यक्रम का पुनः निर्माण करना होगा—अधिगमकर्त्ताओं के लिए क्या जानना अधिक महत्त्वपूर्ण होगा? कौन-सा अधिगम अधिगमकर्त्ताओं को जीवन पर्यन्त अधिगम युक्त करेगा? हम क्या सोचते हैं कि विद्यार्थी को क्या सीखना चाहिए? पाठ्य-सामग्री की प्रकृति क्या है जिसके द्वारा हम 21वीं सदी में प्रवेश कर रहे हैं?

पीटर एलयार्ड (Petter Ellyard) के शब्दों में,

*"अधिगम सफलता की कुंजी है। यदि हमारा समाज ऐसा है जो भविष्य में प्रत्येक कदम के साथ अधिगम को अधिकतम करता है तो भविष्य की सफलता बड़े स्तर पर बढ़ जाएगी। अतः 21 वीं शताब्दी में सफलता के लिए अधिगम की नवीन संस्कृति का विकास आवश्यक है।"*
*("The key to success is learning. If our society is one which maximises learning with every step into the future, the chance of future success will be greatly enhanced. Thus development of new culture of learning is necessary for success in the 21st century.")*

जैसे-जैसे ज्ञान, ज्ञान की उत्पत्ति, तथा ज्ञान का बंटवारा एक ज्ञान आधारित अर्थव्यवस्था की सम्पत्ति बन जाता है, सूचना व संचरण तकनीक में विकास से सूचनाओं का कुशलतापूर्वक संग्रहण सरल बनता है तथा अधिक से अधिक सूचनाओं तक तीव्रता से पहुँच को बढ़ावा देता है और तकनीकी में आधुनिकता मानव कार्य की प्रकृति को निरंतर परिवर्तित कर रही है, वैसे-वैसे जीवन पर्यन्त अधिगम वैयक्तिक तथा सामूहिक आर्थिक प्रगति की कुंजी बन जाता है।

उदीयमान अधिगम संस्कृति में निम्नलिखित तत्वों को शामिल किया जाता है:

- जीवन पर्यन्त अधिगम
- प्रचलित अधिगम
- संयुक्त अधिगम

- विषय सामग्री अधिगम
- सीखने के लिए अधिगम
- परिवर्तित अधिगम
- समयानुकूल अधिगम

शिक्षक के रूप में हम यह जानते हैं कि अत्यधिक प्रभावी अधिगम तथा अत्यधिक प्रभावी शिक्षण आवश्यकता अनुकूल ही होता है।

**जानने के लिए सीखना-चुनौतियाँ (Learning to Know—The Challenges)**

जानने के लिए सीखने में कई चुनौतियाँ सम्मिलित हैं जो निम्नलिखित हैं–

- अपने मूल्यों तथा शैक्षिक उद्देश्यों को सुस्पष्ट बनाइए।
- जो हमारे लिए मूल्यवान है न केवल मूल्यवान जिसे हम माप सकते हैं, अपितु उसको मापने के साधनों को विकसित करो।
- तुम्हारी जानकारी क्या है? अपने विश्व की अनुभूति करने के लिए अनुभवों को एकीकृत करने का आपका ढंग कैसा है?
- नवीन चक्षुओं से देखो।

इस प्रकार जानने के लिए सीखने से अभिप्राय है ध्यान, स्मृति, कौशलों तथा सोचने की योग्यता के विकास के द्वारा यह सीखना कि कैसे सीखना है। डैलर ने इस बात पर भी बल दिया कि चिन्तन के लिए सीखने की प्रक्रिया एक जीवन पर्यन्त चलने वाली प्रक्रिया है। शिशु अवस्था से ही बालकों को यह सीखना चाहिए कि वस्तुओं पर तथा अन्य लोगों पर ध्यान केन्द्रित कैसे करना है। इसीलिए विद्यालयों में विवरणों पर दिए जाने वाले बल में परिवर्तन करके 'प्रयोगात्मक योग्यता' पर बल दिया जाना आवश्यक है। अतः अधिगम को संकल्पनाओं की विस्तृत खोज की दिशा में ले जाया जाना चाहिए ताकि जानने के लिए सीखने को संभव बनाया जा सके जिसके परिणामस्वरूप 'सीखने के लिए सीखना' की प्राप्ति हो सके। जब एक बार सीखने की प्राप्ति हो जाती है तो शिक्षा के अवसर से जो लाभ प्राप्त हो सकता है, वह जीवन पर्यन्त रहेगा। अतः ध्यान केन्द्रित कौशलों में सुधार की प्रक्रिया विभिन्न प्रारूप ले सकती है और विभिन्न अधिगम अवसरों से इसे सहायता मिल सकती है। जैसे–खेल, कार्य अनुभव कार्यक्रम, यात्रा, प्रायोगिक वैज्ञानिक अनुभव आदि।

## 2. करने के लिए सीखना (Learning to Do)

यह मूलभूत रूप से व्यावसायिक प्रशिक्षण से संबंधित है। हमें किस प्रकार की शिक्षा को अपनाना चाहिए जिससे यह भविष्य में आवश्यक विभिन्न प्रकार के कार्यों को करने के लिए लोगों को जानकारी प्रदान कर सके। 21वीं सदी के लिए शिक्षा पर डैलर आयोग रिपोर्ट के अनुसार इसके निहितार्थ व्यावसायिक और वृत्तिक शिक्षा के अतिरिक्त भी हैं।

उत्पादक उद्योगो में अब तक जो भूमिका ज्ञान तथा सूचना के द्वारा निभाई जाती थी अब उसके स्थान पर विशिष्ट कौशलयुक्त व्यक्तियों की आवश्यकता है। अब सबसे अधिक व्यक्तिगत योग्यता पर बल दिया जाता है। तकनीकी उन्नति के परिणामस्वरूप उन कौशलों में अत्यधिक परिवर्तन आया है जिनकी उत्पादक प्रक्रिया में आवश्यकता है। शारीरिक रूप से कार्य करने वालों के स्थान पर ऐसे व्यक्तियों की आवश्यकता है जो बौद्धिक रूप से उत्तम हैं, जिनमें मशीनों को चलाने व रख-रखाव की योग्यता है, जो संगठनात्मक कार्य में निपुण है क्योंकि आज के समय में मशीनें भी अत्यधिक बुद्धिमान हो रही हैं। आज मालिकों में भी यह प्रवृत्ति

बढ़ती जा रही है कि वे केवल सर्टिफिकेट के आधार पर नहीं अपितु व्यक्तिगत योग्यता के आधार पर व्यक्तियों का मूल्यांकन करते हैं। इस व्यक्तिगत कुशलता का मूल्यांकन कौशलों तथा योग्यताओं के मिश्रण के आधार पर किया जाता है, जैसे–तकनीकी तथा व्यावसायिक प्रशिक्षण के द्वारा प्राप्त कौशल, सामाजिक व्यवहार, व्यक्तिगत रूप से पहल करने की प्रवृत्ति, तथा जोखिम उठाने की इच्छा।

यह स्पष्ट है कि इस प्रकार की व्यक्तिगत कुशलता में व्यक्तिगत अंतः शक्ति या प्राप्त कौशल सम्मिलित होते हैं। इसे 'जन कौशल' या अन्तः व्यक्तिगत कौशल' भी कहा जा सकता है। इन गुणों में संचरण, सहयोगी भावना तथा समस्या समाधान कौशल को अधिक महत्त्व दिया जाता है और इसके लिए शिक्षा को अपने उद्देश्य, पाठ्यक्रम तथा शिक्षण विधियों को उसी के अनुसार परिवर्तित करना होगा।

विस्तृत रूप से इस बात पर सभी सहमत हैं कि आज नवीन मानव–केन्द्रित विकास सम्बन्धी विचारधारा की आवश्यकता है। नवीन कार्यों के लिए वरीयता दिए गए व्यावसायिक कौशलों में जीवन कौशल शामिल होगें जैसे एक दूसरे के साथ काम करने की योग्यता, अलग–अलग दृष्टिकोणों को ग्रहण करने के लिए अंतः व्यक्तिगत सम्बन्ध और मतभेदों को दूर करने की योग्यता। परंतु कार्य की प्रवृत्ति में निरंतर परिवर्तन होने की उम्मीद की जाती है। तकनीकी और अन्य सम्बन्धित विकास प्रक्रियाओं में परिवर्तन के कारण विशिष्ट प्रकृति का कार्य करने के लिए कभी अर्जित किया गया कौशल शायद अधिक समय के लिए उपयोगी न रहे। इसीलिए तकनीकी व व्यावसायिक शिक्षा तथा प्रशिक्षण जीवन पर्यन्त चलते रहना चाहिए क्योंकि काम करने के परिवर्तित वातावरण में सदा नवीनता लाने तथा कौशलों के विकास की आवश्यकता होती है।

बढ़ते हुए वैश्वीकरण तथा मुक्त व्यापार के परिणामस्वरूप जीवन पर्यन्त अधिगम की आवश्यकता बढ़ती जा रही है। नवीन आर्थिक दबाव के कारण आवश्यकता है कि सभी व्यक्तियों तथा उद्योगों को इस स्पर्धायुक्त युग में अपने आप को बचाए रखने के लिए अपने ज्ञान व कौशल को निरंतर आधुनिक बनाए रखना चाहिए। यदि स्वयं को जीवनपर्यन्त स्पर्धामय बनाए रखना है तो अधिगम अवसरों तक सभी की समान रूप से पहुँच होनी चाहिए तथा सभी के लिए अर्थपूर्ण कार्य की व्यवस्था भी होनी चाहिए।

इस प्रकार करने के लिए सीखना, कौशलों तथा ज्ञान के प्रयोग की सृजनात्मक रूप से व्याख्या को प्रतिबिम्बित करता है। सबसे पहले व्यक्ति को यह सीखना चाहिए कि अधिगम प्रभावी ढंग से कैसे प्राप्त किया जा सकता है; चिंतन किस प्रकार सृजनात्मक, आलोचनात्मक एवं विस्तृत होगा; प्रस्तुत की गई सूचना को गहन रूप से कैसे समझा जाए तथा लघु व दीर्घ समय में व्यक्तियों के लिए व समाज के लिए इसका क्रमबद्ध प्रभाव।

संचार माध्यमों तथा संचारण तकनीकों का प्रभाव इस तथ्य को भी दर्शाता है कि जैसे–जैसे नवयुवक इस विश्व में रहते हैं, काम करते हैं तथा परस्पर क्रिया करते हैं तो उनमें आलोचनात्मक नैतिकता का विकास होना भी आवश्यक है। आधुनिक जीवन की मांगों तथा जटिलताओं के परिणामस्वरूप सामाजिक आवश्यकताओं की पूर्ति के लिए एक संपूर्ण व क्रमबद्ध प्रत्युत्तर की आवश्यकता है, इसके लिए मूल्यों पर केन्द्रित होना आवश्यक है जो लोगों के कार्यों तथा चयन को जीवन पर्यन्त निर्देशित करती है। यह संभव नहीं है कि परिवार, चर्च/मंदिर/मकबरा/स्कूल या प्रशिक्षण संस्थान पृथक–पृथक रूप में कार्य करते हुए मूल्य–केन्द्रित शिक्षा के लिए उत्तरदायी बन सकें। कार्य के लिए सीखने के लिए बच्चों में निम्नलिखित मूल्यों का विकास किया जाना चाहिए:

### 'करने के लिए सीखना' के लिए लिए वैयक्तिक तथा कार्य मूल्य

मूल्य सजग रूप से या असजग रूप से हमारे जीवन के सभी पक्षों को प्रभावित करते हैं। ये चुनौतियों के प्रति हमारे प्रत्युतरों की गुणात्मकता, निर्णय जो हम करते हैं तथा शिक्षा जिसका हम अनुगमन करते हैं, को निश्चित करते हैं। यह समझना अत्यंत सरल है कि वे हमारे कार्य स्थान में इतने महत्वपूर्ण क्यों है। आज राष्ट्रीय शिक्षा नीति 2020 में भी यह उल्लेख किया गया है कि नवयुवकों द्वारा सामना किया जाने वाले तनावों तथा प्रभावों को दूर करने के लिए मूल्य सबसे प्रभावशाली तथा उचित उपगाम हैं उन्हे आलोचनात्मक चिन्तन, कौशलों, निर्णय लेना तथा सहनशक्ति विकसित करना सिखाया जाए जिनका मुख्य केन्द्र मूल्य निर्माण की प्रक्रिया हो। इसके परिणामस्वरूप विद्यार्थियों तथा प्रशिक्षकों में स्पर्धात्मक मूल्यों में से सजग रूप से चयन करने में आत्म-विश्वास तथा कौशलों का विकास होगा। उनमें समस्याओं को सुलझाने की तथा नैतिकता की योग्यता का विकास होगा।

नवयुवकों को कार्य के विश्व के लिए तैयार करने के लिए व्यावसायिक शिक्षा व प्रशिक्षण की आवश्यकता होती है परंतु यह मानव अधिकारों तथा आदर को बनाए रखने तथा उनको बढ़ाने पर केन्द्रित होना चाहिए। इस प्रकार की शिक्षा समाज के लिए एक अमूल्य देन होगी। शिक्षा के द्वारा विद्यालयों में आजीविका निर्देशन के अवसर प्रदान किए जाने चाहिए जिससे यह निश्चित हो सके कि प्रशिक्षक अपनी आजीविका तथा व्यवसाय का चयन अपनी रुचि, कार्य प्राथमिकता तथा शक्ति के आधार पर कर सकते हैं और जहाँ तक संभव हो अपनी क्षमता के अनुसार पहुँच सकते हैं तथा अत्यधिक संतुष्टि प्राप्त कर सकते हैं।

इस प्रकार शिक्षा का केन्द्र 'करने के लिए सीखना' होना चाहिए परंतु इसका अर्थ केवल व्यावसायिक कौशल प्राप्त करना ही नहीं है अपितु विस्तृत रूप से सामूहिक रूप से कार्य करने में तथा बहुत-सी परिस्थितियों का सामना करने की योग्यता का विकास करना है। इसके

साथ-साथ इसका अर्थ यह भी है कि युवाओं के विभिन्न सामाजिक और कार्य अनुभवों के संदर्भ मे क्रिया करने के लिए सीखना जो राष्ट्रीय या स्थानीय संदर्भ में अनौपचारिक तो हो सकता है या कोर्सों, वैकल्पिक अध्ययनों तथा सामूहिक कार्यों को शामिल करते हुए औपचारिक भी हो सकता है। नवीन कार्य प्रणाली, चाहे वह उद्योग में हो या सेवा क्षेत्र में, सूचनात्मक ज्ञान तथा सृजनात्मकता के गहन प्रयोग की मांग करेगी। वर्तमान समय में व्यक्तिगत योग्यता सैद्धान्तिक तथा व्यावहारिक ज्ञान पर आधारित है जिसमें व्यक्तिगत गत्यात्मकता तथा समस्या समाधान योग्यता, निर्णय शक्ति, अनुसंधान प्रवृत्ति तथा सामूहिक कौशल शमिल होती है। अत: क्रिया करने के लिए सीखने को विकसित करने के लिए 'सामूहिक अधिगम' में शिक्षणीय रूप से परिवर्तन करना अत्यंत आवश्यक होगा।

### 3. मिलकर रहने के लिए सीखना (Learning of Live Together)

*''जब तक संपूर्ण संसार में शांति का जाल होगा, तब जहाँ-जहाँ क्रोध व घृणा है वहाँ प्रेम व शांति होगी।''*

—रेचल एन हेमवर्ग ब्राऊन

आज विश्व में चारों ओर महाविनाश के आणविक, जैविक तथा रासायनिक अस्त्र-शस्त्रों के परिणामस्वरूप मानव जाति के लिए खतरा बढ़ता जा रहा है। इसके साथ-साथ विश्व के सभी भागों में हमें प्रचुर मात्रा में पक्षपात, घृणा तथा जन-हिंसा दिखाई देती है। दु:ख की बात यह है कि हमारे विश्व का इतिहास धर्म, नैतिकता, राष्ट्रीयता तथा अन्य सामूहिक विभिन्नताओं के विभेदीकरण के परिणामों से भरा पड़ा है। दो विश्व युद्धों के पश्चात् भी मानव ने एक साथ मिलकर रहने की कला नहीं सीखी है। द्वितीय विश्व युद्ध के पश्चात् भारत में 30 मिलियन से अधिक व्यक्तियों की विभिन्न युद्धों और लड़ाईयों में मृत्यु हो चुकी है। यदि हमने एक साथ मिलकर रहना सीख लिया होता तो अफगानिस्तान, जम्मू-कश्मीर में दर्दनाक घटनाएँ, पूर्व-यूगोस्लेविया में जातीय झगड़े, खाड़ी युद्ध, अमेरिका और इराक के युद्ध, भारत में बाबरी मस्जिद का विध्वंस और मुम्बई के दंगे इत्यादि घटित न होते। अत: प्रत्येक व्यक्ति में लोगों एवं उनकी संस्कृतियों की समझ विकसित करने की आवश्यकता है। इसके लिए प्रमुख शैक्षिक प्रयत्नों की आवश्यकता है जिन्हें स्कूलों व विश्वविद्यालयों में किया जाना चाहिए, परंतु इसके साथ-साथ सामुदायिक संगठनों, धार्मिक संस्थानों, जन-संचार माध्यमों तथा सार्वजनिक स्वास्थ्य प्रणाली के प्रयासों की आवश्यकता भी है।

क्या हम अच्छा कर सकते हैं? क्या हम अपनी अभिवृत्तियों तथा रुझानों में परिवर्तन कर सकते हैं? जिससे हम अपने घर में और विश्व में अधिक सहनशक्ति तथा आपसी मेलजोल का अभ्यास कर सके। मानव किस प्रकार उनके प्रति, जो उनके अपने समूह से बाहर के है; अधिक निर्माणात्मक रुझान रखना सीख सकते हैं और साथ-साथ प्राथमिक समूह के मूल्यों के प्रति निष्ठा तथा सुरक्षा को बनाए रख सकते हैं।

पक्षपातपूर्ण व्यवहार को कम करने तथा अंत: सामूहिक झगड़ों को खत्म करने में शिक्षा की महत्वपूर्ण क्षमता है। विस्तृत रूप से यदि कहा जाए तो शिक्षा, एक पृथक जाति-एक विशाल परिवार, विभिन्नता से अधिक समानता; जो एक अच्छे जीवन की खोज कर रहा हो, की स्पष्ट छवि प्रस्तुत कर सकती है। यदि वर्तमान युग में लोग इकट्ठे मिलकर रहना सीख जाएंगे, तो क्या संभव परिस्थिति होगी, इसे निम्नलिखित चित्र में दर्शाया गया है:

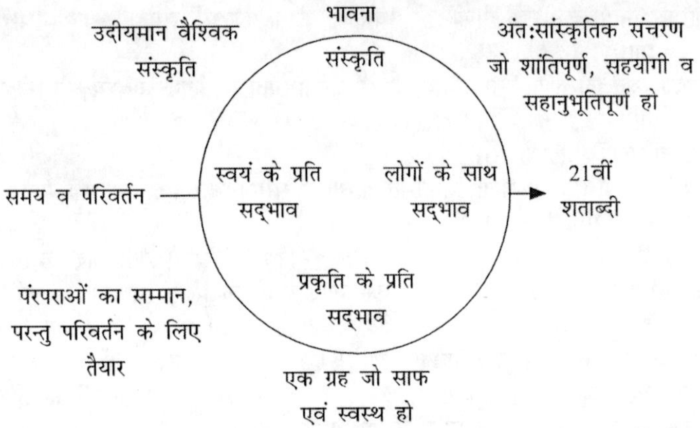


**एक संप्रत्यात्मक सामाजिक ढांचा**

वर्तमान समय में आवश्यकता है कि प्रत्येक राष्ट्र अपनी सामाजिक प्रणाली व संस्थानों को स्थापित करे व बनाए रखे जो लोकतांत्रिक मानव अधिकारों का आदर करते हों, राजनैतिक व आर्थिक रूप से सही हो, अस्तित्व मे बने रहने के अनुकूल उत्पादक तथा वैश्विक स्तर पर जागरूक हो। इकट्ठे मिल-जुलकर रहना सीखने में क्षेत्रीय आधार पर चिन्तन करने की आवश्यकता तथा वैश्विक स्तर पर सोचने की आवश्यकता में उचित संतुलन बनाए रखना चाहिए। इस प्रकार की सकारात्मक उपलब्धियों को प्राप्त करने के लिए लोगों की शिक्षा एक महत्वपूर्ण तत्व है और इस प्रकार की शिक्षा प्रक्रिया का मुख्य केन्द्र पाठ्यक्रम में अंतर्राष्ट्रीय शिक्षा तथा मूल्य शिक्षा पर बल होगा। पाठ्यक्रम में मुख्य बल शांति, मानव अधिकार, प्रजातंत्र तथा विकास को निरंतर बनाए रखने के लिए; जो अस्तित्व को बनाए रखने के लिए आवश्यक होता है; शिक्षा पर देना होगा।

### लक्ष्य (Goals)

शांति, मानव अधिकार, प्रजातंत्र तथा निरंतर विकास के लिए शिक्षा सार्वभौमिक मूल्यों की अभिवृत्ति के विकास के आधार पर घोषित की जाती है। इस उद्देश्य के लिए, शिक्षा के द्वारा ऐसे व्यक्ति तैयार किए जाने चाहिए जिनमें निरंतर परिवर्तनशील विश्व में जीवन को बनाए रखने के लिए आवश्यक कौशलों का विकास हो। इससे सम्बन्धित शिक्षा के लक्ष्य निम्नलिखित होंगे:

- मानव तथा वातावरण के लिए प्रेम विकसित करना।
- प्रत्येक के साथ और वातावरण के साथ सामन्जस्य से रहने की महत्ता के प्रति जागरुकता उत्पन्न करना।
- सूझ-बूझ, स्वीकार्यता तथा सहनशीलता को विकसित करने के लिए अंत: व्यक्तिगत संचरण के कौशलों का प्रत्येक व्यक्ति में विकास करना।
- प्रत्येक व्यक्ति को देने के लिए तथा प्राप्त करने के लिए योग्य बनाना।
- सामाजिक-सांस्कृतिक संदर्भ में प्रत्येक व्यक्ति की अद्वितीयता के प्रति जागरूकता विकसित करना।
- आदर व समानता, आपसी विश्वास तथा दूसरे के विश्वासों तथा संस्कृतियों के प्रति प्रशंसात्मक दृष्टिकोण की भावना से मानवीय सम्बन्धों की गुणवत्ता को विकसित करना।
- अभिव्यक्ति, विश्वास तथा आराधना की स्वतंत्रता निश्चित करना।
- सामाजिक, जीवन के सभी पक्षों में सक्रिय योगदान को बढ़ावा देना।

- प्रजातांत्रिक नागरिकता के गुणों का विकास करना जिससे समता, न्याय तथा शांति का विकास होगा।
- व्यक्तिगत स्वतंत्रता तथा उत्तरदायित्व के साथ स्वायत्तता के लिए आवश्यकता की जागरूकता जागृत करना।
- तार्किक कौशलों का विकास।
- वातावरण के प्रति जागरूकता विकसित करना जिससे निरंतर विकास तथा मानव जाति की निरंतरता को बढ़ावा मिलेगा।

शांति से मिलजुलकर रहना सीखने के लिए, मानव अधिकारों का आदर करने के लिए, प्रजातंत्र के अभ्यास के लिए तथा अस्तित्व को बनाए रखने के लिए, विकास की प्राप्ति के लिए एक एकीकृत तथा तर्कसंगत उपागम की आवश्यकता है जिसमें प्रत्येक अधिगमकर्त्ता के प्रत्येक पक्ष पर एक व्यक्ति के रूप में प्रभाव पड़ता है। इस प्रकार के उपागम में व्यापक व एकीकृत पाठ्यक्रम, उपयुक्त शिक्षण व्यूह रचनाओं, तकनीकों तथा संसाधनों और वास्तविक परिस्थितियों में मूल्यों का अभ्यास करने व ग्रहण करने में विद्यार्थियो का प्रत्यक्ष रूप से शामिल होना आवश्यक है।

अत: शिक्षा के द्वारा निर्भरता की समझ विकसित करके; संयुक्त कार्य योजनाओं को संपादित करके और झगड़ों को निपटाना सिखाकर; बहुलवाद, पारस्परिक बोधगम्यता और शांति के मूल्यों के लिए सम्मान की भावना के साथ मिलजुलकर रहने के लिए सीखने पर बल दिया जाना चाहिए।

एक अन्य विचारधारा यह भी है कि स्कूली जीवन में प्रत्येक दिन सामान्य परियोजनओं में अध्यापकों तथा विद्यार्थियों की सहभागिता झगड़ों को सुलझाने की विधि को सिखाने में सहायता कर सकता है तथा विद्यार्थियों को अपने भविष्य जीवन के संदर्भ में मूल्यवान स्त्रोत प्रदान करता है।

## 4. अस्तित्व बनाए रखने के लिए सीखना (Learning to be)

अंतर्राष्ट्रीय आयोग ने अपनी सबसे पहली सभा में एक आधारयुक्त सिद्धांत निश्चित किया था; शिक्षा के द्वारा प्रत्येक व्यक्ति के पूर्ण विकास में योगदान दिया जाना चाहिए–मस्तिष्क एवं शरीर, बुद्धि, सौन्दर्यात्मक, प्रशंसात्मक दृष्टिकोण, भावना तथा आध्यात्मिकता। सभी लोगों को अपनी बाल्यावस्था तथा युवावस्था में ऐसी शिक्षा प्राप्त करनी चाहिए जो उन्हें अपना स्वतंत्र रूप से समीक्षात्मक चिन्तन करने, खुद के निर्णय के लिए समर्थ बनने के योग्य बना सके जिससे वे स्वयं निर्धारित कर सके कि जीवन की विभिन्न परिस्थितियों में उनकी समझ से उन्हें क्या करना चाहिए।

अस्तित्व को बनाए रखने के लिए सीखने की एपनीव (APNIEVE) की परिभाषा शिक्षा के मानवीय दर्शन पर आधारित है जिसका प्रमुख विषय है मानव व्यक्तित्व का एक व्यक्ति का समाज के सदस्य के रूप में सर्वांगीण विकास करना। इसके अंतर्गत मानव में निहित सभी शक्तियों, आंतरिक क्षमताओं, आदर की भावना तथा वैयक्तिक योग्यता को शामिल किया जाता है। यह गुणात्मक शिक्षा में मानवीय पक्षों को अधिक महत्त्व न देकर शिक्षा के विस्तृत एवं एकीकृत दृष्टिकोण के प्रति मूल्यों तथा अभिवृत्तियों की भूमिका को अधिक महत्त्व प्रदान करती है।

फॉरे (Faure) की रिपोर्ट के अंतर्गत व्यक्ति को एक विभाजित तथा अपूर्ण माना गया है। इसलिए शिक्षा के द्वारा 'पूर्ण व्यक्ति' का विकास किया जाना चाहिए। व्यक्ति की शारीरिक, बौद्धिक, संवेगात्मक तथा नैतिक शक्तियों का विकास इस प्रकार किया जाए कि वह एकीकृत रूप से पूर्ण व्यक्ति बन जाए, यही शिक्षा के मूल उद्देश्य की विस्तृत परिभाषा है।

एडगर फॉरे ने अपनी रिपोर्ट, 'लर्निंग टू बी'; दी बर्ल्ड ऑफ एडुकेशन टुडे एंड टुमारो 'Learning to be'; The World of Education Today and Tomorrow' की प्रस्तावना में यह अभिव्यक्त किया था कि तकनीकी प्रगति से सम्बन्धित होने के कारण विश्व का अमानवीय होने का डर है और उसके प्रमुख संदेशों में से एक यह था कि प्रत्येक व्यक्ति को अपनी समस्याएँ सुलझाने, अपने निर्णय लेने तथा अपने उत्तरदायित्वों को वहन करने के योग्य बनाया जाना चाहिए।

इक्कीसवीं शताब्दी में अमानवीयता में वृद्धि हो रही है। इसलिए प्रदत समाज के लिए बच्चों को शिक्षित करने की अपेक्षा यह निश्चित करना अधिक चुनौतीपूर्ण होगा कि प्रत्येक व्यक्ति के पास विश्व को समझने के लिए, निष्पक्ष रूप से व्यवहार करने के लिए तथा एक उत्तरदायी मानव बनने के लिए व्यक्तिगत संसाधन तथा बौद्धिक यंत्र होने चाहिए। आज से पहले इस तथ्य को अनुभव नहीं किया गया कि शिक्षा का कारण यह निश्चित करना है कि सभी लोग सोचने, निर्णय लेने, महसूस करने, अपनी क्षमताओं का विकास करने तथा नियंत्रण रखने के लिए स्वतंत्र हैं।

अस्तित्व बनाए रखने के लिए सीखने को इक्कीसवीं शताब्दी में शिक्षा को एक अत्यंत महत्वपूर्ण स्तंभ माना गया है। इसका अर्थ यह है कि मनुष्य के लिए उसकी आंतरिक स्वतंत्रता उतनी ही महत्वपूर्ण है जितनी उसकी बाह्य स्वतंत्रता।

अस्तित्व को बनाए रखने के लिए सीखने का अर्थ यह है कि शिक्षा के एक विस्तृत तथा एकीकृत उपागम का प्रयोग किया जाए, मानव का एक व्यक्ति और समाज के सदस्य के रूप में विकास किया जाए, मानव की विभिन्न क्षमताओं तथा पक्षों-शारीरिक, बौद्धिक, सौन्दर्यात्मक, नैतिक, आर्थिक, सामाजिक-सांस्कृतिक, राजनैतिक तथा आध्यात्मिक के विकास पर बल दिया जाए क्योंकि प्रत्येक मानव अपने परिवार, समुदाय, राष्ट्र, क्षेत्र तथा विश्व में अन्य के साथ सम्बन्धित होता है जैसा चित्र में दर्शाया गया है।

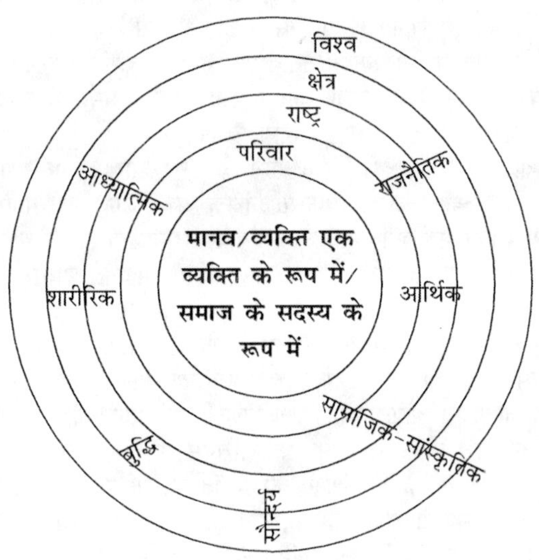


**मानव के व्यक्तिगत/समाज के सदस्य के रूप में पक्ष**

एपनीव का यह विश्वास है कि मानव का व्यक्तिगत तथा सामाजिक विकास आठ प्रमुख मूल्यों पर आधारित है।

- प्रकृति के साथ सामंजस्य
- सत्यता तथा बुद्धिमत्ता
- प्रेम और दयालुता
- सृजनात्मकता एवं सौन्दर्य के लिए प्रशंसा
- शांति एवं न्याय
- अस्तित्व को बनाए रखने के लिए मानव विकास
- राष्ट्रीय एकता एवं वैश्विक एकात्मकता

- वैश्विक आध्यात्मिक एवं सम्बन्धित मूल्य

ये सभी मूल्य मानवता के लिए आदर के प्रमुख मूल्य से सम्बन्धित हैं। अतः शिक्षा को पूर्ण व्यक्ति के संपूर्ण विकास-शरीर एवं आत्मा, मन एवं वाणी, बुद्धि एवं संवेग, सृजनात्मकता एवं संवेदना, व्यक्तिगत स्वतंत्रता एवं उत्तरदायित्व, सामाजिक चेतना एवं वचनबद्धता; मानवीय, नैतिक, सांस्कृतिक एवं सामाजिक मूल्य में योगदान देना चाहिए।

मूल्य प्रक्रिया की शिक्षण अधिगम प्रक्रिया स्वयं तथा दूसरों को जानने और समझने से प्रारंभ होती है जिसके परिणामस्वरूप संपूर्ण आत्मसम्प्रत्यय, पहचान की भावना, आत्मशक्ति, आत्मयोग्यता के साथ-साथ दूसरों के लिए आदर की भावना का विकास होता है। इसके अंतर्गत अधिगमकर्त्ता की ज्ञान, मूल्य और अभिवृत्तियों, योग्यताओं तथा पूर्ण विकास के लिए आवश्यक कौशलों का एकीकरण आवश्यक है।

उच्च रूप से अस्थायी विश्व में जहाँ आर्थिक तथा सामाजिक खोज को प्रमुख शक्तियाँ माना जाता है निसंदेह कल्पना एवं सृजनात्मकता को एक विशिष्ट स्थान प्रदान किया जाना चाहिए। इक्कीसवीं सदी में विशिष्ट प्रतिभाशाली व्यक्तियों से भी अधिक गुणों तथा व्यक्तियों की आवश्यकता होगी जो प्रत्येक समाज के लिए समान रूप से आवश्यक होगे। सभी बच्चों तथा नवयुवकों को सौन्दर्यात्मक, कलात्मक, वैज्ञानिक, सांस्कृतिक तथा सामाजिक खोज एवं प्रयोग के हर संभव अवसर प्रदान किए जाने चाहिए जिससे इस क्षेत्र में पूर्व वंशजों या उनके समकालीन व्यक्तियों की उपलब्धि की प्रशंसात्मक प्रस्तुतीकरण को पूरा करेगा। स्कूलों में कला एवं काव्य पाठ को एक महत्वपूर्ण स्थान दिया जाना चाहिए परंतु वर्तमान समय में शिक्षा के द्वारा बहुत से देशो में इनके प्रति नकारात्मक दृष्टिकोण अपनाया जाता है।

इस प्रकार शिक्षा द्वारा 'अस्तित्व में बने रहने के लिए सीखने' पर बल दिया जाना चाहिए जिससे प्रत्येक व्यक्ति के व्यक्तित्व का विकास अधिक अच्छे ढंग से हो पाएगा और सभी व्यक्ति पूर्ण स्वतंत्रता, निर्णय शक्ति एवं व्यक्तिगत उत्तरदायित्व से कार्य करने के योग्य बन जाएंगे। शिक्षा के द्वारा व्यक्ति की क्षमता, स्मृति, तर्क शक्ति, सौन्दर्यात्मक भावना, शारीरिक क्षमता तथा संप्रेषण कौशलों के किसी भी पक्ष का निरादर नहीं किया जाना चाहिए।

संक्षिप्त रूप से अस्तित्व बनाए रखने के लिए सीखना आवश्यक है ताकि अपने व्यक्तित्व का बेहतर ढंग से विकास किया जा सके और अधिक स्वात्तता, निर्णय शक्ति व व्यक्तिगत जिम्मेदारी के साथ कार्य किया जा सके। औपचारिक शिक्षा प्रणाली के अंतर्गत ज्ञान की प्राप्ति पर ही अधिक बल दिया जाता है और इसे ही अन्य प्रकार के अधिगम के लिए उत्तरदायी माना जाता है, परंतु आज आवश्यकता इस बात की है कि शिक्षा की प्रवृति को परिवर्तित किया जाए। इस प्रकार के दृष्टिकोण के द्वारा विषय-सामग्री तथा विधियाँ, दोनो के संदर्भ में, भविष्य की शैक्षिक नीतियों व सुधारों के लिए सूचना व निर्देशन मिलना चाहिए। जीवन पर्यन्त अधिगम का संप्रत्यय 21वीं सदी के विकास की कुंजी है।

अतः इन चारों स्तंभों को एक व्यक्ति के जीवन के एक पक्ष में या एक ही स्थान पर प्राप्त नहीं किया जा सकता। आज इस बात को सोचने की आवश्यकता है कि विद्यार्थी के जीवन मे कब शिक्षा प्रदान की जानी चाहिए और वे कौन से क्षेत्र हैं जिन्हें शिक्षा के अंतर्गत शामिल किया जाना चाहिए। 'समय व क्षेत्र एक दूसरे के पूरक होने चाहिए तथा इस प्रकार अंतः संबंधित होने चाहिए कि सभी व्यक्ति अपने संपूर्ण जीवन में अपने विशिष्ट शैक्षिक वातावरण से अधिक से अधिक प्राप्त कर सकें।' यदि हमें अस्तित्व बनाए रखने के अधिगम की जानकारी होगी, तो संभावना है कि हम अमानवीय बनाए जाने या मानव दासों के रूप में शोषित किए जाने से स्वयं को बचा सकें और व्यक्तियों या समूहों की उन विचारधाराओं का दृढ़ता से विरोध कर सकें जो मानव जाति के लिए विनाशकारी है या अल्पसंख्यक वर्ग के विरुद्ध हैं।

# 12. विकासशील एवं लोकतांत्रिक समाज के संदर्भ में शिक्षा के उद्देश्यों के निर्माण के आधार

## (Bases for Formulating Aims of Education in Developing and Democratic Society)

*"The aim of all instructions in and can be nothing but the development of human nature by the harmonious cultivation of its powers and talents and the promotions of manliness of life."* —*John Dewey*

शिक्षा की दृष्टि से 19वीं शताब्दी का विशेष महत्व है। इसका एकमात्र कारण यह है कि आधुनिक युग अर्थात् 21वीं शताब्दी में शिक्षा जिन प्रवृत्तियों से प्रभावित होकर उन्नत हो रही है उन सबका जन्म इसी शताब्दी में हुआ था। आज शिक्षा किसी एक क्षेत्र से नहीं अपितु विभिन्न क्षेत्रों जैसे आर्थिक, राजनैतिक, सामाजिक, मनोवैज्ञानिक, दार्शनिक, वैज्ञानिक, तकनीकी आदि से प्रभावित होती है। शिक्षा के उद्देश्यों का निर्माण करते समय बालक, समाज, देश व विश्व को ध्यान में रखा जाता है। भारत एक विकासशील एवं लोकतांत्रिक देश है और शिक्षा के उद्देश्य मुख्यत: इन्हीं पर आधारित होते हैं।

आइए सबसे पहले विकासशील समाज के अर्थ को जानते हैं:

**विकासशील समाज (Developing Society)**

जो विकास करने की प्रक्रिया में हो अपितु पूर्ण रूप से विकसित न हुआ हो परन्तु विकसित होने के लिए प्रयासरत हो, विकासशील कहलाता है।

संयुक्त राष्ट्र के पूर्व महासचिव कोफी अन्नान ने विकसित देश की परिभाषा इस प्रकार दी है,

*''एक विकसित देश वह होता है जो अपने सभी नागरिकों को सुरक्षित पर्यावरण में स्वतंत्र और स्वस्थ जीवन का आनंद लेने का अवसर देता है।''*

विश्व बैंक सभी निम्न (975 डॉलर या उससे कम) आय और मध्यम (976-3855 अमेरिकी डॉलर प्रति व्यक्ति) आय वाले देशों को विकासशील देशों की श्रेणी में रखता है परन्तु साथ ही यह भी स्वीकार करता है कि इस फंड का प्रयोग केवल सुविधा के लिए किया जाता है। इसका अभिप्राय यह नहीं है कि इस समूह की सभी अर्थव्यवस्थाएँ एक समान विकास की प्रक्रिया से गुज़र रही हैं अथवा अन्य अर्थव्यवस्थाएँ विकास की अंतिम अवस्था तक पहुँच गई हैं। आय के आधार पर वर्गीकरण आवश्यक रूप से विकास की स्थिति को नहीं दर्शाता है।

वर्तमान विश्व के सभी देशों में आर्थिक विकास का स्तर समान नहीं है। वास्तव में आर्थिक विकास एक सापेक्षिक शब्द है। आर्थिक विकास की प्रक्रिया सतत् रूप से चलती रहती है। प्रत्येक देश अपने संसाधनों का उचित प्रयोग करके आर्थिक विकास की गति को तीव्र करना चाहता है और इसके लिए प्रयास करता रहता है। विकास की दौड़ में कुछ देश आगे निकल जाते हैं और

कुछ पीछे रह जाते हैं, जबकि कुछ उच्च स्तर प्राप्त करने के लिए निरंतर प्रयत्नशील रहते हैं। अतः जिन देशों में आर्थिक विकास सर्वाधिक उन्नत होता है उन्हें विकसित देश कहा जाता है और जो पूर्ण रूप से उन्नत न होकर विकास की प्रक्रिया में लगे रहते हैं और संसाधनों का समुचित प्रयोग नहीं कर पाते हैं, उन्हें विकासशील देश कहा जाता है। प्रायः विकासशील देशों में जनसंख्या का दवाब अधिक है तथा उत्पादन कम होने के कारण उन्हें जीवन निर्वाह करने में अनेकों कठिनाईयों का सामना करना पड़ता है। इन देशों में विकसित देशों की तुलना में औद्योगिक, व्यापारिक एवं तकनीकी विकास कम हुआ है।

संयुक्त राष्ट्र विशेषज्ञों के अनुसार,

*''एक विकासशील देश वह है जिसमें सामान्यतः उत्पादन का कार्य तुलनात्मक दृष्टि से कम प्रति व्यक्ति वास्तविक पूंजी की लागत से किया जाता है। इसके साथ ही अन्य देशों की तुलना में कम विकसित तकनीक का प्रयोग किया जाता है।''*

प्रो. नर्क्स के अनुसार,

*''विकासशील देश वह है जो विकसित देश की तुलना में अपनी जनसंख्या और संसाधनों की तुलना में पूंजी की दृष्टि से कम साधन सम्पन्न है।''*

यह परिभाषा संतोषजनक प्रतीत नहीं होती है। इसमें केवल पूंजी को आधार बनाया गया है और विकास को प्रभावित करने वाले अन्य कारकों को छोड़ दिया गया है। इसमें कोई सन्देह नहीं कि पूंजी एक आवश्यक तत्व है, परन्तु प्रगति का केवल मात्र आधार नहीं।

जेकब बाइनर के अनुसार,

*''एक विकासशील देश वह है जिसमें अधिक पूंजी, अधिक श्रम अथवा अधिक उपलब्ध प्राकृतिक संसाधनों के भावी प्रयोग की संभावना रहती है, ताकि वे देश की वर्तमान जनसंख्या का जीवन स्तर ऊँचा बना सकें अथवा वर्तमान प्रति व्यक्ति उच्च आय दर को बढ़ी हुई जनसंख्या के लिए भी कायम रख सके।''*

यह परिभाषा अधिक उपयुक्त लगती है क्योंकि इसमें आर्थिक विकास को निश्चित करने वाले दो महत्वपूर्ण कारकों पर बल दिया गया है–प्रति व्यक्ति की दर से आय तथा विकासशील का सामर्थ्य।

## विकासशील समाज की विशेषताएँ
## (Characteristics/Features of Developing Society)

- कम तकनीकी विकास के कारण उत्पादन के सभी साधनों का उच्चतम उपयोग नहीं होता है, जिस कारण संसाधनों की बरबादी होती है।
- आय में अत्यधिक असमानता पाई जाती है अर्थात् कुछ लोगों के पास आवश्यकता से अधिक पैसा होता है वहीं दूसरी तरफ एक वर्ग ऐसा होता है जिसको भरपेट खाना उपलब्ध नहीं होता है।
- तकनीकी विकास के लिए प्रयासरत रहता है।
- जन्म दर और मृत्यु दर उच्च होती है।
- सकल घरेलू उत्पाद का आकार बहुत बड़ा नहीं होता है, परिणामस्वरूप स्वास्थ्य सेवाएँ, शिक्षा और आधारभूत संसाधनों का विकास अधिक नहीं होता है।
- बेरोजगारी की दर विकसित समाज की अपेक्षा अधिक होती है।
- प्राथमिक क्षेत्र पर अधिक निर्भरता रहती है।

- प्रति व्यक्ति आय कम होती है।
- पूंजी निर्माण की दर कम होती है अर्थात् निवेश की दर कम होती है और उत्पादन में भी कमी पाई जाती है।
- अन्तर्राष्ट्रीय कर्ज का भार अधिक होता है अर्थात् भुगतान देय अधिक होता है।
- जनसंख्या की गुणवत्ता निम्न होती है।

इस प्रकार सामान्य रूप में विकासशील समाज वे होते हैं जिन्होंने अपनी जनसंख्या के सापेक्ष औद्योगीकरण के स्तर को प्राप्त नहीं किया होता है और जिनमें अधिकतर जीवन स्तर निम्न से मध्यम वर्गीय होता है। निम्न आय और उच्च जनसंख्या वृद्धि में एक मजबूत सहसंबंध होता है।

## लोकतांत्रिक समाज (Democratic Society)

लोकतांत्रिक समाज एक राजनैतिक विचारधारा है, जो राजनैतिक लोकतंत्र के साथ उत्पादन के साधनों के सामाजिक स्वामित्व की वकालत करती है और इसका अधिकतर बल आर्थिक प्रणाली में लोकतांत्रिक प्रबंधन पर रहता है। यह 20वीं शताब्दी में राजनैतिक व आर्थिक क्षेत्र में इग्लैंड की प्रमुख देन है। इसका उद्देश्य ऐसे समाज की स्थापना करना है जिसमें व्यक्ति की अपेक्षा समाज को अधिक महत्व प्रदान किया जाए। आर्थिक क्षेत्र में पूंजीवाद, सामंतवाद आदि शोषण की व्यवस्थाओं को समाप्त किया जाए तथा आर्थिक क्षेत्र में व्यक्तिवादी प्रतियोगिता की भावना को रोका जाए। उत्पादन के साधनों पर व्यक्तिगत स्वामित्व समाप्त करके उनका सामाजीकरण किया जाए। आर्थिक एवं राजनैतिक क्षेत्र में स्वतंत्रता, समानता व न्याय की प्राप्ति सभी व्यक्तियों को हो। इसे लोकतांत्रिक समाज इसलिए कहा जाता है क्योंकि यह क्रांतिकारी समाजवादी विचारधाराओं के विपरीत राज्य का विरोध न करके राज्य को समाजवादी समाज की स्थापना हेतु आवश्यक साधन के रूप में मानता है और इसी के माध्यम से अपने उद्देश्यों की पूर्ति करना चाहता है।

एनसाइकलोपीडिया ब्रिटेनिका के अनुसार,

*''यह वह नीति अथवा सिद्धांत है जो केन्द्रीय लोकतांत्रिक सत्ता द्वारा आजकल की अपेक्षा श्रेष्ठ वितरण तथा उसके अधीन श्रेष्ठ उत्पादन की व्यवस्था करना चाहती है।''*

## लोकतांत्रिक समाज की विशेषताएँ (Features of Democratic Society)

- यह पूंजीवाद व साम्यवाद दोनों का विरोधी होता है।
- इसमें मनुष्य को एक नैतिक प्राणी माना जाता है।
- यह मानव जीवन में धर्म और नैतिकता के महत्व को स्वीकारता है।
- यह वर्ग संघर्ष की अपेक्षा वर्ग सामञ्जस्य में विश्वास करता है।
- इसमें लोकतांत्रिक नियंत्रण पर बल दिया जाता है।
- यह राष्ट्रीयकरण के स्थान पर सामाजीकरण पर बल देता है।

लोकतांत्रिक समाज के उद्देश्य में एक बात सदैव समान रहती है कि समाज के राजनैतिक क्षेत्रों में, गैर-राजनैतिक क्षेत्रों में लोकतांत्रिक सिद्धांतों के अनुप्रयोग को व्यापक बनाकर लोकतंत्र को और अधिक वास्तविकता प्रदान की जाए। जे.पी. नारायण के अनुसार,

*''लोकतांत्रिक समाज वह है जहाँ मानव द्वारा मानव का कोई शोषण न हो, कोई अन्याय न हो, कोई उत्पीड़न न हो अथवा किसी को अवसरों की मनाही न हो।''*

ध्यान देने की बात है कि लोकतंत्र की धारणा प्राय: जनता तथा राज्यों के सम्बन्धों अर्थात् जनता द्वारा चुनावों तथा विधान सभाओं, विधान परिषदों एवं सांसदों के निर्माण तक ही सीमित रह जाती है, जो पर्याप्त नहीं है। लोकतंत्र को सफल बनाने के लिए इसके सिद्धांतों तथा मूल्यों का प्रयोग जीवन के धार्मिक, सामाजिक, आर्थिक तथा शैक्षिक सभी क्षेत्रों में किया जाना चाहिए।

## शिक्षा के उद्देश्यों के निर्माण के आधार
## (Bases of Formulating Aims of Education)

शिक्षा के क्षेत्रों में उद्देश्यों का निर्माण करते हुए लोकतंत्र के सिद्धांतों व मूल्यों तथा विकासशीलता की विशेषताओं व आवश्यकताओं को ध्यान में रखा जाना आवश्यक है। प्रसिद्ध शिक्षाशास्त्री जॉन डीवी ने लोकतंत्र की महत्ता को समझते हुए कहा भी है,

*''एक लोकतांत्रिक समाज में ऐसी शिक्षा की व्यवस्था की जानी चाहिए जिससे प्रत्येक व्यक्ति सामाजिक कार्यों तथा सम्बन्धों में निजी रूप से रुचि ले सके। इस शिक्षा को मनुष्य में प्रत्येक सामाजिक परिवेश को दृढ़तापूर्वक स्वीकार करने की सामर्थ्य उत्पन्न करनी चाहिए।''*

शिक्षा के उद्देश्यों के निर्माण के आधार निम्नलिखित हैं:

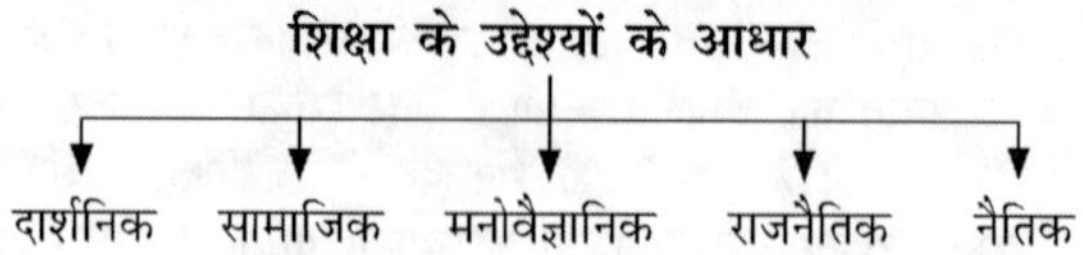


### 1. शिक्षा के उद्देश्यों के दार्शनिक आधार
### (Philosophical Bases of Aims of Education)

दर्शन शिक्षा के उद्देश्यों का प्रमुख आधार है। लोकतांत्रिक व विकासशील समाज में आदर्शवाद, प्रयोजनवाद, प्रकृतिवाद, वास्तविकतावाद, हिन्दुवाद, बौद्धवाद आदि को ध्यान में रखकर शिक्षा के उद्देश्यों का निर्माण किया जाता है। शिक्षा का क्या प्रयोजन है और मानव जीवन के मूल उद्देश्यों से इसका क्या संबंध है, यही शिक्षा दर्शन का अमूल प्रश्न है। चीन के दार्शनिक मानव को नीतिशास्त्र में दीक्षित कर उसे राज्य का विश्वासपात्र सेवक बनाना ही शिक्षा का उद्देश्य मानते थे। प्राचीन भारत में सांसारिक अम्भुदय और पारलौकिक कर्मकाण्ड तथा लौकिक विषयों का बोध होता था और पराविद्या से नि:श्रेयस की प्राप्ति ही शिक्षा के उद्देश्य थे। अपरा विद्या से अध्यात्म तथा धार्मिक तत्व का ज्ञान होता था। परा विद्या मानव की वियुक्ति, मानव की मुक्ति का साधन मानी जाती थी। शिक्षा के उद्देश्य दर्शन की सहायता से विकसित किए जाते हैं। दर्शन का कार्य निहित सत्य पर प्रकाश डालना है। सत्य का ज्ञान हो जाने पर व्यक्ति समस्या को हल कर लेता है। दर्शन में ऐसी समस्याओं पर प्रकाश डाला जाता है जो जीवन का आधार हैं। जैसे संसार क्या है? व्यक्ति क्या है? ईश्वर क्या है? आदि। शिक्षा का दर्शन ऐसे प्रश्नों से सम्बन्धित है जैसे शिक्षा क्या है। इसके उद्देश्य क्या है? आदि। मानव के प्रकृत्ति सम्बन्धी सिद्धान्तों का प्रयोग शिक्षा की रूपरेखा निर्धारित करने में किया जाता है। इस प्रकार हम देखते हैं कि दर्शन में विचारों की प्रधानता है और शिक्षा में कार्यप्रणाली की। वे एक-दूसरे के लिए साधन व साहस दोनों हैं। वे प्रक्रिया तथा उत्पादन हैं। दर्शन विशेष निर्देशन की सहायता से शिक्षा को निर्देश देता है।

जॉन डीवी (John Dewey) के शब्दों में,

*''शिक्षा एक ऐसी प्रयोगशाला है जहां दार्शनिक विशिष्टताएं स्पष्ट होती हैं और उनका परीक्षण होता है। वास्तव में यह इसके विपरीत भी है। यह दर्शन ही है जो शैक्षिक विशेषताओं, सिद्धान्तों तथा प्रक्रियाओं के परीक्षण के लिए प्रयोगशाला के रूप में कार्य करता है।''*

*("Education is the laboratory in which philosophical distinctions become concrete and are tested. In fact, it is other way round. It is the philosophy which serves as laboratory for testing educational distinctions, theories and practices.")*

फिक्टे (Fichte) के विचार में,
*"दर्शन के बिना शिक्षा की कला अपने आप में कभी पूर्ण स्पष्टता प्राप्त नहीं कर सकेगी।"*
*("The art of education will never attain complete clearness in itself without philosophy.")*

रॉस (Ross) के शब्दों में,
*"दर्शन तथा शिक्षा एक ही सिक्के के दो पहलू हैं, एक ही चीज के विभिन्न विचारों को प्रस्तुत करते हैं; एक दूसरे में निहित हैं; पहला विचारशील पहलू जबकि दूसरा क्रियात्मक पहलू है।"*
*("Philospħy and education are the two sides of the same coin, present different views of the same thing; one is implied by the other; the former is contemplative while the other is the active side.")*

जॉन एडम्स (John Adams) के अनुसार,
*"शिक्षा दर्शन का गत्यात्मक पहलू है।"*
*("Education is the dynamic side of philosophy.")*

दर्शन सूक्ष्म से, शिक्षा स्थूल से सम्बन्धित है। दोनों एक साथ चलते हैं। एक विज्ञान है तथा दूसरा कला है। एक काल्पनिक है जबकि दूसरा व्यावहारिक है। दर्शन जीवन का उत्तम लक्ष्य निर्धारित करता है, स्तर तथा मूल्य निश्चित करता है जिनको प्राप्त करने के लिए मनुष्य के शैक्षिक प्रयत्नों को निर्देशन मिलता है। दर्शन जीवन में शिक्षा के महत्व की खोज करता है। दर्शन शिक्षा प्रक्रिया को उद्देश्य प्रदान करता है, यद्यपि यह वर्गीकरण तथा निर्माण के लिए शिक्षा पर निर्भर करता है। दर्शन जीवन के ढंग का प्रतिनिधित्व करता है। शिक्षा इसकी सूझ-बूझ तथा इसके लिए तैयारी है। दर्शन बुद्धिमत्ता है तथा शिक्षा इसका हस्तांतरण करती है। अतः शिक्षा तथा दर्शन दोनों ही आन्तरिक रूप से अन्त:निर्भर तथा एक-दूसरे से सम्बन्धित हैं।

रस्क का कथन है,

*"शैक्षिक समस्या के प्रत्येक दृष्टिकोण से शिक्षा के दार्शनिक आधार की मांग उठती है। इसलिए जीवन-दर्शन और शिक्षा-दर्शन से छुटकारा नहीं पाया जा सकता है।"*

शिक्षा प्रत्येक प्रणाली का उद्देश्य होता है इसलिए शिक्षा एक उद्देश्यपूर्ण क्रिया है। समय-समय पर शिक्षा के विभिन्न उद्देश्यों का मूल्यांकन दर्शन के द्वारा किया जाता है। शिक्षा के उद्देश्य प्रत्यक्ष रूप से जीवन के उद्देश्य से सम्बन्धित होते हैं और जीवन का उद्देश्य सदा ही प्रचलित दर्शन पर निर्भर करता है। प्रायः दर्शन शिक्षा के विशेष उद्देश्यों से सम्बन्धित न होकर सामान्य तथा सार्वभौम उद्देश्यों से सम्बन्धित होता है। जीवन दर्शन के परिवर्तन के साथ-साथ शिक्षा के उद्देश्यों में भी परिवर्तन होता है। ये विभिन्न देशों में उनके दर्शन के अनुसार बदलते रहते हैं।

प्राचीन समय में शिक्षा का उद्देश्य ज्ञान प्राप्ति था। शिक्षा का उद्देश्य समाज के सदस्यों की विचारधारा के अनुरूप निश्चित होता है। जो सांसारिक प्रसन्नता में विश्वास रखते हैं, वे शिक्षा को व्यावसायिक उद्देश्यों से सम्बन्धित करना चाहते हैं। आध्यात्मिक विचारों से युक्त शिक्षा को आध्यात्मिक विकास का साधन बनाना चाहता है।

शिक्षा के उद्देश्य निश्चित करने में दर्शन का महत्वपूर्ण योगदान है। वर्तमान समय में, विश्व के सभी राष्ट्र अपनी शैक्षिक प्रणाली का संगठन अपनी विचारधाराओं तथा आवश्यकताओं के अनुसार कर रहे हैं। ऐसे देश जिनमें लोकतन्त्र का दर्शन सुदृढ़ है, शिक्षा के उद्देश्यों में लोकतान्त्रिक मूल्यों तथा लोकतान्त्रिक सिद्धान्तों का विकास सम्मिलित किया गया है। रस्क (Rusk) ने ठीक ही कहा है,

*"प्रत्येक शिक्षा प्रणाली का एक उद्देश्य होना चाहिए और शिक्षा का उद्देश्य जीवन के उद्देश्य से सम्बन्धित है।"*

*("Every system of education must have an aim and the aim of education is relative to the aim of life.")*

शिक्षा तथा दर्शन दोनों ही मानव के जीवन से सम्बन्धित हैं। मनुष्य का जीवन के प्रति दृष्टिकोण दर्शन कहलाता है और शिक्षा का उद्देश्य इसी आधार पर निर्धारित किया जाता है। स्पेंसर तथा पेस्टालॉजी ने 'सम्पूर्ण जीवन' और 'समरूप विकास' की शिक्षा के उद्देश्य के रूप में पहचान की। आधुनिक विचारधारा के अनुसार आध्यात्मिक विकास को केवल एक उद्देश्य के रूप में नहीं अपितु शिक्षा का पहलू माना गया है। अत: दार्शनिक प्रक्रिया व्यापक तथा सम्पूर्ण है। इसलिए शिक्षा का दर्शन विभिन्न उद्देश्यों तथा शिक्षा के उद्देश्यों का संश्लेषण प्रस्तुत करना ही उद्देश्य मानता है।

## 2. शिक्षा के उद्दश्यों के सामाजिक आधार (Sociological Bases of Aims of Education)

शिक्षा के उद्देश्यों का निर्माण सामाजिक आधार पर, का अर्थ यह है कि वे समाज की आवश्यकताओं, आकांक्षाओं तथा आदर्शों के आधार पर होने चाहिए। अन्य शब्दों में शिक्षा के द्वारा बालकों में सामाजिक भावनाओं तथा सामाजिक गुणों का विकास किया जाए जिससे वे अपने अधिकारों तथा कर्त्तव्यों का पालन पोषण कर सकें तथा कुशल नागरिक के रूप में अपने भार को स्वयं वहन करते हुए समाज की प्रगति में अधिक से अधिक योगदान दे सकें। इस प्रकार शिक्षा के उद्देश्यों का सामाजिक आधार इस बात पर बल देता है कि शिक्षा के द्वारा विद्यार्थियों को सुयोग्य, सत्चरित्र एवं कर्मठ नागरिक बनाया जाए, जिससे एक लोकतांत्रिक व विकासशील समाज दिन-प्रतिदिन उन्नति के शिखर पर चढ़ता रहे।

मानव सभ्यता का इतिहास इस बात की पुष्टि करता है कि जब भी किसी समाज ने शिक्षा के उद्देश्यों का निर्माण किया है, उसने सबसे पहले अपने आदर्शों तथा आवश्यकताओं को ही सामने रखा है। कहा भी जाता है कि जैसा समाज होता है उसी के अनुसार शिक्षा के उद्देश्यों की रचना की जाती है–

### सामाजिक इच्छाएँ एवं आकांक्षाएँ (Social Desires and Aspirations)

प्रत्येक मानव समाज विभिन्न स्तरों जैसे वैश्विक, राष्ट्रीय एवं उप-राष्ट्रीय स्तर पर कार्य करता है। प्रत्येक समाज ने अपने-अपने आदर्शों के अनुसार शिक्षा के उद्देश्यों की रचना की है। प्रत्येक स्तर की अपनी-अपनी आवश्यकताएँ, चुनौतियाँ एवं अवसर होते हैं, इसी कारण सभी स्तरों पर समाज की इच्छाएँ एवं आकांक्षाएँ समान नहीं होती हैं। विकासशील समाज वैश्विक समाज में विश्वास रखता है और इसी में अपना स्थान बनाने के लिए प्रयासरत रहता है। वैश्विक समाज की आशाएँ यू.एन.ओ. के चार्टर एवं इसकी विशेष शाखाओं जैसे संयुक्त राष्ट्र शैक्षिक, वैज्ञानिक एवं सांस्कृतिक संगठन; संयुक्त राष्ट्रों की महासभा के द्वारा अपनाए गए घोषणापत्र तथा शिक्षा पर डेलर आयोग की रिपोर्ट में प्रतिबिम्बित होती हैं। संयुक्त राष्ट्र संघ चार्टर या अधिकारपत्र का अहम् उद्देश्य है–आर्थिक, सामाजिक और सांस्कृतिक समस्याओं को सुलझाने के लिए अन्तर्राष्ट्रीय सहयोग की प्राप्ति, और मानव अधिकारों के आदर को बढ़ावा देना तथा प्रोत्साहित करना तथा इसके साथ-साथ जाति, लिंग, धर्म या भाषा में विभिन्नता के बिना सभी के लिए मौलिक स्वंतत्रता। लोकतांत्रिक एवं विकासशील समाज भी इन उद्देश्यों की पूर्ति के लिए शिक्षा को महत्वपूर्ण मानतें हैं। इनमें मौलिक अधिकारों को महता प्रदान करने के लिए कुछ देशों ने अपने संविधानों में इन अधिकारों को प्रमुख स्थान दिया है और यही प्रवृत्ति शिक्षा संस्थानों में भी प्रदान की जाती है। मानव अधिकार इस

बात पर बल देते हैं कि सभी मनुष्य स्वंतत्र पैदा हुए हैं और अधिकारों व आदर में समान हैं। संयुक्त राष्ट्रों की महासभा ने 1979 में सभी रूपों में स्त्रियों के प्रति विभेदीकरण की निंदा की थी तथा स्त्रियों व पुरूषों की समानता के सिद्धांत को अपनाने की आवश्यकता पर बल दिया था। लोकतांत्रिक समाजों ने भी शिक्षा में व अन्य क्षेत्रों में इस विभेदीकरण को समाप्त किया है। 1989 में इस बात पर बल दिया गया कि प्रत्येक बालक को विचारों की, धर्म की स्वंतत्रता का अधिकार दिया जाए और इसके साथ-साथ प्रत्येक विशिष्ट बालक को उसकी विशिष्ट आवश्यकताओं के अनुरूप विशिष्ट देखभाल का अधिकार है। इन्होंने राष्ट्रीय सरकारों को सभी उपयुक्त सामाजिक एवं शैक्षिक उपाय अपनाने पर बल दिया जिससे बालकों को सभी प्रकार के शारीरिक व मानसिक हिंसा के साथ-साथ सामाजिक उत्पीड़न से बचाया जा सके।

समाज व्यक्तियों का संगठन होता है। यह संगठन व्यक्तियों को अपना अस्तित्व बनाए रखने के लिए आवश्यक सुरक्षा प्रदान करता है। समाज व्यक्ति की सभी आवश्यकताओं को पूरा करता है और उसे इस बात का ज्ञान कराता है कि वह उसका एक उत्तरदायी नागरिक है। मैंकाइवर एवं पेज (Maclver and Page) के अनुसार,

*''मनुष्य समाज पर अपनी सुरक्षा, आराम, पालन-पोषण, शिक्षा तथा अन्य महत्वपूर्ण अवसरों एवं सेवाओं के लिए निर्भर है। यह समाज पर अपने विचारों, स्वप्नों तथा आकांक्षाओं एवं अपने मन और शरीर की बहुत सी व्याधियों के लिए निर्भर है। उसका समाज में जन्म लेना ही समाज की आवश्यकताओं को अपने साथ लाता है।''*

*(''Man is dependent on society for protection, comfort, nurture, education, equipment, opportunity and multitude of definite services which society provides. He is dependent upon society for the content of his thoughts, his dreams, his aspirations even for many of his maladies of mind and body. His birth in society brings with it the absolute need of society itself.'')*

बी. लिंडक्विस्ट (B. Lindquist) के द्वारा भी यह देखा गया था कि,

*''विश्व के सभी युवा एवं बालक अपनी-अपनी व्यक्तिगत शक्ति व कमज़ोरियों, अपनी आशाओं व इच्छाओं, के साथ शिक्षा का अधिकार रखते हैं। यह हमारी शिक्षा व्यवस्था नहीं है जिसमें कुछ विशेष प्रकार के बालकों को शिक्षा का अधिकार हो। इसीलिए यह देश की स्कूल व्यवस्था ही होती है, जिसे सभी बालकों की आवश्यकताओं की पूर्ति के लिए नियोजित किया जाता है।''*

*(''All children and young people of the world with their individual strengths and weaknesses, with their hopes and expectations, have the right to education It is not an education system that have a right to certain type of children. Therefore it is the school system of a country that must be adjusted to meet the needs of all children.'')*

संयुक्त राष्ट्रों ने वातावरण प्रदूषण व संरक्षण, ग्लोबल वार्मिंग, सतत विकास आदि से संबंधित घोषणाओं को भी माना है। इन कोशिशें में इस बात पर बल दिया जा रहा है कि वर्तमान वंशज भविष्य में वंशजों के लिए संसाधनों को बचाए रखने व धरती को रहने लायक रखने के लिए उत्तरदायी हैं। सतत विकास लक्ष्य जिन्हें वैश्विक लक्ष्य भी कहा जाता है, को सभी ने अपनाया है। 2015 में संयुक्त राष्ट्र के सभी सदस्यों ने गरीबी को समाप्त करने तथा यह निश्चित करने कि सभी लोग शांति व उन्नत्ति का आनंद ले सकें, सार्वभौमिक रूप से पूरे विश्व को आंमत्रित किया था और कहा है कि 2030 तक हम इन लक्ष्यों को पूरा करने का प्रयास करेगें। 17 सतत विकास

लक्ष्य आपस में एकीकृत हैं–यह अनुभव किया गया कि एक क्षेत्र में किया गया कार्य दूसरे क्षेत्र में उपलब्धि को प्रभावित करेगा और साथ ही साथ विकास में सामाजिक, आर्थिक एवं वातावरण स्थिरता में संतुलन भी बनायेगा।

2015 के बाद के शिक्षा क्षेत्र को परिभाषित करते हुए अर्न्तराष्ट्रीय समुदाय का यह कहना है कि इसे विश्व के विकास क्षेत्र के भाग के रूप में शामिल किया जाना चाहिए। यह प्रस्तावित है कि 2030 तक 'समान व समावेशी गुणात्मक शिक्षा एवं जीवन पर्यन्त अधिगम की निश्चितता' शिक्षा का लक्ष्य होना चाहिए। इस लक्ष्य को 7 वैश्विक शैक्षिक उपलब्धियों के रूप में परिभाषित किया गया है–

- बेसिक शिक्षा
- युवा एवं प्रौढ़ साक्षरता
- कार्य के लिए कौशल
- नागरिकता एवं सतत विकास के लिए शिक्षा
- सुयोग्य एवं व्यावसायिक रूप से प्रशिक्षित अध्यापक
- शिक्षा की वित्तीय व्यवस्था अर्थात वित्तीय साक्षरता

यूनेस्को के द्वारा 'सभी के लिए शिक्षा' सभी साझेदारों के साथ विचार-विमर्श के आधार पर कार्य की रूपरेखा के आधार के रूप में इन लक्ष्यों को विकसित किया गया है। यही रूपरेखा भविष्य में शिक्षा के प्रस्तावों को लागू करने के लिए मार्गदर्शन प्रदान करेगी और वैश्विक लक्ष्यों व किसी विशेष देश के लक्ष्यों के संकेत एवं विभिन्न सामाजिक, राजनैतिक, आर्थिक एवं सांस्कृतिक संदर्भ को दर्शाते हुए संकेतकों की पहचान करने के लिए पथ प्रदर्शक बनेगी।

राष्ट्रीय समाज वैश्विक समाज का भाग होते हैं। राष्ट्रीय समाजों की आकाक्षाएँ ही उनके संविधान, नियमों व नीतियों में प्रदर्शित होती हैं। एक विकासशील समाज विभिन्न क्षेत्रों में स्वयं को सशक्त बनाने की इच्छा रखता है जबकि एक विकसित समाज तकनीकी के साथ-साथ उत्पादन में स्वयं को और अधिक सशक्त व विकसित बनाने की इच्छा रखता है। एक लोकतांत्रिक समाज लोकतांत्रिक मूल्यों को विकसित करने के लिए प्रयास करता है जबकि एक अधिकारिक समाज अपने नागरिकों से यह उम्मीद कर सकता है कि वह पहले से स्थापित मानकों का पालन करें। एक बहुभाषी, बहुधार्मिक व बहु-सांस्कृतिक समाज राष्ट्रीय एवं संवेगात्मक एकीकरण को बढ़ावा देने, सहयोग की भावना का विकास करने एवं विभिन्नता के लिए आदर विकसित करने की आशा कर सकता है। इस प्रकार एक राष्ट्रीय समाज एक तरफ अपने राष्ट्रीय एवं सांस्कृतिक पहचान का संरक्षण करने के साथ-साथ दूसरी तरफ अपने वैश्विक दृष्टिकोण को बढ़ावा देने के प्रयास करना चाहता है।

विकासशील व लोकतांत्रिक समाज की इच्छा होती है कि सभी बालक अपनी शिक्षा पूरी करें जिससे वे समाज के विकास में अपना योगदान देने योग्य बन सके। इसी आवश्यकता व इच्छा की पूर्ति के अनुरूप राष्ट्रीय शिक्षा नीति 2020 में यह प्रस्ताव रखा गया है कि शिक्षा में रुचि उत्पन्न करने के लिए विभिन्न पाठ्यक्रमों में परिवर्तन किया जाए तथा बहु-अनुशासित शिक्षा का प्रबंध किया जाए।

## सामाजिक परम्परा की सुरक्षा तथा हस्तांतरण
## (Security and Transmission of Social Heritage)

विश्व में विभिन्न राष्ट्र भौगोलिक क्षेत्रों में बँटे हुए हैं और प्रत्येक राष्ट्र के लोगों की अपनी-अपनी संस्कृति व भाषा होती है। हम भारत में देख सकते हैं कि प्रत्येक राज्य की अपनी सामाजिक-सांस्कृतिक

इकाई है और उनकी अपनी आकाक्षाएँ हैं तथा राज्य के शैक्षिक उद्देश्य उन्हीं इच्छाओं की पूर्ति के लिए बनाए जाते हैं। प्रत्येक राज्य राष्ट्र के साथ एकीकरण की इच्छा रख सकता है। परन्तु साथ-ही साथ वे अपनी संस्कृति, जिसमें उसके रीति-रिवाज व परम्पराएँ निहित हैं; के साथ-साथ अपनी भाषा का संरक्षण भी चाहते हैं। इस प्रकार शिक्षा का उद्देश्य सामाजिक परम्परा अर्थात् संस्कृति तथा सभ्यता की रक्षा करना तथा उसकी भावी संतति को हस्तांतरित करना है।

### सामाजिक नियंत्रण (Social Control)

शिक्षा का उद्देश्य सामाजिक नियंत्रण करना भी होता है। उचित शिक्षा व्यवस्था होने पर बालकों में नैतिक चेतना तथा आत्म-अनुशासन की भावनाएँ विकसित होती हैं। परिणामस्वरूप वे समाज की सेवा करते हुए प्रत्येक चुनौती का डटकर मुकाबला कर सकेंगे।

### सामाजिक विकास (Social Progress)

समाज की वर्तमान एवं भावी परिस्थितियाँ निरंतर शिक्षा के उद्देश्यों को प्रभावित करती हैं। समाज से ही शिक्षा को नवीन प्रारूप मिलता है क्योंकि समाज की प्रवृत्ति परिवर्तनशील होती है। एक व्यक्ति का विकास केवल सुव्यवस्थित तथा उन्नतिशील समाज में ही हो सकता है। सामाजिक ढ़ांचे को विकसित करने के लिए शिक्षा के उद्देश्यों में समय-समय पर परिवर्तन करना आवश्यक होता है। विकासशील समाज में यही शिक्षा के आधार मानव व्यवहार को नियंत्रित करने में सहायक होते हैं और प्रत्येक व्यक्ति का समाजीकरण करते हैं। सामाजिक शिक्षा के द्वारा, विद्यार्थियों को निम्नलिखित क्षेत्रों में उपलब्धि प्राप्त करनी चाहिए-

- सामाजिक मूल्यों की उपलब्धि।
- अपने कर्त्तव्यों की पूर्ति।
- अपने अधिकारों व कर्त्तव्यों का उचित प्रयोग।
- मूल्यवान, जागरूक, उत्पादक व सम्पूर्ण भावी नागरिक बनना।
- रचनात्मक व सृजनात्मक कार्य करना।
- नवीन सामाजिक ढ़ाँचे का विकास करना।

इस प्रकार शिक्षा के उद्देश्य समाज के दृष्टिकोण, इसकी धार्मिक, सांस्कृतिक राजनैतिक मूल्यों व आर्थिक स्थिरता से प्रभावित होते हैं। समाज को विकसित करने के लिए शिक्षा के द्वारा व्यक्ति को सोचने, कार्य करने तथा निर्णय करने के लिए योग्य बनाना होता है। रचनात्मक व सृजनात्मक शक्तियों के द्वारा विकासशील एवं प्रजातांत्रिक समाज की संस्कृति तथा सभ्यता का विकास होता है। समाज से ही शिक्षा है और शिक्षा से ही समाज है। अत:शिक्षा के उद्देश्यों का निर्माण करते हुए उस देश की व विश्व की सामाजिक परिस्थितियों, आवश्यकताओं, आकांक्षाओं को आधार बनाना आवश्यक है, जिसके परिणामस्वरूप हम भविष्य में अच्छा समाज प्राप्त कर सकें।

### 3. राजनैतिक आधार (Political Bases)

प्रत्येक देश की राजनैतिक व्यवस्था शिक्षा के उद्देश्यों को आधार प्रदान करने में महत्वपूर्ण भूमिका निभाती है।

> *"If your aim is liberty and democracy then you must teach people the art of being free and of governing themselves."* – Aldous Huxley

शिक्षा किसी व्यक्ति, समाज और राष्ट्र का कायाकल्प करने का सशक्त साधन है। शिक्षा के अभाव में लोकतांत्रिक दृष्टिकोण कभी भी विकसित नहीं किया जा सकता। लोकतन्त्र में लोगों के द्वारा चुने गए प्रतिनिधियों की सरकार होती है और यदि लोग अशिक्षित होंगे, तो वे कभी भी

उचित नेता का चयन नहीं कर सकते, जिसके परिणामस्वरूप उचित प्रकार की सरकार का निर्णय नहीं किया जा सकता। वास्तव में शिक्षा के अभाव में लोकतान्त्रिक दृष्टिकोण के विकास की आशा रखना भी सम्भव नहीं है। यदि एक व्यक्ति अपने अधिकारों तथा कर्त्तव्यों के प्रति जागरुक नहीं है तो उस नागरिक से उत्तरदायी व्यवहार की आशा रखना कठिन है। इस तथ्य की सच्चाई यही है कि लोकतांत्रिक दृष्टिकोण के विकास के लिए शिक्षा का होना आवश्यक है और इसके बिना लोकतंत्र भी असम्भव है।

### स्वतंत्रता (Liberty)

नन (Nunn) ने स्वीकार किया है कि किसी भी मानव के जीवन में स्त्रियों व पुरुषों की स्वतन्त्र क्रियाओं के अतिरिक्त कुछ भी प्रवेश नहीं कर सकता। मानव क्रियाओं के सभी क्षेत्रों में प्रवीणता प्राप्ति के लिए स्वतंत्रता को आधारभूत अवस्था माना गया है। जब हम स्वतंत्रता की बात करते हैं तो इससे अभिप्राय है–सोचने, कार्य करने, भाषण देने तथा चलने की स्वतंत्रता। यही स्वतन्त्रता का वातावरण है जिसमें प्रत्येक को अपनी बात को अभिव्यक्त करने की तथा अपनी सम्पूर्ण क्षमताओं को पहचानने की स्वतंत्रता होती है। स्वतन्त्र तथा लचीले वातावरण में ही किसी व्यक्ति के व्यक्तित्व का सम्पूर्ण विकास सम्भव है। कभी-कभी समाज की भलाई के लिए व्यक्ति की स्वतंत्रता पर अंकुश लगाना पड़ता है। परन्तु इस बात का सदा ध्यान रखना चाहिए कि एक सामाजिक या राजनैतिक प्रशासन; जो व्यक्ति को स्वयं चयन के अवसर नहीं देता, कठोर अनुशासन रखता है और वैयक्तिक्तता का दमन करता है; वह व्यक्ति में से उत्तम को बाहर निकालने में कभी सहायक नहीं होता। उसके लोकतांत्रिक दृष्टिकोण का आकार है आत्मानुशासन। प्रत्येक व्यक्ति यह जानता है कि उसे क्या करना चाहिए और क्या नहीं तथा उसके लिए क्या लाभदायक होगा और क्या नहीं।

### समानता (Equality)

सभी व्यक्ति जन्म से समान हैं अर्थात् सभी को समान मूल मानवीय गुण तथा विशेषताएं प्राप्त हैं। दूसरी ओर प्रत्येक व्यक्ति बुद्धि, अभिवृत्ति, शारीरिक योग्यता आदि में स्वयं में पृथक है। प्रत्येक व्यक्ति को अपने व्यक्तित्व के विकास हेतु स्वतंत्र एवं समान अवसर प्रदान किए जाते हैं। परन्तु समान अवसर का यह अर्थ कदापि नहीं है कि सबको एक जैसे अवसर मिलें। व्यक्तिगत विभिन्नता के सिद्धान्त के अनुसार, लोकतंत्र में समानता का अर्थ है कि प्रत्येक व्यक्ति को उसकी रुचियों, योग्यताओं तथा क्षमताओं के अनुसार विकास की सुविधाएं प्राप्त हों। व्यक्तिगत विभिन्नताओं के बावजूद भी प्रत्येक व्यक्ति रहने के समान अवसर, सीखने के तथा विभिन्न क्षेत्रों में अपने उद्देश्यों को अनुभव करने के समान अवसर प्राप्त करना चाहता है।

### बन्धुत्व (Fraternity)

यह बन्धुत्व की भावना के लोकतांत्रिक दृष्टिकोण से सम्बन्धित है। एक देश के सभी व्यक्तियों के पास एक ही राष्ट्रीयता होती है। जब तक प्रत्येक व्यक्ति यह अनुभव नहीं करेगा कि वह एक समान मानवता से सम्बन्धित है, तब तक उसे भ्रातृत्व की भावना या बन्धुत्व की नैतिक भावना का अनुभव नहीं हो सकता, जो लोकतन्त्र की महत्वपूर्ण विशेषता है। इसीलिए जाति, रंग, भाषा, जन्म स्थान और लिंग के आधार पर व्यक्ति के विकास में कोई भिन्नता नहीं होनी चाहिए। प्रेम, सहयोग, सहानुभूति तथा सूझ-बूझ आदि ऐसे गुण हैं जो लोकतांत्रिक दृष्टिकोण के लिए आवश्यक हैं।

### न्याय (Justice)

स्वतंत्रता मनुष्य का जन्म सिद्ध अधिकार है, समानता की मांग उसकी जागरुकता का प्रतीक है, इन सबके लिए बन्धुत्व की भावना आवश्यक है, परन्तु यह भी स्वाभाविक है कि प्रत्येक व्यक्ति को न्याय

का अधिकार है। उसे किसी अवसर से वंचित नहीं रखा जा सकता और न ही उसे जीवन के क्षेत्र में अपने अधिकार प्राप्त करने से मना किया जा सकता है। जो बात गैर कानूनी व अनुचित है, उनके लिए किसी में भी भिन्नता नहीं की जा सकती। न्याय देना समाज अथवा राज्य का उत्तरदायित्व है।

**व्यक्तियों की गरिमा का आदर (Dignity of the Individual)**

प्रत्येक व्यक्ति की अपनी प्रतिष्ठा होती है जो उसकी असीमित मूल्यों की मान्यता तथा प्रत्येक मानव की योग्यता पर निर्भर करती है। इसमें जाति, वर्ग, लिंग या सम्प्रदाय का कोई भेदभाव नहीं होता। मनुष्यों की प्रतिष्ठा को सुरक्षा जीवन, स्वतंत्रता तथा आनन्द की अहस्तांतरकरणीय/ अहरणीय अधिकार के द्वारा की जा सकती है। किलपैट्रिक (Kilpatrick) के शब्दों में, ''व्यक्तित्व का आदर'' सबसे महत्वपूर्ण है। प्रत्येक वह व्यक्ति जो अपने कार्य के द्वारा समाज में कोई भी सकारात्मक योगदान देता है, उसके स्तर या स्थिति को ध्यान में न रखते हुए समाज में आदरणीय होता है। इसीलिए प्रत्येक व्यक्ति आत्मविकास तथा आत्म-अनुभूति के पूर्ण अवसर प्राप्त करने का अधिकारी है।

**सहयोग (Co-operation)**

एक लोकतान्त्रिक देश में प्रत्येक को सहयोगपूर्ण जीवन में आस्था होनी चाहिए। प्रत्येक व्यक्ति को समाज के सभी तत्वों में स्वयं भी सहयोग देना चाहिए तथा दूसरों को सहयोग के लिए प्रेरित करना चाहिए। समाजीकरण के प्रारम्भिक स्तरों से ही प्रत्येक को अन्य लोगों के साथ रहना तथा दूसरों के सहयोग की प्रशंसा करना सीखना चाहिए। लोकतान्त्रिक नागरिकता का विकास इसी तथ्य पर आधारित है कि मनुष्य अकेला नहीं रह सकता तथा दूसरों की सहायता के बिना अपने लक्ष्यों की प्राप्ति नहीं कर सकता। इसके अतिरिक्त प्रत्येक संस्थागत तथा सामाजिक कार्य में उसे दूसरों के साथ कार्य करना पड़ता है। प्रत्येक व्यक्ति को सामान्य आदर्शों तथा समाज के उद्देश्यों की पूर्ति के लिए अपना योगदान देना पड़ता है।

***उत्तरदायित्व को बांटना (Sharing of Responsibility)*** –

एक लोकतान्त्रिक देश में प्रत्येक को अपने उत्तरदायित्वों को मानना चाहिए तथा सामुदायिक जीवन में अपना योगदान देना चाहिए। स्वतंत्रता में उत्तरदायित्व निहित है क्योंकि उत्तरदायित्व तथा कर्त्तव्य के बिना स्वतंत्रता अराजकता लाएगी। उत्तरदायित्व से अभिप्राय है ईमानदारी से समाज के कार्यों को करना तथा उद्देश्य के लिए समाज को उत्तर देना।

अत: शिक्षा को अपने उद्देश्य इस प्रकार निर्मित करने चाहिए जिससे यह लोकतांत्रिक दृष्टिकोण के विकास का महत्वपूर्ण साधन बन सकें। निष्कर्ष रूप में हम यह कह सकते हैं कि विद्यार्थियों में लोकतान्त्रिक दृष्टिकोण के विकास के लिए शिक्षा एक शक्तिशाली तत्व है। लोकतन्त्र की सफलता का मूल आधार शिक्षा है।

**4. मनोवैज्ञानिक आधार (Psychological Bases)**

मनोवैज्ञानिक आधार का अभिप्राय है शिक्षा के उद्देश्य बालक की मनोवृत्ति के आधार पर होने चाहिए। उद्देश्यों का निर्माण करते समय बालक की मूल प्रवृत्तियों, रूचियों, इच्छाओं, आवश्यकताओं, क्षमताओं एवं योग्यताओं तथा उसके विकास की विभिन्न अवस्थाओं को ध्यान में रखना चाहिए। मनोवैज्ञानिक प्रवृत्ति को किस प्रकार शिक्षा में प्रयोग किया जाना चाहिए, इसके विकास का श्रेय रूसो को जाता है। वह पहला व्यक्ति था जिसने शिक्षाशास्त्रियों का ध्यान शिक्षक प्रधान शिक्षा से हटाकर बाल केन्द्रित शिक्षा की ओर आकर्षित किया। रूसों की प्रकृतिवादी विचारधारा ही थी जिसने शिक्षाशास्त्रियों को प्रभावित किया कि बालक के मनोवैज्ञानिक तत्वों के अनुकूल ही शिक्षा

के विभिन्न अंगों के स्वरूप का निर्माण किया जाना चाहिए। फ्रोबेल, टी.पी. नन, जॉन डीवी, मॉंटेसरी, पेस्टालॉजी, हरबर्ट, टैगोर आदि ने भी शिक्षा के क्षेत्र में बालक की मनोवैज्ञानिक प्रवृत्ति को महत्व दिया। आज सम्पूर्ण विश्व में शिक्षा के उद्देश्यों का आधार मनोविज्ञान माना जाता है।

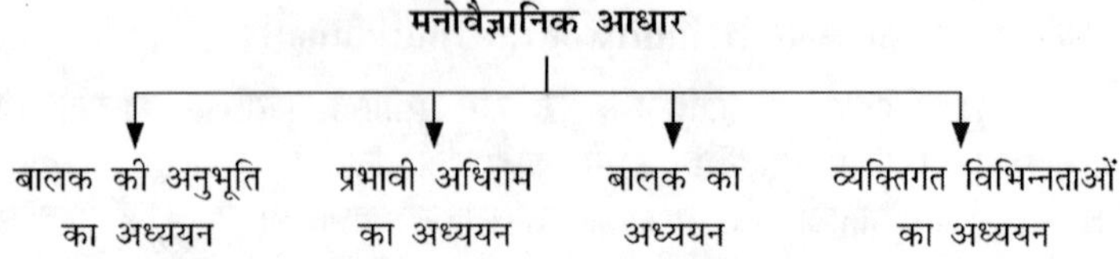


*जन्मजात शक्तियों का विकास (Harmonious Development of Innate Powers)*–पेस्टालॉजी का विश्वास था कि प्रत्येक व्यक्ति की कुछ जन्मजात शक्तियाँ होती है। शिक्षा के उद्देश्य इस प्रकार निर्मित करने चाहिए जिनके अन्तर्गत बालक की शारीरिक, नैतिक तथा मानसिक सभी शक्तियों का सांमजस्यपूर्ण विकास हो सके। उन्होंने कहा भी है:

*''समस्त निर्देशन का उद्देश्य है एवं कुछ भी नहीं हो सकता है परन्तु मानव की शक्तियों तथा प्रतिभाओं के सर्वांगीण विकास द्वारा उसके स्वभाव का विकास करना एवं उसके जीवन में मानवीय गुणों की वृद्धि करना।''*

*(''The aim of all instruction is and can be nothing but the development of human nature by the harmonious cultivation of its powers and talents and the promotion of manliness of life.'')*

*बालक का अध्ययन (Study of Child)*–यह माना जाता है कि प्रत्येक बालक की अपनी व्यक्तिगत पहचान है। शिक्षा का प्रमुख उद्देश्य बालक की प्रकृत्ति को, उसकी मूल प्रवृत्तियों, इच्छाओं, आवश्यकताओं, अभिवृत्तियों तथा रूचियों के आधार पर अध्ययन करना है।

*बालक को बालक समझना (Considering Child as child)*–मनोवैज्ञानिक प्रवृत्ति इस बात पर बल देती है कि बालक को बालक समझा जाए, प्रौढ़ नहीं। पहले बालक को एक छोटा मनुष्य मानकर उस पर प्रौढ़ व्यक्ति के नियम लागू कर दिए जाते थे। यह प्रवृत्ति इस धारणा का खण्ड़न करते हुए इस बात पर बल देती है कि बालक छोटा मनुष्य नहीं है अपितु उसे मनुष्य बनना है।

*मनोविश्लेषण (Psychoanalysis)*–मनोविज्ञान में मनोविश्लेषण का प्रारंभ बीसवीं शताब्दी के प्रारंभ में हुआ। यह बालक के विकास की अवस्थाओं को समझने में महत्वपूर्ण ज्ञान प्रदान करता है। शिक्षा के उद्देश्यों का निर्माण करते हुए इस तथ्य को सामने रखा जाता है।

*समग्रवाद (Gestaltism)*–गेस्टाल्ट जर्मन भाषा का शब्द है जिसका अर्थ पूर्णाकार अथवा व्यवस्थित समग्र है। इनके अनुसार अनुभव तथा व्यवहार को पृथक-पृथक भागो में बाँटकर अध्ययन नहीं किया जा सकता। इसके अन्तर्गत सीखने में अंर्तदृष्टि की भूमिका पर अधिक बल दिया गया। गेस्टाल्ट मनोविज्ञान के अनुसार बालक किसी भी वस्तु या परिस्थिति को समग्र रूप में देखता है न कि इसमें सम्मिलित तत्वों के रूप में। यहीं कारण है कि किसी समस्या के समाधान के समय अंर्तदृष्टि की प्रमुख भूमिका रहती है। इसीलिए शिक्षा के उद्देश्यों का निर्माण करते समय यह ध्यान रखा जाता है कि बालक की अंर्तदृष्टि का विकास किस प्रकार किया जाए कि वे अपनी समस्याओं का समाधान ढूढ़ने में सफल हो सकें।

*मानवतावादी (Humanism)*–वर्तमान समय में मानवतावादी दृष्टिकोण तथा संज्ञानात्मक दृष्टिकोण पर अधिक बल दिया जाता है। इसके अन्तर्गत मानव को यन्त्रवत नहीं माना जाता है अपितु उद्देश्यपूर्ति ढ़ंग से कार्य करने वाले तथा वातावरण के साथ अनुकूलन करने में समर्थ जीवधारी के रूप

में स्वीकार किया जाता है। इस विचारधारा में व्यक्ति के महत्व को स्वीकार करते हुए स्वतंत्र इच्छा, व्यक्तिगत विभिन्नता एवं व्यक्तिगत मूल्यों के अस्तित्व पर बल दिया जाता है।

*असाधारण बालकों का अध्ययन (Study of abnormal children)*–मनोविज्ञान में ऐसे बालकों का भी अध्ययन किया जाता है जिनकी शिक्षा के लिए विशेष प्रबंध किया जाता है। वर्तमान समय में समग्र शिक्षा पर बल दिया जा रहा है। विद्यालयों में सभी प्रकार के बालक एवं बालिकाएँ पढ़ने आते है जिनमें से कुछ पिछड़े हुए, कुछ मंदबुद्धि, कुछ समस्यात्मक व कुछ प्रतिभाशाली बालक होते हैं। ऐसे असाधारण बालकों की शिक्षा के उद्देश्यों के निर्माण का आधार मनोविज्ञान से ही प्राप्त होता है।

उपर्युक्त विवेचनाओं के आधार पर स्किनर के अनुसार कहा जा सकता है–

*''शिक्षा मनोविज्ञान में वे सर्वव्यवहार तथा व्यक्तित्व सम्मिलित हैं जिनका सम्बन्ध शिक्षा से है।''*

## 5. नैतिक आधार (Ethical Bases)

नीतिशास्त्र मानव आचरण का अध्ययन है। इसके अन्तर्गत यह निश्चित किया जाता है कि क्या अच्छा है व क्या बुरा है या किस प्रकार के व्यवहार को मान्यता दी जानी चाहिए और किसे अमान्य माना जाना चाहिए। इसके अन्तर्गत शारीरिक स्वास्थ्य, मानसिक स्वास्थ्य का प्रशिक्षण, शिष्टाचार, उपयुक्त सामाजिक आचरण, नागरिक आधार, कर्त्तव्य आदि क्रियाएँ समाहित हैं।

आज मानवीय जीवन में नैतिकता होना ही समाज सुधार की प्रथम सीढ़ी है। आज मानव को विज्ञान की शिक्षा दी जाती है, उसे तकनीकी शिक्षण भी दिया जाता है लेकिन उसे सही अर्थों में इन्सान बनना नहीं सिखाया जाता है। नैतिकता मानव की अमूल्य संपत्ति होती है और इसके आगे अन्य सभी संपत्तियों को तुच्छ माना जाता है। इन्हीं से राष्ट्र का निर्माण होता है और इन्हीं से देश सुदृढ़ होता है।

व्यक्तियों का समूह ही समाज होता है। जैसे व्यक्ति होगें वैसा ही समाज बनेगा। किसी भी समाज का आदान या प्रदान इस बात पर निर्भर करता है कि इसके नागरिक किस स्तर के हैं और यह स्तर अधिकतर वहाँ की शिक्षा पद्धति पर निर्भर करता है। व्यक्ति के निर्माण व समाज के उत्थान में शिक्षा का अत्यधिक महत्वपूर्ण योगदान होता है। जिन देशों ने भी अपना निर्माण विकास की दिशा में किया है, अपनी शिक्षा को ही प्रमुख साधन बनाया है। जर्मनी इटली में नाजीवाद, रूस और चीन का साम्यवाद, जापान का उद्योगवाद, यूगोस्लाविया, स्विट्जरलैंड, क्यूबा आदि सभी ने अपना विशेष निर्माण 20वीं शताब्दी में किया है। यह सब वहाँ की शिक्षा प्रणाली में क्रांतिकारी परिवर्तन लाने से ही संभव हो पाया है। व्यक्ति का क्रेंद्रित व चारित्रिक विकास बहुत सीमा तक उपलब्ध शिक्षा प्रणाली पर निर्भर करता है और शिक्षा प्रणाली का प्रमुख आधार शिक्षा के उद्देश्य होते हैं, क्योंकि उन्हीं की पूर्ति के लिए शिक्षा के प्रत्येक पक्ष के द्वारा प्रयास किए जाते हैं। नैतिकता के अन्तर्गत निम्नलिखित गुणों का संचार होता है–

- संयम
- आज्ञापालन
- अपरिग्रह
- निष्पक्षता
- कल्पनाशीलता
- ईमानदारी
- भाईचारा
- कर्त्तव्यपरायणता
- उदारता
- विश्वबंधुत्व
- नेतृत्व
- धैर्य
- आस्तिकता
- अस्तेय
- नम्रता
- गतिशीलता
- उत्तरदायित्व
- मित्रता
- दृढ़ता

इस प्रकार नैतिकता का संबंध उन मूल्यों से होता है जिनकी हम कामना करते हैं या इच्छा करते हैं तथा उचित मानते हैं। नैतिकता एवं शिक्षा में साध्य एवं साधन का, सिद्धात एवं व्यवहार का सम्बन्ध होता है। नैतिकता आत्मा के समान होती है तो शिक्षा शरीर के समान है। नैतिकता का विकास करना शिक्षा अपना कर्त्तव्य, कार्य, एवं उद्देश्य मानती है। उद्देश्य के आधार पर शिक्षा अपना सम्पूर्ण स्वरूप निश्चित करती है, नैतिकता के विकास हेतु आधार प्रदान करती है। वर्तमान समय में शिक्षा के विभिन्न उद्देश्यों के अन्तर्गत, मानव संसाधनों का विकास, मानवीय मूल्यों के प्रति निष्ठा, सामाजिक न्याय, राष्ट्रीय एकता, वैज्ञानिक स्वभाव, मानसिक एवं आध्यात्मिक स्वतंत्रता, धर्म निरपेक्षता, लोकतांत्रिक समाज एवं विकासशील देशों के लिए जीवन के उत्कृष्ट मूल्यों को रखा गया है।

### 6. आर्थिक आधार (Economical Bases)

अर्थशास्त्रियों ने आर्थिक विकास के विद्यमान होने में शिक्षा की भूमिका के बारे में काफी कुछ जानकारी प्राप्त कर ली है। वास्तव में, मनुष्य को प्रगति के लिए दोनों के सम्बन्धों पर बहुत समय पहले 18वीं शताब्दी में एडम स्मिथ तथा मार्शल के द्वारा बल दिया गया था। 'राष्ट्रों के धन के कारण तथा प्रकृति की खोज' में एडम स्मिथ ने कहा था,

> *''शिक्षा एक साधारण व्यक्ति के लिए अप्रत्यक्ष रूप से उपयोगी है। यह मानसिक योग्यता को अभिप्रेरित करती है, यह उसमें बुद्धि कौतुलता की आदत का विकास करती है; यह उसे अधिक बुद्धिमान, अधिक तत्पर, अपने सामान्य कार्य में अधिक विश्वसनीय बनाती है, यह कार्यकारी घंटों से उसके जीवन के समय में वृद्धि करती हैं, यह भौतिक धन के उत्पादन का महत्वपूर्ण साधन है।''*

ऑल्फर्ड मार्शल ने शिक्षा पर किए गए व्यय को 'राष्ट्रीय निवेश' माना है। 18वीं शताब्दी के अर्थशास्त्रियों ने शिक्षा को मानव में निवेश के रूप में स्वीकार किया था और बहुत से अर्थशास्त्रियों ने मानव पूंजी के रूप में इसके मूल्य को स्वीकार किया था जब उन्होंने क्षेत्र में गुणी श्रम के मूल्य की प्रशंसा की थी। इससे उनमें यह विचारधारा विकसित हुई कि शिक्षा के आर्थिक योगदान की शिक्षा के द्वारा मानवीय पूंजी निर्माण के रूप में व्याख्या की जा सकती है। शिक्षा तथा आर्थिक विकास में सम्बन्ध स्थापित करने में लगे हुए अनेक अध्ययनों ने शिक्षाशास्त्रियों तथा अर्थशास्त्रियों के ध्यान को आकर्षित किया है।

शिक्षा के विभिन्न कार्यों में से, वर्तमान समय में, विशेष रूप से अल्प-विकसित तथा विकासशील देशों के लिए सबसे महत्वपूर्ण है मानव संसाधन विकास के द्वारा आर्थिक विकास में भूमिका। हरबिन्सन तथा मायर्स का विचार था कि मानव संसाधन विकास की शैक्षिक प्रक्रिया सामाजिक तथा राजनैतिक संस्थानों के परिवर्तन के लिए आवश्यक है, जिसके लिए आधुनिक राष्ट्र प्रयासरत है।

आज की सामाजिक परिस्थितियों में शिक्षा व्यवस्था तथा आर्थिक विकास इस प्रकार एक दूसरे से सहसम्बन्धित है कि एक का अस्तित्व दूसरे के बिना नहीं है। शिक्षा में ह्रास आर्थिक विकास को प्रभावित करता है तथा धीमा आर्थिक विकास शिक्षा व्यवस्था तथा स्तरों को प्रभावित करेगा। बी. जी. तिलक (B.G. Tilak) के अनुसार शिक्षा तथा आर्थिक विकास में सहसम्बन्ध 'द्वि-मुखी प्रक्रिया है'–आदान-प्रदान एवं परस्पर सहयोग का सम्बन्ध। जॉन वैजी (John Vaizzey)ने अपनी पुस्तक 'The Economics of Education' में इस सम्बन्ध का विनोदात्मक उल्लेख करते हुए इसे 'चूजे और अण्डे का सम्बन्ध' (A chicken and egg relationship) बताया है। हरबिन्सन तथा मायर्स (Herbinson and Myers) ने शिक्षा को आर्थिक विकास का बीज तथा पुष्प दोनों ही माना है।

अर्थशास्त्री शिक्षाशास्त्रियों को कम से कम लागत पर इंजीनियर, डॉक्टर, अध्यापक या तकनीकी व्यक्तित्व के किसी भी अन्य वर्ग का उत्पादन करने के लिए कह सकते हैं। अर्थशास्त्री मात्रा से सम्बन्ध रखते हैं जबकि शिक्षाशास्त्री गुणात्मकता से सम्बन्धित है, परन्तु वे अपने विद्यार्थियों के भविष्य की घोषणा नहीं कर सकते। भविष्यवाणी, जो अर्थशास्त्रियों द्वारा की जाती है वह शुद्ध रूप से गुणात्मक होती है। जैसा कि जॉन वेजी ने कहा है,

*''प्रचलित व्यवस्था में एक स्नातक के उत्पादन के लिए माध्यमिक स्कूल में 10 व्यक्ति तथा प्राथमिक स्कूल में 100 व्यक्ति होने चाहिए।''*

*("In order to produce one graduate in a given system there have to be ten people in a secondary school and a hundred people in the primary school.")*

इस प्रकार शिक्षा के विभिन्न पहलू आर्थिक विकास में महत्वपूर्ण भूमिका अदा करते हैं। यह अच्छी प्रकार से ज्ञात है कि विकासशील देशों में साक्षरता दर विकसित देशों की अपेक्षा कम है। इस प्रकार अनपढ़ता अल्पविकास से पूर्णतया सम्बन्धित है। निरक्षरता दूर करने के उपायों से भारत में 2011 तक केवल 74 प्रतिशत साक्षरता दर ही प्राप्त की है। जैसा कि अनपढ़ता अल्प विकसित देशों की सामान्य विशेषता है और निम्न आय समूह में सामान्यतया पाई जाती है, यह आर्थिक विकास में रुकावट का काम करती है। यह प्रायः देखा गया है कि अशिक्षित लोग न तो अभिप्रेरित होते हैं और न ही इतने योग्य होते हैं कि वे कृषि उत्पादन, सहयोगी समाज, परिवार कल्याण कार्यक्रमों, ग्रामीण तथा छोटे पैमाने के उद्योगों में तकनीक के प्रयोग या उत्पादकता बढ़ाने के लिए उधार दिए गए धन का बुद्धिमतापूर्ण प्रयोग एवं आर्थिक विकास के लिए प्रदान की गई सुविधाओं का पूर्ण उपयोग कर सकें।

कॉल एस. ब्रैमबैक (Cole S. Bremback) का यह विचार था कि व्यावहारिक कार्य तथा मानवीय कार्य के प्रति सकारात्मक दृष्टिकोण आर्थिक विकास में महत्वपूर्ण भूमिका निभाता है। उसने दृढ़ता से उस परिस्थिति का विरोध किया,

*''जिसमें शिक्षा व्यक्ति को श्वेत पट्टा प्रदान करे, स्वयं को प्रायोगिक कार्य से वंचित रखे तथा बुद्धि से सम्बन्धित होने के कारण उसके* प्रतिफल का फायदा उठाए।''

*("Situation in which education entitles one to have white bands, divorce himself from practical work, and enjoy the fruits of belonging to intelligence.")*

शिक्षा लोगों की आदतों तथा दृष्टिकोणों में प्रभावी परिवर्तन के लिए महत्वपूर्ण भूमिका निभाती है।

अतः यह निष्कर्ष निकाला जा सकता है कि शिक्षा आर्थिक विकास में तथा सामाजिक आधुनिकीकरण में एक बहुत महत्वपूर्ण भूमिका निभाती है, उत्पादन के संसाधनों में इसका महत्वपूर्ण स्थान है और यह विभिन्न कार्यों के लिए योग्य तथा कौशलयुक्त व्यक्तियों के साथ आवश्यक संस्थान भी प्रदान करती है। इसका यह अर्थ है कि भारत में भी शिक्षा तथा आर्थिक विकास में आन्तरिक सम्बन्ध है। आर्थिक विकास के साथ शिक्षा को जोड़ने के साधन हैं–रोजगार उन्मुख शिक्षा, साक्षरता की गति को तेज करना, मानव-शक्ति सुधार का नियोजन, औद्योगिक स्कूलों एवं महाविद्यालयों की स्थापना; कृषि, इंजीनियरिंग एवं मेडिकल कोर्सो का विकास, विज्ञान एवं तकनीक का शिक्षण, शैक्षिक एवं व्यावसायिक मार्गदर्शन, पत्राचार कोर्सों तथा अनवरत शिक्षा की व्यवस्था आदि। इस प्रकार शिक्षा आर्थिक विकास का एक अनिवार्य सशक्त एवं प्रभावशाली साधन है।

इस प्रकार शिक्षा को सर्वव्यापी बनाने की सोच, और यह विचार कि सभी बच्चों को स्कूल जाना चाहिए, शिक्षा और विकास के क्षेत्र में कार्य कर रहे प्रत्येक व्यक्ति के दिमाग पर छाया हुआ

है। दुनिया के प्रगतिवादी विचारों ने बच्चों के अधिकारों के दृष्टिकोण से स्कूली शिक्षा को अनिवार्य बना दिया है। राष्ट्रीय पाठ्यचर्या की रूपरेखा 2005 के अन्तर्गत, शिक्षा के व्यापक लक्ष्य हैं, बच्चों के अंदर विचार व कर्म की स्वतंत्रता विकसित करना, दूसरों के कल्याण और उनकी भावनाओं के प्रति संवेदनशीलता पैदा करना, और बच्चों को नवीन परिस्थितियों के प्रति मौलिक व लचीले ढ़ंग से सामना करने के योग्य बनाना। शिक्षा ऐसी होनी चाहिए जिससे उनके अंदर लोकतांत्रिक प्रक्रिया में भाग लेने की, मौलिक अभिव्यक्ति की प्रकृति तथा नैतिकता की समझ विकसित हो और साथ ही साथ आर्थिक प्रक्रियाओं व सामाजिक बदलाव की और कार्य करने व उसमें योगदान देने की क्षमता भी विकसित हो सके। अत: शिक्षा के उद्देश्यों का निर्माण करते हुए एक समाज को दार्शनिक, मनोवैज्ञानिक, आर्थिक, राजनैतिक, सामाजिक, सांस्कृतिक आदि सभी परिस्थितियों को आधार मानना चाहिए। इसे विभिन्न क्षेत्रों की आकांक्षाओं व इच्छाओं में संतुलन बनाए रखना है, जिससे हम भविष्य के व्यक्तियों के लिए संसाधनों को बनाए रख सकें तथा सतत विकास के लिए निरंतर प्रयास करते रहें।

# 13. जॉन डीवी (1859-1952)

## [John Dewey (1859-1952)]

*"Education is a process involving continuous reconstruction and reorganisation of experiences."* *–Dewey*

जॉन डीवी का स्थान शिक्षा के क्षेत्र में सर्वश्रेष्ठ माना जाता है। वह एक अमेरिकन दार्शनिक, मनोवैज्ञानिक एवं शिक्षा सुधारक थे, जिनके विचारों ने शिक्षा एवं समाज सुधारों को अत्यधिक प्रभावित किया है। उनकी तुलना एक महान् विचारक प्लेटो से की जा सकती है, जिन्होंने न केवल शिक्षा जगत को ही प्रभावित किया, अपितु जीवन के प्रत्येक पहलू को प्रभावित कर मानव जगत का कल्याण किया।

**डीवी का जीवन (Dewey's Life)**

जॉन डीवी का जन्म 20 अक्टूबर, 1859 को न्यू इंग्लैंड स्थित वरमाण्ट (Verment) नामक गाँव में आरचीबाल्ड स्प्रेग डीवी व लूसिन आर्टमिसिया रिच डीवी के यहाँ हुआ। उनके पिता एक साधारण व्यापारी थे। उनका पालन पोषण ग्रामीण वातावरण में हुआ। प्रारंभिक शिक्षा प्राप्त करने के पश्चात् डीवी ने अपनी आदर्श माता से प्रभावित होकर पारिवारिक परंपरा को तोड़ कर महाविद्यालय की शिक्षा प्राप्त की। सन् 1879 में उन्होंने वरमाण्ट विश्वविद्यालय से स्नातक की उपाधि ग्रहण की। इन्होंने दो वर्ष तक पैनील्वानिया (Penneylvania) में एक स्कूल में अध्यापन का कार्य किया तथा एक वर्ष चारलोट वरमाण्ट के एक छोटे से कस्बे में प्रारंभिक स्तर के अध्यापक के रूप में कार्य किया। इसके पश्चात् उन्होंने निश्चय किया कि वह प्राथमिक या माध्यमिक स्कूल में अध्यापन कार्य के लिए उपयुक्त नहीं है। इसके पश्चात् उन्होंने जॉन हापकिन्ज विश्वविद्यालय (John Hopkins University) से दर्शन में पी. एच. डी. की उपाधि ग्रहण की। इस अवधि में उन्हें प्रसिद्ध विद्वानों के संपर्क में आने का मौका मिला, जिन्होंने डीवी को अत्यधिक प्रभावित किया। सन् 1893 तक डीवी ने मिशिगन विश्वविद्यालय (Michigan University) में एक व्याख्याता के रूप में अध्यापन कार्य किया। सन् 1894 में इनकी नियुक्ति शिकागो विश्वविद्यालय (Chicago University) में दर्शनशास्त्र विभाग के अध्यक्ष पद के रूप में हो गई। सन् 1896 में इन्होंने विश्वविद्यालय में प्रयोगशाला स्कूल (Laboratory School) की स्थापना की, जिसमें इन्होंने अपने शिक्षाशास्त्रीय सिद्धांतों को वास्तविक रूप प्रदान किया और इसी स्कूल ने उन्हें विश्वविख्यात बनाया। सन् 1893 में उन्हें अमेरिकन मनोवैज्ञानिक संगठन (American Psychological Association) का प्रधान चुना गया। सन् 1904 से 1930 तक इन्होंने कोलम्बिया विश्वविद्यालय (Columbia University) में दर्शन शिक्षा के प्रोफेसर के पद पर कार्य किया। 1 जून, 1952 को इस महान्, विचारक, शिक्षाशास्त्री एवं अध्यापक का न्यूयार्क शहर में देहांत हो गया।

उन्होंने सामाजिक मुद्दों की कभी अवहेलना नहीं की। शिक्षा, राष्ट्रीय व अंतर्राष्ट्रीय नीतियों व अनेकों सामाजिक गतिविधियों पर इन्होंने समय-समय पर अपने विचार प्रस्तुत किए। डीवी ने स्त्रियों पर होने वाले अत्याचारों, प्रगतिशील शिक्षा, शिक्षा अधिकार, मानवता आंदोलन तथा विश्व शांति के क्षेत्रों में महत्वपूर्ण योगदान दिया।

## डीवी का लेखन कार्य (Dewey's Writings)

यद्यपि डीवी का लेखन कार्य मुख्य रूप से शिक्षा से सम्बन्धित रहा, परंतु इन्होंने अन्य बहुत से विषयों पर भी लिखा जैसे तत्व मीमांसा, ज्ञान मीमांसा, सौन्दर्य, तर्क, सामाजिक सिद्धांत तथा नैतिकता। उनके प्रमुख लेखन निम्नलिखित है:

- Interest as Related to will, 1887
- My Pedagogic Creed, 1897
- The school and society, 1899
- The child and the curriculum, 1902
- Relation of Theory and Practice in the Education of Teachers, 1904.
- The School and the Child, 1907
- Ethics, 1908.
- How we Think, 1910.
- The Influence of Darwin on Philosophy, Democracy and Education, Essays on Experimental Logic, 1916.
- Reconstruction in Philosophy, 1920
- Human Nature and Conduct, 1922
- Experience and Nature, 1925

इनके अतिरिक्त डीवी ने कई शिक्षा सम्बन्धी पत्र-पत्रिकाओं में भी लेख लिखे हैं। इन्होंने उन व्यक्तियों के लिए भी 'न्यू रिपब्लिक' के अंतर्गत लेख लिखे, जो शिक्षा सम्बन्धी विचारों के श्रोता नहीं थे। उनके जीवन काल में ही उनके विचारों का व्यापक प्रभाव देखने को मिलता है।

## डीवी की दार्शनिक विचारधारा (Dewey's Philosophical Thoughts)

जॉन डीवी अमेरिकन विचारधारा जिसे प्रयोजनवाद के नाम से जाना है, के प्रमुख प्रवर्तक थे। इस विचार ने आधुनिक दर्शन के तत्व मीमांसा तथा ज्ञान मीमांसा को अस्वीकार किया, जो प्रकृतिवादी उपागम का समर्थन करता है। उनकी दार्शनिक विचारधारा डारविन के उद्‌विकास के सिद्धांत पर तथा विलियम जेम्स के प्रयोजनवाद सिद्धांत पर आधारित है। डारविन की भाँति उनका यह विश्वास था कि विश्व अभी तक विकासशील अवस्था में है, इसी के परिणामस्वरूप प्रत्येक मनुष्य का जीवन परिवर्तनशील रहता है तथा पुनः संरचना में लगा रहता है। विलियम जेम्स की भांति, उनका यह मानना था कि प्रत्येक उपयोगी वस्तु अच्छी होती है और प्रत्येक वस्तु जो अच्छी है, वह उपयोगी भी होती है। डीवी की दार्शनिक विचारधारा निम्नलिखित है:

- *दर्शन का उद्‌गम (Origin of Philosophy)*–जॉन डीवी का यह मानना है कि समाज दर्शन का निर्माण करता है। उनका कथन था कि दर्शन का उद्देश्य व्यवहारवादी होता है, जो जीवन की क्रियाओं को प्रभावित करता है। डीवी का विचार है कि दर्शन कोई ऐसा शास्त्र नहीं है जो पूर्व निर्धारित सत्यों की प्रकृति पर विचार करता हो, अपितु यह एक ऐसा विषय है जो नवीन जीवन का निर्माण करता है। दर्शन की इस प्रकृति के कारण ही उसमें समाज की समस्याएँ प्रतिबिम्बित होती है और यह जीवन की विभिन्न सामाजिक एवं व्यावहारिक समस्याओं एवं जटिलताओं को हल करता है। डीवी का कहना है कि व्यक्ति तभी इन समस्याओं का समाधान खोज सकता है, जब उसे शिक्षा द्वारा उन परिस्थितियों का सामना करने के योग्य बना दिया जाए। इसी के परिणामस्वरूप डीवी दर्शन का उद्‌गम समाज को मानते हैं।

- *मूल्य (Values)*–डीवी के अनुसार; मूल्य निश्चित, शाश्वत एवं अंतिम नहीं होते हैं। उनका विश्वास था कि मूल्य समय के अनुसार परिवर्तित होते रहते हैं। मानव अपने मूल्यों का निर्माण स्वयं करता है। जो आज सत्य है, यह आवश्यक नहीं कि कल भी सत्य हो। मूल्यों के निर्माण में सफलता का निर्धारण उन क्रियाओं के परिणामों पर निर्भर करता है, जिनकी ओर व्यक्ति के विचार उन्मुख होते हैं। डीवी का यह मानना है कि सभी मूल्य इच्छा के रूप में शुरु होते है और परावर्तित आलोचना के द्वारा वे मूल्यों में परिवर्तित हो जाते हैं। वे विचार जो कार्य संपन्न में बाधा नहीं डालते वे ही उस काल के जीवन मूल्य होते हैं।
- *मन (Mind)*–डीवी के अनुसार मन विकास का परिणाम है, पदार्थ नहीं। मन उन मानव क्रियाओं का परिणाम है, जो जीवन की विभिन्न सामाजिक एवं व्यावहारिक समस्याओं के हल के लिए व्यक्ति के द्वारा संपन्न की जाती है। मन विभिन्न प्रकार की क्रियाएँ करता है: बौद्धिक, भावात्मक, उद्देश्यपूर्ण। मन के कारण ही मनुष्य अन्य प्राणियों से सर्वोत्तम है। मन वातावरण से सम्बन्धित है। डीवी का विचार है कि जब मानसिक शक्तियाँ दैनिक जीवन की सामान्य क्रियाओं को पूरा करने के लिए उपयोग की जाती है, तब उसका विकास होता है। मन ही भूत व भविष्य को जोड़ने में पुल का कार्य करता है व पूर्व विद्यमान व्यवस्था की नवीन रूप से संरचना करता है। डीवी का यह भी मानना था कि इस मन की उपयोगिता अकेले में न होकर समाज में ही होती है।
- *ज्ञान (Knowledge)*–डीवी ने ज्ञान को मन से पृथक माना है। उनका मानना है कि विचार केवल मन की क्रियाएँ हैं और व्यक्ति उनका प्रयोग वातावरण की वस्तुओं को नियंत्रित करने के लिए करता है। डीवी इस अवधारणा को मानता है कि मन और वस्तु आंतरिक रूप से भिन्न है, परंतु किसी न किसी प्रकार से अंत: सम्बन्धित भी है। आंतरिक मानसिक प्रक्रियाओं के द्वारा ही बाह्य जगत की वस्तुओं के बारे में जाना जा सकता है। डीवी के अनुसार ज्ञान दो रूपों में हो सकता है: पहला ज्ञानात्मक रूप, जो गुणों, घटनाओं, सम्बन्धों, नियमों आदि की स्मृति के रूप में विद्यमान रहता है, यह स्थिर तत्व के रूप में विद्यमान रहता है, परंतु कभी-कभी विशिष्ट परिस्थितियों या चुनौतियों के फलस्वरूप इसमें कुछ अस्थिरता आ जाती है। उदाहरण : मैं जानता हूँ और यह एक सामान्य ज्ञान भी है कि 0° सैल्सियस पर पानी बर्फ में परिवर्तित हो जाता है।

  द्वितीय प्रकार का ज्ञान ज्ञानात्मक क्रियाओं के रूप मे है, जो किसी विशिष्ट, चुनौतीपूर्ण और या समस्यात्मक परिस्थिति में की जाती है। यह क्रिया पहले से संचित मानसिक तत्वों तथा परिस्थिति से उत्पन्न तत्वों का सम्मिश्रण होती है। मानव इन क्रियाओं को, चुनौती का सामना करने के लिए या परिस्थितियों से उत्पन्न समस्या के समाधान के लिए, करता है। उदाहरण : जब मैं एक बालक के साथ नदी के किनारे पर खेलता हूँ, तो मैंने यह अनुभव किया कि एक रेत के घर को बनाने के लिए कितनी पानी की मात्रा आवश्यक है। इस प्रकार यह मेरा ज्ञान बन गया कि पानी की मात्रा और रेत की मात्रा को किस अनुपात में मिलाया जाए कि निर्माण का कार्य मजबूत हो सके। इस प्रकार डीवी ज्ञान को ज्ञान के लिए देने के ही पक्ष में नहीं है। वह ज्ञान को अनुभव से पृथक नहीं मानते। उनका कहना है कि ज्ञान से पहले अनुभव का होना आवश्यक है और अनुभव इस प्रकार का होना चाहिए, जो किसी समस्या का समाधान करने में सहायक हो। वह अनुभव जो सार्थक है, वही ज्ञान है। डीवी इसी प्रकार के ज्ञान में रुचि रखते थे जो क्रियात्मक, समस्या केन्द्रित तथा प्रयोजनशील हो।
- *समाज व व्यक्ति में सम्बन्ध (Relationship between Society and Individual)*–डीवी ने यह स्वीकार किया है कि समाज व व्यक्ति में जैविक सम्बन्ध है। दोनों ही भौतिक/प्राकृतिक

तथा सामाजिक वातावरण के प्रति जागरूक होते हैं। व्यक्ति का विकास न तो अकेले रहकर संभव है और न ही केवल प्राकृतिक वातावरण के साथ सम्बन्ध रखकर। उसकी वृद्धि एवं विकास समाज में ही संभव है। डीवी के अनुसार, सामाजिक ढांचे के बिना किसी व्यक्ति की कल्पना नहीं की जा सकती है। व्यक्तित्व की पूर्णता के लिए समाज आवश्यक है।

- *साधनात्मक दर्शन (Instrumental Philosophy)*–डीवी साधनवाद में विश्वास करते थे। यद्यपि वैज्ञानिक व अन्य विचार विद्यमान है, परंतु वे सभी परिवर्तन के साधन है। उसका सुझाव है कि इन विचारों को सार्वभौमिक या अंतिम न मानकर साधनात्मक विचार माना जाना चाहिए। डीवी का साधनवाद का सिद्धांत इस बात को स्वीकार नहीं करता कि विचार मानसिक प्रक्रिया है और न ही वह विचार सत्य है यदि वह कभी किसी प्रश्न या वस्तु के साथ अचानक सम्बन्धित हो जाता है। उनके अनुसार जीवन की प्रत्येक क्रिया किसी निश्चित लक्ष्य का साधन है, जो जीवन का विकास करती है।
- *प्रयोगात्मक दर्शन (Experimental Philosophy)*–डीवी का दर्शन प्रयोगात्मक है। उसका यह मानना है कि हम सब चेतन या अचेतन रूप में प्रयोग कर रहे हैं और विभिन्न प्रयोगों के द्वारा अपनी समस्याओं को सुलझाने का प्रयास करते हैं। हमारा चिंतन प्रयोग के विभिन्न स्तरों का अनुगमन करता है:

– किसी समस्या की अनुभूति।
– समस्या का बोध।
– संभव व्यावहारिक साधनों की खोज–प्रदत आंकड़ों का वर्गीकरण।
– परिकल्पना को स्वीकार या अस्वीकार करना।
– समाधान को स्वीकार या अस्वीकार करने हेतु उसका पुनः परीक्षण करना व प्रयोग में लाना।

- *प्रजातंत्र में विश्वास (Faith in Democracy)*–डीवी ने सदा लोकतंत्र में विश्वास किया है। उनका कथन है कि प्रजातंत्र केवल सार्वजनिक प्रशासन का राजनैतिक सूत्र नहीं है, अपतु यह जीवन का पूर्ण दर्शन है। उनका यह भी मानना है कि प्रजातंत्र मानव को अपनी शक्तियों व क्षमताओं को अभिव्यक्त करने का पूर्ण अवसर देता है, जिसके परिणामस्वरूप वह सहयोगी अनुभवों में स्वतंत्रतापूर्वक भाग ले सकते हैं। प्रजातंत्र का सार बाह्य शक्ति एवं नियम के स्थान पर स्वतंत्र समागम एवं प्रत्येक व्यक्ति के मूल्य की अनुभूति में निहित है।

अतः डीवी के अनुसार कोई भी सिद्धांत तथा आदर्श सत्य नहीं रह सकता, वह तो केवल जीवन को नियंत्रित रखने के लिए प्रेरणा स्त्रोत हैं। विकास ही नैतिक है तथा वही आदर्श है। डीवी के विचार उनके लिए प्रेरणा स्त्रोत है जिन्होने दर्शन को प्रयोग में लाने का प्रयास किया। उन्होंने साधन के महत्व, परिवर्तन के सत्य, कला की उपयोगिता, योजना पद्धति, समुदाय आधारित अधिगम आदि पर अधिक बल देकर शिक्षा को नया जीवन प्रदान किया है।

### शिक्षा के उद्देश्य (Aims of Education)

जॉन डीवी एक प्रयोगवादी शिक्षाशास्त्री थे एवं उनका यह मानना था कि शिक्षा के उद्देश्य कभी पूर्व निश्चित नहीं हो सकते, क्योंकि परिवर्तित भौतिक एवं सामाजिक वातावरण की भांति शिक्षा के उद्देश्य भी परिवर्तित होते रहते हैं।

डीवी ने अपनी पुस्तक 'प्रजातंत्र एवं शिक्षा' (Democracy and Education) के पाठ 8, जिसका शीर्षक है 'एम्स ऑफ एजूकेशन' में निम्नलिखित तीन बातों को अस्वीकार किया है:

1. शिक्षा के पूर्व निश्चित लक्ष्य होने चाहिए,
2. शिक्षा में उन उद्देश्यों को रखा जाए जो शिक्षा प्रक्रिया में बाह्य हो,

3. शिक्षा में उन उद्देश्यों की पूर्ति होनी चाहिए जिन्हें किसी अधिकारी के द्वारा निर्धारित किया गया हो।

कुछ व्यक्तियों में असहमति हो सकती है कि शिक्षा के उद्देश्य निर्धारित करने का अधिकार किसका होना चाहिए; क्या वे सभी विद्यार्थियों के लिए समान होने चाहिए; और किस सीमा तक उनके अधीन होना चाहिए जैसे आर्थिक प्रगति, सामाजिक न्याय या मानव समृद्धि। डीवी उन उद्देश्यों को अस्वीकार करते हैं जिन्हें बाह्य रूप से अन्य व्यक्तियों द्वारा थोपा गया हो। वह बाह्य व्यक्ति द्वारा निश्चित किए गए उद्देश्य तथा जिन्हें बाह्य व्यक्ति द्वारा निश्चित न किया गया गया हो, दोनों में अंतर मानते हैं। बाह्य अधिकारी द्वारा थोपे गए उद्देश्य निश्चित, स्थिर, कठोर व बुद्धि को सीमित मानने वाले होते हैं; जबकि जिन्हें बाह्य रूप से थोपा नहीं जाता, वे लचीले, प्रायोगिक होते हुए, निरंतर विकास की प्रक्रिया में रहते हैं।

डीवी के अनुसार,

*"शिक्षा के कोई उद्देश्य नहीं होते; शिक्षा एक अमूर्त विचार है, केवल व्यक्तियों के उद्देश्य होते है और व्यक्तियों के उद्देश्य अनिश्चित से विभिन्न होते हैं, विभिन्न बालकों के साथ विभिन्न उद्देश्य, बच्चों व अध्यापकों के विकास के साथ-साथ परिवर्तनशील।"*

*("Education as such has no aim; education is an abstract idea, only persons have aims, and the aims of persons are indefinitely varied, differing with different children, changing as children and their teachers grow.")*

शिक्षा का उद्देश्य बालक की समस्त शक्तियों का विकास करना है। हम पहले से यह निश्चित नहीं कर सकते कि शक्तियों का विकास किस दिशा में होगा, अतः शिक्षा का उद्देश्य तात्कालिक होगा। इस प्रकार शिक्षा के उद्देश्य वही होंगे जो उस समय, स्थान तथा स्थिति में बालक की स्वाभाविक शक्तियों का विकास करें।

शिक्षा के उद्देश्यों को हम दो भागों में विभाजित कर सकते हैं–

1. व्यक्तिगत उद्देश्य (Individual Aims)
2. सामाजिक उद्देश्य (Social Aims)

### व्यक्तिगत उद्देश्य (Individual Aims)

डीवी ने व्यक्तिगत रूप से निम्नलिखित उद्देश्य बताए हैं–

1. *अनुभवों का सतत् पुनःनिर्माण (Continuous Reconstruction of Experiences)*–डीवी के अनुसार शिक्षा का उद्देश्य अनुभवों का पुनःनिर्माण करना है इसलिए बालकों को केवल उन्हीं अनुभवों को प्राप्त करने के अवसर प्रदान करने चाहिए जो उसके विकास के लिए सबसे उपयोगी हैं।
2. *वातावरण के साथ समायोजन (Adjustment to Environment)*–शिक्षा द्वारा बालकों में अपने वातावरण के साथ सामंजस्य स्थापित करने की क्षमता विकसित करनी चाहिए। डीवी के अनुसार शिक्षा को चाहिए कि वह बालक के वातावरण को कुशलता से समझने व समायोजन करने में सहायता करे।
3. *समृद्ध एवं उत्तम वर्तमान जीवन (Rich and Better Present Life)*–शिक्षा द्वारा बच्चे की उन योग्यताओं का विकास करना चाहिए जो उसके वर्तमान जीवन को समृद्ध व उत्तम बनाएँ, जिससे वह सफलतापूर्वक मूल्यों तथा अनुमानों की जाँच प्रयोगात्मक परीक्षण के आधार पर कर सके तथा अपनी प्रगति को स्थिर बना सके।
4. *गतिशील एवं लचीले मन का निर्माण (Cultivation of Dynamic and Adaptable Mind)* –डीवी ने शिक्षा का एक उद्देश्य गतिशील मन का निर्माण करना बताया है। उनका कहना है

*"यदि हम सामाजिक प्रयोगवादी पद्धति चाहते हैं तो हमें पूर्व निर्धारित मूल्यों का त्याग करना होगा।"*
*("If we want social pragmatistic approach, then we should leave pre-determined values.")*

मूल्यों एवं आदर्श का निर्माण मानव के अनुभवों से होता है, इसलिए मन यदि गतिशील व लचीला होगा तो वह जीवन की सभी परिस्थितियों का सामना करते हुए वर्तमान तथा भविष्य के लिए मूल्यों का निर्माण करने में समर्थ हो सकेगा।

**सामाजिक उद्देश्य (Social Aims)**

1. *सामाजिक कुशलता की प्राप्ति (Realisation of Social Efficiency)*–डीवी के अनुसार मनुष्य जो कुछ करता है वह समाज में रहकर उसकी क्रियाओं में भाग लेकर ही करता है। समाज को समझने और उसमें अपने आपको समायोजित करने के कौशल को सामाजिक कुशलता कहते हैं। शिक्षा का उद्देश्य मनुष्यों में इस सामाजिक कुशलता का विकास करना है। डीवी ने सामाजिक रूप से कुशल व्यक्ति में निम्नलिखित विशेषताएं प्रतिपादित की हैं–
   (i) *आर्थिक कुशलता (Economic efficiency)*–जीवनयापन की योग्यता का विद्यमान होना।
   (ii) *निषेधात्मक नैतिकता (Negative morality)*–अपनी उन कामनाओं व इच्छाओं को त्यागना जिनको संतुष्ट करने से दूसरों की आर्थिक कुशलता में बाधा उत्पन्न हो।
   (iii) *सकारात्मक नैतिकता (Positive moralilty)*–अपनी उन कामनाओं व इच्छाओं की पूर्ति होने से रोक देना, जिनसे प्रत्यक्ष या अप्रत्यक्ष किसी भी रूप में सामाजिक प्रगति संभव न हो।
2. *लोकतंत्रीय जीवन का प्रशिक्षण (Training in Democratic Life)*–डीवी लोकतंत्रीय समाज के समर्थक थे। ऐसे समाज के सभी कार्यों में कुशलतापूर्वक भाग लेने के लिए उनकी दृष्टि से एक व्यक्ति में निम्नलिखित योग्यताएं होनी चाहिए–
   (i) स्वास्थ्य
   (ii) क्रिया करने की क्षमता
   (iii) योग्य गृहस्थ
   (iv) व्यवसाय
   (v) नैतिकता एवं चरित्र
   (vi) नागरिकता, एवं
   (vii) अवकाश काल का उचित उपयोग

इस प्रकार डीवी ने व्यक्तिगत एवं सामाजिक दृष्टि से शिक्षा के उद्देश्यों का निर्माण किया है। डीवी के शब्दों में,

*''शिक्षा का कार्य असहाय बाल पशु को सुखी, नैतिक एवं कार्यकुशल मानव बनने में सहायता देना है।''*
*("The function of education is to help growing of helpless young animal into a happy, moral and efficient human being.")*

**पाठ्यक्रम (Curriculum)**

डीवी ने परंपरागत विषय केंद्रित पाठ्यक्रम को दूषित बताया। उन्होंने इस बात पर बल दिया कि पाठ्यक्रम कृत्रिमता से दूर, बच्चों के वास्तविक जीवन की क्रियाओं पर आधारित होना चाहिए। समाज गतिशील है, वह भी समय व परिस्थितियों के अनुसार बदलते रहना चाहिए। डीवी ने

विभिन्न स्तरों के लिए किसी निश्चित पाठ्यक्रम की योजना तो प्रस्तुत नहीं की परंतु पाठ्यक्रम निर्माण के कुछ सिद्धांत अवश्य दिए हैं जो निम्नलिखित हैं–

1. *लचीला पाठ्यक्रम (Flexible Curriculum)*–डीवी के मतानुसार पाठ्यक्रम लचीला होना चाहिए। इसे वर्तमान परिस्थितियों, बालक की आवश्यताओं व रुचियों के अनुकूल होना चाहिए। यदि पाठ्यक्रम कठोर होगा तो उसमें उन मूल्यों व अनुभवों को स्थान प्राप्त नहीं हो पाएगा जिनका सृजन स्वयं बालकों ने किया हो।
2. *रुचिपूर्ण (Interesting)*–डीवी का यह मानना है कि पाठ्यक्रम में विषयों का निर्धारण बालक की मूल प्रेरणाओं, रुचियों, पूर्व अनुभवों इत्यादि पर आधाारित होना चाहिए। उन्होंने पाठ्यक्रम निर्धारण में बालक की चार रुचियों पर विशेष रूप से ध्यान केंद्रित करने को कहा–बातचीत करने की रुचि, अन्वेषण और परीक्षण की रुचि, रचना की रुचि व कलात्मक अभिव्यक्ति की रुचि। इन रुचियों के आधार पर डीवी ने पाठ्यक्रम में उन विषयों को स्थान दिया है जिनसे बालक पढ़ने, लिखने, गिनने, प्रकृति विज्ञान, हस्तकला एवं संगीत का अच्छी प्रकार से ज्ञान प्राप्त कर सके। इस दृष्टि से इन्होंने प्रथम छः कक्षाओं की पाठ्यचर्या में भाषा, अंकगणित, इतिहास, भूगोल, विज्ञान, काष्ठकला, पाक–विज्ञान, सिलाई, बागवानी, ड्राइंग, कला व संगीत को स्थान दिया है।
3. *बाल–केन्द्रित (Child-centred)*–डीवी का यह मानना है कि पाठ्यक्रम बालक की रुचियों, क्षमताओं, योग्यताओं व आवश्यकताओं के अनुरूप होना चाहिए। इसके अंतर्गत उन क्रियाओं का समावेश किया जाए जिसमें बालक स्वानुभव प्राप्त करने का अवसर प्राप्त करते हैं।
4. *सहसम्बन्धित (Correlated)*–जीवन व ज्ञान स्वयं में पूर्ण इकाई है, इसलिए डीवी का कहना है कि इससे सम्बन्धित समस्त ज्ञान एवं क्रियाएं भी एक पूर्ण इकाई होते हैं। पाठ्यक्रम को यदि विभिन्न विषयों की कोठरियों में बंद कर दिया जाए तो शिक्षा केवल विभिन्न विषयों का स्मरण मात्र रह जाती है। अतः विभिन्न विषयों को एक–दूसरे से सम्बन्धित करते हुए शिक्षा देनी चाहिए क्योंकि इस प्रकार से प्राप्त किया गया ज्ञान सरल, परस्पर पूरक, स्पष्ट, व्यावहारिक तथा स्थाई होता है।
5. *उपयोगी (Useful)*–डीवी के अनुसार पाठ्यक्रम में जो भी विषय एवं क्रियाएं सम्मिलित की जाएं, उनकी व्यावहारिक उपयोगिता होनी चाहिए। पाठ्यक्रम में विषयों का निर्धारण उनके महत्व के क्रम के अनुसार नहीं अपितु कोई भी विषय जो जीवन को पूर्ण बनाने में उपयोगी सिद्ध हो उसे पाठ्यक्रम में अनिवार्यतः स्थान देना चाहिए।
6. *क्रिया केन्द्रित (Activity Centred)*–डीवी ने पाठ्यक्रम निर्माण में क्रियाशीलता के सिद्धांत पर बल दिया है। उनके अनुसार पाठ्यक्रम में उन क्रियाओं का समावेश होना चाहिए जो बालक को अपने मूल्यों के निर्माण में सहायता प्रदान करें। डीवी ने लिखा है,

   *''विद्यालय समुदाय का अंग है। इसलिए यदि ये क्रियाएं समुदाय की क्रियाओं का रूप ग्रहण कर लें तो ये बालक में नैतिक गुणों व पहलकदमी तथा स्वतंत्रता के दृष्टिकोण का विकास करेंगी।''*
7. *सामाजिक अनुभवों का महत्व (Importance of Social Experiences)*– डीवी का विचार है कि सामाजिक पर्यावरण में ही मन और बुद्धि का विकास संभव है, इसलिए पाठ्यक्रम का निर्माण करते समय इसमें सामाजिक अनुभवों को महत्वपूर्ण स्थान दिया जाना चाहिए।
8. *कला–कौशल का स्थान (Place of Art)*–डीवी ने व्यक्तिगत विकास में कला के योगदान को स्वीकारते हुए उसको भी पाठ्यक्रम में महत्वपूर्ण स्थान प्रदान किया है। व्यावहारिक समस्याओं

को हल करने में बालक को जो सृजनात्मक अनुभव होते हैं उससे उसमें कला-कौशल के प्रति अनुभूति की जागृति होती है।

9. *नैतिक एवं धार्मिक शिक्षा (Moral and Religious Education)*–डीवी नैतिक तथा धार्मिक शिक्षा के लिए अलग से विषयों को पढ़ाने के पक्षधर नहीं थे, अपितु विभिन्न क्रियाओं एवं सामूहिक कार्यक्रमों में भाग लेने से ही बालकों में नैतिकता का विकास संभव है।

अतः डीवी ने ऐसे पाठ्यक्रम पर बल दिया जिसमें निम्नलिखित विशेषताएं हों:

1. यह एक समस्या पर केन्द्रित होता है, जिसका सामना बालक कर रहा हो।
2. इसका प्रादुर्भाव बालक की तात्कालिक जीवन की क्रियाओं से होता है।
3. यह सुसंगठित होता है।
4. यह आलोचनात्मक चिंतन तथा तार्किक योग्यता का विकास करता है।
5. यह साधनात्मक होता है एवं बालक की आवश्यकताओं की संतुष्टि में सहायक होता है।

निष्कर्ष रूप से यह कहा जा सकता है कि पाठ्यक्रम बालक की आवश्यकताओं व उपयोगिता पर आधारित होना चाहिए। एक सफल शिक्षा का गुण है बालक की आवश्यताओं की पूर्ति तथा सामाजिक कुशलता का विकास करना।

## शिक्षण विधियाँ (Methods of Teaching)

डीवी किसी भी पूर्व निश्चित शिक्षण सिद्धांत को स्वीकार करने के पक्षधर नहीं थे। वह प्रत्येक विधि को कसौटी पर कसकर ही स्वीकार करने की स्वीकृति देते थे। डीवी के अनुसार शिक्षण पद्धति से तात्पर्य बालकों को निर्देशन द्वारा ज्ञान प्रदान करने की कला से नहीं अपितु उसका तात्पर्य उस मनोवैज्ञानिक विधि से है जिसके द्वारा बालक क्रिया करके, स्वानुभव द्वारा, खोज करके व प्रयोग करके ज्ञान प्राप्त करता है।

डीवी ने हाऊ वी थिंक (How We Think) तथा इन्ट्रेस्ट एंड एफर्ट इन एजूकेशन (Interest and Effort in Education) नामक ग्रंथों में अपने शिक्षण सम्बन्धी विचार प्रस्तुत किए हैं। करके सीखने और अनुभव द्वारा सीखने के साथ-साथ उन्होंने इस बात पर भी बल दिया कि सीखने-सिखाने की क्रिया बच्चों की रुचि पर आधारित होनी चाहिए।

डीवी के द्वारा निम्नलिखित शिक्षण विधियों की संस्तुति की गई है:

- *क्रिया द्वारा सीखना (Learning by doing)*–डीवी का विश्वास है कि बालक सक्रिय होकर ही सीखता है, चाहे वह वैयक्तिक कार्य या सामूहिक कार्य में संलग्न हो। अध्यापक के द्वारा ऐसे वातावरण का निर्माण किया जाना चाहिए, जिसमें विद्यार्थी स्थिति का सामना करने के लिए प्रेरित हो। ऐसे वातावरण में विद्यार्थी स्व-अनुभव एवं स्व-क्रिया के द्वारा अधिगम प्राप्त करेगा तथा उसके व्यक्तित्व का विकास होगा। ये स्व-अनुभव जीवन की आवश्यकताओं एवं वास्तविकताओं से सम्बन्धित होने चाहिए। डीवी का मानना था कि उद्देश्यपूर्ण, कुशलता युक्त, बुद्धिमता युक्त तथा क्रमबद्ध क्रियाएँ ही अधिगम प्रक्रिया में महत्वपूर्ण होती है। इसे हम क्रिया विधि के नाम से भी जानते हैं।
- *एकीकरण एवं सहसम्बन्ध द्वारा अधिगम (Learning by integration and correlation)* –मस्तिष्क एकीकृत ज्ञान ग्रहण करता है। हम ज्ञान को विभिन्न भागों मे नहीं बांट सकते, इसलिए अधिगम की प्रक्रिया एकीकृत होनी चाहिए। क्योंकि मानव के लिए अपने अनुभवों में एकीकरण स्थापित करना प्राकृतिक है। इस एकीकरण का आधार उद्देश्यपूर्ण क्रियाएँ हो सकती है। एक विषय की उद्देश्यपूर्ण क्रियाएँ दूसरे विषय की उद्देश्यपूर्ण क्रियाओं से सम्बन्धित भी होनी चाहिए। इसका अभिप्राय यह है कि अध्यापक को विभिन्न विषयों में रेखीय व लम्बवत सहसम्बन्ध स्थापित करना चाहिए।

- *उत्पादक एवं सृजनात्मक क्रियाओं के द्वारा अधिगम (Learning through productive and creative activities)*–निर्माण सृजनात्मक एवं उत्पादक क्रियाओं का विस्तृत क्षेत्र है, जो प्रत्येक अधिगमकर्त्ता के अधिगम के स्व संगठन का एक आवश्यक तत्व है। डीवी का कहना है कि मैने निर्माण शब्द का प्रयोग सृजनात्मक मन के रूप में किया है, जो अपनी क्रियाओं में सामान्यत: उत्पादक होता है। प्रत्येक व्यक्ति स्वयं में अद्वितीय होता है। प्रत्येक व्यक्ति अपने दृष्टिकोण से जीवन में अनुभव प्राप्त करता है तथा परिणामस्वरूप अपने विचारों को अनुभव में परिवर्तित करते समय भिन्न अधिगम प्राप्त करता है। इसलिए प्रत्येक बालक को उत्पादक व सृजनात्मक क्रियाओं में शामिल करना चाहिए।
- *प्रयोजन विधि (Project Method)*–डीवी ने प्रयोजन विधि की संस्तुति की है। जो अधिगमकर्त्ता की समस्याओं, क्रियाओं, अनुभवों व रुचियों पर आधारित है। इसके अंतर्गत बच्चों के जीवन से सम्बन्धित किसी कार्य का चयन किया जाता है और बच्चे उस कार्य को पूरा करने में अनेक विषयों का ज्ञान एवं सामाजिक क्रियाओं में प्रशिक्षण प्राप्त करते हैं।
- *समस्या समाधान (Problem Solving)*–डीवी ने अपनी प्रसिद्ध पुस्तक 'हाऊ वी थिंक' (How We Think) में लिखा है कि 'चिंतन के लिए अधिगम' ही अधिगम है। उनका कथन है कि चिंतन एवं मनन कभी एकांत में नहीं होता, क्योंकि उसके लिए किसी समस्या, कारण या परिस्थिति का होना आवश्यक है। यद्यपि डीवी ने चिंतन की विभिन्न विधियों को पहचाना, परंतु उन्होंने इस बात पर बल दिया कि चिंतन का उत्तम ढंग है चिंतनशील चिंतन। चिंतन का प्रारंभ समस्या से होता है और इसकी समाप्ति समस्या के समाधान से होती है। डीवी ने इसके लिए निम्नलिखित आवश्यक स्तर बताए हैं:
  - (i) विद्यार्थी के पास अनुभव की वास्तविक परिस्थिति है, जिसमें निरंतर क्रिया सम्मिलित है और वह उस क्रिया में स्वयं से रुचि रखता है।
  - (ii) इस परिस्थिति में एक वास्तविक समस्या विकसित होती है, जो चिंतन के लिए प्रोत्साहन का कार्य करती है।
  - (iii) संभव समाधान की प्राप्ति होती है, जिसके क्रमबद्ध ढंग से विकास के लिए वह उत्तरदायी होगा।
  - (iv) वह अपने विचारों को प्रयोग के द्वारा परीक्षण करने के अवसर प्राप्त करेगा, जिससे उसका अर्थ उसे स्पष्ट होगा तथा वह स्वयं ही उसकी वैधता की खोज करता है।

इस प्रकार डीवी के लेखों ने शिक्षण विधि के रूप में समस्या समाधान सम्बन्धी व्याख्या में विभिन्नता के दरवाजे खोल दिए। उनका विश्वास है कि अधिगम प्रक्रिया में प्रमुख विधि है समस्या समाधान विधि।

अत: डीवी के अनुसार, विधि सदा विषय सामग्री से सम्बन्धित होती है। यह विषय सामग्री से बाहर नहीं होती, जिसका पृथक रूप से अध्ययन किया जाए। विधि वांछनीय परिणामों की प्राप्ति के लिए विषय सामग्री को प्रभावी दिशा प्रदान करती है। प्रभावशीलता से अभिप्राय है समय व ऊर्जा की अधिक से अधिक बचत करते हुए विषय सामग्री को क्रियात्मक रूप देना। अधिगम विधि–क्रियात्मक होनी चाहिए, खोज पर आधारित होनी चाहिए, एवं सूचनाओं व सिद्धांतों का संचय आवश्यक रूप से बौद्धिक स्व–नियत्रंण के विकास के अधीनस्थ होना चाहिए। डीवी के शैक्षिक सिद्धांत में विधि का विषय प्रमुख रूप से बालक की शक्तियों व रुचियों के विकास का विषय है। आधारभूत सिद्धांत है कि बालक सदा सक्रिय रहता है–करना, करना और करना। करते हुए वह सीख रहा है, सीखते हुए वह कर रहा है।

## अनुशासन (Discipline)

डीवी अनुशासन की परंपरागत धारणा के विरोधी हैं। वह बालक के आचरण को कृत्रिम साधनों द्वारा नियमित करने में विश्वास नहीं रखते थे। उन्होंने अनुशासन की स्थापना में सामाजिक जीवन के महत्व पर बल दिया है। डीवी का यह मानना है कि जब अध्यापक बालकों को अनुशासन में रखने के लिए दंड व्यवस्था को अपनाता है तो बालकों में उसके प्रति घृणा और विद्रोह की भावना उत्पन्न होती है और बालक अनुशासनहीन बन जाते हैं। डीवी के विचार में अनुशासन एक आंतरिक शक्ति है जो मनुष्य को समाज सम्मत सोचने और व्यवहार करने की ओर प्रवृत्त करती है। इस शक्ति के विकास के लिए डीवी लोकतंत्रीय पर्यावरण की आवश्यकता पर बल देते हैं।

डीवी का कथन है कि लोकतंत्र केवल सार्वजनिक प्रशासन का राजनैतिक सूत्र नहीं है बल्कि यह जीवन एवं शिक्षा का पूर्ण दर्शन है। लोकतंत्र मनुष्यों को अपनी शक्तियों व क्षमताओं को अभिव्यक्त करने का पूर्ण अवसर देता है ताकि वह सहयोगी अनुभवों में स्वतंत्रतापूर्वक भाग ले सके। इस प्रकार लोकतंत्रीय वातावरण की सबसे पहली विशेषता है स्वतंत्रता और दूसरी विशेषता है प्रेम, सहानुभूति और सहयोग। ऐसे पर्यावरण में सब लोग एक–दूसरे से प्रेम करते हैं, एक–दूसरे के सुख–दुःख का ध्यान रखते हैं और प्रत्येक कार्य को सहयोग से करते हैं। लोकतांत्रिक वातावरण में बालकों में ऐसी शक्ति का विकास होता है कि वे समाज के हित के बारे में सोचते हैं और वैसा ही करते भी हैं। इसे डीवी ने स्वानुशासन की संज्ञा दी है।

*स्वानुशासन (Self Discipline)*–जॉन डीवी अनुशासन को व्यक्ति की ऊर्जा व शक्तियों के उचित प्रयोग के रूप में परिभाषित करते हैं। यदि शिक्षा का कार्य विद्यार्थियो की समस्याओं का समाधान करना तथा उनकी आवश्यकताओं की संतुष्टि करना हो तो अनुशासनहीनता की समस्या उत्पन्न ही न हो। अनुशासन किसी बाह्य शक्ति से संभव नहीं है, यह स्वयं ही सीखा जाता है जो व्यक्ति प्रारंभ से अंत तक कुछ सृजन करते हुए विभिन्न चरणों से गुजरता है। डीवी का विश्वास है कि जब कोई व्यक्ति परिणामों की उत्पत्ति चाहता है तो वह कुछ न कुछ करता है और उसका कुछ अर्थ होता है, जैसा कि उसके कथन से प्रदर्शित होता है,

> *"व्यवसाय से बाहर, ऐसे कार्य करना जिनसे परिणाम की उत्पत्ति हो, इन्हें सामाजिक व सहयोगी ढंग से करना, स्वयं अपने ही प्रकार के अनुशासन की उत्पत्ति करेगा।"*
> *("But out of occupation, out of doing things that are to produce results, and out of doing these in a social and cooperative way, there is born a discipline of its own kind and type.")*

डीवी के अनुसार, एक व्यक्ति अनुशासित होता है, जिसे अपनी क्रियाओं को समझना तथा उनको इच्छा से करने का प्रशिक्षण प्राप्त हो। इसके अतिरिक्त उस व्यक्ति में कठिनाईयों व व्याकुलता को सहने की योग्यता हो। अनुशासन से अभिप्राय है आदेश देने की शक्ति, किए जाने वाले कार्य को करने के लिए उपलब्ध संसाधनों का प्रभुत्व होना। वह योग्यता व उपलब्धि में विकास के रूप में कल्पित अनुशासन के पक्षधर थे। उनके अनुसार, एक सिद्धांत के अनुसार बाह्य दबाव के प्रयोग को अनुशासन माना जाता है, और दूसरे सिद्धांत के अनुसार स्वतंत्रता के नाम में दबाव का अभाव अनुशासन है उन्होंने माना कि पहला सिद्धांत क्रियाओं का बाह्य रूप से अभ्यास करना है, जो विद्यार्थियों को असहमत होना सिखाता है, और दूसरा सिद्धांत तात्कालिक अभिव्यक्ति से सम्बन्धित है, जिसके फलस्वरूप चिंतन शक्ति का विकास संभव नहीं होता। उनका विश्वास है कि अनुशासन सकारात्मक व निर्मित होता है। यह उन साधनों को नियंत्रित करने में सहायक होता है, जो लक्ष्य प्राप्ति के लिए आवश्यक होते हैं और लक्ष्य का महत्व जानने की योग्यता व उसके परीक्षण की क्षमता प्रदान करता है। उदाहरण–एक पेन्टर इस सीमा तक अनुशासित है कि

वह अपनी सामग्री का उचित ढंग से प्रयोग कर सकता है और अपनी कल्पना को एक चित्र के रूप में प्रदर्शित कर सकता है। वास्तविक स्वतंत्रता बौद्धिक होती है; यह सोचने की शक्ति में वास करती है। प्रत्येक को अपने ज्ञान के अनुरूप समवय रूप से कार्य करने की स्वतंत्रता होती है। स्वतंत्रता से अभिप्राय परिस्थिति की सूझ-बूझ व उस पर प्रभुत्व से होता है।

*समूह अनुशासन/सामाजिक अनुशासन (Group Discipline/Social Discipline)*–डीवी ने सामाजिक अनुशासन पर भी बल दिया है, जिसके अनुसार सामाजिक जीवन के आधार पर बालकों में अनुशासन स्थापित करना चाहिए। उनका विचार है कि बालकों को सामूहिक कार्य करने के अवसर प्रदान किए जाने चाहिए जिससे बालक के प्राकृतिक आवेगों (Impulses) का सुधार अथवा शोधन (Sublimation) होता रहे। अन्य शब्दों में यदि स्कूल के सामाजिक वातावरण में बालकों को सहयोगपूर्ण ढंग से कार्य करने के अवसर प्रदान किए जाएं तो स्वयं ही सामाजिक अनुशासन का वातावरण उत्पन्न हो जाता है, जिससे बालकों को सामूहिक रूप से कार्य करने का अभ्यास हो जाता है एवं उनके चरित्र का निर्माण हो जाता है।

इस प्रकार डीवी स्व-अनुशासन व स्व-नियंत्रण में विश्वास रखते हैं। स्वतंत्रता एवं सामाजिक नियंत्रण महत्वपूर्ण है। उनका कहना है कि अध्यापक को विभिन्न प्रकार की क्रियाओं का आयोजन इस प्रकार करना चाहिए जो बालक को स्व-नियंत्रण व स्व-अनुशासन में रहना सिखाए।

## शिक्षक (Teacher)

डीवी के लिए स्कूल एक मनोवैज्ञानिक तथा सामाजिक आवश्यकता है। बालक के अनुभवों तथा समाज के साथ स्कूल के सम्बन्ध के आधार पर स्कूल का उपयुक्त आवश्यकताओं से सम्बन्ध होता है। डीवी के अनुसार अध्यापक समाज का प्रतिनिधि है। उनके शिक्षाशास्त्र में अध्यापक के मुख्य रूप से दो कार्य हैं–

अध्यापक को जीवन की जटिलताओं के बारे में बालकों को दिशा-निर्देश देना चाहिए तथा उन्हें प्राकृतिक वातावरण में प्राकृतिक ढंग से सीखने के अवसर प्रदान करने चाहिए। अध्यापक द्वारा बालकों को इस योग्य भी बनाया जाना चाहिए कि वे वर्तमान परिस्थितियो को समझ सकें तथा नवीन कार्यों को करने के लिए उत्साहित हों, जो उनका भविष्य उनके सामने लाने वाला है।

अध्यापक स्कूल में इसलिए नहीं हैं कि वह कुछ विचारों को बालकों पर लादे या बच्चों में कुछ आदतों का निर्माण करे, परंतु समुदाय के सदस्य होने के नाते उसे उन प्रभावों का चयन करना है जो बच्चे को प्रभावित करेंगे तथा उन प्रभावों के प्रति प्रतिक्रिया करने में उनकी सहायता करना है। वे बालक की रूचि, उसके सुझाव, उसकी आवश्यकताएँ ही अध्यापक के सम्मुख रहनी चाहिए वे बालकों के कार्य क्षेत्र से बाहर न जाए, जिससे अनुशासन कायम रहे। अध्यापक को अपनी परिष्कृत बुद्धि, सामाजिक व्यक्तित्व, बालकों के ज्ञान तथा समाज हेतु तैयारी के आधार पर बालकों का सहायक बनना चाहिए।

डीवी का विचार था कि अध्यापक में निम्नलिखित गुण होने चाहिए:

- *व्यक्तिगत विभिन्नताओं का ज्ञान (Knowledge of Individual Differences)*–डीवी अधिगमकर्त्ताओं की विभिन्नता व आवश्यकताओं को महत्व देते हैं। उनके लिए, अध्यापक को यह एहसास होना चाहिए कि सभी के लिए शिक्षण व अधिगम एक समान नहीं होता। अधिगम प्रक्रियाओं के नियोजन में अधिगमकर्त्ता की अभिवृत्ति, उनके पूर्व अनुभव व वर्तमान के अनुभवों को ध्यान में रखा जाना चाहिए।
- *अच्छा निरीक्षक (Good Observer)*–अध्यापक को विद्यार्थियों की रुचियों का निरीक्षण करना चाहिए तथा इस बात पर भी दृष्टि रखनी चाहिए कि वे किस दिशा में जा रहे हैं।

निरीक्षण के आधार पर ही उनमें समस्या समाधान कौशल का विकास करने में सहायक बनना चाहिए।

- *मार्गदर्शक एवं परामर्शदाता (Guide and Advisor)*–एक ओर अध्यापक के द्वारा बालक की आदतों व उसके व्यक्तित्व की विशेषताओं की जांच की जानी चाहिए, जबकि दूसरी ओर उसे उन परिस्थितियों की खोज करनी चाहिए, जिनका विद्यार्थी पर अत्यधिक प्रभाव पड़ सके। उसे बालक को इस योग्य बनाना है कि वह स्वयं के लिए सोच सकें व कार्य कर सकें, जानने की अपेक्षा क्रिया कर, पुन: दोहराने की अपेक्षा कुछ नवीन ज्ञान का सृजन करें। उसे विद्यार्थियों की स्वयं के लिए ज्ञान की खोज में सहायक बनना चाहिए तथा उन्हें पहले से बने बनाए समाधान देने के स्थान पर, समाधान स्वयं प्राप्त करने की तकनीकों के बारे में सुझाव देने चाहिए। इस प्रकार वह अपने विद्यार्थियो को प्रयोगकर्त्ता व अनुसंधानकर्त्ता के रूप में तैयार करता है। डीवी के अनुसार,
  *"अध्यापक एक मार्गदर्शक एवं निर्देशक है, वह किश्ती को रफ्तार देता है, परंतु इसको चलाने के लिए ऊर्जा अधिगम प्राप्त करने वालों से ही आनी चाहिए।"*
  *("The teacher is a guide and director, he steers the boat, but the energy that propels it must come from those who are learning.")*
- *अन्त: क्रियात्मक (Interactive)*–डीवी अंत: अनुशासित पाठ्यक्रम में विश्वास करते हैं या एक ऐसा पाठ्यक्रम जो अनेक विषयों में संबंधों पर केन्द्रित होता है। इसमें विद्यार्थी जैसे ही अपनी रुचियों के अनुसार कार्य करते हैं और ज्ञान को प्राप्त करने व उसे प्रयोग में लाने के लिए अपने रास्ते का निर्माण करते है, तो उन्हें कक्षाकक्ष के अंदर तथा बाहर जाने की पूर्ण रूप से स्वतंत्रता होती है। अंत:क्रिया के द्वारा अध्यापक विद्यार्थियो के साथ संलग्न रहता है, जिसे सामाजिक प्रक्रिया भी कहा जाता है। अध्यापक अधिगम समुदाय के सदस्य होते हैं और अनुभवों का चयन करने में व इन शैक्षिक अनुभवों को उचित दिशा देने में महत्वपूर्ण भूमिका निभाते हैं।
- *अच्छा नियोजक (Good Planner)*–डीवी विशेष रूप से एक वैयक्तिक के रूप में बालक के अधिकार से सम्बन्धित है जैसे–अपने निर्णयों को कार्यरूप देने का अधिकार, अधिगम व शिक्षा के चयन का अधिकार, तथा लोकतांत्रिक अधिगम प्रणाली में उनके योगदान का अधिकार। एक बालक स्वाभाविक रूप से जिज्ञासु, सामाजिक व निर्माणकारी होता है और आंतरिक रूप से उसमें कच्ची सामग्री होती है जिसे अनुभवी मार्गदर्शक व गुरु के द्वारा विकसित किया जाता है। इसीलिए एक अध्यापक का यह उत्तरदायित्व है कि अधिगमकर्त्ताओं के लिए वह एक सकारात्मक एवं रचनात्मक वातावरण की योजना बनाए, जिससे वह उन्हें सकारात्मक शैक्षिक अनुभव प्रदान कर सके।

अत: अध्यापक का कार्य विद्यार्थियों को विभिन्न प्रवृत्तियों के प्रति जागरुक बनाए रखना है–उसके उद्देश्य; उसकी क्षमताएँ; उसकी सीमाएँ।

इसलिए अध्यापक होना चाहिए–

- ज्ञान का अवतार।
- बुद्धिमान, कुशल एवं व्यावहारिक।
- बालक की रुचियों तथा समाज की बदलती आवश्यकताओं का ज्ञाता।
- बालक के मनोविज्ञान का ज्ञाता।

- अपने विद्यार्थियों में समस्या समाधान अभिवृत्ति को जागृत करने योग्य।
- विद्यार्थियों में सामाजिक रुचियाँ, नैतिक आदतें तथा सामाजिक अभिवृत्ति विकसित करने योग्य।

**अध्यापक शिक्षा**
**(Teacher Education)**

डीवी का यह विश्वास था कि अध्यापक का बालक के वैयक्तिक जीवन के साथ-साथ समाज में महत्वपूर्ण स्थान है। व्यावसायिक प्रशिक्षण अध्यापक को अधिगम निर्देशन में तथा विद्यार्थियों को अधिगम के लिए प्रेरित करने के योग्य बनाएगा। अध्यापक प्रशिक्षण में निम्नलिखित विशिष्ट बातों पर ध्यान दिया जाना चाहिए:

- *लक्ष्य (Goal)*–अध्यापक प्रशिक्षण का प्रमुख लक्ष्य विद्यार्थी अध्यापक को शिक्षा का चिंतनशील व जागरूक विद्यार्थी बनाने में सहायक होना चाहिए। संपूर्ण अध्यापक शिक्षा इसी लक्ष्य पर आधारित होनी चाहिए।
- *पाठ्यचर्या (Courses)*–अध्यापक शिक्षा के सभी विषयों में प्रायोगिक क्रियाओं का घटक होना चाहिए और इसके साथ प्रायोगिक क्रियाएँ मात्रा में अधिक व विस्तृत होने के स्थान पर गहन एवं सामान्य विशेषताओं से युक्त होनी चाहिए। गहन व विशिष्ट से डीवी का अभिप्राय था कि प्रायोगिक कार्य प्रयोगशाला के उद्देश्यों की पूर्ति से सम्बन्धित होना चाहिए। विद्यार्थी अध्यापक में शैक्षिक सिद्धांतों के अर्थ व उपयोगिता के प्रति जागरूकता होनी चाहिए। डीवी का यह भी मानना था कि विद्यार्थी अध्यापक को दो समस्याओं का समाधान खोजना चाहिए। पहला, विद्यार्थियों को विषय सामग्री को कैसे पढ़ाया जाए और दूसरा कक्षाकक्ष का प्रबंधन कैसे किया जाए? यही उनके प्रशिक्षण का मूल उद्देश्य भी होना चाहिए।
- *गहन ज्ञान (Profound Knowlege)*–डीवी यह आशा करते थे कि अध्यापक को विषय सामग्री का विस्तृत व गहन ज्ञान होना चाहिए। यदि ऐसा नहीं होगा, तो वह विद्यार्थी की जागरूकता को शांत नहीं कर पाएगा। गहन ज्ञान की सहायता से ही वह अधिगमकर्त्ताओं की बौद्धिक क्षमता व प्रवृत्ति की पहचान कर पाएगा। वह ऐसा अधिगम वातावरण व सामग्री प्रदान कर पाएगा; जो अधिगमकर्त्ता के ज्ञान, कौशल व चरित्र के विकास में सहायक होगा। वह अधिगमकर्त्ताओं के पूर्व शैक्षिक अनुभवों का उचित ढंग से मूल्यांकन कर पाएगा और उसी के आधार पर उनके भविष्य को उचित दिशा प्रदान कर सकेगा। डीवी के शब्दों में,

  *"केवल वही अध्यापक जिसे बौद्धिक विधियों के उच्च स्तर का प्रशिक्षण प्राप्त होगा–केवल शब्दों में नहीं अपितु अपनी क्रियाओं में भी बालकों की मानसिक अखंडता व शक्ति का आदर कर पाएगा।"*

  *("Only a teacher trained in the highest level of intellectual method will be likely, in deed, not in mere words, to respect the mental integrity and force of children.")*

**अभ्यास (Practice)**

डीवी के एक प्रमुख प्रस्ताव 'रिलेशन ऑफ थ्योरी टू प्रेक्टिस इन एजूकेशन' (Relation of Theory to Practice in Education) में विद्यार्थी अध्यापक को शिक्षण के समय आने वाली समस्याओं का विशेष रूप से उल्लेख किया गया है। उन्होंने अभ्यास के लिए 'प्रयोगशाला विचार' (Laboratory view) को प्रस्तावित किया है, जहाँ सिद्धांत एवं अभ्यास दोनों एक साथ व्यक्तिगत अनुभवों के रूप में विकसित होते हैं, और जहाँ शुरुआती विद्यार्थी अध्यापक बौद्धिक विधियों

पर नियंत्रण प्राप्त करते हैं क्योंकि ये प्रायोगिक कौशलों पर व्यक्तिगत रूप से व स्वतंत्र रूप से प्रभुत्व प्राप्त करने के लिए आवश्यक होता है। वे क्राफ्ट पर प्रभुत्व अचानक ही प्राप्त न करके अभ्यास से प्राप्त करते हैं, जिससे वे उनके व्यवसाय का एक अभिन्न अंग बन जाते हैं। अभ्यास के विभिन्न स्तर निम्नलिखित हैं–

### अभ्यास के स्तर (Stages of Practice)

(*i*) *परावर्तन (Reflection)*–डीवी की संस्तुति थी कि पूर्व-सेवा अध्यापक जब प्रशिक्षण के लिए स्कूलों में जाते हैं तो उनके पूर्व अनुभवों का प्रतिबिम्ब उनमें प्रदर्शित होता है, इसलिए प्रारंभ में ही उन्हें शिक्षण का कार्य न देकर स्कूल में कक्षाकक्ष में निरीक्षण का कार्य दिया जाना चाहिए। परंतु ऐसा करते समय भी उन्हें यह परामर्श दिया जाना चाहिए कि उन्हें इस बात का निरीक्षण नहीं करना है कि अध्यापक कक्षा में शिक्षण किस प्रकार कर रहा है, अपितु उसे मनोवैज्ञानिक निरीक्षण एवं परावर्तन के लिए सामग्री प्राप्त करना है तथा संपूर्ण रूप से स्कूल की शैक्षिक गतिविधियों के बारे में कुछ जानकारी प्राप्त करनी है। मनावैज्ञानिक निरीक्षण से अभिप्राय है कि अध्यापक कक्षा में किस प्रकार विद्यार्थियों की रुचि, बुद्धि, कौशलों इत्यादि का प्रयोग कर रहा है। किस प्रकार दोनों मिलकर कक्षाकक्ष के वातावरण को रुचिकर बना रहे हैं, विद्यार्थी अधिगम प्राप्त कर रहे हैं या नहीं इत्यादि। इस प्रकार का पूर्व निरीक्षण इस बात पर केन्द्रित होना चाहिए कि अध्यापक व विद्यार्थी किस प्रकार एक दूसरे के साथ जुड़े हैं, उस समूह के व्यक्तियों के मस्तिष्क में क्या चल रहा है। निरीक्षण व प्रतिबिम्बित लेखनों के द्वारा स्कूल की कार्यप्रणाली के बारे में अधिक-से-अधिक बोध होने के पश्चात्, एक पूर्व-सेवा अध्यापक एक सहायक के रूप में कार्य करना प्रारंभ कर सकता है। यही प्रवृत्ति आज हम अध्यापक प्रशिक्षण में अपना रहे हैं। इसका अभिप्राय यह है कि आज हम डीवी के विचारों को प्रायोगिक रूप प्रदान कर रहे हैं।

(*ii*) *विषय सामग्री का चयन व संगठन (Select and Organise Subject Matter)*–इस प्रकार निरीक्षण व परावर्तन के द्वारा सिद्धांत व प्रक्रिया दोनों को एक साथ प्रयोग करते हुए छोटे-छोटे कार्यों में सहायक अध्यापक की सहायता करने के पश्चात् पूर्व सेवाकालीन अध्यापक विषय सामग्री के चयन व नियोजन का कार्य कर सकता है।

(*iii*) *पाठ-योजना में सहभागिता (Co-participation in lesson planning)*–अब पूर्व-सेवाकालीन अध्यापक को विभिन्न कक्षा स्तरों पर किसी एक विषय पर केन्द्रित होना चाहिए, जिससे उसमें संपूर्ण पाठ्यक्रम को एक निरंतर विकास के रूप में देखने की आदत का विकास हो सके और इसके साथ-साथ उसमें मस्तिष्क के विकास का परावर्तन भी होगा। इस स्तर पर भावी अध्यापक सहायक अध्यापक की पाठयोजना निर्माण में सहायता करते हुए पूरक सामग्री को प्राप्त करने में, किसी एक अनुशासित विषय में आने वाली समस्याओं को समझने में, योगदान दे सकता है। इसके साथ-साथ वह अध्ययन के लिए विभिन्न विषयों में योजना तैयार कर सकता है।

(*iv*) *वास्तविक रूप में अध्यापन (Actual Teaching)*–इस स्तर पर अब पूर्व सेवाकालीन अध्यापक वास्तविक रूप से शिक्षण कार्य कर सकता है। यहाँ उसके निरीक्षक को विद्यार्थी अध्यापक का मार्गदर्शन करना चाहिए कि वह आलोचनात्मक रूप से अपने कार्य के बारे में निर्णय ले सकता है कि वह किस सीमा तक सफल हो पाया है और किन-किन क्षेत्रों में अभी भी सफल नहीं हो पाया। इसके साथ-साथ वह इस बात का भी निर्णय ले सके कि उसकी

सफलता और असफलता के लिए कौन-कौन से संभव कारण है, जिसके परिणामस्वरूप वह उनका समाधान सोच सके।

(*v*) *वास्तविक अप्रेंटिसशिप (Actual apprenticeship)*–डीवी इस बात पर भी बल देते हैं कि अप्रेंटिसशिप तभी उपयोगी है यदि किसी प्रोग्राम की अवधि लंबे समय की है और यदि प्रारंभिक अध्यापक जिस स्कूल में अभ्यास कर रहे है, वह स्कूल इतना विशाल है कि सभी भावी अध्यापकों को यह सुअवसर प्रदान कर सकता है।

डीवी का विश्वास था कि यह प्रक्रिया उत्तम ढंग से तभी चल सकती है यदि सभी एक दूसरे से सम्बन्धित हो तथा सभी मिलजुल कर सरलता से, लोचशीलता से तथा पूर्ण रूप से संलग्न रहकर कार्य कर सके। यद्यपि आज हमने अध्यापक शिक्षा राष्ट्रीय परिषद (National Council for Teacher Education) के दिशा निर्देशन में प्रारंभ किया है, परंतु अभी भी इस प्रक्रिया में पारंगता प्राप्त करना शेष है।

## विद्यार्थी (Student)

डीवी ने शिक्षा की प्राचीन विचारधारा के विपरीत विद्यार्थी को आधिगम प्रक्रिया में इच्छापूर्ण, उद्देश्यपूर्ण तथा क्रियाशील एजेंट के रूप में शिक्षा का केंद्र माना है।

बालक ही प्रारंभिक बिंदु है, केंद्र है तथा अंत है। उसका विकास, उसकी वृद्धि ही आदर्श है। बच्चों के विकास के लिए सभी अध्ययन उसके सेवक हैं। उन्हें मात्र साधन/यंत्र माना गया है क्योंकि वे वृद्धि की आवश्यकता की पूर्ति करते हैं। व्यक्तित्व, चरित्र विषय-वस्तु से अधिक है। न ज्ञान, न सूचना अपितु आत्म-अनुभूति ही लक्ष्य है। ज्ञान के विश्व को प्राप्त करना तथा स्वयं को खो देना शिक्षा में भी उतना ही दु:खदायी है जितना कि धर्म में। विषय सामग्री नहीं अपितु यह बालक ही है जो अधिगम की मात्रा व गुणात्मकता को निर्धारित करता है। इस प्रकार डीवी स्व-अनुशासन व स्व-नियंत्रण में विश्वास रखते हैं। स्वतंत्रता व सामाजिक नियंत्रण महत्वपूर्ण है। उसका कहना है कि अध्यापक को विभिन्न प्रकार की क्रियाओं का आयोजन इस प्रकार करना चाहिए, जो बालक को स्व-नियंत्रण व स्व-अनुशासन में रहना सिखाए।

डीवी का सोचना यह था कि शिक्षा का उत्तरदायित्व प्रमुख रूप से प्रौढ़ व्यक्तियों, अध्यापकों व अन्य पर है। उन्होंने इस बात को नकारा कि प्राथमिक रूप से विद्यार्थियों को उनकी उपलब्धियों या कमियों के लिए उत्तरदायी माना जाए। उन्होंने कहा कि प्रौढ़ व्यक्तियों का यह उत्तरदायित्व है कि वे ऐसी अधिगम परिस्थितियों को प्रदान करे जिससे बालक को अधिक से अधिक शैक्षिक अनुभव प्राप्त करने में योगदान मिल सके। उसका यह भी विश्वास था कि प्रौढ़/अध्यापक समाज के अनुभवी व परिपक्व व्यक्ति है और बालक/विद्यार्थी अपनी अंत:निहित शक्तियों, क्षमताओं एवं योग्यताओं सहित एक अपरिपक्व व्यक्ति है। उन्होंने शिक्षकों को इस बात के लिए प्रोत्साहित किया कि वे इस बात का विश्वास दिलाएँ कि शिक्षा के द्वारा व विद्यार्थियों की आलोचनात्मक प्रतिभूति के द्वारा अधिगमकर्त्ता अपनी सीमाओं एवं क्षमताओं को समझ पाएगा।

इस व्याख्या से यह निष्कर्ष नहीं निकाला जा सकता कि वह अधिगमकर्त्ता की संलग्नता व प्रवर्तन को कोई महत्व नहीं देता है। उन्होंने स्पष्ट रूप से कहा है कि अध्यापक द्वारा प्रदत मार्गदर्शन, दिशा निर्देशन, पथ-प्रदर्शन तब तक असंभव रहेगा यदि विद्यार्थी की ओर से अधिगम के लिए ऊर्जा प्राप्त नहीं होगी। वह शैक्षिक प्रक्रिया व शैक्षिक सिद्धांतों के साथ, विद्यार्थियों की अंत: क्रियाओं या संलग्नता के साथ; विशिष्ट सामाजिक उद्देश्यों, उनके अर्थ व मूल्यों, जो व्यस्कों के अनुभवों से उत्पन्न होते हैं; संबंधित रहते हैं। उन्होंने कहा था,

*"क्योंकि अधिगम वह है जो विद्यार्थी स्वयं एवं स्वयं के लिए करता है, तो प्रवर्तन भी अधिगमकर्ता का उत्तरदायित्व है।"*

*("Since learning is something that pupil has to do himself/herself and for himself/herself; the initiative lies with the learners.")*

इसलिए, उनकी आशा है कि विद्यार्थी पाठ्यक्रम को अनुकूल बनाने के लिए उतना ही उत्तरदायी है जितना वे आशा करते हैं कि अध्यापक को विषय सामग्री को विद्यार्थी के अनुकूल बनाना चाहिए।

डीवी का बालक की प्रकृति में पूर्ण रूप से विश्वास था और उनका यह विश्वास कि जब अध्यापक एक विद्यार्थी के विकास के लिए पथ प्रदर्शक बनता है, तो उसकी प्राकृतिक प्रवृत्तियाँ शैक्षिक अनुभवों की ओर प्रेरित करती है। उन्होंने मुख्यतः चार मूल प्रवृत्तियों की पहचान की जिन्हें अध्यापक को विकसित करने में प्रयत्नशील रहना चाहिए:

| | **मूल प्रवृत्तियाँ (Instincts)** | **अभिव्यक्ति (Manifestation)** |
|---|---|---|
| 1. | संप्रेषण (Communication) | कथन, संप्रेषण करना अर्थात् बातचीत करना। |
| 2. | रचनात्मक (Constructive) | बनाना, खेलना, आकार देना। |
| 3. | खोजकर्त्ता (Investigative) | जांच करना, पता लगाना |
| 4. | कलात्मक (Artistic) | सृजन करना, कलात्मक रूप देना। |

उनका यह विश्वास था कि प्रत्येक व्यक्ति भिन्न है, क्योंकि:

1. *मन जन्मजात है (Mind is innate)*–पहला, सामाजिक जीवन का कार्य है वैयक्तिक मन की सूझबूझ को महता देना–जो स्वयं कार्य करने या विकसित होने के योग्य नहीं है, परंतु सामाजिक संस्थानों से निरंतर उद्दीपन की आवश्यकता होती है और इनका हल भी समाज से ही प्राप्त होता है।
2. *व्यक्ति एक पूर्ण स्वयं के रूप में (Individual as a whole person)*–दूसरा, डीवी ने यह भी तर्क दिया था कि बालक को संवेगों एवं प्रयासों के साथ-साथ ज्ञान व बुद्धि के परिप्रेक्ष्य से समझा जाना चाहिए।
3. *मन स्थिर नहीं है (Mind is not static)*–तीसरा, उन्होनें इस बात पर बल दिया कि मन स्थिर तत्व नहीं है जो पूर्ण रूप से विकसित रूप में आए। अपितु यह एक प्रक्रिया है जो विकसित होती रहती है।

अतः उनका यह मानना था कि शिक्षा न तो कुछ 'बाहर निकालना' है और न ही कुछ 'अंदर डालना' है अपितु क्रियाओं की एक कड़ी है जो बालक की मूल प्रवृत्तियों को विकसित करने के लिए चलती रहती है। उनका विश्वास था कि विद्यार्थी कुछ करने के लिए, कुछ बांटने के लिए, कुछ सेवा करने की स्वाभाविक इच्छा को लेकर पैदा होता है और अध्यापक इनका प्रयोग चरित्र निर्माण व अच्छा नागरिक बनाने के लिए कर सकते हैं। बालक को इच्छा से परिपूर्ण, उद्देश्य पूर्ण, जागरूक एवं क्रियाशील के रूप में देखा जाना चाहिए। डीवी एक ऐसे व्यक्ति की कल्पना करते हैं जो बहुत शक्तिशाली है परंतु उसमें स्व-नियंत्रण नहीं है और न ही वह अपनी उत्कट इच्छाओं की आत्मनिर्भरता से पूर्ति कर सकता है और न ही सामाजिक दबाव को सहन करने की क्षमता रखता है क्योंकि उसे प्रारंभिक जीवन में पर्याप्त रूप से मार्गदर्शन प्राप्त नहीं हुआ।

वह असफल था, यद्यपि वह शक्तिशाली था,
वह प्रतीक्षा करने के लिए पर्याप्त रूप से शक्तिशाली नहीं था,
मरीज के भाग्य का आखिरी शब्द,

वह बैचेन रहरंग से आहत था,
बुखारी इच्छाओं की चाहत से,
सह सफलता रूपी शहद की धाराओं का वादा करता हुआ।

उनका, यह भी कहना था कि यद्यपि बालक स्वतंत्र रूप से रहने की या सपने देखने की उत्सुकता रखते हैं, परंतु उनका सुझाव था कि अध्यापकों को इस उत्सुकता को बढ़ावा नहीं देना चाहिए।

## विद्यालय (The School)

डीवी ने अपने समय के प्रचलित स्कूलों की आलोचना की तथा यह माना कि स्कूल में बालक को करके सीखने का अवसर प्राप्त नहीं होता, केवल पुस्तकीय शिक्षा ही प्रदान की जाती है। डीवी ने प्रयोगवादी स्कूलों की स्थापना का सुझाव दिया। उसका प्रयोगशाला स्कूल एक संरचित शिक्षा योजना को लागू करने के पक्ष में नहीं था। यह दो कारणों से एक प्रयोगशाला थी–पहला इसको अनुसंधान व प्रयोगों का स्थान माना गया जिससे नए सिद्धांतों व विधियों का निर्माण हो सके, और दूसरा इसका निर्माण इस प्रकार किया गया जिससे बालकों को अपने अधिगम के लिए प्रायोगिक उपागम अपनाने की स्वतंत्रता थी। डीवी ने विद्यालय को समाज का एक लघु रूप बताया है, जहां बालक एक-दूसरे के अधिकारों एवं कर्त्तव्यों, विचारों एवं व्यक्तित्व का आदर करना सीखते हैं। उन्होंने इस बात पर भी बल दिया कि विद्यालय को चाहिए कि वह बालकों को उन सामाजिक क्रियाओं में प्रशिक्षित करे जो वर्तमान सामाजिक जीवन में प्रचलित हैं।

डीवी की दृष्टि में एक आदर्श स्कूल ही एक महान् आदर्श घर होता है। वह विद्यालय को निम्नलिखित स्वरूप में प्रस्तुत करना चाहते थे–

(*i*) स्कूल को समाज का प्रतिबिम्ब होना चाहिए। स्कूल को स्वयं समाज की आवश्यकताओं के अनुरूप बदलना चाहिए।

(*ii*) बालकों को जीविकोपार्जन की शिक्षा देनी चाहिए जिससे वे व्यावहारिक जीवन में प्रवेश कर अपनी सामाजिक आवश्यकताओं की पूर्ति कर सकें।

(*iii*) स्कूल में लाभकारी क्रियाओं को बालकों के समक्ष सरल, शुद्ध एवं संतुलित रूप में प्रस्तुत करना चाहिए।

(*iv*) स्कूलों को चाहिए कि वह बालक को अपनी शक्तियों का सामाजिक उद्देश्यों की पूर्ति के लिए प्रयोग करना सिखाए।

(*v*) स्कूल का वातावरण इस प्रकार का होना चाहिए जैसा बालकों के घरों का होता है।

(*vi*) अध्यापक का स्कूल में वही कार्य है जो घर में माता-पिता का होता है।

(*vii*) स्कूल के लिए आवश्यक है कि वह समाज के भीतर उन आदर्शों का उन्मेष करे जो समाज के अनुरूप हों।

**शिक्षा सम्बन्धी योजना (Scheme of Education)**–बालक के बौद्धिक विकास की अवस्थाओं के अनुरूप डीवी ने एक शिक्षा योजना की परिकल्पना की है जो निम्नलिखित है–

(*i*) 4 वर्ष से 8 वर्ष की आयु तक खेल-कूद का समय।

(*ii*) 8 से 12 वर्ष की आयु तक संग एवं स्वत: ध्यान का समय।

(*iii*) 12 वर्ष के आगे चिन्तनपूर्ण ध्यान का समय।

खेलकूद के समय बालक घर के जीवन एवं व्यवसाय का अध्ययन करता है। इस काल में साधारण रूप में पढ़ना, लिखना तथा गणित को महत्त्वपूर्ण स्थान दिया जाता है। तत्पश्चात् वह उन सामाजिक क्रियाओं का अध्ययन करता है जिन पर गृह-जीवन आधारित है। इसके पश्चात् वह

अन्य व्यवसायों एवं खोजों के विकास तथा महत्त्व के विषय में जानकारी प्राप्त करता है। स्वत: ध्यान के समय बालक साधना एवं साध्य के बीच होने वाले अंतर को समझ पाता है। वह जीवन में आने वाली सभी वास्तविक समस्याओं के अनुसार कार्य करना एवं उन्हें हल करना सीखता है। इस अवस्था में उसे सामाजिक अध्ययन तथा प्रयोगात्मक विज्ञान पढ़ाया जाता है ताकि वह विभिन्न कालों में मानव तथा समाज का अध्ययन कर सके। चिंतापूर्ण ध्यान के समय में बालक प्रौढ़ता प्राप्त करता है। उनके समक्ष नवीन समस्याएं उत्पन्न होती हैं जिनका समाधान ढूंढने का वह प्रयास करता है, इस अवस्था में वह कृषि उपज, यातायात, कला शिल्प, आदि का ज्ञान प्राप्त करता है, जिससे वह स्कूल को छोड़कर अपने व्यावहारिक जीवन में एक योग्य सदस्य के रूप में जीवन निर्वाह कर सके।

## डीवी के दर्शन का मूल्यांकन (Evaluation of Dewey's Philosophy)

*डीवी का योगदान (Contribution of Dewey)*–शिक्षा के दार्शनिक क्षेत्र में जॉन डीवी वास्तव में एक स्वाभाविक चिंतक है। विश्व के शिक्षाशास्त्रियों में उनका नाम सदा अग्रणी रहेगा। उन्हीं के प्रभावनुसार आज पूरे विश्व में स्वच्छंदता, प्रसन्नता एवं सुहृदयता का वातावरण फैला हुआ है। डीवी के शिक्षा दर्शन का आधुनिक शिक्षा पर सबसे अधिक प्रभाव पड़ा क्योंकि उन्होंने व्यक्तिगत तथा सामाजिक जीवन का सम्बन्ध स्थापित करते हुए व्यक्ति एवं समाज के विकास के लिए जो मार्ग प्रशस्त किया वह अन्य शिक्षाशास्त्रियों के योगदान से उच्च कोटि का है। डीवी की देन उसके सिद्धांतों, विचारों, मतों में स्पष्ट रूप से प्रदर्शित होती है :

- शिक्षा का प्रमुख उद्देश्य सामाजिक कुशलता है।
- शिक्षा एक सामाजिक आवश्यकता है।
- व्यक्ति के विकास पर ही समाज का विकास निर्भर करता है।
- शिक्षा का आधार स्व-क्रियाओं द्वारा प्राप्त स्व-अनुभव है।
- विद्यालय समाज का लघु रूप है।
- शिक्षा जीवन की तैयारी न होकर स्वयं जीवन है।
- शिक्षा द्वारा बालक में सामाजिक विचारों एवं भावनाओं का विकास होता है।
- शिक्षा में क्रियाशीलता निहित होनी चाहिए।
- प्रत्येक बालक को समान रूप में शिक्षा सम्बन्धी सुविधाएं प्राप्त हों।
- विद्यालय का प्रमुख कार्य बालकों को सामाजिक एवं प्रजातांत्रिक जीवन के अनुरूप बनाना है।
- शिक्षा एक मनोवैज्ञानिक आवश्यकता है।
- विद्यालय में सामाजिक अनुशासन होना चाहिए।
- शिक्षा का सर्वोच्च लक्ष्य प्रजातांत्रिक शासन के लिए योग्य एवं कुशल शासक तैयार करना है।
- ज्ञान प्राप्त करने की विधि प्रयोगात्मक है।
- मूल्य पूर्व निश्चित न होकर समय व अनुभव पर निर्भर करते हैं।
- शिक्षा विकास व अभिवृद्धि है।
- शिक्षा अनुभवों का निरंतर पुन: निर्माण है।

जॉन डीवी की योजना पद्धति उसकी दार्शनिकता का प्रत्यक्ष प्रमाण है। इसका आधार 'परिश्रम तथा अनुभव' से सीखना है। इस पद्धति ने बालक को वास्तविक जीवन में परिश्रम से सीखने के लिए प्रोत्साहित किया। उन्होंने इस तथ्य को भी प्रमाणित किया कि ज्ञान की विभिन्न शाखाएं

अभिन्न है। उनका पृथक-पृथक अध्ययन केवल सहजता की दृष्टि से ही होता है। इसमें गतिविधियां एवं विषयों का समावेश तथा समन्वय होता है। इसमें श्रम के प्रति समादर तथा सामाजिक अनुशासन के प्रति अनुराग की भावना निहित है। कंठस्थ करने तथा रट्टा लगाने के स्थान पर इसमें समस्या समाधान की बातों पर ही अधिक बल दिया गया है।

## डीवी के दर्शन की आलोचना (Criticism of Dewey's Philosophy)

शिक्षा-दर्शन में डीवी की देन के हम सदा ऋणी रहेंगे परंतु उनके विचारों में कुछ कमियां भी निहित हैं जो निम्नलिखित हैं–

1. *आधुनिक मूल्यों का अभाव (Lack of Spiritual Values)*–डीवी का दर्शन ऐसे प्रश्नों की अवहेलना करता है जैसे-ब्रह्मा क्या है? आत्मा क्या है? ब्रह्मांड का निर्माता कौन है? इत्यादि। परंतु ये प्रश्न सदा हमारे समक्ष रहते हैं और जब हम इनका उत्तर देने में असमर्थ होते हैं तो हम में असुरक्षा की भावना का विकास होता है। डीवी ने भौतिक मूल्यों पर ही अधिक बल दिया व आध्यात्मिक मूल्यों की अवहेलना की, जो उचित नहीं है।
2. *सत्य की परिवर्तनशीलता (Changeability of Truth)*–डीवी का यह विचार कि कोई सिद्धांत सदैव सत्य नहीं है, दोषपूर्ण है। यदि हम इस तथ्य को मान लें तो डीवी के दर्शन को भी सत्य नहीं कहा जा सकता। वास्तविकता यह है कि 'सत्य का स्वरूप शाश्वत एवं निरंतर होता है।' अन्य शब्दों में जो सत्य है वह कभी परिवर्तित नहीं हो सकता।
3. *शिक्षा के स्पष्ट उद्देश्यों का अभाव (No Clear-cut Aims of Education)*–डीवी शिक्षा का कोई पूर्व निर्धारित उद्देश्य नहीं मानते। वह शिक्षा को स्वयं जीवन समझते हैं परंतु उनके आलोचकों का यह मानना है कि शिक्षा में किसी न किसी उद्देश्य का होना आवश्यक है। उद्देश्यों के अभाव में शिक्षा का कार्य सुचारू रूप से नहीं चल सकता क्योंकि शिक्षा प्रणाली को उद्देश्य ही दिशा-निर्देश प्रदान करते हैं। स्पष्ट उद्देश्यों के बिना शिक्षा एक निरर्थक व उद्देश्यहीन क्रिया बनकर रह जाती है।
4. *औपचारिक शिक्षा के लिए कोई स्थान नहीं (No Place for Formal Education)*–डीवी का विचार है कि बच्चे को हर प्रकार का ज्ञान आत्म-क्रिया तथा आत्म-अनुभव द्वारा प्राप्त करना चाहिए, परंतु जीवन इतना छोटा है कि हम संपूर्ण ज्ञान का आत्म-अनुभव नहीं कर सकते, इसीलिए हमें बहुत-सी बातें दूसरों के अनुभवों से सीखनी पड़ती हैं, जो पुस्तकों में सुरक्षित होती हैं। डीवी पुस्तकीय शिक्षा की अवहेलना करते हैं।
5. *नैतिक, धार्मिक व सौंदर्यात्मक शिक्षा की उपेक्षा (Negligence of Moral, Religious and Aesthetic Education)*–डीवी ने अपने पाठ्यक्रम में नैतिक, धार्मिक व सौंदर्यात्मक शिक्षा के लिए विषयों को पृथक रूप से स्थान नहीं दिया है। परंतु इन सब विषयों की सहायता से ही बालक में मानवीय गुणों का विकास संभव हो सकता है।
6. *निगमन पद्धति की उपेक्षा (Negligence of Deductive Method)*–डीवी विशिष्ट घटनाओं के निरीक्षण व परीक्षण द्वारा सामान्य सत्य की खोज करने अर्थात् आगमन पद्धति पर बल देते हैं किंतु निगमन पद्धति के बिना आगमन पद्धति अपूर्ण है।
7. *प्रत्येक बालक की रूचि एवं योग्यता के अनुसार पाठ्यक्रम असंभव (Impossible to prepare Curriculum according to the Abilities and Interests of Every Child)*–डीवी का विचार है कि प्रत्येक बालक की स्वाभाविक रूचि एवं योग्यता के अनुसार उसके लिए पाठ्यक्रम निर्धारित करना चाहिए, परंतु ऐसा करना नितांत दुष्कर है। यदि ऐसा किया गया तो अनेक कठिनाइयों व जटिलताओं का सामना करना पड़ेगा।

8. *क्रियात्मक पर अधिक बल (More Emphasis on Activity)*–डीवी ने क्रियात्मकता या प्रयोग को सत्य की एकमात्र कसौटी माना है। वास्तव में विचारों की उपेक्षा कर हम क्रिया को क्रियान्वित कर सकते हैं। ह्वाइटहैड (Whitehead) का मत है, ''यदि हम कार्य की आवश्यकता की प्रतीक्षा शांति में विचारों को क्रमबद्ध करने से पहले करेंगे, तो हम अपना व्यापार खो देंगे व युद्ध में लड़ाई हार जाएंगे।'' ("If we wait for the necessities of action before we commence to arrange our ideas in peace we shall have lost our trade, in war we shall have lost the battle.")
9. *उपयोगिता पर अधिक बल (More Emphasis on Utility)*–डीवी सत्य को परिवर्तनशील मानते हैं। वह यह भी कहते हैं कि केवल वे वस्तुएं अथवा विचार सत्य हैं जो उपयोगी हैं। डीवी के अनुसार क्योंकि उपयोगिता परिवर्तनशील है फलस्वरूप सत्यता भी सर्वथा परिवर्तनशील होती है। संसार में बहुत-सी वस्तुएं ऐसी होती हैं जो सत्य हैं परंतु उपयोगी नहीं हैं।
10. *भौतिकतवाद का समर्थन (Vindication of Materialism)*–डीवी के सिद्धांत आदर्शवाद का विरोध करते हैं तथा भौतिकवाद का समर्थन करते हैं। भौतिकवाद के फलस्वरूप आज विश्व में द्वेष, सांप्रदायिकता, कलह, निर्दयता एवं संकीर्ण राष्ट्रीयता का बोलबाला है। इसके परिणामस्वरूप बालक की आंतरिक शक्तियों के विकास पर कोई ध्यान नहीं दिया जाता, अपितु उसकी केवल सांसारिक सफलता पर ही बल दिया जाता है।
11. *शारीरिक शिक्षा की उपेक्षा (Negligence of Physical Education)*–डीवी ने अपने शिक्षा-दर्शन में शारीरिक शिक्षा को कोई स्थान नहीं दिया है। वह अंत तक स्व-क्रिया व स्व-अनुभव के आधार पर मूल्यों के निर्माण पर बल देते हैं। इससे बालक का मानसिक विकास तो होगा परंतु शारीरिक विकास अवरूद्ध हो सकता है।
12. *शाश्वत मूल्यों की उपेक्षा (Negligence of Eternal Values)*–डीवी ने अपने शिक्षा दर्शन में शाश्वत मूल्यों की पूर्ण रूप से उपेक्षा की है। उनके अनुसार क्योंकि सत्य परिवर्तनशील है और इसका निर्माण अनुभवों व क्रियाओं द्वारा ही संभव है, परंतु शाश्वत मूल्यों का समाज में अपना महत्त्व है।

अंत में हम कह सकते हैं कि यद्यपि डीवी के विचारों की आलोचना तो की जाती है, परंतु इसमें कोई संदेह नहीं कि उनकी विचारधारा ने शिक्षा के क्षेत्र में एक क्रांति ला दी है। उनकी महानता में कोई संदेह नहीं, उनकी शैक्षिक विचारधारा का प्रभाव वर्तमान काल की शिक्षा पर किसी भी अन्य शिक्षाशास्त्री से कहीं अधिक है। आधुनिक शिक्षा की संरचना डीवी के सिद्धांतों पर ही टिकी हुई है। रस्क के शब्दों में यह कहा जा सकता है कि जॉन डीवी के प्रति हमें इस बात के लिए अत्यंत कृतज्ञ होना चाहिए कि उसने शिक्षा के प्राचीन एवं जड़ आदर्शों के प्रति चेतावनी देकर उसे आधुनिक जीवन सम्बन्धी गतिविधियों के अधिक निकट लाकर खड़ा कर दिया है। उसकी विकासशील दार्शनिकता में निहित यह सर्वमान्य सिद्धांत अत्यंत प्रमुख है कि समकालीन ज्ञान वृद्धि के लिए दार्शनिकता एवं शिक्षा का पारस्परिक सम्बन्ध बहुत आवश्यक है। इसमें ऐसे शिल्प आदि का समावेश होना चाहिए; जिसने अभी तक आधुनिक साधनों एवं सामाजिक विकास के रूप में तनिक भी स्थान नहीं पाया है। आज हम शिक्षा में जिन नवीन विचारों एवं प्रवृत्तियों–नवीन शिक्षा, बाल केंद्रित शिक्षा, प्रगतिशीलता शिक्षा, क्रियात्मक विद्यालय, क्रिया प्रधान पाठ्यक्रम तथा संगठित इकाई आदि को देखते हैं, ये सब डीवी के विचारों के ही परिणाम हैं।

# 14. जीन जैक्स रूसो (1712-1778)
## [Jean Jacques Rousseau (1712-1778)]

*"God makes all things good, man meddles with them and they become evil."*
*—Rousseau*

रूसों एक दार्शनिक, लेखक, वनस्पति विज्ञानी, प्रकृतिवादी एवं संगीतकार थे, जो अपने समय की सामाजिक एवं राजनीतिक संरचनाओं पर प्रश्न उठाने में सफल रहे। दर्शन व शिक्षा के क्षेत्र में उनके योगदान को अत्यंत महत्वपूर्ण माना जाता है। इन्हें फ्रांसीसी प्रबुद्धता के सबसे महान विचारकों में से एक माना जाता है। इन्हें आधुनिक शिक्षाशास्त्र का जनक माना जाता है।

**संक्षिप्त जीवन परिचय (Brief Life Sketch)**

रूसो का जन्म 28 जून 1712 ई. को स्विटजरलैंड के जेनेवा नामक नगर में एक सम्मानित परिवार में हुआ था। इनके पिता का नाम इसाक रूसो और माता का नाम सुजैन बर्नार्ड था। इनके जन्म के नौ दिन उपरांत ही इनकी माता का देहांत हो गया। इसी कारण 10 वर्ष की आयु तक इनकी देखभाल व शिक्षा इनके पिता के द्वारा की गई। कम उम्र में ही इन्होंने ग्रीक और रोमन साहित्य पढ़ा था। इनके पिता का एक फ्रांसीसी कैप्टन से झगड़ा हो गया और जेल जाने के डर से उन्होंने जेनेवा छोड़ दिया। रूसो पीछे अकेले रह गए तो उनकी देखभाल उनके चाचा के द्वारा की गई। उन्होंने रूसो को बोसी (Bosey) के गाँव में अपने भाईयों के साथ पढ़ने के लिए भेजा। इन्होंने 6 वर्ष की आयु से ही उपन्यास पढ़ना प्रारंभ कर दिया था और इन्हीं उपन्यासों ने इन्हें कल्पना, संवेदना तथा समय से पहले प्रौढ़ता दे दी थी। यह शरारत से भरपूर थे। स्कूल के कृत्रिम वातावरण तथा दंड व्यवस्था का इन पर प्रतिकूल प्रभाव पड़ा और 12 वर्ष की आयु में स्कूल छोड़ दिया। इन्होंने स्वच्छन्द जीवन व्यतीत करना शुरु कर दिया। निरुद्देश्य इधर-उधर भटकते हुए वह स्विटजरलैंड के प्राकृतिक वातावरण से अत्यधिक प्रभावित हुए। वह बुरी संगति में भी आए और बहुत से दुर्गुण उनके व्यक्तित्व का भाग बन गए। चचेरे भाई के साथ इन्होंने कुछ दिनों तक लैटिन सीखने का प्रयत्न किया, परंतु जो कुछ सीखा वह अव्यस्थित एवं खंडित ज्ञान था। 13 वर्ष की आयु में उन्हें कुछ नोटरी और फिर एक उत्कीर्णन से अवगत कराया गया। 1728 ई. में रूसो जेनेवा से भाग गए और ऐनोरी में आ गए। इसके पश्चात् इन्होंने रोमन कैथोलिक पादरी के साथ पास के सवॉय में शरण ली, जिसने उन्हें 29 वर्ष के प्रोटेस्टेंट मूल के रईस फ्रांसवाइस-लुईस डी वॉरेंस से मिलवाया। उन्होंने रूसों को न केवल अपने घर में शरण दी अपितु एक प्रबंधक के रूप में नौकरी भी दी। वारेंस ने उनकी शिक्षा को भी आगे बढ़ाया और जो बालक उसके दरवाजे पर एक हकलाते हुए प्रशिक्षु के रूप में आया था, और जो कभी स्कूल नहीं गया था, वह एक दार्शनिक के रूप में, पत्रकार के रूप में एवं संगीतकार के रूप में विकसित हो गया।

रूसो ने कुछ समय तक एक सेवक, सचिव और अध्यापक के रूप में काम किया। इटली व फ्रांस की यात्रा की। एक समय वह पुजारी बनने की संभावना के साथ एक मदरसे में भी गए। जब रूसो 20 वर्ष के हो गए तो डी वॉरेंस ने उन्हें अपना प्रेमी माना। 25 वर्ष की उम्र में उन्हें

अपनी माँ से विरासत मिली ओर इसका कुछ भाग इन्होंने डी वॉरेंस को दे दिया। 27 वर्ष की उम्र में उन्होंने लयोन में एक ट्यूटर के रूप में नौकरी स्वीकार की। इस प्रकार 12 से 29 वर्ष की आयु तक वह इधर-उधर घूमते रहे और विभिन्न प्रकार के लोगों से मिलें, जिसके फलस्वरूप वह गरीबों के प्रति सहानुभूति करना सीख गए।

30 वर्ष की आयु में रूसो पेरिस गए और भाग्यशाली थे कि वे एक अन्य नवयुवक डेनिस डाइडरोट (Danis Diderot) से मिले और उनको यह आशा थी कि राजधानी मे उन्हें साहित्यिक प्रसिद्धि प्राप्त होगी। दोनों ही बौद्धिक या दार्शनिकों के समूह में एक केन्द्र के रूप में सफल हुए। 1743 से 1744 तक उन्होंने वेनिस में फ्रांस के राजदूत मोंटेथ की गिनती के सचिव के रूप में सम्मान का एक पद संभाला, एक मंच जो आपेरा के लिए प्यार जगाता था। बहुत वर्षों तक इधर-उधर घूमने के पश्चात् वह पैरिस (फ्रांस) लौट आए। सन् 1750 में डिजाइन अकादमी में 'विज्ञान का नैतिकता पर प्रभाव' नामक निबंध पढ़कर वह लोगों की दृष्टि में उठ गए और तीसरे वर्ष पुनः उसी स्थान पर दूसरा निबंध पढ़कर चारों ओर प्रसिद्ध हो गए। इस बार निबंध का शीर्षक था-'मनुष्य की असमानता'-यह निबंध उसे समाज-विरोधी, प्रकृतिवादी दार्शनिक के रूप में प्रसिद्धि दिला गया। इन्होंने राजनैतिक विषयों पर भी लिखना प्रारंभ किया। इनकी महत्वपूर्ण रचनाएं निम्नलिखित हैं-

1. The Progress of the Arts and Sciences (1750)
2. The Origin of Inequality among Men, Essay (1753),
3. Discourse on Political Economy (1753)
4. The New Heloise (1761)
5. Social Contract (1762)
6. Emile (1762)
7. The Confession of J.J. Rousseau.

रूसो कई वर्षों तक विभिन्न देशों में भागते रहे, पहले प्रूशिया (Prussia), उसके बाद बर्नी (Berne) और अंत में 1766 में डेविड ह्यूम के मेहमान के रूप में इंग्लैंड में रहे। रूसो 1778 में फ्रांस वापस आए और उन्होंने आत्महत्या कर ली। राबर्ट यूलिच के अनुसार वह समाज के लिए अनुपयुक्त थे। वह कोई साधारण व्यक्ति नहीं थे। उनकी किताबें आज भी हमें प्रकाश दिखाती हैं और हमारी प्रेरणा का स्त्रोत हैं और आने वाली सदियों तक इस प्रकार की किताबों का कोई सानी नहीं होगा। उन्होंने प्रकृति के प्रति प्रेम विकसित किया। अपनी कमियों के बावजूद वह लोगों को आकर्षित करने में कामयाब रहे। उनके मरने के 15 वर्ष पश्चात् फ्रांस की राज्य-क्रांति के अवसर पर उसे महान व्यक्ति तथा क्रांतिकारी होने का गौरव प्राप्त हुआ।

**रूसो की दार्शनिकता (Rousseau's Philosophy)**

रूसो एक क्रांतिकारी दार्शनिक के रूप में विकसित हुए। वह तीन तत्वों से अत्यधिक प्रभावित हुए-समय की स्थिति, अपने जीवन के विभिन्न अनुभव तथा अपनी निरंकुश एवं भावात्मक प्रकृति। उनके दर्शन का प्रादुर्भाव विद्यमान सामाजिक एवं राजनैतिक व्यवस्था के विरोध में एक प्रतिक्रिया के रूप में हुआ। उसने समाज की प्रचलित व्यवस्था का विरोध किया तथा 'प्रकृति की ओर लौटो' के विचार का समर्थन किया। उनके दर्शन को 'प्रकृतिवाद' के नाम से जाना जाता हैं उनकी दार्शनिकता का मुख्य तत्व 'प्राकृतिक राज्य, प्राकृतिक मानव तथा प्राकृतिक सभ्यता की स्थापना करना' था। उनका 'प्राकृतिक राज्य' एक ऐसा राज्य है जिसमें बुराइयां, भ्रष्टाचार, सामाजिक वर्गों का कोई स्थान न हो। उनका विश्वास था कि-

*"मानव समाज में जन्म लेकर जीवनयापन करता है, किंतु वह गुलामी में मौत पाता है। वह हमारी प्रथाओं का शिकार हो जाता है जो उसे प्रकृति के उस सुंदर रूप से दूर खींचती हैं।"*

इस प्रकार रूसो ने प्राकृतिक आधार पर जीवन व्यतीत करने की बात कही जो सभी रूढियों, प्रथाओं व धार्मिक विश्वासों से रहित थी। प्राकृतिक राज्य उनकी दृष्टि में

*"एक ऐसा सीधा-सादा खेती करने वाला समाज या राज्य था जो बड़े नगरों की बुराइयों से दूर, भ्रष्ट राजाओं से हीन तथा उच्च वर्ग एवं उसकी विलासिता से हीन हो। उसका प्राकृतिक मानव एक ऐसा सत्यवादी मानव है जो सामाजिक रूढ़ियों की अपेक्षा केवल अपने ही नियमों व स्वभाव से परिचालित हो, जिसके भीतर कार्य करने की स्वाभाविक शक्ति, भावनाएं, क्रिया-प्रतिक्रियाएं विश्वसनीयता हों और जो सामाजिक प्रतिछाया या अनुभवों से दूर हो।*

प्राकृतिक सभ्यता से रूसो का अर्थ था वह सभ्यता, जो अप्राकृतिक वातावरण तथा उन कठोर बाधाओं से मुक्त हो, जो हमारी प्रकृति की पवित्रता को दूषित करते हैं। अतः बालक की शिक्षा प्रकृति में तथा प्रकृति के अनुसार होनी चाहिए। रूसो के प्रमुख शब्द थे–'प्रकृतिवाद' जो स्वतंत्र, विकासपूर्ण, रूचिकर एवं क्रियाशील हैं। ये ही ऐसे शब्द हैं जो आधुनिक, प्रगतिशील शिक्षा का जीवन एवं जीवात्मा है। उसके दर्शन का निम्नलिखित ढंग से संक्षिप्तीकरण किया जा सकता है

- भौतिक जगत ही वास्तविक जगत है।
- मन प्रकृति के अधीन है।
- प्रकृति असामाजिक शिक्षा को महत्व देती है।
- प्रकृति से अभिप्राय है प्राकृतिक प्रवृत्तियां।
- शहर मानवीय जाति के मकबरे हैं।
- प्रकृति से परे कुछ भी नहीं है।
- वैयक्तिकता को हमेशा प्राथमिकता दी जाती है।
- मनुष्य अपनी कुछ आवश्यकताओं की संतुष्टि के लिए समाज का निर्माण करता है।
- सभी वास्तविक मूल्य प्रकृति में विद्यमान है।
- प्रकृति ही संपूर्ण ज्ञान का स्रोत है।
- प्रकृति पूर्णरूपेण शुद्ध है।
- मनुष्य की इंद्रियां ज्ञान के द्वार हैं।

## प्रकृति का त्रिमुखी अर्थ (Three Fold Meaning of Nature)

रूसो ने 'प्रकृति' शब्द का व्यापक अर्थ इस प्रकार लिया–

1. *समाज से पृथकता (Isolation from Society)*–रूसो का यह विश्वास है कि जब कोई चीज प्रकृति से आती है तो वह अच्छी होती है, परंतु मनुष्य के हाथों में पहुंचकर उसका पतन हो जाता है। इसलिए बालक को समाज के दूषित प्रभाव से सुरक्षित रखा जाए। समाज से पृथक रहकर उन्हें प्रकृति के सौंदर्य और आश्चर्य से पालित-पोषित होने का अवसर दिया जाए। प्रकृति और समाज का परस्पर विरोध है।
2. *बालक की जन्मजात प्रवृत्तियाँ (Innate Tendencies of the Child)*–बालक की जन्मजात प्रवृत्तियों से अभिप्राय है बालक की अंतःप्रेरित रूचियाँ। रूसो का मानना है कि बालक तभी बहुत कुछ सीख पाता है जब बालक की जन्मजात प्रवृत्तियों को स्वतंत्र रूप से विकसित होने का अवसर मिले। अतः बालक की शिक्षा का प्रारंभ उसकी जन्मजात प्रवृत्तियों के विकास से होना चाहिए।

3. *प्राकृतिक वातावरण से सम्बन्ध (Contact with Natural Environment)*–रूसो स्वयं प्रकृति का प्रेमी था। उसने इस बात का प्रतिपादन किया कि बालक का सम्बन्ध आकाश, पर्वत, नदियां, पेड़-पौधे, पशु-पक्षियों तथा प्रत्येक प्रकार की भौतिक शक्तियों के साथ होना चाहिए। प्राकृतिक वातावरण में पालित-पोषित बालक स्वभाव से ही प्राकृतिक मानव का रूप धारण करता है। वह प्रकृति का अनुसरण करके अपनी अंतरात्मा के अनुसार काम करने लगेगा।

**रूसो का शिक्षा दर्शन (Educational Philosophy of Rousseau)**

रूसो का यह मानना था कि बालक को कभी नकारना नहीं चाहिए। उसके 'एमाइल' ने यूरोप के बच्चों को जागरूक किया। वह बालक को परिवार, समाज एवं स्कूल से दूर रखना चाहता था। वह प्रचलित स्कूली शिक्षा के विरूद्ध बच्चे की मानवीय प्रकृति को शिक्षा का आधार बनाना चाहता था। वह समाज के बुरे-रीति-रिवाजों से अत्यधिक क्षुब्ध था और वह बालक को समाज की कृत्रिमता से दूर रखना चाहता था। उनके अनुसार शिक्षा के प्रमुख तीन स्रोत हैं–

1. *प्रकृति से शिक्षा (Education from Nature)*–प्रकृति से शिक्षा का अभिप्राय है बालक की प्रवृत्तियों एवं क्षमताओं के अनुसार विकास। बालक की स्वाभाविक प्रवृत्तियों एवं रूचियों का विकास किया जाना चाहिए। इस प्रकार प्राकृतिक शिक्षा वह है जब बालक अपनी प्राकृतिक योग्यताओं एवं पात्रता के अनुसार विकसित होता चला जाए।
2. *मनुष्य द्वारा प्रदत्त शिक्षा (Education Given by Man)*–मनुष्य द्वारा प्रदत्त शिक्षा से अभिप्राय है सामाजिक वातावरण को महत्ता प्रदान की जानी चाहिए, क्योंकि हमें बालक को यह सिखाना है कि उस विकसित स्वरूप को कैसे प्रयोग में लाया जाए।
3. *परिस्थितियों से शिक्षा (Education from Circumstances)*–परिस्थितियों से शिक्षा द्वारा अभिप्राय उस भौतिक वातावरण से है जिसमें रहकर बालक स्वयं अनुभव प्राप्त कर सके। हमारे चारों ओर की वस्तुएँ भी हमें अनुभव प्रदान करने में महत्वपूर्ण भूमिका अदा करती हैं।

रूसो का यह कहना है कि इन तत्वों का समन्वित विकास ही शिक्षा की एक आदर्श प्रणाली है। उसका यह भी विश्वास है कि शिक्षा में ऐसा समन्वय तभी संभव है जब मानव की शिक्षा उसकी प्राकृतिक शक्तियों, भावनाओं तथा प्राकृतिक प्रवृत्तियों के अनुरूप हो। समाज और वस्तुओं की शिक्षा को गौण स्थान दिया जाए तथा प्राकृतिक शिक्षा को प्रमुख स्थान प्रदान किया जाना चाहिए। रूसो के अनुसार शिक्षा के सिद्धांतों का संक्षिप्तीकरण निम्नलिखित ढंग से किया जा सकता है–

- भौतिक वातावरण पर बल।
- शिक्षा के आधार के रूप में बालक के वर्तमान जीवन पर बल।
- बालक की शिक्षा में स्वतंत्रता के संप्रत्यय को महत्वपूर्ण स्थान।
- शिक्षा दर्शन का गत्यात्मक पहलू है।
- पुस्तकीय ज्ञान को गौण स्थान।
- बालक की प्रकृति के अनुसार शिक्षा।
- बालक को महत्वपूर्ण स्थान।

**शिक्षा के प्रकार (Kinds of Education)**

रूसो के अनुसार शिक्षा के दो रूप हैं–

A. सकारात्मक (निश्चयात्मक) शिक्षा (Positive Education)
B. नकारात्मक (निषेधात्मक) शिक्षा (Negative Education)

### A. सकारात्मक शिक्षा (Positive Education)

रूसो के अनुसार,

*"सकारात्मक शिक्षा वह शिक्षा है जो मनुष्य के विकास से पहले उसके मस्तिष्क का विकास करती है और बच्चे को प्रौढ़ों के कर्त्तव्यों से परिचित कराती है।"*

*("I call positive education one that tends form the mind prematurely and to instruct the child in the duties that belong to man.")*

रूसो ने सकारात्मक शिक्षा का विरोध किया क्योंकि वह इसे अप्राकृतिक व अमानवीय मानता है, इसके अंतर्गत कठोर अनुशासन पर बल दिया जाता है, कर्त्तव्य, नैतिकता व धर्म पर बल दिया जाता है।

सकारात्मक शिक्षा की विशेषताएँ निम्नलिखित हैं-

- शाब्दिक ज्ञान पर बल।
- कड़े अनुशासन की पालना।
- कर्त्तव्य, नैतिकता एवं धर्म पर बल।
- सामाजिक शिक्षा का महत्व।
- आदतों के निर्माण पर बल।

यह सकारात्मक शिक्षा का विरोध ही था कि उन्होंने नकारात्मक शिक्षा का समर्थन किया।

### B. नकारात्मक शिक्षा (Negative Education)

नकारात्मक शिक्षा वह शिक्षा है जो ज्ञान के साधन अवयवों को पहले मजबूत करती है। इसका अर्थ निष्क्रियता नहीं है। यह सद्गुण प्रदान नहीं करती, अपितु बुराई से बचाती है, सत्य प्रदान नहीं करती, अपितु भूल से बचाती है। यह बालक को तैयार करती है कि वह सत्य की ओर अग्रसर हो सके, उसे समझने के योग्य बना सके जब वह समझने की आयु प्राप्त करेगा। इसमें पुस्तकीय ज्ञान के स्थान पर स्वानुभाव द्वारा सीखने पर बल दिया गया है। नकारात्मक शिक्षा की विशेषताएं निम्नलिखित हैं–

1. *औपचारिक पाठ को कोई स्थान नहीं (No Place for Formal Lessons)*–रूसो कक्षा में किसी प्रकार के औपचारिक पाठ प्रदान करने के विरूद्ध था। उसका विश्वास है कि शाब्दिक पाठ बालक के मस्तिष्क पर व्यर्थ का भार होते हैं और शिक्षा की दृष्टि से समय की व्यर्थता है। उन्होंने कहा है,

   *"पाठ से मुक्ति दो और हमें बच्चों के दुःख के प्रमुख कारण से मुक्ति मिल जाएगी।"*
   *("Get rid of the lesson and we get rid of the chief cause of their (children) sorrow.")*

   बालक को स्वयं अपने अनुभवों से सीखना चाहिए।

2. *पुस्तकीय अधिगम नहीं (No Bookish Learning)*–रूसो पुस्तकीय ज्ञान के विरूद्ध थे। वह कहते हैं,

   *"12 वर्षों तक एमाइल को कोई पुस्तकीय शिक्षा प्रदान नहीं की जाएगी, वह कभी नहीं जानेगा कि पुस्तक क्या है?"*
   *("For twelve years, Emile will not be given any bookish education. He will not know what a book is.")*

   वह आगे कहते हैं,

   *"मुझे 12 वर्ष का वह बालक दो जो कुछ न जानता हो। 15 वर्ष की आयु तक मैं उसे इतना सिखा दूंगा जितना प्रारंभिक जीवन के 15 वर्षों में अन्य बालक पढ़ लेते हैं। भेद केवल इतना*

*होगा कि आपके विद्यार्थी को केवल ज्ञान होगा और मेरा विद्यार्थी उसे व्यावहारिक जीवन में प्रयोग करने के योग्य होगा।"*

*("Give me twelve years old child, who does not know anything. By fifteen years of age, I will teach him so much as other children read, in fifteen years of early life. The only difference will be that your student will remember only knowledge and my student will be able to use it in practical life.")*

3. *प्रत्यक्ष नैतिक शिक्षा नहीं (No Direct Moral Education)*–रूसो का विश्वास है कि बालक प्रकृति में सबसे शुद्ध वस्तु है और इसीलिए किसी प्रकार की नैतिक शिक्षा उसे नहीं दी जानी चाहिए। उसे प्राकृतिक परिस्थितियों से सीखने के लिए स्वतंत्र छोड़ देना चाहिए। यदि वह गलती करता है तो उसे स्वयं ही सजा मिलेगी और वह प्राकृतिक ढंग से सीख जाएगा।

4 *बुद्धिमत्ता से समय को व्यर्थ करना (Lose Time Wisely)*–उसका यह मानना है कि बाल्यकाल ऐसा काल है जब बालक को यह पता होना चाहिए कि समय को व्यर्थ कैसे किया जाए। वह कहते हैं,

*"सुस्ताना ऐसा नहीं है जिससे डरा जाए। तुम उस आदमी से क्या कहोगे जो इसलिए सोने नहीं जाता कि यह समय की व्यर्थता होगी। तुम कहोगे कि वह आदमी पागल है, वह अपने समय का प्रयोग नहीं कर रहा, वह मृत्यु की ओर जा रहा है।''*

इसी को समझाने के लिए वह कहते हैं कि बाल्यकाल ऐसा समय है जहां बुद्धिमत्ता होती है। बालक को कूदना, भागना, दीर्घ समय तक खेलना चाहिए जिससे उसके शारीरिक अंगों का विकास हो सके जो उसे उपयोगी ज्ञान प्राप्त करने के योग्य बनाएगा।

5. *कोई आदत का निर्माण नहीं (No Habit Formation)*–रूसो किसी प्रकार की आदत निर्माण के पक्ष में नहीं थे। वह सभी सामाजिक आदतों के विरूद्ध थे। वह कहते हैं,

*"एक बालक को केवल यही आदत बनानी चाहिए कि वह कोई भी आदत न बनाए।"*

*("The only habit a child is to form is not to form any habit at all.")*

वह चाहते थे कि एक बालक स्वतंत्र तथा बाधाहीन होना चाहिए, यद्यपि वह, प्राकृतिक आदतों के पक्षधर थे।

6. *सामाजिक शिक्षा नहीं (No Social Education)*–रूसो का मानना था कि बालक का शिक्षण समाज से बाहर होना चाहिए। रूसो ने अपने समय के दूषित समाज और इसकी दूषित सभ्यता एवं संस्कृति का विरोध किया था इसीलिए वह कहते हैं कि बालक को समाज के कुप्रभावों से बचाना चाहिए।

7. *कोई औपचारिक अनुशासन नहीं (No Formal Discipline)*–रूसो प्राकृतिक परिणामों के अनुरूप अनुशासन में विश्वास रखते थे। यदि एक बालक एक पेड़ पर चढ़ता है, तो उसे स्वयं गिरने दो या चढ़ने दो, जिसके परिणामस्वरूप वह भविष्य में ऐसा न करने या दुबारा–दुबारा प्रयास करना सीख जायेगा। मनुष्य के द्वारा बालक को संरक्षण या सजा नहीं दी जानी चाहिए। यह दर्शाता है कि रूसो स्व–अनुशासन के पक्षधर थे।

8. *शिक्षा की पुरातन प्रक्रिया से बंधन नहीं (No Sticking to Old Customary Procedure of Education)*–रूसो अपने देश में उस समय की सामाजिक, राजनैतिक, आर्थिक, धार्मिक एवं शैक्षिक परिस्थितियों से अत्यधिक दुःखी थे। इसीलिए उनका कहना था,

*''प्रचलित प्रक्रियाओं के विपरीत चलो और आप लगभग सही करोगे।''*

*("Follow the reverse of the current practices and you will almost do right.")*

उन्होंने इस तथ्य का भी संकेत दिया था कि कभी मानव प्रसन्न था, परन्तु अब वह दुःखी है। जो किया जा रहा है उसे वापिस ले जाओ और वह फिर से प्रसन्न हो जाएगा।

इस प्रकार रूसो की शिक्षा नकारात्मक है और वह विशेषकर 12 वर्ष की अवस्था तक किसी प्रकार की औपचारिक शिक्षा नहीं देना चाहते। इसके अनुसार वास्तविक शिक्षा वह है जो बच्चे के प्राकृतिक विकास में सहायक होती है और जिसमें व्यक्ति अथवा समाज द्वारा न्यूनतम निर्देशन होता है।

## शिक्षा के उद्देश्य (Aims of Education)

रूसो के समय से पहले शिक्षा का उद्देश्य सामाजिक, आध्यात्मिक व व्यावसायिक विकास था। उन दिनों बालक को ऐसे कृत्रिम वातावरण में ढाला जाता था जो समाज के प्रौढ़ों के मनोनुकूल होने के कारण केवल उन्हें उल्लासित करने वाला होता था। रूसो ने इस विचार का विरोध किया। उसके अनुसार शिक्षा का उद्देश्य व्यक्ति का प्राकृतिक रूप से विकास करना है जिससे उसका जीवन संतुलित, सुरीला, शुभदायक एवं प्रकृति स्वभावपूर्ण बन जाए। शिक्षा का वास्तविक उद्देश्य बालक को अपना जीवन श्रेष्ठ बनाने की दिशा में ले जाना है। उसका कहना है–

*"जीवित रहने का अर्थ केवल सांस लेना नहीं है। इसका अर्थ यह है कि अंग-प्रत्यंग का परिचालन ठीक ढंग से हो तथा इंद्रियों एवं बुद्धि आदि से काम लिया जाए क्योंकि वे ही हमें जीवंत होने का अनुभव करा देते हैं।"*

*("To live is not merely to breath. It is to act make use of our organs, senses, our faculties and of all those parts of ourselves, which give us the feeling of our existence.")*

उनका विश्वास था कि शिक्षा एक जीवनपर्यन्त प्रक्रिया है, जो जन्म से प्रारंभ होती है तथा जीवन के अंत के साथ समाप्त होती है। यह बालक के अंदर से विकास है न कि बाहर से लादा गया। उनके लिए शिक्षा स्वयं में जीवन है और एक अनिश्चित भविष्य के लिए तैयारी नहीं है। रूसो ने शिक्षा के निम्नलिखित उद्देश्य दिए हैं–

### A. वर्तमान सुख की प्राप्ति (To Acquire Present Happiness)

रूसो के अनुसार शिक्षा का उद्देश्य बालकों को अपनी प्रकृति अर्थात् अपनी जन्मजात प्रवृत्तियों, इच्छाओं और रूचि के अनुसार कार्य करते हुए वर्तमान सुख की प्राप्ति के लिए अवसर प्रदान करना है। उनका मानना है कि वह शिक्षा व्यर्थ है जो भावी जीवन के सुख के लिए वर्तमान सुख का बलिदान करे।

### B. स्वतंत्रता की प्राप्ति (To Acquire Freedom)

रूसो को स्वतंत्रता बहुत प्रिय है। अधिकारों से स्वतंत्रता अधिक मान्य है–

*"वही व्यक्ति स्वतंत्र है जो उसी बात की कामना करता है जो करना चाहता है और वही करता है जो चाहता है।"*

सुव्यवस्थित स्वतंत्रता–उसकी प्रारंभिक शिक्षा का उद्देश्य है। रूसो के अनुसार शिक्षा का उद्देश्य बालकों को बाह्य रीति-रिवाजों, प्रथाओं, परंपराओं, कानूनों आदि से स्वतंत्र रखने में सहायता देना है, जिससे वे अपने स्वतंत्र व्यक्तित्व का विकास कर सकें।

### C. विभिन्न अवस्थाओं में शिक्षा के उद्देश्य (Aims of Education at Various Stages)

रूसो ने बालक के संपूर्ण जीवन को चार अवस्थाओं में विभाजित किया है और विभिन्न अवस्थाओं के लिए भिन्न-भिन्न उद्देश्य बताए हैं।–

1. *शैशवावस्था (Infancy)*–रूसो का विचार है कि शिशु को एक लघु प्रौढ़ समझकर उसे प्रौढ़ों के समान शिक्षा नहीं दी जानी चाहिए। प्लेटो से प्रभावित रूसो 'दुर्बल शरीर को अनैतिकता' का कारक मानता है तथा दुर्बलता का कारण दुर्गुणों का प्रवेश मानता है। उसका विचार है कि शैशवावस्था में बालक का शरीर इतना कोमल होता है कि इस अवस्था में शिक्षा का मूल उद्देश्य बालक का शारीरिक विकास करना है। इस उद्देश्य की पूर्ति के लिए उसने पूर्ण स्वच्छंद वातावरण के बीच निर्मलतापूर्ण भौतिक शिक्षा का प्रतिपादन किया है।
2. *बाल्यावस्था (Childhood)*–रूसो के अनुसार बाल्यावस्था में शिक्षा का मुख्य उद्देश्य बालक की ज्ञानेन्द्रियों को प्रशिक्षित करना है, जिससे वे अपनी ज्ञानेन्द्रियों का उचित विकास कर सकें। रूसो ने इस अवस्था की शिक्षा के उद्देश्य को इस प्रकार व्यक्त किया है,

   *"शरीर का व्यायाम करो, इंद्रियों तथा शक्तियों का अभ्यास करो, किंतु आत्मा को अभी सुप्त रहने दो।"*

   *(Exercise the body, the organs, the senses and the powers but keep the soul lying fellow as long as you can.")*

   रूसो हमारे प्रथम शिक्षक हाथ-पैर मानता है। रूसों 12 वर्ष की आयु तक बच्चे की शिक्षा रोके रहने की बात कहते हैं। इस समय तक उसे शिक्षा न दी जाए और उसे अवसर दिया जाए कि वह बिना किसी सामाजिक बुराई को ग्रहण किए 12 वर्ष का समय व्यतीत करे। उनका यह मानना है कि बालक में सही काम करने की आदत का विकास किया जाए जो नैतिक जीवन का प्रथम पाठ है। सही और गलत की समझ समाज की अपेक्षा प्रकृति से होती है। बालक को पुस्तकीय ज्ञान न देकर उसे खेलने-कूदने एवं इच्छानुसार अन्य क्रियाओं को करने की स्वंतत्रता होनी चाहिए। नैतिक शिक्षा देने के स्थान पर कार्यों के प्राकृतिक परिणाम के आधार पर उचित-अनुचित के विवेक का अवसर प्रदान किया जाना चाहिए।
3. *लड़कपन या पूर्व किशोरावस्था (Boyhood or Pre-adolescene)*–रूसो 12 से 15 वर्ष की अवस्था को कैशोर्य कहता है तथा उसे जीवन का सबसे खतरनाक समय मानता है। बालकपन की निषेधात्मक शिक्षा के पश्चात् एमील को निश्चित शिक्षा देना ही शिक्षा का उद्देश्य है। उसका कहना है कि इस अवस्था में

   *"बालक को ज्ञान इसलिए नहीं होना चाहिए कि वह किसी द्वारा कराया गया है, अपितु इसलिए कि वह ज्ञान उसने स्वयं अर्जित किया है।''*

   इस समय शिक्षा का मुख्य उद्देश्य किशोर के व्यक्तित्व के विकास के लिए ऐसी शिक्षा देना है जो उसे परिश्रम, निर्देशन एवं अध्ययन का पर्याप्त अवसर प्रदान करे। इस अवस्था में उपयोगी एवं व्यावहारिक ज्ञान प्रदान किया जाना चाहिए, जिससे वह अपने जीवन की आवश्यकताओं की पूर्ति कर सके।
4. *युवावस्था (Adulthood)*–रूसो का मानना है कि 15 वर्ष की अवस्था में बालक को धर्म की शिक्षा दी जानी चाहिए। वह शिक्षा में नीति, धर्म तथा कला तीनों को ही स्थान देता है। रूसो का विश्वास है कि सच्चरित्रता के लिए एमील को बाध्य करना चाहिए और उसे ज्ञानेन्द्रियों तथा लिंग-भेद सम्बन्धी ज्ञान देना शिक्षा का उद्देश्य होना चाहिए। भावात्मक विकास के लिए बालक में सामाजिक, धार्मिक एवं नैतिक भावनाओं को जागृत किया जाना चाहिए। इस समय बालक को हृदय का प्रशिक्षण देकर उसे प्रेमी एवं कोमल हृदय वाला बनाया जाना चाहिए। रूसो ने ठीक ही कहा है,

   *"हमने उसके (एमाइल के) शरीर, ज्ञानेन्द्रियों तथा उसकी बुद्धि का निर्माण कर लिया है अब हमें उसे हृदय प्रदान करना शेष है।"*

*("We have formed his body, his senses and his intelligence, now it remains to give him a heart.")*

विभिन्न अवस्थाओं में शिक्षा के उद्देश्यों का संक्षिप्तीकरण इस प्रकार किया जा सकता है:

| स्तर/अवस्था | शिक्षा का उद्देश्य |
|---|---|
| शैशवकाल (जन्म से 5 साल तक) | शारीरिक विकास |
| बाल्यकाल (5 से 12 साल तक) | इन्द्रियांगों का विकास |
| लड़कपन (12 से 15 वर्ष) | सूझ-बूझ की शक्ति का विकास |
| युवावस्था (15 से 20 वर्ष) | संवेगात्मक, नैतिक, धार्मिक गुणों का विकास |

इस प्रकार रूसों के अनुसार शिक्षा का उद्देश्य मानव को प्रकृति के अनुरूप जीवन जीने के योग्य बनाना है। वह प्रकृति को ईश्वर निर्मित मानते हैं और बालक को ईश्वर की किश्ती। उन्होंने अमीर घरों के बच्चों को भी प्राकृतिक शिक्षा देने का समर्थन किया है। **रस्क (Rusk)** के शब्दों में, वह अमीर घर के बच्चों को इसी प्रकार की शिक्षा देना चाहते थे, जिससे भावी जीवन में जो भी स्थिति बने वह सफलतापूर्वक विपत्ति का सामना कर सकें। रूसो सामान्य या प्राकृतिक मानव के आदर्श पर बल देते हैं न कि प्लेटो की भांति सुपरमैन के आदर्श पर।

## पाठ्यक्रम (Curriculum)

रूसो की शिक्षा का मूल उद्देश्य भौतिक है इसलिए वह बालक को व्यक्तियों के स्थान पर वस्तुओं पर निर्भर रखना चाहता है। रूसो ने शिक्षा के पाठ्यक्रम का विकास भी भिन्न-भिन्न आयु स्तर पर बालक की मनोवैज्ञानिक स्थिति के अनुरूप किया है जो इस प्रकार है–

### A. शैशवकाल (Infancy)

यह समय जन्म से पांच वर्ष तक माना जाता है। इस स्तर पर बालक कुछ-न-कुछ करना चाहते हैं; वे गायन, खेलने-कूदने, दौड़ने आदि में अधिक रूचि रखते हैं। अत: इस स्तर पर बच्चों को इसी के लिए अवसर प्रदान करने चाहिए। रूसो इस स्तर पर बालकों के लिए किसी प्रकार के निर्देशन या पुस्तकीय ज्ञान का विरोध करते थे। शिक्षक द्वारा दिए गए ज्ञान की आवश्यकता नहीं है। उसके अनुसार शिशु काल की शिक्षा शिशु को स्वतंत्रता के योग्य बनाती है।

### B. बाल्यावस्था (Childhood)

यह समय पांच वर्ष से लेकर बारह वर्ष तक माना जाता है। इन दिनों बालक की बुद्धि सुषुप्त रहती है ताकि भविष्य के प्रयोगों के लिए वह योग्य बन जाए। इस काल में असत्य पर आधारित होने के कारण कहानियों का पठन-पाठन वर्जित है। शाब्दिक ज्ञान के विपरीत रूसो अनुभवों पर बल देते हैं। रूसो भाषा को बोझ, भूगोल को देशों, जलवायु तथा नक्शें का व्यर्थ ज्ञान बताते हैं। इस समय तक केवल इंद्रिय-शिक्षा प्रदान की जानी चाहिए।

### C. लड़कपन/पूर्व किशोरावस्था (Boyhood)

यह समय बारह वर्ष से पंद्रह वर्ष तक माना जाता है। इस काल में जिज्ञासा की प्रवृत्ति तेज हो जाती है, अत: इस समय उन्हें प्राकृतिक विज्ञानों की शिक्षा दी जानी चाहिए। शरीर तथा इंद्रियों के विकास के पश्चात् प्रज्ञा तथा तर्क का विकास आवश्यक है। नैतिकता के स्तर पर पहुंचकर अब हम इतिहास का ज्ञान भी देना चाहेंगे। मशीनों के काम की कला तथा व्यावसायिक शिक्षा भी

प्राप्त की जानी चाहिए। इतिहास का ज्ञान केवल महान् व्यक्तियों के कार्यों तथा उनकी जीवनी का ज्ञान दिलाने के लिए नहीं, अपितु उसे समाज का ज्ञान कराने के लिए देना चाहिए। अतः इस काल में भौतिक विज्ञान तथा व्यवसाय की शिक्षा दी जानी चाहिए। भाषा, गणित, भूगोल, संगीत, हस्तकार्य तथा सामाजिक जीवन की शिक्षा दी जाए।

### D. युवावस्था (Adulthood)

यह समय पंद्रह से 25 वर्ष तक का माना जाता है। इस काल में बालक, बालक न रहकर मनुष्य बन जाता है। इसलिए अब उसके संवेगों को स्थिर किया जाना आवश्यक है। इस अवस्था में रूसो बालक के भावात्मक विकास के लिए पाठ्यक्रम में ऐसे विषय निर्धारित करना चाहता है जो मनुष्य में नैतिक, सामाजिक एवं धार्मिक भावनाओं को जागृत करें। इस दृष्टि से पाठ्यक्रम में इतिहास, प्राचीन कथाएं, हितोपदेश की कहानियां, शारीरिक शिक्षा, संगीत, कला एवं काम की शिक्षा को स्थान देना चाहिए। प्रत्यक्ष अनुभवों द्वारा सद्‌गुणों की शिक्षा का ज्ञान इस स्तर पर होना ही चाहिए।

विभिन्न अवस्थाओं के अनुरूप पाठ्यक्रम का संक्षिप्तीकरण निम्नलिखित ढंग से किया जा सकता है–

| अवस्था (Stage) | पाठ्यक्रम (Curriculum) |
|---|---|
| 1. शैशावस्था (Infancy) | गायन, खेलना-कूदना, दौड़ना, घूमना आदि क्रियाएँ। |
| 2. बाल्यावस्था (Childhood) | गिनना, निरीक्षण करना, नृत्य करना, संगीत, वस्तुओं को देखना व छूकर महसूस करना, वस्तुओं को चखकर उनके स्वाद का ज्ञान प्राप्त करना, वस्तुओं को सूंघकर उनकी गंध का अनुभव करना आदि क्रियाएँ। |
| 3. पूर्व किशोरावस्था (Boyhood) | कला, भूगोल, हाथ का काम, प्राकृतिक विज्ञान, गणित, भाषाएँ, आदि विषय तथा कार्यशाला में क्रियाएँ, औद्योगिक विनिमय का प्रशिक्षण, बैंकिंग की जानकारी, यातायात के साधनों की जानकारी। |
| 4. किशोरावस्था (Adolescence) | नैतिक गुणों का प्रशिक्षण, अन्य देशों का भ्रमण, पौधों के संसार का ज्ञान, जानवरों के बारे में जानना, इतिहास, प्राचीन कथाएँ, शारीरिक शिक्षा आदि। |
| 5. युवावस्था (Adulthood) | शारीरिक शिक्षा, गृह विज्ञान, पेटिंग, संगीत, कला, नृत्य, सिलाई, बुनाई, मानव मनोविज्ञान, नैतिक शिक्षा आदि। |

इस प्रकार रूसों 12 वर्षों तक इन्द्रियों के प्रशिक्षण पर जोर देते हैं। बारह वर्ष के उपरांत जिस ज्ञान को प्राप्त करना है, उसका चयन अत्यंत सावधानी से होना चाहिए।

*शिल्प की शिक्षा*–एमिल के लिए जिस कार्य की कल्पना रूसो करते है वह है काष्ठकार्य। इसे घर में भी किया जा सकता है, यह पर्याप्त व्यायाम के अवसर देता है, इसमें कौशल व परिश्रम की आवश्यकता होती है एवं प्रतिदिन के प्रयोग के लिए वस्तुओं का निर्माण करते हुए सुरूचि के विकास की संभावना बनी रहती है।

*औद्योगिक एवं यांत्रिक कला*–सामाजिक जीवन की आवश्यकताओं की पूर्ति के लिए विद्यार्थी का ध्यान औद्योगिक एवं यांत्रिक कला की ओर खींचना चाहिए। इससे परस्पर सहयोग की भावना का विकास होगा। मानव की मानव पर आर्थिक निर्भरता के आधार पर अध्यापक अपने विद्यार्थियों में सामाजिक व्यवस्था की आवश्यकता का अनुभव प्रदान करेगा।

15 वर्ष की आयु के पश्चात् निम्नलिखित विषयों को शामिल किया जाना चाहिए:

*इतिहास*–इतिहास के माध्यम से वह बिना दर्शन पढ़े मानव के हृदय को समझ सकता है। वह बिना किसी पक्षपात की भावना अर्थात् निरपेक्ष दर्शक की तरह देखेगा, न्यायधीश की दृष्टि से देखेगा। परंतु एक बात का ध्यान भी रखना चाहिए कि इतिहास के चरित्र को आदर्श नहीं माना जा सकता।

*नैतिकता*–रूसो प्राचीन जीवनियों के पढ़ने का सुझाव देता है। कहानी की सहायता से यदि हम गलतियों का एहसास कराते हैं, तो वह अपमानित महसूस नहीं करता।

*धार्मिक शिक्षा*–रूसों एमिल को किसी संप्रदाय या धार्मिक संस्था से जोड़ने का सुझाव नहीं देता है। यद्यपि वह 'दि ब्रीड़ ऑफ ए सवोयाड़ प्रिस्ट' के पक्ष में है। वह आंतरिक प्रकाश पर बल देता है। सत्य स्वयं ही स्पष्ट होता है।

*सौन्दर्यशास्त्र*–रूसों सौन्दर्यशास्त्र के अध्ययन पर भी बल देता है। इसे रुचि के सिद्धांत का दर्शन भी कहा जा सकता है।

*शारीरिक प्रशिक्षण*–किशोरावस्था में शारीरिक शिक्षा अत्यंत आवश्यक है। शरीर हृष्ट-पुष्ट होगा, तभी वह किसी व्यवसाय में पूरी लगन के साथ काम कर पाएगा।

*यौन शिक्षा*–रूसों के अनुसार यदि आवश्यक हो तो विद्यार्थी को प्रकृति के नियम का पूरा सच बताया जाना चाहिए। आदर्श संगिनी के रूप में रूसो सोघी, एमिल की भावी पत्नी के लिए शिक्षा रूपरेखा प्रस्तुत करता है।

इस प्रकार रूसों ने जीवन की विभिन्न अवस्थाओं के अनुरूप पाठ्यक्रम के बारे में बताया है। उन्होंने शिक्षा का केन्द्र बालक को मानकर विद्यालय को प्राकृतिक वातावरण में निर्मित करने को कहा।

## शिक्षण विधियाँ (Methods of Teaching)

रूसो ने इस बात पर बल दिया कि शिक्षा विज्ञान की एक पद्धति है जो मानव को सुख, चिंतन, शुभेच्छा तथा संतुलित मानव जीवन प्रदान करती है। इसी कारण वह ऐसी शिक्षण विधि का विरोधी है जो कठोर एवं असहयोगी भावना से पूर्ण होकर बालक की प्राकृतिक प्रेरणाओं और इच्छाओं को दबाती है। उसने निम्नलिखित विधियों पर बल दिया–

1. *प्रत्यक्ष अनुभव (Direct Experiences)*–रूसो ने प्रत्यक्ष विधि का प्रतिपादन करके यह कहा है कि "अभिव्यक्ति से पूर्व अनुभव, शब्दों से पहलें उद्देश्य दृष्टिगोचर हो।" उसने कहा था कि

   *"अपने शिष्य को कभी शाब्दिक ढंग से न पढ़ाओ, उसे केवल अनुभव द्वारा सीखना चाहिए।"*
   *("Give your scholar no verbal lesson, he should be taught by experiences alone.")*

   अनुभव द्वारा सीखने से बालक जो शिक्षा प्राप्त करता है वह स्थाई एवं समय पर याद होने वाली होती है।

2. *करके सीखना (Learning By Doing)*–रूसो ने पुस्तक प्रणाली को दोषपूर्ण बताकर करके सीखने पर अधिक बल दिया। उनका कहना था,

   *"मैं पुस्तकों से घृणा करता हूं क्योंकि वे, जो हम नहीं जानते, उसी के बारे में बातचीत करना सिखाती हैं।"*
   *("I hate books. They only teach us to talk about things that we know nothing about.")*

   अतः बालक को विभिन्न क्रियाओं में भाग लेते हुए ही सिखाना चाहिए।

3. *इंद्रियों द्वारा शिक्षा (Education Through Senses)*–रूसो ज्ञानेन्द्रियों को ज्ञान का द्वार मानते हैं। उनके अनुसार पहले ज्ञानेन्द्रियों का विकास करना चाहिए, ज्ञान का विकास तो उनके द्वारा स्वयं ही हो जाएगा। शिक्षण के समय ज्ञानेन्द्रियों के प्रयोग पर बल दिया जाए।
4. *स्व-चिंतन (Self-thinking)*–रूसो का मानना है कि बालकों को अपने अनुभवों से स्वयं चिंतन कर परिणाम जानने के लिए प्रोत्साहित किया जाना चाहिए। इसी के परिणामस्वरूप वह 'एमाइल' को प्राकृतिक विज्ञान की शिक्षा इस प्रकार देने का प्रयास करते हैं कि यह बालक में जिज्ञासा, कौतूहल एवं अन्वेषण प्रकृति का विकास कर सके। इसी के आधार पर स्व-ज्ञान पद्धति अथवा ह्यूरिस्टिक पद्धति (Heuristic Method) का प्रादुर्भाव हुआ।
5. *स्थूल वस्तु द्वारा शिक्षण (Teaching Through Concrete Object)*–रूसो ने बालकों की प्रकृति के अनुकूल अपनी शिक्षण पद्धति में स्थूल वस्तुओं को महत्व प्रदान किया। उन्होंने कहा है,

   *"सामान्यतया किसी स्थूल वस्तु के लिए किसी चिह्न का प्रयोग मत करो। इसका प्रयोग तभी करना चाहिए जब किसी स्थूल वस्तु को सम्मुख लाना संभव न हो, क्योंकि चिह्न बालक के ध्यान को आकर्षित करता है एवं वास्तविक वस्तु को भूल जाता है। हमें चाहिए कि हम संवेदना को विचारों में परिणति कर दें–हम पहली के माध्यम से दूसरे तक पहुंचते हैं।"*

   स्थूल वस्तुओं के प्रयोग से दी गई शिक्षा ठोस शिक्षा होगी।
6. *खेल विधि (Play way Method)*–रूसो ने खेल विधि का पक्ष लिया। उसने कहा कि बालक के लिए खेलना और कार्य करना दोनों एक जैसे हैं। खेल ही उनका कार्य था और दोनों के बीच उन्हें कोई अंतर दिखाई नहीं देता था।
7. *स्वतंत्रता (Freedom)*–रूसो बच्चों को किसी प्रकार के नियंत्रण में रखने के विरोधी थे। इनका मानना था कि बालक को अपने प्राकृतिक विकास की पूर्ण स्वतंत्रता होनी चाहिए।
8. *उदाहरण से अधिगम (Learning through Example)*–नैतिक शिक्षा के लिए, रूसो का यह कहना था कि उदाहरण अनुभूति से अधिक अच्छा है। अध्यापक के द्वारा नैतिकता का अभ्यास कराया जाना चाहिए। उसके द्वारा ऐसे अवसर प्रदान किए जाने चाहिए जिनमें विद्यार्थी अच्छाई का, नैतिकता का, अभ्यास कर सकें। नैतिकता पर भाषण का कोई लाभ नहीं होता।
9. *व्यक्तिगत अनुदेशन (Individualised Instruction)*–रूसो का मानना था कि प्रत्येक बालक की अपनी रुचियाँ, योग्यताएँ एवं क्षमताएँ होती है। अध्यापक के द्वारा उनकी पहचान की जानी आवश्यक है तथा उन्हीं के अनुसार व्यक्तिगत अनुदेशन प्रदान किया जाना चाहिए।
10. *सामाजिक योगदान (Social Participation)*-युवावस्था में प्रत्येक नवयुवक को सामाजिक सम्बन्धों की सूझ-बूझ होनी आवश्यक है तथा उसमें सामाजिक सम्बन्धों को विकसित किया जाना चाहिए। यह तभी संभव है जब व्यावहारिक रूप से विभिन्न स्थानों का भ्रमण किया जाए तथा समुदाय के सदस्यों के साथ संबंध स्थापित किए जाए। अध्यापक को पाठ्य-सहगामी क्रियाओं को भी सम्मिलित करना चाहिए।

इस प्रकार रूसो ने शिक्षण की रूढ़िवादी विधियों का विरोध कर बाल-केंद्रित विधियों को अपनाने पर बल दिया। इसी के परिणामस्वरूप आज हमारी शिक्षण विधियां अध्यापक केंद्रित न होकर बालक-केंद्रित हैं और हम अधिगम के मनोवैज्ञानिक सिद्धांत 'करके सीखने' पर विश्वास करते हैं। विषय एवं आयु के आधार पर ही शिक्षण विधि का चयन किया जाना चाहिए।

## शिक्षक/अध्यापक (Teacher)

रूसो ने शैक्षिक प्रक्रिया में शिक्षक को कोई महत्वपूर्ण स्थान प्रदान नहीं किया। उसने शिक्षक को एक अनुदेशक नहीं अपितु एक पथ-प्रदर्शक माना है। उसका प्रमुख उत्तरदायित्व बालक को सीखने के लिए अभिप्रेरित करना है। उसका यह मानना है कि शिक्षक का कार्य बालक में अंत:निहित योग्यताओं को बाहर निकालना है, इसलिए वह अनुदेशन नहीं देगा अपितु बालक की आंतरिक शक्तियों के विकास के लिए उचित वातावरण प्रदान करेगा। वह उपदेश नहीं देगा अपितु बालक को स्वयं करके सीखने के लिए अभिप्रेरित करेगा, स्वयं निर्णय लेने के लिए अवसर प्रदान करेगा। वह किसी भी आचरण सम्बन्धी नियम को बालक पर जबरदस्ती थोपने का प्रयास नहीं करेगा। वह उसका नियंत्रक नहीं, अपितु सहायक बनेगा। वह उसे पूर्ण स्वतंत्रता प्रदान करेगा तथा उचित ढंग से परामर्श देगा।

रूसो के अनुसार एक अध्यापक में निम्नलिखित विशेषताएँ होनी चाहिए:

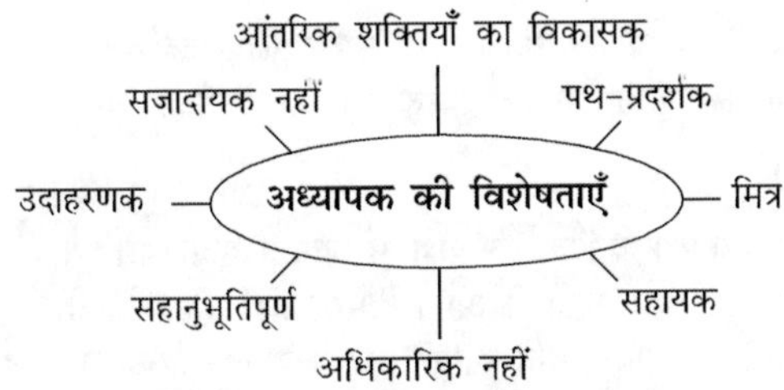


अध्यापक ऐसा होना चाहिए जो बालक की स्वाभाविक क्रियाकलापों में बाधक सिद्ध न हो। वह अनुदेशक न होकर पथ-प्रदर्शक, मित्र, सहायक हो; वह अधिकारी न हो अपितु बराबर वाला हो; वह दंड देने वाला न हो अपितु सहानुभूति एवं प्रेम करने वाला हो।

## अनुशासन (Discipline)

रूसो ऐसे अनुशासन के पक्ष में है जो स्वच्छंद एवं यथार्थ भावभूमि पर आधारित हो। वह मानव को जन्म से अच्छा मानते हैं। उनका विश्वास है कि ईश्वर ने सबको अच्छा बनाया है, मनुष्य के संपर्क में आते ही वह दूषित हो जाता है। उनका मानना है कि बालक को अपनी स्व-अनुभूत क्रियाओं के प्राकृतिक परिणाम भुगतने के लिए छोड़ दिया जाना चाहिए और जब प्रौढ़ पुरुष उनकी रक्षा एवं दंड आदि के लिए अग्रसर नहीं होंगे, तभी वे स्वयं को उचित मार्ग पर आगे ले जा सकेंगे। इस मान्यता के पीछे रूसो का कारण बिल्कुल स्पष्ट है कि बालक अपने किए गए कार्य तथा दी गई सजा में सम्बन्ध स्थापित नहीं कर पाएगा, इसलिए बालक को अपनी शरारतों के परिणामों का अनुभव करने के लिए स्वतंत्र छोड़ देना चाहिए। रूसो यह कहता है कि प्रकृति स्वयं में एक महान् शिक्षक है; यदि बालक गलती करता है और प्रकृति के सिद्धांतों का उल्लंघन करता है, तो वह स्वयं प्रकृति के प्रतिफल को आमंत्रित कर रहा है। शिक्षा के क्षेत्र में इस संप्रत्यय को 'प्राकृतिक परिणामों अथवा प्रभावों द्वारा अनुशासन' के नाम से जाना जाता है। शिक्षा के क्षेत्र में, रूसो की यह भी मान्यता है कि बालक की प्रकृति आवश्यक रूप से अच्छी है, इसलिए उसे कार्य करने के लिए स्वतंत्रता प्रदान की जानी चाहिए। 'सुव्यवस्थित स्वतंत्रता'-उसकी प्रारंभिक शिक्षा का उद्देश्य है। स्वतंत्रता निषेधात्मक शिक्षा द्वारा ही मिलती है। सबसे पहले रूसो का यह विश्वास है कि बालक कोई भी अनैतिक कार्य नहीं करेगा और दूसरा, यदि वह कोई ऐसा कार्य करता भी है तो वह किए गए कार्यों के प्राकृतिक प्रभाव के फलस्वरूप नैतिकता सीख जाएगा।

अनुशासन के बारे में रूसो की विचारधारा का इस प्रकार संक्षिप्तीकरण किया जा सकता है-

- प्राकृतिक परिणामों के द्वारा अनुशासन।
- उदारवादी अनुशासन।
- कोई सजा नहीं।

### शिक्षार्थी (Student)

रूसो बालक के व्यक्तित्व का आदर करते थे और उसे वैयक्तिक विकास के लिए स्वतंत्रता देने के पक्षधर थे। रूसो को स्वतंत्रता बहुत प्रिय है। रूसो की शिक्षा का मूल उद्देश्य भौतिक है। इसलिए वह बालक को व्यक्तियों के स्थान पर वस्तुओं पर निर्भर रखना चाहते हैं। निषेधात्मक शिक्षा में वस्तुओं की निर्भरता प्रमुख है। इसमें मनुष्य अथवा शिक्षक द्वारा दिए गए ज्ञान की आवश्यकता नहीं है। रूसो ने बालक को शिक्षा का केंद्र बना दिया और उसकी पूरी शिक्षा का विधान उसकी जन्मजात शक्तियों, रूचियों एवं आवश्यकताओं के अनुकूल किया। रूसो के शब्दों में,

*"प्रकृति की इच्छा है कि बालक को बालक समझा जाए जब तक वह पूर्ण पुरुष न हो जाए।"*

ऐसे बालक रूसो के प्रकृति प्रेम तथा वस्तुस्थिति के निरीक्षण तथा अध्ययन पर आधारित हैं।

### विद्यालय (School)

रूसो के समय का समाज रूढ़िवादिता के पाश में जकड़ा हुआ था। व्यक्ति की रूचियों की ओर कोई ध्यान नहीं दिया जाता था। रूसो ने अपने समय के विद्यालयों की व्यवस्था को भी दोषपूर्ण बताया और उसका विरोध किया। इन्होंने 'प्रकृति की ओर लौटो' का नारा दिया। रूसो ने इस बात पर भी बल दिया कि बालक को समाज के दूषित प्रभाव से सुरक्षित रखा जाए। समाज से विलग रखकर उन्हें प्रकृति के सौंदर्य और आश्चर्य में पालित-पोषित होने का अवसर दिया जाए। इसका सीधा-सादा भाव है कि वह विद्यालयों को समाज से दूर प्रकृति की गोद में स्थापित करने के पक्ष में थे। इन्होंने यह भी माना कि विद्यालय में बालक की स्वतंत्रता का हनन नहीं होना चाहिए। विद्यालयों का वातावरण इतना सरस, मधुर एवं स्वतंत्रतापूर्ण होना चाहिए कि बालक का विकास स्वाभाविक ढंग से हो सके।

### स्त्री शिक्षा (Women Education)

रूसो का पहले तो यह मानना था कि नारी और पुरुष दोनों बराबर हैं और उन्हें एक समान शिक्षा देनी चाहिए परंतु बाद में उन्होंने अपनी ही बात का विरोध किया। रूसो ने एमाइल की भांति काल्पनिक लड़की 'सोफी' की शिक्षा पर विचार प्रकट किए। उन्होंने कहा कि नारियों का अपना कोई स्वतंत्र व्यकितत्व नहीं होता, अपितु वे पुरुषों की प्रकृति की पूरकमात्र होती हैं। रूसो का कथन है,

*"मानव का जन्म सेवाभाव के लिए और नारी का जन्म उसे प्रसन्न रखने के लिए हुआ है। नारी का यह कर्त्तव्य है कि वह बचपन में उसका पालन-पोषण करे, युवावस्था में उसे सही दिशा की ओर ले जाए और इस प्रकार पुरुष का जीवन सानुकूल एवं सानन्द बना दे।"*

उनका यह भी मानना था कि नारी अपनी मूल प्रकृति में कोमल होती है, परंतु उच्च शिक्षा प्राप्त करके कठोर हो जाती है, इसलिए उन्हें उच्च शिक्षा नहीं दी जानी चाहिए। उनके शब्दों में,

*"उच्च शिक्षा प्राप्त नारी अपने पति, परिवार, बच्चों, नौकरों यहां तक कि प्रत्येक के लिए एक झंझट है।"*

उसे इतनी शिक्षा देनी चाहिए कि वह पुरुष की सहचरी बन सके। पहले के लेखनों में रूसो ने स्त्रियों को पुरुषों से उच्च स्थान प्रदान किया। उनका यह मानना था कि स्त्रियों का जन्म पुरुषों

पर राज करने के लिए हुआ है। वे हमारी नैतिकता की एवं हमारी शांति की संरक्षणकर्त्ता हैं। वे पुरुषों की निर्मात्री हैं। 'एमाइल' से पहले उन्होंने बहुत सी स्त्रियों की सूची बनाई, जिन्होंने समाज को प्रभावित किया था। यह जीनोविया दोदो, जॉन ऑफ आर्क, फुलविया, ऐलिजाबेथ तथा अन्य के बारे में चर्चा करते हैं। उनका यह भी कहना था कि जिस प्रकार पुरुषों के पास समाज को आकार देने के अवसर हैं और उसी प्रकार के अवसर स्त्रियों को प्रदान किए जाएं तो स्त्रियाँ बहुत अच्छे ढंग से विश्व को परिवर्तित कर सकती हैं। जैवकीय रूप से पुरुषों व स्त्रियों में जो भी भिन्नता है, जिन्हें कमजोर कहा जताा है, परन्तु वे महान् कार्य करने के योग्य हैं।

परन्तु स्त्रियों के साथ स्वयं के अनुभवों ने रूसो की विचारधारा को परिवर्तित कर दिया और उन्होंने स्त्रियों के बारे में अपनी एक गलत धारणा बना ली। उनके अनुसार स्त्री की आदर्शात्मक प्रकृति अपने विचारों व शब्दों में दयालु, सहनशील, दानवीर, चुप रहने वाली, मैत्रीपूर्ण, अधीन होना है। स्त्रियों की शिक्षा व प्रकृति के बारे में रूसो के विचार इस प्रकार हैं–

- *उद्देश्य (Aim)*–उनका यह विश्वास था कि स्त्रियों की शिक्षा ऐसी होनी चाहिए कि वह पुरुषों की उपयुक्त साथी बन सकें। उन्हें शिक्षित करने का उद्देश्य है, उन्हें एक अच्छी गृहिणी बनाना।
- *पाठ्यक्रम (Curriculum)*–रूसो ने सोफी की शिक्षा के लिए पाठ्यक्रम में कुछ महत्वपूर्ण विषयों को स्थान दिया; जैसे–

*शारीरिक शिक्षा*–स्त्री अपने शरीर को सुंदर, सुदृढ़ तथा आकर्षक बनाए रहे, इसके लिए शारीरिक शिक्षा को पाठ्यक्रम में महत्वपूर्ण स्थान दिया जाना चाहिए।

*गृह-विज्ञान*–स्त्रियों को गृहस्थ जीवन से सम्बन्धित बातों में कुशल होना चाहिए। इसलिए उन्हें खाना बनाना, सिलाई, कढ़ाई, बुनाई आदि की शिक्षा दी जानी चाहिए।

*संगीत एवं नृत्य*–पुरुष को सदैव प्रसन्न रखने के लिए स्त्रियों को संगीत व नृत्य की शिक्षा दी जानी चाहिए।

*धार्मिक शिक्षा*–प्रत्येक बालिका को अपने धर्म की शिक्षा दी जानी चाहिए व उसे अपने बचपन में अपनी माता के धर्म को मानना चाहिए तथा स्त्री को अपने पति के धर्म को। एमाइल के समान उसे धर्म की स्वतंत्रता प्राप्त नहीं थी।

*विधि (Methods)*–स्त्री को अपने माता-पिता की तथा अपने पति की आज्ञाकारी होना चाहिए। उन्हें व्यस्त रहना सीखना चाहिए और यही उनकी शिक्षा की उत्तम विधि है। क्रिया विधि का प्रयोग किया जाना चाहिए और उन्हें कुछ निर्देशन भी प्रदान किए जाएं।

इस प्रकार रूसो ने एमाइल एवं सोफी की शिक्षा में अंतर प्रस्तुत करते हुए लड़के एवं लड़कियों की शिक्षा में अंतर प्रस्तुत किया है। उनके अनुसार बालक का शिक्षक उसका पिता होता है तथा बालिका की शिक्षिका उसकी माता। 'एमाइल' की शिक्षा में स्वतंत्रता आवश्यक है परंतु 'सोफी' की शिक्षा में अधिक स्वतंत्रता की आवयश्कता नहीं है। उसके अनुसार एमाइल की शिक्षा प्राकृतिक एवं आडम्बररहित होनी चाहिए एवं सोफी की शिक्षा परंपराओं पर आधारित होनी चाहिए। रूसो का विचार था कि स्त्री एवं पुरुष के जीवन के लक्ष्य भिन्न-भिन्न हैं।

> *"पुरुष को शक्तिशाली एवं कार्यशील होना चाहिए, स्त्री को अबला एवं निष्क्रिय। पुरुष सेवाभाव खोजता है, स्त्री प्रसन्न करना खोजती है। एक को ज्ञान की आवश्यकता है, तो दूसरे को कलात्मक आकर्षण की। स्त्री पुरुष की प्रसन्नता के लिए है।"*
>
> *("The man should be strong and active, the woman should be weak and passive. The man seeks to brave, the woman seeks to please. One needs knowledge the other taste....Woman is made for man's delight.")*

इस प्रकार रूसो पूर्णतया परंपरावादी था और नारी व पुरुष की समान शिक्षा के पक्ष में नहीं था। यद्यपि रूसो ने स्त्री की विशेष भूमिका का समर्थन किया है जैसे–दयालु, अनुशासित, नम्रता इत्यादि, परंतु यह मानना भी गलत होगा कि उन्होंने पुरूष को स्त्रियों से श्रेष्ठ माना है। उनका यह मानना है कि स्त्री में विशेष गुण होता है, जो पुरुष में विद्यमान नहीं होता। स्त्रियाँ पुरुषों से अधिक चतुर होती है और वे व्यावहारिक कारणों सम्बन्धी क्रियाओं में उत्तम करती हैं।

## वर्तमान शिक्षा पर रूसो का प्रभाव (Influence of Rousseau on Contemporary Education)

19वीं तथा 20वीं शताब्दी के अनेक विद्वानों को प्रभावित करने के कारण रूसो को वर्तमान शिक्षा सम्बन्धी सिद्धांतों एवं उनके प्रयोगात्मक रूप का जनक कहा जाता है। पाश्चात्य जगत में प्लेटो तथा कॉमेनियस के बाद इनका ही नाम आता है। संपूर्ण जगत में उन्हें शिक्षा के क्षेत्र में एक महान् स्थान इसलिए प्रदान किया जाता है। क्योंकि इन्होंने अनगिनत पीढ़ी को एक नवीन विधि से परिचित कराया है। आर. एच. क्विक (R.H. Quick) के शब्दों में,

> *''विचारों के विश्व में रूसो ने वही कार्य किया जो बाद में संसार की राजनीति में फ्रांसीसी विद्रोह ने किया। उन्होंने सब कुछ नए सिरे से प्रारंभ किया और प्राचीनता को पूरी तरह से साफ कर दिया।''*
>
> *("Rousseau did in the world of ideas that French Revolution afterwards did in the world of politics; he made a clean sweep and endeavoured to start a fresh.")*

रूसो द्वारा प्राप्त विचारों का आज भी शिक्षा के विभिन्न क्षेत्रों में प्रभाव दिखाई देता है जो इस प्रकार है–

### 1. मनोवैज्ञानिक प्रवृत्ति का विकास (Development of Psychological Tendencies)

शिक्षा में मनोवैज्ञानिक प्रवृत्ति को जन्म देने का बहुत कुछ श्रेय रूसो को ही जाता है, क्योंकि उन्होंने शिक्षा सम्बन्धी जो विचार प्रस्तुत किए हैं उन सबका आधार बालक की जन्मजात प्रवृत्तियां एवं शक्तियां हैं। रूसो (Rousseau) के शब्दों में,

> *''बच्चों को वयस्क होने से पहले उसे बच्चा ही समझना चाहिए।''*
>
> *("Children should be considered as children before they are adults.")*

शिक्षा प्रदान करने से पहले शिक्षक को बालक रूपी पुस्तक को समझना चाहिए और उसके पश्चात् ही उसे उसके अनुसार बालक को शिक्षा देनी चाहिए इस प्रकार उन्होंने बाल–केंद्रित शिक्षा (Child-centered Education) का समर्थन किया एवं शिक्षा के क्षेत्र में एक नवीन युग अर्थात् मनोवैज्ञानिक युग का प्रारंभ किया।

### 2. शिक्षा का नवीन संप्रत्यय (New Concept of Education)

रूसो ने शिक्षा को एक नवीन अवधारणा प्रदान की। वह शिक्षा को प्राकृतिक क्रिया मानते थे। उनका मानना था कि प्राकृतिक शिक्षा वह है जो बालक के प्राकृतिक विकास में सहायता दे और जिसमें व्यक्ति तथा समाज द्वारा न्यूनतम निर्देश हो। रूसो (Rousseau) के शब्दों में,

> *''शिक्षा एक अवयवी विकास है। यह भीतर से होने वाला विकास है। यह प्राकृतिक मूल प्रवृत्तियों के क्रियाशील होने से आती है, बाह्य शक्तियों की प्रतिक्रिया के परिणामस्वरूप नहीं।''*
>
> *("Education is an organic growth, it is a development from within, it comes through the working of natural instincts and not through responses to external force.")*

रूसो ने शिक्षा की प्राचीन अवधारणा का खंडन किया जो बालक को केवल तथ्यों का ज्ञान प्रदान करती है और शिक्षा को बालक की आवश्यकताओं, इच्छाओं, भावनाओं, अंत:प्रेरणा तथा स्वभाव पर आधारित नवीन अवधारणा प्रदान की।

### 3. वैज्ञानिक प्रवृत्ति का विकास (Development of Scientific Tendency)

रूसो ने प्रकृतिवादी विचारधारा का प्रतिपादन करके शिक्षा के क्षेत्र में वैज्ञानिक दृष्टिकोण प्रस्तुत किया। उन्होंने प्रकृति के निरीक्षण पर बल देकर पाठ्यक्रम में प्राकृतिक विज्ञान को महत्वपूर्ण स्थान दिया, फलस्वरूप वर्तमान युग में भी प्राकृतिक विज्ञान, वनस्पति विज्ञान, जीवविज्ञान के अध्ययन व अनुसंधान पर महत्व दिया जाने लगा है। वैज्ञानिक दृष्टि से प्राप्त ज्ञान बालक के जीवन का अभिन्न अंग बन जाता है। रूसो के वैज्ञानिक विचारों के आधार पर स्पेन्सर एवं हक्सले ने शिक्षा में वैज्ञानिक प्रवृत्ति को पूर्णरूपेण विकसित किया। इस प्रकार आज यदि शिक्षा में वैज्ञानिक प्रवृत्ति को महत्व दिया जाता है तो उसका श्रेय रूसो को ही जाता है।

### 4. शिक्षा को सामाजिक बल प्रदान करना (Provide Sociological Emphasis to Education)

आधुनिक शिक्षा में सामाजिक प्रवृत्ति को जन्म देने वाला रूसो ही है। उसने बालक की शिक्षा व्यक्तिगत विभिन्नता के आधार पर निर्धारित की, परंतु उसके व्यक्तिवादी विचारों में सामाजिक प्रवृत्तियों के विकास को भी स्थान मिला है; जिसके परिणामस्वरूप उन्होंने शिक्षा सम्बन्धी शारीरिक कलाओं, व्यावसायिक शिक्षा, भौतिक क्रियाओं, भौतिक एवं भावात्मक विज्ञान तथा इंद्रिय प्रशिक्षण पर बल दिया। आधुनिक शिक्षा में नैतिक, सामाजिक एवं व्यावसायिक शिक्षा को विशेष महत्व दिए जाने का उत्तरदायित्व रूसो के विचारों को है। पेस्टॉलोजी एवं गांधीजी से पहले ही उन्होंने शिक्षा में शिल्प के महत्व का अनुभव कराया था।

### 5. आधुनिक शिक्षण पद्धति (Modern Teaching Methods)

रूसो से पहले बालकों को उन्हीं विषयों का अध्ययन कराया जाता था जिनका प्रौढ़ व्यक्ति अभ्यास करते थे। इस कारण बालक को प्रौढ़ की छोटी प्रतिमूर्ति माना जाता था। रूसो ने कहा कि बच्चा, बच्चा होता है, छोटा प्रौढ़ नहीं; उसकी शक्ति, रुचि एवं रुझान प्रौढ़ों से भिन्न होती है, इसीलिए उन्होंने प्राचीन, परंपरागत, कठोर एवं अरुचिकर विधियों की अपेक्षा क्रीड़ा प्रणाली तथा क्रियात्मक विधि को अपनाया। 'प्रकृति की ओर लौटो' उनका पहला नारा था, जिसके परिणामस्वरूप उन्होंने अनुदेशन एवं कथन पद्धति का विरोध किया। 'करके सीखना एवं स्वानुभव द्वारा सीखना' इनका दूसरा नारा था, जिसके फलस्वरूप उन्होंने अन्वेषण-विधि का समर्थन किया। उन्होंने कहा है,

> *"उसे कुछ न जानने दो इसलिए नहीं कि आपने कुछ कहा है अपितु उसने इसे स्वयं ही सीख लिया है। इसे विज्ञान का ज्ञान न दीजिए अपितु उसे स्वयं ही इसकी खोज करने दो।"*

'ज्ञानेन्द्रियों द्वारा शिक्षा' उनका तीसरा नारा था, इसलिए उन्होंने समस्याओं के समाधान के लिए बालकों की इंद्रियों और उनकी क्रियाओं को ही प्रधानता दी। 'बच्चों को सीखने में पूर्ण स्वतंत्रता दो' उनका चौथा नारा था, जिसके अनुसार बच्चों की शिक्षा उनकी जन्मजात रुचि, रूझान एवं आवश्यकतानुसार हो। आज रूसो की सभी बातों से शिक्षाशास्त्री सहमत हैं, परंतु बच्चों को समाज से दूर रखकर प्रकृति की गोद में सीखने के अवसर देने की बात से वे असहमत हैं। परंतु रूसो के विचारों के अनुरूप ही शिक्षा की अनेक मनोवैज्ञानिक विधियाँ-अवलोकन विधि, प्रयोग विधि, अन्वेषण विधि, डाल्टन विधि, समस्या समाधान विधि,

योजना विधि आदि का जन्म हुआ। इस प्रकार रूसो को आधुनिक शिक्षण पद्धतियों का प्रथम अन्वेषक कहा जा सकता है।

**6. विस्तृत पाठ्यक्रम (Broad Curriculum)**

रूसो के अनुसार शिक्षा का मूल उद्देश्य मौलिक ज्ञान का रट्टा लगाना नहीं था, अपितु न्यायशीलता तथा बुद्धि का विकास करना था जो वस्तुओं द्वारा प्राप्त अनुभव पर आधारित होता है। उसने कहा कि किसी ऐसे विषय को पाठ्यक्रम में स्थान न दिया जाए जिसे प्रत्यक्ष ज्ञान के आधार पर पढ़ाया न जा सके। रूसो ने पाठ्यक्रम में भौतिक विज्ञानों, सामाजिक सम्बन्धों तथा व्यवसाय को शामिल किया है। आज हम रूसो की इस बात से तो सहमत हैं कि पाठ्यक्रम का निर्माण बालकों की शारीरिक एवं मानसिक योग्यताओं एवं आवश्यकताओं के आधार पर करना चाहिए, परंतु भिन्न आयु स्तर पर शिक्षा के उद्देश्य एवं पाठ्यचर्या से आज के विद्वान पूर्णरूपेण सहमत नहीं हैं।

**7. स्वतंत्र तथा सकारात्मक अनुशासन (Free and Positive Discipline)**

अनुशासन के बारे में रूसो ने दो सिद्धांत प्रदान किए–पहला पूर्ण स्वतंत्रता का सिद्धांत तथा दूसरा प्राकृतिक परिणामों का सिद्धांत। स्वतंत्र तथा सकारात्मक अनुशासन का सूत्रपात उस समय हुआ जब रूसो ने कहा,

> *''बालक को प्रकृति की गोद में स्वच्छंद विचरने दो। उसे अपने अनुभवों के आधार पर सब कुछ सीखने दो, जिससे वह दैनिक जीवन से सम्बन्धित सभी क्रियाओं में वास्तविक रूप से सम्मिलित हो सके।''*

उसने दंड विधान के प्रति घोर प्रतिक्रिया प्रदर्शित की क्योंकि उसके द्वारा बालक की मौलिकता एवं बौद्धिकता का प्रयास संभव है। परंतु वास्तव में बालक को पूर्ण स्वतंत्रता प्रदान करना उचित नहीं है। क्योंकि मनुष्यों के सहस्त्रों वर्षों के अनुभव का परिणाम है–उसकी सामाजिक व्यवस्था एवं नैतिकता।

## रूसो के शैक्षणिक विचारों की सीमाएं
## (Limitations of Rousseau's Educational Thoughts)

**1. असामाजिक विचार (Unsocial Views)**

रूसो के विचार समाज के पक्षधर नहीं हैं। वस्तव में प्रत्येक समाज बुरा नहीं होता। बालक की शिक्षा व विकास में समाज भी महत्वपूर्ण भूमिका अदा करता है। समाज में रहने पर ही बालक का सामाजिक विकास संभव है। बालक के जीवन में व्यक्तिगत तथा सामाजिक दोनों प्रकार के विकास का स्थान महत्वपूर्ण है। मुनरो ने लिखा भी है,

> *''रूसो की अवधारणा समाज में मनुष्य के जीवन के पूर्णतया अमानवीय विचार पर आधारित थी, न्यायोचित नहीं थी।''*
>
> *("Rousseau's conception, however, based upon a wholly misanthropic view of the life of man in society, was not quite so genial.")*

**2. पूर्ण स्वतंत्रता हानिकारक है (Full Freedom is Dangerous)**

रूसो ने प्राकृतिक दंड व्यवस्था के सिद्धांत पर बल देते हुए बालकों को पूर्ण स्वतंत्रता देने का समर्थन किया है। किंतु उन्होंने यह विचार नहीं किया कि प्रकृति के विनाशकारी तत्व बालकों की भूल की अपेक्षा उसके लिए अधिक कष्टकारी हो सकते हैं, जो उसके पूर्ण व्यक्तित्व को प्रभावित कर सकते हैं।

### 3. प्राकृतिक अनुशासन अनैतिक एवं अनुपयोगी (Natural Discipline is Immoral and Useless)

प्राकृतिक अनुशासन से यह आशा नहीं की जा सकती कि वह बालक के चरित्र का निर्माण कर सकेगा और उसके जीवन के लिए उपयोगी सिद्ध होगा क्योंकि प्रकृति अंधी होती है। उसमें नैतिकता, अनैतिकता का कोई स्थान नहीं होता। रूसो का यह विचार कि प्रकृति बच्चों के बुरे कार्यों के लिए दंड देगी और वे उन कार्यों को करना छोड देंगे जिनसे उन्हें दु:ख मिलेगा, युक्तिसंगत नहीं है।

### 4. विद्यालय व्यवस्था (School Organization)

रूसो का मानना था कि विद्यालय में बच्चों को केवल अपनी प्रकृति के अनुकूल विकास करने की स्वतंत्र सुविधाएं प्रदान की जाएं। यदि विद्यालयों में कोई समय सारणी नहीं होगी, कोई कार्य प्रणाली निश्चित नहीं होगी, शिक्षक को यह पता नहीं होगा कि उसे कब, कहां ओर कैसे करना है तो विद्यालय में किसी प्रकार की व्यवस्था संभव नहीं होगी और बालक का विकास उचित ढंग से व उचित दिशा मे संभव नहीं होगा।

उपर्युक्त विवरण के आधार पर यह कहा जा सकता है कि प्रकृतिवाद के प्रवर्तक रूसो के शैक्षणिक विचारों ने शिक्षा के विभिन्न पक्षों को प्रभावित किया। महान् शिक्षाशास्त्रियों जैसे पेस्टालॉजी, फ्रोबेल, हर्बर्ट तथा गांधीजी ने रूसो के सिद्धांतों को ही कार्य रूप प्रदान करके प्रयोगात्मक आधार दिया। मुनरो ने अत्यंत सुंदर शब्दों में कहा है,

> *''वह कई विद्वानों का पूर्ववर्ती था। परवर्ती विद्वानों ने उसके पथ का अनुसरण किया। उसने झाड़-झंखाड़ के बीच सर्वप्रथम मार्ग बनाया जो अब एक सर्वमान्य मार्ग का रूप धारण कर गया है।''*

रूसो की एमाइल पुस्तक तो शिक्षक साहित्य की निधि ही है। आधुनिक समय में रूसो के विचारों का प्रभाव शिक्षा में मनोवैज्ञानिक प्रवृत्ति, वैज्ञानिक प्रवृत्ति के रूप में दृष्टिगोचर हो रहा है। बाल-केंद्रित शिक्षा पद्धति के निर्माण का श्रेय रूसो को ही दिया जाता है। यद्यपि कुछ लोगों ने रूसो के विचारों की आलोचना की है जैसे रूसो ने आध्यात्मिक प्रवृत्ति की अवहेलना की है, उसकी निषेधात्मक शिक्षा दोषपूर्ण है, उसकी प्राकृतिक दंड व्यवस्था का सिद्धांत अनुचित है, उसका बालक को समाज से दूर रखना ठीक नहीं है आदि। यह निर्विवाद सत्य है कि आधुनिक समय में शिक्षा व्यवस्था पर रूसो का प्रभाव कम है, परंतु आज बाल-केंद्रित शिक्षा व्यवस्था का स्वरूप रूसो की ही महान देन है।

हाब्स, लॉक की भांति रूसो भी सामाजिक समझौते के सिद्धांतों के प्रतिपादक थे। वह तत्कालीन समाज में ऐसे क्रांतिकारी विचारक के रूप में सामने आते हैं, जिन्होंने उस समय की शासन पद्धति, आर्थिक विषमता, सामाजिक व्यवस्था के भीषण दुष्परिणामों का चित्रण करते हुए जनता में जागृति लाई। नेपोलियन की क्रांति, रूसो के ही विचारों का परिणाम थी। यदि हम राष्ट्रीय शिक्षा नीति 2020 का सूक्ष्म रूप से अवलोकन करे तो पाएँगे कि यह भी बाल-केन्द्रित शिक्षा, व्यावसायिक शिक्षा, क्रिया आधारित शिक्षा का ही समर्थन करती है।

# 15. जे. कृष्णामूर्ति (1895-1986)
## [J. Krishnamurti (1895-1986)]

*"Real learning comes about when the competitive spirit has ceased."*

*J. Krishnamurti*

जे. कृष्णामूर्ति का जन्म 11 मई 1895 ई. को आंध्र प्रदेश के चिंतूर जिले में मदनपल्ली के एक छोटे से कस्बे में एक मध्यम वर्ग के तेलगू ब्राह्मण के परिवार में हुआ। उनके पिता जिदू नारायनीय ब्रिटिश साम्राज्य प्रशासन में कार्यकारी थे और वह एक रूढ़िवादी ब्राह्मण होने के नाते थियोसोफिकल समाज के सदस्य भी थे। उनका अपनी माता संजीवम्मा के साथ बहुत लगाव था। जब इनकी आयु 10 वर्ष की थी तो उनकी माता का देहावसान हो गया। पिता के बार-बार तबादले के कारण ओर बार-बार मलेरिया हो जाने के कारण इनकी पढ़ाई में अत्यधिक बाधा आई। वह प्राय: कक्षाकक्ष में इधर-उधर देखते रहते थे और अध्यापक के द्वारा उन्हें बार-बार पढ़ाई में ध्यान न होने के कारण सजा भी दी जाती थी। अपनी दयालुता की भावना के कारण इन्होंने अपनी किताबें व पैंसिल भी जरूरतमंद विद्यार्थियों को दे दी और जो कोई भी इनके घर में आते थे, उन जरूरतमंदों को भोजन भी बांट देते थे।

जनवरी 1909 में इनके पिता अपने पुत्रों सहित श्रीमती एनी बेसेन्ट के आमंत्रण पर मद्रास के उडयार नामक स्थान पर स्थित थियोसोफिकल सोसायटी के परिसर में जाकर रहने लगे। वहाँ इनकी मुलाकात सबसे पहले चार्ल्ज वैबस्टर लीडबीटर (Charles Webster Leadbeater) से हुई, जिसने उडयार नदी के किनारे पर उन्हें देखा और इनकी अत्यंत आश्चर्यजनक 'आभा' को देखकर हैरान हो गया, जो उन्होंने शायद स्वार्थपरता के अंश के बिना पहले कभी नहीं देखी थी। उन्होंने माना कि भविष्य में यह बालक एक आध्यात्मिक शिक्षक व महान वक्ता बनेगा। उसके द्वारा कृष्णामूर्ति को 'मास्टर ऑफ दी अर्थ' या 'लॉर्ड मैत्रेय' के रूप में बधाई दी गईं। सोसायटी की प्रधान ऐनी बेसेण्ट ने भी इस विचार का समर्थन किया और कृष्णामूर्ति को अपने छोटे भाई के रूप में स्वीकारा। लीड़वीटर एवं अन्य सहयोगियों ने कृष्णामूर्ति को शिक्षित करने, उनका संरक्षण करने तथा सामान्य रूप से एक 'भावी विश्व शिक्षक' के वाहन के रूप में तैयार करने का उत्तरदायित्व लिया। इस समय अन्तराल में वह एनी बेसेण्ट के साथ काफी घुल मिल गया और उसे अपनी सरोगेट मदर मानने लगा।

1911 में उडयार में कृष्णामूर्ति की अध्यक्षता में 'ऑर्डर ऑफ दी स्टार इन द ईस्ट' की स्थापना हुईं। 15 वर्ष की आयु में वह ऐनी बेसेण्ट के साथ इग्लैंड गए। इन्हें पुस्तक पढ़ना पसन्द नहीं था। यद्यपि वह बहुत अच्छे निरीक्षक थे और जब इनकी रुचि अत्यधिक बढ़ गई तो वह अपना अधिक से अधिक समय पौधों और बादलों को देखने में या भूमि पर रेंगते छोटे-छोटे कीड़ों को देखने में व्यतीत करते थे। अपने स्कूल के बारे में उन्होंने लिखा है:

*''मैं यह नहीं कह सकता कि मैं स्कूल में खुश था, क्योंकि अध्यापक अत्यन्त दयालु थे तथा उन्होंने मुझे ऐसे पाठ पढ़ाए जो मेरे लिए अत्यन्त कठिन थे।''*

*("I can't say I was too happy at school, because the teachers were very kind and gave me lessons that were very difficult for me.")*

कृष्णामूर्ति ने 1911 में लंदन में ओ.एस.ई. के सदस्यों को अपना पहला जन-भाषण दिया। 1912 में इन्होंने 'एजूकेशन एज सर्विस' नामक एक लिपि लिखी, जिसमें आदर्श स्कूली जीवन के बारे में चर्चा की। ऐसा स्कूल जिसमें प्यार हो, जिसमें अभिप्रेरित अध्यापकों के मार्गदर्शन में विद्यार्थी प्रशंसनीय नवयुवकों के रूप में विकसित हों। 1912 से 1921 के अन्तराल में उनका ध्यान अत्यधिक गहन हो गया और मानवीय दु:ख एवं दर्दों के कारणों में उनकी अंत:दृष्टि उनके कथनों और लेखनों में अभिव्यक्त होने लगी। अब उनके लेखन जल्दी-जल्दी आने लगे। कृष्णामूर्ति ने आस्ट्रेलिया, इग्लैंड, हॉलैण्ड एवं उत्तरी व दक्षिणी अमेरिका में प्रमुख सम्मेलनों में भाषण दिए।

28 दिसम्बर 1925 को उडयार में बरगद के पेड़ के नीचे थियोसोफिकल सोसायटी के अन्तर्राष्ट्रीय सम्मेलन में भाषण देते हुए लॉर्ड मैत्रेय के आगमन के बारे में बोला। अचानक ही उनकी आवाज/स्वर मर्मज्ञ मिठास के शक्तिशाली सुर में बदल गया और उन्होंने अपने भाषण की रागाप्ति पर कहा:

*''मैं उन लोगों तक आया हूँ जो सहानुभूति चाहते हैं, जो मुक्त होना चाहते हैं जो सभी चीजों में खुशियाँ प्राप्त करना चाहते हैं। मैं चीथड़े करने नहीं, नष्ट करने नहीं, निर्माण करने नहीं अपितु सुधार करने आया हूँ।''*
*("I came to those, who want sympathy, who are longing to be released, who are longing to find happiness in all things, I come to reform, and not tear down, not to distroy, not to build.")*

इसके पश्चात् आगे के लगभग 60 वर्षों से भी अधिक तक जब तक कि 17 फरवरी 1986 को उनकी मृत्यु नहीं हो गई, वह अनथक रूप से पूरी दुनिया में घूमते रहे-सार्वजनिक वार्ताएं एवं संवाद करते हुए, संभाषण और साक्षात्कार देते हुए तथा लिखते और बोलते हुए। उन्होंने यह भूमिका सत्य के प्रेमी और मित्र के रूप में दिखाई-गुरु के रूप में उन्होंने स्वयं को कभी नहीं रखा। उन्होंने जो भी कहा, वह उनकी अंतर्दृष्टि का संप्रेषण था-वह केवल पुस्तकीय या बौद्धिक ज्ञान पर आधारित नहीं था। उनकी चर्चाओं एवं लेखों में उन मनोवैज्ञानिक बाधाओं पर बल दिया गया जो अनुभूति की स्पष्टता में रूकावट डालती हैं। अपने अनुयायियों के योगदान से कृष्णामूर्ति ने विभिन्न देशों में दर्शन अध्ययन के विभिन्न केन्द्रों की स्थापना की। उनके द्वारा किए गए महान् कार्यों में से कुछ निम्नलिखित हैं:

1. The Kingdom of Happiness (1927)
2. The Path (1930)
3. Search (1931)
4. Commentaries from Unknown (1950)
5. Commentaries on Life : Series II (1951)
6. Commentaries on Living : Series III (1992)
7. First and Last Freedom (1954)
8. Education and the Significance of Health (1955)
9. Life Ahead (1963)
10. Talks in Europe (1967)

हिन्दी भाषा में कुछ अनुवादित रचनाएँ हैं:

1. शिक्षा और संवाद
2. शिक्षा और जीवन का तात्पर्य
3. शिक्षा केन्द्रों के नाम पत्र
4. ध्यान
5. सीखने की कला
6. विज्ञान एवं सृजनशीलता
7. प्रेम

10 जनवरी 1986 को कृष्णामूर्ति जब अपनी अन्तिम सैर कर रहे थे तो उन्होंने अपने साथ चल रहे साथियों को आगे जाने के लिए कहा और कहा कि वे गेट पर उनकी प्रतीक्षा करें। तब वह अपनी चारों दिशाओं की ओर मुड़े तथा अलविदा कहने के लिए एक क्षण के लिए रूके। तब वे भारत छोड़कर कैलिफोर्निया चले गए और उन्होंने 17 फरवरी 1986 को अपने घर पर अन्तिम सांस ली। विश्व के महान् सत्यान्वेषी के रूप में प्रतिष्ठित कृष्णामूर्ति ने अपना समस्त जीवन मनुष्य को उसकी संस्कारबद्धता और उनके स्वातंत्र्य की संभावना के प्रति सचेत करने के लिए समर्पित किया।

## जे. कृष्णामूर्ति की दार्शनिक विचारधारा
## (Philosophical Thinking of J. Krishnamurti)

कृष्णामूर्ति दार्शनिक एवं आध्यात्मिक मुद्दों; जिसमें मनोवैज्ञानिक क्रांति, मानव मन की प्रकृति, जागरूकता एवं क्रमबद्ध उन्नति, ध्यान, मानवीय संबंध और सकारात्मक सामाजिक परिवर्तन लाना सम्मिलित हैं, पर प्रख्यात वक्ता एवं लेखक थे। उन्होंने सभी काउंसलर और मूल्यांकनकर्त्ताओं को नकारा तथा सभी अनुशासित विषयों को सारगर्भित किया। उन्होंने किसी नवीन विश्वास या सिद्धांत की खोज नहीं की। उन्होंने स्वयं को कभी किसी धर्म, संप्रदाय या देश विशेष से जुड़ा हुआ नहीं माना और न ही उन्होंने कोई सामाजिक सुधार कार्यक्रम को प्रारंभ किया। उन्होंने विश्व में पनप रहे दु:खों और झगड़ों के हल के रूप में मानव परिवर्तन पर बल दिया। उन्होंने अपने श्रोताओं को केवल यह समझाया कि स्वयं के लिए सोचो, रुचि को अनुभव करो, अतीत या भविष्य के बोझ से मुक्त रहो और अपने मस्तिष्क को डर से आजाद करो। उनका दर्शन दो 'फ' (F) पर आधारित है–'मन की स्वतंत्रता (Freedom of mind) एवं निडरता (Fearlessness)। उन्होंने ऐसे मन पर बल दिया जो स्व और समय से मुक्त हो, अन्य शब्दों में, चेतना अपनी सम्पूर्ण विषय सामग्री से खाली हो। यही वास्तविक अर्थ है, जो उसने ध्यान को दिया, जो उसकी शिक्षाओं की आत्मा है। उनके अनुसार, 'क्या है' की सूझ-बूझ तथा इससे परे जाना ही स्पष्टता लाता है–यही मन की स्पष्टता है जो असमंजस से परे होगा अर्थात् उसमें द्वि-अर्थ की भावना नहीं होगी।

उसके दर्शन का आधार ऐसा जीवन जीना है–जो अमूर्तता में जीवन नहीं है, जो अटकलों में जीवन नहीं है, जो किसी के अधिकार को स्वीकृत जीवन नहीं है अपितु दु:ख, डर, यंत्रणायुक्त दैनिक जीवन है और उसमें हमें स्वयं के लिए सत्य को खोजना है। उनका प्राय: यह कहना था,

> *''मुझे ऐसे लोगों की इच्छा है जो मुझे समझना चाहते हैं, आज़ाद होना चाहते हैं, मेरा अनुगमन करने के लिए नहीं, न ही मुझे पिंजरे के रूप में मानने के लिए; जो एक धर्म, एक संप्रदाय बन जाएगा।''*
>
> *("I desire those who seek to understand me, to be free, not to follow me, not to make me a cage which will become a religion, a sect.")*

उन्होंने अपने विचारों की व्याख्या निम्नलिखित शब्दों में की,

> *''सभी मनुष्य स्वयं को खोजना चाहते हैं, आवश्यक रूप से जानना चाहते हैं कि जीवन का उद्देश्य क्या है...ऐसा करने के लिए उन्हें सभी दर्शनों, विडम्बनाओं, जातियों, धर्मों, विशेष रूप*

*से रीति रिवाजों से बचना होगा क्योंकि कोई भी व्यक्ति इन सभी भारों से मुक्त जीवन के उद्देश्य की खोज नहीं कर सकता। यद्यपि यहाँ कुछ सीमाएँ हैं, दुःख हैं और दुःख ही है जिससे सभी मनुष्यों को बचना होगा। वे सभी इस दुःख-दर्द के चक्रों से बाहर निकलने का रास्ता ढूंढ़ने का प्रयास कर रहे हैं। पूर्णता की प्राप्ति के लिए मोक्ष की प्राप्ति करनी होगी...दुःख व खुशी, दर्द एवं प्रसन्नता, रोशनी व छाया सभी समान हैं। केवल जब तुम्हें इन सभी से कोई फर्क नहीं पड़ेगा, तभी आपके हृदय व मस्तिष्क में सच्ची पूर्णता आएगी...सच्चा सृजन समता का ही परिणाम होता है, जो पूर्णता है, कारण और जीवन की नाजुक स्थिति है...जीवन का कोई भय नहीं होगा और न ही मृत्यु का कोई भय होगा।''*

## दर्शन का अर्थ (Meaning of Philosophy)

उनके लिए दर्शन जीवन के बारे में सिद्धांतों, मानव और विश्व की श्रृंखला नहीं है। यह विचारों, विचारधाराओं एवं निष्कर्षों का बंडल नहीं है और न ही यह संप्रत्ययों को आत्मसात करना, आलोचना करना और उद्घोषणा करने का शैक्षिक अनुशासन है। दर्शन प्रणाली निर्माण की बौद्धिक क्रिया भी नहीं है। यह भाषा का तार्किक विश्लेषण नहीं है। इसके बिपरीत, उनके अनुसार, दर्शन सत्य से प्रेम है। प्रेम का अर्थ तात्कालिक धारणा है। यह एक सूझ-बूझ है जो बुद्धि से परे है। सत्य का अर्थ जीवन है जिसे विचारों से कम आंका जाता है। इसका अभिप्राय है ऐसा मन जो असुविधाजनक है। दर्शन प्रणाली, कल्पना, आदर्शों, विश्वासों से स्वतंत्र जीवन जीना है। यह मस्तिष्क से स्वतंत्र हर पल जीना है। यह 'वर्तमान' में जीना है। सच्चा जीवन वही है जो इसी समय चल रहा है। यह वह नहीं है जैसा बुद्धि या विचार इसे बनाना चाहते हैं। उसने यह जाना कि दर्शन सत्य को समझना है, जो विचारों की वास्तविकता से परे है। दर्शन भ्रम का अंत है। यह अनुभूति की गई है कि वास्तविकता कभी सत्य नहीं बन सकती। दर्शन वास्तव में अज्ञानता का अंत है।

## सत्य (Truth)

जब मनुष्य अपने ही विचारों की गतिशीलता के प्रति जागरूक हो जाता है, तभी वह चिंतक व विचारों, निरीक्षक व निरीक्षण, अनुभवकर्त्ता व अनुभव में अंतर देख पाएगा। उसे यह ज्ञान होगा कि यह विभिन्नता केवल एक भ्रम है। उनका यह मानना था कि सत्य एक पथहीन भूमि है। मनुष्य को इस तक किसी संगठन, किसी पथ, किसी रूढ़िवादिता, पुरोहित या कर्मकाण्ड के द्वारा नहीं पहुंचाया जा सकता है। इसे किसी दार्शनिक या मनोवैज्ञानिक तकनीक से नहीं समझा जा सकता है। सत्य को केवल सम्बन्ध के दर्पण के द्वारा अपने मानस विषय वस्तुओं से ही निरीक्षण कर प्राप्त करना होता है। इस प्रकार आज़ाद मस्तिष्क ही सत्य है और सत्य प्रेम है और प्रेम ही मानव व उसके समाज को परिवर्तित कर सकता है। इस प्रकार समाज में वास्तविक परिवर्तन के लिए मस्तिष्क का परिवर्तित होना आवश्यक है। सत्य तर्क का विषय नहीं है। यह प्रत्यक्ष रूप से की गई अनुभूति है। यह प्रेरणा रहित, संप्रत्यय रहित; चयन या स्व-रुचि रहित है। यह 'शुद्ध निरीक्षण' और 'चयनहीन जागरूकता' है। जब मस्तिष्क विचारों से स्वतंत्र होता है, तब ही सत्य की रोशनी को देखा जा सकता है।

उन्होंने एक बिन्दु पर अत्यधिक बल दिया, जो सबसे महत्वपूर्ण भी है कि मानव को 'मैं' से मुक्त होना चाहिए। केवल वही जिसने स्वयं को अपनी दासता की बेड़ियों से मुक्त कर लिया है, वही सत्यता से कार्य कर सकता है। प्रत्येक को स्वयं को स्वतंत्र करना सीखना चाहिए तभी वह सत्य की खोज अर्थात् वास्तविक खुशी की खोज के प्रति जागरूक हो सकता है। सत्य वह है जो क्षण-प्रतिक्षण बनता रहता है और खुशी वह अवस्था है जो समयहीन है। प्रेम सत्य से भिन्न नहीं है, यह वह अवस्था है जहां चिंतन प्रक्रिया बिल्कुल समाप्त हो जाती है और केवल प्रेम ही प्रेम

होता है। जहाँ प्रेम है, वहीं क्रांति है, क्योंकि प्रेम ही हस्तांतरण है। उन्होंने यह भी कहा कि सत्य तक जाने के लिए कोई राजमार्ग नहीं है, जिस पर चलकर जाया जा सके। सत्य तो स्वयं के अंदर छिपा हुआ है। सत्य का अनुभव व्यक्तिगत है। सत्य सम्पूर्णता की अनुभूति है।

**खाली मस्तिष्क (Empty Mind)**

कृष्णामूर्ति के अनुसार, सत्य हम तक तभी आ सकता है जब हमारा मन व हृदय साधारण/सादा व स्पष्ट होगें और हमारे दिल में प्रेम होगा। यह तभी आएगा जब हमारा दिल मन की वस्तुओं से भरा होगा। जब हमारे दिल में प्रेम होगा, तो हम भाईचारे के लिए बातचीत नहीं करेंगे, हम विश्वास के बारे में बात नहीं करेंगे, हम शक्ति के बारे में बात नहीं करेंगे जो बंटवारे का कारण बनती है, और हमें सुलह करने की आवश्यकता नहीं होगी। तब हम साधारणतया एक मनुष्य होंगे जिसका कोई लेबल या कोई देश नहीं होगा। इसका अभिप्राय यह है कि हमें स्वयं को इन सब चीजों से हटाकर केवल सत्य को अंदर आने की आज्ञा देनी होगी। यह तभी हो सकता है जब मस्तिष्क खाली होगा, जब मस्तिष्क सृजन करना बन्द कर देगा; तभी वह बिना निमंत्रण के अंदर आ जाएगा। यह स्वयं ही आ जाएगा, न कि तब जब हम ऐसा चाहते हैं या हम इसे देखते हैं। यह सूर्य की रोशनी की भांति अचानक ही होता है, रात्रि की भांति श्वेत व शुद्ध होता है। यदि हमें इसे प्राप्त करना है तो हमारा मस्तिष्क खाली होना चाहिए व हृदय भरा हुआ होना चाहिए।

**आत्म-चेतना का महत्व (Importance of Self-consciousness)**

कृष्णामूर्ति आदर्शों में विश्वास नहीं रखते थे। उनका मानना था कि आदर्श वह है जो वह नहीं है। एक व्यक्ति आदर्श को तब तक नहीं समझ सकता जब तक वह इसके दूसरे भाग न जान ले। मैं सत्य को तब तक नहीं जान पाता जब तक यह नहीं जानता कि झूठ क्या है, हिंसा को जाने बिना अहिंसा को नहीं समझ सकता। कोई व्यक्ति वर्तमान को तब तक नहीं जान पाता जब तक वह अतीत को नहीं जानता क्योंकि वर्तमान अतीत से ही होकर गुजरता है। मानव केवल अतीत से कुछ सीख सकता है न कि अपने वर्तमान से क्योंकि वर्तमान तो अभी का क्षण है। पूर्व-निरीक्षण का प्रारूप ही आत्म-निरीक्षण है। समस्याएं, जो हमारे व्यवहार को प्रभावित करती हैं, उन्हें अपनी सृजनात्मक बुद्धि या अन्त:चेतना के द्वारा ही सुलझाया जा सकता है। उनका यह भी मानना था कि जब आप वास्तव में खुश हो और गहराई से प्रेम में हो तो 'मैं' का कोई स्थान नहीं होता है। मुक्ति वह अवस्था है, जिसमें 'मैं' की चेतना समाप्त हो जाती है।

**धार्मिक मन (The Religious Mind)**

कृष्णामूर्ति के अनुसार, हम डर से या अतीत के प्रभाव के कारण आंख बंद करके किसी न किसी धर्म का पालन करते हैं। हम डर के कारण न तो कोई प्रश्न पूछते हैं और न ही कोई जांच करते हैं कि हमें किस पर विश्वास करना चाहिए या किस पर नहीं। इसके लिए कौन उत्तरदायी है—हमारे पूर्वज जिन्होंने बिना किसी प्रश्न के हमें उस धर्म मे विश्वास करते के लिए कहा। हम डर से या विश्वास के कारण जो कुछ भी कर रहे हैं, उसके बारे में प्रश्न पूछना आवश्यक है। उनका यह कहना है कि एक सच्चा धार्मिक मन डर से, आंख बंद करके किए जाने वाले विश्वास से, और अन्तर्द्वन्द्व से मुक्त होता है। किसी भी धर्म में किए जाने वाले कार्यों की सूची के बारे में इसके द्वारा ही प्रश्न पूछे जाने चाहिए। एक मस्तिष्क को अपने उपागम में वैज्ञानिक तथा खोजकर्त्ता होना चाहिए न कि किसी भी बात को जबरदस्ती से या मज़बूरी से मानने वाला। धार्मिक बातें मनुष्य को तार्किक बनने से रोकती है। ये सभी हमारे चारों और अनुकूलन की दीवारें खड़ी कर देती हैं।

## भावनाएँ एवं मानव मन (Feelings and Human Mind)

कृष्णामूर्ति के अनुसार, भावनाएँ मन का एक भाग होती है। मन में इच्छाएँ, प्रेम, जलन, संवेग, और बहुत सारी भावनाएँ शामिल होती हैं। इसमें वह सब कुछ सम्मिलित होता है जो हम समझते हैं और महसूस करते हैं। अन्तर केवल इनकी अभिव्यक्ति और इसकी तीव्रता का होता है। भावना सही है या गलत, यह समस्या नहीं है; क्योंकि मनुष्य में भावनाएँ होती हैं; आवश्यकता केवल परिवर्तन की है कि हमें बहुत सारी वस्तुओं के प्रति लालची नहीं होना है। सभी व्यक्ति जीवन में अच्छी वस्तुएँ चाहते हैं और फिर भी संतुष्ट एवं शांतिपूर्ण रहना चाहते हैं। लोग अधिक से अधिक वस्तुएँ प्राप्त करना, शक्तिशाली बनना और महत्वाकांक्षी होना चाहते हैं। शांति व लालच, दोनों की एक साथ प्राप्ति संभव नहीं हैं, एवं वास्तविक मन में आंकाक्षाओं की व वस्तुओं की प्राप्ति का कोई स्थान नहीं होता है। खुशी मुश्किल नहीं है, परन्तु इसके साथ कुछ मुश्किलें आती हैं, परन्तु हम कठिनाईयों के बिना खुशी चाहते हैं। यह स्थिति तभी आ सकती हैं जब मन सम्पूर्ण रूप से जीवनयुक्त होता है जिसके लिए मुश्किलों और दु:खों का कोई अर्थ नहीं होता और न ही इनके प्रति कोई भावना होती है।

## सजगता/एकाग्रता (Consciousness)

कृष्णामूर्ति के अनुसार, जब कोई भी व्यक्ति अपने अनुकूलनाओं के प्रति जागरूक हो जाता है, तो वह पूर्ण रूप से एकांग बन जाता है। यही पूर्ण क्षेत्र है जिसमें विचार, कार्य एवं सम्बन्ध विद्यमान रहते हैं। सभी आवश्यकताएँ, संवेग, इच्छाएँ, खुशियाँ, डर, आकांक्षाएँ, आशाएँ, दु:ख, प्रसन्नताएँ एवं अभिप्रेरणाएँ इस क्षेत्र में होती हैं। इसे क्रियाशील और प्रसुप्त, उच्च एवं निम्न स्तर में बांटा जा सकता है। प्रतिदिन के सभी विचार, भावनाएँ एवं क्रियाएँ सतह पर होते हैं और उनके नीचे अचेतन होता है, ऐसा तत्व जिसकी हमें जानकारी नहीं है, जो कभी-कभी विशेष परिकल्पनाओं, स्वप्नों, एवं सहज बोध के रूप में अभिव्यक्त होता है। हम अपना जीवन टुकड़ों में व्यतीत करते हैं। हम कार्यस्थल पर एक व्यक्ति, दोस्तों के साथ अन्य व्यक्ति और घर पर अन्य व्यक्ति के रूप में होते हैं। एक मन जो टुकड़ों में बंटा होता है, कभी भी पूर्ण रूप से एकाग्र नहीं हो पाएगा।

## जागरूकता (Awareness)

प्राय: यह देखा जाता है कि हम अपनी समस्याओं पर, अपने विचारों पर और अपने ही संसार में लीन रहते हैं और वास्तव में हम जागरूक नहीं होते। शाब्दिक रूप से हम केवल सतही व्यक्ति हो सकते हैं। जो इसके परे होता है, उसे शब्दों में कहा नहीं जा सकता। प्रत्येक व्यक्ति को जागरूक होने की आवश्यकता है। हम कैसे चलते हैं, हम कैसे बोलते हैं, हम कैसे बात करते हैं, हम कैसा सोचते हैं, इनके बारे में जागरूकता आवश्यक है।

यह केवल चयनहीन जागरूकता के बिना ही संभव है कि दरवाजे खुलेंगे और व्यक्ति में ऐसी सजगता का विकास होगा जिसमें कोई टकराव नहीं होगा। स्वयं को समझना ही बुद्धिमता का प्रारंभ होता है।

## स्वतंत्रता (Freedom)

हमारे प्रतिदिन के अस्तित्व एवं क्रिया की चयनहीन जागरूकता में स्वतंत्रता पाई जाती है। कृष्णामूर्ति के लिए, जब हम किसी भी प्रकार से दूसरों पर अथवा दूसरी चीज़ों पर निर्भर नहीं होने और अपनी इच्छानुसार चिंतन-मनन करके कार्य करते हैं, तो उस अवस्था को स्वतंत्रता की अवस्था कहा जाता है, जिसमें 'सर्वेभवन्तु सुखिन;' ही काम करती है। उसी मनुष्य को सच्चे अर्थों में स्वतंत्रता का अनुभव होता है; जो संवेदनशील, मेधावी और अवबोधन की क्षमता से युक्त होता

है। स्वतंत्र होने का अर्थ ज्ञानवान होना है। जब हम सम्पूर्ण वातावरण को चिरसंचित, सामाजिक, धार्मिक, पैतृक एवं परम्परागत संस्कारों से पूर्ण रूप से समझ लेते हैं, तभी स्वयं को स्वतंत्र मान सकते हैं। इन्हें जानने और इनसे छुटकारा पाये जाने के लिए एक गहन अंतर्दृष्टि की आवश्यकता होती है। कृष्णामूर्ति का कहना था अपने जीवन को उचित ढंग से जियो, करो जो तुम्हें करना है और एक अच्छे मानव बनो और शायद यही स्वतंत्रता की ओर ले जाए।

## ज्ञान और प्रज्ञा (Knowledge and Wisdom)

मनुष्य को सभी जीव-जन्तुओं में श्रेष्ठ माना जाता है, क्योंकि उसमें सोचने-समझने की शक्ति विद्यमान होती है। अपनी इसी क्षमता के फलस्वरूप मनुष्य ने बड़े-बड़े वैज्ञानिक आविष्कारों, सिद्धांतों और काव्यों की रचना की। ज्ञान को परिभाषित करते हुए कृष्णामूर्ति ने कहा था कि जब कोई अनुभूति होती है तो ज्ञान उपजता है। ज्ञान अनुभव से आता है, जो स्मृतियों के रूप में मस्तिष्क में संचित रहता है। उन्होंने ज्ञान के तीन रूप माने हैं–सामूहिक ज्ञान, व्यक्तिगत ज्ञान व वैज्ञानिक ज्ञान।

कृष्णामूर्ति का यह भी मानना था कि यदि मनुष्य में प्रज्ञा है तो यह ब्रह्माण्ड के सौन्दर्य की अनुभूति कर सकता है। प्रत्येक मनुष्य को ज्ञान का प्रयोग एक उपकरण की भांति करना चाहिए, जिसे प्रज्ञा की सहायता से उपयोग किया जा सके। जैसे चाकू का प्रयोग प्रयोगकर्त्ता पर निर्भर करता है कि वह किसी की जान लेने के लिए प्रयोग किया जा रहा है या किसी ऑपरेशन के द्वारा किसी की जान बचाने के लिए, उसी प्रकार यदि ज्ञान का प्रयोग साधन के रूप में किया जाता हैं तो समाज खतरे में पड़ जाता है और यदि ज्ञान का प्रयोग प्रज्ञा के साथ किया जाता है तो यह समाज के लिए व स्वयं के लिए हितकारी होता है।

## एकाग्रता एवं ध्यान (Concentration and Meditation)

जब एक बालक किसी खिलौने के प्रति सजग होता है तो क्या घटित होता है? बालक का ध्यान उस खिलौने में खो जाता है। इसका अभिप्राय यह है कि बालक का ध्यान खिलौने में नहीं होता अपितु खिलौना अत्यन्त रुचिकर है, यह उस बालक का ध्यान अपनी ओर खींचता है। यही सब आपके साथ भी घटित होता है जब आप किसी के विचारों पर, एक चित्र पर या जब आप मंत्रोच्चारण दोहराते हैं, वह आपका ध्यान आकर्षित करता है और आप उसके हाथों का खिलौना बन जाते हैं। आप यह सोचते हैं कि आप खिलौने के मालिक हैं, परन्तु वास्तव में खिलौना आपका मालिक बन जाता है। यही सजगता की खासियत है। आप किसी विशेष परिणाम की प्राप्ति में लग जाते हैं, जैसे एक लड़का परीक्षा को पास करने का प्रयास करता है। लड़के को लाभकारी परिणाम की इच्छा होती है, इसलिए वह स्वयं के ध्यान को उसी तरफ केन्द्रित करता है। वह जो चाहता है, उसे प्राप्त करने के लिए हर संभव प्रयास करता है।

एकाग्रता ध्यान नहीं है, यद्यपि यह वही है जो अधिकतर लोग करते हैं, इसे ध्यान कहा जाता है। यदि एकाग्रता ध्यान नहीं है तो क्या है? निश्चित रूप से, ध्यान उस प्रत्येक विचार को समझना है जो आपके मन में आ रहे हैं और न कि किसी एक विशेष विचार पर केन्द्रित करना। यह सभी विचारों को निमंत्रण है, जिससे आप सोचने की संपूर्ण प्रक्रिया को समझ सकें। आत्म-ज्ञान ध्यान का प्रारंभ है और जैसे ही आप इसमें गहराई से लीन हो जाते हैं, तो आपको यह ज्ञात होता है कि मन बिल्कुल शांत हो गया है, जिसका अभिप्राय यह है कि यहां कोई अनुभवकर्त्ता नहीं है जिसे अनुभव प्राप्त करना है। जब मन बिल्कुल शांत हो जाता है, तो आप यह पाओगे कि यही वह स्थिति है, जिसकी आपको तलाश थी।

## दुःख (Sorrow)

कृष्णामूर्ति का मानना है कि दुःख और कष्ट दो पृथक-पृथक बातें हैं। दुःख का सम्बन्ध मानसिक पीड़ा से है, परन्तु कष्ट का सम्बन्ध शारारिक पीड़ा से है, जिसे औषधि के प्रयोग से दूर किया जा सकता है। मानसिक पीड़ा को दूर करने के लिए मनुष्य को अपनी मनोवैज्ञानिक स्थितियों को पूर्ण रूप से जानना होता है। मानव के भूत और भविष्य की यादें ही दुःख का कारण बनती है। वर्तमान की कोई याद नहीं होती है, इसलिए वह कभी दुःख से नहीं घिरता है। कृष्णामूर्ति का कहना है कि स्वयं की सोच ही दुःख का अंत है, इसे कोई अन्य नहीं दे सकता।

## आंतरिक परमात्मता को सुनने की कला (The Art of Listening to the Inner God)

सत्य की प्राप्ति के लिए हमें कभी भी वह सब कुछ स्वीकार नहीं करना चाहिए, हमें प्रभावित नहीं होना चाहिए जो कुछ भी किताबों में लिखा है, अध्यापक के द्वारा कहा गया हो या किसी अन्य के द्वारा कहा गया हो। यदि हम इन सबसे प्रभावित होते हैं तो हमें वही प्राप्त होगा जो वे चाहते हैं कि हमें प्राप्त हो। हमें यह ज्ञात होना चाहिए कि हमारा अपना मन जो चाहता है उसका प्रतिबिंब बना सकता है। यह परमात्मा की परिकल्पना कर सकता है, जिसकी दाढ़ी हो, एक या दोनों आंखें हों, आंखों में चमक हो, यह उसे नीला या जामुनी कोई भी रंग दे सकता है। इसलिए हमें अपनी इच्छाओं का ज्ञान होना चाहिए और अपनी चाहतों व लालसाओं के प्रतिबिम्ब से दुःखी नहीं होना चाहिए। यदि हम दुःखी हैं और सीमाबद्ध होना चाहते हैं, या यदि हम अपनी धार्मिक आकांक्षाओं के प्रति भावुक हैं; परिणामस्वरूप हम एक परमात्मा का सृजन करेंगे जो हमें वह सब देगा जो हम चाहते हैं; परन्तु वास्तव में यह ईश्वर नहीं होगा। इसीलिए हमारा मन पूर्ण रूप से स्वतंत्र होना चाहिए और तभी हम अपने आंतरिक ईश्वर को सुनने की कला के द्वारा सत्य को प्राप्त कर लेंगे न कि कुछ अंधविश्वासों को स्वीकारने से, न ही पवित्र वस्तुओं के अध्ययन से और न ही कुछ गुरुओं का अनुगमन करने से। केवल जब हम इस स्वतंत्रता को प्राप्त करते हैं, अर्थात् अपनी इच्छाओं एवं लालसाओं के साथ-साथ बाह्य प्रभाव से वास्तविक स्वतंत्रता को प्राप्त करते हैं, जिससे हमारा मन बिल्कुल स्पष्ट हो जाता है-केवल तभी उसे प्राप्त करना संभव है जिसे ईश्वर/परमात्मा कहा जाता है। कृष्णामूर्ति ईश्वर शब्द को ही ईश्वर मानते हैं। ईश्वर सभी स्थानों पर विद्यमान है, वह कभी भी दृश्य नहीं बन सकता, वह तो परम मौन की अवस्था में स्वयं ही उपस्थित हो जाता है।

इस प्रकार कृष्णामूर्ति का विश्वास था कि मन; जो सत्यता को प्राप्त करेगा, जिसे जीवन की गहराई व सुन्दरता की प्राप्ति होगी तथा जो प्रेम से भरपूर होगा उसे सबसे पहले स्वतंत्र होना चाहिए। केवल स्वतंत्र मन ही कुछ खोज कर सकता है। केवल वही मन जो स्वतंत्र है, सृजनकर्त्ता हो सकता है। जीवन को उसकी समग्रता में जीने से ही जीवन के मूल्यों का अनुभव प्राप्त होता है। अज्ञानी व्यक्ति वह नहीं है, जो शिक्षित नहीं है अपितु अज्ञानी वह है जो स्वयं की सत्ता से अनभिज्ञ है। इस प्रकार के जीवन की खोज करना ही जीवन का लक्ष्य है। हमारे जीवन की सार्थकता इसी में है कि हम अपनी अनन्त शक्ति को खोज में लगाए, नहीं तो इस शक्ति के द्वारा किया गया कोई भी कार्य विनाश और पीड़ा का कारण बन सकता है।

## कृष्णामूर्ति का शैक्षिक दर्शन (Educational Philosophy of Krishnamurti)

कृष्णामूर्ति के शैक्षिक विचार उनके दार्शनिक विचारों के उत्पाद हैं। अपने स्वयं के अनुभवों के आधार पर ही उन्होंने अपने दार्शनिक विचारों का प्रतिपादन किया था और इन्हीं दार्शनिक विचारों

की निष्पत्ति है उनके शैक्षिक विचार। उन्होंने शिक्षा के स्थान पर उचित ढंग की शिक्षा की व्याख्या की है। उनका यह मानना था कि यदि बच्चों को उचित प्रकार की शिक्षा दी जाए तो निश्चित रूप से एक नूतन संस्कृति तथा नूतन विश्व का निर्माण संभव हो सकता है।

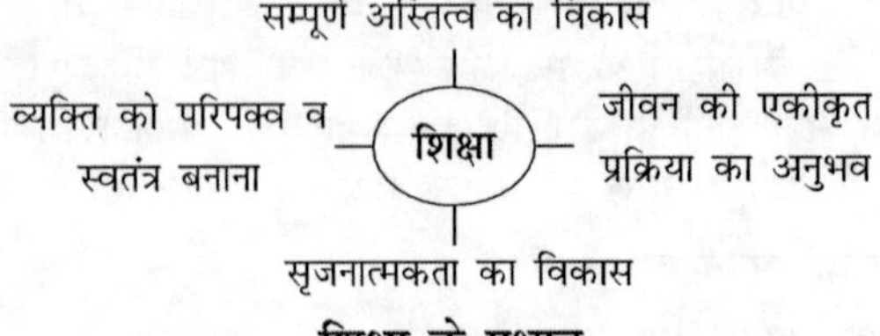


## शिक्षा के प्रभाव

कृष्णामूर्ति ने उचित प्रकार की शिक्षा के रूप में शिक्षा शब्द की कुछ विशेषताएँ प्रदान की हैं:

1. समस्या ढूंढ़ने में सहायक होती है।
2. एक व्यक्ति वास्तव में क्या करना चाहता है, यह जानने में सहायता करती है।
3. सम्पूर्ण अस्तित्व का विकास करती है।
4. जीवन में महत्वपूर्ण कार्यों की पूर्ति करती है।
5. सृजनात्मकता के विकास के लिए विद्यार्थियों से व उनके प्रश्नों से प्रारंभ होती है।
6. किसी व्यवस्था या विचारधारा से सम्बन्धित नहीं होती है।
7. मनुष्य के मन के विकास से सम्बन्धित होती है।
8. चिंतन व सूझ–बूझ को प्रोत्साहित करती है।
9. परिपक्व बनने में सहायक होती है।
10. प्रभावों का निरीक्षण करने में सहायक।
11. स्वयं को समझना।
12. व्यक्तिगत स्वतंत्रता से सम्बन्धित तथा सम्पूर्ण के साथ सच्चा सहयोग विकसित करने में सहायक।
13. सरकार के किसी भी बंधन, नियम को अस्वीकार करना।
14. बुद्धि व अंतर्दृष्टि की अत्यन्त आवश्यकता।
15. आंतरिक व बाह्य द्वन्द्वों को रोकने में सहायक।
16. पूर्व–निर्धारित लक्ष्यों व यांत्रिकी बनने से बचना।
17. अपने सभी सम्बन्धों की सूझ–बूझ।

पारंपरिक शिक्षा ने स्वतंत्र चिंतन को बहुत कठिन बना दिया है, इसने मन व हृदय की नीरसता को दूर किया है एवं हमारे मन में डर उत्पन्न किया है। इसने हमें अपने वातावरण के प्रति संवेदनशील बना दिया है। यह हमें केवल किसी अच्छी नौकरी या व्यावसायिक कौशलों की प्राप्ति के लिए तैयार करती है। यह हमें जीवन के उच्च एवं विस्तृत महत्व को समझने में सहायता नहीं करती है। पारंपरिक शिक्षा में विचारों व संवेगों का गहन एकीकरण नहीं है। पारंपरिक प्रशिक्षण हमें केवल व्यक्तिगत लाभ व सुरक्षा की प्राप्ति के लिए तथा स्वयं के लिए लड़ने के लिए तैयार करता है। यह मन का प्रशिक्षण है। आज के महानगरीय मशीनीकरण युग में प्रचलित प्रारूप असफल हो गए हैं तथा मनुष्य के और उसके जटिल एवं सामयिक समाज के बीच कोई सार्थक संबंध नहीं रह गया है।

आज का युग तकनीकी का युग है। विद्यार्थियों के साथ-साथ अभिभावक भी परीक्षाओं पर, तकनीकी ज्ञान व सूचनाओं पर अधिक बल देते हैं जो उसे अति शीघ्र इस मशीनीकरण परिवेश का अंग बना दे। हम तकनीकी को अत्यधिक महत्व देकर मानव का नाश कर रहे हैं। इस ज्ञान से विद्यार्थी चतुर, ज्ञान प्राप्त करने तथा नौकरी पाने में सक्षम तो हो जाता है, किन्तु इससे उसका एकांगी विकास ही होता है। तकनीकी विशेषज्ञों ने विशेषज्ञों का, गणित ज्ञाताओं का, पुल निर्माणकर्त्ताओं का, दूरी को जीतने वालों का, आकाश को छूने वालों का विकास किया है, परन्तु क्या वे जीवन की सम्पूर्ण प्रक्रिया का अनुभव करते हैं। उन्होंने तकनीकी शिक्षा की आलोचना इस प्रकार की–

*''हमारी तकनीकी प्रगति आश्चर्यजनक है, परन्तु इसने एक दूसरे को नष्ट करने की शक्ति को बढ़ावा दिया है, और प्रत्येक जगह भूख व नासमझी है। हम शांतिपूर्ण व खुश व्यक्ति नहीं हैं।''*

*("Our technological progress has been amazing, but it has only increased the power to destroy each other, and there is hunger and misunderstanding in every land, we are not peaceful and happy people.")*

मानव जीवन में सफलता और शांति चाहता है। बालक को सर्वश्रेष्ठ तकनीकी क्षमता से युक्त करना इसलिए आवश्यक है कि वह आधुनिक विश्व में स्पष्टता एवं कुशलता से कार्य कर सके। परन्तु इससे भी अधिक महत्वपूर्ण है एक ऐसे वातावरण का निर्माण करना, जहाँ विद्यार्थी एक पूर्ण मनुष्य के रूप में विकसित हो सके। उसे एक ऐसे वातावरण में पुष्पित होने का अवसर दिया जाए, जिससे कि वह व्यक्तियों के साथ वस्तुओं एवं विचारों के साथ, समस्त जीवन के साथ सही ढंग से संबंधित हो सके।

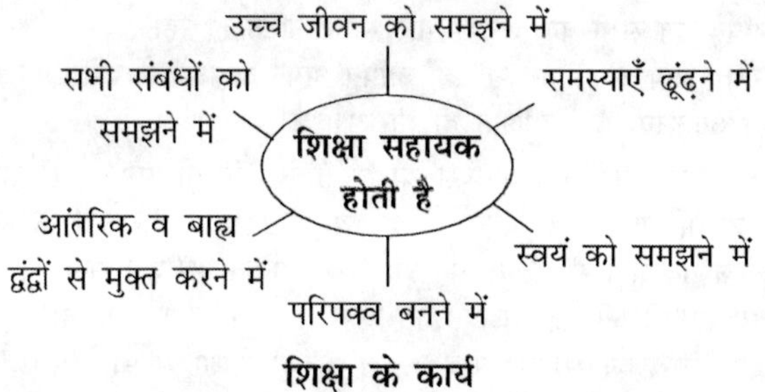


**शिक्षा के कार्य**

कृष्णामूर्ति शिक्षा को एक सुधारक की दृष्टि से नहीं, इसकी या उस लक्ष्य की प्राप्ति के माध्यम के रूप में नहीं; अपितु एक आंतरिक अनुभव के रूप में देखते हैं, जिसमें किसी साक्ष्य की आवश्यकता नहीं है। वह तथ्यों को रटने, परीक्षा उत्तीर्ण करने और उपाधियाँ प्राप्त करने को शिक्षा नहीं मानते थे। इनकी दृष्टि में यह शिक्षा का एक पक्ष है जो उसे केवल रोजी-रोटी कमाने योग्य बनाता है। वास्तविक शिक्षा वह है जो मनुष्य को आत्मज्ञान कराये। उनका यह कहना था कि शिक्षा का कार्य,

*''एक ऐसे मन का विकास करना जो केवल तत्काल में ही नहीं अपितु इसके बाद भी कार्य करेगा...एक मन जो असाधारण रूप से जीवित है; केवल ज्ञान से नहीं, अनुभव से नहीं अपितु सजग हो।''*

*("To bring about a mind that will not only act in the immediate but go beyond....a mind that is extraordinary alive, not with knowledge, but with experiences, but alive.")*

हमारी शिक्षा व्यवस्था का उद्देश्य बालक का सर्वांगीण विकास करना है। जो ऐसे मनुष्यों का निर्माण करती है जिसमें आंतरिक बोध हो, अपने व्यक्तित्व के आंतरिक अवस्था के अन्वेषण की

ओर, उसकी परीक्षा तथा उससे परे जाने की क्षमता हो। शिक्षित होने का अर्थ है–आप वास्तव में एक सुंदर, स्वस्थ, समझदार, विवेकपूर्ण व्यक्ति बन सकें।

कृष्णामूर्ति आवश्यक रूप से शिक्षा के बारे में मस्तिष्क के दर्शन के रूप में सोचते हैं। उन्होंने मानव मन की आंतरिक कार्यशीलता को ही सम्पूर्ण अधिगम के अन्तिम आधार के रूप में देखा था। यह मनोवैज्ञानिक विश्लेषण नहीं जैसा कि सामान्य रूप से समझा जाता है अपितु एक गहन दृष्टि है जो प्रत्येक प्रकार के विचारों, भावनाओं, संवेगों, विचारधाराओं से मुक्त हो।

कृष्णामूर्ति का यह भी मानना था कि वास्तविक ज्ञान का साधन बुद्धि नहीं है। जो कुछ भी हमने कभी अनुभव किया है तो हमारा मस्तिष्क उन सबसे प्रभावित होता है। मस्तिष्क की प्रकृति होती है कि वह अपनी स्मृत्ति में सभी अनुभवों का संग्रहण करती है। इसे ही हम ज्ञान कहते हैं। जब हमें व्यावहारिक रूप से इस ज्ञान का प्रयोग करना होता है, तो यह हमारे लिए अत्यंत उपयोगी होता है, जैसे यांत्रिकी प्रक्रियाओं में, उदाहरण एक कार चलाने में। स्मृत्ति से ही विचार उत्पन्न होते हैं। हमने अतीत में जो कुछ भी अनुभव किया हो, ये विचार वहीं से आते हैं। बुद्धि हमारे जीवन में संघर्ष भी उत्पन्न करती है, जैसे-विचार, कल्पनाएँ भी हमें वास्तविकता से बहुत दूर ले आती हैं। वह स्वयं को गुरू या अनुदेशक के रूप में नहीं समझता है। वह हमें रास्ता दिखाता है और यह हमारे प्रयत्नों पर निर्भर करता है कि हम उस रास्ते को अपनाकर मोक्ष की प्राप्ति करें।

अधिगम शुद्ध रूप से निरीक्षण होता है–वह निरीक्षण जो निरंतर नहीं है और जो तब स्मृत्ति बन जाता है, परन्तु निरीक्षण क्षण-प्रतिक्षण-केवल उन वस्तुओं के बारे में नहीं होता जो बाह्य रूप से विद्यमान हैं अपितु उन सभी का है जो हमारे भीतर घटित हो रहा है और जिनका कोई निरीक्षक निरीक्षण नहीं करता। आप अपने मन से नहीं अपितु अपने चक्षुओं से देखिए...। तब तुम्हें यह ज्ञात होगा कि बाह्य ही आंतरिक है...निरीक्षक ही निरीक्षण है।

इस प्रकार कृष्णामूर्ति का यह विश्वास था कि मनुष्य किसी संगठन के द्वारा, किसी पंथ के द्वारा नहीं, किसी हठधर्मिता से नहीं, किसी पादरी या रीति-रिवाज से नहीं, न ही किसी दर्शन के ज्ञान या मनोवैज्ञानिक तकनीक से सत्यता की प्राप्ति कर सकता है। उसे सम्बन्धों के शीशे से, अपने मस्तिष्क की विषय सामग्री की सूझ-बूझ से, निरीक्षण से प्राप्त करना होगा न कि बौद्धिक विश्लेषण से या आत्मनिरीक्षण विच्छेदन से। यह सब केवल अच्छी शिक्षा से ही संभव है। कृष्णामूर्ति ऐसी शिक्षा देने की बात करते हैं जिससे व्यक्ति अपनी मूल प्रकृति के अनुरूप विकसित हो। उनकी सोच देश, काल, वातावरण एवं सांस्कृतिक अलगाववाद की सीमा से अलग हटकर शाश्वत जीवन को समझने में मानवता की सहायता करती है। यही कारण है कि उनके द्वारा सुझाए गए शिक्षा के उद्देश्यों में भी उसी शाश्वत की छाप दिखाई देती हैं।

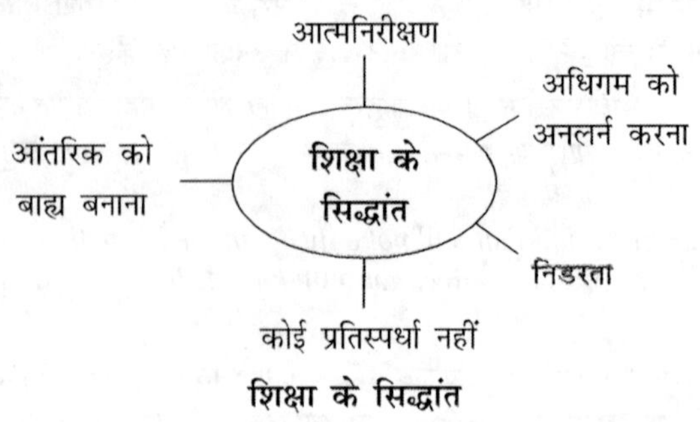


**शिक्षा के सिद्धांत**

## शिक्षा के उद्देश्य (Aims of Education)

कृष्णामूर्ति के शब्दों में,

*"जीवन की एकीकृत सूझ-बूझ के बिना हमारी व्यक्तिगत और सामूहिक समस्याएँ अधिक गहरी व विस्तृत हो जाएगी। शिक्षा का उद्देश्य केवल शोधकर्ताओं, तकनीशियों और नौकरी ढूढ़ने वालों को उत्पन्न करना नहीं है अपितु डर से मुक्त एकीकृत पुरुषों एवं महिलाओं की उत्पत्ति भी है, क्योंकि केवल ऐसे मानवों के बीच ही स्थायी शांति की स्थापना हो सकती है।"* *("Without a unified understanding of life, our individual and collective problems will deepen and expand. The purpose of education is not only to produce scholars, technicians, and job hunters, but also integrated men and women free from fear, for only between such human beings can there be enduring peace.")*

जीवन को समझने के लिए स्वयं को समझना आवश्यक है और यही शिक्षा का प्रारंभ एवं अन्त है। शिक्षा केवल ज्ञान प्राप्त करना, तथ्यों को इकट्ठा करना और अन्त:क्रिया करना ही नहीं है, अपितु संपूर्ण जीवन को देखना है। शिक्षा का कार्य एक ऐसे मानव अस्तित्व की उत्पत्ति है, जो एकीकृत हो। कृष्णामूर्ति के द्वारा निम्नलिखित शिक्षा के उद्देश्यों की व्याख्या की गई है–

### 1. एकीकृत मानव का विकास (Development of Integrated Human Being)

कृष्णामूर्ति के अनुसार शिक्षा का प्रमुख उद्देश्य एकीकृत मानव का विकास करना है। ऐसा मानव जो चेतनायुक्त हो, सद्भावना से परिपूर्ण हो, जीवन का उद्देश्य जानता हो; जो जाति, धर्म, संप्रदाय, संस्कृति आदि किसी भी आधार पर पूर्वाग्रहों एवं पूर्वधारणाओं से मुक्त हो, जो द्वेष, घृणा, हिंसा आदि बुराईयों से दूर हो और जो स्वयं के लिए नवीन मूल्यों को तैयार कर सकता हो। शिक्षा के द्वारा प्रत्येक विद्यार्थी को अपनी विशिष्ट योग्यताओं को विकसित करने के लिए प्रोत्साहित करना है। शिक्षा का कार्य ऐसे मानव का विकास करना है जो एकीकृत हो और परिणामस्वरूप बुद्धिमान हो।

### 2. सृजनात्मकता का विकास (Development of Creativity)

शिक्षा के द्वारा विद्यार्थी की सृजनात्मकता का विकास किया जाना चाहिए। सृजनात्मकता से अभिप्राय है शरीर, मन और आत्मा का सृजनशील होना। शिक्षा के द्वारा विद्यार्थियों पर किसी अन्य के विचारों को लादना नहीं है अपितु उन्हें अपने कार्य करने व निर्णय लेने के मुक्त अवसर प्रदान किए जाने चाहिए। इन सबके लिए सुखद वातावरण का होना अत्यावश्यक होता है। शिक्षा के द्वारा व्यक्तियों को समस्याओं को समझने और उन्हें हल करने के लिए तैयार किया जाना चाहिए, न कि समस्याओं से बचना सिखाया जाए।

### 3. आध्यात्मिक तैयारी व शिक्षा (Spiritual Preparation and Education)

पथ, रहस्य और परम्पराएँ आध्यात्मिक जीवन में योगदान नहीं देती हैं। धार्मिक अनुदेशन का वास्तविक अर्थ है बालकों को लोगों के साथ, वस्तुओं के साथ एवं प्रकृति के साथ अपने सम्बन्धों को देखने के लिए प्रोत्साहित करना। स्वयं को समझे बिना, आत्मज्ञान के बिना, इन सभी सम्बन्धों को एक-दूसरे के साथ देखना द्वंद्व और अप्रसन्नता लाता है। वास्तव में, बालक को यह सब समझाना अंसभव सा प्रतीत होता है, परन्तु यदि अध्यापक व अभिभावक इन सम्बन्धों के पूर्ण महत्व के बारे में जागरूक हैं, तो वे अपने व्यवहार, भाषा और अभिवृत्तियों की सहायता से कम शब्दों व कम व्याख्या से आध्यात्मिक जीवन के अर्थ को समझा सकते हैं। इस प्रकार शिक्षा के द्वारा बालकों को आध्यात्मिकता के लिए तैयार किया जा सकता है।

### 4. चुनौतियों का सामना करने की योग्यता की प्राप्ति (Acquire the Ability to Face Challenges)

यदि व्यक्ति को जीवन की समस्याओं, पेचीदगियों, रहस्यों और अचानक उत्पन्न हुई मांगों से जूझना हो, तो उसे सिद्धांतों एवं विचारों की विशेष प्रवृत्ति से मुक्त होना चाहिए। यदि एक व्यक्ति हमेशा अपने जीवन में द्वंद्व करता रहता है तो उसे अनगिनत संभावनाओं से मुक्त होना चाहिए।

### 5. आत्म-ज्ञान से सूझ-बूझ (Understanding through Self-Knowledge)

एक अनजान व्यक्ति अज्ञानी नहीं है, अपितु वह एक ऐसा व्यक्ति है जो स्वयं को नहीं जानता; ज्ञानी व्यक्ति बेवकूफ है जब वह अपनी समझदारी के लिए किताबों पर, ज्ञान पर एवं किसी अधिकारी पर निर्भर करता है। केवल सूझ-बूझ से ही आत्म-ज्ञान आता है, ऐसा ज्ञान जो प्रत्येक की सम्पूर्ण मनोवैज्ञानिक प्रक्रिया की जागरूकता है। इस प्रकार वास्तविक अर्थों में शिक्षा स्वयं की सूझ-बूझ है, क्योंकि यह हम सब में विद्यमान रहती है, जहाँ सम्पूर्ण अस्तित्व विद्यमान रहता है। शिक्षा के द्वारा स्व के प्रति जागरूकता का विकास किया जाना चाहिए, न केवल आत्म-अभिव्यक्ति की संतुष्टि में लगे रहना। इस प्रकार स्वयं को समझना ही सच्ची शिक्षा है, क्योंकि प्रत्येक का सम्पूर्ण अस्तित्व संगठित है।

### 6. परिपक्व व स्वतंत्र होना (Be Mature and Free)

वास्तविक अर्थों में शिक्षा का कार्य प्रत्येक व्यक्ति को परिपक्व बनने में एवं स्वतंत्र होने में सहायता करना है, प्रेम व अच्छाई में प्रफुल्लित होना है। हमारी रूचि इसी कार्य में होनी चाहिए न कि कुछ आर्दशवादी प्रवृत्तियों के अनुसार बालक को आकार देने में। इस महान् अध्यापक के अनुसार शिक्षा का प्रमुख उद्देश्य बालक को मानसिक रूप से इस प्रकार विकसित होने के योग्य बनाना है कि वह स्वयं को जान सके। शिक्षा के द्वारा मन की स्वंतत्रता और निड़रता के भाव को विकसित करने में सहायता की जानी चाहिए।

### 7. विचारधारा से स्वतंत्रता (Freedom from Ideology)

बालक का मन जब भी किसी एक विशेष विचारधारा (राजनैतिक या धार्मिक) का अनुगमन करने के लिए तैयार होता है, तब परिणामस्वरूप मानव व मानव के बीच वैमनस्य बढ़ सकता है। उचित प्रकार की शिक्षा किसी एक विचारधारा से सम्बन्धित नहीं है, यद्यपि यह भविष्य के लिए तैयार करती है। यह किसी एक प्रणाली पर निर्भर नहीं है। यह किसी एक दिशा में बालक को अनुशासित करने का ढंग नहीं है। हमारी रूचि किसी एक विशेष आदर्श प्रतिमान के अनुरूप बालक का निर्माण करने में नहीं होनी चाहिए।

### 8. पुनःशिक्षा (Re-education)

उचित शिक्षा हमें परिवर्तित करती है। हमें स्वयं को पुनःशिक्षित करना है कि बिना कारण के हम किसी को न मारें, चाहे हम कितने भी सही या आदर्श युक्त क्यों न हो, परन्तु हमें इसमें विश्व की भावी प्रसन्नता को देखना चाहिए। हमें दयावान, कम संतुष्ट तथा भगवान को खोज़ने की प्रक्रिया को सीखना चाहिए क्योंकि तभी मानवता का सत्य रूप से मोक्ष होगा।

### 9. वातावरण की उचित सूझ-बूझ का विकास (Developing proper understanding of the Environment)

हमें केवल वातावरण द्वारा वातानुकूलित ही नहीं होना है अपितु हमें यह भी समझना चाहिए कि वातावरण से हमारा क्या अभिप्राय है। हमारे विचार एवं प्रतिक्रियाएँ सामाजिक क्लब के भाग के

रूप में हम पर लादे गए मूल्यों से प्रभावित होती हैं, क्योंकि हमारे समक्ष अनेकों स्थितियाँ आती हैं कि हम कभी भी स्वयं को पूरे परिवेश में नहीं समझते, सभी 'मैं' व 'स्व' के इर्द-गिर्द घूमता रहता है। 'स्व' इन सभी स्थितियों से निर्मित होता है, जो विभिन्न रूपों में केवल, इच्छाएँ होती हैं। इस प्रकार 'स्व' एवं 'गैर-आत्म' तथा 'मैं' एवं 'वातावरण' के बीच एक विभाजन स्थापित हो जाता है, जिसे हम समाज कहते हैं। यही विभाजन आंतरिक एवं बाह्य द्वंद्वों का आरम्भ होता है। शिक्षा के द्वारा हमें बालकों को अपने सम्पूर्ण वातावरण को समझने में सहायता करनी चाहिए।

### 10. बुद्धिमता का विकास (Development of Wisdom)

हम अधिक से अधिक मात्रा में ज्ञान प्राप्त करने की इच्छा में प्रेम को खोते जा रहे हैं, सुन्दरता की भावना को कम करते जा रहे हैं और अत्याचार के प्रति संवेदनशीलता समाप्त हो रही है। जब हम किसी एक विशेष क्षेत्र पर केन्द्रित होते हैं और उसी क्षेत्र में विशिष्टीकरण प्राप्त कर लेते हैं, इसका अभिप्राय है कि हम कम से कम व्यापक बनते जा रहे हैं। तथ्यों का केवल संग्रहण एवं व्याख्या व्यक्ति को दु:खों से मुक्त नहीं करती है। बुद्धिमता को ज्ञान का प्रतिस्थापन नहीं माना जा सकता। परन्तु यदि मन एवं हृदय बुद्धिमता के घुटन से भरपूर हैं, और दु:खों के कारण की व्याख्या की जा सकती है, तो जीवन अर्थहीन एवं व्यर्थ बन जाता है। हमारी शिक्षा व्यवस्था हमें अधिक से अधिक खोखला करती जा रही है और हमारे अस्तित्व को गहराई से समझने में सहायता नहीं कर रही है तथा हमारा जीवन अधिक से अधिक अर्थहीन, असमरूप एवं रिक्त बनता जा रहा है। ज्ञान का कोई अंत नहीं है और बुद्धिमता तो असीमित है, जिसमें ज्ञान एवं कार्य करने की विधि-सम्मिलित होती है। जब हम किसी एक टहनी को पकड़ते हैं और सोचते हैं कि यही पूरा वृक्ष हैं, तो यह वास्तविक अर्थों में ज्ञान नहीं है। हम एक भाग के ज्ञान से सम्पूर्ण की खुशी का अनुभव प्राप्त नहीं कर सकते। हम उन अन्य व्यक्तियों की भाँति बन जाते हैं जो हाथी के विभिन्न भागों को छूकर उसकी व्याख्या करने का प्रयास करते हैं। बुद्धि सम्पूर्ण के बारे में ज्ञान प्रदान नहीं कर सकती क्योंकि यह सम्पूर्ण का केवल एक टुकड़ा होता है, इसीलिए शिक्षा के द्वारा केवल हमारे ज्ञान को नहीं अपितु बुद्धिमता का विकास करने का प्रयास किया जाना चाहिए।

### 11. दूसरों के प्रति प्रेम का दृष्टिकोण जागृत करना (Cultivation of Attitude of Love towards Others)

केवल प्रेम एवं उचित चिंतन ही प्रत्येक के अन्दर क्रांति ला सकता है, परन्तु हमें प्रेम कैसे करना चाहिए? इसे प्रेम के आदर्श का पीछा करने से प्राप्त नहीं किया जा सकता अपितु जब कोई घृणा न हो, लालच न हो और स्व की भावना जो शत्रुता का कारण बनती है, की समाप्ति हो, तब प्रेम को प्राप्त किया जा सकता है। एक व्यक्ति जो शोषण, लालच एवं जलन से युक्त होता है, उससे कभी भी प्रेम नहीं किया जा सकता है। शिक्षा के द्वारा समय-समय पर बालक को ऐसे अवसर प्रदान किए जाने चाहिए जिससे उसमें दूसरों के प्रति प्रेम के दृष्टिकोण का विकास हो।

### 12. सरलता का विकास (Development of Simplicity)

बालक में जागरूकता से अभिप्राय है उसे स्वतंत्रता एवं ईमानदारी को समझने में सहायता करना। स्वतंत्र होने के लिए आवश्यक है आज्ञाकारी होना। आज्ञाकारिता को नैतिकता से ही प्राप्त किया जा सकता है। ईमानदारी तभी संभव है यदि वहाँ सरलता हो। हमें असंख्य जटिलताओं से ऊपर उठकर सरलता को अपनाना चाहिए। हमें अपने आंतरिक जीवन और अपनी बाह्य आवश्यकताओं में समझौता करना आना चाहिए। कहा भी गया हैं-सादा जीवन उच्च विचार। शिक्षा के द्वारा बालक में उच्च विचारों को विकसित किया जाना चाहिए तथा अपनी आवश्यकताओं को कम से कम करके सरल जीवन के लिए अभिप्रेरित किया जाना चाहिए।

### 13. उचित सम्बन्धों का विकास (Development of Right Relationships)

शिक्षा के द्वारा व्यक्तियों एवं समाज में उचित सम्बन्धो के विकास के लिए प्रत्येक बालक की सहायता की जानी चाहिए और यह तभी संभव है जब वह अपनी मनोवैज्ञानिक प्रक्रियाओं को समझे। लोगों, वस्तुओं एवं विचारों के साथ हमारे गलत सम्बन्ध ही द्वन्द्व एवं असंमजस का कारण बनते हैं और जब तक हम इस सम्बन्ध को समझेगें नहीं और इनके प्रति सचेत नहीं होंगे; तो केवल अधिगम प्राप्त करना, तथ्यों का संग्रह करना तथा विभिन्न कौशलों की प्राप्ति हमें विनाश की ओर ले जाएगी। शिक्षा ही एक ऐसा माध्यम है जिसके द्वारा हम वस्तुओं के प्रति, दूसरे मानवों के प्रति और प्रकृति के प्रति अपने सच्चे सम्बन्धों को खोज़ पाँएगें।

### 14. स्वतंत्रता एवं अनुशासन (Freedom and Discipline)

यह एक वास्तविकता है कि प्रेम और भलाई व्यक्तिगत स्वतंत्रता में ही प्रफुल्लित हो सकती हैं। उचित प्रकार की शिक्षा ही यह स्वतंत्रता प्रदान कर सकती है। इस स्वतंत्रता का एक खतरा भी हो सकता है कि यह प्रणाली मानव अस्तित्व से अधिक महत्वपूर्ण न बन जाए। यहाँ अनुशासन प्रेम का प्रतिस्थापन है। हम अनुशासन में रहते हैं क्योंकि हमारे दिल खाली हैं। अनुशासन से स्वतंत्रता को कभी भी प्राप्त नहीं किया जा सकता। स्वतंत्रता कोई अंतिम लक्ष्य नहीं है जिसे हमें प्राप्त करना है। स्वतंत्रता प्रारम्भ है न कि अन्त। अध्यापक का यह उत्तरदायित्व बन जाता है कि स्वतंत्रता के उचित प्रकार के बारे में जानने में बालकों की सहायता करे और उनका संरक्षण करें। इसके लिए उसे स्वयं भी विचारधाराओं एवं हठधर्मिताओं से मुक्त होना चाहिए। बालक हमेशा अपने अध्यापकों का अनुगमन करते हैं।

### 15. विचरशीलता को प्रोत्साहन (Encourage Thoughtfulness)

कृष्णामूर्ति ने कहा था कि शिक्षा के द्वारा दूसरों के लिए विचारशीलता/सावधानी और लिहाज़ को प्रोत्साहित किया जाना चाहिए जो सज़ा के डर से एवं ईनाम की आशा से मुक्त हो। यह हर प्रकार की मज़बूरी से मुक्त होनी चाहिए। मज़बूरी ही गुस्से व डर को पैदा करती है। किसी भी प्रकार की सज़ा और ईनाम मन को नीरस व गुलाम बना देते हैं। सामान्यत: हम यह सोचते हैं कि अनुशासन एक प्रभावी ढंग है जिससे हम बालक पर नियंत्रण कर सकते हैं, परन्तु यह उसे जीवन में समस्याओं को समझने में सहायक नहीं होता है। यदि एक बालक अनुशासनहीन है, शरारती है या कहना नहीं मानता है तो शिक्षा के द्वारा उसका कारण व हल ढूंढ़ने का प्रयास किया जाना चाहिए।

### 16. उचित व्यवसाय के लिए तैयारी (Preparation for Right Vocation)

कृष्णामूर्ति का यह सुझाव था कि उचित प्रकार की शिक्षा विद्यार्थी की यह खोजने में सहायता करती है कि उसकी रूचि किसमें है और अपनी रूचि के अनुसार व्यवसाय का चयन करे। यदि उसे उचित व्यवसाय प्राप्त नहीं होता, तो उसे अपना सम्पूर्ण जीवन व्यर्थ लगता है और वह ऐसा कुछ करने में, जिसे वह करना नहीं चाहता है, निराशा का अनुभव करता है, उदाहरण यदि वह एक कलाकार बनना चाहता है और वह किसी कार्यालय में क्लर्क बन जाता है तो वह अपना पूरा जीवन शिकायत करने में ही लगा रहता है। उचित व्यवसाय का चयन उचित प्रकार की शिक्षा से ही आता है और स्वयं को समझने के पश्चात आता है।

### 17. नवीन मूल्यों का सृजन (Create New Values)

हमें नवीन समाज का विकास करना है, इसीलिए नवीन मूल्यों का सृजन करने की आवश्यकता होती है। यदि हम बालक में केवल विद्यमान मूल्यों का विकास करते हैं तो हम केवल उन्हें आदर्शों से बाँधतें हैं और उन्हें बुद्धि को प्रयोग करने के अवसर प्राप्त नहीं होते हैं। शिक्षा का कार्य है कि

बालक को इस समाज के सम्पूर्ण ढ़ाँचे को समझने में और स्वंतत्रता व बुद्धि के अनुसार नवीन मूल्यों का विकास करने में सहयोग करे, जिससे वे नवीन समाज का निर्माण कर सकें। एक ऐसा संसार जो अंधकार, भक्ति और प्रतिष्ठा पर आधारित न हो।

### 18. उत्तरदायी बनाना (Be Responsible)

शिक्षा का कार्य बालक में सम्पूर्ण उत्तरदायित्व की भावना का विकास करना है। साधारणत: हमारी शिक्षा अपने परिवार, जाति, देश या धर्म आदि के प्रति ही उत्तरदायी होना सिखाती है। जब तक बालक को पूर्णरूप से समष्टि के प्रति उत्तरदायी होने का ज्ञान नहीं होगा, तब तक वह अपने उत्तरदायित्व को उचित ढ़ंग से निभा नहीं पाएगा।

यदि हम सम्पूर्ण विश्व का अवलोकन करें तो ज्ञात होता है कि अतीत के वंशजों ने अपने सपनों, परम्पराओं, आदर्शों के साथ नाश ही किया है। आने वाले वंशज-उचित अनुदेशन की सहायता से इस द्वंद्व की समाप्ति कर सकते हैं और एक खुशहाल सामाजिक व्यवस्था का निर्माण कर सकते हैं। शिक्षा का अर्थ बालक में ऐसी क्षमता उत्पन्न करना है कि वे समाज की परंपराओं, रीति-रिवाजों और अंधविश्वासों के साथ-साथ अपने मन की गतिविधियों को सही-सही देख सकें। परिणामस्वरूप वे संस्कारों व आदर्शों की मिली-जुली संस्कृति से स्वतंत्र होकर मौलिक परिवर्तन के द्वारा नवीन संसार की रचना करने में सहायक होंगे। कृष्णामूर्ति ने कहा भी है, वास्तविक शिक्षा आपको केवल संस्कारयुक्त होने में सहायता नहीं करती है, अपितु वह दूसरे के दैनिक जीवन की संपूर्ण प्रक्रिया को समझने में सहायक होती है, जिससे आप निर्विघ्न आगे का मार्ग प्रशस्त कर सकें एवं नवीन विश्व का निर्माण कर सकें। एक ऐसा विश्व जो वर्तमान विश्व से पृथक/भिन्न हो। शिक्षा के द्वारा परम्पराओं व आदतों को सही अर्थों में जानना चाहिए। परंपरा का अर्थ है अतीत का सातत्य और आदत का अर्थ है पुन: दोहराए जाने वाले कार्य। सजगता आदतों को दूर करती है। शिक्षा का उद्देश्य है कि परंपराओं और आदतों से जकड़े जीवन को मुक्त कराकर विशाल जीवनधारा से एकाकार किया जाए जिससे बालक अनन्त जीवन का अनुभव प्राप्त कर सके।

### पाठ्यक्रम (Curriculum)

कृष्णामूर्ति विद्यार्थियों के लिए किसी प्रदत्त निश्चित पाठ्यक्रम के पक्षधर नहीं थे। उन्होंने अपने बारे में भी अभिव्यक्त किया है कि वह किसी भी 'वाद' या अध्ययन के लिए किसी निश्चित प्रवृत्ति के बारे में विशेष विश्वास या शिक्षा के लिए निश्चित कोर्स या सिलेबस से बंधना नहीं चाहते हैं। इस आधार पर हम पाठ्यक्रम के बारे में उनके विचारों की 3 प्रकार से व्याख्या कर सकते है-

#### विभिन्न विषयों का शिक्षण पर्याप्त नहीं है अपितु विद्यार्थियों के आत्म-बल को जागृत किया जाना चाहिए (Teaching of different subjects is not enough but student's initiative should be awakened)

कृष्णामूर्ति ने यह सुझाव दिया था कि विभिन्न विषयों का अध्ययन आवश्यक है परन्तु यदि अध्यापक आपको केवल गणित और भूगोल, इतिहास व विज्ञान, और भाषाएँ ही पढ़ाता है तो यह पर्याप्त नहीं है। महत्वपूर्ण बात यह है कि विद्यार्थी को प्रश्न पूछने, प्रश्नों के हल ढूढ़ने के लिए भी सतर्क रहना चाहिए जिससे उनका आत्मबल जागरूक रहे। अब जैसा कि समाज संगठित है, हम विद्यार्थियों को विद्यालय भेजते हैं ताकि वे कुछ तकनीक का अधिगम प्राप्त कर सकें और परिणामस्वरूप वे अपनी आजीविका कमा सकें। हम सबसे पहले बालक को विशिष्ट बनाना चाहते हैं और आशा करते है कि इससे उनका भविष्य सुरक्षित हो जाएगा, परन्तु क्या एक तकनीक की जानकारी हमें स्वयं को समझने के योग्य बनाती है।

## विद्यार्थियों को जीवन जीने के लिए शिक्षित होना चाहिए (Student should be Educated to Live Life)

कृष्णामूर्ति का यह मानना था कि शिक्षा जीवन की सम्पूर्णता से सम्बन्धित होनी चाहिए। उनका विश्वास था कि शिक्षा नवीन मूल्यों जैसे शांति, खुशी एवं अहिंसा की उत्पत्ति का साधन है। उन्होंने केवल मस्तिष्क (बुद्धि) पर बल नहीं दिया अपितु यह भी अनुभव किया कि जीवन में हृदय (संवेग स्तर) को भी महत्व दिया जाना चाहिए। उनका यह विचार था कि एक बालक प्रकृति एवं इसके तत्वों का प्रेमी हो सकता है। इसका अभिप्राय है कि विद्यार्थियों को वातावरण की सूझ-बूझ के लिए तथा शरीर, मस्तिष्क एवं आत्मा के विकास के लिए विभिन्न क्रियाओं में संलग्न होना चाहिए। जीवन दु:ख, खुशी, सुन्दरता, प्रेम एवं कुरूपता से भरपूर होता है और जब हम प्रत्येक स्तर पर इसे सम्पूर्ण के रूप में समझते है तो यही सूझ-बूझ अपनी ही तकनीक की उत्पत्ति करती है। परन्तु इसका विपरीत सत्य नहीं है कि तकनीक कभी भी सृजनात्मक सूझ-बूझ का विकास नहीं करती है।

## शैक्षिक विषयों के अधिगम से प्रत्येक को स्वयं को शिक्षित करना चाहिए (With Learning Academic Subjects one should Educate Himself)

बुद्धि स्वयं को व स्वयं से ऊपर और स्वयं से परे समझने में सहायता करती है। शिक्षा आवश्यक रूप से केवल पुस्तकों से ही नहीं अपितु जीवन के सम्पूर्ण वातावरण के अधिगम की कला है। अधिगम किसी पुस्तक से बुद्धि की प्रकृति, इसके प्रभाव, इसकी क्रियाएँ, इसके विस्तृत अनुभव और इसकी नाशवान शक्ति को जानना नहीं है अपितु सिद्धांतों, पक्षपातों और मूल्यों के बिना आपके स्वयं के बारे में विश्व के निरीक्षण से है। प्रत्येक क्षण बालक को स्वयं को शिक्षित करने के लिए निरीक्षण करने का प्रयास करते रहना चाहिए।

इस प्रकार पाठ्यक्रम के बारे में कृष्णामूर्ति के विचारों को सारगर्भित किया जा सकता है कि यह निश्चित नहीं होना चाहिए और इसमें सम्मिलित शिक्षण सामग्री के द्वारा सम्पूर्ण जीवन को जीने के लिए अभिप्रेरित किया ज़ाना चाहिए। वह वर्तमान समय के शैक्षिक पाठ्यक्रम के आलोचक हैं, इसीलिए उन्होंने अपने विचारों को उचित प्रकार की शिक्षा के द्वारा अभिव्यक्त किया। वह ऐसे व्यक्ति हैं जिन्होनें वास्तविक आलोचनात्मक शब्दों में पूर्ण सत्य को व्यक्त किया है। इसी कारण उन्होंने पाठ्यक्रम के लिए किसी विशेष विषय पर न तो बल दिया है और न ही उसे निश्चित किया है। वह तकनीकी शिक्षा के भी विरूद्ध नहीं हैं, परन्तु यह मानव अस्तित्व से ऊपर नहीं होना चाहिए। पाठ्यक्रम के द्वारा कार्यकुशलता को बढ़ावा दिया जाना चाहिए और ज्ञान को इस प्रकार से हस्तांतरित किया जाना चाहिए कि विद्यार्थी समस्याओं का हल प्राप्त कर सकें। इसके द्वारा विद्यार्थियों में देश भक्ति, राष्ट्रीय एकता एवं सद्भाव को प्रोत्साहित किया जाना चाहिए।

इसकी सहायता से विद्यार्थियों में प्रशंसात्मक एवं सौन्दर्यात्मक विचारों को विकसित किया जाना चाहिए और उनमें जिज्ञासा को बढ़ावा देना चाहिए। विद्यार्थियों में आत्म-अभिव्यक्ति की योग्यता का विकास किया जाना चाहिए। इसके अन्तर्गत विद्यार्थी को अपने चारों और के वातावरण का विश्लेषण करने की स्वतंत्रता प्रदान की जानी चाहिए, जिसके परिणामस्वरूप वे आत्म-निर्भर होकर सोच सकें तथा स्व (आत्म-ज्ञान) को प्राप्त कर सकें।

## शिक्षण विधियाँ (Methods of Teaching)

जे. कृष्णामूर्ति के शब्दों में हमें बच्चों को यह नहीं सिखाना चाहिए कि 'क्या सोचना है' एवं 'कैसे सोचना है', अपितु उन्हें स्वयं के सोचने के लिए स्वतंत्र छोड़ देना चाहिए। किसी बात को बार-बार दोहराना मस्तिष्क की गति को धीमा कर देता है इसलिए उन्हें जगाने के लिए 'झटके'

(Shock) की आवश्यकता होती है, हम इसे 'समस्या' का नाम देते हैं। अनुदेशक के द्वारा समस्या का समाधान स्वयं की व्याख्या, औचित्य एवं खंडन के द्वारा किए जाने का प्रयास नहीं किया जाना चाहिए। उसके द्वारा बालक का विस्तृत रूप से अध्ययन किया जाना चाहिए तथा ऐसी विधियों का प्रयोग करें जो उसके लिए उत्तम हों। शिक्षण-अधिगम प्रक्रिया में विद्यार्थी को बराबर का साथी माना जाना चाहिए। अत:शिक्षण अधिगम प्रक्रिया के बारे में कृष्णामूर्ति के विचारों को निम्नलिखित ढ़ंग से सारगर्भित किया जा सकता है-

- श्रवण, चिंतन एवं याद करना
- नींद प्रशिक्षण (निदिध्यासन)
- प्रयोग विधि
- निरीक्षण विधि
- विचार-विमर्श विधि
- खोज़ विधि
- दृष्टांत विधि
- स्व-नियामक विधि
- समस्या समाधान विधि

कृष्णामूर्ति ऐसी शिक्षण विधि के पक्षधर थे जिसमें अध्यापक व विद्यार्थी के बीच दूरी कम से कम हो और विद्यार्थी निष्क्रिय श्रोता न बनकर अनुसंधानकर्ता, निरीक्षणकर्त्ता तथा प्रयोगकर्त्ता के रूप में हो। उन्होंने शिक्षण प्रणाली में निम्नलिखित तथ्यों को शामिल करने पर बल दिया है–

- अनुभव के आधार पर विद्यार्थी को सीखने के लिए प्रेरित किया जाए।
- विद्यार्थी का प्रकृति के साथ सम्बन्ध बनाया जाए।
- शिक्षण विधि में ध्यान क्रिया को सम्मिलित किया जाए।
- बालक की रूचि व मानसिक क्षमता के अनुरूप शिक्षण विधि का चयन किया जाए।

उन्होंने उचित प्रकार के शिक्षण को इस प्रकार व्यक्त किया है,

*''उचित प्रकार के शिक्षण के बिना, भ्रम की स्थिति अवश्य उत्पन्न होगी, और तब व्यक्ति सदा ही स्वयं के साथ असमंजस में रहता है, इसीलिए अन्य के साथ उसके सम्बन्धो में झगड़े रहते हैं क्योंकि यही समाज है। प्रत्येक शिक्षण करता है क्योंकि वह केवल स्व-ज्ञान को देखता है; न कि संगठित धर्म के रीति-रिवाज एवं परम्पराएँ; जो शाँतपूर्ण मस्तिष्क का विकास कर सकते हैं; एवं सत्य, परमात्मा के बारे में जागरूकता तभी आ सकती है जब 'मैं' एवं 'मेरा' उत्कृष्टता पर हो।''*

*("Without the right kind of teaching illusion is taken for granted and then the person is always in conflict with himself, so there are conflicts in his relationship with others, because this is a society. One teaches because one sees that self-knowledge alone, and not to the dogmas and rituals of organised religion, can bring about a peaceful mind; and that creation, truth, God, comes into being only when the 'me' and 'mine' are excelled.")*

इस प्रकार कृष्णामूर्ति सत्यान्वेषी होने के साथ-साथ अत्यन्त व्यावहारिक भी थे। अपने समय की प्रचलित शिक्षण विधियों को दोषपूर्ण मानते थे। शिक्षण के क्षेत्र में वह सबसे अधिक क्रिया पर बल देते थे। उनके अनुसार करके सीखना और स्व-अनुभव से सीखने की विद्या ही-उत्तम है। वास्तविक गुरू वही होता है जो स्वयं को आलोकित करता है और धीरे-धीरे विद्यार्थी को स्वयं से दूर करके उसे आलोंकित होने की प्रेरणा देता है।

## अध्यापक की भूमिका (Role of the Teacher)

अध्यापक बालक के जीवन में महत्वपूर्ण भूमिका अदा करता है, परन्तु यह वैसा नहीं होना चाहिए जो प्रचलित परिस्थितियों में निभाया जाता है कि अध्यापक सभी वस्तुओं का ज्ञाता है और बालक कुछ भी नहीं जानता है या अध्यापक परिपक्व व्यक्ति है और विद्यार्थी अपरिपक्व। अध्यापक का प्रशिक्षण इस ढ़ंग से होना चाहिए कि वह बालक पर अपने विचारों को थोपने के स्थान पर उसको समझने का प्रयास करे। एक बालक को समझने के लिए हमें उसे खेलने देना चाहिए और उसके भिन्न-भिन्न प्रकार के मूड का अध्ययन करना चाहिए। हमें अपने पक्षपात, अपनी आशाएँ और भय उस पर लादने नहीं चाहिए अर्थात् हमें अपनी इच्छाओं के अनुरूप उसे ढ़ालना नहीं चाहिए। यदि हम सदा अपनी पसन्द और नापसंद के अनुसार बालक के बारे में निर्णय लेते रहेंगे तो हम उसके साथ अपने सम्बन्धों एवं विश्व के साथ उसके सम्बन्धों में अड़चने व रूकावटें उत्पन्न करेगें। कृष्णामूर्ति कहते हैं कि एक सच्चे शिक्षक का कार्य है कि वह सत्ता के भ्रष्ट प्रभाव से दूर होकर शिक्षण का कार्य करें, पढ़ाने व लिखाने का कार्य करे तथा स्वार्थपरता और अहंकार को समझने और उनसें मुक्त करने में अपने विद्यार्थियों की सहायता करे। अध्यापक भूमिका के बारे में कृष्णामूर्ति के विचार इस प्रकार हैं :

## बालक की समझ (Understanding of the Child)

यदि एक अध्यापक सही अर्थों में अध्यापक है तो वह किसी एक शिक्षण विधि पर निर्भर नहीं होगा। बालकों व नवयुवकों के साथ सम्बन्ध विकसित करते हुए हम यांत्रिकी उपकरणों से सम्बन्धित नहीं होते जिनकी शीघ्रता से मुरम्मत की जा सकती है, अपितु हम जीवित अस्तित्वों से सम्बन्धित होते हैं जो विभिन्नतायुक्त, प्रभावी, संवेदनशील, डरे हुए एवं स्नेही होते हैं। उनके साथ व्यवहार करते हुए; अध्यापक में अत्यधिक सूझ-बूझ, प्रेम एवं सहनशीलता की सुदृढ़ता होनी चाहिए। जब अध्यापक में इसकी कमी पाई जाती है, तो वह आसान उपायों के बारे में सोचता है और अद्‌भूत व स्वचालित परिणाम प्राप्त करने की आशा करता है। यदि अध्यापक जागरूक नहीं है, अपनी अभिवृत्तियों व क्रियाओं में यांत्रिक है, तो वे परेशान करने वाली किसी भी माँग के लिए लड़ते हैं और उसे स्वचालित प्रतिक्रिया से पूरा नहीं किया जा सकता और शिक्षा में यही हमारी सबसे प्रमुख कठिनाई है। अध्यापक के लिए आवश्यक है कि वह बालक की रूचियों, योग्यताओं व क्षमताओं को पूर्ण रूप से समझे और उसी के अनुसार अपनी शिक्षण विधि का प्रयोग करे।

## अध्यापक एवं विद्यार्थी में सहयोग (Cooperation between Teacher and Student)

अध्यापक और विद्यार्थी के मध्य आपसी स्नेह एवं आपसी आदर की आवश्यकता होती है और यह केवल दोनों में सहयोग से ही संभव हो पाएगा। जब बालकों के द्वारा बड़ों के प्रति आदर प्रदर्शित करने की आवश्यकता होती है, यह सामान्यत: बाह्य प्रदर्शन की आदत बन जाती है और भय वंदना का रूप ले लेता है। आदर एवं सोच-विचार के बिना आपसी सम्बन्ध संभव नहीं है, विशेषत: जब अध्यापक उसके ज्ञान का केवल एक यंत्र है। इसीलिए ज्ञान का विस्तार करने के लिए एवं सूझ-बूझ विकसित करने के लिए अध्यापक एवं विद्यार्थियों को सहयोगपूर्ण ढंग से कार्य करना चाहिए।

(i) *मानव जीवन के लिए आदर (Respect for human life)*—यदि अध्यापक विद्यार्थियों से आदर की उम्मीद करता है और स्वयं बहुत कम करता है, परिणामस्वरूप यह उनके पक्ष में उदासीनता व अनादर का कारण बनेगा। मानव जीवन के प्रति आदर की भावना के बिना ज्ञान केवल विनाश व कष्ट लाता है। अन्य के प्रति आदर की भावना का विकास उचित प्रकार

की शिक्षा का आवश्यक भाग है, परन्तु यदि अध्यापक में स्वयं में यह गुण नहीं है तो वह अपने विद्यार्थियों की एकीकृत जीवन जीने में सहायता नहीं कर सकता है।

(ii) *प्रश्न पूछने की स्वतंत्रता (Freedom to ask questions)*—यदि अध्यापक विद्यार्थियों की अंत:दृष्टि को विकसित करना तथा आलोचनात्मक चितंन शक्ति को जागरूक करने व बनाए रखना चाहता है तो उनके द्वारा विद्यार्थियों को प्रश्न पूछने के लिए प्रोत्साहित करना चाहिए, प्रश्न किसी भी प्रकार के हो; जैसे वर्तमान सामाजिक मूल्यों की वैधता, परम्पराओं, सरकार के प्रारूपों, धार्मिक विश्वासों के बारे में खोज़ करना इत्यादि। यह सत्य है कि प्रश्न पूछना विद्यार्थियों की जागरूकता को संतुष्ट कर सकता है।

(iii) *विद्यार्थियों के लिए सुरक्षा की भावना (Feeling of security for the students)*—सुरक्षित होने की भावना, बालकों की प्रमुख आवश्यकता है। जब बालक यह जानता है और अनुभव करता है कि वह सुरक्षित है, तब ड़र से उसकी संवेगात्मक या भावनात्मक उड़ानें विफल नहीं होती हैं। यह आराम से होने की भावना ही होती है, चाहे यह उसके अपने घर में हो या स्कूल में, यह महसूस करना कि बिना किसी मज़बूरी या दबाव के वह जो बनना चाहता है या करना चाहता है वह कर सकता है या बन सकता है। इसका अभिप्राय यह है कि वह सोचता है कि वह एक पेड़ पर चढ़ सकता है और सफल नहीं हुआ तो कोई उसे डाँटेगा नहीं। अध्यापक के द्वारा अधिगम प्राप्त करते समय विद्यार्थियों को इस प्रकार का वातावरण प्रदान किया जाना चाहिए। अध्यापक के संपर्क में बालक को स्वयं को सुरक्षित महसूस करना चाहिए।

(iv) *श्रेष्ठता की भावना नहीं (No sense of superiority)*—अध्यापक में श्रेष्ठता की भावना नहीं होनी चाहिए अर्थात् उसे स्वयं को सबसे श्रेष्ठ नहीं समझना चाहिए। यदि ऐसा होगा तो विद्यार्थियों में ड़र उत्पन्न होगा और वे हमेशा दबाव व तनाव में रहेगें। परिणामस्वरूप विद्यार्थी भी अपने से बड़ों से श्रेष्ठता के गुण को अपनाना सीख जाएँगें, यदि ऐसा नहीं होगा तो वे स्वयं को अपमानित महसूस करेगें और जीवन-भर वे या तो आक्रामक या अधीन बन जाएँगें। अध्यापक को चाहिए कि वह विद्यार्थियों के साथ सहयोग की भावना का विकास करे न कि श्रेष्ठता की भावना का।

(v) *विद्यार्थियों के प्रति स्नेह (Affection towards students)*—कृष्णामूर्ति का यह विश्वास था कि अध्यापकों में अपने विद्यार्थियों के प्रति स्नेह होना चाहिए। उसे बहुत सारे विषयों व तथ्यों का ज्ञान हो सकता है। जब अध्यापक इस ज्ञान को बालकों तक हस्तांतरित तो करता है परन्तु और उसमें कोई स्नेह नहीं है, तो इसका परिणाम दोनों में संघर्ष के रूप में होगा। स्नेह से न तो कोई दबाव होता है और न ही कभी इसमें चालाकी होती है। यह सीधा व सरल होता है।

(vi) *क्रिया पर स्व-नियंत्रण (Self-control on action)*—अध्यापक का विचार कार्य के रूप में आवश्यक होना चाहिए अर्थात् उसकी कथनी व करनी में कोई अन्तर नहीं होना चाहिए। उसमें कोई सुस्ती नहीं होनी चाहिए, अपितु अच्छे कार्य में निरन्तर उसे क्रियाशील रहना चाहिए। प्रत्येक व्यक्ति को अपने ढ़ंग से काम करने के लिए छोड़ देना चाहिए। यदि आवश्यकता हो तो सहायता के लिए हमेशा तैयार रहना चाहिए, परन्तु दूसरों के काम में बाधा नहीं ड़ालनी चाहिए। अधिकतर लोगों के लिए इस बात को सीखना बहुत कठिन होता है कि अपने काम से काम रखो, परन्तु यही है जो हम सबको करना चाहिए।

(vii) *आत्म-विश्वास (Confidence)*—अध्यापक में आत्म-विश्वास होना चाहिए। जब तक पूर्ण विश्वास नहीं होगा तब तक प्रेम व शक्ति का प्रवाह उचित ढ़ंग से नहीं हो सकता है। यदि

वे यह कहते हैं कि वे स्वयं को बहुत अच्छे से जानते हैं तो इसका अभिप्राय यह है कि वे स्वयं को नहीं जानते, वे केवल कमज़ोर बाह्य जाल को जानते हैं। वे परमात्मा की अपनी आग की चिंगारी हैं और इसी कारण ऐसा कुछ भी नहीं है जो वे करना चाहते हैं और नहीं कर सकते। स्वयं से कहो, ''मैं इसे कर सकता हूँ और मैं करूगाँ'' ("I can do this thing, and I will") यदि उनमें आत्मविश्वास होगा, तभी वे अपने विद्यार्थियों में भी इसे विकसित कर पाँएगें।

उपरोक्त विचार-विमर्श से कृष्णामूर्ति द्वारा प्रदत्त विचारों को इस प्रकार व्यक्त किया जा सकता है–

1. अनुदेशक के द्वारा प्रत्येक विद्यार्थी की अपनी आंतरिक मनोवैज्ञानिक संसाधनों को प्राप्त करने में, अपनी कमज़ोरियों को पहचानने में तथा अपनी व्यक्तिगत शक्ति का निर्माण करने में सहायता की जानी चाहिए। इसके लिए अध्यापक को उचित वातावरण प्रदान करना चाहिए।
2. उसे स्नेही होने के साथ-साथ आत्म-विश्वासी भी होना चाहिए।
3. अध्यापक में समर्पण एवं जीवन शक्ति का होना आवश्यक है।
4. अनुदेशक के द्वारा विद्यार्थियों की सृजनात्मक बुद्धि को प्रोत्साहित किया जाना चाहिए। उसे विद्यार्थियों को केवल लिपियों के कथनों को स्वीकार करने की प्रवृत्ति को निरूत्साहित करना चाहिए। कक्षा कक्ष में प्रश्न पूछना व आलोचनात्मक चितंन को अनुदेशन प्रक्रिया का भाग बनाया जाना चाहिए। विद्यार्थियों को अपने सहपाठियों का ध्यान रखने के लिए भी प्रोत्साहित किया जाना चाहिए।
5. अनुदेशक को स्वयं को केवल ज्ञान प्रदान करने का यंत्र नहीं समझना चाहिए, या स्वयं को एक आत्मा नहीं समझना चाहिए जिसका कार्य अपनी कल्पनाओं के अनुसार विद्यार्थियों को निर्देश देने का कार्य करना है। उसके द्वारा अपने विश्वासों, शैलियों और विचारधाराओं को बालकों पर नहीं लादा जाना चाहिए। उन्हें अपने निर्णय स्वयं लेने के लिए तैयार करना चाहिए। अध्यापक का कार्य यह पढ़ाना नहीं है कि 'क्या सोचना है' अपितु यह पढ़ाना है कि 'कैसे सोचना व कार्य करना है''।
6. बालक के संवेगों, विचारों, रूचियों एवं क्षमताओं को समझने की उसमें सामर्थ्य होनी चाहिए।
7. उसे विद्यार्थियों के लिए संसाधनदाता होना चाहिए जिससे वह उनके प्रशिक्षण को आधुनिक बनाने के अवसर प्रदान कर सके।
8. उसे सूचना प्रदत या विचार प्रदान करने के स्थान पर बालक के विकास का गहन निरीक्षक होना चाहिए।
9. उसे विद्यार्थियों में तुलना की भावना का विकास नहीं करना चाहिए।
10. अध्यापक के साथ प्रत्येक विद्यार्थी को स्वयं को सुरक्षित समझना चाहिए।
11. उसका आचरण अच्छा होना चाहिए।

अत: अध्यापक की अभिवृत्ति ऐसी होनी चाहिए कि प्रत्येक मन को अंहकार से दूर रख सकें, क्योंकि अंहकार केवल अज्ञानता से आता है। जो व्यक्ति नहीं जानता है, वह सोचता है कि वह महान् है। बुद्धिमान व्यक्ति जानता है कि केवल भगवान ही महान् है और सभी अच्छे काम केवल परमात्मा के द्वारा ही किए जाते हैं। उसे भगवान के प्रतिनिधि के रूप में कार्य करना चाहिए। इस प्रकार शिक्षक का सबसे पहला कर्त्तव्य यह है कि विद्यार्थी के भीतर किसी भी रूप में भय उत्पन्न न करें, क्योंकि किसी भी प्रकार का भय मन को पंगु बना देता है। उसका यह कार्य है कि वह विद्यार्थी को जीवन का समस्त विस्तार, उसका सौंदर्य, उसकी कुरूयता, सुख, आनंद, भय, कष्ट

आदि सब कुछ दिखाए, परिणामस्वरूप वह ऐसा मनुष्य बने जो जीवन में अपनी बुद्धि का उपयोग उचित समय पर, उचित स्थान पर व उचित ढंग से कर सकें।

## अनुशासन (Discipline)

प्रत्येक अध्यापक का यह विश्वास है कि बच्चे को नियंत्रित करने के लिए अनुशासन सबसे आसान तरीका है, परन्तु महान् शिक्षाविद् कृष्णामूर्ति का यह मानना था कि यह जीवन में सम्मिलित समस्याओं को समझने में सहायता नहीं करता है। उनका यह विश्वास था कि अनुशासन का अर्थ है–नकल, आज्ञाकारिता व अनुकूलता। इसका अर्थ है कि तुम्हें वहीं करना है जो तुम्हें बताया जाता है। यह प्रेम का ढ़ंग नहीं है क्योंकि जहाँ अनुशासन होता है वहीं भय होता है। एक बालक भय में रहकर कभी नहीं सीख सकता है। उसका मन भय से मुक्त होना चाहिए। कृष्णामूर्ति किसी व्यवस्था के अनुरूप नहीं अपितु दिल से सही कार्य करने की बात करते थे। जब हम बाह्य रूप से बालक पर कुछ लादते हैं तो वह अर्न्तमन से उसे स्वीकार नहीं करता अपितु उसका अनुगमन करता है जिससे द्वंद्व उत्पन्न होता है। उनका यह कहना था कि बचपन से प्रत्येक को एक उचित जीवन जीने की कला सिखाई जानी चाहिए। उसे किसी बाह्य अनुशासन की आवश्यकता नहीं होती है। अनुशासन का अर्थ है सीखना, न कि अनुगमन करना, किसी प्रकार का दबाव नहीं, और न ही जिसे अधिकारी अच्छा मानते हैं उसी प्रवृत्ति को अच्छा मानकर स्वीकार करना। अनुशासन का अर्थ है अपनी प्रतिक्रियाओं, अपनी पृष्ठभूमि और इनकी सीमाओं के बारे में सीखना और इसके पार चले जाना।

राजनैतिक एवं औद्योगिक कारणों से वर्तमान सामाजिक संरचना में अनुशासन एक महत्वपूर्ण कारक बन चुका है और मनौवैज्ञानिक रूप से स्वयं के संरक्षण की इच्छा भी हमें विभिन्न प्रकार के अनुशासनों को स्वीकार करने व अपनाने के लिए बाध्य करती है। यह परिणाम की गारंटी देता है। अनुशासन से कभी स्वंतत्रता नहीं आती है। इसीलिए शताब्दियों से युग युगांतर से, हमें अध्यापकों, गुरुओं, पादरियों, राजनीतिज्ञों, राजाओं, वकीलों या समाज के द्वारा जिसमें हम रहते हैं, यही बताया जाता है कि अनुशासन में रहना आवश्यक है। यह कहीं न कहीं पूर्णतया कुरूप है, यह सृजनात्मक नहीं अपितु विनाशकारी है।

अधिगम अनुभूति की, अवलोकन की स्वतंत्रता है और आप अधिगम तब तक प्राप्त नहीं कर सकते यदि आप स्वतंत्र नहीं है। विद्यार्थी पहले स्वयं को अनुशासित करें और उसके पश्चात् अधिगम प्राप्त करें, यह असंभव है। इसीलिए अनुशासन स्वतंत्रता है। यह सभी प्रकार के नियंत्रणों को, बाध्यताओं को अस्वीकारता है क्योंकि नियंत्रण किसी व्यवस्था की नकल है। व्यवस्था दमनकारी होती है, 'क्या है' का दमन और 'क्या है' के बारे में सीखना उचित नहीं है जहाँ 'क्या अच्छा है' और 'क्या बुरा है', का नियम निर्धारित होता है। मन की समस्त विसंगातियों को समझने के उपरांत ही वास्तविक अनुशासन का अस्तित्व प्रकट होता है। वास्तव में जब हमारी प्रत्येक क्रिया समग्र रूप में होती है तो वहाँ बलपूर्वक अनुशासन की आवश्यकता नहीं होती, वही वास्तविक अनुशासन है, जहाँ किसी प्रकार का द्वैत नहीं होता। कृष्णामूर्ति का कहना है कि प्रेम स्वयं सृजनात्मक बोधक्षमता लाता है, इसीलिए वहाँ न प्रतिरोध होता है और न ही संघर्ष। इस प्रकार अधिगम ही अनुशासन का उच्चत्तम रूप है और इसके लिए बुद्धि एवं संवेदनशीलता की आवश्यकता होती है।

अनुशासन के बारे में कृष्णामूर्ति के विचारों को इस प्रकार सारगर्भित किया जा सकता है–

- अनुशासन सृजनात्मक नहीं अपितु विनाशकारी होता है।
- अधिगम अनुशासन का उच्चत्तम रूप है।

- अनुशासन व्यक्ति की समस्याओं को समझने में सहायता नहीं करता है।
- अनुशासन का अभिप्राय अपनी सोच को इस प्रकार समायोजित नहीं करना है जैसा दूसरे कहते हैं।
- अनुशासन नकल करने की प्रवृत्ति को बढ़ावा देता है।
- अनुशासन बाह्य न होकर आंतरिक होना चाहिए।
- व्यवस्था ही अनुशासन है।
- अनुशासन शिष्यत्व से जुड़ा है।
- अनुशासन विद्रोह करना नहीं है।
- किसी कार्य को विशेष ढ़ंग से करना ही अनुशासन नहीं हैं।

कृष्णामूर्ति ने 'ऑर्डर आर्फ दि स्टार' को भंग करते हुए कहा था कि' अब से कृपा करके याद रखें कि मेरा कोई शिष्य नहीं है, क्योंकि गुरू तो सच को दबाते हैं। सच तो स्वयं तुम्हारे भीतर है, सच को ढूढ़ने के लिए मनुष्य को सभी बंधनों से स्वतंत्र होना आवश्यक है।

## विद्यालय (The School)

प्रत्येक व्यक्ति का यह मानना है कि बालक के विकास के लिए विद्यालय का एक महत्वपूर्ण स्थान है। कृष्णामूर्ति ने विद्यालय को बालक के प्रतिपादन के लिए एक संस्था नहीं माना, अपितु एक ऐसा स्थान जहाँ विद्यार्थी और अध्यापक दोनों प्रफुल्लित हो और जहाँ भविष्य की पीढ़ी को तैयार किया जा सके। उन्होंनें प्रत्येक व्यक्ति के मनोवैज्ञानिक विकास पर बल दिया, जो उतना ही महत्वपूर्ण है जितना शैक्षिक ज्ञान एवं कौशल। विद्यालय का प्रमुख कार्य है बालक के विकास में आने वाली वास्तविक बाधाओं को देखे तथा बालक को खोज़ करने में सहायता करे।

उनका यह विश्वास था कि शिक्षा चारदिवारी में नहीं होनी चाहिए। जब भी, जहाँ भी बालक को शिक्षा दी जाए, वह स्थान अधिगमकर्ता को अच्छा लगना चाहिए। शैक्षिक परिवेश भयमुक्त होना चाहिए। कृष्णामूर्ति शैक्षिक परिवेश को ऐसा बनाना चाहते है जहाँ विद्यार्थी पुस्तकों के साथ-साथ अवलोकन करना सीखें। वह विद्यालय को अवकाश का स्थल मानते हैं जहाँ अध्यापक और विद्यार्थी दोनों सीख रहे होते हैं। उनके पास अवलोकन करने के लिए अपरिमित समय है। विद्यार्थी स्वयं के बारे में व परस्पर सम्बन्धों के बारे में भी सीखता है।

एक आदर्श स्कूल के बारे में कृष्णामूर्ति के विचार निम्नलिखित हैं–

- एक स्कूल में एकीकृत व्यक्तित्व का विकास तभी हो सकता है, यदि इसमें विद्यार्थियों की संख्या सीमित हो।
- अध्यापक को सतर्क, समर्पित एवं चौकन्ना होना चाहिए।
- बालक की योग्यताओं, कठिनाईयों एवं प्रतिबंधों को ध्यानपूर्वक समझा जाना चाहिए एवं उनकी व्याख्या की जानी चाहिए।
- स्कूल के मुखिया के द्वारा सभी उत्तरदायित्वों का वहन नहीं किया जाना चाहिए। इसके विपरीत प्रत्येक अध्यापक उत्तरादायी होना चाहिए।
- वास्तविक रूप से शिक्षित व्यक्तियों में अधीनता की समस्या का उदय नहीं होना चाहिए।
- सभी अनुदेशकों में निरंतर समन्वय होना चाहिए।
- मुखिया के द्वारा किसी भी अध्यापक को धमकाया नहीं जाना चाहिए। स्कूल में समानता व सहयोग की भावना होनी चाहिए।
- स्कूल के द्वारा जीवन की चुनौतियों को सामना करने के लिए मस्तिष्क को तैयार किया जाता है।

- स्कूल का उद्देश्य सम्पूर्ण मानव अस्तित्व का निर्माण करना होता है।
- विद्यार्थी परिषद् का निर्माण किया जाना चाहिए और उसी के द्वारा समूह के कल्याण सम्बन्धी सभी बातों पर विचार-विमर्श किया जाना चाहिए।
- स्कूल एक ऐसा स्थान होता है जहाँ शिक्षार्थी प्रसन्न व आनदिंत रहता है, जहाँ उसको ड़राया-धमकाया नहीं जाता, जहाँ वह परीक्षाओं से भयभीत नहीं होता है तथा जहाँ उसे एक ढाँचा या एक पद्धति के अनुसार कार्य करने के लिए बाध्य नहीं किया जाता।
- स्कूल के द्वारा विद्यार्थी को यह खोजने की अनुमति होनी चाहिए कि उसकी सबसे अधिक रूचि किसमें है।
- स्कूलों को अभिभावकों का समर्थन व विश्वास मिलना चाहिए।
- स्कूल में उचित मार्गदर्शन का नियोजन होना चाहिए।
- स्कूल का कार्य विद्यार्थियों को अपनी बुद्धि को इस प्रकार जागृत करने में सहायता करनी चाहिए कि वे उचित सम्बन्धों के महत्व को सीख सकें।
- विद्यार्थियों को उनकी आजीविका के लिए शैक्षिक विषयों की जानकारी देने के साथ-साथ उनमें सम्पूर्ण मानव जाति एवं सम्पूर्ण मानव जीवन के लिए उत्तरदायित्व का बोध कराया जाना चाहिए।

कृष्णामूर्ति के कुछ स्कूल निम्नलिखित हैं–

- यू.एस.ए-ऑक ग्रोव स्कूल
- यू.के.-ब्रोकवुड़ पार्क स्कूल
- भारत-ऋषि वैली एजूकेशन सेंटर
- भारत-राजघाट एजूकेशन सेंटर, दामोदर गार्डन्स, बाल आनंद, मुम्बई; दी वैली स्कूल, बैंगलौर एजूकेशन सेंटर; सहयादरी स्कूल

अत: स्कूल एक पवित्र स्थान है जहाँ उचित दिशा में बच्चे को परिवर्तित किया जाता है। इनके द्वारा बालक को तकनीकी कौशल में पारंगत किया जाता है, जिससे वह आधुनिक विश्व में स्पष्टता एवं कुशलता के साथ कार्य कर सकें और इससे भी अधिक महत्वपूर्ण है उचित वातावरण का निर्माण करना जिसमें बालक एक सम्पूर्ण मानव अस्तित्व के रूप में पूर्ण रूप से विकसित हो सके। स्कूल के द्वारा बालक को अच्छाई के रूप में प्रफुल्लित होने के अवसर प्रदान किए जाने चाहिए जिससे वह व्यक्तियों, वस्तुओं एवं विचारों, तथा सम्पूर्ण जीवन के साथ उचित सम्बन्ध विकसित कर सके।

## परीक्षा (Examination)

कृष्णामूर्ति ने प्रचलित शिक्षा प्रणाली का विरोध किया क्योंकि उससे विद्यार्थियों में प्रतिस्पर्धा की भावना उत्पन्न हो रही थी। वे शिक्षा में प्रत्येक प्रकार की तुलना एवं प्रतिस्पर्धा के विरूद्ध थे। उनका मानना था कि यदि विद्यार्थियों को आधारभूत तथ्यों को समझने में सहायता करनी है तो सभी प्रकार की प्रतियोगिताओं को बंद करना चाहिए। हमें अपने जीवन से सभी प्रकार की तुलनाओं को समाप्त कर देना चाहिए, यदि हम विद्यार्थी की आंतरिक क्षमताओं को बाहर निकालना चाहते है। प्रत्येक बालक का विशिष्ट व्यक्तित्व है और यह अध्यापक का कर्त्तव्य है कि उसे पहचाने। प्रथम आने की दौड़ में, पीछे या असफल होने वाले विद्यार्थी हताशा, कुंठा और भय से ग्रसित हो जाते हैं, जिससे उनके समग्र व्यक्तित्व का विकास नहीं हो पाता। कृष्णामूर्ति विद्यार्थियों को संबोधित करते हुए कहते हैं; जब अध्यापक कक्षा में किसी दूसरे से आपकी तुलना करता हैं,

आपको उससे पृथक, कम या अधिक अंक देता है, पृथक श्रेणी प्रदान करता है; तो ध्यानपूर्वक स्वयं का निरीक्षण करें, इस प्रकार से आपको नष्ट किया जाता है, आपकी प्रतिभाएँ, आपकी चेतना भीतर तक कुठिंत हो जाती है।

वह व्यावहारिक रूप से परीक्षा प्रणाली के तत्काल बंद करने के पक्ष में नहीं थे, क्योंकि प्रत्येक अध्यापक को विद्यार्थी की प्रगति का कोई न कोई आधार और रिकॉर्ड तो रखना पड़ता है। उनका मानना था कि अध्यापक के द्वारा प्रत्येक बालक की क्रियाओं का निरीक्षण किया जाना चाहिए और यह सुझाव दिया कि उनको अंक न देकर स्वयं के लिए एक रिकॉर्ड तैयार करें कि विद्यार्थी कैसे व्यवहार कर रहा है, कैसे वह सीख रहा है और उसके ज्ञान का स्तर क्या है आदि, परन्तु प्रतिस्पर्धा के लिए किसी प्रकार का ग्रेड़ प्रदान न करें। रिकॉर्ड गुणात्मक रूप में होना चाहिए। इसमें उनके शैक्षिक कार्य की समीक्षा तथा सामाजिक एवं संवेगात्मक जीवन पर टिप्पणी होनी चाहिए। सम्यक् शिक्षा में परीक्षा प्रणाली के स्थान पर नवीन व्यवस्था की आवश्यकता है जहाँ विद्यार्थी का सीखना, प्रज्ञावान होना, और सृजनशील होना अधिक महत्वपूर्ण है न कि अधिक से अधिक अंक प्राप्त करना। इसीलिए उन्होंनें प्रचलित परीक्षा प्रणाली का विरोध करते हुए कहा है, ''इस प्रणाली ने महान् सृजनशील व्यक्तियों को उत्पन्न करने में कोई सहायता नहीं की है।''

## शैक्षिक प्रभाव (Educational Implications)

कृष्णामूर्ति ने अपना सारा जीवन शिक्षा के बारे में बात करते हुए बिताया। उन्होंने शिक्षा को केवल आंतरिक नवीनीकरण के एजेंट के रूप में ही नहीं अपितु सामाजिक परिवर्तन के लिए भी आवश्यक माना है। शिक्षा सदा ही उनके हृदय के पास रही है। उन्होंने अपने विचारों को व्यावहारिक रूप प्रदान करने के लिए भारत व विदेशों में लगभग एक दर्जन स्कूल खोले। इन स्कूलों में से 10 प्रतिशत स्कूल मनोरंजक विद्यार्थियों के लिए आरक्षित हैं। वह प्रतिवर्ष विद्यार्थियों एवं अध्यापकों के साथ विचार-विमार्श के लिए एक स्थान से दूसरे स्थान पर जाते रहते थे।

कृष्णामूर्ति के विचारों का वर्तमान परिस्थितियों में शैक्षिक प्रभाव निम्नलिखित है-

### 1. शिक्षा का अर्थ (Meaning of Education)

कृष्णामूर्ति के अनुसार उचित शिक्षा का अभिप्राय केवल सूचनाओं का एकत्रीकरण नहीं है अपितु इसके द्वारा; समस्याओं का सामना करने, झगडों के कारणों को समझना व दूर करना, रूचि, इच्छा, सृजनशील एवं उत्सुकता के प्रकरणों की खोज़ करने में; विद्यार्थियों की सहायता की जानी चाहिए। उन्होंने शिक्षा को विद्यार्थियों के सम्पूर्ण अस्तित्व-सम्पूर्ण मस्तिष्क, मन व हृदय की गहराई एवं सौन्दर्य की सूझ-बूझ के सृजन के रूप में परिभाषित किया है। इसके द्वारा विचारशक्ति को प्रोत्साहित किया जाना चाहिए। यह अंत:दृष्टि को बढ़ावा देती है। वर्तमान शिक्षा व्यवस्था में भी हम परिपक्व के द्वारा अपरिपक्व को शिक्षित कर रहे हैं। हम केवल ज्ञानात्मक पक्ष के विकास पर बल देते हैं तथा भावात्मक व क्रियात्मक पक्ष की अवहेलना करते है। उचित शिक्षा के महत्व को समझने के लिए हमें जीवन के अर्थ को समझना होगा और उसके लिए आवश्यक है कि हम सीधे व सच्चे ढंग से विचार कर संके, न कि केवल सुसंगत तार्किक ढ़ंग से। जीवन को समझने का अर्थ स्वयं को समझना है और यही सही शिक्षा का आरंभ व अंत है। प्रचलित समय में राष्ट्रीय शिक्षा नीति 2020 बच्चों की रूचियों, क्षमताओं एवं योग्यताओं के विकास पर बल दे रही है।

### 2. शिक्षा के उद्देश्य (Aims of Education)

उनके लिए शिक्षा का उद्देश्य केवल ज्ञान प्राप्त करना, तथ्यों को एकत्रित व सम्बन्धित करना नहीं है अपितु जीवन की महता को सम्पूर्ण रूप में देखना है। शिक्षा का स्थायी लक्ष्य है आंतरिक

स्वतंत्रता-मन व भावना की गहन स्वतंत्रता, आंतरिक मुक्ति जो वह समझते थे कि शिक्षा का साधन व अंत दोनों है। कृष्णामूर्ति के लिए शिक्षा का उद्देश्य स्व-केन्द्रीकरण, विच्छेदीकरण, भय, असमंजस, अकेलापन, हिंसा किसी के प्रति लगाव आदि के धुएँ को साफ करना है। दुर्भाग्य से शिक्षा की वर्तमान व्यवस्था हमें गुलाम, यंत्रवत और विचारहीन बना रही है, यद्यपि यह हमें बौद्धिक रूप से जगाती भी है परन्तु आंतरिक रूप में हमें अपूर्ण, कुठिंत और यंत्रवत बना ड़ालती है, जिसमें सृजनशीलता के लिए कोई स्थान नहीं रहता। हमारी शिक्षा व्यवस्था भी अब बाल केन्द्रित शिक्षा में विश्वास करती है और इसका उद्देश्य व्यक्तित्व का सर्वांगीण विकास करना है। आज की शिक्षा प्रणाली का कार्य बालक को केवल व्यवसाय करने या नौकरी करने के लिए तैयार नहीं होना चाहिए अपितु एक अच्छा मानव बनाना भी इसका उद्देश्य होना चाहिए।

## 3. पाठ्यक्रम (Curriculum)

कृष्णामूर्ति के सभी स्कूलों में यद्यपि एक प्रकार का ही पाठ्यक्रम पढ़ाया जाता है परन्तु इसके द्वारा विद्यार्थी को एक उचित अवसर प्रदान करना है, राष्ट्रीय, जातीय, श्रेणी और सांस्कृतिक पक्षपात के बिना विकसित होने का अवसर प्रदान करना है क्योंकि यही व्यकितायों में रूकावटों का कार्य करते हैं। शैक्षिक विषयों के साथ-साथ कृष्णामूर्ति उस पाठ्यक्रम पर भी केन्द्रित होना चाहते थे जो जीवन जीने का ढ़ंग सिखाए। हमारा पाठ्यक्रम इतना लचीला नहीं है और इसका केन्द्र विभिन्न विषयों के बारे में केवल सूचनाएँ प्रदान करना है। परन्तु आज हम यदि राष्ट्रीय पाठ्यचर्या रूपरेखा 2005 का अवलोकन करते हैं तो इसमें बहुत-सी क्रियाओं को शामिल किया गया है जो बालक के व्यक्तित्व के विकास में सहायक होती हैं। राष्ट्रीय शिक्षा नीति 2020 भी व्यापक एवं अन्त:अनुशासित पाठ्यक्रम पर बल देती है।

## 4. शिक्षण विधियाँ (Teaching Methods)

वह किसी भी एक शिक्षण पद्धति के पक्ष में नहीं थे जिसे प्रत्येक अध्यापक को अपनाना चाहिए। एक अध्यापक का कार्यं बालक की, क्षमताओं, रूचियों आदि का निरीक्षण करना है और उसी के अनुसार उन्हें निर्देशन देना है। हम अपनी शिक्षा संस्थाओं में इस बात का ध्यान रखते हैं क्योंकि अध्यापक प्रशिक्षण में उन्हें विभिन्न विधियों का ज्ञान प्रदान किया जाता है परन्तु अधिकतर अध्यापक केवल विचार-विमर्श, भाषण, खेल-विधि आदि का ही प्रयोग करते हैं। राष्ट्रीय शिक्षा नीति 1986 एवं राष्ट्रीय शिक्षा नीति 2020 के अन्तर्गत ऐसी शिक्षण विधियों पर बल दिया गया है जो क्रिया पर आधारित हो, जिनके अन्तर्गत बालक कक्षा में निष्क्रिय श्रोता बनकर नहीं अपितु क्रियाशील भागीदार बनकर अध्ययन करें।

कृष्णामूर्ति के अनुसार सम्यक् शिक्षा वहीं है जो विद्यार्थी की इस जीवन का सामना करने में मदद करे। उसे कभी हार नहीं माननी चाहिए, न ही किसी दबाव को महसूस करना चाहिए जैसा कि अधिकांश बालकों के साथ होता है। लोग, विचार, देश, जलवायु, भोजन, लोकमत आदि सभी आपको उस खास दिशा की ओर धक्का दे रहे हैं, जिसमें समाज आपको देखना चाहता है। आपकी शिक्षा ऐसी होनी चाहिए कि वह आपको दबाव को समझने के योग्य बनाए, इसे ही उचित मानने के स्थान पर आप इसे समझे व इससे बाहर निकले, परिणामस्वरूप एक मानव होने के नाते आप आगे बढ़कर कुछ नया करने में समर्थ हो सकें। कृष्णामूर्ति द्वारा प्राप्त शिक्षा प्रक्रिया को निम्नलिखित ढ़ंग से व्यवहार-पूर्ण बनाया जा सकता है–

- इससे समाज में फैली हुई कुरीतियों को दूर किया जा सकता है।
- बालकों में आत्मबोध व चिंतन जागृत कर वर्तमान की अनुकरण की समस्या को दूर किया जा सकता है।

- विद्यालयों में प्रत्येक विभाग में विद्यार्थियों की संख्या को कम करके उनके सम्पूर्ण व्यक्तित्व का विकास किया जा सकता है। वर्तमान समय में नए विद्यालय खोलने का प्रयास किया जा रहा है परन्तु अभी भी विद्यार्थियों की संख्या अधिक होने के कारण उनका सम्पूर्ण विकास नहीं हो पाता।
- विद्यार्थी को वातावरण के प्रति सज़ग बनाया जा रहा है।
- बालक की एकाग्रता को बढ़ाने के लिए विभिन्न प्रकार की शिक्षण सहायक सामग्री का प्रयोग किया जाता है।
- स्व-अनुशासन पर अधिक से अधिक बल दिया जाता है परन्तु विद्यार्थी को स्कूल के नियमों का पालन करने के लिए बाध्य किया जाता है।
- आज सभी विद्यार्थियों को वातावरण के बारे में जानकारी प्राप्त करने के लिए अपने पाठ्यक्रम में पर्यावरण शिक्षा को पढ़ना आवश्यक है। इसके अतिरिक्त बालकों को सामुदायिक सेवा के लिए भी प्रोत्साहित किया जाता है।

इस प्रकार शिक्षा में परिवर्तन के बारे में कृष्णामूर्ति के विचार रूसो, पेस्टालॉजी, फ्रोबेल, मांटेसरी के द्वारा प्रदत सिद्धांतों से मेल खाते हैं। आज हमारी शिक्षा प्रणाली भी विद्यार्थी केन्द्रित है और अध्यापक उनके अधिगम को अधिक से अधिक करने के लिए विभिन्न शिक्षण विधियों का प्रयोग करते हैं। शिक्षा के अन्तर्गत शिक्षा व समाज में सम्बन्ध स्थापित करने के लिए सहगामी क्रियाओं का आयोजन किया जाता है।

# 16. पाउलो फ्रेइरे (1921-1997)
## [Paulo Freire (1921-1997)]

*"Learning is a process where knowledge is presented to us then shaped through understanding, discussion and reflection."* –Paulo Freire

पाउलो फ्रेइरे ब्राजील के एक महान शिक्षाविद् और दार्शनिक थे, जिन्होंने न केवल शिक्षा के क्षेत्र में अपितु तीसरी दुनिया के देशों के राष्ट्रीय विकास के लिए संघर्ष में भी अपनी महत्वपूर्ण छाप छोड़ी। कुछ समय के लिए उनके द्वारा विकसित की गई कार्यप्रणाली को प्रचलित पद व्यवस्था के लिए खतरा समझा गया था, और इसलिए उन्हें कुछ समय के लिए जेल भी जाना पड़ा एवं 20 सालों तक ब्राजील छोड़ने पर मजबूर होना पड़ा।

पाउलो फ्रेइरे की विचारधारा न तो आदर्शवादी, न ही यर्थाथवादी एवं न ही यांत्रिक थी। उन्होंने इस विचारधारा को ठुकरा दिया था कि मनुष्य ब्रह्माण्ड से पृथक, अमूर्त, स्वतंत्र और अप्रतिबद्ध है। उनकी विचारधारा अस्तित्ववाद के बहुत निकट थी। उनका मानना था कि अस्तित्ववादी मनुष्य सुदृढ़ इच्छाशक्ति से युक्त होता है और वह पूरे ब्रह्माण्ड को अपने कार्यों से परिवर्तित कर सकता है। संक्षेप में इसका अर्थ है, मानव अस्तित्व का संसार में तथा संसार के साथ एक विषय के रूप में प्रयोग करना।

फ्रेइरे का कार्य मुख्यत: साक्षरता से सम्बन्धित था, जिससे वह मनुष्य को शक्तिविहीनता की भावना से मुक्त करा सकता था। उनका मानना था कि शोषित मनुष्य वास्तविकताओं से सम्बन्धित आलोचनात्मक चिंतन की सहायता से अपने जीवन की परिस्थितियों को बदल सकते हैं और यह आलोचनात्मक सजगता उन्हें शिक्षा से प्राप्त हो सकती है। ज्ञान एक अलग घटना नहीं है बल्कि यह कार्य और गहन चिंतन दोनों की समझ है। उनके अनुसार जानने की विधि एक द्वंद्वात्मक गतिविधि को समाहित करती है जो कार्य से गहन चिंतन, फिर गहन चिंतन के ऊपर कार्य से नई क्रिया के रूप में चलती रहती है।

### जीवनी एवं जीवन रेखाचित्र (Biography and Life Sketch)

पाउलो फ्रेइरे का जन्म 19 सितंबर 1921 में रेसिफ, ब्राजील के एक मध्यम वर्गीय परिवार में हुआ था। विश्वयुद्ध के कारण उत्पन्न हुई, 1930 के दशक की महामंदी के काल में उनका बचपन गरीबी व भूख में गुजरा। 1934 में पिता की असामयिक मृत्यु होने के कारण उनकी शिक्षा काफी प्रभावित हुई। गरीबी और भूख ने उनके सीखने की क्षमता को काफी प्रभावित किया। इन अनुभवों से उन्होंने गरीबों का जीवन सुधारने के लिए अपने जीवन को समर्पित करने का फैसला लिया उन्होंने कहा कि

> *''मेरी भूख की वजह से मुझे कुछ समझ नहीं आया। मैं गूंगा नहीं था, यह रुचि की कमी नहीं थी। मेरी सामाजिक स्थिति की अनुमति नहीं थी। मेरे पास एक शिक्षा है। अनुभव ने मुझे एक बार फिर सामाजिक वर्ग और ज्ञान के बीच का रिश्ता दिखाया।''*

धीरे-धीरे उनके परिवार की स्थिति में सुधार हुआ और फ्रेइरे ने 1943 में रेसिफ विश्वविद्यालय में लॉ कॉलेज में दाखिल लिया। उन्होंने कानून का अभ्यास कभी नहीं किया। उन्होंने दर्शन, और विशेष रूप से अभूतपूर्व भाषा के मनोविज्ञान का अध्ययन किया। उन्होंने कई सालों तक माध्यमिक विद्यालय में एक शिक्षक के रूप में कार्य किया। 1946 में फ्रेइरे को पर्नाम्बुको के शिक्षा और संस्कृति विभाग के निदेशक के रूप में नियुक्त किया गया था। वहाँ से समाज के अनपढ़, शोषित वर्ग के लोगों के लिए उनके कार्यों की शुरूआत हुई। 1959 में उन्होंने रेसिफ विश्वविद्यालय से पी.एच.डी की उपाधि प्राप्त की। 1961 में उन्हें रेसिफ विश्वविद्यालय के सांस्कृतिक विस्तार विभाग के निदेशक के रूप में नियुक्त किया गया। 1962 में उन्हें अपने प्रयासों का एक महत्वपूर्ण प्रथम सुअवसर प्राप्त हुआ, जब उन्होंने 300 गन्ने के श्रमिकों को सिर्फ 45 दिनों में पढ़ना और लिखना सिखाया था। इस प्रयोग के प्रत्युत्तर में ब्राजीलियन सरकार ने देश भर में हजारों सांस्कृतिक मंडलियों के निर्माण को मंजूरी दे दी। सन् 1964 में सैन्य तख्तापलट ने फ्रेइरे के साक्षरता प्रयासों का अंत कर दिया। उन्हें 70 दिनों के लिए एक गद्दार के रूप में कैद किया गया। निर्वासन के बाद फ्रेइरे ने चिली में इसाई डेमोक्रेटिक कृषि सुधार आंदोलन और संयुक्त राष्ट्र के खाद्य और कृषि संगठन के लिए पांच वर्षों तक काम किया। 1967 में फ्रेइरे ने अपनी पहली पुस्तक ''एजुकेशन एज द प्रैक्टिस ऑफ फ्रीडम'' प्रकाशित की। 1968 में उनकी प्रसिद्ध पुस्तक ''पेडोगॉजी ऑफ द ओपरैस्ड'' पुर्तगाली भाषा में प्रकाशित हुई। इसके बाद इसे स्पेनिश व अंग्रेजी में भी प्रकाशित किया गया।

1969 में पाउलो फ्रेइरे ने हार्वर्ड यूनिवर्सिटी में विजिटिंग प्रोफेसर के रूप में कार्य किया और कैम्ब्रिज में एक वर्ष के बाद मैसाचुसेट्स, संयुक्त राज्य अमेरिका, जिनेवा, स्विट्जरलैंड में चर्चों के विश्व परिषद् के विशेष शिक्षा सलाहकार के रूप में काम करने चले गए। उन्होंने अफ्रीका में पुर्तगाली उपनिवेशों में शिक्षा सुधार के सलाहकार के रूप में भी कार्य किया। फ्रेइरे ने साओ पाउलो शहर में श्रमिक पार्टी में सम्मिलित होकर 1980 से 1986 तक प्रौढ़ साक्षरता परियोजना के पर्यवेक्षक के रूप में कार्य किया तथा 1988 में नगरपालिका के चुनावों के बाद उन्हें साओ पाउलो का शिक्षा सचिव नियुक्त किया गया।

पाउलो फ्रेइरे 20वीं शताब्दी के ब्राजीलियन शिक्षाविद्, दार्शनिक व क्रिटिकल पेडागॉजी के प्रमुख अधिवक्ता थे। उन्होंने कानून के साथ-साथ दर्शन व भाषा मनोविज्ञान का गहन अध्ययन किया। फ्रेइरे के कुछ मुख्य प्रकाशन है: कल्चर एक्शन ऑफ फ्रीडम, ए पेडागॉजी ऑफ लिबरेशन, क्रिटिकल लिटरेसी, ऐजुकेशन फॉर क्रिटिकल कान्शियसनेस, पेडागॉजी ऑफ हार्ट, लर्निंग टू क्वश्चन, एजूकेशन एज द एक्सरसाइज ऑफ फ्रीडम, थ्योरी एंड प्रैक्टिस ऑफ लिबरेशन, पेडागॉजी ऑफ ऑपरेस्ड, टीचर्स एज कल्चरल वर्कर्स, पेडागॉजी ऑफ द फ्रीडम आदि। फ्रेइरे के कुछ पुस्तकों का प्रकाशन 18 से भी ज्यादा भाषाओं में हुआ और उनकी पुस्तक 'पेडागॉजी ऑफ ऑप्रेस्ड' तीन दशकों तक ख्याति प्राप्त करती रही और इसकी कम से कम 5,00,000 प्रतियाँ पूरे विश्व में खरीदी गई। वह एक प्रभावित दार्शनिक और राजनेता थे। 2 मई 1997 में साओ पाउलो में हृदय घात से उनका निधन हो गया।

### शिक्षा दर्शन (Philosophy of Education)

फ्रेइरे का शिक्षा दर्शन कोई साधारण दर्शन नहीं है, अपितु एक जैविक राजनीतिक चेतना है। उनके विचार थे कि संसार में कुछ वर्ग के वर्चस्व को समाप्त किया जाना चाहिए ताकि सभी का मानवीकरण हो सके। दुनिया में उत्पीड़कों के दृष्टिकोण और उसमें उनके भौतिक विशेषाधिकार

को सुदृढ़ करने के लिए उन्होंने शिक्षा का सत्तावादी रूप प्रस्तुत किया। उन्होंने कहा कि शिक्षा द्वारा मुक्ति का साधन एक अभ्यास है, या क्रिया और प्रतिबिंब की प्रक्रिया है जो एक साथ वास्तविकता को जन्म देती है और इसे बदलने के लिए कार्य करती है। फ्रेइरे ने उन विचारों की आलोचना की है जो व्यक्तिपरक पहलू और इस बात पर जोर देते हैं कि क्रांतिकारी परिवर्तन शब्द और कर्म दोनों में एक महत्वपूर्ण प्रतिबद्धता की निरंतरता के माध्यम से होता है। यह द्वंद्वात्मक एकता उनके सूत्रीकरण में व्यक्त की गई है,

*"एक सच्चा शब्द बोलना दुनिया को बदलना है।"*

फ्रेइरे शिक्षा के तीन प्रमुख दार्शनिक परंपराओं से प्रभावित थे। जो निम्न प्रकार से हैं–

1. अराजकतावादी परंपरा (Anarchist tradition)
2. मार्क्सवादी–समाजवादी परंपरा (Marxist-socialist tradition)
3. फ्रायडियन लेफ्ट (Freudian left)

## दार्शनिक परंपराएं

| | |
|---|---|
| अराजकतावादी परंपरा (Anarchist tradition) | अराजकतावादियों ने राष्ट्रीय शिक्षा प्रणाली का विरोध किया क्योंकि उनका विश्वास था कि राज्यों के हाथों में शिक्षा उन लोगों के राजनीतिक हितों की सेवा करेगी जो सत्ता में हैं। उन्होंने शिक्षा को राज्य के नियंत्रण से हटाकर शिक्षार्थी की व्यक्तिगत स्वतंत्रता और स्वायत्तता को बढ़ावा देने की वकालत की। |
| मार्क्सवादी–समाजवादी परंपरा (Marxist-socialist tradition) | शिक्षा में मार्क्सवादी–समाजवादी परंपरा ने एक स्वतंत्र और स्वायत्त व्यक्ति का उत्पादन करने के लिए पूंजीवादी राजनीतिक अर्थव्यवस्था से सरकार और अर्थव्यवस्था के समाजवादी रूप में क्रांतिकारी परिवर्तन की वकालत की। |
| फ्रायडियन लेफ्ट (Freudian left) | फ्रायडियन वामपंथियों ने मार्क्सवादी–समाजवादी धारणा में निहित समस्या को संबोधित किया कि जब लोग बुरी संरचनाओं के प्रति जागरूक हो जाते हैं तो वे आवश्यक परिवर्तन लाने में सक्षम होते हैं। मनुष्य का विकास तभी संभव है जब व्यक्तिगत स्वार्थ को रोका जाये। इसलिए, उन्होंने अधिनायकवादी की इस संरचना के समाधान के रूप में यौन–स्वतन्त्रता, परिवर्तन और पारिवारिक संगठन और बच्चे के पालन–पोषण और शिक्षा के उदार तरीकों की वकालत की। |

फ्रेइरे ने अपनी शैक्षिक परियोजना की कल्पना दुनिया भर में पूंजीवादी विरोधों और साम्राज्यवादी विरोधी आंदालनों के साथ एकजुटता से की थी। यह अधिकतर विशेषाधिकार प्राप्त शैक्षिक और क्रांतिकारी नेताओं को 'वर्ग आत्महत्या' करने और उत्पीड़ितों के साथ साझेदारी में संघर्ष करने का आह्वान करती है। यह अपील एक मार्क्सवादी राजनीतिक विश्लेषण की मजबूती पर आधारित है, जो उत्पादन और वितरण की प्रणालियों के पुनर्गठन की मांग करता है। फ्रेइरे ने "नीचे" से क्रांति के पक्ष में समाजवाद के अभिजात्य और सांप्रदायिक संस्करणों को खारिज कर दिया। फ्रेइरे की परियोजना में न केवल समाज का भौतिक पुनर्गठन शामिल है, बल्कि एक सांस्कृतिक पुनर्गठन भी शामिल है। इसमें यूरोपीय साम्राज्यवाद के इतिहास को देखते हुए, उत्पीड़ितों की मुक्ति के लिए शिक्षा में औपनिवेशिक संरचनाओं और विचारधाराओं को खत्म करना शामिल है। अफ्रीका में पूर्व पुर्तगाली उपनिवेशों में उन्होंने जो साक्षरता परियोजनाओं की शुरूआत की, उनमें उन्होंने उनकी स्वदेशी संस्कृतियों की उपेक्षा के खिलाफ पुनः पुष्टि पर बल दिया।

फ्रेइरे का कार्य स्वतंत्रता और आदर्शवाद के साथ-साथ नियतत्ववाद और वस्तुवाद की अस्वीकृति का गठन करना है। फ्रेइरे के विचारों की मौलिकता में कई दार्शनिक और राजनीतिक परंपराओं के संश्लेषण का प्रयोग उनके विभिन्न शैक्षणिक प्रयासों में देखा जा सकता है। इस प्रकार गुरु और दास की हेगेलियन द्वंद्वात्मकता शिक्षा के अधिनायकवादी रूपों से मुक्ति उनकी दृष्टि को सूचित करती है, जीन पॉल सार्त्र और मार्टिन बुबेर के अस्तित्ववाद ने उत्पीड़ितों के आत्म-परिवर्तन, उनके विवरण को कट्टरपंथी अंतर-व्यक्तित्व के स्थान में संभव बना दिया; कार्ल मार्क्स का ऐतिहासिक भौतिकवाद सामाजिक सम्बन्धों की ऐतिहासिकता की उनकी अवधारणा को प्रभावित करता है। प्रामाणिक शिक्षा की एक आवश्यक पूर्व शर्त के रूप में प्रेम पर उनके जोर का कट्टरपंथी ईसाई मुक्ति धर्मशास्त्र के साथ सम्बन्ध हैं, और अर्नेस्टों चे ग्वेरा और फ्राल्ज फ्रैनन के साम्राज्यवाद-विरोधी क्रांतिवाद ने "आंतरिक उत्पीड़न" की उनकी धारणा के साथ-साथ उग्रवादी उपनिवेशवाद के एक अभ्यास के प्रति उनकी प्रतिबद्धता को रेखांकित किया।

### शिक्षा का अर्थ (Meaning of Education)

फ्रेइरे के अनुसार,

*"शिक्षा का अर्थ है, क्योंकि महिलाएं और पुरुष सीखते हैं, सीखने के माध्यम से ही वे अपने आपको सक्षम बना सकते हैं और अपना पुनर्निर्माण कर सकते हैं, क्योंकि महिलाएं ओर पुरुष स्वयं के लिए जिम्मेदारी लेने में सक्षम हैं क्योंकि वे जो जानते हैं और जो वे नहीं जानते, उसे जानने में सक्षम हैं।"*

फ्रेइरे के अनुसार शिक्षा:

- शिक्षा जानने की क्रिया है, याद रखने की नहीं।
- यह एक सीखने की स्थिति है, जिसमें संज्ञेय वस्तुएं संज्ञानात्मक अभिनेताओं के बीच में होती है—एक तरफ शिक्षक और दूसरी तरफ छात्र।
- यह स्वतंत्रता के लिए सांस्कृतिक क्रिया और स्वतंत्रता से अभ्यास है।

वे शिक्षा के आदर्शवादी, यथार्थवादी और यंत्रवत सिद्धांत के खिलाफ हैं। वे अस्तित्ववादी दर्शन में विश्वास करते थे, जो मनुष्य के अपने प्रयासों से दुनिया को बदलने की क्षमता पर जोर देता है। उनका मानना था कि शिक्षा ज्ञान या संस्कृति का हस्तांतरण या प्रसारण नहीं है, न ही यह तकनीकी ज्ञान का विस्तार है। यह शिक्षार्थी में प्रतिवेदन या तथ्य जमा करने का कार्य नहीं है और न ही यह शिक्षार्थी को परिवेश के अनुकूल बनाने का प्रयास है।

*"मैं शिक्षा को स्वतंत्रता के अभ्यास के रूप में सबसे ऊपर वास्तव में एक न्यूरोलॉजिकल स्थिति के रूप में देखता हूँ। मुक्ति की शैक्षिक प्रक्रिया में, शिक्षक-शिक्षित और शिक्षक दोनों संज्ञानात्मक विषय हैं, जो स्वयं को आमने-सामने रखकर विभिन्न प्रश्नों के माध्यम से जांच करते हैं, जितना अधिक वे प्रश्न पूछते हैं, उतना ही उन्हें लगता है कि उनकी ज्ञान के विषय में जिज्ञासा कम नहीं हो रही है। यह केवल तभी शांत होती है या समाप्त होती है जब इसे मनुष्य और दुनिया से अलग किया जाता है।"*

### शिक्षा के उद्देश्य (Aims of Education)

शिक्षा इस प्रकार की होनी चाहिए जो विद्यार्थियों में जागरूकता को बढ़ाए ताकि वे दुनिया के विषय बनकर रहें ना कि वस्तु। यह तभी संभव है जब विद्यार्थियों को लोकतांत्रिक दृष्टि से सोचने, लगातार प्रश्न पूछने और उनके द्वारा सीखी गई प्रत्येक वस्तु का अर्थ निकालने के लिए प्रोत्साहित किया जाए। उन्होंने कहा है कि शिक्षा के माध्यम से विद्यार्थियों में आलोचनात्मक चेतना का विकास

होना चाहिए। इसे केवल उनकी साक्षरता, शिक्षा के शिक्षाशास्त्र द्वारा प्राप्त किया जा सकता है। यह केवल शब्दों के पढ़ने को सम्मिलित नहीं करती बल्कि संसार को भी साथ में लेकर चलती है। संसार को पढ़ने के लिए आलोचनात्मक सजगता या चेतना का गठन लोगों को उनकी ऐतिहासिक और सामाजिक स्थिति की प्रकृति पर सवाल उठाने की अनुमति देता है। आलोचनात्मक चेतना का जागरण सामाजिक असंतोषों की अभिव्यक्ति का मार्ग प्रशस्त करता है, क्योंकि ये असंतोष एक शिक्षार्थी की स्थिति के वास्तविक घटक होते हैं। शिक्षा का कार्य दुनिया को बदलने के उद्देश्य से जागरूक कार्यों के माध्यम से व्यक्तियों का मानवीकरण करना है।

**शिक्षा के उद्देश्य**
**(Aims of Education)**

- विद्यार्थियों को सृजनकर्त्ता बनाना (To make the learner creator)
- विद्यार्थियों को निमित्त (साधन) बनाना (To make the learner an instrument)
- विद्यार्थियों को परस्पर संवाद के साथ विचारों को प्रस्तुत करने योग्य बनाना (To make the learners able to exchange thoughts with dialogue)
- ज्ञान का निर्माण करना (To construct the knowledge)
- विद्यार्थियों को सक्रिय बनाने के लिए (To make the learners active)
- व्यक्तिगत विभिन्नताओं को देखने के लिए (To observe individual differences)
- सहयोग से कार्य करने के लिए (To act in collaboration)
- अधिगमकत्ताओं को विषय बनाना (To make the learners subjects)

1. *विद्यार्थियों को सृजनकर्त्ता बनाना (To make the learners creator)*–शिक्षा उत्पीड़न से मुक्ति का एक सांस्कृतिक साधन है। मनुष्य स्वयं उत्पीड़न से मुक्ति तक तभी पहुँच सकता है जब वह अपनी वास्तविकता का सृजनकर्त्ता स्वयं बनें और शिक्षा का उद्देश्य उसे सृजनकर्त्ता या निर्माता बनाना होना चाहिए।
2. *विद्यार्थियों को निमित्त बनाना (To make the learner instrument)*–शिक्षा सदा से ही एक राजनीतिक कार्य ही है, यह राजनीतिक रूप से तटस्थ नहीं हो सकती। यह मुक्ति या प्रभुत्व का साधन हो सकती है क्योंकि मनुष्य जब अपनी वास्तविकता का निर्माता स्वयं बनता है तो वह उत्पीड़न के अंत या मुक्ति के लिए स्वयं निमित्त (साधन) बनता है।
3. *विद्यार्थियों को परस्पर संवाद के साथ विचारों को प्रस्तुत करने योग्य बनाना (To make the learners able to exchange thoughts with dialogue)*–शिक्षा का प्रमुख उद्देश्य विद्यार्थियों को परस्पर संवाद के साथ विचारों को प्रस्तुत करने योग्य बनाना है क्योंकि शिक्षा स्वयं प्रतिभागियों के बीच परस्पर विचारों और विश्वासों के आदान–प्रदान की स्थिति है। इसकी प्रमुख विशेषता यह है कि इसमें संवाद व्यक्तिगत रूप से एकतरफा ना होकर पारस्परिक, सामाजिक रूप से प्रासंगिक आदान–प्रदान के द्वारा होता है, जो दूसरों के हित के लिए कार्य करता है।

4. *ज्ञान का निर्माण करना (To construct knowledge)*–ज्ञान दूसरों द्वारा निर्धारित एक वस्तु नहीं है, जो शिक्षक अपने विद्यार्थियों को प्रदान करता है। शिक्षा का मुख्य उद्देश्य विद्यार्थियों को इस योग्य बनाना है कि वे अपने पास पहले से मौजूद ज्ञान से नये ज्ञान का निर्माण कर सकें।
5. *विद्यार्थियों को सक्रिय बनाने के लिए (To make the learner active)*–शिक्षा का प्रमुख उद्देश्य विद्यार्थियों को सक्रिय बनाना होना चाहिए, क्योंकि सीखने की शुरूआत क्रिया से होती है। सीखना एक ऐसी प्रक्रिया है जिसमें शिक्षार्थियों को ज्ञान प्रस्तुत किया जाता है; फिर समझ, चर्चा और चिंतन के माध्यम से उसे आकार दिया जाता है।
6. *व्यक्तिगत विभिन्नताओं को देखने के लिए (To observe the individual differences)* –विद्यार्थियों को शिक्षक द्वारा उन्हें खाली खाते के रूप में नहीं देखा जाना चाहिए, जिसमें उनका जो मन किया वही ज्ञान जमा कर दिया। अपितु उन्हें पता होना चाहिए कि प्रत्येक विद्यार्थी के पास अपने जीवन के अलग अनुभव हैं और उनका अपना अलग ज्ञान है जो उनकी शिक्षा और सीखने को आकार देने में महत्वपूर्ण हैं।
7. *सहयोग से कार्य करने के लिए (To act in collaboration)*–शिक्षा का उद्देश्य विद्यार्थियों को पारस्परिक सहयोग से कार्य करने के योग्य बनाना है क्योंकि शिक्षा स्वयं एक ऐसी घटना है, जिसमें शिक्षक और शिक्षित शिक्षा के माध्यम से एक-दूसरे को शिक्षित करते हैं।
8. *अधिगमकर्त्ताओं को विषय बनाना (To make the learners subjects)*– शिक्षा वास्तविकता की आलोचनात्मक समझ है। 'शब्द' के पढ़ने को दुनिया के पढ़ने से अलग नहीं किया जा सकता है। शिक्षण का प्रमुख उद्देश्य अधिगमकर्त्ताओं में जागरूकता को बढ़ाना है ताकि वे दुनिया की वस्तु न बनकर दुनिया के लिए विषय बन सके।

## आलोचनात्मक शिक्षणशास्त्र (Critical Pedagogy)

यह शिक्षणशास्त्र शिक्षार्थी में आलोचनात्मक जागरूकता या चेतना विकसित करने का एक शैक्षिक दृष्टिकोण है। आलोचनात्मक चेतना सामाजिक, राजनीतिक और आर्थिक उत्पीड़न के कारणों को गंभीर रूप से समझने और समाज के दमनकारी तत्वों के विरूद्ध आवाज उठाने की क्षमता है। यह शिक्षितों को वर्चस्व, विश्वासों और प्रथाओं पर सवाल उठाने और चुनौती देने में सक्षम बनाती है।

यह एक शैक्षिक पद्धति है जो समाज में मौजूद छिपे हुए पाठ्यक्रम की असमानताओं और उत्पीड़न के कई रूपों के बारे में शैक्षिक जागरूकता बढ़ाने का प्रयास करती है और उन्हें एक अधिक लोकतांत्रिक और न्यायसंगत समाज को बनाने की दिशा में कदम उठाने के लिए प्रोत्साहित करती है। यह इस बात पर ध्यान केंद्रित करता है कि ज्ञान का उत्पादन किसके हित में आगे तक ले जाना है और शिक्षा के आदर्श उद्देश्यों को उत्पीड़न से मुक्ति के रूप में कैसे प्रयुक्त करना है। यह शैक्षिक पद्धति विचार करती है कि किस प्रकार से शिक्षा व्यक्तियों को स्वयं को बेहतर बनाने के लिए उपकरण प्रदान करती है और एक समतावादी और न्यायपूर्ण समाज बनाने के लिए कैसे लोकतंत्र को मजबूत कर सकती है। यह शिक्षा को प्रगतिशील सामाजिक परिवर्तन के रूप में देखता है।

आलोचनात्मक शिक्षणशास्त्र की महत्वपूर्ण विशेषताएं निम्नलिखित हैं–

- यह इस धारणा पर आधारित है कि सभी शिक्षा शिक्षणशास्त्र है।
- यह उत्पीड़न से मुक्ति के लिए एक सांस्कृतिक साधन है जो शिक्षार्थियों को अपनी वास्तविकता का सृजनकर्त्ता बनाता है।

- यह शैक्षिक अभ्यास को विस्तार के रूप में नहीं बल्कि संचार के रूप में देखता है। विस्तार प्रकृति में नकारात्मक है और संचार प्रकृति में सकारात्मक।
- सीखना कार्यवाही से शुरू होता है। यह एक ऐसी प्रक्रिया है जहाँ ज्ञान को सीखने के लिए प्रस्तुत किया जाता है; फिर समझ, चर्चा और विचारशीलता के माध्यम से आकार दिया जाता है।
- यह दूसरों के हित के लिए व्यक्तिगत प्रतिनिधि की एकतरफा गतिविधि के स्थान पर एक चिंतनशील, पारस्परिक और सामाजिक रूप से प्रासंगिक आदान-प्रदान की विशेषता वाले संवाद में प्रतिभागियों के बीच विचारों और भावनाओं के आदान-प्रदान की स्थिति है।
- संज्ञान वस्तुओं का समूह नहीं है जो प्रशिक्षकों से विद्यार्थियों तक पहुँचाया जाता है। विद्यार्थियों को अपने पास पहले से मौजूद ज्ञान से नवीन ज्ञान का निर्माण करना चाहिए।
- इसका दृष्टिकोण समस्या आधारित है जो शिक्षार्थी को एक वस्तु से विषय में परिवर्तित करता है।
- इसका उद्देश्य एक न्यायपूर्ण और समतावादी समाज का निर्माण करना है।
- यह शिक्षा के आयाम के लिए तर्क प्रस्तुत करता है जो हाशिए पर स्थित लोगों के अनुभव में निहित हैं।
- यह अनुशासनात्मक सीमाओं को तोड़ने और ज्ञान के नये रूप के निर्माण पर जोर देता है। यह एक नए स्थान का निर्माण करने की बात करता है जहाँ ज्ञान का उत्पादन किया जा सके।

## मुक्ति के लिए शिक्षा (Education for Liberation)

फ्रेइरे निरक्षरों को सशक्त बनाना चाहते थे। वे उन्हें स्वयं की वास्तविकता का सृजनकर्त्ता बनाने के लिए प्रेरित करना चाहते थे। उन्होंने थोपी गई व्यवस्था से मुक्ति प्राप्त करने के लिए आलोचनात्मक विश्लेषण के रूप में एक दार्शनिक रूप से सिद्धांतबद्ध योजना बनाई, जो पूर्णतः स्वदेशी और जैविक थी। उन्हें उत्पीड़ितों के दुख और पीड़ा के प्रति रचनात्मक मस्तिष्क और संवेदनशील अंतःकरण की प्रतिक्रिया के प्रतिनिधि के रूप में माना जाता है। उनका तर्क है कि गरीबों की अज्ञानता और निष्क्रियता कुछ लोगों के आर्थिक, सामाजिक और राजनीतिक नियंत्रण द्वारा बनाई गई कुछ स्थिति का प्रत्यक्ष परिणाम है। वे उन लोगों को हाशिए पर खड़ा, गरीब, निराश और सामाजिक न्याय से उगा गया 'उत्पीड़ित' कहते हैं। सत्ता में या शक्तिशाली वर्ग में, जिनके पास धन और कानूनी सुरक्षा है, वे 'उत्पीड़क' हैं।

फ्रेइरे का आधारभूत विचार यह है कि जिस समाज में प्रभुत्वशाली अभिजनों का एक अल्पतंत्र बहुसंख्यक जनता पर शासन करता है, वह अन्यायपूर्ण तथा उत्पीड़नकारी समाज होता है। ऐसे समाज की व्यवस्था मनुष्यों को वस्तुओं में बदल देती है जो उन्हें अमानुषिक बनाती है, जबकि मनुष्यों का ऐतिहासिक और अस्तित्वमूलक कर्त्तव्य पूर्णतर मनुष्य बनना है। इस प्रकार की व्यवस्था में उत्पीड़क और उत्पीड़ित दोनों ही अमानुषिक होते हैं। दोनों का मानवीकरण आवश्यक होता है, किंतु उत्पीड़कों का अस्तित्व प्रभुत्व पर निर्भर होता है, वे प्रभुत्व का त्याग नहीं कर पाते और उसे कायम रखने की आकांक्षा में अमानुषीकरण की तरफ अधिक बढ़ते जाते हैं। अतः अपनी और उत्पीड़कों के मानवीकरण की जिम्मेदारी उत्पीडितों पर है, जो स्वयं अमानवीयता से मुक्त होकर उत्पीड़कों को भी मुक्त कर सकते हैं। उत्पीड़ितों की मुक्ति सामाजिक रूपांतरण से होगी और सामाजिक रूपांतरण में शिक्षा की क्रांतिकारी भूमिका है, क्योंकि शिक्षा केवल ज्ञान का लेन-देन नहीं, बल्कि ऐतिहासिक रूप से आवश्यक राजनीतिक गतिविधि तथा क्रांतिकारी सांस्कृतिक कार्य है।

शिक्षित होने का मतलब उत्पीड़नकारी व्यवस्था में अपनी जगह बनाना नहीं, बल्कि मनुष्य होना है और पूर्णत: मनुष्य तभी बना जा सकता है जब अमानवीय बनाने वाले उत्पीड़नकारी यथार्थ को बदला जाए। अत: शिक्षा सामाजिक रूपांतरण के लिए किया जाने वाला नैतिक, राजनीतिक और सांस्कृतिक कार्य है, जिसमें शिक्षक (क्रांतिकारी नेता) और छात्र (जनता) चिंतन और कर्म (आचरण) करते हैं। शिक्षण की इस पद्धति में शिक्षक 'छात्रों का शिक्षक' नहीं रहता और छात्र 'शिक्षक के छात्र' नहीं रहते, बल्कि दोनों एक-दूसरे को शिक्षित करने वाले तथा शिक्षित होने वाले 'शिक्षण-छात्र' और 'छात्र-शिक्षक' बन जाते हैं। इस प्रकार दोनों एक-दूसरे के साथ अपना और समाज का रूपातंरण करते हैं, जिसे 'मुक्ति शिक्षा' भी कहा जा सकता है।

*आधारभूत सिद्धांत*

- मनुष्य की सत्तामूलक प्रवृत्ति का कारण एक ऐसा विषय होता है जो अपनी दुनिया में कार्य करता है और निरंतर बदलता रहता है और ऐसा करते हुए वह व्यक्तिगत और सामूहिक रूप से पूर्ण और समृद्ध जीवन की नई संभावनाओं की ओर बढ़ता है।
- प्रत्येक व्यक्ति दूसरों के साथ संवाद से विश्व को आलोचनात्मक रूप से देखने में सक्षम है। व्यक्ति धीरे-धीरे व्यक्तिगत और सामाजिक वास्तविकता के साथ-साथ उसमें निहित अंतर्विरोधों को भी समझ सकता है। वह अपनी वास्तविकता की धारणा के प्रति सचेत हो जाता है और इसका सामना आलोचनात्मक रूप से करता है।
- वास्तविकता दो अलग-अलग मानार्थ घटकों में विभाजित है-

  (i) *उद्देश्य वास्तविकता*-वस्तुएं, संरचनाएं, भूमिकाएं जो लोगों के लिए बाह्य है।

  (ii) *व्यक्तिपरक वास्तविकता*-विचार, आदर्श, मूल्य जो लोगों के लिए आंतरिक हैं।

  ये दोनों वास्तविकताएं एक द्वंद्वात्मक प्रक्रिया में परस्पर क्रिया करती हैं।
- फ्रेइरे के सैद्धांतिक ढ़ांचे में यह शामिल है कि ज्ञान तटस्थ नहीं है लेकिन यह ऐतिहासिक क्षणों की अभिव्यक्ति है जहां कुछ समूह दूसरों पर हावी होते हैं। व्यक्तियों के उत्पीड़ित समूह अक्सर अपने जीवन के 'विषयों' की बजाए जीवन को 'वस्तुओं' के रूप में अनुभव करते हैं। 'वस्तुओं' में प्राय: उन संस्थानों को प्रभावित करने के लिए महत्वपूर्ण कौशलों की कमी होती है जिनका उनके जीवन पर नियंत्रण होता है। 'विषयों' में न केवल उन संस्थानों को प्रभावित करने के कौशल हैं अपितु इन कौशलों को प्रयोग कैसे करना है, उसके अवसर भी हैं।
- विद्यार्थी सीखने की प्रक्रिया में विषय होते हैं न कि वस्तुएँ क्योंकि उन्हें अपने भाग्य का निमित्त बनना होता है। सीखने की प्रक्रिया में शिक्षार्थी और शिक्षक समान भागीदार होते हैं। सीखने की प्रक्रिया का उद्देश्य प्रतिभागियों को उनके बाह्य और आतंरिक उत्पीड़न से मुक्त करना है और शिक्षार्थियों को अपने जीवन और जिस समाज में वे रहते हैं उसे बदलने में सक्षम बनने में सुविधा प्रदान करना है।
- शिक्षाशास्त्र आलोचनात्मक रूप से सकारात्मक भाषा पर आधारित है। शिक्षकों को अपने और विद्यार्थियों के अनुभवों दोनों पर लगातार कार्य करना चाहिए। यह आवश्यक है कि भाषा शिक्षण का लोकतंत्रीकरण किया जाए और संभ्रातवादी या पितृसत्तात्मक बाधाओं को संचार क्षमता के विकास के लिए तोड़ दिया जाए ताकि सभी विद्यार्थियों की समानता सुनिश्चित हो सके।

इस प्रकार फ्रेइरे के विचारों द्वारा सुझाए गए मुक्त कक्षा-कक्ष में, शिक्षक परस्पर निर्मित संवाद से छात्र के जीवन, सामाजिक जीवन और शैक्षणिक विषयों से प्राप्त समस्याओं को प्रस्तुत करते हैं।

## पाठ्यक्रम योजना (Curriculum Planning)

फ्रेइरे के अनुसार पाठ्यक्रम की योजना किसी भी स्तर पर अधिकारियों के द्वारा तय नहीं की जानी चाहिए। उनके दृष्टिकोण के अनुसार, पाठ्यचर्या नियोजन पूरी तरह से जनोन्मुखी प्रक्रिया है जिसमें शुरूआती बिंदु, लोग और उनकी अपेक्षाएं और इच्छाएं हैं। उनका मानना है कि पाठ्यक्रम नियोजन एक सतत् प्रक्रिया है जिसे शिक्षकों और छात्रों की आपसी भागीदारी के माध्यम से किया जाना चाहिए। इस आधार के अनुसार पाठ्यक्रम नियोजन में ऊपर से नीचे की प्रक्रिया नहीं है इसमें शिक्षा और अधिगम की प्रक्रिया में शामिल सभी लोगों को शैक्षिक योजना में अपनी भूमिका सर्वोत्तम ढंग से निभानी चाहिए। उनके पाठ्यक्रम नियोजन परिप्रेक्ष्य में, शिक्षण उन लोगों की आलोचनात्मक चेतना को बढ़ाने का एकमात्र साधन है जिनकी मानसिक प्रगति को समाज की राजनीतिक और सामाजिक स्थितियों ने बाधित कर रखा है।

आलोचनात्मक चेतना प्राप्त करने के लिए पाठ्यक्रम नियोजन के निम्नलिखित सिद्धांतों को ध्यान में रखा जाना चाहिए:

- *समाज के पारंपरिक और स्वदेशी संदर्भ को महत्व (Importance to traditional and indigenous context of society)*–फ्रेइरे (1984) संकेत करते हैं कि देश की वास्तविकताओं के साथ शिक्षा को अनुकूलित करने के लिए ग्रामीण वास्तविकता को केंद्रित करना आवश्यक है। अधिकतर मामलों में यह देखा गया है कि शिक्षा योजना को समाज के उच्च वर्गों की जरूरतों और इच्छाओं के आधार पर विनियमित किया जाता है। यह सामाजिक वर्गों के बीच अंतर को विकसित करने का मुख्य प्रभावी कारक हैं। यही कारण है कि फ्रेइरे का मानना है कि सामान्य शैक्षिक योजनाएं, जो स्थानीय परिस्थितियों पर आधारित नहीं होती, वे गहरी स्थितियों में कभी भी परिणामदायक नहीं हो सकती।
- *शिक्षार्थियों और अधिकारियों की पारस्परिक भागीदारी (Mutual participation of students and authorities)*–फ्रेइरे का मानना है कि कुलीन और वरिष्ठ प्रबंधक शैक्षिक योजना विकास के एकमात्र अधिकारी नहीं है, पाठ्यक्रम योजना एक सहभागी प्रक्रिया है जिसमें सभी शैक्षिक अधिकारी और प्रबंधक भी शामिल होते हैं। जैसाकि फ्रेइरे की पाठ्यक्रम योजना शिक्षार्थियों के अनुभवों और उनके जीवन की वास्तविकताओं से ली गई है, इसलिए शैक्षिक योजनाओं को प्रोफेसरों, विशेषज्ञों, माता-पिता, शिक्षकों, स्थानीय समूहों और सामाजिक जीवन की जरूरतों और वास्तविकताओं की मदद के आधार पर विकसित किया जाना चाहिए। इस सम्बन्ध में, फ्रेइरे स्कूलों के निर्णयों में माता-पिता और छात्र परिषदों की भूमिका पर ध्यान केंद्रित करते हैं और शैक्षिक प्रणाली में एक लोकतांत्रिक वातावरण विकसित करते हैं।
- *शिक्षा की राजनीतिक स्थिति पर विचार करना (Consider the political position of education)*–उनका मानना है कि शिक्षा एक राजनीतिक गतिविधि है और इसका प्रमुख उद्देश्य सामाजिक सम्बन्धों का विश्लेषण करना है। दूसरे शब्दो में, वास्तविक शिक्षा लोगों की राजनीतिक चेतना का विकास करती है। 'क्या', 'क्यों', 'कैसे', 'किसके लिए', और 'किस उद्देश्य के लिए' जैसे प्रश्न किसी भी शैक्षिक प्रयास में महत्वपूर्ण भूमिका निभाते हैं।
- *सांस्कृतिक भाग (Cultural segment)*–सांस्कृतिक भाग (क्षेत्र) शिक्षण-अधिगम प्रक्रिया में महत्वपूर्ण भूमिका निभाते हैं। विभिन्न सांस्कृतिक क्षेत्रों में, विद्यार्थी शैक्षिक पद्धति और पाठ्यक्रम सामग्री को मौलिक रूप से बदलते हैं।

- *आर्थिक उत्पादन प्रक्रिया के साथ सम्बन्ध (Relationship with economic production process)*–फ्रेइरे की पाठ्यक्रम योजना के अनुसार, ज्ञान के विस्तार और विकास की प्रक्रिया को कार्यों और आर्थिक प्रयासों में व्यावहारिक भागीदार के साथ एक साथ सम्पन्न किया जा सकता है। फ्रेइरे के अनुसार आधुनिक काल में शिक्षा में प्राथमिक विद्यालय, हाई स्कूल और विश्वविद्यालयों को कारखानों, कार्यशालाओं आदि से अलग नहीं किया जाना चाहिए। पाठ्यक्रम योजना में सिद्धांत के स्थान पर अधिक से अधिक व्यावहारिक प्रयास शामिल होने चाहिए, जिसके परिणामस्वरूप शिक्षार्थी आर्थिक विकास में समाज की मदद कर सकें।
- *प्रौढ़ शिक्षा का समावेशन (Inclusion of adult education)*–फ्रेइरे के अनुसार यदि गरीब लोगों को 'मौन संस्कृति' से मुक्त नहीं किया जा सकता है, तो उन्हें सामाजिक और राजनीतिक दासता से मुक्त करने का कोई रास्ता नहीं होगा। इस सम्बन्ध में उन्होंने वयस्क शिक्षा पर गंभीरता से ध्यान केंद्रित किया और इस वर्ग को शिक्षित करने के लिए कई व्यापक साक्षरता योजनाओं की शुरूआत की, जिसका विकासशील देशों में वयस्कों की सार्वजनिक चेतना के विकास पर काफी प्रभाव पड़ा। वयस्क शिक्षा में यह महत्वपूर्ण है कि शिक्षार्थी आलोचनात्मक विश्लेषण में अपनी समझ को और अधिक गहराई से समझें।
- *उत्पीड़ित लोगों की शिक्षा (Oppressed people education)*–फ्रेइरे के अनुसार उत्पीड़ित लोगों को शिक्षित करने का प्रयास आवश्यक है। उनका मानना है कि विभिन्न कारणों से उत्पीड़ित लोगों में आलोचनात्मक चिंतन शक्ति का विकास नहीं होता है। यही कारण है कि उन्होंने विभिन्न तरीकों से उनकी आलोचनात्मक सोच को प्रोत्साहित करने का प्रयास किया। फ्रेइरे के अनुसार समाज में मौन संस्कृति का प्रभुत्व है और उत्पीड़ित लोगों को उनके अधिकारों से रोका जाता है। पाठ्यक्रम नियोजन में जिन उपायों का ज्ञान आवश्यक है, इनमें शामिल हैं: एकरूपता की आलोचनात्मक चेतना, समस्या और कथात्मक शिक्षा पर आधारित शिक्षा।

उपरोक्त चर्चा के आधार पर हम कह सकते हैं कि फ्रेइरे की पाठ्यक्रम योजना एक क्षैतिज प्रक्रिया है जिसमें सभी प्रतिभागी (जैसे शिक्षक, छात्र और यहां तक कि माता-पिता) पाठ्यचर्या योजना में शामिल होते हैं। फ्रेइरे का मुख्य उद्देश्य मुक्तिदायक है, क्योंकि उन्होंने अपने पाठ्यक्रम नियोजन में पारंपरिक और सांस्कृतिक संदर्भ को महत्वपूर्ण स्थान दिया है और साथ ही आधुनिकता के अनुरूप पाठ्यक्रम योजना में विद्यालय को अर्थव्यवस्था और उत्पादक संस्थानों के साथ समावेशन पर भी बल दिया है।

## शिक्षण पद्धति (Methodology of Teaching)

फ्रेइरे द्वारा प्रस्तुत की गई शिक्षण पद्धति में 3 परस्पर सम्बन्धित चरण शामिल है:

### चरण I : समस्या की खोज (विषयों को उत्पादित करना)

### Stage 1 : Find the Problems (Generating Themes)

इस चरण में अध्यापक विद्यार्थियों के संदर्भ में समस्या के कारणों को उत्पन्न करता है तथा उन्हें स्वतंत्रतापूर्वक अपने विचार प्रस्तुत करने के लिए प्रोत्साहित करता है। यह स्तर लगातार सुनने का होगा। चर्चा के दौरान नये विचार सामने आएंगे। प्रत्येक प्रतिभागी को विषय और विषयवस्तु उत्पन्न करने के समान अवसर मिलेंगे लेकिन ये विचार प्रासंगिक और सार्थक होने चाहिए। इस स्तर पर शिक्षक की भूमिका सभी प्रतिभागियों की चर्चा को प्रासंगिक बनाए रखने तथा उन्हें प्रोत्साहित करने तक सीमित होती है। इस प्रकार शिक्षक छात्रों के आत्मविश्वास और सहकारी कौशल को बढ़ावा देने में सहायक होता है।

## चरण II : कूट-संकेतों को उत्पादित करना ( संहिताकरण )

## Stage II : Produce the Codes (Codification)

इस चरण में चरण I में विचारणीय विषयों को संशोधित किया जाता है। यह संहिताकरण (Codification) परिचित स्थानीय स्थितियों का प्रतिनिधित्व करते हैं और सहभागी समूह द्वारा तय की जाने वाली चुनौतियों के रूप में प्रस्तुत किए जाते हैं। अपने पिछले ज्ञान और अनुभवों के आधार पर, छात्रों को इन कोडों पर गंभीर रूप से प्रतिबिंबित करने के लिए प्रोत्साहित किया जाता है। वे पूर्व ज्ञान की सहायता से चर्चा को समृद्ध करते हैं और यह नया ज्ञान प्राप्त करने के लिए एक उपकरण के रूप में कार्य करता है। इस प्रकार इस स्तर पर नए ज्ञान और अनुभवों के साथ पूर्व ज्ञान और अनुभवों के बीच सम्बन्ध स्थापित किया जाता है। जब संहिताकरण (Codification) के चरण में चर्चा के मुद्दों का पता चलता है, तो उनके निहितार्थों के बारे में अधिक चर्चा होती है।

## आगमनात्मक पूछताछ प्रक्रिया के तीन स्तर

## (Three Steps of inductive questioning process)

| देखना (प्रतिभागियों द्वारा रहने की स्थिति)<br>To see (The situation lived by the participants) |
|---|
| विश्लेषण करना (मूल कारणों का विश्लेषण करने वाली स्थिति)<br>To analyze (The situation, analysing the root causes) |
| कार्य करना (सामाजिक नियमों का पालन करते हुए इस स्थिति को बदलना)<br>To act (To change this situation, following the precepts of social justice) |

सिद्धांत और व्यवहार अविभाज्य हैं: सिद्धांत अभ्यास का एक क्षण है, अभ्यास से सिद्धांत का जन्म होता है, और सिद्धांत बदलने और पुनर्निर्मित होने के लिए वापिस अभ्यास में चला जाता है।

1. स्थिति को देखना जैसा प्रतिभागियों ने अनुभव किया।
   (i) कोड में दिखाई गई स्थिति का वर्णन करें।
   (ii) स्थिति में समस्याओं को परिभाषित करें।
   (iii) प्रतिभागी और समस्या के बीच की कड़ी बनाए।
2. स्थिति का विश्लेषण करने के लिए (समस्या वृक्ष)
   (i) ऐसा क्यों हुआ?
   (ii) यह कैसे कायम है?
   (iii) इसके तत्काल प्रभाव और जड़ क्या है?
3. स्थिति को बदलने के लिए कार्य करना।
   (i) अल्पकालिक कार्यवाही (अगले 3 दिन, 3 सप्ताह, 3 महीने जो समस्या वृक्ष की पत्तियों में से एक को प्रभावित करते हैं)
   (iii) दीर्घकालिक कार्यवाही (अगले 3 महीने, 3 साल जो समस्या पेड़ के स्त्रोत जड़ों में से एक को प्रभावित करते हैं)

क्रिया + प्रतिबिंब = अभ्यास

### चरण III : विसंकेतीकरण
### Step III : Decodification

इस चरण में विद्यार्थी शिक्षक की सहायता से अपने संदर्भ में विद्यमान संकटों का पता लगा सकते हैं। फिर इन समस्याओं को कैसे सम्बोधित किया जा सकता है, उसको सामने रख छात्रों द्वारा चर्चा की जाएगी। प्रस्तावित समाधान और अधिक विचार-विमर्श की ओर ले जाते हैं और अधिक आलोचना को प्रोत्साहित किया जाता है।

यहाँ एक चौथा चरण भी जोड़ा गया है जिसे फ्रेइरे ने स्वयं 'साक्षरता के बाद' या राजनीतिक साक्षरता कहा है। यह उन लोगों के मध्य आलोचनात्मक चेतना को बढ़ाता है जो पहले से ही साक्षर है। उत्पीड़ितों के शिक्षाशास्त्र से यह पता चला है कि किस प्रकार शिक्षा का यह रूप क्रांतिकारी कार्यवाही का प्रारंभिक चरण बन सकता है। 'उत्पीड़न', 'वर्चस्व', 'साम्राज्यवाद', 'कल्याणवाद' जैसे विषय विचार-विमर्श और कार्यवाही के आधार के रूप में काम करेंगे। जैसे-जैसे विद्यार्थी अपनी समस्याओं को संबोधित करने के सभी चरणों (सुनने, संहिताबद्ध या आलोचनात्मक विश्लेषण और विसंकेतीकरण) में भाग लेते हैं, वे सशक्त महसूस करते हैं और इस प्रकार वे अधिक जिम्मेदार बनते हैं।

## बैंकिंग शिक्षा (Banking Education)

फ्रेइरे ने शिक्षा में 'बैंकिंग' अवधारणा की एक नई शब्दावली पेश की है। वे शिक्षा के प्रचलित प्रारूप की आलोचना करते हैं जिसने विद्यार्थियों को एक निष्क्रिय वस्तु बनाकर रख दिया है। प्रचलित प्रणाली विद्यार्थियों को यांत्रिक ढंग से रटने की तरफ ले जाती है जिसमें विद्यार्थियों को एक पात्र बना दिया है, जिन्हें शिक्षक के द्वारा भरा जाना होता है। जो इन पात्रों को जितना ज्यादा भर सके वह उतना ही अच्छा शिक्षक तथा जो छात्र निष्क्रिय होकर स्वयं को भरने दें, वे उतने ही अच्छे छात्र।

इस प्रकार शिक्षा बैंक में पैसा जमा करने की भांति छात्रों में ज्ञान-राशि जमा करने का काम बन जाती है, जिसमें शिक्षक जमाकर्ता होता है और छात्र जमा करने वाले होते हैं। इसमें शिक्षक संप्रेषण की बजाए विज्ञप्तियां जारी करता है, वह जिन चीजों को जमा करता है छात्र उन्हें धैर्यपूर्वक ग्रहण करते हैं, रटते हैं और दोहराते हैं। यह शिक्षा की बैंकिंग अवधारणा कहलाती है, जिसमें छात्र एक वस्तु बन कर रह जाते हैं तथा अपनी सृजनात्मकता को निष्क्रिय कर देते हैं, जिससे मानवीय भावनाओं का ह्रास होता है।

शिक्षा की बैंकिंग अवधारणा में ज्ञान एक उपहार होता है, जो स्वयं को ज्ञानवान समझने वालों के द्वारा उनको दिया जाता है जिन्हें वे नितांत अज्ञानी मानते हैं। दूसरों को परम अज्ञानी बताना उत्पीड़न की विचारधारा की विशेषता है। वह शिक्षा और ज्ञान को जिज्ञासा की प्रक्रिया नहीं मानती। शिक्षक अपने छात्रों के समक्ष स्वयं को एक आवश्यक विलोम के रूप में प्रस्तुत करता है, उन्हें परम अज्ञानी मानकर वह अपने अस्तित्व का औचित्य सिद्ध करता है। जिसके परिणामस्वरूप छात्र कभी भी अपनी वास्तविकता से परिचित नहीं हो पाते। बैंकिंग शिक्षा समग्र रूप में उत्पीड़न को प्रतिबिंबित करने वाली निम्नलिखित विशेषताओं के द्वारा अंतर्विरोधों को बढ़ाती भी है-

1. शिक्षक पढ़ाता है और विद्यार्थी पढ़ाए जाते हैं।
2. शिक्षक सब कुछ जानता है और विद्यार्थी कुछ भी नहीं जानते।
3. शिक्षक सोचता है और विद्यार्थियों के बारे में सोचा जाता है।

4. शिक्षक बोलता है और विद्यार्थी सुनते हैं-खामोशी से।
5. शिक्षक अनुशासन लागू करता है और विद्यार्थी अनुशासित होते हैं।
6. शिक्षक अपनी मर्जी का मालिक है, वह अपनी इच्छा से चलता है और शिक्षार्थी को उसकी मर्जी के अनुसार चलना पड़ता है।
7. शिक्षक कर्म करता है और शिक्षार्थी उसके कर्म के द्वारा सक्रिय होने के भ्रम में रहते हैं।
8. शिक्षक पाठ्यक्रम बनाता है और विद्यार्थियों को वही पढ़ना पड़ता है।
9. शिक्षक अपने पेशेवर अधिकार को ज्ञान का अधिकार अर्थात् अधिकारी विद्वान समझता है और उस अधिकार को छात्रों की स्वतंत्रता के विरूद्ध प्रयोग करता है।
10. शिक्षक अधिगम की प्रक्रिया का कर्त्ता होता है और विद्यार्थी महज अधिगम की वस्तुएं।

विद्यार्थी स्वयं को दी जाने वाली जितनी अधिक 'जमाओं' का संग्रह करते हैं, उतनी ही उनकी आलोचात्मक चेतना विकसित नहीं हो पाती है, जो विश्व का रूपांतरण करने की क्षमता रखती है। स्वयं पर थोप दी गई निष्क्रियता की भूमिका को वे जितनी अधिक पूर्णता के साथ स्वीकार करते हैं, उतनी ही सरलता के साथ वे विश्व से वह जैसा भी है और यथार्थ के उस विखंडित दृष्टिकोण से, जो उनके अंदर जमा कर दिया गया होता है, स्वयं को अनुकूलित कर लेते हैं।

बैंकिंग शिक्षा विद्यार्थियों की सृजनात्मक शक्ति को न्यूनतम कर देती है या समाप्त कर देती है और सहज ही विश्वास कर लेने की प्रवृत्ति को बढ़ाती है। इसलिए वह उत्पीड़िकों का हित साधन करती है, जो न तो यह परवाह करते हैं कि विश्व की वास्तविकता लोगों के सामने आए और न ही उसका रूपातंरण चाहते हैं। इसलिए शिक्षा में किए जाने वाले ऐसे प्रयोगों का वे विरोध करते हैं, जो विद्यार्थियों में आलोचनात्मक चेतना या क्षमताओं को बढ़ाएं।

## समस्या-प्रस्ताव ( उठाऊ ) शिक्षा (Problem-Posing Education)

शिक्षा की बैंकिंग प्रणाली के विपरीत पाऊलो फ्रेइरे ने शिक्षण की 'संवादात्मक समस्या-प्रस्ताव' पद्धति का प्रस्ताव रखा। उनका मानना था कि कक्षा-कक्ष एक ऐसी जगह है जहाँ ज्ञान को संचारित नहीं अपितु उसकी खोज की जाती है। इस शिक्षा दृष्टिकोण के प्रति उनका तर्क था कि यह पद्धति विद्यार्थियों को उनके संदर्भ की समस्या पर विचार-विमर्श करने और साहसपूर्वक हस्तक्षेप करने में सक्षम बनाती है क्योंकि एक विद्यार्थी वास्तव में तभी सीखता है जब वह ज्ञान का निर्माण स्वयं करता है ना कि दूसरों के ज्ञान को अपने मस्तिष्क में जमा करता रहता है। इस पद्धति की मूलभूत अवधारणाएँ हैं–

1. कोई किसी और को नहीं सिखा सकता (No one can teach anyone else)
2. कोई अकेला नहीं सीख सकता (No one can learn alone)
3. लोग अपनी दुनिया में और उस पर अभिनय करते हुए एक साथ सीखते हैं (People learn together, acting in and on their world)

यह विधि शिक्षार्थियों के जीवन की वास्तविक स्थिति से शुरू होती है। उनके जीवन की स्थिति को एक समस्या के रूप में प्रस्तुत किया जाता है और विद्यार्थी समस्या की चुनौतियों का सामना करते हुए उसे सैंद्धातिक न बनाकर अपनी समझ के साथ आलोचात्मक चेतना को विकसित करते हुए चुनौतियों का सामना करते हैं तथा इसी प्रक्रिया में वे स्वयं अपनी सूझ-बूझ से ज्ञान का निर्माण करने में सक्षम बन जाते हैं। इस पद्धति में संवाद से शिक्षक 'छात्रों का शिक्षक' और छात्र

'शिक्षक के छात्र' नहीं रहते बल्कि एक नया पद सामने आता है जिसमें शिक्षक महज वह नहीं रहता है 'जो पढ़ाता है' बल्कि छात्रों से संवाद करते समय स्वयं भी उनसे पढ़ता है और दूसरी तरफ छात्र भी शिक्षक से संवाद करते समय पढ़ने के साथ-साथ पढ़ाते भी है। शिक्षक और छात्र उस प्रक्रिया के लिए उत्तरदायी हो जाते हैं, जिसमें सभी की वृद्धि होती है। इस पद्धति में शिक्षक की भूमिका, छात्रों के साथ मिलकर, ऐसी परिस्थितियाँ उत्पन्न करने की होती है जिसमें विचारों के स्तर का ज्ञान तर्क के स्तर के उच्चतर ज्ञान में बदले।

## समस्या-प्रस्ताव शिक्षा की विशेषताएं
## (Features of Problem Posing Education)

- यह शिक्षार्थियों को सक्रिय रूप से सोचने के लिए प्रोत्साहित करती है।
- यह शिक्षार्थियों को आलोचनात्मक रूप से सोचने के लिए प्रोत्साहित करती है।
- समस्या-प्रस्ताव अभ्यास को जन्म देती है और उसे कार्यवाही या क्रिया की तरफ ले जाती है।
- शिक्षक और विद्यार्थी एक साथ सीखते हैं।
- सामग्री पूर्व निर्धारित नहीं होती।
- यह जीवन की स्थितियों और शिक्षार्थियों की वास्तविकता से शुरू होती है।
- यह विद्यार्थियों में जिज्ञासा को उत्तेजित करती है।
- यह विद्यार्थियों के आत्मविश्वास को बढ़ाती है।

## बैंकिंग शिक्षा और समस्या-प्रस्ताव शिक्षा में अंतर
## (Difference between Banking Education and Problem Posing Education)

| | बैंकीय शिक्षण (Banking Education) | समस्या-प्रस्ताव शिक्षा (Problem-Posing Education) |
|---|---|---|
| 1. | यह शिक्षा को ज्ञान के हस्तातंरण की प्रक्रिया के रूप में मानता है। | यह शिक्षा को ज्ञान के निर्माण की प्रक्रिया के रूप में मानती है। |
| 2. | अध्यापक के पास ज्ञान है और विद्यार्थी को उसे प्राप्त करना है। | किसी के पास ज्ञान नहीं है और सब एक-दूसरे को पढ़ाते हैं। |
| 3. | इस शिक्षा प्रणाली में पाठ्यक्रम शिक्षण केंद्रित होता है। | इस प्रणाली में विद्यार्थी के जीवन से सम्बन्धित समस्याएं पाठ्यक्रम का अभिन्न अंग हैं। |
| 4. | इसमें उपलब्धता का हस्तांतरण शामिल है। | इसमें ज्ञान का सह-निर्माण होता है। |
| 5. | इसमें तथ्यों को अलगाव के साथ सीखा जाता है। | इसमें सभी तथ्य, विश्वास और प्रश्न आपस में जुड़े हुए होते हैं। |
| 6. | इसमें स्मरण और पुनरूत्थान पर जोर दिया जाता है। | इसमें अन्वेषण और अनुप्रयोग पर जोर दिया जाता है। |
| 7. | यह विद्यार्थियों को निष्क्रिय व्यक्तिगत अधिगमकर्त्ता मानता है। | यह विद्यार्थियों को संवादात्मक सामाजिक शिक्षार्थी के रूप में मानता है। |
| 8. | इसमें अधिगमकर्त्ता का लक्ष्य ज्ञान को जमा करना है। | इसमें अधिगमकर्त्ता का उद्देश्य ज्ञान का निर्माण करना है। |

| | बैंकीय शिक्षण (Banking Education) | समस्या-प्रस्ताव शिक्षा (Problem-Posing Education) |
|---|---|---|
| 9. | यह प्रणाली असंवेदना उत्पन्न करती है और रचनात्मक शक्तियों को रोकती है। | इस प्रणाली में वास्तविकता का निरंतर अनावरण शामिल है, और रचनात्मकता को बढ़ावा दिया जाता है। |
| 10. | इसकी प्रकृति दमनकारी है। | इसकी प्रकृति मुक्तिदायक है। |
| 11. | इसका क्षेत्र सीमित है। | इसका क्षेत्र व्यापक है। |
| 12. | यह ऊर्ध्वाधर शिक्षक-विद्यार्थी के सम्बन्धों को प्रस्तुत करती है। | यह शिक्षक-विद्यार्थी के क्षैतिज सम्बन्धों को प्रस्तुत करती है। |
| 13. | यह प्रणाली मुख्यधारा, प्रामाणिक व्याख्यानों के अनुसार होती है। | यह प्रणाली पृथक, बहुसांस्कृतिक संदर्भों के अनुसार होती है। |
| 14. | यह प्रणाली चेतना के विसर्जन (समाप्त) की कोशिश करती है। | यह प्रणाली चेतना और आलोचनात्मक शक्तियों के लिए संघर्ष करती है। |
| 15. | बैंकिंग पद्धति में विद्यार्थियों को सहायता की एक वस्तु के रूप में प्रस्तुत किया जाता है। | समस्या-प्रस्तुत पद्धति उन्हें आलोचनात्मक विचारक बनाती है। |
| 16. | बैकिंग पद्धति स्थायित्व पर जोर देती है और प्रतिक्रियावादी हो जाती है। | समस्या-उत्पन्न करने वाली शिक्षा-जो न तो अच्छे व्यवहार को स्वीकार करती है और न ही पूर्वनिर्धारित भविष्य-जड़ों को स्वीकार करती है, बल्कि गतिशील वर्तमान में क्रांतिकारी बन जाती है। |

इस प्रकार फ्रेइरे शिक्षा प्रणाली में समस्या-उत्पन्न विधि के पक्ष में थे क्योंकि इसमें संपूर्ण शिक्षा एक ऐसी समस्या से प्रेरित होती है जो शिक्षार्थी के जीवन की स्थिति से उत्पन्न होती है। यह एक विद्यार्थी केंद्रित विधि है।

## संवाद विधि (Dialogic Method)

संवाद विधि का प्रयोग करते हुए विद्यार्थी और शिक्षक का सम्बन्ध बदल जाता है। इस विधि का प्रयोग करते हुए शिक्षक-छात्र आपस में पढ़ने के साथ-साथ पढ़ाते भी है। इस प्रक्रिया में 'अधिकार' पर आधारित तर्कों की कोई वैधता नहीं रहती, क्योंकि यहाँ अधिकारी को यदि काम करना है तो उसे स्वतंत्रता के विरूद्ध नहीं उसके पक्ष में होना पड़ेगा। यहां न तो कोई दूसरे को शिक्षित करता है, न स्वयं शिक्षित होता है। यहाँ मनुष्य एक-दूसरे को शिक्षित करते हैं। शिक्षक की गतिविधि दो भागों-वर्णनात्मक और संज्ञानात्मक में विभाजित न होकर केवल संज्ञानात्मक रह जाती है। चाहे वह शिक्षा की कोई परियोजना तैयार कर रहा हो या विद्यार्थियों से संवाद, वह हमेशा 'संज्ञानात्मक' होता है। विद्यार्थी अब निष्क्रिय श्रोता नहीं रहते-शिक्षक के साथ संवाद करते हुए आलोचनात्मक सह-अनुसंधानकर्त्ता बन जाते हैं। संवाद विधि में ज्ञान केवल राय बनकर नहीं रहता बल्कि यह तर्क (कारण) के स्तर पर पहुंच जाता है।

संवाद एक मानवीय परिघटना है। संवाद स्वयं एक ऐसा तरीका है, जिसमें मनुष्य अपने मनुष्य होने का अर्थ प्राप्त करते हैं। संवाद एक अस्तित्चगत आवश्यकता है। चूंकि संवाद एक मुठभेड़ है, जिसमें संवादकर्त्ताओं के संयुक्त चिंतन और कर्म उस विश्व को संबोधित करते हैं जिसका रूपातरंण और मानवीकरण होना है। यहाँ संवाद को किसी एक व्यक्ति के विचारों को अन्य व्यक्तियों में जमा करने के काम तक सीमित नहीं किया जाता बल्कि एक सृजन-कर्म माना गया है।

संवाद में स्वतंत्रता को सुनिश्चित करने, शिक्षा में उदारवाद का आनंद लेने की, गहन सोच को विकसित करने की, अधिगम में चिंतनशील परस्पर क्रिया की और सांस्कृतिक संश्लेषण की रक्षा करने की अद्‌भुत क्षमता है। न केवल आपसी समझ को विकसित करने के लिए बल्कि दुनिया को बदलने के लिए संवाद में आपसी सम्मान और सहयोग की आवश्यकता होती है। फ्रेइरे के अनुसार,

> *"संवाद तब तक मौजूद नहीं हो सकता जब तक संवादकर्त्ता में आलोचनात्मक सोच निहित न हो। संवाद के बिना कोई संचार नहीं है और संचार के बिना कोई सच्ची शिक्षा नहीं हो सकती।"*

वह चेतावनी देते हैं कि उत्पीड़क और उत्पीड़ित दोनों पर थोपी गई सीमाएं इसमें शामिल सभी लोगों को अमानवीय बना देती हैं, जिसमें संवाद की क्षमता समाप्त हो जाती है और अनिवार्य रूप से परिवर्तन की संभावनाओं को रोक दिया जाता है। उन्होंने सहयोग, एकता, संगठन और सांस्कृतिक विश्लेषण के उपयोग के माध्यम से उत्पीड़ितों को मुक्त करने के लिए संवाद मनुष्य को मुक्त करने के लिए समाज में समस्याओं को दूर करने का तरीका है। संवादात्मक सांस्कृतिक क्रिया अभ्यास की ओर ले जाती है और यह आलोचनात्मक प्रतिबिंब और क्रिया के माध्यम से आलोचनात्मक चेतना की ओर पहला कदम है। फ्रेइरे द्वारा सुझाई गई विधियाँ निम्नलिखित हैं-

1. सक्रिय, 'संवाद', महत्वपूर्ण और आलोचनात्मक-प्रेरणादायी विधि।
2. शिक्षा की 'योजना' और सामग्री में परिवर्तन।
3. विषयगत 'विश्लेषण' और संहिताकरण (कूट संकेत) जैसी तकनीकों का उपयोग।

संवाद पर आधारित विधि में व्यक्तियों के मध्य एक क्षैतिज सम्बन्ध होता है।

← संवाद (Dialogue) A का B के साथ = संप्रेषण (Communication) → अंत: संचार (Inter-communication)

उन दो बिन्दुओं के मध्य सहानुभूति का सम्बन्ध होता है, जो संयुक्त अनुसंधान में सम्मिलित होते हैं।

*मैट्रिक्स*-प्यार करने वाला, विनम्र, आशावादी, भरोसेमंद और महत्वपूर्ण

मैट्रिक्स के अनुसार संवाद एक महत्वपूर्ण स्थिति बनाता है, जो प्यार, नम्रता, आशा, विश्वास और आत्म-विश्वास से पोषित होती है। जब संवाद के दोनों बिन्दु इस प्रकार प्रेम, आशा और आपसी विश्वास से एकजुट होते हैं तो वे किसी भी चीज़ की आलोचनात्मक खोज में एकजुट हो जाते हैं। केवल संवाद से ही सही मायने में संचार होता है।

*विरोधी संवाद (Anti-Dialogue)*–A का B के ऊपर = अधिकारिक सूचना सहानुभूति का सम्बन्ध इस विधि में समाप्त हो जाता है।

*मैट्रिक्स*–प्यार के बिना, अभिमानी, निराशाजनक, अविश्वासी।

अत: शिक्षण कभी भी ऊपर से नीचे की तरफ नहीं किया जा सकता जोकि विरोधी संवाद में होता है बल्कि यह क्षैतिज रूप से चलने वाली एक प्रक्रिया है जो आपसी प्रेम और सहयोग के द्वारा सम्पन्न होती है। संवाद की योजना के निम्नलिखित चरण हैं-

**चरण I (Phase I)**

विशेषज्ञ अंतर्विषयी टीम के द्वारा लोगों के विषयगत ब्रह्माण्ड में मूलभूत इकाइयों की खोज की जाती है। दूसरे शब्दों में कहा जाए तो विश्व में लोगों की स्थिति से सम्बन्धित मुद्दों को विषयगत इकाईयों के रूप में प्रस्तुत किया जाता है। इस चरण में महत्वपूर्ण शब्द, विशिष्ट बातें, और लोगों के अस्तित्व की स्थिति से जुड़ी अभिव्यक्ति को खोजने के लिए भाषायी शोध को भी शामिल किया जाता है।

**चरण II (Phase II)**

विचार-विमर्श और विश्लेषण के लिए कुछ प्रमुख शब्दों और विषयों का चयन किया जाता है। परस्पर संवाद के द्वारा मूलभूत इकाइयों का विश्लेषण किया जाता है। इसमें शब्दों का उनकी स्वर समृद्धि, ध्वनि के कठिनाई स्तर तथा व्यावहारिक सामग्री के अनुसार चयन किया जाता है। इसके बाद आर्थिक, सामाजिक, राजनीतिक समस्याओं के क्षेत्र को ठोस संदंर्भ देने वाले शब्दों का प्रयोग किया जाता है जैसे वर्चस्व, अपर्याप्त विकास आदि।

**चरण III (Phase III)**

मूलभूत विषयों के विश्लेषण के बाद संहिताकरण (Codification) की अवस्था आती है, जिसमें मूल विषय तथा उसके निरूपण के लिए संप्रेषण का सर्वोत्तम माध्यम चुना जाता है। 'कोडिफिकेशन' सरल और जटिल कैसा भी हो सकता है। यह चित्रात्मक, पोस्टर, स्लाइड या अन्य किसी श्रव्य माध्यम से भी हो सकता है। यह संहिताकरण (Codification) स्थानीय स्थितियों का प्रतिनिधित्व करते हैं, ये क्षेत्रीय और राष्ट्रीय समस्याओं के विश्लेषण के लिए खुला दृष्टिकोण प्रस्तुत करने के लिए पर्याप्त होते हैं।

**चरण IV (Phase IV)**

इस चरण में संयोजकों के लिए दिशा-निर्देश के रूप में कार्यप्रणाली को विकसित किया जाता है। संयोजकों को एक प्रशिक्षण कार्यक्रम के माध्यम से निर्देशित किया जाता है जिसमें विशेष रूप से संवाद उपागम के संबंध में नए दृष्टिकोण बनाए जाते हैं।

**चरण V (Phase V)**

इस चरण में विभिन्न प्रकार की शैक्षिक सामग्री का उत्पादन किया जाता है। यह सहायक सामग्री फोटोग्राफ, स्लाइड, फिल्म-पट्टियां, पोस्टर, पठन सामग्री आदि के रूप में प्रस्तुत की जाती हैं, और यह सामग्री सिर्फ चित्रात्मक या तथ्यात्मक नहीं होती अपितु जटिल और प्रासंगिक सामयिक वास्तविकता के कूट संकेत (Code) होते हैं।

**चरण VI (Phase VI)**

उपरोक्त चरणों का कार्य पूर्ण होने के बाद अनुसंधान की अंतिम अवस्था आरंभ होती है, जिसमें अनुसंधानकर्त्ता संहिताकरण से प्राप्त अब तक के परिणामों का व्यवस्थित रूप से अध्ययन करता है। विभिन्न प्रतिभागियों को अपनी राय व्यक्त करने, अपनी समस्याओं पर चिंतन करने के लिए, स्वयं को विषयों के रूप में पहचानने के लिए आमंत्रित किया जाता है। यहाँ शिक्षण-विद्यार्थी का सम्बन्ध नहीं बल्कि विषय का सम्बन्ध होता है।

- एक बार जब उत्पादित शब्दों का परिचय होता है तो शब्द और वस्तु के बीच अर्थ सम्बन्धी संपर्क स्थापित हो जाता है।
- उसके बाद शब्दों को शब्दांशों में तोड़ा जाता है और एक बार पहचान प्राप्त होने पर इनको ध्वन्यात्मक श्रृंखला को प्रस्तुत करने वाला कार्ड दिखा दिया जाता है। इन कार्डों का प्रयोग करके शिक्षार्थी अक्षरों को मिलाकर नए शब्द बनाते हैं।
- तत्पश्चात् समूह तय करता है कि कौन सा संयोजन सार्थक है और कौन सा नहीं।
- संयोजन जिसका कोई अर्थ नहीं होता उन्हें 'चिंतन के शब्द' कहा जाता है।

कक्षा-कक्ष में चिंतनशील और सार्थक संवाद बनाए रखने का सबसे अच्छा तरीका ज्ञान के प्रति शंका उत्पन्न करना है। शंका उत्पन्न करना एक द्वंद्वात्मक प्रक्रिया है जो सभी प्रतिभागियों के

सच्चे और समान जुड़ाव की विशेषता है। संवाद प्रणाली को सफल बनाने के लिए आवश्यक शर्तें हैं–आपस में सम्मान और समझ, आत्मविश्वास, जोखिम लेने की इच्छा और सहयोग।

**प्रयोग या अभ्यास (Praxis)**

एक बार जब विद्यार्थी आलोचनात्मक विचारक बन जाता है तो वह एक ऐसी प्रक्रिया की शुरूआत करने में सक्षम हो जाता है जिससे उसका मानवीकरण हो सके। फ्रेइरे इस प्रक्रिया को प्रयोग या अभ्यास कहते हैं। यह सीखने की प्रक्रिया में प्रतिबिंब (Reflection) और क्रिया (Action) (सिद्धांत और व्यवहार) का संश्लेषण है। फ्रेइरे इसे समस्या प्रस्तुत करने वाली शिक्षा का लक्ष्य मानते हैं। यह एक जटिल गतिविधि है जिसके द्वारा व्यक्ति अपनी संस्कृति और समाज का निर्माण करता है तथा गंभीर रूप से जागरूक मानव बन जाता है। फ्रेइरे के अनुसार यह प्रक्रिया शिक्षा के सत्तावादी रूप जैसे कि बैंकिंग शिक्षा जो उत्पीड़ितों की मुक्ति और स्वतंत्रता को रोकती है, को नकारती है। उनका मानना था कि संवाद और प्रतिबिंब व क्रिया और अर्तक्रिया के माध्यम से ही परिवर्तन की प्रक्रिया को नेतृत्व प्रदान किया जा सकता है। उनका विश्वास था कि प्रयोग या अभ्यास विश्व को बदलने और मानवीकरण करने की प्रक्रिया का केन्द्र बिंदु है। पूर्ण रूप से मानव बनने के लिए आवश्यक है एक ऐसी शिक्षा जो वर्चस्व का विरोध करती है तथा स्वतंत्रता को प्रयोग या अभ्यास के रूप में मानती है। इस तरह के प्रयोग या अभ्यास वाली शिक्षा के अभाव के बिना मनुष्य अपना निर्माता स्वयं नहीं बन पाता है और वह वही बनता है जो इतिहास उसे बनाना चाहता है। यह शिक्षकों और विद्यार्थियों को सामाजिक परिवर्तन के लिए खुद को सशक्त बनाने के लिए चुनौती देता है तथा लोकतंत्र और समानता को बढ़ावा देता है क्योंकि इस शिक्षा के द्वारा ही वे अपनी साक्षरता एवं ज्ञान को आगे बढ़ाते हैं।

**शिक्षक/अध्यापक (Teacher)**

शिक्षकों के बिना शिक्षा का विचार करना भी अकल्पनीय लगता है। ऐसा इसलिए है क्योंकि शिक्षक लोगों को बोलने, पढ़ने, लिखने, गंभीर रूप से सोचने और नैतिक जीवन जीने में सक्षम बनाने में एक मौलिक भूमिका निभाते हैं। शिक्षक का उद्देश्य छात्रों को एक स्वायत शिक्षार्थी बनाना है। फ्रेइरे के अनुसार वह सिर्फ जानकारी या ज्ञान प्रदान नहीं करता अपितु वह संवाद प्रक्रिया में छात्रों के साथ सहभागी अभिनेता के रूप में काम करता है। शिक्षक और विद्यार्थी सीखने की प्रक्रिया के प्रबंधन और निर्देशन की जिम्मेदारी को साझा करते हैं। अध्यापक को अपने विचारों को विद्यार्थियों पर थोपना नहीं है, बल्कि उसे विद्यार्थियों की भागीदारी, अलोचनात्मक सोच को प्रोत्साहित करना है। अपने अधिकार का प्रयोग शिक्षक को समस्या प्रस्तुत करने वाले संवाद में विद्यार्थियों को उलझाकर उनकी आलोचनात्मक चेतना को बढ़ावा देने के लिए करना चाहिए। अध्यापक को यह जानकारी होनी आवश्यक है, कि उन्हें केवल उन्हीं संवादों की अनुमति प्रदान की जाए जिनमें आलोचनात्मक सोच की आवश्यकता हो और उन संवादों से यह उत्पन्न होती हो।

पारंपरिक शिक्षा प्रणाली में शिक्षक एक परिपक्व व्यक्ति के रूप में विद्यार्थियों को पढ़ाता है। इस प्रक्रिया में अध्यापक सक्रिय होता है तथा विद्यार्थी निष्क्रिय होकर ज्ञान प्राप्त करते हैं। उन्हें सक्रिय, सहभागी परिस्थितियों या जानने की इच्छा से दूर कर दिया जाता है जिससे शिक्षा के द्वारा परिवर्तन में बाधा पहुँचती है। शिक्षा की यह अवधारणा विद्यार्थियों में रचनात्मकता को रोकती है।

फ्रेइरे की अवधारणा में शिक्षक तटस्थ नहीं है, अपितु वह शैक्षिक स्थितियों में हस्तक्षेप करता है, ताकि विद्यार्थियों को अपनी सामाजिक बाधाओं के उन पहलुओं को दूर करने में मदद कर सकें जो लाचार है और यह कार्य विद्यार्थी केवल अपनी आलोचनात्मक सजगता से कर सकता है, जिसे

शिक्षक को प्रज्वलित करना होता है। बोधगभ्यता चितंनशील प्रक्रिया का एक बुनियादी आयाम है जो तब तक चलते रहना चाहिए जब तक परिवर्तन को प्राप्त न कर लिया जाए। जो संवाद शिक्षक विद्यार्थियों के साथ करता है वह अधिकारीवादी (धावा बोलने वाले) या हेर-फेर करने वाले नहीं होने चाहिए अपितु ये संवाद विद्यार्थियों के साथ विचारों को साझा करने वाले होने चाहिए।

विद्यार्थियों के मस्तिष्क और ह्रदय को आकार देने में शिक्षक की महत्वपूर्ण भूमिका होती है। वह ज्ञान का अधिकारी न होकर, मानव की रचनात्मकता के रचयिता, मानव आत्मा के सूत्रधार और मानवीकरण की कला और विज्ञान का प्रशिक्षक है। इसलिए शिक्षकों को मानव रचनात्मकता को बढ़ावा देने के लिए प्रेम का विकास करना चाहिए तथा साथ ही अतीत के आलोचनात्मक दृष्टिकोण, वर्तमान के प्रति गतिशील रूप से रचनात्मक प्रतिक्रिया और भविष्य पर एक आशावादी दृष्टिकोण के साथ विद्यार्थियों को जोड़ना चाहिए। विद्यार्थियों के आंतरिक जीवन एवं उनके प्रश्नों के लिए उसके मन में सम्मान होना चाहिए। इस प्रकार का समावेशी व समग्र वातावरण कुछ समय के लिए एक ऐसे भौतिक स्थान का निर्माण करता है जो प्रतिस्पर्धा, भौतिकतावाद, निरंतर शोर, व्याकुलता और आधुनिक सम्यता जैसे शीर्षकों से कुछ समय के लिए राहत प्रदान करता है। शिक्षक द्वारा विद्यार्थियों को जीवन के अर्थ से सम्बन्धित गहन प्रश्नों के बारे में विचार करने के लिए प्रोत्साहित करना चाहिए तथा उनके अस्तित्व सम्बन्धी सभी विचारों को गंभीरता से लेना चाहिए। यह खुला छोर, (Open-ended) विद्यार्थी केंद्रित और शिक्षक केंन्द्रित दृष्टिकोण व्यक्तिगत रूप से विविधता को प्रोत्साहित करता है और इसमें धर्म या धार्मिक मूल्यों के स्पष्ट शिक्षण को शामिल करने की आवश्कता नहीं होती है।

फ्रेइरे ने विद्यार्थियों और शिक्षकों दोनों से ही अपनी जाति, वर्ग और लिंग के विशेषाधिकारों को भूलने और उन लोगों के साथ बातचीत करने का आग्रह किया है, जिनके अनुभव उनके अपने अनुभव से अलग होते हैं। उन्होंने विद्यार्थी या शिक्षक के अनुभवों की कोई आलोचनात्मक पुष्टि नहीं की है, लेकिन एक प्रकार से उन्होंने ऐसे वैचारिक उपकरण प्रदान किए जिससे अधिकारवाद की धारणा को आलोचनात्मक सजगता से दूर किया जा सके।

फ्रेइरे का मानना है कि शिक्षक को आलोचनात्मक चेतना की विशेषताओं के प्रति भी जागरूक होना चाहिए जो निम्नलिखित हैं–

- समस्या की व्याख्या में गहराई।
- संशोधन के प्रति खुलेपन (Openness) से किसी के निष्कर्षों का परीक्षण।
- उत्तरदायित्वों को स्थानांतरित करने से इंकार करना।
- तर्कों की दृढ़ता।
- विवाद के स्थान पर संवादों का अभ्यास करना।
- निष्क्रिय पदों को अस्वीकार करना।
- पुराने और नवीन दोनों में जो वैध है उसे स्वीकार करना।
- समस्याओं का अनुभव होने पर विकृत्ति से बचना और उनका विश्लेषण करते समय पूर्व-कल्पित धारणाओं से।
- केवल नवीनता से परे तर्क के लिए नवीन के प्रति ग्रहणशीलता और अच्छे भाव से, पुराने को अस्वीकार नहीं करना क्योंकि वह पुराना है।
- एक समस्या-समाधानकर्ता जो विचारोत्तेजक प्रश्न पूछता है और विद्यार्थियों को उनकी शंकाओं को दूर करने के लिए प्रेरित करता है।
- अपने विद्यार्थियों की रचनात्मक शक्ति में गहरे विश्वास से भरा हुआ।

- न विद्यार्थियों के बिना सोचना, न विद्यार्थियों के लिए; अपितु केवल और केवल विद्यार्थियों के साथ सोचना।

फ्रेइरे ने शिक्षण अधिगम के दृष्टिकोण के रूप में 'सहायकवाद' को अस्वीकार कर दिया है क्योंकि यह आलोचनात्मक शिक्षार्थियों का उत्पादन नहीं करता। कुछ शिक्षकों का मानना है कि बैंकिग शिक्षा को लागू करके वे छात्रों में दोहराने और याद रखने के लिए ज्ञान की भरी हुई सामग्री को प्रस्तुत करने में सहायता प्रदान करते हैं। लेकिन यह एक मिथ्या विश्वास है। यह सहायता निश्चित रूप से छात्रों को शक्तिहीन करके उनकी निष्क्रियता को बढ़ाने के लिए प्रेरित करेगी। उनका मानना था कि इस दृष्टिकोण से वे विद्यार्थियों को अपने अनुसार अनुकूलित करना चाहते हैं न कि उन्हें सोचने और आलोचना के प्रति प्रोत्साहित करते हैं। 'सहायकवाद' का यह दृष्टिकोण कोई जिम्मेदारी नहीं देता है, निर्णय लेने का अवसर नहीं देता है बल्कि केवल संकेत करता है, जो निष्क्रियता को प्रोत्साहित करता है। यह कभी भी लोकतांत्रिक लक्ष्य की ओर नहीं ले जाता है। एक शिक्षक की विशेषताओं को संक्षेप में इस प्रकार प्रस्तुत किया जा सकता है–

शिक्षक की भूमिका विद्यार्थियों के साथ मिलकर उन परिस्थितियों का निर्माण करने की है; जिनके द्वारा सच्चा ज्ञान प्राप्त किया जा सकता है। शिक्षक को स्वयं को विद्यार्थियों के बीच विद्यार्थी के रूप में मानना चाहिए जो एक नए शब्द को जन्म दे रहा है जो शिक्षक-विद्यार्थी के साथ-साथ विद्यार्थी-शिक्षक है जो विद्यार्थी शिक्षक बनकर शिक्षक को भी सिखाता है। मूल धारणाएँ हैं कि 'कोई भी किसी को नहीं सिखा सकता है, और लोग एक साथ सीखतें हैं, अपनी दुनिया में अभिनय करते हैं'।

## शैक्षिक क्रियाओं में फ्रेइरे का योगदान

## (Contribution of Freire in Educational Practices)

पाउलो फ्रेइरे के शैक्षिक सिद्धातों और व्यवहारों को शक्तिशाली आवाजों के रूप में स्वीकार किया गया है। उनके क्रांतिकारी शैक्षणिक सिद्धांत ने विश्वभर में शैक्षिक और सामाजिक आंदोलनों को प्रभावित किया। उनके दार्शनिक लेखन ने विभिन्न अकादमिक विषयों को प्रभावित किया जिसमें धर्मशास्त्र, समाजशास्त्र, गृहविज्ञान, अनुप्रयुक्त भाषाविज्ञान, शिक्षाशास्त्र और सांस्कृतिक अध्ययन शामिल हैं। उनका विशिष्ट योगदान निम्न प्रकार से है–

1. फ्रेइरे के शिक्षाशास्त्र की शुरूआत गरीब और उत्पीड़ित लोगों के प्रति गहरे प्रेम और उनके सामान्य ज्ञान के सम्मान के साथ हुई। इस विनम्रता ने शिक्षक और शिक्षार्थी को एक ही मंच पर लाने में मदद की, जहाँ ज्ञान उत्पन्न होता है तथा समाज की भलाई के लिए उसे साझा किया जाता है।
2. उन्हें व्यापक रूप से शिक्षा के आलोचनात्मक शैक्षणिक परिप्रेक्ष्य के पिता के रूप में माना जाता है। उनके आलोचनात्मक शिक्षाशास्त्र ने लोगों को बैकिंग प्रणाली के दमनकारी जुए से मुक्त कर दिया। उनके द्वारा किए गए काम ने दुनिया-भर के शिक्षकों को महत्वपूर्ण शिक्षाशास्त्र, समस्या-केंद्रित शिक्षा और सामाजिक रचनावाद की उभरती परंपराओं के संदर्भ में प्रभावित किया।
3. समस्या प्रस्तुत करने वाली फ्रेइरे की शिक्षा, वर्तमान समस्या आधारित शिक्षा का आधार है जो शिक्षार्थी को अपनी सामाजिक वास्तविकता को बदलने की समस्या के रूप में तलाशने के लिए आमंत्रित करती है।
4. वे शिक्षकों और विद्यार्थियों के लिए वैचारिक उपकरण प्रदान करते हैं जिसके साथ वे आलोचनात्मक रूप से आपसी विचार-विमर्श करते हैं जिससे सभ्य बनाने वाले प्रभावों को कम किया जा सके।

5. उन्होंने शिक्षकों और विद्यार्थियों के मध्य संवाद और क्षैतिज सम्बन्धों को प्रस्तावित किया है, तथा सक्रिय अधिगम को बढ़ावा दिया है।
6. फ्रेइरे के शिक्षाशास्त्र ने बुद्धिजीवियों को सामाजिक परिवर्तन के लिए हाशिए पर स्थित लोगों के संघर्ष में सबसे उपयोगी योगदान देने की अनुमति दी।
7. फ्रेइरे ने शिक्षा को समाज में परिवर्तन की ओर उन्मुख एक गहरी राजनीतिक परियोजना के रूप में देखा।
8. शांति शिक्षा, वयस्क शिक्षा, अनौपचारिक शिक्षा और आलोचनात्मक साक्षरता पर उनका प्रभाव अतुलनीय रहा है।
9. फ्रेइरे के योगदान से ही अधिक न्यायपूर्ण और समतावादी समाज के निर्माण के उद्देश्यों से परिपूर्ण आंदोलनों को गति मिली है।
10. भारतीय माध्यमिक शिक्षा प्रमाणपत्र (ICSE) और केंद्रीय माध्यमिक शिक्षा बोर्ड (CBSE) द्वारा फ्रेइरे को उन्नत शिक्षाशास्त्र के अनुसार विद्यार्थियों की भागीदारी सुनिश्चित करने वाली पाठ्यक्रम गतिविधियों का आयोजन किया गया जिससे सिद्धांत आधारित शिक्षा की जगह गतिविधि आधारित शिक्षा को बल मिला जिससे राष्ट्र की रोज़गार की क्षमता में वृद्धि को भी बढ़ावा मिला।
11. भारतीय शिक्षा में फ्रेइरे की प्रासांगिता शिक्षण-अधिगम प्रक्रिया में उच्च गुणवत्ता वाली सामग्री और उत्पादन प्रदान करने वाले पाठ्यक्रम को तैयार करने की आवश्यकता, आलोचनात्मक शिक्षाशास्त्र की स्वीकृति में पहल, शिक्षकों के मध्य प्रगति, आत्म-प्रतिबद्धता और कार्य संतुष्टि में वृद्धि के साथ-साथ आलोचनात्मक शिक्षाशास्त्र को आगे बढ़ाने में उत्साह, नवीनतम सांसारिक अनुभवों के साथ संपर्क, सैद्धांतिक ज्ञान को अस्वीकृति, आर्थिक रूप से सही और व्यवहारिक नए प्रयोगों और शैक्षिक क्रियाओं का कक्षाकक्ष में प्रयोग, विद्यार्थियों के प्रति शिक्षक के निष्पक्ष दृष्टिकोण के ऊपर निर्भर है और इसका परिश्रम, सहयोग और सफलता के फल पर दृढ़ विश्वास को उत्पन्न करने वाले विचारों से ही सम्बन्ध हो सकता है।
12. सरकार द्वारा विद्यालयों में फ्रेइरे द्वारा प्रतिपादित आलोचनात्मक विचारधाराओं और शिक्षाशास्त्र को प्रोत्साहित करना होगा। भारत में इस पद्धति के प्रयोग के लिए समय दिया जाना चाहिए क्योंकि उनकी विचाधाराओं के अनुसार गतिविधि-आधारित पाठ्यक्रम, रचनावाद, समाज की मानसिकता का बदलाव, जन जागरूक अभियान, आधुनिक शिक्षाशास्त्र की स्वीकृत्ति आदि के लिए परिस्थितियाँ निर्माण करने में समय ज्यादा लगता है।

फ्रेइरे के विचार विकासशील देशों के शिक्षकों और शिक्षार्थियों के लिए विशेष रूप से प्रांसगिक है। उनका काम स्वैच्छिकता और आदर्शवाद के साथ-साथ दृढ़-संकल्प और वस्तुवाद की अस्वीकृत्ति का गठन करता है। उनके विचारों की मौलिकता कई दार्शनिक और राजनीतिक परंपराओं के संश्लेषण से जुड़ी हुई है और उनके अनुप्रयोग शैक्षणिक संघर्षों में निहित हैं।

यह शिक्षा वयस्क, अनौपचारिक और विस्तारवादी शिक्षा कार्यक्रमों में मुख्यत: रूप से लागू होती है। शिक्षा प्रणाली में हम वर्तमान समय में युवा वर्ग के दर्शन और उनके तकनीकी मूल्यों को नकार नहीं सकते। पाउलो फ्रेइरे ने पारपंरिक शिक्षा की आलोचना की, जो उत्पीडितों का दमन करती है और उत्पीड़ितों को अधीन रखने में मदद करती है। ऐसी शिक्षा प्रणाली को भारत में लागू करने की आवश्यकता है क्योंकि भारत में शिक्षा में रटन्त प्रवृत्ति पर ज़ोर दिया जा रहा है न कि रचनात्मकता और आलोचनात्मक सोच के विकास पर। फ्रेइरे की मुक्त शिक्षा को भारत में अपनाना होगा क्योंकि भारत में बहुसख्यंक लोग उत्पीड़ित हैं, बहुत सारे लोगों को अपने अधिकारों

की जानकारी नहीं हैं। फ्रेइरे की संवाद द्वारा विचार-विमर्श विधि वंचित वर्ग के सशक्तिकरण में महत्वपूर्ण भूमिका निभा सकती है।

फ्रेइरे को प्रायः एक मानवतावादी उग्रवादी शिक्षक के रूप में वर्णित किया जाता है, जो मानते थे कि, शिक्षा में समाधान हमेशा ठोस संदर्भ में पाए जाते हैं। उनका मानना था कि विद्यार्थियों से पूछा जाना चाहिए कि वे क्या सीखना चाहते हैं। फ्रेइरे द्वारा किए गए कार्यों को लगातार नए सिरे से खोजा जा रहा है तथा बदलते राजनीतिक और बौद्धिक विचारों और सामाजिक आंदोलनों-के अनुसार पुनः स्पष्ट किया जा रहा है। जब तक अमानवीकरण की रोकथाम, शैक्षिक प्रथाओं के लिए संघर्ष, शक्ति और उत्पीड़न के निर्माण में गहरी अंतर्दृष्टि और लोगों के लिए अपनी पहचान और वास्तविकताओं के आविष्कार का आवेग विद्यमान रहेगा, तब तक फ्रेइरे द्वारा प्रतिपादित शिक्षाशास्त्र प्रत्येक व्यक्ति की व्यक्तिगत और सामाजिक मुक्ति के लिए विचारों और प्रयोगों को चुनौती देता रहेगा।

# अभ्यास प्रश्न

# (Review Exercises)

## अध्याय 1. शिक्षा का अर्थ एवं प्रक्रिया
## (Meaning and Process of Education)

1. 'शिक्षा' शब्द से आपका क्या अभिप्राय है? संकुचित अर्थों में तथा विस्तृत अर्थों में आप शिक्षा को कैसे परिभाषित करेंगे?
   What do you mean by the term'Education?' How will your interpret education in its broader and narrow sense?
2. आपके विचार में शिक्षा का वास्तविक अर्थ क्या है? अपने उत्तर को सिद्ध करने के लिए भारतीय तथा पश्चिमी विचारकों के विचार प्रस्तुत करो।
   What is the real meaning of education from your point of view? Give evidence from Indian and Western thinkers to support your answer.
3. "शिक्षा मनुष्य की जन्मजात शक्तियों का प्राकृतिक, समरूप तथा प्रगतिशील विकास है?" व्याख्या करो।
   'Education is a natural, harmonious and progressive development of man's innate powers.' Discuss.
4. "शिक्षा जीवन के अनुभवों से जीवन के लिए तैयारी है।" इस कथन पर चर्चा कीजिए।
   'Education is preparation for life through life experiences.' Discuss the statement.
5. शिक्षा को परिभाषित कीजिए। इनमें से आप किस परिभाषा को सबसे उत्तम मानते हैं और क्यों?
   Define Education. Which of the definition do you think the best and why?
6. शिक्षा का भारतीय संप्रत्यय क्या है?
   What is the Indian concept of education?
7. शिक्षा की विभिन्न परिभाषाओं का आलोचनात्मक विवेचन कीजिए तथा आज के संदर्भ में उपयुक्त शिक्षा की परिभाषा बताइए।
   Critically examine the various definitions of education and formulate a workable definition of education in the present context.
8. शिक्षा के विश्लेषणात्मक अर्थ पर चर्चा कीजिए।
   Discuss the analytical meaning of education.
9. शिक्षा की त्रि-ध्रुवीय प्रक्रिया में तीनों ध्रुवों का वर्णन कीजिए।
   Explain the three poles in the tri-polar process of education.
10. मानव जीवन के लिए शिक्षा आवश्यक क्यों है?
    Why is education essential for human life?
11. शिक्षा की विभिन्न विचारधाराओं पर चर्चा कीजिए।
    Discuss the different approaches of education.
12. "शिक्षा व्यवहार का परिवर्तन है।" शिक्षा के अर्थ की व्याख्या कीजिए।
    "Education is the modification of behaviour." Explain the meaning of Education
13. शिक्षा से आपका क्या अभिप्राय है? अपने उत्तर के समर्थन में परिभाषा दीजिए।
    What do you mean by education? Give definitions in support of your answer.

14. शिक्षा की प्रक्रियाओं की व्याख्या कीजिए।
    Describe the processes of Education.
15. शिक्षा एक द्विध्रुवीय प्रक्रिया है, जिसमें एक व्यक्तित्व विकास के परिवर्तन के लिए दूसरे पर प्रक्रिया करता है। अपना विचार प्रकट करते हुए इस कथन की व्याख्या कीजिए।
    Education is a bipoar process, in which one personality acts upon another in order to modify the development. Explain this statement giving your own view.
16. शिक्षा की अंत: अनुशासित प्रकृति का वर्णन कीजिए।
    Describe inter-disciplinary nature of education.
17. वर्तमान समय में अंत: अनुशासित शिक्षा के क्या लाभ हो सकते हैं?
    What can be benefits of inter-disciplinary education in present scenario?
18. अंत: अनुशासित शिक्षा की क्या आवश्यकता है?
    What is the need of inter-disciplinary education?
19. एक खोजी मस्तिष्क के विकास के लिए किस प्रकार की शिक्षा प्रक्रियाएँ महत्वपूर्ण है? उपयुक्त दृष्टांतों के द्वारा अपने उत्तर को स्पष्ट कीजिए।
    What kind of educational processess are important in developing an inquiring mind? Clarify your answer with suitable illustrations.
20. महात्मा गांधी ने शिक्षा के संप्रत्यय को कैसे परिभाषित किया था?
    How was education conceptualised by Mahatma Gandhi?

## अध्याय 2. शिक्षा के संप्रत्यों का विश्लेषण (Analysis of Different Concepts of Education)

1. शिक्षण से क्या अभिप्राय है? शिक्षा व शिक्षण में अन्तर कीजिए।
   What is the meaning of teaching? Differentiate between education and teaching.
2. निम्नलिखित की संक्षेप में व्याख्या कीजिए।
   Explain briefly the following:
   (i) शिक्षण (Teaching)
   (ii) प्रतिपादन (Indoctrination)
   (iii) विद्यालयीकरण (Schooling)
   (iv) अधिगम (Learning)
3. प्रशिक्षण से क्या अभिप्राय है? शिक्षा व प्रशिक्षण में अन्तर स्पष्ट कीजिए।
   What is the meaning of training? Differentiate between education and training.
4. शिक्षा से आपका क्या अभिप्राय है? इसका विश्लेषण कीजिए।
   What do you mean by education? Do its analysis.
5. चर्चा कीजिए कि प्रशिक्षण व अधिगम किस प्रकार भिन्न है?
   Discuss how training is different from learning.
6. क्या प्रशिक्षण का परिणाम शिक्षा होता है? दृष्टांत दीजिए।
   Does training result in education? Illustrate.
7. अधिगम से आपका क्या अभिप्राय है?
   What do you mean by learning?

8. अधिगम और शिक्षण में अंतर की व्याख्या कीजिए।
   Explain the difference between learning and education.
9. विद्यालयीकरण के संप्रत्यय की विवेचना कीजिए।
   Describe the concept of schooling.
10. अधिगम संप्रत्यय का विश्लेषण कीजिए।
    Do the analysis of concept learning.
11. विद्यालयीकरण व शिक्षा में अंतर स्पष्ट कीजिए।
    Clarify the difference between schooling and education.
12. क्या एक व्यक्ति की शिक्षा में प्रशिक्षण सम्मिलित होता है?
    Does education of a person involve training?
13. विद्यालयीकरण संप्रत्यय का विश्लेषण कीजिए।
    Do the analysis of the concept: schooling.
14. प्रतिपादन व शिक्षा में अन्तर कीजिए।
    Differentiate between indoctrination and education.

## अध्याय 3. शिक्षा के प्रयोजन व उद्देश्य (Purpose and Aims of Education)

1. अपने देश की वर्तमान सामाजिक व आर्थिक परिस्थितियों को ध्यान में रखते हुए अच्छी शिक्षा के क्या उद्देश्य होने चाहिए?
   What should be the aims of good education in the light of the existing social and economic conditions of our country?
2. शिक्षा के विभिन्न उद्देश्यों का वर्णन कीजिए। इसमें से तुम किन उद्देश्यों को सबसे महत्वपूर्ण मानते हो और क्यों?
   State the various recognised aims of education. Which of these do you consider to be the most important and why?
3. भारतीय शिक्षा आयोग (1964-66) की रिपोर्ट में दिए गए भारतीय शिक्षा के महत्वपूर्ण उद्देश्यों की चर्चा कीजिए।
   Discuss the important aims of Indian education as given in the Report of Indian Education Commission of 1964-66?
4. स्वतन्त्रता के पश्चात् भारत में शिक्षा के प्रमुख उद्देश्य क्या होने चाहिए?
   What should be the main aims of education in India after Independence?
5. शिक्षा के विभिन्न उद्देश्य क्या हैं? देश की वर्तमान आवश्यकताओं की पूर्ति के लिए किन उद्देश्यों पर अत्यधिक बल दिया जाना चाहिए?
   What are the various aims of education? What aims should be emphasized most to meet present day needs of the country?
6. देश में शिक्षा के उद्देश्यों को निर्धारित करने वाले तत्वों की व्याख्या कीजिए।
   Discuss the factors which determine the educational aims of a country.
7. ''अकेला व्यक्ति कल्पना की खोज है।'' इस कथन की विवेचना कीजिए।
   "The isolated individual is a figment of imagination." Discuss this statement.
8. शिक्षा के वैयक्तिक तथा सामाजिक उद्देश्यों के पक्ष तथा विपक्ष में तर्क दीजिए। आप शिक्षा के किस उद्देश्य को महत्व देंगे?

Give arguments for and against the individual and social aims of education. Which aim of education would you prefer?

9. शिक्षा के वैयक्तिक तथा सामाजिक उद्देश्यों में अन्तर कीजिए। उनके महत्व तथा सीमाओं का वर्णन कीजिए। इन दोनों में किस प्रकार समन्वय किया जाना सम्भव हो सकता है?
   Differentiate between the individual and social aims of education. Explain their merits and limitations. How far is it possible to strive a balance between the two?
10. ''शिक्षा के वैयक्तिक तथा सामाजिक दोनों उद्देश्य हैं। दोनों में कोई विरोध नहीं है।'' विवेचना कीजिए।
   "Education has both individual and social aims. There is no antithesis between them." Discuss.
11. डैलर आयोग के अनुसार शिक्षा के चार स्तंभ कौन-कौन से है?
   What are the four pillars of education according to Delor's Commission?
12. उद्देश्य व प्रयोजन में क्या अन्तर है?
   What is the difference between aims and purpose?
13. आप प्रयोजन से क्या समझते हैं? शिक्षा के प्रमुख प्रयोजनों का वर्णन कीजिए।
   What do you understand by purpose? Describe main purposes of education.
14. राष्ट्रीय शिक्षा नीति 2020 के अन्तर्गत शिक्षा के क्या उद्देश्य है?
   What are the aims of education prescribed by National Education Policy 2020?
15. राष्ट्रीय पाठ्यक्रम रूपरेखा 2000 के द्वारा प्रदत्त शिक्षा के उद्देश्यों का वर्णन कीजिए।
   Explain the aims of education given by NCF-2000.
16. राष्ट्रीय पाठ्यचर्या रूपरेखा 2005 द्वारा प्रदत्त उद्देश्य; राष्ट्रीय पाठ्यचर्या रूपरेखा 2000 द्वारा प्रदत्त उद्देश्यों से किस प्रकार भिन्न हैं?
   How the aims of education given by NCF 2005 are different from NCF-2000?
17. भारतीय संविधान का कौन सा भाग शिक्षा के उद्देश्यों के निर्माण को आधार प्रदान करता है?
   What part of the Indian Constitution provides a base for formulating aims of education?
18. आधुनिक संदर्भ में आप भारतीय शिक्षा में किन उद्देश्यों पर अधिक बल देना चाहते हैं?
   What aims would you like to emphasize in the modern context in Indian education?

## अध्याय 4. शिक्षा के ज्ञान मीमांसा रूपी आधार (Epistemological Basis of Education)

1. ज्ञान की परिभाषा दीजिए। ज्ञान के विभिन्न प्रकारों की व्याख्या कीजिए।
   Define knowledge. Explain different types of knowledge.
2. ज्ञान की परिभाषा दीजिए। इसकी विशेषताएँ क्या हैं? इसके विभिन्न प्रारूपों की व्याख्या कीजिए।
   Define knowledge. What are its characteristics? Explain its different forms.
3. किस प्रकार की परिस्थितियों में तार्किकता वैध ज्ञान प्रदान करती है?
   In what kind of situations does rationalisation yield valid knowledge?
4. किन परिस्थितियों में निगमन तर्क के प्रयोग से प्राप्त किया ज्ञान वैध हो सकता है?
   Under what conditions, knowledge gained through the application of inductive logic, can be valid?

5. संगतिवाद में ज्ञान के लिए मुख्य शर्ते कौन-कौन सी हैं?
   What are the main conditions to get knowledge through coherentism?
6. बुनियादवादी सिद्धांत क्या है?
   What is theory of fundamentalism?
7. ज्ञान की तीन अनिवार्य शर्ते कौन-कौन सी है। विस्तारपूर्वक व्याख्या कीजिए।
   What are the three essential conditions of knowledge? Explain in detail.
8. आप एक ऐसा उदाहरण लिखिए जो ज्ञान की तीनों शर्तों को पूरा करता हो, लेकिन फिर भी उसे ज्ञान के रूप में स्वीकार नहीं किया जा सकता।
   Write an example which fulfills all the three conditions of knowledge, but inspite of that it can't be accepted as knowledge.
9. एक व्यक्ति विश्वास करता है कि पृथ्वी शेषनाग के फन पर टिकी हुई है। क्या आप इसे ज्ञान मानेंगे? यदि हाँ तो क्यों और यदि नहीं तो क्यों? कारण सहित स्पष्ट कीजिए।
   A person believes that this earth is standing on the fun of sheshnag. Will you consider it knowledge? If Yes, then why, if not, then why? Clarify with reasons.
10. ज्ञान के लिए सत्य प्रमाणित विश्वास की शर्त क्यों लगाई जाती है? उदाहरण सहित बताएँ।
    Why the condition of true justified belief is essential for knowledge. Illustrate with examples.
11. विश्वास से आप क्या समझते हो? विश्वास ओर सत्य विश्वास में अंतर का वर्णन कीजिए।
    What do you mean by belief? Describe the difference between belief and true belief.
12. खोज क्या है?
    What is inquiry?
13. अनुभववाद व तर्कवाद में अंतर स्पष्ट कीजिए।
    Clarify the difference between empiricism and rationalism.

## अध्याय 5. प्राचीन भारतीय लक्ष्य-पुरुषार्थ (Ancient Indian Goals—Purusharthas)

1. पुरुषार्थ की केन्द्रित शिक्षण की व्याख्या कीजिए, और यह बताइए कि यह जीवन की गुणवत्ता को कैसे प्रभावित कर सकता है?
   Describe the central teaching of Purushartha and state how it can affect the quality of life.
2. उन तथ्यों की व्याख्या कीजिए जिनके आधार पर धर्म और मोक्ष को अर्थ और काम से ऊपर रखा गया है।
   Describe those facts on the basis of which Dharma and Moksha are kept above the artha and kama.
3. सुदृढ़ कथनों तथा अच्छे दृष्टांत की सहायता से पुरुषार्थ की अंत: निर्भरता तथा स्तरीकरण की स्थापना कीजिए।
   Establish the interdependence and stratification of purushartha with the help of strong statements and illustrations.
4. उन तत्वों की पहचान कीजिए जो आधुनिक अध्यापक तथा विद्यार्थी के धर्म का निर्माण करे।
   Recognise those aspects which can help in the formation of dharma of modern teacher and student.

5. संक्षिप्त रूप से प्राचीन भारतीय लक्ष्यों की व्याख्या कीजिए।
   Describe briefly the ancient Indian goals.
6. 'काम' के संप्रत्यय की व्याख्या कीजिए
   Explain the concept of 'Kama'.
7. 'अर्थ' के प्रत्यय की व्याख्या कीजिए।
   Describe the concept of 'Artha'.
8. 'धर्म' के अर्थ का वर्णन कीजिए।
   Describe the meaning of 'Dharma'.
9. उन साधनों की पहचान कीजिए जो अर्थ और काम के लक्ष्य की प्राप्ति के लिए व्यक्ति प्रयोग करते हैं।
   Diagnose those means which are used by the man to attain the goals of artha nd kama.
10. अपने दैनिक जीवन के व्यवहार के अनुभवों से दृष्टांत दीजिए, जिन्हें निस्वार्थ तथा अप्रभावी या असम्बन्धित कहा जाता है।
    Give illustrations on the basis of your daily life experiences which can be called selfless and non-effective or non-related.
11. 'मोक्ष' के संप्रत्यय का वर्णन कीजिए।
    Describe the concept of 'moksha'.

## अध्याय 6. नैतिकता, मूल्य एवं आदर्श
## (Ethics, Values and Ideals)

1. नीतिशास्त्र से आपका क्या अभिप्राय है?
   What do you mean by ethics?
2. नीतिशास्त्र के विभिन्न प्रकारों की चर्चा कीजिये।
   Discuss different types of ethics.
3. विद्यार्थियों में नैतिकता का विकास किस प्रकार किया जा सकता है? उदाहरण सहित दृष्टांत दीजिए।
   How ethics can be developed among students? Illustrate with examples.
4. नीतिशास्त्र, मूल्य एवं आदर्श में क्या अंतर है?
   What is the difference between ethics, values and ideals?
5. आदर्श से आपका क्या अभिप्राय है?
   What do you mean by ideal?
6. अध्यापक के रूप में आप अपने विद्यार्थियों में आदर्शों का विकास किस प्रकार कर सकते हो? उदाहरण सहित दृष्टांत दीजिए।
   As a teacher how can you develop ideals among your students? Illustrate with example.
7. एक अध्यापक अपने विद्यार्थियों के लिए आदर्श होता है। स्पष्ट कीजिए।
   A teacher is an ideal for his students. Justify.
8. एक आदर्श विद्यार्थी की विशेषताओं का वर्णन कीजिए।
   Describe the characteristics of an ideal student.
9. मूल्य क्या है?
   Whar are values?
10. आंतरिक एवं बाह्य मूल्यों में अंतर कीजिए।
    Differentiate between intrinsic and extrinsic values.

11. 'विद्यार्थियों में मूल्यों का विकास किया जा सकता है।' सहमत या असहमत। यदि सहमत हो तो स्पष्ट कीजिए।
'Values can be developed among students.' Agree or disagree. If agree justify.
12. आदर्शों का सामान्यीकरण क्यों किया जाना चाहिए?
Why ideals should be generalised?
13. क्या वैश्वीकरण भारतीय विद्यार्थियों के आदर्शों एवं नैतिकता को प्रभावित कर रहा है? यदि हाँ, कैसे?
Is globalisalion affecting the ideals and ethics of Indian students? If yes, how?
14. मूल्य एवं नीतिशास्त्र में अंतर कीजिए।
Differentiate between values and ethics.
15. मूल्यों के विभिन्न प्रकारों की व्याख्या कीजिए।
Explain different types of values.
16. मूल्य केंद्रित शिक्षा की आवश्यकता एवं महत्व की व्याख्या कीजिए।
Explain need and importance of value oriented education.
17. विद्यार्थियों में मूल्यों एवं आदर्शों के विकास में अध्यापक की क्या भूमिका है?
What is the role of teacher in developing values and ideals among students?
18. भारत के भावी नागरिकों में मूल्यों एवं नैतिकता के विकास में राष्ट्रीय शिक्षा नीति 2020 किस प्रकार सहायक होगी?
How National Education Policy 2020 will help in development of values and ethics among future citizens of India?

## अध्याय 7. शिक्षा एवं समाजीकरण (Education and Socialization)

1. समाजीकरण से आपका क्या अभिप्राय है?
What do you mean by socialization?
2. हमें समाजीकरण की आवश्यकता क्यों है?
Why we need socialization?
3. उदाहरण सहित समाजीकरण के विभिन्न प्रकारों का वर्णन कीजिए।
Explain different types of socialization with examples.
4. समाजीकरण को परिभाषित कीजिए।
Define socialization.
5. प्राथमिक समाजीकरण क्या है? इसे प्राथमिक क्यों कहा जाता है? उदाहरण सहित दृष्टांत दीजिए।
What is primary socialization? Why it is called primary? Illustrate with examples.
6. समाजीकरण के संप्रत्यय का वर्णन कीजिए।
Describe the concept of socialization.
7. समाजीकरण किस प्रकार औपचारिक और अनौपचारिक है?
How socialization is formal and informal?
8. समाजीकरण एवं शिक्षा में घनिष्ठ संबंध है। स्पष्ट कीजिए।
There is close relationship between education and socialization. Justify.
9. शिक्षा किस प्रकार एक व्यक्ति के समाजीकरण में महत्वपूर्ण भूमिका निभाती है?
How does education play an important role in socialization of an individual?

10. समाजीकरण क्या है? समाजीकरण की प्रक्रिया के रूप में शिक्षा का वर्णन कीजिए।
    What is socialization? Describe the education as the process of socialization.
11. समाजीकरण के लिए शिक्षा के क्या उद्देश्य होने चाहिए?
    What should be the aims of education for socialization?
12. अध्यापक के रूप में, समाजीकरण के विकास में आप के क्या उत्तरदायित्व है?
    As a teacher, what are your responsibilities towards the development of socialization?
13. युवावस्था में समाजीकरण बहुत कठिन होता है। क्यों?
    Socialization is very difficult in adolescence period. Why?

## अध्याय 8. समाजीकरण के साधन
## (Agencies of Socialization)

1. अपने एक महत्वपूर्ण मूल्य या अभिवृत्ति का वर्णन कीजिए, जो आपके अभिभावकों द्वारा किए गए समाजीकरण का परिणाम हो।
   Describe an important value or attitude you have that is the result of socialization by your parents.
2. क्या आप सहमत है कि माध्यमिक स्कूलों में समाजीकरण के लिए छिपा हुआ पाठ्यक्रम होता है? यदि सहमत है तो उदाहरण सहित व्याख्या कीजिए।
   Do you agree that there is hidden curriculum for socialization in secondary schools? If agree, explain with illustrations.
3. संक्षिप्त रूप से एक उदाहरण का वर्णन कीजिए कि कैसे आपको या किसी अन्य को जिसे आप जानते है, आपके साथियों ने इस प्रकार प्रभावित किया जिसे अब आप नकारात्मक मानते हैं।
   Briefly describe one example of how peers influenced you or someone you know in a way that you now regard as negative.
4. समाजीकरण के विभिन्न साधनों का वर्णन कीजिए और बालक के सामाजिकरण में उसके महत्त्व की व्याख्या कीजिए।
   Describe different agencies of socialization and explain their importance in the socialization of a child.
5. समाजीकरण की प्रक्रिया में आप किस साधन को अत्यधिक महत्वपूर्ण मानते हो? कारण सहित व्याख्या कीजिए।
   Which agency do you consider important in the process of socialization? Explain with reasons.
6. स्कूल से आपका क्या अभिप्राय है? समाजीकरण की प्रक्रिया में यह किस प्रकार महत्वपूर्ण है?
   What do you mean by school? -How it is important in the process of socialization?
7. समाजीकरण की प्रक्रिया में समुदाय के प्रमुख उत्तरदायित्व क्या हैं?
   What are the main responsibilities of the community in the process of socialization?
8. बालक के समाजीकरण में संचार साधन किस प्रकार सहायक हो सकते हैं?
   How can media help in socializing the child?
9. अपत्रित संचार माध्यम समाजीकरण में किस प्रकार उपयोगी हो सकता हैं?
   How the non-print media can be useful in socialization?

10. 'परिवार प्राथमिक समाजीकरण का स्त्रोत है।' चर्चा कीजिए।
'Family is the source of primary socialization.' Discuss
11. 'परिवार समाजीकरण का प्रथम साधन है।' व्याख्या कीजिए।
'Family is the first agency of socialization.' Explain.
12. समाजीकरण के लिए स्कूल के प्रत्यक्ष कार्यों का वर्णन कीजिए।
Describe the manifest functions of school for socialization.
13. सामाजीकरण का सबसे सरल या प्रमुख साधन कौन सा है और क्यों?
Which one is the earliest or foremost agency of socialization and why?
14. आपके निरीक्षण के आधार पर, निर्णय लेने में किशोर अपने अभिभावकों की या अपने साथियों की कब सुनना पसंद करते हैं? किस प्रकार की दुविधा उन्हें एक सामाजिक साधन से दूसरी तरफ मोड़ देती है?
On the basis of your observation, when the adolescents like to listen their parents or their peers? Which dilemma diverts them from one social agency to another?
15. परिवार को परिभाषित कीजिए।
Define family.
16. एक समाजीकरण साधन के रूप में परिवार की क्या सीमाएँ है?
What are the limitations of family as a socializing agency
17. बालक के सामाजीकरण में परिवार का क्या महत्व है? परिवार को सामाजीकरण का प्रभावशाली साधन बनाने के लिए किन उपायों को काम में लाना चाहिए?
What is the importance of family in socializing the child? What measures should we adopt to make the family an effective agency of socialization?

## अध्याय 9. शिक्षा एवं संस्कृति
## (Education and Culture)

1. संस्कृति से आपका क्या अभिप्राय है? शिक्षा संस्कृति के लिए एक तत्व के रूप में कैसे कार्य करती है?
What do you mean by culture? How does education serve as an instrument for culture?
2. शिक्षा एवं संस्कृति में सम्बन्ध की विवेचना कीजिए।
Discuss the relationship between education and culture.
3. शिक्षा व संस्कृति किस प्रकार एक दूसरे को प्रभावित करते है?
In what way do culture and education influence each other?
4. संस्कृति से आप क्या समझते हो?
What do you understand by culture?
5. शिक्षा संस्कृति के लिए किस प्रकार एक प्रभावशाली भूमिका अदा करती है?
How edcuation can play an effective role for culture?
6. संस्कृति क्या है? इसकी विशेषताओं की चर्चा कीजिए।
What is culture? Describe its characteristics.
7. संस्कृति को परिभाषित कीजिए। संस्कृति के संरक्षण एवं हस्तांतरण में शिक्षा किस प्रकार सहायता करती है?

Define culture. How does education help in the conservation and transmission of culture?

8. आप संस्कृति के बारे में क्या जानते हो? शिक्षा संस्कृति के पुनः निर्माण में किस प्रकार सहायक हो सकती है?
   What do you know about culture? How can education help in the reconstruction of culture?
9. शिक्षा एवं संस्कृति में सम्बन्ध की व्याख्या कीजिए। संस्कृति के विकास में शिक्षा किस प्रकार सहायता कर सकती है?
   Illustrate the relationship between education and culture. How does education help in the promotion of culture?
10. शिक्षा संस्कृति में परिवर्तन कैसे लाती है?
    How does education change culture?
11. विचारधारा से आपका क्या अभिप्राय है? संस्कृति एवं विचारधारा में सम्बन्ध का वर्णन कीजिए।
    What do you mean by ideology? Describe the relationship between culture and ideology.
12. विचारधारा के अर्थ एवं विशेषताओं की व्याख्या कीजिए।
    Explain the meaning and characteristics of ideology.
13. 'संस्कृति की रचना में ही भारत की सुंदरता निहित है।' टिप्पणी कीजिए।
    'The beauty of India lies in the composition of its culture'. Comment.
14. 'कुछ लोगों का कहना है कि अनेकों भाषाएँ, संस्कृतियाँ, समुदाय, धर्म होने के कारण भारत अत्यधिक वैयक्तिक एवं प्रतिस्पर्धात्मक है; जबकि अन्य का कहना है कि यही वह भाग है जो भारत को महान बनाते हैं।' इस बारे में आप क्या सोचते हो और क्यों?
    'Some people say that India is too individualistic and competitive due to so many languages, cultures, communities, religions; Others say these are part of what makes India great.' What do you think about it and why?

## अध्याय 10. संवैधानिक मूल्य
## (Constitutional Values)

1. भारतीय संविधान की प्रस्तावना का वर्णन कीजिए।
   Describe preamble of Indian constitution.
2. स्वतंत्रता से आपका क्या अभिप्राय है? संवैधानिक मूल्य के रूप में स्वतंत्रता की व्याख्या कीजिए।
   What do you mean by freedom? Explain freedom as constitutional value.
3. न्याय से आपका क्या अभिप्राय है?
   What do you mean by justice?
4. सामान्य सभा की मानव अधिकारों के लिए घोषणा क्या थी?
   What was the proclamation of General Assembly regarding human rights?
5. आप मानव अधिकारों से क्या समझते हो?
   What do you understand by human rights?
6. मौलिक अधिकार व मानव अधिकार में क्या अंतर है?
   What is the difference between fundamental rights and human rights?

7. धर्म-निरपेक्षता से आपका क्या अभिप्राय है?
   What do you mean by secularism?
8. 42वें संशोधन के द्वारा धर्मनिरपेक्षता के शब्द को संविधान की प्रस्तावना में क्यों शामिल किया गया था?
   Why the word 'secularism' was included in the preamble of Indian constitution by 42nd amendment?
9. भारतीय संविधान के कौन से अनुच्छेद स्वतंत्रता के अधिकार से संबंधित हैं?
   What articles of Indian constitution are related to right to freedom?
10. सामाजिक न्याय क्या है? संविधान में इसके लिए कौन से प्रावधान किए गए है?
    What is social justice? What provisions have been made in the constitution for it?
11. संवैधानिक मूल्य क्या है? संक्षेप में वर्णन कीजिए।
    What are constitutional values? Describe in brief.

## अध्याय 11. शिक्षा के केन्द्र (Focus of Education)

1. शिक्षा किस प्रकार 'जानने के लिए सीखने' पर बल दे सकती है?
   How education can focus on 'Learning to know'?
2. यूनेस्को द्वारा दिए गए शिक्षा के चार स्तंभ क्या थे? संक्षिप्त रूप से वर्णन कीजिए।
   What were the four pillars of education recommended by UNESCO? Explain in brief.
3. 'अस्तित्व में बने रहने के लिए सीखना' के स्तंभ के लिए शिक्षा के उद्देश्य क्या होने चाहिए?
   What should be goals of education for the pillar of 'Learning to be'?
4. शिक्षा किस प्रकार 'इकट्ठे मिल-जुल कर रहने के लिए सीखना' पर केन्द्रित कर सकती है?
   How education can foucs on 'Learning to live Together'?
5. 'करने के लिए सीखना' से आपका क्या अभिप्राय हैं? शिक्षा किस प्रकार इस पर केन्द्रित कर सकती है?
   What do you men by 'Learning to do'? How education can focus on it?
6. 'करने के लिए सीखना तथा इकट्ठे मिलजुल कर रहने के लिए सीखना' के लिए शिक्षण व्यूह-रचनाएँ क्या होनी चाहिए?
   What should be the teaching strategies for learning to do and learning to live together?
7. 'जानने के लिए सीखना' कें लिए शिक्षा के डिजाईन एवं विकास की व्याख्या कीजिए।
   Describe educational design and developmnet for 'Learning to know.'
8. 'करने के लिए सीखना' के लिए व्यक्तिगत तथा कार्य मूल्य क्या होने चाहिए?
   What should be the personal and work values for 'Learning to Do'?
9. 'जानने के लिए सीखना' से आपका क्या अभिप्राय है?
   What do you mean by 'Learning to know'?
10. 'करने के लिए सीखना' से आप क्या समझते हो?
    What do you understand by 'Learning to do'?

11. 'इकट्ठे मिलजुल कर रहना सीखना' से आपका क्या अभिप्राय है?
    What do you mean by 'Learning to live Together'?
12. 'अस्तित्व में बने रहने के लिए सीखना' से आप क्या समझते हो?
    What do you understand by 'Learning to be'?
13. 'लर्निंग टू बी' आवश्यक क्यों है?
    Why 'Learning to Be' is essential?
14. डैलर आयोग के द्वारा प्रदत्त शिक्षा के चार स्तंभ क्या है? उनके नाम बताइए।
    What are the four pillars of education given by Delor's commission? Name them.
15. ऐपनिव के द्वारा प्रदत्त आठ प्रमुख मूल्यों की सूची बनाइए।
    List the eight core values given by APNIEVE.

## अध्याय 12. विकासशील एवं लोकतांत्रिक समाज के संदर्भ में शिक्षा के उद्देश्यों के निर्माण के आधार
## (Bases for Formulating Aims of Education in Developing and Democratic Society

1. आपका विकसित व विकासशील देश से क्या अभिप्राय है?
   What do you mean by developed and developing country?
2. लोकतांत्रिक समाज किसे कहते है?
   What is democratic society?
3. दार्शनिक आधार शिक्षा के उद्देश्यों के निर्माण को किस प्रकार प्रभावित करते हैं? विकासशील व लोकतांत्रिक देशों का उदाहरण देते हुए दृष्टान्त दीजिए।
   How philosophical bases affect the formulation of aims of education? Illustrate with examples from developing and democratic countries.
4. मनोवैज्ञानिक आधार-किस प्रकार शिक्षा के उद्देश्यों के निर्माण में सहायक होते हैं?
   How psychological bases help in formulating aims of education?
5. क्या शिक्षा के उद्देश्यों के निर्माण में आर्थिक आधार उत्तरदायी हैं? यदि हाँ, कैसे?
   Are economic bases responsible in formulating aims of education? If yes, how?
6. वैश्विक समाज किस प्रकार शिक्षा के उद्देश्यों के निर्माण में आधार के रूप में कार्य करता है?
   How global society perform as bases for formulating aims of education?
7. लोकतंत्र के सिद्धांत क्या है?
   What are the principles of democracy?
8. अध्यापक के रूप में आप क्या सोचते हैं कि शिक्षा के उद्देश्यों के निर्माण के क्या आधार होने चाहिए?
   As a teacher what do you think about the bases of formulating aims of education?

## अध्याय 13. जॉन डीवी ( 1859-1952 )
## (John Dewey (1859-1952))

1. जॉन डीवी ने शिक्षा के सिद्धांत तथा व्यवहार को किस प्रकार प्रभावित किया है?
   How has John Dewey influenced the educational theory and practice?

2. शिक्षा के सम्बन्ध में डीवी के विचारों का उल्लेख कीजिए और बताइए कि आधुनिक विद्यालय प्रणाली में उन्होंने क्या परिवर्तन किए हैं?
Describe the ideas of Dewey about education. What changes have they brought about in the modern school system?
3. शिक्षा के क्षेत्र में डीवी के योगदान का मूल्यांकन कीजिए।
Evaluate the contribution of Dewey in education.
4. जॉन डीवी द्वारा प्रतिपादित शिक्षा के उद्देश्यों का उल्लेख करें।
Enumerate the aims of education as propounded by John Dewey.
5. डीवी के शिक्षा दर्शन की व्याख्या कीजिए।
Describe the educational philosophy of Dewey.
6. डीवी के अनुशासन सम्बन्धी विचारों का विवेचन कीजिए।
Describe discipline related thoughts of Dewey.
7. डीवी की विद्यालय के सम्बन्ध में क्या धारणा थी? स्पष्ट कीजिए।
What were Dewey's views regarding school? Clarify it.
8. डीवी के अनुसार शिक्षा कैसी होनी चाहिए?
How should education be according to Dewey?
9. निम्नलिखित पर संक्षिप्त टिप्पणी लिखिए–
(क) डीवी का प्रायोगिक स्कूल
(ख) डीवी के अनुसार पाठ्यक्रम
(ग) डीवी के अनुसार अध्यापक।
Write short note on the following
(a) Dewey's experience school
(b) Curriculum according to Dewey
(c) Teacher according to Dewey

## अध्याय 14. जीन जैक्स रूसो (1712–1778)
## (Jean Jacques Rousseau (1712-1778)

1. रूसो के शिक्षा दर्शन की प्रमुख विशेषताओं का वर्णन कीजिए।
Describe the important features of Rousseau's education philosophy.
2. रूसो के नकारात्मक शिक्षा के नियमों की व्याख्या कीजिए।
Explain the principles underlying Rousseau's negative education.
3. शिक्षा में रूसो के प्रकृतिवाद की विवेचना करते हुए यह बताएं कि इसने वर्तमान शिक्षा–पद्धति को किस प्रकार प्रभावित किया है?
While describing the naturalism of Rousseau in education, state its influence on present day Indian educational tendencies.
4. यह कथन कहाँ तक सत्य है कि रूसो आधुनिक शिक्षा के सिद्धांतों एवं प्रयोगों के पिता हैं? अपने उत्तर की पुष्टि का प्रमाण दीजिए।
How far is it true to say that Rousseau is the father of modern educational theory and practice? Give reasons to support your answer.

5. रूसो के शिक्षा दर्शन के योगदान का वर्णन कीजिए।
   Explain the contribution of Rousseu's philosophy to education.
6. रूसो के शिक्षा दर्शन के उद्देश्यों की आलोचनात्मक व्याख्या कीजिए।
   Critically discuss the aims of Rousseau's philosophy of education.
7. रूसो की पाठ्यक्रम सम्बन्धी योजना को संक्षेप में प्रस्तुत कीजिए।
   Present the curriculum related planning of Rousseau in brief.
8. सकारात्मक शिक्षा और नकारात्मक शिक्षा में क्या अंतर हैं?
   What is the difference between positive education and negative education?
9. रूसो द्वारा प्रतिपादित शिक्षण विधियाँ कौन-कौन सी हैं?
   What are the teaching methods indoctrinated by Rousseau?
10. स्त्री के विषय में रूसो की क्या धारणा थी?
    What was Rousseau's concept of woman?
11. शिक्षक के विषय में रूसो के विचार लिखिए।
    Write Rousseau's concept about teacher.

## अध्याय 15. जे. कृष्णामूर्ति ( 1895-1986 )
## (J. Krishnamurti (1895-1986)

1. क्या मानव के लिए अपने जीवन में पूर्ण सुरक्षा हो सकती है? यदि हाँ तो कैसे?
   Can there be absolute security for man in his life? If yes how?
2. मस्तिष्क को स्वतंत्र क्यों होना चाहिए?
   Why the mind should remain free?
3. कृष्णामूर्ति मन की स्वतंत्रता में क्यों विश्वास रखते थे?
   Why did Krishnamurty believe in freedom of mind?
4. कृष्णामूर्ति के द्वारा प्रस्तावित शिक्षा के उद्देश्यों की व्याख्या कीजिए।
   Explain the purpose of education proposed by Krishnamurti.
5. एक आदर्श स्कूल में क्या होना चाहिए?
   What should be in an ideal school?
6. कृष्णामूर्ति के अनुसार एक अध्यापक में क्या गुण होने चाहिए?
   What should be the qualites in a teacher according to Krishnamurti?
7. जे. कृष्णामूर्ति के शैक्षिक प्रभावों की चर्चा कीजिए।
   Discuss educational implications of J. Krishnamurti.
8. वास्तविक सृजनात्मकता क्या है?
   What is true creativiti?
9. 'एक बालक को नियंत्रित करने के लिए अनुशासन की आवश्यकता है' कथन का स्पष्टीकरण कीजिए।
   'Discipline is required to control a child'. Justify the statement.
10. ज्ञान सदा अपूर्ण क्यों होता है?
    Why is knowledge always incomplete?
11. कृष्णामूर्ति का दर्शन क्या है?
    What is the philosophy of Krishnamurti?

12. कृष्णामूर्ति के अनुसार उचित प्रकार की शिक्षा क्या है?
What is the right kind of education according to Krishnamurti?
13. कृष्णामूर्ति के शिक्षा के संप्रत्यय की व्याख्या कीजिए।
Explain Krishnamurty's concept of education.
14. कृष्णामूर्ति के अनुसार शिक्षक को किन शिक्षण विधियों का प्रयोग करना चाहिए?
According to Krishnamurti, which teaching methods should be utilized by the teacher?
15. क्या कृष्णामूर्ति परीक्षाओं के विरोधी थे? यदि हाँ तो क्यों?
Was Krishnamurti against the examination? If yes, why?
16. हमारे देश में विद्यमान शैक्षिक परिस्थितियों के संदर्भ में कृष्णामूर्ति के विचारों पर चर्चा कीजिए। क्या उनके विचारों पर आधारित हमारी शिक्षा प्रणाली में परिवर्तन संभव है?
Discuss Krishnamurti's views with reference to the existing educational scenario in our country. Is it possible to bring changes in our education system based on his ideas?

## अध्याय 16. चाउलो फ्रेइरे ( 1921–1997 )
## [Paulo Freire (1921-1997)]

1. पाउलो फ्रेइरे के जीवन इतिहास का वर्णन कीजिए।
Describe the life history of Paulo freire.
2. एक अध्यापक में अपने विद्यार्थियों को प्रभावी अधिगमकर्त्ता बनाने के लिए क्या गुण होने चाहिए?
What qualities a teacher should have to make his/her students effective learners?
3. फ्रेइरे के दर्शन का शिक्षा में योगदान की व्याख्या कीजिए।
Explain the contribution of freire's philosophy in education.
4. फ्रेइरे द्वारा सुझाई गई शिक्षण विधियों का आलोचनात्मक वर्णन कीजिए।
Critically discuss the methodology of teaching suggested by freire.
5. दबाने वाले व दबने वाले के बारे में फ्रेइरे के विचार लिखिए।
Write Freire's views about oppressed and oppresses.
6. प्रयोग क्या है?
What are Praxis?
7. फ्रेइरे के पाठ्यक्रम नियोजन का वर्णन कीजिए।
Describe curriculum planning of freire.
8. संवाद पद्धति से आपका क्या अभिप्राय है?
What do you mean by dialogue methodology?
9. बैंकिग शिक्षा का क्या प्रभाव है?
What are the implications of banking education?
10. समस्या उत्पन्न उपागम क्या है? वर्तमान संदर्भ में इसे कैसे प्रयोग में लाया जा सकता है? उदाहरण सहित दृष्टांत दीजिए।
What is problem posing approach? How it can be implemented in present scenario? Illustrate with examples.

11. बैकिंग शिक्षा तथा समस्या उत्पन्न शिक्षा में क्या अंतर हैं?
    What is the difference between banking education and problem posing education?
12. यदि अध्यापक होने का अर्थ है, किसी न किसी ढंग से विद्यार्थी से श्रेष्ठ होना, क्या इसका अभिप्राय यह है कि अध्यापक अधिकारी होना चाहिए?
    If being a teacher means being superior to the students in some way, does this mean that the teacher must be authoritarian?
13. क्या 'बैंकिंग शिक्षा' के आलोचनात्मक विचार का अर्थ यह है कि शिक्षक के पास शिक्षण के लिए कुछ नहीं है और न ही उसे कुछ पढ़ाना चाहिए?
    Does the inescapable criticism of 'banking education' mean the educator has nothing to teach and ought not to teach?
14. संहिताकरण क्या है? ज्ञान के सिद्धांत की रूपरेखा में इसकी क्या भूमिका है?
    What is codification? What is its role in the framework of theory of knowledge?
15. फ्रेइरे के अनुसार शिक्षा के उद्देश्य क्या है?
    What are the purposes of education according to Freire?
16. फ्रेइरे द्वारा प्रदत बैंकिंग शिक्षा का संप्रत्यय कक्षा-कक्ष के शिक्षक व शिक्षार्थी के संप्रत्यय के लिए कितना उपयुक्त है?
    How is Freire's concept of banking education relevant to the classroom concept of teacher and student?
17. फ्रेइरे किस प्रकार की शिक्षा से असहमत हैं?
    What type of education does Freire disagree with?
18. आप क्या सोचते हो कि किसके द्वारा विषय सामग्री का चयन किया जाना चाहिए तथा इसे किस प्रकार पढ़ाया जाना चाहिए?
    What do you think that who should select the content and how it should be taught?